茅海建
戊戌变法
研究

戊戌变法
史事考初集

茅海建　著

生活·讀書·新知 三联书店

图书在版编目（CIP）数据

戊戌变法史事考初集／茅海建著．—北京：生活·
读书·新知三联书店，2018.6 （2023.7 重印）
（茅海建戊戌变法研究）
ISBN 978－7－108－06223－9

Ⅰ．①戊…　Ⅱ．①茅…　Ⅲ．①戊戌变法－研究
Ⅳ．① K256.507

中国版本图书馆 CIP 数据核字（2018）第 022925 号

特邀编辑　孙晓林
责任编辑　冯金红
装帧设计　蔡立国
责任印制　董　欢

出版发行　**生活·讀書·新知** 三联书店
　　　　　（北京市东城区美术馆东街 22 号　100010）

网　　址　www.sdxjpc.com

经　　销　新华书店

印　　刷　天津图文方嘉印刷有限公司

版　　次　2018 年 6 月北京第 1 版
　　　　　2023 年 7 月北京第 4 次印刷

开　　本　635 毫米×965 毫米　1/16　印张 37

字　　数　532 千字

印　　数　11,001－14,000 册

定　　价　89.00 元

（印装查询：01064002715；邮购查询：01084010542）

茅海建戊戌变法研究

总　序

　　1998 年，戊戌变法一百周年，我结束了先前的两次鸦片战争史研究，开始研究戊戌变法。2018 年，戊戌变法两个甲子，一百二十周年，我的研究还没有结束，仍然在路上。

　　时光又逢戊戌，我也应当想一下，这二十年究竟做了什么，又有着什么样的经验教训？

　　当我开始研究戊戌变法时，有两位朋友善意地提醒我：一、戊戌变法是所有的中国近代史大家都涉及过的领域，很难再有突破；二、戊戌变法的材料搜集和利用，已经差不多了，不太可能出现大规模的新材料。他们的提醒，告诉此处水深，不可掉以轻心。于是，我就做了"长期"的打算，准备用十年时间来研究戊戌这一年所发生的事情。

　　我最初的想法是将戊戌变法期间重大事件的史实和关键时刻的场景，真正了解清楚。由此而重新阅读全部史料，力图建立相对可靠的史实，以能从这一基础上展开逻辑思维。即"史实重建"。于是有了《戊戌变法史事考》（2005，再版时更名为《戊戌变法史事考初集》）和《戊戌变法史事考二集》（2011）。

　　也就在这一研究过程中，我感到康有为亲笔所写的回忆录《我史》是一部绕不过去的关键史料，用了整整五年的时间来作注，以鉴别真伪。特别让我兴奋的是，我看到了珍藏于中国国家博物馆的手稿，解决了许多问题。于是有了《从甲午到戊戌：康有为〈我史〉鉴注》（2009）。

在我的研究计划中，要写一篇张之洞与康有为的文章，所利用的基本资料是新编的《张之洞全集》。文章大体写好，我又到中国社会科学院近代史研究所档案馆查阅"张之洞档案"，准备再补充一些材料。谁知一入档案馆，发现了一大批未被利用的史料。兴奋之余，再度改变研究方向，集中研究这批史料。于是又有了《戊戌变法的另面："张之洞档案"阅读笔记》（2014）。

以上便是此次集中汇刊的四本书的由来。"史实重建"的想法一直没有变，我在研究中最基本的方法是考据。

然而，考据不是我的目的，"史实重建"亦是为逻辑思维建一扎实之基础。我的最终目标是写一部总体性的叙述戊戌变法史的著作。2011年夏，我为《戊戌变法史事考二集》作序，称言："……我也希望自己能加快进度，在最近的一两年中完成手中的细节考据工作，而回到宏观叙事的阳光大道上来。但愿那阳光能早一点照射到我的身上。"那时，我心中的研究时限已扩大了一倍，即二十年，自以为到2018年（戊戌），将会最终完成戊戌变法的研究。

一项认真的研究，虽然能有许多次的计划，但其进度总是不能按照其计划刻板地前进。一个认真的研究者，虽然知道其最终的目标，但总是不能测量出行走路途的长度。2014年起，我的研究一下子陷于瓶颈——我正在研究康有为的学术思想与政治思想，但不能判断其"大同"思想的最初发生时间，以及这一思想在戊戌变法期间的基本形态。我找不到准确的材料，来标明康有为思想发展各阶段的刻度。直到两年之后，由梁渡康，我从梁启超同期的著述中找到了答案，由此注目于"大同三世说"。我的研究计划又一次改变了。

整整二十年的研究，我对戊戌变法的看法有了很大的变化（自以为是深化）。随着研究进展，在我的头脑中，原先单一色彩的线条画，现在已是多笔着色，缤纷烂漫；原先一个个相对固定的场景，现在已经动了起来，成了movie。这种身临其境的感受，让我又一次觉得将要"回到宏观叙事的阳光大道上来"，而时光却悄悄地已进至戊戌。

整整二十年的研究，我对戊戌变法的研究也有了新的感受（自以为是痛感）。前人的研究是极其重要的，但若要最后采信，须得投子"复盘"；那些关键性的节点，还真不能留有空白，哪怕再花工，再花料，也都得老老实实地做出个基础来。由此，这二十年来，我一直不停地在赶路，经常有着"望山跑死马"的感受。我虽然不知道到达我个人的最终目标，还需得多少年，还须走多少路；但我坚信不疑的是，戊戌变法这个课题所具有的价值，值得许多历史学家花掉其人生经历的精华时段。李白《临路歌》唱道：

> 大鹏飞兮振八裔，中天摧兮力不济。
> 余风激兮万世，游扶桑兮挂石袂……

戊戌变法是中国历史上的重大事件，一百二十年前，有其"飞"，有其"振"，因"中天"之"摧"而"力不济"；然因此而生、不能停息的"余风"，仍在激荡着这个国家，以至于"万世"，而其"石袂"（左袂）也挂到了高达千丈、象征日出的"扶桑"树上……

茅海建
2018 年 1 月于横琴

目　录

自　序

　　北京,紫禁城,西华门内,中国第一历史档案馆,最近的二十年中悄然地发生变化。一方面是档案的整理工作有了进展,阅档的条件也不断改善,虽与世界各大档案馆相比尚有诸多不尽如人意的地方,但其中的进步是可喜的;另一方面是阅档的人数在减少,平时很少见有专业工作者,每到寒、暑两假,外国人(尤其是日本人)经常多于中国人。上个世纪被称为"三大史料发现"之最的"大内档案",似乎不再光鲜夺目。

　　在这二十年中,清朝历史的专业人员在增加,每年毕业的硕士、博士更是成倍增长,而来此查阅清朝档案的人数却是相反,日渐减少。从拥挤到冷清,我虽目睹了阅档室的变化,但经常找不出此中的答案。

　　就我从事的专业——中国近现代史——来说,学科发展的轨迹是主题先行,很早就有了许多重要的结论。但这些结论所依托的史实却在匆忙中搭建,根基并不是很深。今天,年轻学生经常告诉我,他遇到的已有定评的"史实"经不起查证,往往是一考即错。对此我也有同感。在不可靠的"史实"之上,现在正运行着大量的推导、演绎、归纳,其结论也只能是不可靠的。学术发展到今天,我们的手中已经并不缺乏结论,相反的是,我们的思考却为各种各样互相对立抵牾的结论所累。其中一个大的原因,即为各自所据的"史实"皆不可靠。因此,到了 21 世纪,我个人以为,在我们这一专业中,最重要的工作似为"史实重建"。

　　史实重建是一项基础性的工作,以时下的标准来衡量,投入与产出可能并不那么划得来。这只是从个人的短期的角度来计算,如果从学科发展的角度可能正好相反。一位编辑朋友告诉我,最近几年中,每年中国近现代史要出产数以百计的著作,数达千位的论文。这一数字让我震惊。谁都可以断定,这些著作和论文中的相当部分,几年后可能自然而然地消迹不显,那才真是一种极大的人力牺牲和物力浪费。因此,从这一意义上说,史实重建反而是投入少产出高。我目前的研究兴趣是戊戌变法,有两位史实重建的研究先进,一是黄彰健先生,一是孔祥吉先生。前者在20世纪70年代初的著作中提出了巨大的假设,后者在80年代末的著作中做出回应。他们的成就经历数十年光芒不灭。相对于同时代诸多戊戌变法的研究,他们现在的产出价值远远高于当时的投入成本。

对于中国近现代史来说,最大的专业优势在于我们不缺乏史实重建的原料,仅中国第一历史档案馆现存一千多万件档案,绝大多数未被学术界利用。现在阅档室有了空调,不收调档费,提供开水,代订午饭,中午也可以继续阅档,可人数为什么减少了呢?我不能肯定阅档室中的人数是否可以作为这一专业的方向风标,但可以肯定地说,阅档室人数的增加,一定是史实重建工作的加强。

1995年初,在上海的一个座谈会中,我的同窗好友潘振平先生建议我研究戊戌变法。此时,我的前一研究项目即将结束,正开始寻找新的研究方向。三年后,到了1998年,我在完成前一研究的扫尾工作,按照潘先生的提议,进入戊戌变法研究的前期准备时,出席了两个纪念戊戌百年的讨论会。前一个会议在香山的一个寺院里召开,朱维铮教授说,时间过了一百年,但对维新一百天里到底发生了什么事情,仍旧不那么清楚。后一个会议在挂甲屯的一个宾馆中召开,会上关于戊戌政变的原因,各位研究先进再次发生了争论。当我慢慢浸入戊戌变法研究的深水中,我突出的感受是,相关的史实依然眉目不清。

五年多的时间,很快便过去了,我总算是做了一点点史实查证的工作。此次结集是为了做一个交代。

尽管人生已有多种际遇,但我在研究方面的运气实在太好。正当我决意研究戊戌变法时,1998年11月恰有机会来到日本,使我看到了外务省外交史料馆的档案。日本学者的研究方法与手段对我是一个促动,京都学派的缜密细心使我心向往之。随后我于1999年4月调入北京大学历史系,一连三年没有发表论文,但在宽容的环境中我没有受到任何指摘,使我能够静下心来。2000年1月我又有机会去台湾,看到了中研院近代史研究所档案馆的总理衙门档案和台北故宫博物院文献馆的清代档案,在那里看档可以说是一种别样的享受。北京的中国第一历史档案馆各位师友更是为我提供极大的帮助。在研究经费上,我获得了国家社会科学基金、北京大学社科部配套资金、985计划明清工程资金的帮助。2000年7月到12月,我在香港大学历史系访问。2002年11月至次年2月,我在剑桥大学远东研究系、巴黎高等社会科学学院访问。2003年8月起,我在东京大学文学部访问。域外客舍的宁静,又使我能够摆脱教务与杂务,潜心于百年前的故人旧事。本项研究的最初档案整理工作是在香港完成的,其第五篇关于日本的论文,主体部分是在剑桥和巴黎完成的,其第三篇关于"上书"的论文,是在东京完成的。我写上这些相当私人化的流水账,是为了感谢在上述事情上帮助过我的各位师长友朋:张海鹏教授、卫藤沈吉教授、山田辰雄教授、徐辉琪教授、王天有教授、吕芳上教授、张启雄教授、陶文钊教授、罗曼丽(Priscilla M. Roberts)博士、方德万(Hans van de Ven)博士、巴斯蒂(Marianne Bastid-Bruguière)院士、岸本美绪教授、并木赖寿教授、牛大勇教授、杜进教授、枥内精子女士……

感谢中国第一历史档案馆的诸位女士与先生,他们的热情服务使我很快地掌握了大量档案,其中朱淑媛小姐、李静小姐、葛会英小姐、吕小鲜先生、卢经先生等人帮助尤大。感谢曾对本书一些论文进行审查的研究先进:戴逸教授、杨天石教授、房德邻教授、潘振平先生、郭卫东教授、谢维先生、马忠文先生……他们的批评和鼓励对我是鞭策,毫无疑问,本研究的一切错误由我个人负责。感谢我在中国社会科学院近代史研究所和北京大学历史系两个机构服务时关心照顾我的诸多前辈,其中最使我感动的是王庆成教授、曾业英教授、朱东安教授、何芳川教授,而何教授,我几乎从未与他说过话。

我时常怀念我的导师陈旭麓教授,他去世已十五年了。但在这十五年中,我能经常地感到他的存在,尤其是我遇到困惑、困境和困乏的时候。

这种情感是无法用感谢之词所能表达的。

最后,我还要特别感谢郑匡民先生。本书第五篇关于日本的论文是我和他共同完成的,双方的作用也是不分彼此的,但他大度地容我收入我的结集。当然,以后他结集时我也希望再收入。这一个丑媳妇可以更多地见公婆了。

茅海建

2004 年 1 月于西八王子

戊戌政变的时间、
过程与原委

——先前研究各说的认知、补证、修正

一、学术史与本文之旨趣

　　1898 年即光绪二十四年的戊戌政变,是近代史研究中的常青树之一,常议常新,有关论著连绵相继。其中的原委,首先是戊戌维新的核心人物康有为、梁启超事后认定,政变的起因是袁世凯的告密,致使转变中国命运的改良不幸夭折。这一极具戏剧性的说法,受到了各类文艺家的欣赏,由其加之以实际上的戏剧化,广为流传,得到了普通大众的公认。而任何戏剧性情节恰又是严肃历史学家的生疑之处,由此引发了对康、梁说的一次又一次的否认或承认。其次,戊戌政变是密谋下的宫廷政变,处处可见其蛛丝,又到处让历史学家难觅确据。这使得历史学家们的研究同时存在着多种结论,相互抵牾。如果将之放在一起,也让对此没有深入研究的人们(包括专业学术人员)一时难以判断。再次,由于历史学家的研究结论并没有广泛传播,而各种类型的著述(包括专业性的论著)涉及于此时,又多沿用康、梁旧说,且不申明其理由,致使历史学家觉得有必要再站出来进行证明。上述的原因,有学术性的也有非学术性的,但导致的

结果是大量学术力量的投入和大量学术作品的产出。

然而,我以为,一个课题的学术研究到达了一定的阶段,就需要对该课题进行全盘的检讨,对其所存的各说从史料到论点一一进行学术上的核订,以达溯本归源之效。

如果从学术史的角度来看,有关戊戌政变的研究,我以为,下列著述最为重要。[1]

一、丁文江先生、赵丰田先生在《梁启超年谱长编》中称:"六日[2]的政变是不是因为袁项城泄露了密谋才爆发的,还待考证,同时假定是他泄露的话,他在京师泄露的,还是在天津泄露的,或是在两处都泄露了,也不能说一定。不过我据各种材料的研究,知道他在初三日便从谭复生的口里听到了南海的全部计画,西后以初四日酉刻还宫,初五日德宗在召见袁氏以外,还延见日前总理大臣伊藤博文,袁氏以上午返津,当日晚事件就爆发了。""关于这次政变的原因,近因方面当然就是褫礼部六堂官职和召见袁世凯两件事,但是也有人说伊藤博文的入觐也是促成政变的一个原因。"[3]丁、赵两氏的说法,当属排比当时他们可见之史料后的假设,而没有予以完全的证明。有意思的是,以后的研究大体是围绕着此一假设打圈子,走不出太远。由此可见丁、赵两氏对梁启超的戊戌政变说的客观态度和思维力度。

---

[1] 此处所提的学术史是指职业的历史学家以研究为目的的作品,以别于当时人或当事人的各种著述。

[2] 此处的六日即光绪二十四年八月初六日,公元 1898 年 9 月 21 日,由于当时的文献及有关研究大多使用中国纪年且又需要大量引用,为避免反复注释,本书前四篇以中国史料为主的论文使用中国纪年,并夹注公元,第五篇以日本史料为主的论文使用公元,并夹注中国纪年。

[3] 该年谱长编最初发表于 1936 年,其名为《梁任公先生年谱初稿》,编者署名为丁文江。1983 年上海人民出版社出版该年谱的修订本,改名《梁启超年谱长编》。据该书由赵丰田所撰"前言"称,当时的主要编写工作由赵丰田操持,此说又由顾颉刚所撰"序"为证。我引用的是 1983 年上海人民出版社本(并与 1936 年油印本核对),见该书第143 页、第 149 页。

二、吴相湘先生于 1957 年发表论文《戊戌政变与政变之国际背景——梁启超〈戊戌政变记〉考订》下,认为戊戌政变的起因不在于袁世凯的告密,因为在此之前,慈禧太后一派已经行动。政变的起因是御史杨崇伊致慈禧太后的密折,而在其中伊藤博文访华是最要之因素。从今天的角度来看,吴文的论据并不充分,且引用的史料也未加严格核订,但参照后来的研究各说,吴文有其不小的意义。[1]

三、刘凤翰先生于 1959 年发表《梁启超〈戊戌政变记〉考异》,他通过对梁氏该文各版本的周密考订,认为修改之用意在于对"袁世凯戊戌告密史实的删改",刘先生认为政变确因袁世凯告密而引发,并对前引吴相湘的论文提出挑战,指出其在引用材料中的失误。[2] 1963 年刘先生又发表《袁世凯〈戊戌日记〉考订》,认为其中的内容有真有假,指出袁世凯向荣禄告密系八月初五日下午,荣禄于当天五时即去京。同时还指出,袁世凯日记中关于初四日凌晨零时至初五日凌晨六时共 30 小时,"只字未提,实在令人怀疑"。[3]

四、萧一山先生于 1963 年发表《戊戌政变的真相》,提出了政变的背景,即"光绪帝要开懋勤殿议制度,设顾问团,聘伊藤博文为首席顾问,慈禧才着急起来,深怕他们借用外力,就立即发动政变"。"这是政变的真正原因。""政变虽非纯由袁之告密,然而袁之告密则是政变的导火线。"他认为袁世凯在八月初三日听到谭嗣同的话后,即于第二天初四日变装回天津,密告荣禄,当日随荣专车回京,荣禄晋见慈禧太后,将袁言转告。初五日,光绪帝召见袁世凯。初六日,政变发生。萧一山先生提出政变原因为开懋勤殿与伊藤博文觐见,是有见地的,但其具体举证的材料为小说《续孽海花》。

---

〔1〕 《学术季刊》(台北),第 4 卷第 3 期。此处据其论文集《近代史事论丛》,传记文学出版社(台北),1978 年,第 1 册,第 123—150 页。事隔 40 年后,吴先生再写《戊戌政变时的袁世凯》(《历史月刊》台北,1998 年 6 月号),重申其先前的论点。

〔2〕 《幼狮学报》第 2 卷第 1 期(1959 年 10 月),本文作者所据是其于 1964 年改定本,并收入其文集《袁世凯与戊戌政变》,文星书店,1964 年。

〔3〕 《幼狮学志》第 2 卷第 1 期(1963 年 1 月),此处据其 1964 年改定本,见《袁世凯与戊戌政变》,第 139—189 页。

关于政变的时间,文中也有两说,一是初五日晚上,一是初六日。此是萧先生在一次会上的演讲,文字上不严谨,也是可以理解的。[1] 刘凤翰先生于1964年发表《与萧一山先生谈〈戊戌政变的真相〉》,指出了萧先生该文"重要的错误与自相矛盾的地方就有二十几处",最后提出其所认为的政变"真相",其中最关键之点是,初五日上午光绪帝召见袁世凯时,示之密诏。袁于下午3时到达天津,即向荣禄告密,并示光绪帝给其之密诏。荣禄即乘下午5时车入京,当晚慈禧、荣禄、怀塔布等召开紧急会议,决定即刻训政,并命荣禄回津以候召命。初六日,垂帘之诏下。[2]

五、黄彰健先生于1970年出版《戊戌变法史研究》,其中涉及政变的论文有多篇,最重要的是《论戊戌政变的爆发非由袁世凯告密》。黄先生认为袁世凯向荣禄告密为八月初五日,荣禄当日进京夜见太后是揣测之词。由于慈禧太后此时已移住西苑,初五日晚在颐和园召开紧急会议实为不可能。且初六日谕旨仅说康有为结党,不说康图围颐和园,而游说袁世凯的谭嗣同,初九日才被抓,于情理说不过去。黄先生认为,袁世凯的告密消息,系于初七日由杨崇伊转到北京,初八日慈禧太后方得知,于是有初九日黎明谭嗣同等人之被捕。而黄先生在《论光绪赐杨锐密诏以后到政变爆发以前康有为的政治活动》中,提出了一个大胆的假设,即康有为嘱杨深秀上《请探查窖藏金银处所鸠工掘发以济练兵急需片》,以挖掘金窖为词,建议光绪帝调袁世凯军300人入京;光绪帝很可能在初五日召见袁世凯时出手谕给袁世凯,让其派兵以挖金为由进京。在《康有为衣带诏辨伪》中,黄先生指出,第一次密诏于七月三十日由杨锐带出;第二次密诏于八月初二日由林旭带出。两次密诏康有为皆有改窜。[3] 黄先

---

〔1〕 《大陆杂志》第27卷第7期,1963年10月。
〔2〕 《文星》第77期,此处据其论文集《袁世凯与戊戌政变》,第191—230页。
〔3〕 中研院史语所专刊之五十四《戊戌变法史研究》,台北,1970年。其中《论戊戌政变的爆发非由袁世凯告密》一文,其注为1967年5月初稿,1969年5月二稿;《康有为衣带诏辨伪》一文,其注为1969年5月完成。关于调袁军入京挖掘窖金事,黄先生1988年发表《再谈戊戌政变——答汪荣祖先生》(《大陆杂志》第77卷第5期),称其已看到孔祥吉的论文《杨深秀考论》,但仍坚持其旧见。

生的著作发表之时,恰大陆的"文革"处于巅峰,该书大陆许多图书馆未藏,致使以后大陆的许多研究与黄先生多有重复。

六、周传儒先生于 1980 年发表《戊戌政变轶闻》,记录其当年在梁启超身边做学生时,所听到的梁对政变的说法,称光绪调袁世凯入京,当有引袁自卫之意,但无囚太后杀荣禄之旨;当时光绪帝的用意是派康有为南下,调黄遵宪入京,以作为缓冲。"事情之坏,坏在袁世凯一人,他不应张大其辞,以讹传真,陷害了光绪。"[1]周文虽不是研究文章,但对此事包含着梁的新说,也是很有意思的。

七、房德邻先生于 1983 年发表《戊戌政变史实考辨》,认为政变发生的时间为八月初六日,而政变的原因主要是杨崇伊的密折,袁世凯虽然告密,但此时政变已经发生,且袁世凯与荣禄都有保全光绪帝之心。而慈禧太后得知袁之密告后,于八月初七日下令捕捉谭嗣同;而光绪帝绝无密诏给康有为,其第一道密诏是给杨锐,与康氏无涉。第二道密诏很可能是口诏,是对八月初二日明诏严令康有为出京的抚慰之言。[2]房文的考证相当精细,在当时也是一篇全面之作,惜在《起居注册》上错引版本,且在谭嗣同被捕时间的考证上,证据与分析仍不充分。

八、孔祥吉先生于 1983 年发表《关于戊戌政变二三事之管见》,引用《卓钦该班档》《穿戴档》《知会簿》及台北故宫所藏《起居注》,证明现存北京第一历史档案馆的《起居注册》为"经过缮改后的正式誊抄本",而政变发生于八月初四日,光绪帝当晚在瀛台被软禁。八月初六日宣布训政,"是一切准备停当之后,走的一个过场而已"。而戊戌政变的导火索是伊藤博文的访华。[3]孔先生还于当年发表《杨深秀考论》,以其发现的《请探查窖藏金银处所鸠工掘发以济练兵急需片》,认为黄彰健先生的光绪帝有可能据此片调袁世凯军入京的推论并不正确。[4]

---

〔1〕 《辽宁大学学报》,1980 年第 4 期。

〔2〕 该文见胡绳武主编:《戊戌维新运动史论集》,湖南人民出版社,1983 年,第 235—283 页。

〔3〕 《历史档案》,1983 年第 3 期。

〔4〕 《晋阳学刊》,1983 年第 4 期。

九、杨天石先生于 1985 年发表《康有为谋围颐和园捕杀西太后确证》，引用其发现的毕永年《诡谋直记》，认定康有为有以袁世凯军入都围颐和园之谋，并让毕永年率百人奉诏执西太后而废之。[1] 次年杨先生发表《康有为戊戌密谋补证》，引梁启超致康有为信，再次认为康有围园捕后之谋，并称康、梁为隐其谋而订攻守同盟。[2] 同年发表的《光绪皇帝与康有为的戊戌密谋》，认为八月初五日，光绪帝最后召见袁世凯时，有密谕交给袁世凯，即光绪帝也参与了围园捕后的密谋。[3]

十、汤志钧先生于 1985 年发表《伊藤博文来华与戊戌政变发生》，认为政变的导火索是伊藤博文访华。[4] 同年发表《关于光绪"密诏"诸问题》，对康有为的两道密诏进行考辨，认定系康氏之伪造。[5] 次年再发表《关于戊戌政变的一项重要史料——毕永年的〈诡谋直记〉》，将毕永年之说法与冯自由《革命逸史》一则记载相对照，认为毕永年的说法相当可靠。[6]

十一、林克光先生于 1987 年发表《戊戌政变史事考实》、《戊戌政变时间新证》，根据《上谕档》八月初三日军机处奏片中"签拟办法，恭呈慈览，俟发下后再行办理"等语，认为八月初三日光绪帝已失去单独处理政务之权，即政变发生于八月初三日。林先生认为，政变的起因非为袁世凯告密；谭嗣同等人的被捕于八月初九日；六君子不审而杀是害怕外国的干涉。[7] 林先生的论文提出了重要的证据，然在当时及此后相当长的时间内，未引起足够的注意。1990 年林先生出版《革新派巨人康有为》（中国人民大学出版社），再次阐述了这一论点。

十二、房德邻先生于 1988 年发表《光绪帝与"戊戌密谋"无关》，对杨

〔1〕《光明日报》,1985 年 9 月 4 日。
〔2〕《文汇报》,1986 年 4 月 8 日。
〔3〕《历史教学》,1986 年第 12 期。
〔4〕《江海学刊》,1985 年第 1 期。
〔5〕《近代史研究》,1985 年第 4 期。
〔6〕《中华文史论丛》,1986 年第 1 期。
〔7〕《近代史研究》,1987 年第 1 期;《历史教学》,1987 年第 3 期。

天石先生提出的光绪帝了解并参与了"戊戌密谋"的论点提出相反意见，认为谭嗣同在见袁之后，不可能见到光绪帝，而光绪帝在初四日已受监视，也不可能有初五日交给袁世凯的密谕。[1]

十三、赵立人先生于 1990 年发表《戊戌密谋史实考》，认为康有为、杨深秀等人早有意发动武装政变，在拉拢袁世凯之前，曾图谋于聂士成、董福祥。"天津废立"完全是康等人的自说自话。[2]

十四、王树卿先生于 1990 年出版的著作《清代宫廷史》中，称慈禧太后于八月初四日由颐和园回到西苑，目的为八月初五日"祀蚕神"，初六日一早慈禧太后按计划回颐和园。回到颐和园后，接到荣禄自天津打来的密电，"轻轿快班"返回西苑，当日"在便殿办事"，次日（初七日）在勤政殿行礼。[3] 王先生的说法自有其新材料，然当时未有人对其材料进行验证。

十五、骆宝善先生于 1994 年发表《袁世凯自首真相辨析》，认为戊戌政变由杨崇伊密折所致，而袁世凯若要向荣禄告密，最早为八月初五日晚 22 时，距初六日早朝不过七八个小时，根据当时的通讯条件和交通条件，根本来不及。他认为袁世凯的《戊戌日记》基本属实。[4] 赵立人先生于 1996 年发表《袁世凯与戊戌政变关系辨析》，表示其反对意见，认为袁世凯的《戊戌日记》并不可靠，袁世凯告密而导致政变，在时间上和手段上都有客观可能性。[5] 骆宝善先生再于 1999 年发表《再论戊戌政变不起于袁世凯告密》，认为戊戌政变从八月初三日杨崇伊密折开始，到初六日再次训政，"有一个过程"；袁世凯告密在初五日夜，当时无论火车、电报皆难以在初六日晨早朝时将消息送至慈禧太后处；袁世凯告密虽属事后

〔1〕《历史教学》，1988 年第 5 期。
〔2〕《广东社会科学》，1990 年第 3 期。
〔3〕万依、王树卿、刘潞：《清代宫廷史》，辽宁人民出版社，1990 年，第 517—521 页。据该书的前言，此一部分由王树卿先生撰写。
〔4〕《学术研究》（广州），1994 年第 2 期。
〔5〕《广东社会科学》，1996 年第 2 期。

的消息,但对政治局势的发展仍有作用。[1]

十六、杨天石先生于 1998 年发表《袁世凯〈戊戌纪略〉的真实性及其相关问题》,将袁氏的《戊戌纪略》与梁启超的《戊戌政变记》相比较,认为袁氏的记录主要情节可靠,梁氏有意隐瞒。在该文的附注中,杨先生放弃了他 1986 年论文所言初五日光绪帝有密诏给袁世凯的论点。[2]

十七、马忠文先生于 1999 年发表《戊戌"军机四卿"被捕时间新证》,以魏允恭致汪康年密信、郑孝胥日记为据,证明谭嗣同等人于八月初八日被捕,林旭于初九日被捕。[3]

十八、戴逸先生于 1999 年发表论文《戊戌年袁世凯告密真相及袁和维新派的关系》,认为袁世凯在戊戌变法期一度倾向维新派,并通过徐世昌保持与维新派的联系,与闻并支持他们的密谋。八月初六日晚,听到杨崇伊带来政变的消息后,为保全自己,才将密谋和盘托出,致使事件扩大化。戴先生认为,袁世凯不是主动告密而是迫于形势。[4]

十九、房德邻先生于 2000 年发表《戊戌政变之真相》,认为"政变经历了一个过程",其中第一个步骤就是八月初三日光绪与慈禧太后的奏折权力的变化,其次是慈禧太后初四日突然从颐和园回宫,再次是初六日的训政谕旨,而袁世凯告密消息到京后,光绪帝的处境一度非常危险,至荣禄到京后,光绪帝的处境才有所改变。在此论文中,房先生全面叙述了政变的全过程,并对其 1983 年论文中一些观点进行修正。[5]房先生于 2001 年再发表《维新派"围园"密谋考——兼谈〈诡谋直记〉的史料价值》,认为毕永年的《诡谋直记》中有漏洞,"不可

---

〔1〕《广东社会科学》,1999 年第 5 期。
〔2〕《近代史研究》,1998 年第 5 期。有意思的是,杨文最后称:"在戊戌政变史的研究和阐述上,我们被康、梁牵着鼻子走的时间已经够长的了。"而在当年余英时先生发表《戊戌政变今读》(《二十一世纪》1998 年第 1 期),仍在使用梁启超的《戊戌政变记》,并作为主要材料。对此赵立人先生撰文予以驳斥(《读史必须辨伪——余英时〈戊戌政变今读〉质疑》,《广东社会科学》1999 年第 3 期)。
〔3〕《历史档案》,1999 年第 1 期。
〔4〕《清史研究》,1999 年第 1 期。
〔5〕《清史研究》,2000 年第 2 期。

径直作为信史"。[1]

二十、蔡乐苏先生在 2001 年出版的著作《戊戌变法史述论稿》中认为，戊戌政变的近因，当从七月二十日光绪帝任命军机四章京，逐李鸿章、敬信出总理衙门算起，袁世凯、伊藤博文先后来京，加速了政变的进程。八月初四日，慈禧太后回宫后，光绪帝即失去了自由。蔡先生的著作基本点是综合前说，以取舍表明态度。他对林克光先生的论文没有直接引述，而较多引用孔祥吉先生 1983 年论文的材料与观点。[2]

二十一、郭卫东先生 2002 年发表了《再论戊戌政变中袁世凯的"告密"问题》，认为袁世凯的告密地点在北京，时间是八月初四日，慈禧太后从颐和园回西苑发动政变是由告密所引起。他认为袁世凯在与谭嗣同会见后，去了海淀的寓所，其告密对象很可能是庆亲王奕劻。郭文的特点是提出疑问，长于分析，但在材料上未有进展。[3]

以上对学术史的回顾，由于篇幅关系，对各论文的观点无法进行更为全面的引述，且以上的引述也是我主观的认知，有可能因我个人的看法而有一个暗暗的指向，削去了我认为不重要的枝蔓，一些重要的论点因而被忽略。对此我将在以下的论述中再做详细的征引和评论。此外，我对学术史的回顾也可能有疏漏，一些重要的研究成果也可能没有看到。

在中国近代史的研究中，我还没有看见有哪一个题目吸引了这么多的重要学者，对此进行如此长时间的研究，产生出这么多的研究成果。在以上长达半个多世纪的研究史中，材料在不断被发现，意见也趋向同一，但分歧仍有存在。

1998 年戊戌政变一百周年时，我因对戊戌政变此一事件有惑，且对

---

[1] 《近代史研究》，2001 年第 3 期。

[2] 蔡乐苏、张勇、王宪明：《戊戌变法史述论稿》，清华大学出版社，2001 年。该书关于戊戌政变的第八章由蔡执笔，有关内容见该章第三节，并参阅其他各节。

[3] 《清史研究》，2002 年第 1 期。该文刊出的消息是房德邻先生告诉我的。

当时的研究各说也不敢贸然认同，由此决心重新阅读有关档案，并以此检视先前各说，得出自己的结论来。我也知道，这一做法并不讨巧，也许一头扎下去仍是一无所获。而当时《近代史研究》、《历史研究》两个编辑部关于注重学术史的讨论，即在研究论文中突出地说明该论文与先前研究的继承关系，对我的工作也是一个很大的支持。查阅档案的工作，我因各类事务而断断续续地进行着。我也与一些师友交换过看法，其中 2000 年 10 月，我与房德邻先生在香港大学历史系工作室的简短交谈，对我有所帮助。多年的档案工作(也伴随着该项研究的进展)，使我自以为有了一点发言权，可以对先前研究各说评头品足一番，并根据所见的档案材料，作出自己的认知、补证与修正。于是，特将自己的看法报告于下。

需要说明的是，以下的认知、补证、修正，对先前研究各说有所评论和批评，但只是从学术角度出发。同时，我还以为，这种直言的方式正能最恰当地表示我对各位研究先进出于内心的尊敬。

二、政变前光绪帝与慈禧太后的政治权力关系

如果将戊戌政变看作是光绪帝与慈禧太后之间的政治权力变化，首先应当考察的是政变之前两人的政治权力分割界限。

几乎所有的研究者都承认，政变之前的光绪帝虽然亲政，但其权力有限，真正的大权在慈禧手中，光绪帝只是傀儡。这种说法当然正确，但若对此不加具体的界定，主宰一切的慈禧太后也就没有必要发动政变了。确认政变前光绪帝与慈禧太后各自的权力，有助于认清哪些权力政变后由光绪帝手中归于慈禧太后。

事后报告制度

清朝的皇帝,自雍正帝之后,已不再进行御门听政制度,主要是臣子用文字的方法上呈奏折,皇帝用文字的方式下达谕旨,而以谕旨来管理整个庞大的帝国。谕旨由军机大臣根据皇帝在奏折上的朱批和早朝时的口谕来承写,其间也常常有军机大臣退下,交代其意而由军机章京起草,军机大臣修改后呈上。军机处所拟谕旨经皇帝批准后,或明发、或字寄、或交片。[1] 皇帝的朱批和早朝时的口谕,是谕旨产生的关键。慈禧太后对此进行了监控。

自光绪帝亲政之后,《随手档》中差不多是每天都有这样的记录:"缮递某某日朱批折件事由单"、"缮递某某日早事传旨事由单"、"缮递某某日电旨某道"。此中的"缮",是军机章京抄写的意思,此中的"递",是上呈的意思。而这些由军机章京每天抄写的"朱批折件事由单"、"早事传旨事由单"、"电旨"是递给慈禧太后的。

这一报告制度早在光绪帝亲政前便已确立。光绪十四年(1888)十一月初十日,军机大臣世续、额勒和布、张之万、许庚身、孙毓汶上奏慈禧太后,对光绪帝亲政后的政务处理方式提出方案。其中有两条规定:

> 一、在京各衙门每日具奏折件,拟请查照醇亲王条奏,皇上批阅传旨后,发交臣等另缮清单,恭呈皇太后慈览。至内阁进呈本章及空名等本,拟请暂照现章办理。
>
> 一、每日外省折报,朱批发下后,查照醇亲王条奏,由臣等摘录事由及所奉批旨,另缮清单恭呈皇太后慈览。

---

[1] 明发谕旨是用内阁的名义公开发布,载入邸报等公私印刷物;字寄,又称廷寄,是由军机大臣用寄信的方式,将谕旨寄给外省当事官员,对外不公开;交片是将皇帝简短的谕旨,交给京内各衙门,一般也不公开。当然,在个别情况下,皇帝也有不用文字的形式,派官员传达口谕的。在极为特殊的情况下,皇帝也有不经军机处而直接朱笔写谕旨的,称为朱谕。朱谕一般也是发下给军机大臣的。

此一奏折递上后,于十五日奉慈禧太后懿旨:"依议"。[1] 以上记载中的前者即为"早事传旨事由单",后者即为"朱批折件事由单"。至于电旨何时开始进呈慈禧太后,我还没有查到相应的档案。

从《随手档》中可以看出,军机章京每日"缮递"的"朱批折件事由单"、"早事传旨事由单"及"电旨",都是在第二天进行的,无一例外。由此可见,这是一种事后报告制度。由此又可以确认,在政变之前,光绪帝单独出席"早朝",有单独的朱批权、口谕权,并对谕旨的形成有相当大的处置权。但在事后,准确说来,就是在第二天,必须要向慈禧太后报告。

《随手档》所记录的"朱批折件事由单",在中国第一历史档案馆中今存有相当多数量的底稿,不妨看一下其实例。百日维新起始于光绪二十四年四月二十三日(1898 年 6 月 11 日),可将前后两天的"朱批折件事由单"排列于下:

> 四月二十二日。谭钟麟、许振祎奏崖城黎匪滋事办理情形折,奉朱批:另有旨;又奏请以雷州府知府郅馨与肇庆府知府文康对调折,奉朱批:吏部议奏。谭钟麟奏请以麦国栋补广东莲濠营守备折,奉朱批:兵部议奏;又奏炮台勇团起支薪粮等款日期片,奉朱批:该部知道;又奏汇袭世职折,单一件,奉朱批:兵部议奏,单并发。谭继洵奏遵议改设武科章程谨拟条陈折,单一件,奉朱批:兵部议奏,单并发;又奏三月分雨水粮价折,单一件,奉朱批:知道了;又奏请以罗迪楚补监利县知县折,奉朱批:吏部议奏;又奏候补直录州知州吴本义期满甄别片,奉朱批:吏部知道;又奏候补知县清瑞期满甄别片,奉朱批:吏部知道。廖寿丰奏浙东厘金归税司经收岁拨各饷力难筹办折,奉朱批:该衙门知道;又奏安吉县知县汪一麟调署上虞县知县折,奉朱批:吏部知道;又奏候补道时庆莱期满甄别片,奉朱批:吏部知道;又

---

[1] 军机处《上谕档》光绪十四年十一月初十日,207/3 – 50 – 3,中国第一历史档案馆藏。该件档案孔祥吉先生最先使用。又光绪二十四年八月十六日起,军机处《随手档》不再有"缮递某某日朱批折件事由单"、"缮递某某日早事传旨事由单"、"缮递电旨某道"的记载,可见第三次训政后的慈禧太后对此已经不需要,而取消了这一制度。

奏上年分抽收土药厘金折,单一件,奉朱批:户部知道,单并发;又奏闰三月海塘沙水情形折,单一件,图一件,奉朱批:知道了。保年、兴存、春龄奏特参庸懦不职之协领连保等请分别惩办折,奉朱批:另有旨。祥顺、丰绅奏因伊孙补授理藩院员外郎谢恩折,奉朱批:知道了。

四月二十三日。廖寿丰奏解递俄、法款银折,奉朱批:户部知道;又奏副将汤鸣盛请留浙归标补用片,奉朱批:著照所请,兵部知道;又奏解协黔饷银片,奉朱批:户部知道;又奏假满病请开缺折,奉朱批:著再赏假两个月,毋庸开缺;又奏前安溪县知县戚扬学有根底请送部引见片,奉朱批:戚扬著交吏部带领引见;又奏请将二十一年以前防军报销暨免与扣平片,奉朱批:户部知道;又奏上年分秋冬二季厘捐数目折,单一件,奉朱批:户部知道,单并发。连顺、德木楚克多尔济奏查阅卡伦折,奉朱批:该衙门知道。德木楚克多尔济奏到任日期谢恩折,奉朱批:知道了。[1]

这两天的"朱批折件事由单"有长短,系由当日的朱批奏折多少决定。从档案来看,四月二十二日奏折数量属政务正常的数量,二十三日恰是奏折较少的一天。如果将此"朱批折件事由单"与军机处《随手档》相对照,可以看出,当日收到的京外的奏折题由及朱批,全都上呈慈禧太后了。慈禧太后从这些简要的报告中,可以大体明了各地的政事政情及光绪帝的态度。

清代制度,皇帝每天出席早朝。早朝由京内各衙门及军事单位轮值,[2]军机大臣一般也参加。在早朝中,轮值各衙门上奏,皇帝当时即予

〔1〕 《军机处录副·光绪朝·内政类·其他项》,3/111/5734/56、57、58。

〔2〕 轮值情况为:吏部、户部、礼部、兵部、刑部、工部、内务府、理藩院八个一品衙门,每日按次由一个衙门轮值,八日一轮回;宗人府、钦天监、太常寺、太仆寺、都察院、大理寺、鸿胪寺、国子监、銮仪卫、光禄寺、翰林院、通政使司、詹事府十三个衙门,分成八拨,每日随固定的一品衙门轮值,其中宗人府、钦天监随礼部,太常寺、太仆寺随兵部,都察院、大理寺随刑部,国子监随内务府,銮仪卫、光禄寺随理藩院,翰林院随吏部,通政司、詹事府随户部;镶黄旗、正黄旗、正白旗、正红旗、镶白旗、镶红旗、正蓝旗、镶蓝旗、八旗两翼、侍卫处十个军事单位,每日由一个单位轮值,十日一轮回。光绪二十四年各衙门及军事单位的轮值情况,可见军机处《早事》,208/3-51/2169〔4〕。

以指示。军机处每日向慈禧太后呈报的"早事传旨事由单",我在档案中还没有发现;但军机处本身有《早事档》,记录早朝的情况。我个人认为,由军机处向慈禧太后呈报的"早事传旨事由单"应与军机处《早事档》大体一致,就像前引"朱批折件事由单"与军机处《随手档》大体一致一样。以下仍以四月二十二日、二十三日为例,看看慈禧太后得到了什么样的报告。四月二十二日为吏部、翰林院、侍卫处值日,该日的《早事档》记:

> 内阁奏殿试大金榜用宝牌,奉旨:知道了。吏部奏议复广西巡抚奏冯相荣补太平思顺道事,奉旨:依议;又奏议复甘肃新疆巡抚奏彭绪瞻补库车直隶厅同知事,奉旨:依议;又奏议复湖广总督奏荆州同知期满奏留与例不符事,奉旨:留;又奏查明盛京将军奏涂景涛署康平县知县事,奉旨:依议;又奏议复盛京将军奏何厚琦署锦县知县事,奉旨:依议;又奏议复浙江海运出力船商等请奖事,单一件,奉旨:依议。吏部、上驷院各述旨,均奉旨:是。领侍卫内大臣奏侍卫吕桂荣告假回籍省亲事,奉旨:依议。阅兵大臣等奏校阅神机营先锋马、步各队操演完竣复奏事,奉旨:知道了。那彦图等殿试监试完竣、果勒敏等稽查中左门中右门完竣、钮楞额稽查刊刻题纸完竣各复命,均奉旨:知道了。克勤郡王晋祺因病请续假十日,奉旨:赏假十日。海年病痊请安,奉旨:知道了。王懿荣仍在南书房行走谢恩,奉旨:知道了。景陵总管若麟、沧州城守尉图敏、热河协领根龄、选补湖北德安营参将徐海波各谢恩,呈递履历片,均奉旨:知道了,履历留。翰林院奏无事,奉旨:知道了。

四月二十三日为户部、通政使司、詹事府、镶黄旗值日,该日《早事档》记:

> 中允黄思永封奏一件,奉旨:留。户部奏议复浙江请改折南漕拟俟秋成后再行奏明办理事,奉旨:依议;又片奏京城典当加税拟请核减议驳事,奉旨:依议;又奏会议已革运同乔景仪捐赈开复原

官议驳事,奉旨:依议;又片奏布政使裕长捐赈拟请照章核奖事,奉旨:依议;又奏会议东纲经征商灶课未完一分以上各员事,单一件,奉旨:依议;又奏会议安徽地丁等奏销案内续完各员减议免议事,单一件,奉旨:依议;又奏议复闽省奉拨京饷请由闽海关于药厘银内代解仍令照旧办理事,奉旨:依议;又奏议复八沟税员常谦盈余未能征收应令赔缴事,奉旨:依议;又奏核销塔尔巴哈台收支饷项事,单一件,奉旨:依议;又奏核复闽省海防善后收支各款事,奉旨:依议;又片奏给书识等银事,奉旨:依议。通政使司奏春季分本章数目事,奉旨:知道了;又片奏驳还成都将军恭寿一本可否查取错误职名照例送部议处请旨事,奉旨:依议。恩寿因病请假五日,奉旨:赏假五日。伯都讷副都统柏英因修墓到京请安,奉旨:知道了。荣禄授大学士管理户部事务、刚毅调补兵部尚书协办大学士各谢恩,均奉旨:知道了。四川尽先即补道沈翊清、分发河南补用道马开玉、分省补用知府许晋祁、荆州协领尼英聂哩、杭州协领哲尔经额、热河协领双禄各谢恩,呈履历片,均奉旨:知道了,履历留。詹事府值日名单,奉旨:知道了。镶黄三旗各奏无事,均奉旨:知道了。[1]

由此可见,慈禧太后可以通过此类简要的报告,大体了解京内各衙门的政事与政情以及光绪帝的态度。

"电旨"即电寄谕旨,是因情况紧急而向外省或驻外公使发出的谕旨。由于当时的电报为有线接力方式发送,费用高昂,且军机处尚无电报房,清廷的电报均经总理衙门电报房转收转发,当时的电旨是比较少的。四月二十二日即未有电旨,四月二十三日有发给广西巡抚黄槐森的电旨

---

[1] 军机处《早事档》光绪二十四年夏季分,208/3 - 51/2170。早朝时对于例行事务,一般皆是奉旨"依议"、"知道了",即在当时立即处理完毕。但对需要研究的奏折,奉旨"留",即在早朝时先不处理,留下来与京外的奏折一同处理。此类留下的奏折,皇帝一般会有朱批,即简要的处理意见,并在军机处《随手档》有记录,同时也在"朱批折件事由单"中向慈禧太后报告其摘由及朱批情况。

一道,次日军机处将该电旨"缮递"慈禧太后。[1]

　　除了"缮递"的电旨是具体的政令外,前引"朱批折件事由单"和《早事档》都十分简略,慈禧太后得此,虽可知政务的大概,但还不能了解政务之具体。然从军机处的重要档册《上谕档》和《洋务档》中,又可以看到,每天最重要的奏折及相关谕旨,军机大臣须在当天上呈慈禧太后。以下再以四月二十二日、二十三日为例介绍。由于四月二十二日没有重要奏折,当日军机处未呈。四月二十三日,军机处有一奏片:

　　　　本日中允黄思永奏息借华款请听商民自相劝办折,又奏集赀设立劝农学堂请旨试办折,又奏办理永清一带水利片,又奏皖北赈捐请重定章程片,均奉旨:存。谨将原折片恭呈慈览。谨奏。[2]

据此奏片,前引此日《早事档》中被光绪帝"留"的黄思永奏折,军机处当天将其原件及光绪帝的处理意见上呈慈禧太后了。

　　然而,哪些折片被列为重要而须上呈慈禧太后,其决定权在于军机处还是光绪帝本人,上引军机处奏片中并无明言。但从军机处的工作性质来看,其决定权应当属于光绪帝。《上谕档》中另一奏片,可以证明这一点:

　　　　民人高清如等呈一件、书四本,均属不合款式,未便呈递,惟查都察院代奏引折内,有民人高清如等呈一件、书四本,与军机处随折奏片不符。是否一并恭呈慈览?请旨。[3]

---

〔1〕　见该日军机处《随手档》,207/3 - 50 - 1。又,电旨内容为:"永安教案,拿犯劾官,均应速办。该州虽已参革,而凶犯至今未获。该处地连瑶峒,岂可任令潜藏。著该抚速饬官绅悬赏购募,并著苏元春派弁协拿。务须刚柔互用,毋致激生事端。苏元春籍隶永安,想能设法妥办也。"(军机处《电寄档》光绪二十四年,207/3 - 50 - 3/1576)
〔2〕　《上谕档》光绪二十四年四月二十三日。
〔3〕　《上谕档》光绪二十四年七月十九日。

这是军机大臣为向慈禧太后进呈有关奏折等文件而向光绪帝请旨的奏片。一般地说来，军机处呈送的奏折是当天处理的原件，但由于有些奏折及相关谕旨需要抄写，来不及将原折呈送，也会发生第二天再呈的情况。[1]

由此可以确认，在政变以前，光绪帝对于重要的奏折及其作出的相关决定，须在当天将奏折原件呈送慈禧太后并报告处理意见。这当然也是一种事后报告制度，光绪帝有处理权，慈禧太后有监督权，但不再是简单的"事由单"，而是要上报全部材料的原件。

既然光绪帝对重要奏折的呈送有权进行分类，即区别是否必要而呈送慈禧太后，那么，他是否呈送了全部重要的奏折呢？这一问题显然十分重要。为了说明这一点，我根据军机处《上谕档》《洋务档》并参考《随手档》，将百日维新期间，即光绪二十四年四月二十三日至八月初五日，光绪帝呈送慈禧太后的全部奏折排列，制成附表一。这样的附表当然会显得冗长，但惟有如此才可以具体地说明光绪帝与慈禧太后的政治权力关系，同时对许多读者了解戊戌变法史也有相应的参考作用。

从四月二十三日至八月初五日（6月11日至9月20日），军机处一共向慈禧太后上呈了折、片、呈、书等共计462件，最多的一天，上呈了29件。百日维新进入其高潮期七月之后，几乎每天都有上送慈禧太后的奏折原件。（详见附表一）为此我将之与今日研究者使用最多的三本史料书相对照，发现两点，其一是后来史料选编者认为最重要的奏折，军机处几乎全部上呈慈禧太后，不同时代的人思路上却有一致性。其二是上呈的奏折数量大大超出了现已发表者，慈禧太后可以看到比今天普通研究者多得多的材料。由此，今天许多研究者评论慈禧太后时就有史料不充

---

[1] 如光绪二十四年二月初八日，《上谕档》中记，"本日都察院代奏山西京官等呈请山西开办铁路宜防后患折，又左都御史徐树铭奏山西矿务铁路宜由本省绅民自办折，奉寄信谕旨：'令胡聘之奏明办理'。因原折二件应钞交山西巡抚，拟于明日恭呈慈览。御史宋伯鲁奏请设议政处折，奉旨：'暂存'，又奏总理衙门时务书籍请发交翰林院片，委散秩大臣锡光奏请办厘税间架折，均奉旨：'存'。谨将宋伯鲁、锡光原折片三件，并昨日给事中张仲炘折二件一并恭呈慈览。谨奏。"此中提到的都察院等三件，第二天的《上谕档》记："昨日左都御史徐树铭折、都察院折并山西京官原呈各一件恭呈慈览。谨奏。"而张仲炘折二件，是因为前一天要抄送总理衙门，故推迟一天呈送。

分之嫌。名为归政的慈禧太后可以看到百日维新中的重要奏折。为此，我又将之与军机处每日登记收到奏折的档册《随手登记档》做比较，我以为，光绪帝确实将此一时期的重要奏折，包括军机处都无法看到的"留中"的折件，**基本**上送到慈禧太后手中。

百日维新期间上呈慈禧太后的奏折如此之多，是由于维新事业的前进，重要事务日增，而重要折件必须上送慈禧太后。在此之前，虽有重要奏折须送的制度，但因传统政务中没有多少新鲜事，需要上送的折件数量并不是很多。光绪二十四年正月初一日至百日维新前的四月二十二日，军机处上呈慈禧太后的各类折件共计 224 件，其中正月上呈 29 件，二月上呈 42 件，三月上呈 54 件，闰三月上呈 56 件，四月初一日至二十二日上呈 43 件。（详见附录二）而在光绪二十四年之前，上呈慈禧太后的重要折件更少。

百日维新期间上呈慈禧太后的折片中，同情和支持变法的较多，这并不是光绪帝企图由此来影响慈禧太后的政治态度，而是在当时的形势下，同情和支持变法的奏折比较多，反对变法或反对变法派人士的人，一般也不太敢于出面公开表态。如果仅从某些折片的上呈，可能会得出光绪帝影响慈禧太后的结论，但若将全部上呈奏折综合起来看，可以感受到形势之使然。反过来说，反对变法或反对变法派人士的折件，光绪帝也上送了。如四月二十五日御史黄均隆《湖南办理新政有名无实折》、五月初三日御史胡孚宸《参张荫桓折》、五月二十日御史文悌《言官党庇诬罔折》、七月初五日尚书许应骙"留中"的封奏和七月二十四日四品京堂王照《参张荫桓朦保张上达等折》，毫无疑问，这些奏折的基本内容光绪帝是不会欣赏的，但也必须上送慈禧太后。由此可见重要奏折当日上送制度的刚性。

未送慈禧太后的个别重要奏折

凭借着"朱批折件事由单"、"早事传旨事由单"、"电旨"及重要折件的原件，慈禧太后基本上可以监控光绪帝的政务处理情况。反过来说，光绪帝犹如在玻璃房子里办公，慈禧太后虽在远处，仍可以大体看个清楚。

但是,再透明的玻璃房也会有一些暗角。有证据证明,也有一些重要奏折,光绪帝未向慈禧太后上送。

其一是康有为的一些密折。

1981年陈凤鸣先生发表《康有为戊戌条陈汇录——故宫藏清光绪二十四年内府抄本〈杰士上书汇录〉简介》,使藏于故宫博物院图书馆的光绪二十四年内府抄本《杰士上书汇录》为学术界有幸得以利用。[1]《杰士上书汇录》共收入康有为戊戌年奏折18件,其中通过总理衙门代奏的共8件,[2]分别于三月二十三日(4月13日)、五月初四日(6月22日)、七月初五日(8月21日)由军机处上呈慈禧太后。[3]其余还有10件。[4]而这10件折片如何送到光绪帝手中,现在还难以说清楚。康有为的官、差分别是工部主事、总理衙门章京,没有直接上奏权。按照清朝制度,其折片当由总理衙门或工部代奏。从军机处《随手登记档》中可以看到康

---

〔1〕 《故宫博物院院刊》,1981年第1期。据房德邻先生告,《杰士上书汇录》的发现,孔祥吉先生也有贡献。孔先生的论文《〈戊戌奏稿〉的改篡及其原因》(《晋阳学刊》1982年第2期)首次对《杰士上书汇录》进行了研究。

〔2〕 光绪二十四年二月十九日、三月初三日、三月二十三日、五月初四日、七月初五日,总理衙门先后代奏康有为奏折8件,其名为:《请大誓群工开制度新政局折》、《译纂〈俄彼得变政记〉成书折》、《密联英日以保疆土而存国祚折》、《进呈〈日本变政考〉等书折》、《请照经济特科推行生童岁试片》、《请御门誓众开制度局折》、《请商定教案法律厘定科举文体并呈〈孔子改制考〉折》、《请开农学堂地质局以兴农殖民而富折》。(《杰士上书汇录》,见黄明同、吴熙钊主编:《康有为早期遗稿述评》附录,中山大学出版社,1988年,第261—292页、第314—315页)

〔3〕 《洋务档》光绪二十四年三月二十三日,207/3-50-3/1912;《上谕档》光绪二十四年五月初四日、七月初五日。

〔4〕 该10件的篇名为《请以爵赏奖励新艺新法新书新器新学设立特许专卖以励人才而济时艰折》、《请改直省书院为中学堂乡邑淫祠为小学堂令小民六岁皆入学以广教育而成人才折》、《请将优、拔贡朝考改试策论片》、《为商务不兴民贫财匮请立商政以开利源而杜漏卮折》、《为恭谢天恩条陈办报事宜折》、《请定报律片》、《为万寿庆辰乞许士民庆祝,并刊贴新政诏书,嘉惠士农工商以教尊亲而隆恩谊,宜人心以永天命折》、《为万寿大庆乞复祖制行恩惠宽妇女裹足以保国保民延生气而迓天庥折》、《恭谢天恩并陈编纂群书以助变法请及时发愤速筹全局以免胁割而图保存折》、《为厘定官制请分别官差以行新政以高秩优耆旧以差使任才能折》。(《杰士上书汇录》,《康有为早期遗稿述评》附录,第293—313页、第316—325页)

有为进呈奏折的渠道,皆为总理衙门,而对应相查,在《随手登记档》中另10件折片没有代奏的记载。

　　然在军机处《随手登记档》六月七日有一条很突兀的记录:"发下康有为条陈折、片各一件",下有注记:"见面带下,缮旨复存堂,初十日复递上。"这是说光绪帝在召见军机大臣时,由光绪帝发下给军机大臣。发下的康有为条陈很可能是《杰士上书汇录》卷二的《为商务不兴民贫财匮请立商政以开利源而杜漏卮折》,该折在《杰士上书汇录》中注明是"光绪二十四年六月初五日"。所谓"缮旨",是当日军机处寄刘坤一、张之洞的廷寄,要求在上海、汉口试办商务局设立商学、商报、商会各端。这与康有为奏折之意是完全吻合的。[1] 而这一天同时发下的附片内容为何,我还不能完全确定。据《杰士上书汇录》,最有可能的是《请将优、拔贡朝考改试策论片》,五月三十日、六月初四日《上谕档》、《随手登记档》有相应的记载。[2] 另一条突兀的记录见六月二十二日的军机处《随手登记档》:"发下康有为折、片各一件",并注明"见面带下,次日见面带上"。这也是光绪帝在召见军机大臣时发下的。该两件折片即为《为恭谢天恩条陈办报事宜折》、《请定报律片》。发下的折片,军机处照例要录副,由此现存档案中有该两件折片的录副。[3] 未经过代奏而将奏折直接送到皇帝处,康

_____

〔1〕 《洋务档》光绪二十四年六月初七日。

〔2〕 《上谕档》五月三十日有军机处奏片"据礼部知照,各省拔贡于六月初四日在贡院考试,钦奉谕旨:'题目改为一论一策。'应请钦命论题一道、策题一道,于初三日发下,交礼部堂官祗领,送至贡院,交查察大臣转送内帘。谨奏"。同日《随手登记档》记"递《四书》一部",并注:"见面带上"。六月初四日军机处奏片"据礼部知照,丁西科各省优生朝考奉旨在保和殿考试,应请钦命论题一道、策题一道,于初六日清晨发下,交监试大臣传示。谨奏"。同日《随手登记档》亦称:"递《四书》一部"。

〔3〕 国家档案局明清档案馆:《戊戌变法档案史料》,中华书局,1958 年,第451—454 页,并注明时间是二十四年六月二十二日,此时间当是光绪帝发下军机处后,由军机章京录副的时间。这两折片在《杰士上书汇录》的注明时间是六月十三日,很可能是光绪帝从另外渠道收到奏折的时间。对于这两个时间的差异,孔祥吉先生称之为与孙家鼐二十二日的复奏有关,称是军机大臣奉旨时间,且将二十二日误写为二十四日。(孔祥吉:《变法图存的蓝图——康有为变法奏议辑证》,联合报系文化基金会丛书,台北,1998 年,第182 页、第184 页)孔先生的这一解释错误也许是其未核对《随手登记档》之故。

有为与光绪帝之间另有联络的管道。对此,康有为自己的说法是:

> 初三日,总理衙门代递谢恩折,上命曰:"何必代递,后此康有为有折,可令其直递来。"又令枢臣廖寿恒来,令即将所著《日本变政考》、《波兰分灭记》、《法国变政考》、《德国变政考》、《英国变政考》,立即抄写进呈。

> 时吾递书递折,及有所传旨,皆军机大臣廖仲山为之。京师谣言,皆谓廖为吾笔帖式,甚至谓为康狗者。廖避之,乃面奏,谓官报事宜,令我商之孙某。并传言谓此后凡报事皆交孙家鼐递折。先由军机大臣传旨与我,令告孙家鼐。乃见孙家鼐,为之草奏云:"某月某日康某转传军机大臣面奉谕旨。"此亦可笑事也。[1]

康有为的言论多有夸张自扬之处,须得处处小心。前一段引文,即有不实之处,"初三日"当指五月初四日总理衙门第三次为康代奏之事,而在此之后,总理衙门还为康代奏过1次。"令其直递来"一语,意为光绪帝命总理衙门或军机处,授康以直接上奏权,这在当时的政治体制内是绝无可能之事。康有为此语实为夸张之词。但康氏的后段引语明确提到了军机大臣上学习行走、总理衙门大臣、刑部尚书廖寿恒(字仲山)为其代递奏折,当时也有其他相同的说法。[2] 值得注意的是,六月二十二日的明发上谕有这样一段话:

---

〔1〕 《康南海自订年谱》,中国近代史资料丛刊《戊戌变法》,神州国光社,1953 年,第 4 册,第 148 页、第 152—153 页。

〔2〕 关于康折由廖寿恒代递,当时也有传言。张之洞收到的京内密报称:"康封奏皆径交军机大臣直上,不由堂官代奏,闻系上面谕如此而已。"(孔祥吉:《戊戌维新运动新探》,湖南人民出版社,1988 年,第 80 页)苏继祖《清廷戊戌朝变记》称:"(光绪帝)召见(康有为)以后,仍引嫌不敢随时召见,凡有顾问事,由总署代传,或有章奏条陈,亦由总署呈进,特派廖公司之,朝中呼之为'廖苏拉'。"(《戊戌变法》,第 4 册,第 335 页)王庆保等《驿舍探幽录》据张荫桓语称:"此后凡有条陈,径交军机处命廖大司寇专司其事,大司寇凤知康之荒谬,谓常熟(翁同龢)多事,而亦无法辞卸。"(同上书,第 1 册,第 492 页)

前据孙家鼐奏,遵议上海《时务报》改为《官报》,请派康有为督办其事。并据廖寿恒面奏,嗣后办理官报事宜,应令康有为向孙家鼐商办。当经谕令由总理衙门传知康有为遵照。[1]

上谕中的这一段话,证实了康有为前引言论中关于孙家鼐一事。然上谕中这段话,本意是对孙家鼐奏折中不满情绪的安抚。当日孙的奏折中称:"本月十六日,工部主事康有为转传军机大臣面奉谕旨:'令将筹办官报事宜,与孙家鼐说。'"[2]孙家鼐作为协办大学士、吏部尚书,一般说来,谕旨会有交片,即便是代传口谕,也应由军机大臣或相当等级的官员出面,由工部主事、总理衙门章京康有为上门代传"军机大臣面奉谕旨",与体制大不相符,孙氏的不满可以想见,故在奏折中如此明言。对此,光绪帝在谕旨中称"总理衙门传知康有为遵照",是使用廖的总理衙门大臣一职,也以康为总理衙门章京,与廖属上下级关系,以符合清朝体制。从谕旨中看,廖寿恒确有面奏之事。廖与康在百日维新中的私人关系,谈不上密切,而康氏张扬且执拗的为人,也很难让为人甚为谦和的廖感到相洽相融。我以为,廖得知康督办官报后,不想继续在中间做传递人,故当面请旨,将康事推给孙。这当然是一种猜测。但廖的中间人地位,由此谕旨可以确立。若廖没有中间人的关系,也就没有必要无事生非地向光绪帝当面请旨"嗣后办理官报事宜,应令康有为向孙家鼐商办"。

光绪帝没有将康有为的10件奏折上送慈禧太后,非为其内容,而是因其渠道不合乎于制度。

其二是湖南举人曾廉的条陈未送慈禧太后。

湖南举人曾廉的条陈,是对康、梁最有杀伤力的文献,全文长九千余字,分正折与附片。曾廉发表此条陈时自注云:"疏既奏,党人谭嗣同之属,方居军机用事,将坐以毁谤新政当斩,德宗蹙然不许,曰:'朕方求

---

[1] 《洋务档》光绪二十四年六月二十二日。
[2] 《戊戌变法档案史料》,第453—454页。

言,乃以言罪人乎？'明日嗣同复请刑,上卒格不下,廉始得全。"[1]曾廉的这一说法,是其不明当时"参预新政"的军机章京的实际地位(后将叙及)。黄彰健先生在1970年的著作中,引用了梁启超的说法:"七月二十三四日之间,有湖南守旧党举人曾廉上书请杀康有为、梁启超,摘梁在《时务报》论说及湖南时务学堂讲义中言民权自由者,指为大逆不道条列而上之。皇上非惟不加罪二人,犹恐西后见之,乃命谭嗣同将其原折按条驳斥,然后以呈西后,盖所以保全之者无所不至矣。"[2]由此,黄先生得出结论,曾廉的上书促使康有为等人实行武装夺权,即以徐致靖出奏保袁世凯[3] 黄先生的论点是建立在曾廉上书在前,徐致靖出奏在后这一时间顺序上的,尽管他也声明"曾廉上书日期,仍应查北平故宫军机处档案,始能决定",但他本人当时无法到北京来查档。而他的敏锐又常在未掌握全部档案,仅从蛛丝便道出底里。而此次黄先生恰是有误。孔祥吉先生据军机处《随手登记档》,查出曾廉的条陈上于七月二十七日,比徐致靖保袁折晚了一天,由此完全推翻了黄先生的判断[4]

然而,孔先生的研究,并未回答曾廉条陈与梁启超所言谭嗣同的驳斥是否同时上呈于慈禧太后,黄先生的研究恰是对曾廉条陈以及谭嗣同等人态度有着很长的论说,并称该折片上呈慈禧太后。重要奏折上呈慈禧太后本是当时的制度。该折片上呈与否,在当时是关系重大之事。为此,我在这里据军机处《上谕档》等档册再作补证。

曾廉的条陈是由都察院代奏的。军机处《随手档》七月二十七日的

---

[1] 曾廉条陈见《戊戌变法》,第2册,第489—503页。梁启超也有相同的说法:"枢臣拟旨,请予重惩。上谓方开言路之时,不宜谴责,恐塞言路,亦宽容之。"(《戊戌政变记》,《饮冰室合集》,中华书局,1989年,第6册,专集一,第44页)

[2] 《戊戌政变记》卷一,《饮冰室合集》,第6册,专集一,第20页。此外黄先生还引用《戊戌政变记》卷六、苏继祖《戊戌朝变记》、胡思敬《戊戌履霜录》,证明光绪帝让谭嗣同拟驳议,与曾廉条陈同上于慈禧太后,以减弱其杀伤威力。

[3] 《论曾廉上书导致康党拟武装夺权》,《戊戌变法史研究》,第411—428页。

[4] 《康有为戊戌年变法奏议考订》,《戊戌维新运动新探》,湖南人民出版社,1988年,第162页。

记录为：

> 都察院折代递条陈由：一、笔帖式联治，一、广西试令章国珍，一、候选州同谢祖沅，一、浙江举人何寿章，一、陕西举人张铣，一、湖南举人曾廉，一、中书诚勤，一、中书胡元泰，一、山东拔贡郑重，一、山西附监宋汝淮，一、谢祖沅气枪一杆，一、谢祖沅样图一张，一、宋汝淮样图，一、宋汝淮绘图。[1]

而在这一天军机处给慈禧太后的奏片只是称：本日"都察院代递顾治等条陈"，"俟陆续核议办理"[2]。该奏片未提收到条陈等件的具体数目，只是表示拟就处理意见后，再上呈慈禧太后。而到了第二天，即七月二十八日，军机处奏片称：

> 又二十七日……都察院代递谢祖沅、郑重、胡元泰、张铣、何寿章、诚勤、联治、宋汝淮条陈……均俟筹议奏明办理后，再行陆续恭呈慈览。

此时军机处奏片中已无湖南举人曾廉、广西试用知县章国珍。也就是说，在二十七日收到的共为14件的条陈、气枪、样图、绘图，军机处奏片中只提了8件条陈，将曾廉的条陈隐瞒了下来。七月二十九日的军机处奏片

---

〔1〕 都察院代奏的奏折称："据候选笔帖式联治、广西试用知县章国珍、候选州同谢祖沅、浙江举人何寿章、陕西举人张铣、湖南举人曾廉、镶白旗蒙古生员诚勤、内阁中书胡元泰、山东拔贡生郑重、山西附监宋汝淮等各以条陈赴臣衙门呈请代奏。又，谢祖沅呈进汽枪一杆、样图一张，宋汝淮呈进样图、绘图二匣。臣等谨遵谕旨将原呈恭呈御览，并将原枪、样图、绘图由军机处代呈。"光绪二十四年七月二十七日（《军机处录副·专题补遗·戊戌变法项》，3/168/9450/40）

〔2〕《上谕档》光绪二十四年七月二十七日。此中的"顾治"当属"联治"之笔误，繁体在草写时两字字形相近，很可能军机章京在抄写时出错。后文所引军机处奏片，皆出自《上谕档》。

未提此事。七月三十日的军机处奏片则将都察院代奏条陈的日期弄混〔1〕八月初一日的军机处奏片又未提此事。八月初二日军机处奏片称：

> ……诚勤呈一件、联治呈一件……郑重呈一件、张铣呈一件……均奉旨："存"……恭呈慈览。

也就是说，二十七日都察院代奏的条陈，到八月初二日才上呈慈禧太后4件。八月初三日的军机处奏片称：

> 又二十七日胡元泰请清教案呈、宋汝淮条陈矿务河工呈，均签拟办法，恭呈慈览，俟发下后再行办理。

即又上呈了2件。八月初四日的军机处奏片未提此事。八月初五日，军机处奏片称：

> 都察院代递举人何寿章请严定贩米章程及酌定交涉章程、设立矿务学堂折……均签拟办法，恭呈慈览，俟发下后，再行办理。〔2〕

---

〔1〕 七月三十日军机处奏片称："又二十七日，内阁奏代递中书祁永膺条陈折、片各一件，翰林院奏代递庶吉士周渤条陈呈一件，都察院奏代递知县冯秉钺呈一件、州同郭申绥呈一件、经历关敏道呈一件、举人温宗羲呈一件、拔贡刘子丹、周培棻、郑重呈各一件……均奉旨存，谨将原折片十二件恭呈慈览。"其中的人名与二十七日《随手登记档》所载、二十八日军机处奏片除郑重一人外，全不相同。这是军机章京将二十六日都察院代奏的条陈与二十七日代奏的条陈弄混了。查《随手档》七月二十六日载："都察院折代递郭申绥等条陈由：一、郭申绥原呈，一、冯秉钺原呈，一、关敏道原呈，一、马寿铭原呈，一、徐炎原呈，一、温宗羲原呈，一、张汝翰原呈，一、郑重原呈，一、刘子丹原呈，一、周培棻原呈，一、徐谦原呈，一、谭靖光原呈，图一、马寿铭递。"这个名单与三十日军机处奏片是相吻合的。而三十日奏片提及内阁中书祁永膺与二十七日《随手登记档》所载相符，而翰林院代奏庶吉士周渤条陈在《随手档》中未能查到。此时军机处的工作已陷于混乱，后将详述。
〔2〕 军机处奏片中将何寿章条陈的代奏时间误为二十六日。

由此可见,过了9天之后,都察院二十七日代奏的条陈,才有7件上呈慈禧太后。而从七月二十七日起,军机处奏片涉及该日都察院代奏条陈事多达6次,从未提到过曾廉的条陈。[1] 八月初六日,慈禧太后重新训政,重要奏折上呈之事也停止了。到此为止,曾廉的条陈由此似乎在空气中蒸发了。我在档案馆也没有发现该折片的原件或抄件。

光绪帝有没有看过或仔细看过曾廉的条陈,从档案中很难得出印象。从《随手登记档》中可见,七月二十七日那天,军机处共收到折片56件,其中各省各京内衙门折片30件,代奏的司员士民条陈折片共26件,另有广西巡抚黄槐森的电报。[2] 而同在这一天,共发出明发、字寄、电寄、交片谕旨共29道。可以说这一天是百日维新期间光绪帝最忙的日子之一。可是,七月二十七日都察院代奏条陈在军机处的处理时间多达9天,如此重要的条陈在军机章京的提示下光绪帝应当看到,其中有无梁启超等人所称光绪帝让谭嗣同拟稿驳斥事,现在还不能完全否定,但光绪帝在此期间未与谭嗣同见面,却是事实。

百日维新期间,代奏的司员士民条陈,虽有相当大的数量上呈慈禧太后,但也不是全送。送哪些不送哪些,本是光绪帝有权选择之事。但曾廉条陈是一份重要的文件,按照重要折片上送的制度是应上送的,我个人以为,光绪帝看到了这份杀伤力极大的文件,为保全康、梁,也为保护其政策,选择了不送。这么做,当然会有风险,但若上送,立即会有实际的危险。而这样的事情对光绪帝来说也不是第一次了。[3]

---

〔1〕 七月二十七日《早事档》中记:"都察院封奏一件,奉旨:'留'。"未提具体人名。我在档案中仅看到《随手登记档》、都察院原折中各出现过一次曾廉的名字。

〔2〕 此数还不包括早朝时由光绪帝当时处理未留的内阁、兵部、太常寺、内务府、镶黄旗等折片27件。见该日《早事档》。

〔3〕 康有为称:"四月初七日,潘庆澜附片劾吾聚众不道,上曰:'会为保国,岂不甚善。'然虑西后见之,特抽出此片。"(《康南海自编年谱》,《戊戌变法》,第2册,第143页)此事应发生在闰三月十二日,查该日军机处《随手登记档》记:"御史潘庆澜折 一、保固大局条陈四策由 片一、请饬查禁保国会由 片一、现审各件请饬刑部分别办理由 片一、获盗请奖各案请量为变通由",下有注记:"随事递上,十四日发下,归箍。"该日奏片还记:"一、潘庆澜封奏恭呈慈览由。"而当日《上谕档》军机处奏片记:"本日顺天府尹

但从光绪帝送慈禧太后重要奏折的全部情况来看,这种隐瞒是极个别的,若没有特殊的情况,他是不会甚至也不敢这么做的。

慈禧太后似不掌握全部谕旨的原文

从《随手登记档》、《上谕档》、《洋务档》中可以看出,慈禧太后每天可以收到军机处发来前一天的"朱批折件事由单"、"早事传旨事由单"、"电旨单",也经常收到军机处发来当日重要折片的原件及简单的相关谕旨。然而,除了电寄谕旨外,光绪帝发出的其他谕旨,包括明发、廷寄、交片,有没有同时上呈慈禧太后? 我所看见的档案中对此尚无明确的说法。

明发的谕旨,当时有宫门钞,现存京内各衙门档案中有不少抄件,其中也包括内务府。慈禧太后想看的话,当然可以看到。但廷寄、交片谕旨,若无专送的话,慈禧太后就有可能看不到。

军机处《上谕档》中有两件很奇怪的谕旨,光绪二十四年七月二十八日:

奉旨:自本年正月起所有廷寄及交片谕旨均钞录一分呈览。以后即陆续钞递。其明发及电旨不必钞。钦此。

本日奉旨:著内阁将每日所奉之谕旨均钞录一分,于次日径交军机处呈览。钦此。

胡燏棻奏查明西路厅同知谢裕楷等参案,奉明发谕旨一道。御史潘庆澜奏条陈时务折内皖北淮徐水灾请速筹赈抚一节,奉寄信谕旨:'著刘坤一迅速办理';又奏获盗请奖各案请量为变通片,奉交片谕旨:'该部知道';又奏刑部现审各案就由各司开单呈堂片,奉交片谕旨:'著刑部酌核办理'。谨将原折片恭呈慈览。谨奏。"由此可见,潘庆澜的"请饬查保国会片"在上送时确被抽去。黄彰健先生 1970 年著作两次提及此事(《戊戌变法史研究》,第 87 页、第 421 页),我正是看到该书后,才去作此查证。特为黄先生补证。光绪帝若要将此类奏折瞒过军机处,在当时的政务处理过程中,只能在两种情况下:当日早朝留下的京内各衙门奏折或当日递进的京外官员奏折,光绪帝将之留中不发,这样军机大臣只知道何日何人上有一折,但不知其内容,《随手登记档》中记某日某人上有某折某片,并注明"留中";另一种方法,即康有为奏折由廖寿恒带入,这样只有康、廖、光绪帝知道,军机处也不知情。军机大臣刚毅是慈禧太后的亲信。他此时虽不敢生事,但慈禧太后有所垂询,他也是不敢隐瞒的。

这两道谕旨之上还有"御笔遵缮"字样。同一天,还有一道交发内阁的交片谕旨,内容同上引第二件。两道谕旨既称"御笔遵缮",当属御笔发下后军机处奉旨缮录。而光绪帝发下此两道御笔的用意为何?我还没有发现相关的可以佐证的其他材料。

由此而揆之情理,大概有以下几种可能性:

其一,光绪帝让军机处和内阁抄录的廷寄、交片、明发谕旨是给自己看的,且谕旨中也称"呈览",特别是"自本年正月起所有",也可能包含备忘的意思。但光绪帝为何提出"以后即陆续钞递",即将自己每天发布的谕旨,第二天抄给自己,同时还特别说明不包括"电旨"?如果需要备忘的话,为何不让负责发送电旨的总理衙门也抄录一份?而光绪帝每日见军机,军机处关于谕旨有极为完备的档册,如《明发档》、《上谕档》、《寄信档》、《电寄档》、《洋务档》、《交片档》等等,可以随时咨询,为何要自录一份?此中有情理不通之处。

其二,光绪帝让军机处和内阁抄录的廷寄、交片、明发谕旨,是自己保留一份,以备慈禧太后查的。七月二十八日,百日维新在今人看来已经走到了尽头,光绪帝与慈禧太后之间出现了很大的裂隙,京城中充满了谣言。光绪帝恐慈禧太后怀疑其背着她另有图谋,于是将"本年正月起的所有廷寄及交片谕旨"抄录一份,随时以能证明其清白。此一解释当然是假设,但有不抄录电旨可作为内证,因为电旨军机处已抄录给慈禧太后了。同时,对于明发上谕,光绪帝也没有要求从"本年正月起"抄录,而是从下旨的当天进行,因为明发谕旨本来就是公开的,慈禧太后可以很容易地看到;即便慈禧太后未看到,其身边人也会看到。

其三,慈禧太后已对光绪帝生有疑心,命光绪帝将所有廷寄、交片、明发谕旨都抄录一份,送其阅看,并对不公开的廷寄、交片谕旨,"自本年正月起"补交。如果看当时的形势,也有此种可能。但其中也有疑惑,如果是交慈禧太后,在光绪帝下发的御笔中应当说明清楚,因为此为经常性的事务,每日还需军机处去完成,为何还说"呈览",即呈送自己?同时,如果真是每日送慈禧太后的话,军机处《随手登记档》在"缮递某某日朱批折件事由单"、"缮递某某日早事传旨事由单"、"缮递某某日电旨某道"之后,应该另加上"缮递某某日廷寄谕旨某道、交片谕旨某道"、"缮递某某日明发谕旨某道"的相应记录。而军机处的各档册中,没有此类记载。

由此,我以为,以上三种情况都有可能,而第二种情况可能性最大。因为,第二天,即七月二十九日,光绪帝就要去颐和园,面见慈禧太后,这是百日维新最关键的一幕对手戏。

然而若要认定第二种可能或第三种可能,那么,事实上也就承认了一个前提:即慈禧太后手中有"朱批折件事由单"、"早事传旨事由单"、"电旨"、重要折片及简要的相关谕旨,她也能看到明发谕旨;但她还不能掌握廷寄谕旨、交片谕旨的全部和原文。反过来说,慈禧太后还不能对光绪帝未送的折件、廷寄及交片谕旨实行监督,明发谕旨虽能看到,但表现在政治权力分割上还不是那种监督关系。

事前请示制度

以上所说的,皆为事后报告制度,然更为重要的当属事前请示制度。此一制度也确立于光绪帝亲政前。前引光绪十四年十一月初十日军机大臣世续等奏折中记:

> 一、简放各缺,拟请于召见时请旨后,由臣等照例缮写谕旨呈进。其简放大员及各项要差,拟请查照醇亲王条奏,由臣等请旨裁定后,皇上奏明皇太后,次日再降谕旨。
> 一、满汉尚书、侍郎缺出,应升、应署,及各省藩、臬缺出,拟请暂照现章,由臣等开单进呈,恭候简用。[1]

此中明确规定,"简放大员及各项要差",由"皇上奏明皇太后"。至于尚书、侍郎、布政使、按察使的任用"照现章"办理。此时光绪帝尚未亲政,"现章"当由慈禧太后做主。

---

[1] 军机处《上谕档》光绪十四年十一月初十日。

在现有档案中,可以说明光绪帝事前请示的有力材料虽有一些,但不是很多。[1] 百日维新期间,我仅在《洋务档》中看到了三条记载。其一为:

> 五月十三日。本日总理各国事务衙门……又奏遵议各国君后宗藩及头等公使来华接见款待礼节折,拟俟发下后,再行传旨"依议"。谨将原折、片、单恭呈慈览。

此为军机处奏片。事为总理衙门所奏接见外国君后宗藩及头等公使的礼节,此中有慈禧太后接见时的礼节,光绪帝不敢代太后做主,故让军机处以奏片形式请示慈禧太后。查第二天的《洋务档》,对此有记载:总理衙门各国君后宗藩及头等公使接见款待礼节折,"奉旨:'依议。'钦此"。其二为:

> 五月十四日。本日总理各国事务王、大臣……又会奏筹办京师大学堂并开办详细章程折、单一件,又奏复御史杨深秀等奏请设局译书片,拟请俟发下后,再降谕旨。谨将原折、片、单恭呈慈览。

此为军机处奏片。事为军机大臣与总理衙门大臣会奏开办京师大学堂,并在大学堂中设译书局。很可能慈禧太后对京师大学堂有过面谕,光绪帝不敢自专,让军机处以奏片请示慈禧太后。查第二天《上谕档》,有开办大学堂的明发谕旨。其三为:

> 六月二十六日。本日张亨嘉奏沥陈亲老丁单,恳请改派朝鲜公

---

[1] 这方面的情况,可以举两例:其一为光绪二十四年三月初二日,军机大臣刚毅上有一折三片,同日军机处给慈禧太后的奏片称:"本日刚毅面递封奏时事多艰直陈愚悃折一件,整顿厘金、保甲、仓谷等片三件,一并恭呈慈览,俟发下后,再行分别缮写寄信、明发谕旨。谨奏。"其二为同年三月二十九日,大学士徐桐上奏,同日军机处给慈禧太后的奏片称:"徐桐奏请召张之洞来京面询机宜,俟发下,再行请旨办理。"(以上皆见该日《上谕档》)刚毅是慈禧太后所信赖的军机大臣,光绪帝对其奏折也不敢自行处理,故先请示慈禧太后。召张之洞进京,当时意味着有重大政治变动,也是须得请示慈禧太后之事。

使折,恭拟改派安徽布政使徐寿朋充驻扎朝鲜国钦差大臣。谨将张亨嘉原折恭呈慈览,伏候裁夺。俟发下后,再行缮定谕旨呈览。

六月二十三日派张亨嘉为驻朝鲜四等公使事,经过慈禧太后,此次改派徐寿朋,自应再次请示。当日慈禧太后发下,《洋务档》中有派徐寿朋为驻扎朝鲜钦差大臣的谕旨。

实际上,最为重要且次数最多的不是此类文字形式的请示,而是光绪帝在面见慈禧太后时的当面请示。光绪帝的亲信大臣翁同龢在其日记中留下不少的记载,此举光绪二十四年廖寿恒入值军机处为例。二月初九日,光绪帝召见军机大臣,"邸论枢垣需人",即恭亲王奕訢称军机处缺人,第二天,光绪帝令刑部尚书廖寿恒在军机大臣上学习行走。翁在日记中专门注明"昨日请懿旨"。[1]

然自光绪二十年起,慈禧太后常住颐和园,而光绪帝常住宫中。两者之间的地理距离在15公里以上。从当时的交通来看,光绪帝的行程是乘轿出神武门,经西安门出西直门,在倚虹堂少坐,然后乘轿由石路至颐和园东宫门。回程恰好相反。单程的时间约3小时。慈禧太后则乘船从颐和园至广源闸西码头,至万寿寺拈香,在御座房少坐进膳后,再乘船至倚虹堂少坐,乘轿入西直门、西安门,直抵西苑仪鸾殿。回程也恰好相反。其单程的时间约在5小时以上。

从《清代起居注册》来看,光绪帝经常去颐和园,慈禧太后也时常回西苑。两人同住一处的时间比分开的时间长得多。慈禧太后在颐和园时住乐寿堂,光绪帝去颐和园时,住在玉澜堂,偶尔也住宜芸馆。[2] 光绪帝

---

〔1〕 陈义杰整理:《翁同龢日记》,第6册,中华书局,1998年,第3098页。
〔2〕 玉澜堂是光绪帝的寝宫,宜芸馆是皇后的寝宫。当时,光绪帝与皇后的关系不洽。皇后经常住在颐和园以"尽孝"慈禧太后。光绪帝曾下旨严厉指责皇后:"光绪二十四年四月十三日,上传:宫内则例规矩,皇后一概不懂。近来时常失仪。如有施恩之处,俱不谢恩,及宫内外府大小事件,并不启奏,无故告假,不成事体。实属胆大。自此之后,极力改之。如不改过,自有家法办理。特谕。"(《宫中各种档簿》簿4175号,《日记账》光绪二十四年闰三月立)

在宫中时住养心殿。慈禧太后进城时一般住在西苑春藕斋北面的仪鸾殿,此时光绪帝也通常不住在养心殿,而是移住西苑瀛台涵元殿。也就是说,无论是同住颐和园还是同住西苑,两人住的距离相当近,步行不过10多分钟。这种近距离很大程度上与仪礼有关。自道光帝坚持每日早晨向母亲请安后,皇帝如无重大事件每日早晨向母亲请安渐成皇家制度。咸丰帝如此,同治帝如此,光绪帝亦如此。除了请安外,光绪帝还经常"侍"慈禧太后早膳、晚膳(当时只吃两餐)和看戏,而这种今日看来充满家庭乐趣的活动,当时却是在严格的仪礼下进行的,以示皇家以孝道治天下。由此,两人居住地太远,会引起时间安排上和礼仪程式上的许多困难。据《清代起居注册》光绪朝,从光绪二十四年正月初一日至七月二十八日,光绪帝与慈禧太后交往情况可见下表:

	天数	同住	请安	侍早膳	侍晚膳	侍看戏	同阅操
正月	30	30	23	12	5	11	
二月	29	22	20	7	5	4	
三月	30	17	17	9	5	1	
闰三月	29	22	22	5	3		3
四月	30	19	19	9	5	3	
五月	30	16	16	11	8	6	
六月	29	18	17	3	4	3	
七月(至二十八日)	28	16	16	9	5	3	
合计	235	160	150	65	40	31	3

正月同住而未请安共7天,其中3天因祀太庙斋戒,2天因祀谷坛斋戒,1天因咸丰帝生母生日,1天情况不明(正月初三日)。二月同住而未请安2天,因祀社稷坛斋戒。六月同住而未请安1天,因祀太庙斋戒。

从上表可见,在当年七月二十八日以前,光绪帝与慈禧太后同住或同处的日子占了三分之二强,请安、侍膳、看戏、阅操都是慈禧太后可以向光绪帝施加影响或直接下令的时刻,按照光绪帝自己的说法是"朕仰承慈训"。根据当时的礼仪,光绪帝见慈禧太后要下跪,慈禧太后每次来宫中或西苑,光绪帝都得跪接跪送。慈禧太后可以向光绪帝下旨,在清朝官文书中称"朕钦奉慈禧端佑康颐昭豫庄诚寿恭钦献崇熙皇太后懿旨",表现为政治权力上的上下级关系[1]。在重大事件上,光绪帝须请示,须得到慈禧太后的同意。

百日维新期间,光绪帝去了几次颐和园?每次去时决定了哪些事项?就《清代起居注册》光绪朝并参阅各类档案,从四月下旬到七月下旬,光绪帝共去了10次颐和园。在园期间的重大决策可见下面所述:

四月二十一日至二十三日。其中二十二日决定:荣禄授文渊阁大学士管理户部仍兼步军统领,刚毅协办大学士调兵部尚书仍兼军机大臣,崇礼调刑部尚书仍兼总理衙门大臣。此次在园期间,光绪帝最大的收获是慈禧太后同意变法。这在翁同龢的日记中可以看出:

> 是日上奉慈谕,以前日御史杨深秀、学士徐致靖言国是未定,良是。今宜专讲西学,明白宣示等因,并御书某某官应准入学,圣意坚定。臣对:西法不可不讲,圣贤义理之学术尤不可忘。退拟旨一道,又饬各省督抚保使才,不论官职大小旨一道[2]。

此中提到的"退拟旨"一道,即开始百日维新的谕旨。

四月二十六日至二十八日。其中二十七日颁下朱谕,罢免翁同龢;命直隶总督王文韶来京陛见,派荣禄署理直隶总督;命准备调任四川总督的原福州将军裕禄即行来京;撤销督办军务处;命大员补授需向慈禧太后谢恩。二十八日,命崇礼署理荣禄所遗之步军统领;光绪帝召见康有为、张元济。授康、张为总理衙门章京。

---

[1] 据《清代起居注册》光绪朝(联合报文化基金会国学文献馆,台北,1987年),光绪二十四年正月至政变前,慈禧太后至少4次对光绪帝正式下旨,由光绪帝明发。其一是三月二十四日关于在外火器营阅操事宜;其二是闰三月二十八日阅操完毕褒奖事;其三是四月十二日恭亲王去世恤典事;其四是五月十六日关于菩陀峪陵地事。见该书第60册,第30613—30614页、第30695—30697页、第30733—30735页;第61册,第30855页。

[2] 《翁同龢日记》,第6册,第3132页。

五月初四日至初九日。其中初五日下令废八股改试策论；命王文韶为军机大臣、总理衙门大臣、户部尚书；荣禄为直隶总督兼北洋大臣；崇礼补授步军统领，孙家鼐协办大学士。初六日，派刚毅管理健锐营事务；派怀塔布管理圆明园八旗、包衣三旗及鸟枪营事务。

五月十四日至十七日。其中十五日批准京师大学堂章程，派孙家鼐管理大学堂事务；授举人梁启超六品衔，办理译书局事务。

五月二十二日至二十七日[1]。其中二十二日命各省书院改为兼习中、西学的学校，省会大书院为高等学，郡城之书院为中等学，州县书院为小学。二十三日命裕禄为军机大臣。二十四日授江苏巡抚奎俊为四川总督，江西巡抚德寿调江苏巡抚，江宁布政使松寿升江西巡抚，袁昶补江宁布政使。二十五日批准经济特科章程；驳回总理衙门议康有为条陈，命军机大臣会同总理衙门大臣切实筹议，毋得空言搪塞。二十七日命各省裁兵，命张之洞返回湖北本任，毋庸来京。

五月三十日至六月初三日。其中六月初一日批准张之洞、陈宝箴的科举新章。

六月十三日至十六日。其中十五日设铁路矿务总局，派王文韶、张荫桓为大臣；允司员士民上书言事；梁仲衡补刑部右侍郎。

七月初一日至初三日。其中初二日批准礼部所奏科举章程。

七月初七日至初八日。其中初八日决定九月初五日至二十五日慈禧太后和光绪帝在天津阅操。

七月十二日至十三日。十四日撤詹事府、通政使司、光禄寺、太仆寺、鸿胪寺、大理寺，裁湖北、广东、云南三巡抚，裁东河总督、漕运总督及卫所

---

[1] 五月二十二日光绪帝的行踪各种记录不一：《随手档》称"办事后驻跸颐和园"，《实录》称"上诣颐和园乐寿堂，问慈禧太后安"，宫中《穿戴档》称："办事后外请至颐和园乐寿堂圣母皇太后前请安"，《起居注册》这一天对此毫无记载，第二天才称："卯刻，上诣倚虹堂少坐，至乐寿堂慈禧太后前请安，奉皇太后侍早、晚膳毕，驻跸颐和园玉澜堂。"（《宫中各种档簿》簿 1816 号）而内务府《杂录档》记："五月十八日。总管宋进禄等为本月二十三日随驾往颐和园去……"（405/5 - 14/W/杂记类 998，杂 257）看来光绪帝原计划是二十三日往颐和园，而实际情况是提前一天。

各官,裁无漕运之粮道、无盐场之盐道。[1]

七月二十一日至二十四日。其中二十二日命裕禄为总理衙门大臣,李鸿章、敬信退出总理衙门;命裕禄、李端棻为礼部尚书,阔普通武为礼部左侍郎,萨廉为礼部右侍郎;命李培元为吏部右侍郎,刘恩溥为仓场侍郎,曾庆鋆为都察院左副都御史;命停办昭信股票。二十三日,电令原湖北巡抚谭继洵来京听候简用。

而在百日维新期间,慈禧太后共3次离开颐和园来到西苑,其第一次为六月初八日至初九日,事为初九日为其夫君咸丰帝的生日;其第二次为六月二十一日至二十九日,事为二十六日为光绪帝生日;其第三次为七月十四日至十八日,事为十七日为咸丰帝忌日。在此期间决定的重大事件有:七月十六日寿荫补广州将军,色楞额补热河都统。

从上所述可见,百日维新的重大决策及高级官吏的人事任免,基本上是在光绪帝住园期间决定的,由此可以看到慈禧太后的身影。从制度上来看,此应视为是事前请示。惟一的例外是七月十九日至二十日的两天(十八日慈禧太后离开西苑,二十一日光绪帝赴颐和园,此两天恰是光绪帝一人住在宫中)。十九日,光绪帝罢免了礼部六堂官,以主事王照为三品顶戴以四品京堂候补,二十日决定礼部各堂官的署任,[2]并授杨锐、刘光第、林旭、谭嗣同为四品卿衔,"在军机章京上行走,参预新政事宜"。而这两天发生的光绪帝无视慈禧太后的政治权威自行做出的重大人事决

---

〔1〕 《上谕档》录此旨时有朱改字样,并注"十三日朱",十三日军机处还有一奏片称:"本日奉旨饬改明发朱谕一道……"由此可见十三日的明发谕旨经光绪帝朱改,十四日才发出。

〔2〕 七月二十日光绪帝决定的署理礼部六堂官的名单为:"礼部尚书著裕禄、李端棻署理,礼部左侍郎著寿耆、王锡蕃署理,礼部右侍郎著萨廉、徐致靖署理。"(《上谕档》光绪二十四年七月二十日)七月二十一日军机处《随手登记档》载:"递应升、应调、应补、应署满、汉尚书、侍郎名单",并注:"次日朱圈发下,随事交进。"由此可见,光绪帝于二十一日赴园,是想让慈禧太后对其决定追加认可。而从二十二日的正式授命来看,"裕禄、李端棻补授礼部尚书,阔普通武补授礼部左侍郎,萨廉补授礼部右侍郎"。署理名单中礼部左侍郎寿耆、王锡蕃,右侍郎徐致靖,未得到实授,而寿耆因阔普通武的任职,连署任资格都丢失了。慈禧太后对寿耆、王锡蕃、徐致靖不认可。

定,也被一些研究者敏锐地认定是戊戌政变的导火索。

从张荫桓弹劾案看慈禧太后与光绪帝的政治权力关系

实际上最能形象反映慈禧太后与光绪帝的政治权力关系的,为张荫桓弹劾案。对此,张荫桓日记中有相当传神的记录。

张荫桓是光绪帝所信赖的重臣,曾任驻美公使,时任总理衙门大臣、户部左侍郎。他是康有为的同乡,在戊戌变法时作用甚大。[1] 五月初三日,御史胡孚宸上奏参张荫桓,称其在办理英德续借款时,受贿二百六十万,与翁同龢平分。[2] 根据重要折片上呈的制度,胡折当日即送慈禧太后。慈禧太后见之大怒。五月初五日,军机大臣廖寿恒到张寓,告之当日光绪帝与慈禧太后同召见,慈禧太后为胡孚宸折"盛怒",并让其第二天早晨递牌子,光绪帝召见。初六日光绪帝召见张时,军机大臣同在。光绪帝问张看过胡折没有,张答之:"阅过。总是奉职无状,辜负朝廷,乞恩治罪罢斥。"随后又为自己辩解:"胶澳事奉派与翁同龢同办,旅大事奉派与李鸿章同办,借款事与敬信、翁同龢同办。"

> 上听毕,问廖寿恒:"昨日在太后前说是他一人经办,何以今日不说? 你们甚么事不管,问起来绝不知道,推给一人捱骂。"上词色甚厉,仲山(廖寿恒)碰头不已。上又诘廖寿恒:"昨在太后前说他行踪诡秘,到底如何诡秘,今日为甚么不说?"仲山碰头不已。子良(刚毅,时任军机大臣)解之曰:"廖寿恒说话太呆。"上又诘廖寿恒:"昨

---

[1] 可参见马忠文:《张荫桓与戊戌维新》(王晓秋、尚小明主编:《戊戌维新与清末新政——晚清改革史研究》,北京大学出版社,1998 年,第 55—86 页);李吉奎:《张荫桓与戊戌变法》(王晓秋主编:《戊戌维新与近代中国的改革——戊戌维新一百周年国际学术讨论会论文集》,社会科学文献出版社,2000 年,第 747—757 页)。王照对张荫桓与光绪帝的关系有下列评论:"是时张荫桓蒙眷最隆,虽不入枢府,而朝夕不时得参密沟,权在军机王大臣之上。"(《戊戌变法》,第 2 册,第 356 页)

[2] 《翁同龢日记》,第 6 册,第 3136 页。

言许景澄(原驻德公使,已奉召回国)回来换他,今日何以不说?"仲山奏言:"昨因太后盛怒,且亦奏明与张荫桓时有意见不投处。"上顾礼邸(礼亲王世铎,时任军机大臣,恭亲王去世后为军机领班):"尔传谕张荫桓不必忧虑。"

从此中可见,光绪帝在与慈禧太后同见军机时,虽对廖寿恒等人的言论不以为然,但因慈禧太后在场,诚恐诚惶,不敢多说,第二天将一肚子的怨气发出。此日记正是显现出光绪帝在慈禧太后面前和不在场时的不同态度,尽管他此时还正住在颐和园。

张荫桓日记另记一件事,又可见慈禧太后政治权力也有其限制:

> 关咏琴来为余慰藉,历言昨崇受之(崇礼,时任步军统领)到署,谓初五日早英年奉太后懿旨查抄余宅,拿交刑部治罪。与之耳语:"仍令候军机处旨意"。受之叩节时趋前跪,冀有懿旨,寂然无闻。及军机退直,受之询礼邸有无交派事件,礼邸答以无有。受之又询仲山,亦云无有。受之犹恐不实不尽,复令提督衙门章京赴仲山寓所询之,仍云无有。受之乃返。德和园听戏,仲山问受之所询交派何事,受之具以英年之说告仲山,谓无所闻。豫甫(立山,时任内务府大臣)劝受之以若事则不宜喧嚷云[1]

崇礼于荣禄赴天津后署任步军统领,五月初五日改实授。英年属正白旗汉军,隶内务府,曾任奉辰苑卿,时任工部右侍郎兼步军统领衙门左翼总兵,由其来传懿旨,将张荫桓抄家并交刑部治罪,当属不合体制。正式的谕旨应来自军机处。崇礼由此受到了提醒,他借授职谢太后恩时,有意前趋,希得慈禧太后当面下旨,然未与闻。于是他等军机处下值后,向军机领班礼亲王世铎、军机大臣廖寿恒反复询问,未得结果。

---

〔1〕《张荫桓戊戌日记手稿》,王贵忱注,尚志书舍,澳门,1999 年,第 173—181 页、第 184—186 页。

但他仍不放心,派人到廖寿恒家中核实。最后,崇礼因未得到慈禧太后亲自下达的懿旨,也未得到军机处传来的正式谕旨,将英年所传懿旨搁置。尽管崇礼在立山的劝告下,将此事不了了之,而不再喧嚷,但消息还是流了出去。[1]

综上所述,可略作数语作为本节之小结:政变前光绪帝与慈禧太后的政治权力关系存在着两种制度:其一是事后报告制度,即军机处每日将前一日朱批、口谕、电旨连同其"事由"上报慈禧太后;每日将当日重要折件及简要相关谕旨上报慈禧太后,其中个别折件光绪帝对慈禧太后有所隐瞒;军机处很可能未将全部明发、廷寄、交片谕旨上报慈禧太后。其二是事前请示制度,除个别情况下以军机处奏片的形式向慈禧太后请旨外,主要是在光绪帝面见慈禧太后时,须将重大政治决策和高级官员任免,先行请示慈禧太后;惟一的例外是罢免礼部六堂官和任命军机四章京,对此慈禧太后事后虽为不平,但无法推翻光绪帝的"擅自"决定,只能在礼部新任六堂官的实授上表示其态度。在胡孚宸劾张荫桓案中,又可以看出,慈禧太后虽可控制光绪帝,但因体制问题,她还不能直接通过军机处向步军统领衙门下达懿旨。也就是说,光绪帝对慈禧太后负责,而整个国家机器须对光绪帝负责,尽管慈禧太后也不时通过各种方式干预国家机器的运作。

---

[1] 张之洞收到的京内密报称:"上月初四日,胡公度侍御奏劾张荫桓,有借款得贿二百余万,七口改归税司经管,有私改合同事。又议增赫舆薪水,每年骤至百廿万等语。慈圣大怒。次日面谕英年查抄拿问。崇礼故缓之。旋有立山出为恳求,其事遂解。闻廖仲山亦若求于上前,尚未允。立一人最得力也。"(孔祥吉:《戊戌维新运动新探》,第 80 页)后流亡至日本的王照与犬养毅笔谈时称:"张亦南海人,两宫不和,关系此人离间。太后于去岁二月(误记,当为五月)遣步军统领抄其家,伊纳银二十万于中官,免。"(《关于戊戌政变之新史料》,《戊戌变法》,第 4 册,第 332 页)马忠文的论文对此评论,"立山在此事中起了关键作用"。

三、七月二十九日至八月初三日的政治异动

七月二十九日（9月14日），光绪帝前往颐和园。由此至八月初三日，他在颐和园住了5天。光绪帝此次住园的时间安排为七月二十五日所决定的。[1] 此为他从颐和园回来的第二天。光绪帝之所以很早便决定其赴园及回宫的时间，是因为皇帝的仪制。每次出行，随行的太监即有相当大数量，[2] 此外还牵涉到内务府、侍卫处、护军营和步军统领衙门等众多机构与人员。由此，每次光绪帝去颐和园都提前3至8天不等，预先发出通知。

开懋勤殿与七月三十日给杨锐朱谕

光绪帝此次去颐和园，其目的之一是请示慈禧太后批准开懋勤殿。梁启超在《戊戌政变记》卷三称：

------

〔1〕 内务府《杂录档》光绪二十四年七月记："七月二十五日，总管宋进禄等为本月二十九日随驾往颐和园去，现用黄车一辆、青车二辆于是日寅初在顺贞门外预备，并随侍等处总管、首领、太监等用连鞍马匹，照例在西三座门外预备。于八月初三日还宫。所传车辆、马匹、苏拉等俱于是日在东宫门外预备。"（杂记类1002，杂261）
〔2〕 据内务府《杂录档》，七月二十九日随行的太监及用马数目为："总管二名，用马二匹。内殿总管、首领、太监、小太监等二十七名，用马二十七匹。四执事及库首领、太监二十五名，用马二十五匹，驼马二匹。奏事随侍处首领、太监十三名，用马十三匹，驼马一匹。乾清宫太监二名，用马二匹。自鸣钟首领、太监六名，用马六匹。懋勤殿首领、太监四名，用马四匹。尚乘轿首领、太监十三名，用马十三匹。鸟枪三处首领、太监四名，用马四匹。御茶房首领、太监十七名，用马十七匹，大车二辆，抬挑苏拉八名。御膳房总管、首领、太监等四十五名，用马四十五匹，大车四辆，抬夫二十二名。御药房首领、太监六名，用马六匹。敬事房首领、太监八名，用马八匹。打扫处太监一名，用马一匹。船坞首领、太监二十二名，用马二十二匹。南书房太监三名，用马三匹。做钟处太监二名，用马二匹。"（杂记类1002，杂261）

上既广采群议，图治之心益切。至七月二十八日，决意欲开懋勤殿，选集通国英才数十人，并延聘东西各国政治专家，共议制度，将一切应兴应革之事全盘筹算，定一详细规则，然后施行。犹恐西后不允兹议，乃命谭嗣同查考雍正、乾隆、嘉庆三朝开懋勤殿故事，拟一上谕，将持至颐和园，禀命西后，即见施行。乃越日而变局已显，衣带密诏下矣。

而在该书的卷六《谭嗣同传》中说法稍有异，"懋勤殿"后称"设顾问官"，"雍正、乾隆、嘉庆三朝"改称"康熙、乾隆、咸丰三朝"，并称："至二十八日，京朝人人咸知懋勤殿之事，以为今日谕旨将下，而卒不下，于是益知西后与帝之不相容矣。"[1]康有为对此声称懋勤殿一事是其一手策划[2]。康、梁的这一说法，有其破绽。其中最重要的是，光绪帝当时与谭嗣同、宋伯鲁并未相见[3]。

然而，康、梁所言光绪帝有意开懋勤殿的打算，却是可以证实的。据军机处《早事》和宫中《召见单》，七月二十八日，光绪帝召见湖北补用知府钱恂。钱于第二天电告张之洞："昨召见三刻，上询鄂，为详敷奏，兵为先，蒙许可，议政局必设。"[4]此中的"议政局"，与懋勤殿功能相同。又据军机处《早事》、宫中《召见单》，七月二十九日，光绪帝召见北洋候选道严复。严复于八月初一日告诉总理衙门章京郑孝胥："将开懋勤殿，选才

[1] 《饮冰室合集》，第6册，专集一，第73页、第107页。
[2] 康有为称："……故议请开懋勤殿以议制度，草折令宋芝栋上之，举黄公度、卓如二人。王小航又上之，举幼博及孺博、二徐并宋芝栋。徐学士亦请开懋勤殿，又竟荐我。复生、芝栋召对，亦面奏请开懋勤殿，上久与常熟议定开制度局，至是得诸臣疏，决意开之。乃令复生拟旨，并云：康熙、乾隆、咸丰三朝有故事，饬内监捧三朝圣训出，令复生查检，盖上欲有可据以请于西后也。"（《康南海自编年谱》，《戊戌变法》，第4册，第159页）
[3] 据军机处《早事》和宫中《召见单》光绪帝仅在七月初八日召见过宋伯鲁，七月二十日召见过谭嗣同，此后再未召见过此两人。（《召见单》见《宫中杂件》〔旧整〕，第915包）
[4] 《戊戌变法》，第2册，第614页。钱恂为张之洞、谭继洵以使才保荐，奉电旨：分省补用知府钱恂，"来京预备召见"。（《电寄档》光绪二十四年六月十四日）钱恂于七月二十四日前到京。（《总理衙门片行军机处钱恂到京事》光绪二十四年七月二十四日，《军机处录副·光绪朝·内政类·职官项》，3/99/5363/103）

行兼著者十人入殿行走,专预新政。"[1]与严复甚有关系的《国闻报》,八月初二日更是登出了消息。[2] 钱恂、严复之所以如此认定此事,很可能是在召见时,光绪帝有所透露。

召开懋勤殿的说法,自然引起各位研究先进的注意和引用,而孔祥吉先生依据康有为的说法,指军机处《随手登记档》七月二十八日宋伯鲁的《选通才以备顾问折》、二十九日徐致靖的《遵保康有为等折》、同日王照的《遵保康广仁等折》为康有为所拟,皆是关于开懋勤殿的文件,并据王照的书信及与犬养毅的笔谈进行考订。[3] 然而,此三折至今尚未在档案中检出,关于懋勤殿的设计及人选,现在仍是无法完全确认。

据《清代起居注册》光绪朝记:

> 二十九日庚辰,卯刻,上诣倚虹堂少坐。至乐寿堂慈禧皇太后前请安。奉皇太后幸景福阁,侍早、晚膳毕,驻跸颐和园玉澜堂。[4]

此一材料说明,光绪帝这一天动身很早,其与慈禧太后见面交谈时间较多,即乐寿堂请安、景福阁侍早膳、景福阁侍晚膳。然而,《清代起居注册》的这一记载似有误。据内务府《记事珠》:七月二十八日"侍卫处来文。为明日皇上办事,用早膳、召见后,诣皇太后前请安、侍膳毕,驻跸颐和园等因"。由此可见,光绪帝此日动身较晚,但仍有请安和侍膳。[5] 此

---

[1] 中国历史博物馆编,劳祖德整理:《郑孝胥日记》,中华书局,1993年,第2册,第681页。严复为詹事府少詹事王锡蕃以"通达时务人才"相保,奉旨:荣禄饬令该员来京,"预备召见"。(《上谕档》光绪二十四年七月十三日)

[2] "近月以来,朝廷创兴百度,并谕内外大小臣工及士民人等,均得上书言事。因此条陈新政者,封书日以百计。而前者特简参预新政之四京卿,亦颇有眼花手乱,应接不暇之势。故近日又有拟开懋勤殿,令三品以上保举人材,召见后派在懋勤殿行走,以备顾问之说。闻数日内当即有明发谕旨矣。"见《戊戌变法》,第3册,第407页。

[3] 《康有为戊戌年变法奏议考论》,《戊戌维新运动史新探》,第165—169页;《救亡图存的蓝图——康有为变法奏议辑证》,第243—244页、第247—251页。

[4] 《清代起居注册》,第61册,第31199页。

[5] 内务府《记事珠》光绪二十四年七月,405/5–14/W/杂事类242,日242。军机处《随手档》证实了《记事珠》的说法,称"办事后驻跸颐和园"。

文献所记是事先的安排。而宫中《穿戴档》称："卯正，上请至乾清宫见大人，毕，还养心殿。……办事后外请至颐和园乐寿堂，圣母皇太后前请安，毕，还玉澜堂。"[1]而该档属事后的记录。军机处《随手登记档》也可以于此证实，该日光绪帝"办事后驻跸颐和园"。

　　由此可以确定，光绪帝是在这一天政务处理完毕后去颐和园的。这一天的政令与慈禧太后没有关系。这一天两人的见面为"请安"，也有可能"侍膳"。然在这一天见面中，光绪帝有没有向慈禧太后请示懋勤殿的设计与人选，以及如何请示，档案中自然无记录。而若孔祥吉先生关于宋、徐、王三折为懋勤殿之设计与人选的考证可以成立的话，那么，光绪帝即使不谈，懋勤殿一事，也已经报告了慈禧太后。据《上谕档》军机处奏片，二十八日宋伯鲁折奉旨"暂存"，二十九日徐致靖折、王照折均奉旨"存记"，当日即将原件及相关谕旨上送慈禧太后。[2]

───────────

〔1〕《穿戴档》光绪二十四年。

〔2〕对于宋、徐、王三奏折上送慈禧太后一事，孔祥吉先生的论文语意不清，而房德邻先生2000年的论文对此有误。孔先生文称："据军机档记载，宋氏此片于七月二十八日'随事递上，八月初二日发下'。这说明宋折递上后，光绪于次日赴颐和园就开懋勤殿事向慈禧请命，故迟迟未发下。""据军机档记载，徐、王二折于二十九日'随事递上，八月初二发下，分别抄交归缮'。军机大臣分别将二折'恭呈慈览'。"（《康有为戊戌年变法奏议考论》，《戊戌维新运动新探》，第167页，第169页）此中的"军机档"，分别是军机处《随手档》与军机处《上谕档》。若严格从文字来说，孔先生的话也不算错误。但很容易给人以感觉，即宋折未上送慈禧，徐折、王折是八月初二日以后才上送慈禧太后。我以为，孔祥吉先生对《随手登记档》中的注记，有所误读。"随事递上，初二日发下"之意是，军机章京随上送慈禧太后之"事由单"而递给慈禧太后，八月初二日由慈禧太后"发下"。只要将《随手档》的"随事递上"的记录与军机处上报重要奏折的奏片相应对照，即可知其意，同时也可知"发下"非光绪帝通过军机大臣发下，而是慈禧太后退回后经过军机大臣发下。很可能是孔先生论文叙述不清，房先生文称："慈禧太后对此也很敏感，对开懋勤殿事要查个究竟。据第一历史档案馆藏《随手登记档》载，七月二十八日宋伯鲁的荐折和二十九日王照的荐折均当日'奉旨暂存'，这是因为开懋勤殿尚需征得太后同意。二十九日光绪帝遭太后严斥，这两折已无意义。但《随手档》又记这两折于'（八月）初二日发下'，并且由军机大臣'恭呈慈览'。这很可能是太后在调阅有关奏折。"房先生的说法当误。宋折、王折奉旨"暂存"、"存记"载于《上谕档》。《随手档》对宋折、王折均无奉旨字样。又《上谕档》，宋折、王折分别各于当日进呈慈禧太后，所称初二日"恭呈慈览"，不知何据？至于太后调阅奏折，似为没有根据的想像。

康有为一直企图在清朝现有政治体制之外,建立由其控制的议政机构,并由此进入政治的核心。先是自己上奏设制度局(二月十九日、五月初四日),后代宋伯鲁上奏设议政处(二月初八日),再后代阔普通武上奏设议院(七月初三日,此处的议院非代议制机构,实为议政机构),又再后代徐致靖上奏设散卿(七月二十日),与徐致靖同时上奏的张元济,多少也受康有为影响,也要求设立议政局。形式虽有多变,然性质大体相同。此时的懋勤殿,最初由梁启超于六月初六日代李端棻上奏时提出,光绪帝交奕劻、孙家鼐议复,结果还是驳回。[1] 可以说,当时高层政坛对康有为的用意看得十分清楚,进行了全面的阻击。光绪帝尽管对康有为的建策有赞同之意,但对康党接二连三的提议,其处理方法仍是按旧制办理,即交总理衙门、军机处或其认为态度比较缓和的孙家鼐等人核议具奏,同时将康党的各种提议作为重要折件上送慈禧太后。由于康党的此类提议在交议时全部被驳或被拆解而失其意,慈禧太后无须直接出面干涉。在百日维新中,康有为及其党人的许多提议都被接受,惟此一条决不让步。军机处、总理衙门及其他高官们似乎同此一心,决不让康有为掌握实际的政治权力。

当光绪帝将开懋勤殿一事直接向慈禧太后提出时,对权力十分敏感且权术十二分精深的慈禧太后当然知道此事会导致什么样的结局。康有为及其党人提出的议政机构的基本特点是,人员不受品秩的限制,设于宫中直接对皇帝负责,表面上为政治咨询机构,实际上将是政治决策机构。原有的负责咨询和议政功能的军机处和总理衙门等机构,将会变成单纯的执行机构。这是对现存政治体制的挑战,是对她本人权力的挑战。若同意开懋勤殿,将对其与光绪帝之间的政治权力关系进行大修改,而且会是实质性的修改。也就是说,光绪帝10天前"擅自"罢免礼部六堂,是对其权力的否定,光绪帝此时提出开懋勤殿,将动摇她的权力基础。从她的

---

[1] 以上的描述,我参考了孔祥吉《康有为变法奏议研究》,辽宁教育出版社,1988年,第七章第三节,在此致谢。各奏折所注时间为光绪帝收到日期,排列是按康有为写作日期。

角度来看,光绪帝已是两次发动"政变"。

尽管七月二十九日光绪帝与慈禧太后的权力大争论并没有档案记载,但争论的问题及最后的结论,却从光绪帝三十日给杨锐的密诏中清晰地流露出来。

黄彰健先生1970年的著作,对光绪帝给杨锐的密诏进行了考证,得出结论:此诏发出时间为七月三十日(9月15日),最好的版本为赵炳麟在《光绪大事汇鉴》所录,康有为对此诏进行了篡改。黄先生考证的方法十分精巧,他用梁启超对康诗的注,否定了康有为发布的各种版本,用光绪帝召见杨锐的时间,确定该诏发出的时间。整个考证过程显得举重若轻,实属技巧高手之为。据此,摘录赵氏所记此诏:

> 近来朕仰窥皇太后圣意,不愿将法尽变,并不欲将此辈老谬昏庸之大臣罢黜,而用通达英勇之人,令其**议政**,以为恐失人心。……即如**十九日之朱谕**,皇太后以为过重,故不得不徐图之,此近来之实在为难之情形也。……但必欲朕一旦痛切降旨,将旧法尽变,而尽黜此辈昏庸之人,则**朕之权力**实有未足。果使如此,则**朕位且不能保**,何况其他?今朕问汝,可有良策俾旧法可以全变,将老谬昏庸之大臣尽行罢黜,而登进通达英勇之人,令其**议政**,使中国转危为安,化弱为强,而又不致有拂圣意……(黑体为引者所标)

在此诏中,光绪帝两次提到了"议政",即设懋勤殿的核心;两次提到了"通达英勇之人",即康有为及其党人;提到了慈禧太后的反对理由,即"恐失人心";提到了"十九日之朱谕",即罢免礼部六堂官,慈禧太后当面向光绪帝表示其反对意见,即处理"过重";提到了"朕之权力",也就是上节所讨论的光绪帝与慈禧太后的政治权力关系;最核心的一句是"朕位且不能保"。根据上引密诏的提示,可以想像七月二十九日光绪帝与慈禧太后争论的场景,并可得出三点结论:一、光绪帝向慈禧太后提出了建立议政机构的意见,也可能提出了由康有为及其党人参加或主持此议政机构的意见,慈禧太后则提出了对罢免礼部六堂官的指责;二、光绪帝的政治权力对建立议政机构、重用康有为及其党人以及罢免大臣，"实有未足"，该项政治权力属于慈禧太后；三、慈禧太后警告光绪帝，若其越出权限，其皇位"不能保"。[1]

光绪帝的密诏显示了政治异动，就慈禧太后的性格及以往的处事方式而言，其一旦提出了对光绪帝皇位的警告，不会只言不做，而将会调整她与光绪帝的政治权力关系，也可能在此时她考虑了走向前台。

光绪帝的密诏也显示其在慈禧太后的威势下的退缩。他虽没有放弃全变旧法、罢免老臣、登进新人议政的想法，但以"不致有拂圣意"为前提，然而这一前提又已决定他必然再次后退，直到交出权力。

除了这一密诏外，七月三十日，档案上所反映的政治情况还属基本正常。据军机处《早事》和宫中《召见单》，光绪帝召见了崇礼、杨锐、军机。[2] 宫中《穿戴档》称："卯正，外请至仁寿堂见大人，毕，还玉澜堂。……办事后外请至乐寿堂圣母皇太后前请安，毕，还玉澜堂。"由此可见，光绪帝发给杨锐密诏的时间似在该日见慈禧太后之前，由此还可见，光绪帝与慈禧太后的争论可能发生于二十九日请安时。光绪帝于七月三十日向慈禧太后请安时有何内容，档案中自然不载，但这一天所发出的谕旨数量比前几天为少。[3]

八月初一日召见袁世凯

八月初一日（9月16日），光绪帝在颐和园召见了袁世凯。召见后，光绪帝于当日发下两道谕旨，其一是明发：

> 现在练兵紧要，直隶按察使袁世凯办事勤奋，校练认真，著开缺以侍郎候补，责成专办练兵事务。所有应办事宜，著**随时具奏**。当此

〔1〕 黄彰健先生1970年著作、孔祥吉先生《康有为变法奏议研究》第七章第三节、房德邻先生2000年论文，对该密诏均有分析，其中孔先生的分析直接谈到了"议政"而最为深入。我在做以上分析时，也参考了他们的研究。
〔2〕 据军机处《早事》，召见崇礼的原因是"崇礼谢抵销处分恩"。
〔3〕 参见军机处《早事档》、《随手档》、《上谕档》、《洋务档》等。

时局艰难,修明武备实为第一要务。袁世凯惟当勉益加勉,切实讲求训练,俾成劲旅,用副朝廷整饬戎行之至意。

其二是交片:

> 交候补侍郎袁。本日军机大臣面奉谕旨:"袁世凯著于本月**初五日**请训。钦此。"相应传知贵侍郎钦遵可也。[1] (黑体为引者所标)

光绪帝召见袁世凯一事,许多研究先进已经论及,分析也为深入。但还有一些情况,我以为需要在此进行补证。

其一,袁世凯的提升有无经过慈禧太后的批准?

这里面首先的问题是,袁世凯的提升,属于光绪帝权力范围之内,还是应先行请示慈禧太后。据四月二十七日谕旨:"嗣后在廷臣工仰蒙慈禧端佑康颐昭豫庄诚寿恭钦献崇熙皇太后赏项,及补授文武一品暨满汉侍郎,均著具折后恭诣皇太后前谢恩。各将军、都统、督、抚、提督等官亦著一体具折奏谢",此中提到的"文武一品暨满汉侍郎",当属须经由慈禧太后批准的重要人事任命,而袁世凯的候补侍郎,正在边缘,袁升任后也无谢太后恩折。[2] 也就是说,此事可经慈禧太后,似也可由光绪帝自行做主。

至于此事是否经过慈禧太后批准,虽然没有直接的档案材料,但也有一些痕迹值得考虑。一、慈禧太后知道召见袁世凯一事。七月二十六日徐致靖保袁折上,当日发出电旨给荣禄:"著传知袁世凯,即行来京陛见。"军机处也于当日将徐折及该旨上送慈禧太后。此事的处理符合当时的办事程序。二、此时光绪帝一直住在园中。《清代起居注册》八月初一日记:"上诣乐寿堂慈禧皇太后前请安,奉皇太后幸颐乐殿侍早、晚膳,

---

〔1〕《上谕档》光绪二十四年八月初一日。
〔2〕 又前引光绪十四年军机大臣世续的奏折,对于"候补侍郎"也无明细的规定。

看戏毕,驾还玉澜堂。"〔1〕这一天,他与慈禧太后交往的时间超过二十九日和三十日。三、七月三十日光绪帝发出的密诏,承认自己在"登进通达英勇之人"方面"朕之权力实有未足",并表示了"不致有拂圣意"的态度。四、也是最重要的,戊戌政变后,荣禄于八月初十日奉到电旨:"著即刻来京,有面询事件。直隶总督及北洋大臣事务,著袁世凯暂行护理。"〔2〕由此,八月十二日至二十日新任总督裕禄到达,袁世凯共护理了九天直隶总督和北洋大臣。如慈禧太后对袁有恶感,依其性格,宁可费时费力,也不会将如此重要的职权放在袁手中。也因为以上几点,我以为,袁世凯的晋升很可能光绪帝向慈禧太后面禀过。

其二,袁世凯的晋升有什么实质性的变化?

按察使为正三品,侍郎是正二品,从品级上说,袁世凯是超擢。但就当时人的观念来说,实缺要比候补好。当时清朝的候补官数量相当大,正二品虽说是高官,但此衔在当时已滥。若不是袁世凯,其他的实缺按察使升候补侍郎,一般并不认为是太大的好事。

可袁世凯不同,他以浙江温处道"驻扎朝鲜总理交涉通商事宜",在甲午战争前夕回国,一度被派往东北清军前线营务处。甲午战败后,仍以浙江温处道留京,充督办军务处差委。光绪二十一年前往小站接练"定武军",将之改造成有七千之众的"新建陆军"。〔3〕光绪二十三年,袁由

---

〔1〕 《清代起居注册》,第61册,第31207页。不过,该记载中"侍看戏"的情节还是可以提出疑问的。据内务府升平署《恩赏日记档》、《日记档》,这一天颐和园内没有演戏。又,宫中《穿戴档》称:"卯正,外请至仁寿殿见大人,毕,还玉澜堂。……办事后外请至乐寿堂圣母皇太后前请安,毕,还玉澜堂。"由此似可认为,光绪帝是在政务处理完毕后,才去见慈禧太后的。那么,如果袁世凯的晋升经过慈禧太后,只有两种可能性:一是七月三十日(或以前)光绪帝向慈禧太后请安时,已得到批准。二是当天向慈禧太后请安时得到批准,再召军机写旨。从军机处的办事程式来看,前一种可能性大一些。

〔2〕 《电寄档》光绪二十四年八月初十日,207/3 - 50 - 3/1576。从当时的官规而言,由袁护理属正常现象。首先是因为袁的品级最高,其次是当时的直隶省在保定,荣禄以北洋大臣常驻天津,若由直隶布政使护理,人员往来须花费几天的时间。

〔3〕 《电寄档》中有一记载:光绪二十一年九月初十日,"奉旨:廖寿丰电悉。袁世凯现在留津,有应办事件。其温处道本任,仍著派员署理。钦此。"

正四品的道员超擢正三品的直隶按察使,仍专办练兵事务。也就是说,袁世凯的浙江温处道、直隶按察使虽为实缺官,但并不赴任,仅仅是品级而已。他由正三品超擢正二品,是因其本缺是文官。[1] 而侍郎一旦补缺,也可以不上任,各部堂官共有六员,其中有人差使在外,在清朝也是经常之事,如以往的外派学政和此时的外派公使。也就是说,对袁的晋升,只是品级的变化,其事务并无变化。当时驻在直隶的三支主力部队,聂士成为直隶提督,董福祥为甘肃提督,皆为武官的从一品,相较之下,袁世凯的文官正二品,与之相差不多,尽管文官的地位在当时要比武官高出许多。

而袁世凯此次晋升,其中最重要的变化,就是谕旨中所称的"著随时具奏"。他获得了上奏权,有了与光绪帝直接文字交流的机会。而在此之前,他的意见需要通过直隶总督荣禄。

其三,袁世凯的晋升光绪帝有无深意?

赵立人先生 1990 年论文、戴逸先生 1999 年论文均已证明,康有为及其党人,早就对袁世凯进行工作,以期待在今后的政治变化中袁能拥帝倒后。尤其是戴先生的论文,以徐世昌日记揭示了戊戌年六月徐仁录在天津、小站的活动以及徐世昌、袁世凯的表现。但是,现在还没有史料可以证明,光绪帝对康党的军事策动工作是知情的。由于当时康有为及其党人与光绪帝之间无法进行直接的面对面的交谈,而此类情节也难以用文字方式上奏,似又可以反过来推断,光绪帝对此一无所知。由此看来,我以为,梁启超后来的回忆可能有几分道理。周传儒先生 1980 年文章称:"据新会所说,慈禧拟于天津阅兵之顷,实行废立是事实。光绪召袁世凯入京觐见,企图引袁自卫,亦属事实。"梁启超此论的前提是天津废立,并光绪帝发现其谋。今日的各位研究先进,如赵立人先生、杨天石先生对后党的天津废立阴谋,均持否定态度,认为此是康有为的想像或为军事策动而制造。姜鸣先生更是认为,康有为充满了宫廷政变的想像力,"与精明

---

〔1〕 从二品的文官为内阁学士、翰林院掌院学士和各省布政使。内阁学士一般需由进士出身,袁非也,翰林院职位更是须由进士出身;布政使一旦候缺,须得上任,不合光绪帝用袁专办练兵的目的。由此只能超擢正二品的侍郎。

干练、深谙政治运作方式的太后相比,他仿佛是个旧小说旧戏文看得太多的土乡绅"。[1] 我同意各位研究先进的说法。就前节所述光绪帝与慈禧太后的政治权力关系,无论是训政还是废帝,慈禧太后都毋庸跑到天津借荣禄之刀,更何况天津阅操决定于四月二十七日,具体时间决定于七月初八日,当时光绪帝与慈禧太后之间尚未出现明显的政治危机。[2] 但我仍以为,梁启超的说法还有某些可取之处,即光绪帝召见袁世凯时似有"引袁"之意。对此,也有一些痕迹可供今人思索:其一是,当日谕旨中"所有应办事宜,著随时具奏",似有鼓励袁有事不必经荣禄,而直接上奏之意。其二(也是最重要的)是八月初二日袁世凯谢恩召见时,据袁世凯的记录,光绪帝对他说:"人人都说你练的兵办的学堂甚好。**以后可与荣禄各办各事**",[3]后一句话明显地让袁摆脱荣禄的控制。其三是据袁世凯称,他在被召见的当日,要求尽快请训,以便其回天津为阅操准备。而当日发下的交片谕旨是初五日请训,也就是说,光绪帝在召见的当时,知道其后还会再见两次,一次为谢恩,一次为请训,而请训之日,光绪帝已回宫而不在颐和园。

光绪帝"引袁"的目的是否如梁启超所称,所谓"自卫",即与慈禧太后将来以武力相抗? 这似为不可能,因为前一日给杨锐的密诏中还表示了"不致有拂圣意"的想法;但他让袁世凯与荣禄"各办各事",却透露出其有自己控制武装力量之心,他想摆脱老臣们的包围,用新派人士开出一些缝隙。这里面还有必要介绍荣禄与直隶境内三支主力部队的关系。

甲午战争期间,清朝成立了督办军务处,其督办为恭亲王奕訢,帮办为庆亲王奕劻,会办为户部尚书翁同龢、礼部尚书李鸿藻、步军统领荣禄、礼部左侍郎长麟。在这个名分极高的机构中,其灵魂人物为荣禄。在此期间胡燏棻在小站编练的"定武军",隶于督办军务处。袁世凯接任后,

---

[1] 《被调整的目光》,上海人民出版社,1996 年,第 197 页。

[2] 四月二十七日字寄荣禄、胡燏棻:"本年秋间,朕恭奉慈禧……皇太后銮舆由火车路巡幸天津阅操……"七月初八日上谕决定日期为七月初五日至二十五日。见同日《上谕档》。我认为荣禄与王文韶互换职位,与天津阅操也有关系。

[3] 袁世凯:《戊戌日记》,《戊戌变法》,第 1 册,第 549 页。

其隶属关系并没有改变,尽管他后来超擢直隶按察使,但当时的直隶总督王文韶并不能控制袁部"新建陆军"。随着奕訢和李鸿藻去世,奕劻更多注重总理衙门事务(其为总署领班),翁同龢罢斥,长麟革职,督办军务处成了荣禄的一人天下,其下属的军队也只袁世凯部一支了。

光绪二十四年四月二十七日,即百日维新开始的第四天,光绪帝根据慈禧太后的意图,进行了人事调整,荣禄替代王文韶,出任直隶总督。也就在同一天,军机大臣面奉谕旨:"现在军务各有专司,督办军务处著即裁撤。"[1]五月初九日,督办军务王、大臣奕劻等上奏,《遵旨裁撤督办军务处折》,奉旨:"知道了";《袁世凯请归直隶总督节制折》,奉旨:"依议"[2]袁世凯部的隶属关系由此转归直隶总督管辖。按照当时人的思考方式,既然督办军务处不再存在,袁世凯部交给其老上级同时又是其驻地的军政长官节制,也是顺理成章之事。袁世凯与荣禄之间的私人关系也已建立,御史胡景桂参劾袁时,荣奉旨调查而保全之[3] 荣出任直隶总督后,奉旨保举人才,开列了 31 人的大名单,袁世凯亦列名其间[4]尽管袁世凯与康有为及其党人也有相对频密的政治关系,但他与荣禄的关系似为更深一层,更何况甲午战争后荣一直是其顶头上司。

直隶境内的另一支主力部队是直隶提督聂士成的武毅军共 30 营,约万余人,驻在天津东北宁河县的芦台镇,这是他长期驻防的地区。按照清代制度,直隶总督有权节制其境内的武力,聂士成部长期归直隶总督管

---

[1] 《上谕档》光绪二十四年四月二十七日。

[2] 《随手档》光绪二十四年五月初九日。

[3] 陈夔龙:《梦蕉亭杂记》,北京古籍出版社,1985 年,第 64—65 页。

[4] 《上谕档》光绪二十四年六月十一日。其名单颇有意思,不妨开列于下:"前四川总督鹿传霖,湖南巡抚陈宝箴,河南巡抚刘树堂,内阁学士张百熙,内阁学士瞿鸿机,盛京将军依克唐阿,甘肃提督董福祥,广西提督苏元春,广东陆路提督张春发,新疆提督张俊,直隶提督聂士成,陕西固原提督邓增,山西太原镇总兵马玉昆,福建汀州镇总兵宋得胜。""湖北布政使员凤林,直隶按察使袁世凯,前太仆寺少卿岑春煊,江南道监察御史李盛铎,太仆寺少卿裕庚,江苏苏松太道蔡钧,湖南盐法道黄遵宪,陕西渭南县知县樊增祥,兵部员外郎陈夔龙,广西桂平梧盐法道黄宗炎,山西泽州府知府陈泽霖,候选知府寿山,前伊犁镇总兵王凤鸣,候补总兵田玉广,降调珲春副都统恩祥,镶黄旗汉军副都统荣和,金州副都统寿长。"

辖;又按清代制度,提督有直接上奏权,聂士成也可以向光绪帝上奏,并由光绪帝直接发下谕旨。但后一种现象,清代很少出现,在档案中也看不到戊戌年聂士成直接请旨的奏折。

直隶境内还有一支主力部队是甘肃提督董福祥的甘军共20余营,约万余人。当其镇压河州回民之反叛后,于光绪二十三年底奉命率军东向,驻在山西。[1] 光绪二十四年三月,因德占胶澳、俄占旅大、英俄关系紧张时,据督办军务处的提议,光绪帝调董军驻直隶正定府一带,以防不备。[2] 董军入直隶后,当然受直隶总督节制,但董有上奏权,也经常使用此权。

袁世凯获上奏权后,其与荣禄的隶属关系虽不能因此改变,但若其运用得当,也可与荣禄分庭抗礼,即如光绪帝所说的“各办各事”。这当然需要光绪帝的出面支持。清代此类事件也有先例,最为人们熟悉的是,曾国藩以侍郎衔领兵交战于江西,根本就不买江西巡抚的账,不过那是战时。

八月初二日光绪帝口谕袁世凯“以后可与荣禄各办各事”,其内心世界究竟为何,今人无可知晓。但他与袁世凯还有一见,时在八月初五日,或许他会说些什么。然至其时,局势已经大变。

其四,袁世凯的晋升是否引起了慈禧太后及后党的警觉?

梁启超称:

> 谭嗣同荐袁世凯之将才,上乃召袁世凯询问兵事,欲以备参谋部之任,特加其官,令其将应办事宜,专折具奏,俾其独将。……荣禄素

---

〔1〕 督办军务王、大臣:《酌拟甘军移扎山西以资捍卫折》光绪二十三年十二月初十日、董福祥:《至防山西平阳情形拟再募十营折》光绪二十四年二月十二日、陶模:《董军调至山西片》光绪二十四年二月二十二日奉朱批。(见《军机处录副·光绪朝·军务类》,3/121/6033/13、26、30)

〔2〕 督办军务王、大臣:《董福祥一军宜移扎正定折》光绪二十四年三月十六日、董福祥:《移防日期折》光绪二十四年闰三月二十八日。(见《军机处录副·光绪朝·军务类》,3/121/6033/31、36)

怀不轨,知事已急,即日造谣,三电总署云,英俄开战于珲春,英舰七艘泊于大沽,立调袁世凯出津防御……荣禄先调聂士成军于天津,袁世凯五日夕至津,荣禄复留之于天津……[1]

康有为亦称:

> 荣禄见袁世凯被召,即调聂士成守天津,以断袁军入京之路,调董福祥军密入京师,以备举大事。[2]

苏继祖称:

> 天津督署调武毅军十营,即日来京,声言用备皇差弹压。实因闻袁世凯赏以侍郎,颇觉骇异,先诈称英俄开仗,调袁回防,预调聂军,防袁有变。袁到津时已晚,即进督署,夜半方出,次日亦未回防。[3]

赵炳麟称:

> 署直隶总督荣禄调提督聂士成举兵来津,提督董福祥移军长辛店,屡电促袁世凯还营。先是怀塔布、立山等皆至津言宫中事,怀、立久领常侍,太后党也。怀被革,尤怨上,思制之。御史杨崇伊善总管太监李莲英,内事纤悉,报知之。崇伊亦出天津诣荣禄,告曰:"上之用慰亭,欲收兵权也。上得权必先图公,公其危哉。且康有为乱法,臣工怨之,事宜早图也。"编修林开谟,旭(林旭)同族叔也,素恶旭所为,而因旭多知内事,亦在荣禄座上,赞崇伊言。荣禄乃称英俄开仗,珲春英舰七艘窥大沽,调聂士成兵二十营来津,董福祥移军长辛店,

〔1〕《戊戌政变记》,《饮冰室合集》,第6册,专集一,第56页。
〔2〕《康南海自编年谱》,《戊戌变法》,第4册,第160页。
〔3〕《清廷戊戌朝变记》,《戊戌变法》,第1册,第345—346页。

三电总署促袁世凯还营。荣禄谓崇伊曰:"尔言官也,可约台垣请太后训政,试归与庆邸谋之。"遂为书与崇伊还京。[1]

以上说法,多为各位研究先进所引用。其基本意思是袁世凯的晋升引起了后党的警觉,荣禄也开始发动,准备以武力来制服袁。对此,袁世凯亦称:

> (初三日)将暮,得营中电信,谓有英兵船多只游弋大沽海口,接荣相传令,饬各营整备听调,即回寓作复电。适有荣相专弁遗书,亦谓英船游弋,已调聂士成带兵十营来津驻扎陈家沟,盼即日回防。[2]

袁世凯证实荣禄有电报来,让其回任;并证实聂士成军已奉命而调动。天津《国闻报》八月初六日称:

> 聂军门以九月望圣驾幸津阅操,所有武毅军步、马、炮各营队,均须先期移扎天津,闻左右两军计十营,已于初四、初五等日由芦台拔队来津。有见之谓各军士均系行军装束,手挺枪,背负囊,系腰子药包,步骤井井,与别军开差形境,迥然不同。即此行路一端,亦足见军容之整肃矣。[3]

《国闻报》证实了聂军的调动,但称是为阅操而动。然而,此外还有一些疑问尚未证实:一、荣禄的电报是否造谣,即为其制袁提供借口?二、荣禄调军的目的是否为制袁,以配合京中的行动?三、董福祥军是否也同时调动?

首先看荣禄是否造谣英俄开仗。黄彰健先生1970年著作,引荣禄于

---

〔1〕《赵柏岩集》,1922年印本,第29页。
〔2〕《戊戌日记》,《戊戌变法》,第1册,第549—550页。
〔3〕《戊戌变法》,第3册,第411页。

八月初三日给总理衙门的三封电报,并引盛京将军依克唐阿的电报,称英俄开战系依克唐阿提出,由此证明荣禄未造谣。此中的考证应当说是完备的。但黄先生的著作出版后,关于荣禄造谣的说法在各种著述中依旧不绝。林克光先生1987年在《近代史研究》的论文中,引苏继祖的说法后称:

> 这个记载是符合事实的。查《电报档》荣禄确实在八月初三日连发三封电报,伪称英国军舰突然入泊塘沽口内,并以此为借口,一面派专弁遗书袁世凯,令"即日回防";一面进行周密的军事部署……

此处不妨再看看黄先生著作中所引的三封电报。由于黄先生在引证时有若干笔误(虽不妨碍其结论),以下据台北中研院近代史研究所档案馆的《总理衙门清档》及北京中国第一历史档案馆的军机处《电报档》,再次引证如下:

> 初二日戌刻,接聂提督电称,昨下午六点钟由营口来兵轮七艘,三只泊金山嘴,四只泊秦王岛。风闻系英国兵舰,何以突来如此之多等语。复于亥刻又接该提督来电称,查沽子药库在塘泊[沽]南,现外国兵轮已泊塘泊[沽]口内,系在大沽子药库背后,相去太近,求饬罗镇严加防备各等情。除电饬罗镇不动声色暗为防探,并一面派委黄道建筦密赴塘沽查探。特先电闻,务望询明英使何事,即先电示。一俟黄道查复,再行电达钧署。禄。萧,亥刻。
>
> 顷电想达。复于子刻接李镇大霆电称,顷据榆防袁统带飞禀,前电言洋河口、金山嘴来兵轮四艘,距岸二十里,查系英艇,复问来由,直谓俄国意甚不善,英廷特派来此保护中国云云。同时又接该镇来电言,复接袁统带电称,今日来英国鱼雷艇二、兵轮一,连前共计七艘,内有提督座船一艘,齐泊定远炮台前面,离岸约八里许。职镇准于初三日搭车赴关各等情。查俄国现在并未开衅,该兵船所称俄意

不善，来此保护等语，不知何所见而云然？抑或他国捏称英船，均不可知。特此电闻。禄。江，子刻。

　　昨据聂提督电称，外国兵轮泊入塘沽口内，当派黄道建筅密往探视。顷据复电称，职道已于初二日到塘沽，详查口内并无英兵船，塘沽只泊日本兵船一艘，查系前两月所来。现口外亦无兵船等情。除一面电饬大沽炮台、山海关各口确实查探究竟何项兵轮，共有几艘，现泊何所？俟查复到时，再行电闻。禄转。江，午刻。

以上三个电报于八月初四日由总理衙门呈光绪帝。[1]

　　从上引电文可见，荣禄的电报虽是初三日收到，但最早的一份却是初二日半夜发出，第二、三份是初三日早晨、中午发出。如果荣禄决心造谣的话，也就是至迟于初二日作出决定。袁世凯晋升的上谕初一日明发，荣禄于初二日得知消息是有可能的。但荣称其开战的消息来源于直隶提督聂士成、通永镇总兵李大霆、在山海关防卫的袁统带，并称聂士成的第一个电报于初二日晚上收到，在如此之短的时间内，荣与聂、李、袁统带达成攻守同盟，是相当困难的。荣禄的电报是以北洋大臣的名义发给总理衙门的，并要求总理衙门向英国公使诘问，若其是造谣，总理衙门很快便可核对，更何况荣已派负责外交事务的天津海关道黄建筅核明，塘沽并无英国军舰，军事紧张的区域在山海关方向。而黄健彰先生1970年著作继续引荣禄初四日两电，指明山海关方向的军事紧张八月初四日到达最高点后，于当日下午6点钟英舰队离开了山海关。也就是说，最晚在初五日早晨，总理衙门已得到荣禄的报告，直隶所辖的大沽、山海关两个防区的军事紧张已经解除。而此时的军事紧张区域转移到了海参崴、珲春一带。

　　如果说聂士成、李大霆、袁统带均为荣禄的下属有可能助荣生谣，那

──────────

〔1〕《洋务档》光绪二十四年八月初四日记："据总理各国事务衙门送到荣禄电信三件，依克唐阿电信一件，照录呈览。谨奏。"（207/3－50－3）同日《随手档》也有相同的记载。

么,黄健彰先生 1970 年著作同时引八月初三日盛京将军依克唐阿给总理衙门的电报,明确指出金州副都统寿长向其报告"日内传闻英、日、俄在海参崴开仗,旅大两口俄人颇形慌乱",这就是荣禄所不能控制的区域和官员了。[1] 黄先生认为"不能说是荣禄造谣"的结论,应当是正确的。对此我还可补充一条材料,八月初九日,总理衙门收到荣禄的电报:"顷接沪道来电,闻英领事言,英将踞大沽、烟台以拒俄。不知钧署有所闻否?若袭胶澳故智,何以御之?祈荂筹密示。荣禄。青,巳。"[2] 沪道即上海道蔡钧。他也听说了英、俄军事对抗的消息,并因事关大沽,将此消息转告荣禄。

甲午战争后,日、俄两国在朝鲜半岛进行争夺,日本采取了联英拒俄的外交方针。三国干涉还辽后,英、日与俄国在中国的争夺相当激烈。就历史真实而言,当时英、俄两国并未开战也无意开战,但英、俄决裂的消息却时有传闻,荣禄只是得到了不正确的情报,报告了不正确的传闻,他并没有造谣。事实上当时此类流言甚多甚广而影响很大。在北京的康有为对英舰到达大沽,英、俄即将开战的消息是认可的,并在其代拟的奏折中以此作为论据。[3] 而在乡间闲居的杨度,也在其日记中称:八月初八日,"电报:英吉利兵船四艘泊大沽口,云俄将不利于中国,故为保护"。十五日,"英俄于海参威开战,又曰广东海面,未知孰是"。[4]

如果认定荣禄并未造谣的话,那么,他调动聂士成的军队,就有可能是针对将会出现的英、俄开战。然此时的荣禄有无乘机调军制袁的打算?现有的材料还是不确切的。

如果荣禄有制袁之意,最佳方案当然是隔绝袁世凯与光绪帝的联系,

〔1〕 该电又见于军机处《电报档》光绪二十四年八月(207/3 - 50 - 3/2047)。
〔2〕 《总理衙门清档·收发电》,01 - 38,本书所引总理衙门各档案皆藏于台北中研院近代史研究所档案馆。
〔3〕 康有为八月初五日为杨深秀所拟《时局艰危拼瓦合以救瓦裂折》中称,德、法、俄共会于彼得堡,"碎裂中原"。"兼闻英舰七艘已至大沽……"初六日为宋伯鲁所拟《请速简重臣连与国折》中称:"昨闻英国兵船七艘已驶入大沽口,声称俄人将大举南下,特来保护中国。"(《戊戌变法档案史料》,第 15 页、第 170 页)
〔4〕 《杨度日记》,杨念群点校,新华出版社,2001 年,第 106—107 页。

同时也隔绝袁与其所部的联系,即将袁控制在天津。从前引袁世凯的日记来看,荣禄的方法于此是吻合的,即令袁由京急速返回,而袁到津后,也未让袁立即返回小站。但用这种方法,调军只是防袁从天津脱走回小站掌兵,且以秘密行动为佳,荣就没有必要告诉袁世凯聂军已行动。更何况天津的发动须与北京同时进行,否则调军就不是针对袁而是针对光绪帝了。从北京的情况来看,慈禧太后发动政变的时间似要晚一些,而且一开始的目标也不太确定(后将详述)。

如果说,荣禄仅凭初一日袁世凯晋升,而于初二日就已形成武力制袁的计划并开始实施,且已与北京方面商妥协同动作,同意此论的各位研究先进于此似还无法证明。由此,黄彰健先生1970年著作称:"聂军的调动固然可能为了应付大沽局势,但也可能是为了防袁",对此我是同意的,因为黄先生提出了两个"可能",而对后一个"可能",我的怀疑程度大于黄先生。

称荣禄调董福祥军进占长辛店乃至进入仪彰门(广安门)之说,档案材料可以证明并无此事。

前已叙及,董福祥军于闰三月由山西移驻直隶正定府一带,其部最南驻在获鹿,最北驻在保定,绵延三百里。四月,董福祥要求其军一部移驻近畿,未能实现。[1] 五月,董军在保定与传教士发生冲突,光绪帝命直隶总督荣禄查办。[2] 六月,荣禄处理完保定教案,提出建议:"此案现虽议

---

〔1〕 董福祥:《请移营分扎近畿折》光绪二十四年四月十五日,十八日奉朱批:"著督办军务王、大臣妥议具奏";督办军务王、大臣:《遵议董福祥一军移扎近畿有俾训练折》光绪二十四年五月初六日,奉旨"依议"。由此,董军可移驻涿州。后,董福祥再奏:《新募回部五营移至涿州折》光绪二十四年五月十七日,奉朱批:"著俟秋凉后再行酌夺情形,奏明办理。"(见《军机处录副·光绪朝·军务类》,3/121/6033/42、46、48)董军由此未及北移。

〔2〕 总理衙门收北洋大臣电(两件),五月十九日;总理衙门发北洋大臣电,五月十九日;电寄北洋大臣旨,五月二十三日。(以上见军机处《发电档》光绪二十四年五月,207/3-50-3/2082)电寄荣禄旨,五月二十日。(军机处《电寄档》光绪二十四年)总理衙门收北洋大臣电,五月二十四日、五月二十五日。(以上见军机处《电报档》光绪二十四年五月)

结,甘军仍驻保定,既与教士有嫌,日久恐再寻衅。殊难防范。可否饬下董福祥将现驻保定各营,移驻他处,更为妥协。"[1]光绪帝批准了这一提议。此后董军以正定为中心,分扎各处。[2] 从档案中,我看不到董军在八月初有调动的记录。董福祥此时尚不完全顺从于荣禄,荣若调其军,董必有奏报。

与此恰恰相反,八月初八日董福祥出奏,称其得知光绪帝将奉慈禧太后于九月初五日至二十五日校阅各军,请求担任宿卫。该折称:

> 伏查奴才所部前经议准移扎涿州,近因查明涿州不便驻扎,奏请仍留正定,毋庸开赴涿州,蒙恩允准。各营自操演外,实皆无事。恭遇銮舆巡幸,奴才岂敢自安。拟敬选派队伍,躬自率赴天津,以备宿卫。如蒙允准,奴才拟早日成行,余营仍留正定,暂且派员经理。[3]

董福祥于此时发出此折,说明他对北京已经发生的政变尚不清楚。但该折清楚地表明,直至八月初八日,董本人尚在正定,其部也未有任何调动。董福祥此折于八月十一日到达,光绪帝已处于无权之地位,在该

〔1〕 总理衙门收直隶总督电,六月初二日,《电报档》光绪二十四年六月。
〔2〕 六月初三日,军机处电寄荣禄旨:"甘军驻扎保定,诚恐日久生衅。著荣禄就保定省北涿州一带地方,酌量移扎处所,与董福祥电商。"(《电寄档》光绪二十四年)是月底,荣禄致函董福祥:"贵部团扎处所,现经何分统等赴各处相度营基,实无合式相宜之处。尊意拟在保定扎大营,而以分营分扎附近,或将新旧各队调至正定团扎,以便训练。目前暑雨尚多,道路沮洳,一时既难定议,应俟秋后由执事察度情形,奏明办理。……贵军移驻近畿,目前并无战事,此举似不相宜,请勿妄请。管见所及,并以附陈。"(《荣禄函稿底本》,清华大学图书馆藏,转引自清华大学历史系编:《戊戌变法文献资料系日》,上海书店出版社,1998年,第861页)七月初七日,董福祥上奏,称涿州难以安营,仍请在省城保定以西至定州、正定扎营,奉朱批:"著照所请。"(《军机处录副·光绪朝·军务类》,3/121/6033/53)七月底,荣禄致董信亦称:"贵部迩来分扎各处。"(《荣禄函稿底本》,《戊戌变法文献资料系日》,第1008页)
〔3〕 董福祥:《恭遇驾幸天津请旨宿卫折》光绪二十四年八月初八日,《军机处录副·补遗·戊戌变法项》,3/168/9457/10。又据军机处《随手档》,该折注明"报,四百里,八月初八日发。无夹板。印封马递发回"。

折上朱批"另有旨"。当日发下的上谕称:"董福祥奏恭遇銮舆巡幸请选派队伍亲赴宿卫一折,该提督应将所带队伍选派在营预备,听候谕旨遵行。"[1]也就在这一天,荣禄到达北京。第二天,荣禄进见,又下达了一道谕旨:"现在芦台以北山海关以南秦王岛一带地方,颇嫌空虚,著董福祥于所部甘军藉前往演习洋操为名,不动声色,酌拨数营,择要驻扎,以资镇摄。并谕令荣禄知之。"[2]秦皇岛一带,就是前次传闻英舰队游弋地区,很可能是荣禄根据上次的经验所做的军事补救行动。[3] 八月二十一日,董福祥派何得彪率六营移驻秦皇岛的奏折到京,[4]当日下发的谕旨称:"董福祥所部甘军,分扎正定、保定、定州一带,形势散漫,不便操练。除何得彪所统六营移驻山海关迤南,其余所部各营均著董督率即行移扎南苑,认真操练,以便简派王、大臣随时校阅,俾成劲旅。"[5]根据此一谕旨,董军于八月二十五日起陆续开进,董福祥本人于九月初八日率亲军步队从正定出发,移驻南苑。[6] 前引康有为、赵炳麟称董军的调动,很可能他们将事后的调动当作荣禄当时的密谋了。

综上所述,我的看法是,一、荣禄没有造谣;二、荣禄调聂士成军防英、俄开战的可能性大,制袁的可能性小;三、董军并未出动。当然,前两个结论是由黄先生最先作出,我在此不过稍有补证而已。

由此再检视前引梁启超、康有为、苏继祖、赵炳麟各说,可以得出这样的印象:梁、康因当时对袁有策动,因而对荣的各种行动难免过敏,将荣分散的行动组合成一个连贯的有预谋的行动;苏、赵是看到了事情的结局,

[1]《上谕档》光绪二十四年八月十一日。
[2]《上谕档》光绪二十四年八月十二日。
[3] 除调董部外,八月十五日,军机处电寄驻扎营口一带的宋庆旨,调数营派得力将弁马玉昆、宋得胜统带,移驻山海关,归荣禄节制。(《电寄档》光绪二十四年)
[4] 军机处《随手登记档》八月二十一日记,董福祥《遵调六营移扎秦王岛折》,并注明:"报,四百里,八月十八日正定发。无夹板。印封马递发回。"该折奉朱批"另有旨"。
[5]《上谕档》光绪二十四年八月二十一日。董军的调驻南苑,与当时英国等国派兵进京似有关系。
[6] 董福祥:《所部陆续开拔前进片》光绪二十四年九月初一日,《遵旨移扎南苑折》光绪二十四年九月初七日。(《军机处录副·光绪朝·军务类》,3/121/6033/64、69)

由此将荣禄的行动进行"合理"的推论,而他们当时不若今日历史学家可以占有更充分的材料。

另一位对袁世凯入京十分敏感的局内人是王照。他曾受康党之托运动聂士成,也与闻康党对袁的军事图谋。他回忆称:

> 七月二十八日(当为二十六日)忽闻徐致靖请召袁世凯入都,照大惊,往问徐,答曰:"我请袁为御外侮也。"照曰:"虽如此,太后岂不惊?"于是照急缮折,请皇上命袁驻河南归德府以镇土匪,意在掩饰召袁入京之计,以免太后惊疑。……照于七月三十日始往颐和园上请袁兵南去之折。八月初二日袁到京(实为三十日),太后已知之[1]

王照是根据自己的底牌来推测慈禧太后的思路,也无确据。孔祥吉先生据《随手档》查出王照于七月三十日确有《敬陈管见折》,称王照此说可信,但没有说光绪帝看到这一令人奇怪的奏折有何反应[2] 在此我还可以再做一点补证,当日军机处给慈禧太后的奏片称:"本日四品京堂王照等折件,俟拟议办法,陆续恭呈慈览。"[3] 看来光绪帝看到此折尚不明王照之用意,当日未作处理,也未送慈禧太后。又据军机处《上谕档》,王照的这份奏折,后来一直未有处理意见,也一直未送慈禧太后。

八月初二日给康有为的明发上谕

八月初二日(9月17日),军机处《早事》中记载:

> 召见袁世凯、成勋、周莲、陈春瀛、林旭、军机。皇上明日办事后由颐和园还宫。

---

[1] 《关于戊戌政变之新史料》,《戊戌变法》,第4册,第332页。
[2] 《戊戌维新运动新探》,第169页。
[3] 《上谕档》光绪二十四年七月三十日。此折尚未在档案中检出。

召见袁世凯、成勋、周莲、陈春瀛各有其原因。[1] 召见军机是每日的公事。而召见林旭，却是一政治异常现象。同时，军机处也得到了正式的通知，第二天将按原计划由颐和园还宫。也就是说，虽有异常，但非严重。如果当时出现了重大事件，就不会有此回宫时间的确认。[2] 这一天宫中《穿戴档》记：

> 卯正，外请至仁寿殿见大人，毕，还玉澜堂。……办事后外请至乐寿堂圣母皇太后前请安，毕，还玉澜堂。

此一记载与以往几天的日程完全一致。从此记录来看，光绪帝应先召见林旭，后向慈禧太后请安。这一天的《早事档》、《随手登记档》记录了光绪帝共收到58件奏折及附片和下达了18道明发、交片、字寄、电寄谕旨。而军机处《上谕档》中由内阁发下的一道明发上谕，却表现出极为异常的现象：

---

〔1〕 召见袁世凯为其授候补侍郎而谢恩。召见成勋为其补吉林副都统而谢恩。召见福建兴泉永道周莲，是由湖广总督张之洞、湖北巡抚谭继洵、詹事府少詹事王锡蕃先后所保，六月十四日明发上谕命闽浙总督边宝泉饬令周莲来京，"预备召见"。（见军机处《随手登记档》、《上谕档》光绪二十四年六月十四日、七月十三日）召见刑部候补主事陈春瀛是因礼部左侍郎、顺天学政张英麟的保荐，七月三十日明发上谕称："刑部候补主事陈春瀛，著该部传知预备召见。"（见《上谕档》光绪二十四年七月三十日。据七月二十九日军机处《随手档》、《上谕档》，是日张英麟上保举人才折，当日该折呈送慈禧太后。谕旨是第二天下达的。不知此旨与慈禧太后有无关系。又，据军机处《随手档》，三十日驻日公使裕庚也有一片《陈春瀛等恳请给奖》，朱批"览"，也不知该片对此有无影响）此一召见名单与宫中《召见单》完全一致。
〔2〕 内务府《日记档》（颐和园）光绪二十四年八月记："初二日，适向侍卫处询得，明日皇上办事后还宫。已缮手折呈崇（光）、文（琳）堂，并缮禀帖给启（秀）、立（山）、世（续）大人及奎公，发宅……"（405/5－14/W/杂244/日244）又，内务府《杂录档》（颐和园）光绪二十四年八月记："明日皇上办事、用膳、召见毕，诣皇太后前请安，侍膳、看戏，毕，乘轿出东宫门，由石路至倚虹堂少坐，乘轿进西直门、西安门，由西三座门出东三座门，进神武门、顺贞门还宫。（八月初二日时候底）"（杂1003/日262）由此可以认定，八月初二日，军机处、内务府已经确认光绪帝于次日回宫。

工部主事康有为前命其督办官报局，此时闻尚未出京，实堪诧异！朕深念时艰，思得通达时务之人，与商治法，闻康有为素日讲求，是以召见一次。令其督办官报，诚以报馆为开民智之本，职任不为不重，现在筹有的款，著康有为迅速前往上海开办，毋得迁延观望。

这一道谕旨，正如一些研究先进所指出的那样，与其说是发给康有为的，不如说是写给慈禧太后看的。

从谕旨中透露，光绪帝与慈禧太后之间，有过一场交锋，其中的关键是康有为，结局是光绪帝向慈禧太后让步。此事因何而起？我个人以为，仍是慈禧太后对"懋勤殿"之类议政机构的反应。这一天有两个情况应引起注意：一、据军机处《随手登记档》，前叙宋伯鲁、徐致靖、王照有关懋勤殿的设计及其人选的三道奏折，于这一天由慈禧太后发下；二、当日吏部代奏主事关榕祚一折，要求重用康有为，"畀以事权，待以不次之位"，而此折当日立即呈送慈禧太后。[1] 争论是否因上述两个原因所引起，我现在还是不能肯定。因为如果称上述两个原因引起争论，那么，光绪帝应在请安后再召回军机撰写上引之旨。这在军机处的流程中是不合常规的。但若称光绪帝与慈禧太后之间关于康有为的争论不是发生在八月初二日，而是发生在八月初一日请安时，那么，军机处当日将关榕祚的奏折上呈慈禧太后，岂不是火上浇油。很难想像军机处一面拟命康有为迅速出京之旨，一面将要求重用康有为的奏折上呈慈禧太后，因为关榕祚的奏折属司员士民的上书，按照当时军机处的处理，一般都需要很长的时间，当日收到当日上送也属异常（后将详述）。若是光绪帝与慈禧太后的争论发生在八月初二日，也有一个问题，即光绪帝召见林旭的时间。按前引《穿戴档》，"见大人"在"请安"之前，若争论尚未发生，光绪帝召见林旭的用意一下子显得不清晰了。我个人还以为，《穿戴档》所记的目的，是记录光绪帝的穿戴，并非其日常工作的流程，若光绪帝未换衣装，有些活动负责记录的太监是有可能忽略不记的。由此，光绪帝与慈禧太后关于

---

〔1〕《戊戌变法档案史料》，第167页，《上谕档》光绪二十四年八月初二日。

康有为发生争论的时间以及光绪帝召见林旭的时间,就我所见的史料,尚不能予以确定。

从上引谕旨来看,光绪帝在争论中似未能向慈禧太后当面说清楚,看来只能用明发谕旨的方式,向慈禧太后表示其态度。光绪帝在此谕旨中向慈禧太后表白处有三:其一是他不知道康有为还在北京。光绪帝此处是不诚实的。派康有为督办官报的谕旨于六月初八日发下,七月初五日还有总理衙门代奏康有为的奏折。至于汪康年拒交《时务报》的官司,也因刘坤一的电报,一直打到御前。光绪帝于七月初六日命黄遵宪顺道查办此事,到了八月初三日,也就是命康出京的第二天,黄遵宪才电奏查办《时务报》的情况。可以确认,光绪帝知道康有为尚未离京,但无力向慈禧太后相抗,只能采取躲避的办法。其二是强调他召见康有为只是一次。根据当时的谣言,康可以随意出入宫禁,经常与光绪帝密商政务。看来慈禧太后也听到了一些谣言,由此而质问光绪帝。光绪帝不敢当面为自己辩解,只能通过明发谕旨向慈禧太后辟谣。其三是严令康有为离开北京,使用了"毋得迁延观望"的严厉词句,以向慈禧太后表白今后不会再与康有为保持联系。

我个人以为,慈禧太后强令光绪帝让康有为离京,是因其已经觉察到康对光绪帝有很大的影响力,对此最为警惕。她坚定地认为,能够影响光绪帝的只能是一个人,而且只能是她本人;此外的一切,都应当除掉,就如先前放逐翁同龢一样。然而,赶走康有为,似乎又在表明,慈禧太后反应是有限的,她只是加强了对光绪帝的控制,是由上而下的另一类的"清君侧",恢复和巩固其与光绪帝的政治权力关系,似还没有考虑自己立即走上前台。其中明显的证据是前引军机处《早事》,"皇上明日办事后由颐和园还宫"。

据康有为称,林旭带下了光绪帝的密诏,此即康有为所称的第二道密诏。黄彰健先生1970年著作称康此处必有篡改;房德邻先生1983年论文据梁启超对康有为诗的小注,称第二道密诏是由林旭传来的口诏,康有为据此伪造;汤志钧先生1985年论文,考证了第二道密诏的版本,认为确有第二次密诏,光绪二十四年九月初五日《新闻报》所刊为其最初的版本，康有为有所改窜；房德邻先生 2000 年论文，放弃了口谕的说法，而是采用了汤志钧刊布的《新闻报》该诏言词。

　　以上各位研究先进，所据资料大体可录于下：一、王照称："另谕康有为，只令其速往上海，以待他日再用，无令其举动之文也。"[1] 二、梁启超称："先生于八月初二日奉朱谕命出京，初四日复由林暾谷京卿传口诏促行，初五日遂行。"三、梁启超又称："先生当国变将作时，曾两次奉朱笔密诏……第二次由四品卿衔军机章京林旭传出者。两诏启超皆获恭读。……其第二诏末数语云：'尔爱惜身体善自保卫，他日再效驰驱，共兴大业，朕有厚望焉。'"[2] 在第一条材料中，王照承认有第二诏，但对其内容仅认定了"速往上海，以待他日再用"，而"以待他日再用"六字是该日明发谕旨中所没有的。在第二条材料中，梁启超提到了口诏，也提到了八月初二日的朱谕。如果将八月初二日朱谕当作上引该日明发上谕看待，那么就没有密诏，而只是口诏；如果将八月初二日朱谕当作第二次密诏，那么，除了第二次密诏，还另有口诏。光绪帝初四日并未召见林旭，若有口诏，也只能是初二日对林旭所言，此中的"初四日"应是林旭向康有为传口诏之日。林旭于八月初三日随光绪帝由颐和园回到城内，第二天向康有为传口诏也合于情理。在第三条材料中，梁启超称其亲见第二诏，十分委婉地否认康所称"出外求救"等语，但称"共兴大业"一语，汤先生的论文对此表示了疑问，黄先生的著作更是指出，此语与光绪帝的身份不合，不是君主对臣子的口气。

　　由此，我以为，初二日光绪帝召见林旭，也有可能并无密诏下发，只是让林旭传达他的口谕；如果光绪帝真有第二道密诏，也不能相信梁启超的说法，只能认定王照所称的"速往上海，以待他日再用"。

〔1〕《关于戊戌政变之新史料》，《戊戌变法》，第 4 册，第 332 页。
〔2〕《戊戌八月纪变八首》、《戊戌八月国变记事》之梁注，上海文物保管委员会文献研究部编：《康有为遗稿·万木草堂诗集》，上海人民出版社，1996 年，第 91 页、第 92 页。

八月初三日参预新政军机章京"签拟"权力受限

八月初三日(9月18日),军机处给慈禧太后的奏片中出现了政治权力的异常,由于该件十分重要,特引其全文:

> 本日陈兆文奏保举人才片,奉明发谕旨一道。闵荷生奏请将会馆改学堂片、耿道冲奏请设保险公司折,又二十七日胡元泰请清教案呈、宋汝淮条陈矿务河工呈,均签拟办法,恭呈慈览,俟发下后,再行办理。总理衙门代递张元济条陈折一件、户部代递闵荷生、耿道冲条陈折各一件、陈兆文条陈折一件、濮子潼条陈折片各一件,均奉旨存。都察院代递桱格等折呈,俟拟定办法,再行签呈慈览。谨交陈兆文等各原折、片、呈并昨日因应行钞录未及呈递之孙家鼐、阔普通武、陈季同、金蓉镜、暴翔云、霍翔各原折恭呈慈览。谨奏。[1]

其中最要害的是"签拟办法,恭呈慈览,俟发下后,再行办理"一语,也就是说,谕旨在下发前,要经过慈禧太后,原来的事后报告制度,变成了事前请示制度。最先注意到这一奏片的是林克光先生。他于1987年写了两篇论文,称此日是戊戌政变发生的实际日期,从这一天起,光绪帝"失去了单独决定和处理政务的权力"。房德邻先生2000年论文也支持林先生的看法,称"这种变化表明光绪帝已不能自行处理日常政事,他只能'拟定办法',然后向太后请示,待太后同意才能办理,权力已转移至太后手中"。

应当说林先生在此有了重大的发现,但他放大了这一发现,其结论是不正确的。从《上谕档》来看,上引军机处奏片中侍讲学士陈兆文保举李稷勋片,就奉明发谕旨一道,"翰林院庶吉士李稷勋著预备召见",即没有经过慈禧太后而下发了。而据军机处《随手登记档》,陈兆文的正折是

---

〔1〕《上谕档》光绪二十四年八月初三日。

《请召张之洞入直军机折》，光绪帝甚至就没有上送慈禧太后。

除了八月初三日军机处奏片外，林先生的重要佐证之一是当日《上谕档》仅记李稷勋预备召见一道，"而查军机处《随手登记档》却记有派李盛铎（铎）代理驻日公使的上谕，《光绪朝东华录》有记令荣禄切实办理保甲的谕旨，此二道谕旨《上谕档》均无记载，可见非光绪所发，而是慈禧撇开光绪直接下发的。""光绪帝已于六月二十四日令维新派黄遵宪任驻日公使，这时慈禧以李盛铎代之，证明初三日慈禧已取代光绪帝亲自发布上谕和裁决日常政务。"

林先生在此犯有错误。军机处记录上谕有多种档册，其中《上谕档》只是一种，派李盛铎为代理驻日公使是用电报发给驻日公使裕庚的，而《上谕档》是不记录电旨的，有关电旨则记在军机处另一档册《电寄档》中，同日还记有光绪帝发给四川护理总督文光、广西巡抚黄槐森电旨各一道。此三道电旨皆未经过慈禧太后批准而由光绪帝下发了。[1] 林先生以《上谕档》未记有此电旨，即称是由慈禧所发，是因其对军机处档册制度不熟悉所致。然而，李盛铎的继任，也非因慈禧太后，而是出自驻日公使裕庚的提议。早在六月十七日，总理衙门收到驻日公使裕庚的电报，"庚自上月久病，弱不能步。东西医谓：非内渡不能治。田贝（卸任美驻华公使 Charles Denby）到卧室所目睹。使必筋力为礼，岂可卧治，焦灼之至。求早定人，请旨简放，速来接替，以免贻误。"[2] 为此，光绪帝以黄遵宪接替之。可是黄遵宪由湖南起程后，一路生病，多次请假。裕庚见黄接

---

[1]　三道电旨的内容如下：电寄裕庚等："裕庚电奏，现患腿疾，九月万不能愈，请赏假派员代理等语。日邦庆典。不可无人将事，著派御史李盛铎暂行代理使事。该御史务当小心练习，联络邦交，不可存五日京兆之见，稍涉疏懈。"电寄文光："前经明降谕旨，令各省地方官保护教堂，不准再有教案。四川大足一案迟久未了，乃合川、遂宁、内江处又有闹教事。该地方官防范不力，实难辞咎。著该护督即行查参，并将起衅缘由，详晰电复。一面迅饬认真弹压，持平办理。毋任延宕，致滋口舌。"电寄黄槐森："黄槐森电悉。岑盛霭行踪诡秘，查拿未获。著该抚严饬迅速密拿，务获到案，审明办理，毋任稽延。"（军机处《电寄档》光绪二十四年八月初三日）此三道电旨都有重要的实际内容，光绪帝单独下达政令的权力并未受限制。

[2]　《总理衙门清档·收发电》，01-38。

任无期,遂于七月初九日电总理衙门,称其腿疾已不能上楼,"仰求奏明先派员前来代理"。[1] 而七月二十九日,黄遵宪在上海电总理衙门,称患肺炎,难以就道,九月二十日日本天皇诞辰"似须仍由裕使庆贺"。当总理衙门将此意电告裕庚时,裕大怒,回电称:

> 卅电祗悉。庆贺大典,但能勉强,岂敢有意忽略,惟腿疾非别病可比,众所共睹。九月万不能愈。庚陈知已久,实不敢任贻误邦交之咎。且黄使来既无期,使署公事病躯难以支持。现患已入膏肓,前代奏赏假两个月赴沪调理并请旨派员代理数月,譬如现看学校之四人中似皆可备选择。黄使新病,仰邀格外体恤,庚三年无功,亦无同乡相助,诚不如黄使。惟久病就医,圣朝所曲宥,亦求垂怜万一,幸甚。[2]

此中的"现看学校之四人"即为派往日本考察大学事宜的江南道御史李盛铎、翰林院编修李家驹、翰林院庶吉士寿富、记名御史工部员外郎杨士燮,而李盛铎先期赴沪准备行装。[3] 总理衙门于八月初二日收到裕庚大发怨怒的电报,初三日又收到荣禄帮裕庚说话的电报,[4] 正是在此背景下,光绪帝选择了李盛铎暂行代理。此事与慈禧太后似无关联。

---

[1] 《总理衙门清档·收发电》,01-38。

[2] 《总理衙门清档·收发电》,01-38。

[3] 七月十九日,管理大学堂大臣孙家鼐致函总理衙门:"本大臣奏派大学堂办事人员赴日本考察学务。本月二十四日奉旨依议等因。除江南道监察御史李盛铎已先赴沪部署行装外,相应片行贵衙门,照会日本驻京大臣,约定日期,派翰林院编修李家驹、翰林院庶吉士寿富、记名御史工部员外郎杨士燮同往会晤,并请其电本国,妥为照料。即希转行知照可也。"(《总理衙门清档·西学》,京师大学堂派员赴日考察,01-06/1-5)

[4] 总理衙门收北洋大臣荣禄电:"顷准裕使电称黄使在沪患病,到京尚须请假。日本庆典钧署令其勉强,不准忽略。惟腿疾一时难愈,深恐贻误邦交。拟请派员代理,给假两个月等语。未审钧署曾否允准? 如黄使赴任尚早,可否代奏请旨派员代理? 仍祈酌核办理。荣禄。冬。"(《总理衙门清档·收发电》,01-38)

至于称《光绪朝东华录》中有令荣禄切实办理保甲的谕旨，此系林先生之误读，将荣禄奏折中照录六月十二日之谕旨，误为当日下达荣禄的谕旨。且《光绪朝东华录》收入此折的日期也有误。查当日军机处《随手档》并无荣禄奏折，而在七月十九日记有荣禄《办理保甲渔团折》，奉朱批："知道了，著严饬各属切实办理，毋得徒托空言，仍属有名无实。"[1]此为收到荣折的准确日期。林先生称《光绪朝东华录》有慈禧太后给荣禄谕旨，是其未细察史籍和档案所致。

林克光先生认为八月初三日光绪帝失去独立决定和处理政务的权力，其主要证据是将前引军机处奏片与初二日的军机处奏片相比较，初二日奏片称："又，本日内阁代递曹广权等条陈，现在拟议办法，均俟分别办理后，再行陆续恭呈慈览。"这是很明显的事后报告制度。然林先生又称："必须强调指出，《上谕档》自光绪二十年十二月十八日有'恭呈慈览'的记载起，直至光绪二十四年八月初二日止，从行文格式到对奏折的处理办法完全相同，'均俟分别办理后，再行陆续恭呈慈览'（有时仅简单记本日某某折恭呈慈览）。"房德邻先生 2000 年论文沿用了林先生的说法："自光绪十五年二月初三日慈禧太后完全归政后，日常事务就由光绪帝处理，虽然不时向太后请示，但大多是办理后才向其报告。《上谕档》有这种记录，通常记某日某些奏折'现拟议办法，均俟分别办理后，再行陆续恭呈慈览'。这种记录直到光绪二十四年八月初二日。"林、房两先生的上述说法，涉及我在前节所言明的重要奏折须当日以原件上送慈禧太后的制度，应进行仔细查考。然对照《上谕档》，林先生的提法语意不清，而房先生的提法则是有误。

我虽未查明重要奏折上送慈禧太后的制度始于何时，仅就我所见到的《上谕档》《洋务档》而言，军机处向慈禧太后报告上送奏折的奏片，大体上如同林先生所称的"简单"方式，即称本日某某奏折及相关谕旨"恭呈慈览"，并无"分别办理后"之类的词句，这里面牵涉到重要

---

[1] 荣禄折见于《戊戌变法档案史料》，第 344—346 页。

奏折上送须在当日的制度。[1]最初出现"办理后"再呈送慈禧太后的说法，始于光绪二十四年七月二十二日。该日《上谕档》中军机处奏片称：

> 本日户部奏代递主事宁述俞折一件、王凤文呈二件、彭谷孙呈一件、陶福履呈二件，宗人府奏代递主事陈懋鼎折一件，现在酌拟办法，拟明日再呈慈览。再，二十日总理衙门奏代递知县谢希傅条陈呈一件，谨于今日呈递。谨奏。

该奏片称，当日收到的折件，因来不及立即处理，无法上送慈禧太后，表示"明日"再呈。而前天收到的一折，今日上呈。这是对重要奏折当日以原件上送慈禧太后制度的一个修正。第二天，军机处将上述折、呈及相关谕旨上送慈禧太后。[2]七月二十四日，军机处奏片提到了各种折、呈57件，其中14件奉有相关谕旨，"谨将原折恭呈慈览。其余折、呈，俟核议奏明办理后，再行恭呈慈览。"也就是说，另43件折、呈应当上送慈禧太后，因未及时处理而无法上送，且也没有说明处理的期限。该奏片中的"核议"、"奏明"、"办理"三词，也流露出此类折、呈的处理流程。七月

---

[1] 七月二十二日之前，军机处奏片中虽也有"发下后再行分别办理"的提法，但情况有所不同。如七月初七日军机处奏片称："本日前太仆寺少卿岑春煊奏敬陈管见折，奉交片谕旨：'著军机大臣会同总理各国事务王、大臣妥议具奏。'俟发下后再行会同办理。谨将原折恭呈慈览。"此处的"俟发下后再行会同办理"一语，当属俟慈禧太后发下后由军机处与总理衙门会同办理。参见当日《上谕档》有一记载："交总理各国事务衙门。军机大臣面奉谕旨：'本日前太仆寺少卿岑春煊奏《敬陈管见》一折，著军机大臣会同总理各国事务王、大臣妥议具奏。钦此。'原折俟发下后，再行钞交。相应传知贵衙门钦遵可也。此交。"其中的"原折俟发下后，再行钞交"是指俟慈禧太后发下后再抄一份给总理衙门。由此可解军机处奏片中"俟发下后再行会同办理"是指俟慈禧太后发下后，抄交总理衙门，再与总理衙门会同办理此事。与此类似的情况还有七月十二日、十九日。

[2] 与二十二日奏片相较，多出四件，即户部代奏主事程式谷呈一件、谷如墉呈一件、闵荷生呈一件，国子监代奏学正学录黄赞枢呈一件。

二十五日,军机处只上送了本日的奏折,未提及二十四日未上送的各折、呈。七月二十六日的军机处奏片,上送了本日折呈9件,二十四日的折呈23件,并称还有几件折件"俟核议办理",也未提及处理期限。此后,二十七日军机处奏片的提法是"俟陆续核议办理后",二十八日的提法是"俟筹议奏明办理后",二十九日的提法是"俟核议办理后",三十日的提法是"俟拟议办法",八月初一日的提法是"现在拟议办法"。由此可见,类似"分别办理后"再上呈慈禧太后的现象出现于七月二十二日至八月初二日,共计只有8次。这与林克光、房德邻两先生论文中的提法是不吻合的。

自雍正帝建立军机处之后,其办事的基本方法是当日收到的奏折当日处理,只有极个别的奏折会拖上几天;所有的奏折都由皇帝亲拆亲理,一切决定出自圣裁。而上述军机处奏片提到的"酌拟"、"核议"、"筹议"、"拟议"以及"奏明"、"办理",与军机处的办事规则并不符合,又由谁来进行"酌拟"之类的工作? 就"核议"、"奏明"、"办理"的工作程序来看,此一文件处理方式有如内阁的"票拟"。

为此将《上谕档》、《洋务档》、《随手登记档》等档册参核对照,可以看出,凡属于"酌拟"之类的折件,都是没有直接上奏权而由各衙门代奏的司员士民的条陈、折、片、呈。惟一的例外是七月三十日四品京堂王照的《敬陈管见折》,前已说明,此折是王照奏请将袁世凯军调往河南剿匪之折。而有直接上奏权的督抚疆臣、六部九卿、翰詹科道的奏折,还是按照原来的规则,当日处理当日下旨的,并未进入"酌拟"之类程序。由此可以看出,自七月二十二日后,光绪帝收到的奏折分成两类:有上奏权的衙门或官员之折件,仍由光绪帝朱批、下旨;而没有上奏权的司官士民之折件,则交到军机处进行"酌拟",提出处理意见后,再送光绪帝,有如内阁的"票拟"。而负责处理后一类折件的,我以为,正是于七月二十日奉命"参预新政"的四名新任军机章京杨锐、刘光第、林旭、谭嗣同。

在杨锐等四人入值前,军机处的构成是,军机大臣6人,军机章京分满、汉各两班共38人,[1] 其班子已经是很大的了。然军机章京的员额数量是固定的,出缺一人,补入一人。每次补人,均由军机处上奏片请旨即可。[2] 杨锐等四人入值,与以往做法有所不同。从档案中可以看到,七月二十日军机处《随手登记档》载:"递保举业经召见人员名单",《上谕档》中有此名单:"内阁候补侍读杨锐、刑部候补主事刘光第、内阁候补中书林旭、江西候补道恽祖祁、江苏候补知府谭嗣同",在杨、刘、林、谭名上有朱圈。[3] 由此可见,光绪帝命军机处将已经召见的被保举人员开出名单来,而当时只有5人,光绪帝在5人中选取4人。[4] 当日下发的谕旨与普通的军机章京授职大不相同:"候补侍读杨锐、刑部候补主事刘光第、内阁候补中书杨旭、江苏候补知府谭嗣同,均著赏给四品卿衔,在军机章京上行走,参预新政事宜。"[5]

---

〔1〕 军机大臣为礼亲王世铎、兵部尚书刚毅、工部尚书钱应溥、刑部尚书廖寿恒、户部尚书王文韶、礼部尚书裕禄,其中钱已多次给假,王文韶、裕禄为新任,主要人物为世、刚、廖;军机章京为,满头班:孚琦、多寿、志朴、惠兆、丰升额、庆连、麟绪、恒斌、英凯;汉头班:继昌、郭曾炘、郑炳麟、王彦威、胡祖谦、甘大璋、张嘉猷、孙笥经、李象寅、鲍心增;满二班:特图慎、和尔庚额、荣霈、永佑、文年、英秀、来秀、桂荫、锡瑕;汉二班:李荫銮、王嘉禾、孙朝华、连文冲、郭之全、林开章、杨寿枢、凌福彭、王庆平、何葆麟。
〔2〕 如连文冲补章京事,军机处奏片称:"查军机章京吏部员外郎徐士佳现补授御史,所遗章京员缺应以额外行走之户部郎中连文冲补充。谨奏。"光绪二十四年二月二十一日奉旨:"知道了。钦此。"又如林开章补章京事,军机处奏片称:"查军机章京兵部郎中濮子潼现补授江苏松江府知府,所遗章京员缺应以额外行走之户部候补郎中林开章充补。谨奏。"光绪二十四年六月十七日奉旨:"知道了。钦此。"(《军机处录副·光绪朝·内政类·其他项》,3/111/5733/59,3/111/5735/19)
〔3〕 除在《上谕档》有该名单的抄件外,该名单的原件见《军机处录副·光绪朝·内政类·其他项》,3/111/5736/14。值得注意的是,谭嗣同因此名单而改变命运。《军机处录副·光绪朝·内政类·其他项》中有一件档案,称:"明保江苏候补知府谭嗣同,旨:著以知府仍发江苏,尽先补用,并交军机处记名。"(3/111/5736/13)
〔4〕 康有为在《自编年谱》中称:"上之用林旭,以其奏折称师,知为吾门生。上之用谭嗣同,以其与我同为徐学士及李芯园尚书所荐,皆吾徒也,故拔入枢垣。杨、刘为楚抚陈宝箴所荐,而陈宝箴曾荐我,杨漪川又曾保陈宝箴,上亦以为皆吾徒也,而用之。"(《戊戌变法》,第4册,第157页)对照档案,可知康说并无根据。而此次未入军机章京的江西候补道恽祖祁,后于八月初二日替代升迁的周莲,出任福建兴泉永道。(见《上谕档》光绪二十四年八月初二日)
〔5〕 《上谕档》光绪二十四年七月二十日。

杨锐等新章京奉旨"参预新政",又是如何"参预"呢? 对此,梁启超称:

> 特擢杨锐、林旭、刘光第、谭嗣同四人,参预新政。参预新政者,犹唐之参知政事,实宰相之任也。命下之日,皇上赐四人以一密谕,用黄匣亲缄之,盖命四人尽心辅翼新政,无得瞻顾也。自是凡有章奏,皆经四人阅览,凡有上谕,皆由四人拟稿,军机大臣侧目而视矣。[1]

康有为对此亦称:

> 上以枢臣老耄守旧,而又无权去之,乃专用小臣,特加侍读杨锐、主事刘光第、中书林旭、知府谭嗣同,以四品卿衔,为军机章京,参预新政。上以无权用人为大臣,故名为章京,特加"参预新政"四字,实宰相也。即以群僚所上之折,令四人阅看拟旨,于是军机大臣同于内阁,实伴食而已。[2]

康、梁的这一说法流传甚广,多被引用。由于军机处的工作在当时是保密的,杨锐等人的工作实情,外人并不知晓。"参预新政"四字,并无明确的界定。湖南巡抚陈宝箴显然只是从字面上理解杨锐等人的工作,他于八月初七日电奏称:

> 近月以来伏见皇上锐意维新,旁求俊彦,以资襄赞。如杨锐、刘光第、林旭、谭嗣同等皆以在军机章京上行走,参预新政。仰见立贤无方,鼓舞人才至意。惟变法事体极为重大,创办之始,凡纲领、节目、缓急、次第之宜必期斟酌尽善,乃可措置施行。杨锐等四员,虽为

---

[1] 《戊戌政变记》,《饮冰室合集》,第6册,专集一,第73页。
[2] 《康南海自编年谱》,《戊戌变法》,第4册,第157页。

有过人之才,然于事变尚须阅历。方今危疑等决,外患方殷,必得通识远谋,老成重望,更事多而虑患密者,始足参决机要,宏济艰难。

陈宝箴电奏的主旨是请命张之洞入值军机处。[1] 他对杨锐等四人在军机处的作用显然估计过高。

杨锐等人对他们的工作,也留下了其私人的记录。杨锐于七月二十八日的私信中称:

> 二十日遂奉命与刘光第、林旭、谭嗣同三人,同在军机章京上行走,即日入直。朱谕云:"昨已命尔等在军机章京上行走,并命参预新政事宜,尔等当思现在时势艰危,凡有所见,及应行开办等事,即行据实条陈,由军机大臣呈递,俟朕裁夺,万不准稍有顾忌欺饰。特谕。"圣训煌煌,祇增战悚。每日发下条陈,恭加签语,分别是否可行,进呈御览。事体已极繁重,而同列又甚不易处。刘与谭一班,兄与林一班。谭最党康有为,然在直当称安静;林则随事都欲取巧,所签有甚不妥当者,兄强令改换三四次,积久恐渐不能。现在新进喜事之徒,日言议政院,上意颇动,而康、梁又未见安置,不久朝局恐有更动。每日条陈,争言新法,率多揣摩迎合,甚至万不可行之事。兄拟遇事补救,稍加裁抑,而同事已大有意见。今甫数日,即已如此,久更何能相处? 拟得便抽身而退,此地实难久居也。[2]

刘光第在八月初一日的私信中称:

---

〔1〕 《总理衙门清档·收发电》,01–38。该电还称:"窃见湖广总督张之洞,忠勤识略,久为圣明所洞鉴。其于中外古今利病得失,讲求至为精审。本年春间,曾奉旨召令入都,询商事件。旋因沙市教案,由沪折还。今沙市案早结,似宜特旨迅召入都,赞助新政各事,与军机、总理衙门王、大臣及北洋大臣遇事熟筹,期自强之实效,以仰副我皇上宵旰勤求至意。"

〔2〕 叶德辉编:《觉迷要录》,光绪三十一年刊本,卷四。

二十日得被恩命:"赏给四品卿衔,著在军机章京(即俗称小军机是也)上行走,参预新政。钦此。"(此同杨锐、谭嗣同、林旭共四人,不过分看条陈时务之章奏耳。因有"参预新政"四字,遂为嫉妒者诟病,势如水火,将来恐成党祸。)兄本拟明岁节省余钱为买山之资,便可归田。乃无端被此异遇羁绊,且人情不定,新旧两党,互争朝局(好在兄并无新旧之见,新者、旧者均须用好人,天下方可久存),兄实寒心,惟圣恩高厚,急切不忍去耳。……现在皇上奋发有为,改图百度,裁官汰冗,节费练兵,改科举之文,弛八旗之禁,下诏求言,令州县市民均得上书言事,决去壅蔽,民气大振(但学术不明久矣,上书者多可笑,且有讦告恶习,斯为流弊耳)。汝于交游中,如见有欲上书者,必须真有建白方可,否则不如其已也(盖目下条奏既多,即好者亦多与人雷同,便无足观)。……兄二日一班,每日须于三更后入直,忙迫极矣[1]

均是杨锐、刘光第在入值之后写给亲人的私信,言词中没有避讳。他们称自己的工作是"分看条陈时务之奏章","每日发下条陈,恭加签语,分别是否可行,进呈御览"。而在当时的公文用语中,"条陈"与"奏折"、"附片"是有区别的。前者多指没有上奏权的司官士民进呈之件,后者已有固定的书写格式以及对应的处理方式。从上引私信可见,司官士民的时务条陈并未由皇帝亲拆并伴随旨意下发军机处,而直接下发给新进的军机章京,由其加签语,其工作方式与内阁的"票拟"大体相同。

从军机处《随手登记档》来看,在正常情况下,每日的奏折不过十余件至二十余件,进入光绪二十四年则不同,数量开始增加。四月"百日维新"开始,奏折数量再次上升。六月准司员士民上书言事后,又增加了新的部分。而七月王照超擢三品衔四品京堂后,似乎开出了一个登进之门,涌入了潮水般的条陈,军机处每日收到的折件已是正常情况的几倍,其工作不能不受影响。最明显的事例是,此一时期的军机处各种档册,尤其是

〔1〕《刘光第集》,中华书局,1986年,第287—288页。

《随手登记档》，不像以往那样井井有条，而有些零乱。对于数量急增的司员士民的条陈上书，军机处的工作已处于饱和，有点处理不过来了[1]。在此情况下，由新任"参预新政"的四章京专门处理司员士民的上书，也是很自然的办法。

虽说杨锐等四人入值军机章京是以四品卿衔，地位不低，而当时原有的军机章京，皆由京内衙门得力司员调任，地位也相当高。在当时的滥保下，军机章京的头衔与以前相比有了很大的变化，如"尽先即选道员、得道员后加二品衔、花翎三品衔、兵部郎中惠兆"。当时的军机章京中，三品衔达14名、四品衔达12名，杨锐等人的品级相比也不算高。杨锐等四人的任职指明"参预新政"，由此并不在原有的军机章京中排班[2]。他们四人分成了两班。他们的工作与原有的军机章京班底并不混在一起，工作中也有不合拍之处。最明显的是，他们经常将司员士民上书的时间与代奏的机构搞错。例如，七月二十九日总理衙门代奏章京郑孝胥条陈，当日的军机处奏片称奉旨："军机大臣议奏"，而因郑的条陈需抄录，只能第二天再呈。第二天的军机处奏片却称郑的条陈上于二十八日，奉旨"存"。诸如此类的错误甚多，我在处理七月二十二日之后的军机处奏片

---

[1] 如七月十二日军机处奏片称："本日都察院代奏总兵张绍模《敬陈管见折》（呈一件）、又代奏已革道员何应钟《条陈时事折》（呈一件），均俟发下后再行分别办理。"由于重要折件当日呈送的制度，可能是对张、何的上书，一时还处理不过来，于是先上呈，俟慈禧太后发下后，再行处理。此日光绪帝由宫中去颐和园，第二天返回。十四日《上谕档》中有一记载："交兵部。本日军机大臣面奉谕旨：'总兵张绍模著于十六日预备召见。钦此。'"可能即是对张绍模条陈的处理意见。又如七月十九日军机处奏片称："本日都察院代递条陈折，知县缪润绂呈一件、范敬清呈一件、从九品王子麒呈一件、举人李文诏呈三件、李文诏等呈一件、贡生陈保勋呈一件、举人赵铭恩呈一件、教职李长生呈一件、拔贡延嵩寿呈一件、民人高如清呈一件书四本；兵部奏代递笔帖式珠英条陈折（呈一件）。以上各呈内，李文诏等呈一件奉寄信谕旨令陈宝箴查办，缪润绂呈一件奉旨'存'，余均奉旨'暂存'。俟发下后分别办理。"条陈如此之多，当然办理不过来，很可能因此而在"暂存"的名义下，先行上呈慈禧太后，俟其发下后再处理。这仍是遵行重要折件当日上送的制度。

[2] 光绪二十四年八月初八日军机处《随手档》有一记录："递满、汉章京衔名单（初七日交案）"，同一天军机处《上谕档》中有章京名单，并无杨锐等四人。如果说初八日杨锐被捕，那么，初七日准备的名单应当有其名。可见他们的情况与普通章京不同。

时,常常难以下手,只能与《随手登记档》等档册反复核对,才能查出此类司员士民条陈的实际上奏时间与代奏机构。[1] 以上的差错还出现在军机处附送当日重要奏折给慈禧太后的奏片中,如果不细心核对,一般不容易发现;更严重的是,以光绪帝名义下发的谕旨中也有此类的差错。如七月二十七日,"交农工商总局。军机大臣面奉谕旨:'端方等代奏刑部主事杨增荦条陈农政利弊一折,著农工商总局议奏。钦此。'相应传知贵局钦遵办理可也。"查《随手登记档》,杨增荦条陈是由刑部代奏,而农工商总局大臣恰是端方,端方一奉旨,即可发现其中之错。又如八月初二日,"军机大臣面奉谕旨:'刑部代奏郎中霍翔呈请推广游学章程等语,著总理各国事务衙门妥议具奏。'"霍翔的本官是刑部郎中,差使是总理衙门章京,霍翔的条陈是于七月二十八日由总理衙门代递的。当总理衙门大臣奉到此道谕旨,很可能是哭笑不得,分明由其代递的条陈交议时却成了刑部代递。[2] 堂堂圣谕竟然出错!在以往的军机处工作中,此类错误是不可容忍的,也是不可能发生的。我今天之所以能发现其错,也只是将军机处有关档册作一核对。"参预新政"四章京,作为军机处中的新手,出现一些差错也是难免,如果他们能够得到原来有经验的军机章京的帮助,如果他们查一下军机处的有关档册,此类的错误就会大大减少甚至避免。反过来说,上呈慈禧太后的条陈,也有在军机处《随手登记档》中未注明代奏时间和机构的,如八月初二日军机处奏片中的"沈博青折一件",我

---

[1] 郑孝胥条陈代奏时间出错,是因为郑原呈上写明为二十八日,总理衙门代奏时间为二十九日,只看了原折未查其代奏时间,就不能不出错。又如,七月二十七日军机处奏片将顾厚焜、沈兆祎、林辂存、孔照鋆、杨增荦、广德、黄遵楷、李文诏等条陈的代奏时间皆误为二十五日,查军机处《随手档》实为二十四日;二十八日军机处奏片将当日户部代奏的司员谢启华、韩印符、聂兴圻、程利川、齐令辰条陈误为二十六日;八月初一日军机处奏片称:"二十日宗人府奏代递主事陈懋鼎折片各一件、总理各国事务衙门奏代递通判董毓琦条陈折一件",查陈的条陈是三十日由宗人府代递,而董的条陈是二十八日由神机营代递。诸如此类的错误甚多,不再一一列举。

[2] 此上所引交片谕旨见该日《上谕档》。霍翔的条陈上自称是"四品衔刑部候补郎中、章京霍翔"(《戊戌变法档案史料》,第292页),很可能处理此件的新章京只看了前面的头衔而未查其差使。

花了很长时间才查出其出处。[1] 造成此类差错的原因,当是新章京与原有章京之间在工作中缺乏配合。这使得刘光第、杨锐都感到卷入旋涡的中心,私信中称"为嫉妒者诟病,势如水火",流露出身退之意。

而杨锐等四人入值后,正值司员士民上书汇成高潮。从军机处《早事档》《随手登记档》来看,七月二十一日,总理衙门、工部、军机处代递条陈6件;二十二日,户部、宗人府、国子监代递条陈10件;二十三日未有代递;二十四日,内阁、翰林院、吏部、刑部、农工商总局、大学堂、都察院代递条陈共48件;二十五日,总理衙门、户部代递条陈5件、书2种;二十六日,都察院代递条陈12件、图1件;二十七日,内阁、吏部、兵部、翰林院、都察院代递条陈17件、图3件、气枪1杆;二十八日,宗人府、户部、刑部、总理衙门、都察院、农工商总局代递条陈24件;二十九日,神机营、内阁、兵部、户部、工部、翰林院、都察院代递条陈41件、图1件;三十日,宗人府、兵部、户部、内阁、工部代递条陈9件;八月初一日,户部、礼部、都察院、翰林院代递条陈13件;初二日,兵部、内阁、翰林院、吏部、刑部、国子监代递条陈13件。杨锐、刘光第、林旭、谭嗣同原本都是候补官员,并没有担负过实际的政治责任,每天遇到如此多的条陈(且这些条陈动辄数千字),而签出供光绪帝参考的处理意见,作为生手,其工作强度是可以想见的。当日不能处理完毕这些条陈,也是很自然的,于是,七月二十二日以后军机处给慈禧太后上报重要奏折的奏片中出现了留待处理的字样"酌拟"、"核议"、"筹议"、"拟议"等等。

对于杨锐等新章京的此类工作,孔祥吉先生在其论文中引用了杨锐、林旭在满人奎彰条陈上的"签拟"条:"所陈是否属实不可知,然揆之情理,必非敢于造言欺罔,所请应候圣裁";并称:"在清档中,杨锐与林旭类似的签注意见是比较多的,然而,笔者尚未见过任何一条签注意见

〔1〕 吏部于七月二十七日代奏条陈折中称:"本部候补主事沈博青、候选员外郎王宾基"条陈代递(见《军机处录副奏折·专题补遗·戊戌变法项》);而在该日《早事档》记"吏部代奏员外郎王宾基等封奏二件",在《随手登记档》中记:"吏部折,代递王宾基等条陈。"如果不找到户部的原折,根本无法查出沈博青条陈的上奏时间与代奏衙门。

与维新派的主张相左。"〔1〕孔先生所称的奎彰是刑部候补笔帖式,其奏折我也找到,但上面并无孔先生所引杨锐、林旭的签拟。孔先生称"在清档中,杨锐与林旭类似的签注意见是比较多的",此处的"清档"可能是"清代档案",但我所看见的档案中,军机新章京的"签拟"条并不多见,只发现了14件,且上面也没有注明杨锐、林旭的名字。为此我无法对孔先生的判断进行验证。〔2〕然孔先生与我所发现的这些"签拟"条,已经提供了实证可以说明前引杨锐、刘光第在其私信中所谈到的他们实际工作的情形。康有为、梁启超称军机新章京们包办了军机处的拟旨、原有的军机班底不过伴食而已的说法,是为了宣传而在有意说谎。按照清代制度,军机章京不同于军机大臣,即平日无法见到皇帝,〔3〕杨锐等四人入值后,仅杨于七月三十日、林于八月初二日为光绪帝召见,刘、谭两人入值后未能见到光绪帝。不能见面又如何拟旨?康、梁与谭嗣同、林旭交密,而完全知其工作性质,他们不负责任的宣传迷惑了当时和后来的许多人。湖广总督张之洞对此当时便知情知底。他与杨锐关系甚深,以致杨被称为张之洞的在京坐探。当他得知杨锐被捕后,于八月十一日致电正在北京的湖北按察使瞿廷韶,让其请军机大臣王文韶、裕禄出面援救,其理由是:一、杨锐由陈宝箴所保,与康党无涉;二、"入值仅十余日,要事概未与闻。"〔4〕前者是言组织联系,后者是谈工作性质。"要事概未与闻"一语,若非知其底里是不可能也不敢随随便便说出来的。

---

〔1〕 孔祥吉:《关于杨锐的历史评价》,《晚清史探微》,巴蜀书社,2001年,第115页。

〔2〕 奎彰奏折见《军机处录副·补遗·戊戌变法项》,3/168/9449/56。孔先生在论文中记杨锐、林旭的签注条的出处为"中国第一历史档案馆藏:杨锐林旭签条"。此种出处让人根本无法进行对证。我所见到的14件签注意见,见本书《戊戌变法期间司员士民上书研究》。在此,我还想说明,我对孔先生在其研究著作中从不标明所引档案的卷宗,感到不理解,并认为此非为可以赞赏的处理方式。

〔3〕 梁章钜、朱智称:军机大臣召见时,"军机章京皆随入,祗候于南书房",待军机大臣出而授旨意。(《枢垣记略》,中华书局,1984年,第135—136页)杨锐等人的工作与普通军机章京不同,恐怕还不能到南书房。

〔4〕 《致京湖北臬司瞿》,《戊戌变法》,第2册,第615页。

由此再检视本小节一开头所引用的八月初三日军机处给慈禧太后的奏片,可以分析出几层意思来:一、上报了翰林院侍读学士陈兆文的一片,并附告了光绪帝的谕旨(未经慈禧太后批准而已下发);二、户部候补主事闵荷生、户部学习主事耿道冲的奏折(据《随手登记档》系由户部代奏),内阁候补中书胡元泰、山西介休县附监生宋汝淮(据《随手登记档》系由都察院代奏)的奏折,共4件,已由军机处(即新章京)签拟出办法,呈交慈禧太后审定后再下发;三、侍读学士陈兆文正折、松江知府濮子潼折片各一件、总理衙门代递的张元济、户部代递的闵荷生、耿道冲奏折,共6件,因奉光绪帝旨"存",即算处理终结了,也只是呈送慈禧太后(不再由其审定下发);四、本日由都察院代递的桂格等奏折(查《随手登记档》,共有14件),留待军机处签拟出意见后,再送慈禧太后审定。也就是说,只有那些没有上奏权的司员士民的奏折,其由军机处签拟意见时有实际举措的,才须由慈禧太后审定;而此类条陈若奉光绪帝旨"存",即没有实际举措,只须上送慈禧太后即可。光绪帝并没有失去单独决策和处理政务的全部权力,而是失去了单独对新军机签注的司官士民条陈的决定权力。至于其他权力,光绪帝一如其旧。

　　为了说明这一点,我还不厌其详地查据军机处《早事》、《早事档》、《随手登记档》、《上谕档》、《电寄档》和宫中《召见单》,以说明八月初三日这一天光绪帝的政务处理情形:在早朝时留下了户部、总理衙门、都察院及翰林院侍讲学士陈兆文、松江知府濮子潼的奏折共21件,当场批准了户部奏折2件,批准了载濂、钮楞额、李端棻、德寿、锡露、钟亮6人的病假;召见了周莲(新任直隶按察使谢恩)、玉贵(新任福建知府谢恩)和军机;办事时朱批了云贵总督崧蕃、云南巡抚裕祥的3折,朱批了两江总督刘坤一、漕运总督松椿、江苏巡抚奎俊的4折2片2单,独立处理了翰林院侍讲学士陈兆文、松江知府濮子潼、军机章京鲍心增、总理衙门章京张元济的4折2片(其中上递慈禧太后3折2片),独立处理了主事闵荷生、耿道冲奏折各1件(上送慈禧太后);发出了明发谕旨1道、电寄谕旨3道。只有本日户部代递的主事闵荷生、耿道冲另两件奏折和七月二十七日由都察院代递的中书胡元泰、附监生宋汝淮的两件奏折,由军机处签拟意后呈送慈禧太后,"俟发下后再行办理";并表示本日收到的都察院代奏的桂格等奏呈等到军机处签拟出意见后,再呈慈禧太后。由此表现在政治权力上,只是原来由军机处签拟意见而交光绪帝决定的司员士民的上书,从此移交到慈禧太后手中。为了证明这一点,我们还可以看一下第二天,即八月初四日,军机处给慈禧太后的奏片:

> 本日奕劻等奏编辑约章通行给领折,奉明发谕旨一道;孙家鼐等奏顺天中学堂筹办情形折片各一件,奉明发谕旨一道;孙家鼐奏四川京官设立蜀学堂据呈代奏折,奉明发谕旨一道;御史李擢英奏州县征收钱漕折价浮收片,奉寄信谕旨:著各直省督抚饬属核减,又奏河南州县办理昭信股票扰民片,奉寄信谕旨:著刘树堂查明具奏;徐桐等奏宗室等四学向隶宗人府等衙门请旨饬议片,奉交片谕旨即著该大臣转咨宗人府、内务府议奏,又奏八旗官学改为学堂折,奉旨:依议,又奏参玩视公务之笔帖式片,奉旨:依议;孙家鼐奏河南筹办学堂折,奉旨:依议,又奏酌核大学堂科目片,奉旨:依议;李擢英奏变通武场折、翰林院奏代递编修黄曾源奏借才非现在所宜折、伊藤不宜优礼片、和俄以疑英日片,均奉旨:存。又,二十七日翰林院奏代递阎志廉条陈折、内阁奏代递中书王景沂请训饬大臣折、请州县久任片、请考试部员片,户部奏代递笔帖式周祺请筹饷办团练折、谨拟备敌之策片,兵部奏代递主事梁旭培胪列矿地折、矿务章程三片,笔帖式棠耀请变通时务折,均签拟办法,恭呈慈览,俟发下后再行办理。谨将奕劻等原折片二十六件恭呈慈览。其余各折呈俟拟议办法,再行陆续呈递。谨奏。[1]

可以很清楚地看出,初四日签拟办法送慈禧太后审定的,只是由翰林院、内阁、户部、兵部代递司员条陈折共 11 件,而翰林院代递的编修黄曾源一

---

〔1〕《上谕档》光绪二十四年八月初四日。

折两片因奉光绪帝旨"存",也只是上送。[1]

对于我的这一结论,还有一条很重要的来自林旭的证据。据郑孝胥日记,八月初五日,林旭、严复来到郑的住处,林旭称:"上势甚危,太后命新章京所签诸件,自今日悉呈太后览之。"[2]郑记中"今日"的时间有误,但"新章京所签诸件"一语,却说明了八月初三日政治权力异动的范围。由此,我以为,林克光先生 1987 年两篇论文、房德邻先生 2000 年论文称八月初三日慈禧太后已经发动政变,光绪帝失去单独理政权力的结论,是对部分事实的放大,是不正确的。

问题在于慈禧太后为何对司员士民的上书及其处理感兴趣,而对有上奏权的官员奏折及其处理却放在一边? 我以为,这是针对"参预新政"新进四位军机章京。如果说,外间可能对杨锐等四章京的工作性质不知情,而慈禧太后应当是了解内情的。前已提及,有直接上奏权的官员奏折,是由原来的军机班底来处理,那么,所有的军机大臣进退都是经过慈禧太后的,他们拟旨时,一定会感到慈禧太后从远处射来的目光(罢免礼部六堂官是光绪帝的朱谕)。而司员士民的上书,却是先由新进四章京签拟的,有如"票拟",他们处理的文件在帝国的政治中不算最为重要,但他们的权力实际上要大于军机大臣,这是因为军机大臣是奉旨拟旨,是先有旨意后有谕旨,而新进四章京是先有意见,然后奏明,形成旨意。且司员士民上书中,什么样的意见都会出现,正如杨锐在私信中所称"万不可

_____

〔1〕 对照八月初四日军机处《上谕档》、《随手档》、《洋务档》、《交片档》、《电寄档》,光绪帝此日在宫中独立发出了四道明发上谕、两道电寄上谕、两道字寄上谕、一道交片上谕,另在二十三件奏折上有朱批字样。又据军机处《早事》和宫中《召见单》,光绪帝该日召见了孙家鼐、张荫桓、袁祖礼、奕劻和军机大臣。其中袁祖礼为湖北候补游击,此时任职神机营。八月初一日有两份交片谕旨:"交神机营。本日军机大臣面奉谕旨:著传袁祖礼于本月初四日预备召见。""总理各国事务衙门奏,进呈候选守备张震所著《炮法演题》一折,著将原书发交袁世凯、袁祖礼阅看,各具说帖,由该衙门呈览。"(见该日《上谕档》)召见孙家鼐很可能是为了当时的学堂事务,召见张荫桓很可能为次日伊藤博文觐见事,召见奕劻当为其通报慈禧太后回西苑事。由此可见,光绪帝的政务处理权并没有被剥夺。

〔2〕《郑孝胥日记》,第 2 册,第 681 页。

行之事",而一旦形成旨意,在帝国的政治结构中又是难以更改。前节已言明,四位新进的军机章京并未经过慈禧太后的同意,而当时的新旧党争使慈禧太后对之充满了敌意,统统视之为康党,这从后来她不分青红皂白将四位新章京全部抓起来杀头中可看出她的心情。于是,慈禧太后将此类"签拟办法"接手过来。当然这是我对慈禧太后心态的主观推测。如果再放胆一些,前节提到的曾廉奏折已经被研究先进们证明不是个人的行为,而是有预谋的,或许慈禧太后听到了什么,以收集康、梁的罪证。当然,这么说,主观猜测的成分就更大了。

还有一个问题是,军机新章京"签拟"意见交由慈禧太后最后决定,出现在八月初三日的军机处奏片上,但慈禧太后让光绪帝交出此项权力却发生在前一天,即八月初二日。[1] 将此与该日下发的令康有为出京的明发谕旨相联系,可以推测到这一天光绪帝与慈禧太后发生争论的核心——康有为与康党。

综上所述,可略作数语作为本节的小结。七月二十九日至八月初三日,即光绪帝住园期间,他与慈禧太后的政治权力关系出现了一系列的异动,首先是慈禧太后否决了光绪帝设立议政机构的提议,并发出了对其皇位的威胁;其次是慈禧太后迫光绪帝赶走了康有为;再次是慈禧太后通过对司员士民上书"签拟意见"的审查,监控了参预新政的新进四章京。光绪帝在此期间表现出"引袁"之意,后党对此似未采取军事行动以制袁。在此过程中,光绪帝的政治权力在缩小,而慈禧太后的权力虽在扩大,但仍未走向前台。作为此一政治异动的外部表征,此一时期维新政令的数量与要求都明显放缓。

八月初三日,是光绪帝预定由颐和园回宫的日子。宫中《穿戴档》这

---

〔1〕 八月初二日,内务府所得到的消息是:"明日皇上办事、用膳、召见毕,诣皇太后前请安,侍膳、看戏,毕,乘轿出东宫门……"(内务府《杂录档》〔颐和园〕光绪二十四年八月,杂记类 1003/杂 262)此一日程安排还可得到宫中《穿戴档》的证实。由此可见,八月初三日,光绪帝是在政务处理完之后,才见到慈禧太后。由此也可以认定,限制四章京"签拟"权一事,是据八月初二日慈禧太后与光绪帝见面时下达的指令。

一天记:

> 上戴绒草面生丝缨冠(缀珠重七分),穿酱色江绸单袍,石青江绸
> 单褂,束绿玉钩褡线鞓带,穿青缎凉里尖靴。卯正,玉澜堂见大人,毕。
> 巳初,寻常褂下来,更换石青江绸单金龙褂,戴伽南香朝珠,挂带拷。
> 办事后,外请至乐寿堂圣母皇太后前请安,毕,至颐乐殿看戏。午初进
> 晚膳。未正,外请还养心殿。朝珠、金龙褂、带拷下来,更换寻常褂。

这是一份完整的记录,时间的刻度很详细。光绪帝早晨 6 点开始在其寝
宫进行早朝,单独进行了当日的政务活动后,来到了乐寿堂向慈禧太后请
安。至于在颐乐殿的活动,《起居注册》中还有一项"侍早膳"。[1] 而从
内务府升平署的档案来看,这一天演戏是于七月二十二日和二十九日决
定的。[2] 内务府升平署演出的戏目是"丹桂飘香"、"昭代萧韶"、"庆安
澜",除了升平署的太监戏,还外请了"义顺和班"演了六出。太后颁下的
赏银为 403 两,与平时相比,也是一个正常的数字。开戏的时间也因为这
一天的重大政治变动而显得十分重要,升平署档案称,戏班是卯正二刻进
门,"巳正五分开戏,戌正二刻十分戏毕"。[3] 也就是说,上午 10 点多开
戏,当戏结束时,已是晚上 8 点半了。从光绪帝"侍早膳"的举动来看,他
应在 10 点之前就来到了乐寿堂。据上引《穿戴档》,光绪帝"午初进晚
膳,未正外请还养心殿",也就是中午 11 点多吃晚餐,下午 2 点离开颐和
园。而慈禧太后这一戏迷,并没有因光绪帝的离去而叫停,仍让戏一直演
到晚上。请安、侍早膳、看戏,从表面上看,两者的关系上还飘着一丝亲和
的风,而实际上已是危机四伏。

　　光绪帝此时回宫,虽是早在七月二十五日所定,但也是其政务所必

---

〔1〕《清代起居注册》光绪朝,第 61 册,第 31219 页。

〔2〕内务府升平署《恩赏日记档》光绪二十四年七月二十二日记:"敬事房传旨:八月初三
　　日颐乐殿伺候戏。"七月二十九日记"奉旨:义顺和班颐乐殿伺候戏。"(423/5 - 32 -
　　1/107)

〔3〕内务府升平署《恩赏日记档》光绪二十四年八月初三日。

须。据清代礼制,每年春秋仲月上戊祭社稷坛,八月七日正是戊子,光绪帝须亲祭。又据清代礼制,皇帝亲祭社稷坛,须事先三日斋戒,即初四日开始斋戒。[1] 又据当时的政务安排,光绪帝初四日将接见带领引见人员,其中宗人府带领引见 22 人,吏部带领引见 17 人,正白旗蒙古带领引见 4 人。[2] 此外,还有一个重要人物将相见,日本前首相伊藤博文,此事将引发一场风暴。

回到宫中的第二天,八月初四日(9 月 19 日),光绪帝决定,八月初十日由宫中再去颐和园,十七日由颐和园返回宫中。[3]

四、八月初四日慈禧太后突然回西苑

正当光绪帝离开颐和园返回宫中时,颐和园内出现了重大事件,这就是慈禧太后决定回西苑。

西苑,又称三海,即今日北海和中南海,位于皇宫的西侧,是一处皇家园林。慈禧太后撤帘后,由宫中储秀宫搬到西苑的仪鸾殿,一般不住在宫中。自慈禧太后住颐和园后,每次回西苑都有其特殊的理由。光绪二十四年中,慈禧太后离开颐和园进城,共有六次。其中三次是去恭亲王府看

---

〔1〕 此事可见两件咨文:"太常寺为祭祀事。八月初七日祭社稷坛,皇上订诣行礼。于初四、初五、初六此三日皇上斋戒。不祭神、不还愿、不上坟、不会筵席、不作乐、不理刑名。照常办事。其斋戒牌照例设立……右咨内务府。光绪二十四年七月十六日。""太常寺为祭祀事。八月初八日秋分酉时祭夕月坛,皇上亲诣行礼,于初七、初八日斋戒……右咨内务府。光绪二十四年七月十六日。"(《内务府来文·礼仪》,光绪二十四年四月至七月,441/5 – 50 – 1/N 第 322 包)

〔2〕 军机处《早事》光绪二十四年八月初四日。又,台北故宫博物院文献馆所藏《引见档》称,该日吏部带领引见只有 5 人。造成此一差错的原因不明。

〔3〕 内务府《杂录档》光绪二十四年八月记:"八月初四日,总管宋进禄等为于本月初十日随驾往颐和园去,现用黄车一辆,青车二辆,于是日寅初在顺贞门外预备……于本月十七日还宫。"(杂记类 1004/杂 263)

病危的奕訢,两次当日返回颐和园,一次回西苑小住数日。另三次回西苑小住,其原因前已述及,即为咸丰帝的生日、光绪帝的生日、咸丰帝的忌日。也就是说,没有特殊的理由,慈禧太后不回西苑。

杨崇伊的奏折与八月初三日晚慈禧太后决定明日回西苑

正如许多研究先进已经证明,促发慈禧太后突然回西苑的原因是御史杨崇伊的奏折。各位研究先进对此已有许多分析和评论,此处无须多言,而在此需要补证的是杨崇伊奏折进呈慈禧太后的时间。

最先肯定杨崇伊奏折在政变时作用的是吴相湘 1957 年的论文,但将其时间错为八月初二日,吴先生的证据是梁启超的《戊戌政变记》,而其错误已由刘凤翰先生指出。1959 年出版的《戊戌变法档案史料》,收入杨崇伊的奏折,原件上写明为八月初三日[1] 此后各位研究者对此并无异议。

房德邻先生 2000 年论文提出,杨崇伊奏折进呈慈禧太后的时间为八月初四日,其证据为由邓之诚记录的张尔田得知于张仲炘的说法。其中有一段称:"太后曰:'既然你们意见相同,我今日便回宫。'"房先生又称此可得清宫档案的印证,由此而认为:"她上午接到密折,临时决定回宫,以至回来比较晚了。"[2]

---

[1] 现存中国第一历史档案馆的杨崇伊奏折,还留有其封套,其正面字样为"内一件""光绪二十四年八月初三日",背面为"谨""掌广西道监察御史杨崇伊跪封"。(《军机处录副·补遗·戊戌变法项》)

[2] 房先生论文称:"按例,皇帝与太后有行动,总要在前一天发出通知,说明'明日'将到何处,以便有关部门做准备,接下一日便记'本日'到达该处,但初四日太后从颐和园回宫,初三日并未预发通知,仅在初四日的《早事档》等宫中档案上记有一条'皇上本日办事后至瀛秀园门跪接皇太后',说明太后是突然归来的。"查军机处《早事》、《早事档》,均不见有房先生所提此一条记载。其他宫中档案也无类似的文字记录。惟一的记录是内务府奉宸苑《值宿档》:"又,皇上今日还海。堂、司启帖站班速送讫。"(430/5 – 39/包号 605)就我所见材料而言,房先生所提的此一文字记载见于《邸抄》。房先生所言可"在清宫档案中得到印证"一语,似不能得到档案材料的支持。从档案来看,房先生称皇帝、太后的行动通常在前一天发出通知,以便有关部门安排,也不完全正确,后将详述。

就我所见的档案来看，房先生的论断有误。尽管慈禧太后是八月初四日回西苑，但回西苑的决定却是八月初三日做出的。先看内务府《杂录档》(颐和园)：

> 八月初三日，总管宋进禄等为本月初四日圣母皇太后还西苑，所用引导、跟随、关防官员人等照例派出，并所用牵骡甲人等照例预备。现用黄车一辆，备用黄车二辆，红车四辆，青车三辆，引马四匹，格格等用大车三辆，苏拉八名，赏用蓝车二辆，于是日寅初在东宫门外预备。再妈妈、女子青车十七辆，照例在新官门外预备。随侍总管、首领、太监等所用连鞍马开后。于八月初六日还颐和园。所传引导、跟随车辆于是日寅初在福华门外预备。[1]

从此条记载可见，慈禧太后于八月初三日决定，初四日还西苑，初六日回颐和园。然回西苑的决定是在八月初三日何时做出的呢？内务府《日记档》(颐和园)有记载：

> 戌刻，总管宋进禄传出，本月初四日皇太后回西苑，初六日还颐和园。引导、跟随杂录一件。初四日还西苑黄记载一件。已回文(琳)、崇(光)、世(续)大人，请示定世大人于初四日带豹尾枪。已给侍卫处、景运门、步军统领衙门文讫。并缮禀帖抄记载，专甲给启(秀)、立(山)堂及奎兰达送宅。堂主政、主政等值信均发往。杂录、黄记载均寄署入事。交抄草底粘档矣。奎、春主政告知，奉世大人谕："著城内请示启、立堂，带初六日豹尾枪。"已给署中信照办矣。请准何位堂宪时，想著由署备文知照侍卫处、正黄旗护军营。引导、跟随报帖已粘档，并缮出手折二分，已分送世大人、敬事房讫。其初六日引导、跟随报帖，由署中攒要。

〔1〕内务府《杂录档》(颐和园)光绪二十四年八月。由于时间紧迫，这一记载字迹潦草，不似平日之工整。

毓、梅主政告知,明日皇太后还西苑,大约皇上有跪接,本府衙门外即有站班之差,时刻太近,著约端十昌连夜进城赴启(秀)大人宅请示照拂带班。当约伊进城照办讫。[1]

由此可以看出,慈禧太后还宫的决定在戌时,即晚上7点至9点做出。这一时间还可能得到另一条档案材料证明。内务府升平署《日记档》有记载:

补。初三日晚,报传初四日老佛爷由颐和园还海。(此笔未行车马人夫。私记。)[2]

如果联系前引内务府升平署《恩赏日记档》,这一天的演戏于"戌正二刻十分毕",似乎可以认定,还宫的决定似在晚上8点半至9点做出的。

根据以上档案,似乎还可做出推断,杨崇伊的奏折很可能是在光绪帝离开颐和园之后,也就是下午2点之后送达慈禧太后的。如光绪帝还在园中,那么,慈禧太后依其性格,似会当面向光绪帝发难,也会将其回宫的决定告诉光绪帝,也就是说,光绪帝会排定其次日在瀛秀门跪迎的日程事项。那么,至少在第二天,即初四日军机处《早事》《早事档》会有相应的记录。[3] 与此同时,这一天的演戏可能会提前结束,不至于拖至"戌正二刻十分"。当然,也有另一种可能,即慈禧太后在光绪帝尚在园中时已经看到杨崇伊的奏折,并决定第二天回宫,有意对光绪帝保密,以致第二天使光绪帝措手不及。不过,从前述慈禧太后与光绪帝的政治权力关系来看,慈禧太后有完全的控制光绪帝的权力与能力,她似乎也没有必要这么做。

---

〔1〕 内务府《日记档》(颐和园)光绪二十四年八月(杂244/日244)。

〔2〕 内务府升平署《日记档》光绪二十四年(423/5 – 32 – 1/50)。此一记载为八月初七日补记。

〔3〕 如果光绪帝八月初三日知道慈禧太后八月初四日回宫,此时军机虽散,当日也无法见军机,然其在第二天,即八月初四日早朝时,会有相应谕旨。而八月初四日军机处《早事》《早事档》均无记载,似可认为,光绪帝在初四日军机散值后,才得知慈禧太后回宫的消息。

慈禧太后看到杨崇伊的奏折,为何没有当日回宫呢? 这主要是因为时间已晚,太后的仪制,使之出行成为很麻烦的事情。前引内务府《杂录档》中可见,慈禧太后回西苑所用的黄车、红车、青车、蓝车、大车达 32 辆,而随行的总管、首领、太监及所用的连鞍马匹数目为:

> 储秀宫总管、首领、太监等三百三十三名,用马三百三十三匹;茶房首领、太监、茶役等三十七名,用马三十七匹,大车四辆,车甲八名,苏拉二十名;膳房首领、太监、厨役等八十四名,用马八十四匹,大车十二辆,车甲二十四名,苏拉六十名;乾清宫总管一名,跟总管太监一名,用马二匹;奏事随侍处奏事太监一名,太监二名,用马三匹;懋勤殿首领、太监六名,用马六匹;匠役六名,用车三辆;敬事房首领、太监十一名,用马十一匹;写字人六名,用车三辆;尚乘轿首领、太监十七名,用马十七匹;营造司首领、太监四名,用马四匹;船坞首领、太监四十一名,用马四十一匹。[1]

此次随行的太监、差役总数为 622 人,用马 538 匹,用车 22 辆。此外,太后的出行还牵涉到内务府、侍卫处、护军营、步军统领衙门以及军机处,从前引内务府《日记档》中可以看出,官吏们为太后次日回西苑需在当晚紧急处理各类事务。

除了前引内务府《日记档》(颐和园)中所提到及时发出通知外,有关部门还需提前上报办理此事人员的名单。此次慈禧太后回西苑,我看见共七件报内务府堂的文件:

> 镶黄旗护军营为报堂事。由堂抄出于八月初四日皇太后由颐和园还海,本旗派出步引带豹尾枪护军统领顺保,参领荣秀,执豹尾枪护军校文绵、顺喜,护军二十三名。为此报堂。呈报护军定连。八月初四日。

---

〔1〕 内务府《杂录档》(颐和园)光绪二十四年八月所记甚草,且有多处脱落。此据《内务府来文·礼仪》原件补正,该件的粘贴用纸上写"八月初三日"(第 323 包)。

正黄旗护军营为报堂事。于本月初四日皇太后由颐和园还海，本旗应有走马引之差。派出执带豹尾枪护军统领通庆，印务参领溥炳，护军校文汇、德志，笔帖式广存，护军二十八名。为此报堂。八月初四日。护军延纯。

都虞司为报堂事。八月初四日皇太后还西苑，著派前引副参领文龄、锡麟，骁骑校文耀、永旺充当。于八月初六日还颐和园，著派前引事参领满长、德禄，骁骑校文启、舒龄充当。为此报堂。八月初四日。

关防衙门报。为八月初四日皇太后还西苑，派出前引内管领广厚、双顺，副管领广铨、延仁。为此报堂。八月初四日。

正白旗护军营为报堂事。于本月初六日皇太后由海内还颐和园，本旗派出代步引之参领松山，护军校英达、得印，护军二十三名。为此报堂。八月初四日。巴克式恒润。

镶黄旗护军营为报堂事。由堂抄出于八月初六日皇太后由海还颐和园，本旗派出马引代豹尾枪护军统领顺保，参领吉生，执豹尾枪护军校连恩、景年，护军三十三名。为此报堂。呈报护军定连。八月初四日。

关防衙门为八月初六日皇太后前往颐和园，派出前引内管领文龄、广定，副管领继彬、德俊。为此报堂。八月初四日。[1]

由于时间紧迫，各机构都是于八月初四日临行前才报来名单。以往此类名单往往提前数天便报到内务府。[2]

---

〔1〕《内务府来文·巡幸及行宫》，光绪二十四年六月至十二月，441/5－50－2/16/3136。

〔2〕 如六月初八日慈禧太后由颐和园回西苑，报内务府堂官文件的时间皆为初三日："都虞司为报堂事。六月初八日皇太后还西苑，著派前引副参领恒贵、满长，骁骑校永福、兴元充当……六月初三日。""关防衙门为六月初八日皇太后前往南海……派出前引内管领椿寿、钟吉，副管领继彬、广裕。为此报堂。六月初三日。""正黄旗护军营为报堂事。于本月初八日皇太后还西苑……派出执带豹尾枪护军统领通庆，印务参领溥炳，护军校忠海、德志，笔帖式广存，护军二十八名……六月初三日。""镶黄旗护军营为报堂事。由堂抄出本月初八日寅初，皇太后由颐和园还海，本旗派出步引带豹尾枪护军统领顺保，参领荣秀，执豹尾枪护军校顺喜、文绵，护军二十三名……六月初三日。"（《内务府来文·礼仪》，光绪二十四年四月至七月）

前已提及,从内务府《杂录档》可见,光绪帝每次去颐和园,都是提前3天至8天通知预备车马,同时还通知从颐和园还宫的日期,而光绪帝的随行太监等人要大大少于慈禧太后。慈禧太后的出行,不仅是人员多,有时还带上戏班子。据升平署《日记档》,并参酌《内务府来文》,可开列光绪二十四年慈禧太后出动时预告时间,一般为4至10天,最长为29天,最短为第二天。[1] 此次八月初三日晚戌时决定次日一早回西苑,对慈禧太后而言,已是相当急迫,由此来不及通知升平署,因而在慈禧太后出行送驾、接驾时,并无升平署中和乐的演奏。[2]

尽管按慈禧太后的出行之惯例,八月初三日晚决定次日回西苑已是相当仓促的紧急措施,但能将此事放到第二天进行,也说明慈禧太后感到并无燃眉之急。若真有关系其权力和命运的大事,她也会打破一切常规,当晚回西苑的。关于这一点,我在后面还会继续述评。

就在慈禧太后决定第二天回西苑时,康有为及其党人也在京城开始发动,此即是谭嗣同夜访袁世凯。与此事相关的史料为袁世凯的《戊戌日记》、康有为的《自编年谱》、梁启超的《戊戌政变记》和杨天石先生、汤志钧先生所发现的毕永年的《诡谋直记》。就人物关系而言,他们都可谓是当事人。对于这些史料,杨天石先生1985年、1998年论文,戴逸先生1999年论文,骆宝善先生1999年论文,房德邻先生2001年论文,郭卫东先生2002年论文都已经进行了很好的分析,尽管他们的意见并不一致。

而在此处需要补证者为二。其一是谭嗣同夜访袁世凯的时间。袁世凯称,谭嗣同来访时,其正在"秉烛拟疏稿",离去时为"夜深"。[3] 康有为未称谭嗣同去访的时间,仅称梁启超"至金顶庙容纯斋处,候消息"。

---

[1] 光绪二十四年二月十七日慈禧太后由西苑回颐和园,提前29天;闰三月十三日由颐和园回西苑以探病中的恭亲王,提前2天;四月初十日去恭王府,提前1天;五月十三日去恭王府,提前4天;六月初八日由颐和园回西苑,提前6天;六月二十一日由颐和园回西苑,提前10天;七月十八日由颐和园回西苑,提前8天。

[2] 据清代典制,慈禧太后离开颐和园时,在绣漪桥随墙门内,应有中和乐演奏"德胜乐",而到达西苑时,在福华门外,应有中和乐演奏"德胜乐"。当时升平署人员大多随慈禧太后在颐和园,须先行派员去西苑,故来不及准备。

[3] 《戊戌变法》,第1册,第550—552页。

从其叙事顺序而言,也难判断其准确时间。又称其本人"子刻内城开,吾亦入城,至金顶庙候消息,知袁不能举兵"。从"候"字来看,似乎康有为到达金顶庙时,谭嗣同尚未回来。[1] 梁启超称:"初三日夕,君径造访袁所法华寺";又称谭离去时为"初三日夜漏三下矣"。[2] 毕永年未称具体时间,只是称初三日"夜,康、谭、梁一夜未归,盖往袁处明商之矣"。[3] 此时康有为主要居住处为宣武门外米市胡同的南海会馆和东城三条金顶庙,袁世凯当时在京城内的居所为法华寺。据周育民先生的考证,金顶庙位于东华门外烧酒胡同(今韶九胡同),是一关帝庙。袁所住的法华寺位于东城报房胡同。[4] 从以上记载可见,当时康有为及其党人的主要商谈地点在宣武门外南海馆,谭嗣同访袁时,梁启超至金顶庙等候消息,康有为至"子刻"也至金顶庙等候消息。而烧酒胡同的金顶庙到报房胡同的法华寺,两地的步行时间大约十至十五分钟。也可以说,梁启超与袁世凯之间所记录的时间会有不超过十五分钟的差别,以至可以忽略不计。而梁启超与袁世凯记录时间恰是完全相同,即谭嗣同造访时间为傍晚,离去时间为深夜。康有为的记录证实了谭嗣同回到金顶庙的时间,而毕永年的记录证实了谭、康、梁三人当晚的行踪。如果对照前述杨崇伊奏折进呈慈禧太后的时间及慈禧太后下令回宫的时间,至少可以证明一点,慈禧太后八月初三日晚决定回西苑一事与谭嗣同夜访袁世凯并无关系。

其二是光绪帝对康有为、谭嗣同的发动是否知情。尽管袁世凯、康有为、梁启超的说法或明示或暗示了谭嗣同与光绪帝之间有联系的管道,康有为更称,谭发动后光绪帝有配合的行动。一些研究者也相信了这些说法,将之写入了论文。对此,房德邻先生1988年的论文进行了反驳。对

〔1〕《戊戌变法》,第4册,第161页。
〔2〕《饮冰室合集》,第6册,专集一,第108页。
〔3〕《诡谋直记》,转引自汤志钧:《乘桴新获——从戊戌到辛亥》,江苏古籍出版社,1990年,第28页。
〔4〕周育民:《康有为寓所金顶庙考》《法华古寺风云录》,见林克光等主编:《近代京华史迹》,中国人民大学出版社,1985年,第489—493页、第409—419页。

于房先生的基本论点我是同意的,其分析中的最重要一点是,据军机处《早事》和宫中《召见单》,光绪帝自七月二十日之后没有召见过谭嗣同。如果说,康有为及其党人欲与光绪帝通消息,最佳机会是八月初二日光绪帝召见林旭时,然康有为自称其是八月初三日看到密诏后才决定发动,时间上是错开的。尽管房先生称八月初四日慈禧太后回宫后光绪帝即处于严密监视之下,尚有可商议之处(后将详述),然从八月初三日光绪帝回宫至初五日,我所看到的材料支持房先生的论点,即在此期间光绪帝同康有为及其党人并无直接的联络。谭嗣同若要与光绪帝通消息,只有一个办法,即前引杨锐私信中所指出的,"据实条陈,由军机大臣呈递",而此类绝密事宜,谭嗣同似不便以书信的方式与光绪帝联络,更何况袁并未作出明确肯定的承诺。

由此可以得出一个结论,八月初三日晚慈禧太后在杨崇伊等人策谋下的发动和康有为、谭嗣同策谋袁世凯的发动,光绪帝都是不知情的。他刚从颐和园回来,也许是他一生中最后一个平静夜了。然而,对发动的双方来说,这一夜却是不平静的。

伊藤博文的觐见

各位研究先进已经指出,慈禧太后回西苑是由杨崇伊的奏折所引发。然慈禧太后回西苑的目的为何?

由此再检视杨崇伊的奏折。杨折中请慈禧太后立即训政的主要理由,提到了四个人:一、革员文廷式,其罪名是甲午昌言用兵,以致割地偿款,与康有为、孙文相勾结;二、康有为,其罪名是组织强学会、大同学会,在京讲学,变更成法,并与文廷式、孙文相勾结;三、孙文,其罪名是与文廷式、康有为相勾结;其四是伊藤博文。其中文廷式已是革员,掀不起大的风浪;康有为据八月初二日的谕旨,已被逐往上海;孙文早被清朝通缉,亦已逃往海外。惟一具有现实威胁性的是日本前首相伊藤博文。对此,杨折称:

风闻东洋故相依藤博文,即日到京,将专政柄。臣虽得自传闻,然近来传闻之言,其应如响。依藤果用,则祖宗所传天下,不啻拱手让人。[1]

也有一些研究先进据此而指出,慈禧太后回西苑的主要原因,是因为八月初五日光绪帝将召见伊藤博文。

这一论点可以得到前引内务府各档案的支持。前引档案已经说明,慈禧太后八月初三日晚的决定是八月初四日回西苑,初六日回颐和园。这一决定的意义就在于,其目的是针对伊藤博文而不是针对光绪帝的。因为慈禧太后在西苑的时间只有八月初四的晚上、初五日一天、初六日早晨。如果是针对光绪帝的,慈禧太后就不会这么快回颐和园,必须始终与光绪帝同住一处。慈禧太后临行时可能还不知道光绪帝决定于八月初十日去颐和园,十七日还宫,但即使知道,八月初六日至初十日,光绪帝仍有 5 天单独在宫中行使皇帝权力的时间。如果再进一步设想,称慈禧太后初六日回颐和园的决定,是对光绪帝的烟雾,[2]我认为也不太像,这里面可以提出两条证据:其一是八月初四日慈禧太后离开颐和园时,仍不忘由敬事房传其旨意给内务府升平署:"十四日、十五日、十六日颐乐殿伺

---

〔1〕 《戊戌变法档案史料》,第 461 页。房德邻先生 2000 年论文对此有很深入的分析。
〔2〕 王树卿先生 1990 年著称:"慈禧太后早在八月初四日就从颐和园乐寿堂回到了西苑仪鸾殿,因为八月初五日的早晨她要'来宫祀蚕神'……"王先生的这一说法不知有何根据。清代祀蚕神应在四月,主祀的应为皇后,有如皇帝亲耕礼。光绪二十四年的祀蚕礼于四月二十五日进行,主祀者为皇后与瑾妃。内务府档案中有详细的记录:"四月二十日,总管宋进禄等为本月二十五日皇后乘轿前往南海去……是日并往先蚕坛去……""四月二十五日辰初总管一名请皇后由宜芸馆步行至会寿殿院内,乘轿出东宫门……巳正二刻,总管一名请皇后乘轿至福华门外,銮仪卫校尉接请进承光右门至蚕坛,午初初刻缫丝礼毕,总管一名引皇后步行到蚕坛东门外,乘轿出承光右门……至乐寿堂诣圣母皇太后前,恭行献蚕,道大喜。""四月二十日,总管宋进禄等为本月二十五日瑾妃乘轿前往先蚕坛去。""四月二十五日巳正二刻,瑾妃从本宫乘轿由琼苑东门……至蚕坛等候。午初初刻,瑾妃随从缫丝礼毕,瑾妃步行至蚕坛东门栏外,乘轿……住本宫。"(《内务府来文·礼仪》,光绪二十四年四月至七月,441/5 – 50 – 1/N/第 322 包)

戊戌政变的时间、过程与原委——先前研究各说的认知、补证、修正　93

候戏。"[1]颐乐殿为颐和园中的演戏场所。慈禧太后这一位戏迷,临行前还在颐和园为其准备了三天的中秋节大戏。后来的时局变化使这几天演戏的时间和地点,一变再变,显得十分麻烦。其二是内务府已经安排初六日慈禧太后回颐和园的各类事务。(后将详述)

光绪帝召见伊藤博文一事,从今天的角度来看是一件很平常的事情,但在当时是一件大事,此处不做详论。[2] 但在这里可以简要说明的是,根据当时的清朝仪制,光绪帝只接见奉有国书或国电的外国正式使节,而伊藤属"自行游历"的非有官方使命的外国退位政治家,更何况也没有材料可以证明,伊藤本人提出过要求觐见光绪帝的要求。

光绪帝何时决定召见伊藤博文,现有材料不是非常清楚。正式的决定似乎在八月初三日做出。该日总理衙门片行内务府:

> 总理衙门为片行事。准军机处知会,本月初五日皇上御勤政殿,接见日本侯爵伊藤博文,相应知照贵衙门,于是日敬谨预备可也。[3]

更具体的时间似在该日光绪帝从颐和园回宫前,该日内务府《日记档》(颐和园)记:

> 毓、梅主政告知,现闻得本月初五日外国使臣在海内勤政殿觐见,本府衙门外有站来回班。已请示定,是日世大人带班等专甲进城,将第三班站班。堂谕:赶紧要来备批等语。当派都甲将堂谕已取,交子嘉、富东手矣。[4]

由于初五日光绪帝从宫中养心殿去西苑勤政殿,内务府官员须得站班,有关事项还是由颐和园这边安排的。次日总理衙门将此时间通知日本代理

---

〔1〕　内务府升平署《恩赏日记档》光绪二十四年八月初四日。
〔2〕　详见本书《戊戌变法期间光绪帝对外观念的调适》。
〔3〕　《内务府来文·外交》,光绪二十二年至二十八年,441/5－50－1/N/第1715包。
〔4〕　内务府《日记档》(颐和园),光绪二十四年八月,杂244/日244。

公使林权助。[1] 然而,新任总理衙门章京、参加接待事务的郑孝胥却早在八月初一日便听说,"伊藤于初五日召见"。[2] 此中的细节现仍不能一一确定。但不管光绪帝接见伊藤博文的时间有无请示,慈禧太后若想知道,完全可以从其亲信首席总理衙门大臣奕劻处得到准确的消息。由此似可以认为,慈禧太后由颐和园回西苑时,已知光绪帝召见伊藤博文的时间为初五日中午。

康有为及其党人对于此次伊藤博文的访华,似有着一个完整的计划。这里可以排出一份时间表。一、伊藤博文到北京后,康有为曾于八月初三日下午拜访过伊藤博文,两人有过较长时间的交谈。[3] 二、八月初五日,御史杨深秀奏称:"日本伊藤博文游历在都,其人曾为东瀛名相,必深愿联结吾华,共求自保者也。未为借才之举,先为借箸之筹,臣尤伏愿我皇上早定大计,固结英、美、日本三国,勿嫌合邦之名为不美,诚天下苍生之福矣。"[4] 三、八月初六日,御史宋伯鲁奏称:"今拟请皇上速简通达外务名震地球之重臣,如大学士李鸿章者,往见该教士李提摩太及日相伊藤博文,与之商酌办法。以工部主事康有为为参赞,必能转祸为福。"[5] 我以为,由此时间表似可大胆地推论康有为及其党人的计谋:先由康有为于八月初三日出面探寻伊藤博文的基本态度;然后次日即八月初四日由杨深秀出奏,该折当于初五日早朝时到光绪帝之前,而中午即是伊藤博文觐见之时,使光绪帝在觐见时有印象,以盼其有所行动;又次日由宋伯鲁再出

〔1〕 总理衙门致林权助,光绪二十四年八月初四日,《伊藤公爵清国巡回一件》(松本记录),6-4-4-21,日本外务省外交史料馆藏。

〔2〕 《郑孝胥日记》,第2册,第681页。郑称其消息来自陶杏南,而陶氏当时任日文翻译,随伊藤来到北京。陶氏还称,"将上条陈",其主语是陶本人,或总理衙门,甚至伊藤?不解其意。又,查七月三十日军机处《早事档》,有"总理各国事务衙门封奏一件,奉旨'留'。"再查该日《随手登记档》,不见该封奏的记录。不知该折的内容,也不知为何《随手登记档》没有记录。

〔3〕 台湾日日新报:《游清纪语》,转见汤志钧:《乘桴新获——从戊戌到辛亥》,第19—22页。

〔4〕 《戊戌变法档案史料》,第15页。孔祥吉先生认为该折由康有为代拟。

〔5〕 《戊戌变法档案史料》,第170页。孔祥吉先生认为该折由康有为代拟。

奏,因觐见已经完成,光绪帝不太可能再见伊藤,故请李鸿章再与之交涉,同时推出康有为。然而,康有为及其党人之精心设计,虽不为慈禧太后所预知,但在行动上却被慈禧太后占了先机。

慈禧太后极具政治敏感度,对权力尤其丝毫不放松。但从档案中可以看出,她在由颐和园回西苑前,所得到的有关伊藤博文的正式材料为以下三件:其一是刑部主事洪汝冲的奏折。该折提出了"迁都"、"借才"、"联邦"三策,其中"借才"一策称:

> 近日伊藤罢相,将欲来游,藉觇国是。皇上如能縻以好爵,使近在耳目,博访周咨,则新政立行,而中日之邦交益固。否则无论中国人材,万难收效旦夕。即有一二新进有志之士,亦未必不见嫉老成,事多掣肘,及至身败名裂,而国事已无可挽回。伊藤以敌国旧相,成绩昭然,信任既专,威望自重,无所惮于变革,无所用其排挤,即与欧西交涉,亦当刮目相看,庶阴谋藉以稍戢,中国转贫为富,转弱为强,转危为安之机,实系乎此。此借才之不可缓者〔1〕

据《随手档》,洪汝冲奏折于七月二十四日由刑部代奏,又据《上谕档》,该折奉旨"留中",并于当日进呈慈禧太后。〔2〕 洪汝冲的激烈言论,给慈禧太后留下很深的印象,以致在政变后,对洪有所追查。〔3〕 其二是八月初一日军

---

〔1〕 《戊戌变法》,第2册,第364—365页。孔祥吉先生认为该折由康有为代拟。

〔2〕 洪汝冲原折在档案中未见,《戊戌变法》第2册收入该折时,时间误为"六月",致使一些研究者在时间上有误。

〔3〕 据军机处《随手档》,八月十七日军机大臣、总理衙门大臣王文韶,军机大臣、总理衙门大臣、刑部尚书廖寿恒有一奏片,"遵查李岳瑞、洪汝冲并无请假离署由"。此时正是慈禧太后追查王照之时,很可能王文韶、廖寿恒在上朝时,奉慈禧太后命令追查李岳瑞、洪汝冲,故王、廖有此奏片。据军机处《上谕档》、《交片档》,同日发下交片谕旨:交总理衙门、刑部,军机大臣面奉谕旨:"工部主事总理衙门章京李岳瑞、刑部主事洪汝冲均著该衙门堂官随时察看。"李岳瑞于七月二十五日经总理衙门代奏条陈,奉旨"留中",七月二十六日再由总理衙门代递条陈一折一片,奉旨"应归入张元济条陈核办",均于当日上呈慈禧太后。由于李岳瑞以上各条陈均未见,不知是否与伊藤博文有关联。

机处将总理衙门抄录的与日本伊藤博文问答节略呈送慈禧太后。[1] 其三是前军机章京、新任江苏松江知府濮子潼八月初三日的奏折：

> 闻伊藤现因游历来都，拟请皇上优以礼貌，饬总理王、大臣密问彼国维新诸政次第如何而分？款项从何而集？条举件系，朗若列眉，然后参以中国情形，拟定办法。上取进止，明诏中外，遵照奉行。

该折于当日呈送慈禧太后。[2] 材料越少，越能显示此事中含有密谋。

杨崇伊的奏折进到慈禧太后前时，现有的材料尚不能确定有何人在场。但若慈禧太后有所垂询，那么任何一个说实话的大臣都会陈明，此时的京城已经弥漫着伊藤博文将被留下重用的传言。各位研究先进对于此时的传言多有叙及，可不再评论，以下仅就档案中的奏折情况做一补证。现存的奏折涉及重用客卿或反对此事者，有以下几件：一、工部营缮司郎中福润奏称："现闻伊藤博文游历已至天津，如到京时，可否饬下总理各国事务衙门大臣、大学堂管学大臣、农工商总局总办前往面询明治维新一切学堂、矿务、农工商局创办规模，即将接谈得失各情，详晰缮单，恭呈御览，以备采择。"该折上注明是八月初三日，初四日由工部代奏，该折未呈慈禧太后。[3] 二、户部学习主事陈星庚提出"联与国以借人才"，但他的主张是"商请英国政治家数人，聘订来华，以备咨询而资辅理"。该折上

---

[1] 军机处《洋务档》光绪二十四年八月初一日，该记录原文是"谨将总理衙门抄录与日本伊藤博文问答节略恭呈慈览。谨奏"。而在第二天，该档又有完全同样的记载。再查《随手档》，八月初一日的记载是"伊藤约答节略恭呈御览"；八月初二日的记载是"晤伊藤博文问答照录呈览"。按照《随手档》，即该节略先呈慈禧太后，次日再呈光绪帝。此与当时的政治处理原则不符。另一可能是，当时有两份不同的节略，故先后两次上呈。总理衙门与伊藤博文的会谈记录，可见于汤志钧：《乘桴新获——从戊戌到辛亥》，第14—16页。

[2] 《军机处录副·补遗·戊戌变法项》，3/168/9453/37。《上谕档》光绪二十四年八月初三日。

[3] 《军机处录副·补遗·戊戌变法项》，3/168/9453/54。《随手档》《上谕档》光绪二十四年八月初四日。

注明是八月初三日,初四日由户部代奏,该折未呈慈禧太后。〔1〕 三、翰林院编修黄曾源提出"借才非现在所宜"。其在奏折中称:"窃臣风闻,道路纷纭,金谓新政需才,有建议借用日本旧相伊藤者",对此他表示坚决反对。他认为借用伊藤必然受到俄国的反对,"是伊藤之益新政者不可知,而害于邦交者已有不可胜言者矣"。与该折同时并上两片:"伊藤不宜优礼"、"和俄以疑英、日"。黄曾源的奏折上注明为八月初四日,同日由翰林院代递,当日奉旨"存",当日进呈慈禧太后。〔2〕 四、候选郎中陈时政奏请重用伊藤博文,称言:"伊藤既为日本维新之臣,必能识新政之纲领,知变法之本原,朝廷用人如不及,莫于召对时,体察其情,如才堪任使,即可留之京师,著其参预新政,自于时局更多裨益也。"该折上注明为八月初四日,初五日由都察院代递,该折未呈慈禧太后。〔3〕 五、兵部员外郎祁师曾上奏主张留用伊藤博文。该折称:"应请我皇上博采慎选日、美素有名望之大臣,礼隆高爵延用一二人,或另建议事处,或令在总理衙门,遇有中外大事,悉公照公法辩论,主持清议。""日本退位大臣侯爵伊藤博文此次来华游历,我皇上宜亲考其联日、美阻俄法之道……可否皇上召见数次,察其可用与否,立予清职,使有议事之权,无行政之权。"该折上注明为八月初六日,同日由兵部代奏,此日慈禧太后已临朝。〔4〕 这些只是奏折的情况,

---

〔1〕 《军机处录副·补遗·戊戌变法项》,3/168/9453/53。《随手档》、《上谕档》光绪二十四年八月初四日。另参见户部八月初四日奏折。陈星庚曾作为薛福成的随员,出使英、法等国。

〔2〕 《军机处录副·补遗·戊戌变法项》,3/168/9454/7。《随手档》、《上谕档》光绪二十四年八月初四日。

〔3〕 陈折见《戊戌变法档案史料》,第197页,原折藏《军机处录副·光绪朝·专题补遗·戊戌变法项》;上奏事见都察院奏《代奏长庆等条陈事》,光绪二十四年八月初五日,也藏于《军机处录副·补遗·戊戌变法项》;并可参见《随手档》、《上谕档》光绪二十四年八月初五日。孔祥吉先生1983年论文称陈时政折上于八月初三日,并"当天即由军机大臣随同其他折件'恭呈慈览'"。孔先生称其资料来源为:"一史馆:陈时政:《条陈时政便宜折》,光绪二十四年八月初三日;一史馆:《随手登记档》。"为此再查相关案卷,皆非孔先生所言,当其有误。

〔4〕 《军机处录副·补遗·戊戌变法项》,3/168/9455/8。又可参见兵部奏,光绪二十四年八月初六日,《军机处录副·光绪朝·内政类·其他项》,3/111/5735/81;《随手登记档》光绪二十四年八月初六日。

而每一件奏折的背后很可能又有众多的故事。政变后,反对康有为等人的前户部主事缪润绂将伊藤博文来华,称之为康有为、张荫桓密定召来,并伴有孙文的密谋。〔1〕由此可以大体推测当时传言的广泛和失真程度。

由此而产生一个问题,光绪帝留伊藤博文作为清朝的顾问当时有无可能性? 对此可先看看已经进行的事项。首先是聘请日本技术专家。七月初二日,总理衙门大臣兼任矿务总局大臣王文韶、张荫桓发电清朝驻日本公使裕庚:

> 伊藤节略所言,弥通矿学之堀田连太郎,现矿务总局拟聘请来华,谘访一切,以备筹勘矿务。至应如何延订,及能否即来之处,统希妥酌,询明电复。韶、桓。〔2〕

此处的伊藤节略,是指伊藤博文面交裕庚的有关日本的矿章,聘用堀田一事因其当选议员而后有变故。〔3〕此事说明当时清朝政府准备聘请日本高级技术人才。其次是聘请日本职业外交官。八月十一日总理衙门收到电报:

> 加藤以既就中国聘请,将离本职,倘有改易,恐两误。愿在此定合同。有草底交来,所列岁金、年限、盘费、职业等条。称皆蒙钧署与林使订明之件。是否可以照办,请速示遵。唐。蒸。〔4〕

---

〔1〕《戊戌变法档案史料》,第 462 页、第 464 页。
〔2〕军机处《电报档》光绪二十四年七月。
〔3〕六月二十六日总理衙门收到驻日公使裕庚的电报:"漾电遵。铁路章前岁已译上,存署,无另章。矿章有伊藤面交节略,成书图说亦于正月十六日呈署。节略所言,至矣,尽矣。便览一书,似专指日矿,译亦无用……崛(堀)田乃第一手,伊畏(藤)所力保,前已在华,似可令到京面加询防(访),较真切。伊藤亦必面说。"七月初四日再收裕庚电:"冬电遵。屆(堀)田在西京新派议院员,须候大畏(日相大隈重信)妥商,畏现下飨订初十,商明电陈。"七月初九日再收裕庚电:"所聘之堀田充议员,恐未能来。现已与农部妥商,能来固好,否则必挑一熟手相代,总对得住中国。五六日再陈大隈。"(《总理衙门清档·收发电》01-38)由此可见,聘用堀田与伊藤博文甚有关系。
〔4〕《总理衙门清档·收发电》光绪二十四年八月。

此处的加藤,即加藤增雄,时任日本驻韩国公使,此处的林使,即林权助,日本驻俄国公使,此时代理日本驻清朝公使。此处的唐,即唐绍仪,时任清朝驻韩国总领事[1]。这份电报透露出,当时总理衙门已与日本代理公使林权助有过很具体的商谈,聘请日本高级外交官。也就是说,除了技术人才,此时已经考虑聘请政治人才了[2]。但是,从清朝的政治权力结构来看,难有相应的政治空间以聘留伊藤博文,前引各留用伊藤的奏折,也只是称用高爵厚禄留伊藤以备随时咨询。然清朝当时无法设立可以留用伊藤的政治职位,只不过是我今天的一种判断,而在慈禧太后的心目中,光绪帝会否因其不在而如七月十九日罢免礼部六堂官、二十日任命军机四章京那样,做出一些她无法接受又无权否决的"荒唐事",那又是另一回事了。直到此时,应当说,慈禧太后看到的只有一些痕迹,而无任何证据。但杨崇伊奏折称"近来传闻之言,其应如响",很是有煽动性,在她与光绪帝之间已陷于紧张状态的关系中,点着了吱吱作响的火绳。

然而,在八月初三日晚至八月初四日,慈禧太后并没有显出焦虑和不安。八月三日晚,内务府所拟的第二天行程是:

> 八月初四日,圣母皇太后在乐寿堂进早膳毕,总管二名奏请圣母皇太后从水木自亲码头乘船至广源闸西码头,下船乘轿至万寿寺拈香,毕,步行至御座房少坐,乘轿至广源闸东码头,下轿乘船至倚虹堂

---

[1] 此电的标题称"收出使裕大臣电",即指收到驻日本公使裕庚的电报,落款却为唐。根据有线电报的技术,很可能唐绍仪的电报由日本转来。该电注明"蒸",即初十日,收到日期为十一日,也说明电报经过多次中转。当然可能是标题抄错了。

[2] 在此期间,司员士民的奏折也建议在总理衙门设客卿。户部候补主事聂兴圻在七月二十六日的奏折中称:"设客卿以奔走外臣也。自来列国相持,楚才晋用,原不为嫌,但视用者专与不专耳。方今中国虽有维新任事之人,以视欧美东洋,尚瞠乎其后。拟请饬下总理衙门,议设文武客卿等级,以待外洋有志欲强我中国者。并知会欧美各国,其有贤能愿客仕我中国者,即以客卿之位尊显之。如此,则彼为我尽才能,斯新政更易成矣。"(《戊戌变法档案史料》,第73页)又据军机处《随手档》,该折于七月二十八日由户部代递。

少坐,乘轿进西直门、西安门,由西三座门进福华门,由瀛秀园门还仪鸾殿。[1]

沿途两次休息,两次换船,三次换轿,并中间去万寿寺烧香[2] 慈禧太后这一行程比光绪帝从颐和园还宫一路坐轿,要舒适得多,悠闲得多,花费的时间也多得多。今天还找不到更多的材料可以说明慈禧太后此行时的心情,但前引内务府《杂录档》的一段史料可以看出,尽管所用的车马都在寅初,即凌晨3时分别在东宫门、新宫门准备完毕,但她回到西苑却已很晚。《清代起居注册》称,光绪帝于"申刻"(下午3至5时)在瀛秀园门外跪接慈禧太后。[3] 看起来她并不着急,显得一切都在她的掌握之中。我在前面已经分析过,对于年轻的光绪帝,她有绝对的操纵和控制的能力。

八月初四日光绪帝移居瀛台非为囚禁

慈禧太后回到西苑的时间为初四日的"申刻",光绪帝很晚才得到庆亲王奕劻报来的消息,依例在瀛秀门外跪接。[4] 从内务府档案中可以看

---

〔1〕 内务府《杂录档》(颐和园)光绪二十四年八月。

〔2〕 如果与以往慈禧太后的行程相比,只是少了在御座房用早膳,此也是因为决定仓促而不及准备。其余的一切与以往完全相同。又内务府奉宸苑《值宿档》光绪二十四年记:"八月初四日询得今日皇太后由乐寿堂用早膳毕,至万寿寺拈香,至倚虹堂少坐,进西直门、西安门、西三座门还海。"奉宸苑即为管理西苑等处的机构,此记载很有可能不是文件的转抄,而是事后的记录。

〔3〕 《清代起居注册》光绪朝,第61册,第31221页。

〔4〕 我在前面已说明,由于军机处《早事》中没有跪接的记载,由此可以证明直到此日军机处散值时,光绪帝尚不知道慈禧太后的到来。此处再补一材料,当日军机处《早事》记光绪帝"召见孙中堂、张荫桓、袁祖礼、军机",而当日宫中《召见单》(京官)则记:"孙家鼐,协办大学士,庆亲王奕劻,张荫桓,户部左侍郎",该《召见单》(外官)记:"袁祖礼,湖北候补游击"。两者相较,增加了庆亲王奕劻。此可证明,光绪帝召见奕劻并不是事先的安排,且召见时间也在军机处散值之后。很可能是由庆亲王奕劻向光绪帝报告慈禧太后当日到来的消息。同样的情况还出现过两次,即七月二十五日和二十八日,宫中《召见单》记有庆亲王奕劻,军机处《早事》中未记。

出,尽管这一时间对仪制而言过于紧迫,但还没有出差错。内务府《日记档》(署中)称:"今日本府衙门外站班无误。已向启堂(启秀)发禀。"[1]这一例外的记录,可见办成此事正属例外。慈禧太后与光绪帝见面时,双方有何争论,档案中自然没有任何记录,而私家记载的绘声绘色反给人留下不实的印象。根据《清朝起居注册》,光绪帝当晚由养心殿移住西苑瀛台涵元殿。

一些研究者认为,光绪帝从养心殿移居涵元殿是百日维新终结的标志。孔祥吉先生1983年论文以多种档案证明了现存中国第一历史档案馆的《起居注》是一个不可靠的抄本,同时认为"慈禧等人于八月初四日晚,由颐和园赶回皇宫之后,立即对光绪帝采取了监禁措施";并称"众所周知,涵元殿地处瀛台,四面环水,是政变后囚禁光绪之处所"。由此认为八月初四日是戊戌政变爆发的时间。[2] 对于这一说法,我以为还是可以再讨论的。

首先瀛台是否"四面环水"? 1980年代,中南海开放,我曾去瀛台参观,见瀛台是一小岛,上有桥梁相通。但观其桥梁制式,似为20世纪以后所建。而在此之前有无桥,仍存疑惑。为此,查证乾隆年间敕修《国朝宫史》称:

> 由仁曜门而南,渡桥为瀛台。平堤石栏,历级而登,有阁向北,圣祖仁皇帝御笔榜曰"翔鸾阁"……由阁而南为涵元门,门内东向为庆云殿,西向为景星殿,正中南向为涵元殿,御笔扁曰:"天心月胁"……自翔鸾阁至迎薰亭,统名"瀛台",三面临水。

---

[1] 该《日记档》封皮注明"署中",即为西苑所专用。内务府《日记档》分多种,此为一种(405/5 - 14/杂记类 243/日 243)。

[2] 在关于戊戌政变的时间上,孔祥吉先生的说法似小有矛盾之处。其在1983年的论文中称:"事实上光绪在政变之前,也常常在涵元殿驻跸;政变后也并不再移居他处,这些在清宫档案中均言之历历,不能将光绪移居瀛台的时间,作为政变的标志。"同时,他又认为,光绪帝移居瀛台即又被幽禁,也即是八月初四发生政变。关于他的这一论点,并可参见其作《建国以来戊戌变法史研究述评》,载《戊戌维新运动新探》,第405—407页。

仁曜门是勤政殿后侧南向之门,瀛台距皇帝的办公区勤政殿很近,故康熙帝之后,皇帝在西苑时常常住在瀛台涵元殿。而从仁曜门到瀛台之间有一桥相通,以使住在涵元殿的皇帝能方便地往来其办公区勤政殿。该书有大量康熙帝、雍正帝、乾隆帝关于咏瀛台的诗。其中乾隆帝《御制瀛台记》称:"自勤政殿南行,石堤为数十步,阶而升,有楼门向北,匾曰:'瀛台门'……盖瀛台惟北通一堤,其三面皆临太液。"太液即西苑各海之称。[1] 嘉庆年间敕修的《国朝宫史续编》,关于瀛台的描绘与前完全相同,再次肯定瀛台当时的三面环水。[2] 光绪十五年所出版的《顺天府志》亦称:"(勤政)殿后为仁曜门,门南过桥为瀛台,平堤石阑,拾级而登,正中南向为翔鸾阁……台为趯台陂旧址,即明时所谓南台者。国朝顺治年间,稍加修葺,圣祖时驾幸瀛台,常于此听政……台南为迎薰亭,自翔鸾阁至此,统称瀛台,三面环水。"[3] 曾任翰林院编修、云贵总督的吴振棫在《养吉斋丛录》中称:"瀛台在勤政殿南,为趯台陂旧址,即明所谓南台者。顺治间加以修葺,康熙间驻西苑,于此日讲,今匾额则乾隆年间御书也。台三面临水。"[4] 从以上所引材料可见,瀛台本为三面临水,直至光绪年间一直有桥相通,只不过其桥很可能是"石堤",大约有"数十步"。

其次是光绪帝此时移居瀛台是否即为监禁?前已叙及,按照当时的惯例,慈禧太后回城后住在西苑仪鸾殿,为了请安等事的方便,光绪帝也移住西苑瀛台。[5] 下以光绪二十四年为例,可以证明光绪帝此时移住西苑瀛台只不过是按例行事。

光绪二十四年正月初一日至十五日,光绪帝住在宫中养心殿,十六日

<hr>

〔1〕 鄂尔泰、张廷玉等编纂:《国朝宫史》,左步青标点,北京古籍出版社,1987 年,上册,第 274—302 页。

〔2〕 庆桂等编纂:《国朝宫史续编》,左步青标点,北京古籍出版社,1994 年,下册,第 527—535 页。书中有大量咏瀛台的诗亦可为证。

〔3〕 周家楣等编纂:《光绪顺天府志》,北京古籍出版社,1987 年,第 1 册,第 30 页。

〔4〕 吴振棫:《养吉斋丛录》,鲍正鹄校点,北京古籍出版社,1983 年,第 185 页。

〔5〕 按照清代仪制,皇帝从宫中到西苑,或从西苑到宫中,侍卫处、内务府等机构有一系列的引导、站班、护卫等事务,须得提前通知以准备,并定下相当严格的时间表。可能是此种不方便,使光绪帝也同住西苑。

住在天坛斋宫,十七日起至三十日住在西苑瀛台涵元殿;二月初一日至初三日住在宫中养心殿,初四日起至十六日住在瀛台涵元殿。在此期间,慈禧太后一直住在西苑仪鸾殿。而光绪帝正月初一日至十五日住在宫中养心殿有其特殊的理由。新正在奉先殿、堂子、慈宁门、乾清宫、大高玄殿有一系列的礼仪活动;初二日在坤宁宫有进肉之仪;初三日须在寿皇殿行礼;初七日至初九日斋戒三天;初十日祭祖在太庙行礼;十二日在大高玄殿行礼,以求雨雪;十三日在乾清宫赐近支宗藩宴;十四日起又开始斋戒三天;十五日在大高玄殿拈香,在寿皇殿行礼;十六日在太和殿看祝版,然后移居斋宫。当他完成天坛的祈谷后,于十七日立即移居瀛台涵元殿,与慈禧太后同住。二月初一日至初三日,光绪帝回宫中居住,也是同样有理由。从此日起斋戒三天,初四日光绪帝祭社稷坛并在坤宁宫率王公大臣进肉后,当日移居瀛台涵元殿。二月二十七日,光绪帝跪送慈禧太后还颐和园后,当日回宫中养心殿。

闰三月十三日至十七日,慈禧太后为探望恭亲王奕訢,住西苑仪鸾殿,光绪帝随即移住瀛台涵元殿;十八日,慈禧太后回颐和园,光绪帝一路送回,当晚住颐和园玉澜堂。

六月初八日,慈禧太后为其夫君咸丰帝的生日回西苑,光绪帝在瀛秀园门跪接后,移往瀛台涵元殿;初九日在顺贞门内跪送后,回宫中养心殿。

六月二十一日,慈禧太后为光绪帝生日回西苑,光绪帝在瀛秀园门跪接后移住瀛台涵元殿;二十四日慈禧太后移住宫中宁寿宫养性殿,光绪帝移居宫中养心殿;二十七日慈禧太后移住西苑仪鸾殿,光绪帝仍住宫中养心殿,然二十八日又是其27周岁的生日;二十九日,光绪帝在瀛秀园门跪送慈禧太后,仍住养心殿。

七月十四日,慈禧太后为咸丰帝忌日回西苑,光绪帝在瀛秀园门跪接后移住瀛台涵元殿;十八日光绪帝在瀛秀园门跪送慈禧太后回颐和园后,回宫中养心殿[1]。

由此可见,八月初四日申刻,光绪帝在瀛秀园门跪接慈禧太后后,移

─────────────

〔1〕 以上据《清代起居注册》光绪朝,并对照宫中《穿戴档》。

住瀛台涵元殿是正常现象。反过来说,若此时光绪帝回到宫中养心殿,倒显得不正常了。蔡乐苏先生 2001 年著作对此称:"涵元殿在瀛台,是政变后慈禧软禁光绪帝的地方。政变之前,光绪虽常驻跸涵元殿,不过八月初四日这天晚上,大概是慈禧要他驻跸在这里,这其中包含什么,只好由后人自己去想像了。"这一段话写得并不清楚。其中慈禧太后要光绪帝移住瀛台,很可能是蔡先生的想像。但他后称"慈禧回宫怒斥光绪之后,光绪即失去自由",可见他还是同意孔祥吉先生的观点,即八月初四日为政变之日。

以上说明,不能凭借八月初四日光绪帝移居瀛台以证明此日即被囚禁;反过来说,也有同样的问题,即不能以光绪帝按旧例移住瀛台来证明其未被囚禁。然在该日《内务府来文》中有一份很有意思的文件,似可说明光绪帝还处于自由状态:

> 领侍卫内大臣处为咨行事。奉旨:"朕于明日办事、用膳、召见毕,乘轿至丰泽门下轿,诣皇太后前请安、侍膳,毕,乘轿回瀛台少坐,至勤政殿升座,见日本国侯相,毕,乘轿还瀛台。午初伺候。钦此。"右咨内务府。光绪二十四年八月初四日。[1]

相同的记载见内务府《日记档》(署中):

> (初四日)适侍卫处来文,为明日皇上办事后,诣皇太后请安,毕,至勤政殿召见日本国侯相,毕,还瀛台。午初侍候,已缮禀帖发公所,并入事、交钞矣。[2]

相同的记载又可见八月初四日内务府奉宸苑《值宿档》:

---

〔1〕 《内务府来文·外交》,光绪二十二年至二十八年。
〔2〕 内务府《日记档》(署中)光绪二十四年八月(405/5 – 14/杂记类 243)。"署中"即为西苑所专用《日记档》。

询得初五日皇上办事、用膳、召见毕，诣皇太后前请安，毕，还瀛台。午初升勤政殿，见日本侯相，毕，还瀛台。[1]

尽管后来的研究者完全可以想像慈禧太后回西苑后，与光绪帝之间会有相当激烈的冲突；但光绪帝与慈禧太后相见后，仍一如以往地向侍卫布置八月初五日的日程安排。从这一日程安排来看，光绪帝不仅没有失去自由，而且是在其完成"办事"、"召见"的政务活动后，再向慈禧太后"请安"。

八月初五日上午光绪帝单独处理政务

八月初四日光绪帝在瀛台涵元殿的夜晚，一定是不平静的。但在第二天，我以为，光绪帝依旧是单独行使皇帝的权力，处理政务。

据该日宫中《穿戴档》：

上戴绒草面生丝缨冠（缀珠重七分），穿酱色江绸单袍，石青江绸单褂，戴斋戒牌。束绿玉钩褡线鞓带，穿青缎凉里尖靴。卯正，外请至勤政殿见大人，毕，还涵元殿。寻常褂下来，更换石青江绸单金龙褂，戴珊瑚朝珠，挂带挎。午初，外请至勤政殿，朝见外国人等，毕，还涵元殿。朝珠、金龙褂、带挎下来，更换寻常褂。

这是一份不完整的记录，其中最重要的是没有向慈禧太后请安、侍膳的记录。据该日《起居注册》，"上诣仪鸾殿，慈禧皇太后前请安。"特别指明请安地点在仪鸾殿。按照前引领侍卫内大臣的来文，在勤政殿召见大人后，应直接去仪鸾殿慈禧太后处请安，由于没有换衣服，也有可能是从仪鸾殿回涵元殿换衣服，于是负责记录的太监在《穿戴档》中将此事省略了。

又据军机处《早事》、《早事档》，该日为兵部、太常寺、八旗两翼值日。

---

[1] 内务府奉宸苑《值宿档》光绪二十四年。

在早朝中,光绪帝批准了兵部的3件议复;批准了太常寺6件关于八月初八日光绪帝亲祭夕月坛等礼仪事务的折片,并对3件派出官员的请示,作出直接的答复;对御前、乾清门、吏部、兵部所奏月折,旨命"换出",对宗人府、吏部、正白旗蒙古的"述旨",旨命"是";[1] 批准了领侍卫内大臣为初六日、初七日光绪帝去宫中、社稷坛而派出前引、后扈、管事的人员;批准了镶黄旗汉军在卢沟桥演炮事;批准了神机营制造火药及训练费用请部拨事;留下了宗人府、翰林院、户部、总理衙门、兵部、都察院代奏的司官士民上书共17件;留下了南书房翰林徐琪、散秩大臣锡光、日讲起居注官陈秉和、御史宋伯鲁封奏共8件。[2] 召见了请训的袁世凯和军机。

又据军机处《随手登记档》、《上谕档》、《交片档》,光绪帝对留下的徐琪的1折2片,有明发谕旨一道、交片谕旨两道;对留下的锡光、陈秉和、杨深秀的5折片,皆下旨"存";在热河都统寿荫、署理四川总督恭寿、江西巡抚德寿、陕西巡抚魏光焘、两广总督谭钟麟、广东巡抚许振祎、护理江西巡抚翁曾桂、署理江西布政使张绍华、署理江西按察使刘汝翼、江西学政李绂藻等的40件折片上有朱批。[3] 另有一明发上谕,任冯汝骙为四川顺庆府知府。

---

〔1〕 清代制度,每月各衙门将该月奏折汇奏一次,同时换出上月的奏折汇奏。每月各衙门将奉到谕旨汇奏一次,以得到皇帝的认可。

〔2〕 此外还批准銮仪卫、会典馆、崇文门等的细小事件;批准了那彦图等三人的请假,并对徐树铭管理三库谢恩折表示知道了。

〔3〕 由于当时的官员有不小的调动,而普通奏折上报的速度很慢,所列的官职只是其奏折上的官职,实际的职位已变:热河都统寿荫已调广州将军,署理四川总督、四川将军恭寿已去世,江西巡抚德寿已调任江苏巡抚,而广东巡抚一职已裁,许振祎奉旨调京。这一天的朱批,还可参见军机处次日向慈禧太后所呈报的"朱批折件事由单":"八月初五日。寿荫奏练军出力各员遵驳改奖折,单一件,奉朱批:吏部议奏,单并发;又奏六月分粮价,奉朱批:知道了。恭寿奏办理官运出力人员援案请奖折,单一件,奉朱批:著照所请,吏部知道,单并发;又奏顺庆府知府耆年请假修墓遗缺请旨简放折,奉朱批:另有旨;又奏川省办理昭信股票情形片,奉朱批:览奏已悉,昭信股票业经降旨停办矣,余依议;又奏夔关奏销价难依限造报片,奉朱批:户部议奏;又奏川省武职借补章程请展限办理折,奉朱批:兵部议奏;又奏解铁路经费片,奉朱批:户部知道;又奏新海防第九十一、二次输输请奖片,奉朱批:户部议奏;又奏马边厅同知沈璘庆边俸期满请循例升用片,奉朱批:吏部议奏;又奏新海防捐输银数片,奉朱批:户部知道;又奏

以上的档案当然还不能完全证明八月初五日光绪帝是单独处理政务，为此，我在这里补充三项证据。

其一是袁世凯的《戊戌日记》，称这一天他是被光绪帝单独召见，而不是慈禧太后与光绪帝同见。这说明慈禧太后尚未走到前台。袁世凯后来的亲信张一麐称："次日（八月初五日）召见，德宗示以所命。袁极言母慈子孝为立国之本。退朝有某侍卫大臣拍其背曰：'好小子。'盖西后遣人诇之，而以为立言得体也。"[1]也有一些研究先进引此认为光绪帝已被监控。细心地检视这一段记载，可以认定，某侍卫大臣为慈禧太后派来的探子是袁世凯事后的主观推测，此时袁世凯正处在旋涡之中，对任何细微之处都不敢马虎。由此也可以认为是袁世凯主观想像的放大；更何况"好小子"一语，也可有多种理解，比如说对袁世凯超擢的稍带挖苦味的评论。[2]

射洪等属被灾抚恤情形折，奉朱批：著奎俊饬属将被灾州县，认真筹款赈抚，以拯灾黎；又奏请将丙甲纲杂款银两划归副本片，奉朱批：户部知道；又奏在任候补直隶州知州缪延祺等期满甄别片，奉朱批：吏部知道。德寿奏加收二成茶糖厘金银数折，奉朱批：户部知道；又奏上年下半年收支厘税银数折，单一件，奉朱批：户部知道，单并发；又奏新海防第五十八次请奖折，单一件，奉朱批：户部知道，单并发。翁曾桂奏接护抚篆日期谢恩折，奉朱批：知道了。张绍华奏接署藩篆日期谢恩折，奉朱批：知道了。刘汝翼奏署理臬篆日期谢恩折，奉朱批：知道了。李绂藻奏袁州等属岁试情形折，奉朱批：知道了。魏光焘奏略阳等属被灾情形由折，奉朱批：知道了，所有被灾各州县著饬所属认真抚恤，毋任失所；又奏副将张镇南等玩视捕务请革职片，奉朱批：张镇南等著即革职，余依议，该部知道；又奏五月分雨泽禾苗情形折，奉朱批：知道了；又奏解还英德洋款片，奉朱批：户部知道；又奏补用知府魏景桐调营差委片，奉朱批：知道了，又奏四川重庆知府王道文病请开缺片，奉朱批：吏部知道。谭钟麟、许振祎奏知县谢裕棠期满甄别折，奉朱批：吏部知道；又奏已故儋州知州贾敦忭欠解银两请革职勒追片，奉朱批：著照所请，该部知道；又奏知县于德松期满甄别片，奉朱批：吏部知道；又奏已革知县童凤池完解欠款请将参案注销折，奉朱批：著照所请，该部知道，又奏委候补道蒋武琛署督粮道片，奉朱批：知道了；又奏新授南部连道张端本到省饬赴新任片，奉朱批：知道了，又奏查明各州县民欠钱粮数目片，单一件，奉朱批：户部议奏，单并发。许振祎奏六月分雨水粮价折，单一件，奉朱批：知道了。崇善奏因伊子补授笔帖式叩谢天恩折，奉朱批：知道了。"（《军机处录副·光绪朝·内政类·其他项》，3/111/5735/80）

[1] 张一麐：《心太平室集》，1941年排印本，卷8，第25页。
[2] 清代制度，侍卫大臣带领引见，不过到门口宣导，不得入内。袁世凯此日召见当在勤政殿，侍卫大臣在门外能否听见袁世凯的言论，是值得怀疑的。另，张一麐的记载中有不少史实错误，须小心使用。

其二是当日《上谕档》所载军机处给慈禧太后的奏片：

> 本日翰林院编修徐琪奏各省州县繁简互调以免偏重折，奉明发谕旨一道，又奏请广磁务以开利源折，奉交片谕旨著农工商务总局酌核办理，又奏请于京城设立自来水厂片，奉交片谕旨著总理各国事务衙门归入叶大道修理河道条陈一并议奏；御史杨深秀奏时局艰危请联与国折，又请开凿窖金片；委散秩大臣锡光奏挑挖沟渠河道折，又请将幼官学改小学堂片；裁缺庶子陈秉和奏大臣滥保劣员折，均奉旨"存"。又七月二十六日都察院代递举人何寿章请严定贩米章程及酌定交涉章程、设立矿务学堂折，八月初一日翰林院代递庶吉士傅增湘奏兴办矿务变通旧章折，初二日代奏编修黄绍第奏编辑近时政书折、请就各省会馆改置中小学堂片，均签拟办法，恭呈慈览，俟发下后，再行办理。谨将徐琪等原折片十二件，恭呈慈览，其余各折片俟签拟办法，再行陆续呈递。谨奏。

该奏片明显地说明此日的政务处理原则有如八月初三日，即有上奏权的官员的奏折由光绪帝处理，没有上奏权的司员士民的条陈，由新军机拟出处理意见后呈慈禧太后审定。而且，这是《上谕档》、《洋务档》中所载最后一份此类报告。第二天，八月初六日以后，此类重要奏折当日呈送慈禧太后的制度被停止了，慈禧太后不再需要了。

其三，也是最重要的，是当日军机处档册《早事》中记：

> 皇上明日卯初二刻升中和殿看版，毕，还海。办事后至瀛秀园门跪送皇太后，毕，还宫。[1]

《早事》是军机章京记录的每日早朝、召见、请假等事项的工作底本。以

---

[1] 军机处《早事》光绪二十四年八月初四日。"看版"是指看八月初七日祭社稷坛所用祭词。

上所录是光绪帝告诉军机处其明天工作日程的安排。其中"办事后"一语，是指其明天仍是单独见军机；"瀛秀园门跪送"一语，是指光绪帝认为慈禧太后会照原计划于初六日回颐和园；"还宫"一语，是指光绪帝初六日跪送慈禧太后之后将移住宫中养心殿。同样的记载又见于军机处《知会簿》：

> 该班供事禀：皇上明日卯初二刻升中和殿看祝版，毕，还海。办事后至瀛秀园门跪送皇太后，毕，还宫。满头班全知会。八月初五日。[1]

《知会簿》是军机处供事通知当日不当值的军机章京各有关事项的记录本。负责记录的是比军机章京地位还低的供事。八月初五日是军机处二班章京入值，初六日改头班章京入值，由此二班的供事向头班的章京老爷们作此通报。其通报的内容与军机处《早事》军机章京的入记完全相同。这些记载明确无误地说明，此日是光绪帝单独处理政务，而且，在当日军机处散值前，光绪帝和军机处都不知道风暴已至。

尽管当日光绪帝仍是单独处理政务，但从当日所发的谕旨来看，维新的政令已是色彩暗淡，整个王朝的政治已经开回旧路了。[2] 由此可见，慈禧太后回西苑后给光绪帝下达了极为严格的指令。

综上所述，可略作数语作为本节的小结，慈禧太后看到杨崇伊的奏折后于八月初三日晚戌时决定回西苑，同时决定于初六日回颐和园。她此行的目的不是针对光绪帝的，而是与伊藤博文的觐见有关。光绪帝依旧例移住瀛台涵元殿，并没有失去人身自由，八月初五日上午仍单独处理政务，尽管维新的道路已被慈禧太后封堵得差不多了。

---

[1] 军机处《知会簿》光绪二十四年正月立，《军机处簿册》第125盒之一。
[2] 该日有关维新的政令，是将徐琪关于开发磁务和建自来水厂的奏片交农工商总局、总理衙门议复，而对其他奏折皆下令"存"，即搁置。此与八月初四日相比，更可见维新运动实际已经停止。

五、八月初六日慈禧太后训政前后

八月初五日（9月20日），当光绪帝单独处理完政务，从勤政殿前往仪銮殿向慈禧太后请安时，风暴发生了。从时间的刻度来看，《穿戴档》称光绪帝卯正（上午6时）前往勤政殿处理政务，总理衙门致日本代理公使林权助公函称，午初刻（约中午11时）在勤政殿召见伊藤博文。光绪帝向慈禧太后请安，当在这两个时间之间。

八月初五日慈禧太后决定回颐和园时间推迟至初十日

从内务府《杂录档》中，可以看到一条特别的记载：

> 八月初五日，总管宋进禄等为前传本月初十日皇上前往颐和园去，所传车辆、马匹、苏拉等改为福华门外，各该处照例预备。差首领滕进喜传[1]

与前传对照，原先黄车、青车"在顺贞门外预备"，马匹等"在西三座门外预备"，即光绪帝从宫中动身，此次改为"福华门外"，表示光绪帝将从西苑动身。也就是说，光绪帝不能回宫中去了，将在西苑住到初十日，前往颐和园。

此一改动是什么意思呢？《内务府来文》中有明确的记载：

> 八月初五日，总管宋进禄等为前传本月初六日圣母皇太后还颐和园，今改为本月初十日还颐和园。所传引导、跟随、车辆、马匹于是

---

[1] 内务府《杂录档》光绪二十四年八月，杂记类1004/杂263。

日寅初在福华门外各该处照例预备。差首领滕进喜传。[1]

内务府《日记档》同日对此也有记载：

> 改传引导、跟随杂一件，已交抄，并入事讫。
>
> 初十日皇太后还颐和园黄记载，已交抄，已回立（山）、启（秀）、世（续）堂及奎公，已令书吏缮出崇（光）、文（琳）禀帖发公所矣。
>
> 皇太后引导、跟随、行步军统领衙门文一件，奏片、引文全分，站班禀帖贰分，均发公所矣。
>
> 皇后、瑾妃引导、跟随禀报帖及行文均发公所讫。[2]

据以上记录，可知慈禧太后将初六日回颐和园改为初十日，皇后、瑾妃一同随行。[3] 也就是说，慈禧太后将与光绪帝同回颐和园。由此，内务府还依例拟定了慈禧太后初十日回颐和园的各种安排。[4] 由于此一改变还牵涉到颐和园的准备，内务府的一个小档册《车费档》也有记载：

> 八月初五日，端大老爷赴颐和园，呈回崇（光）大人，为进奉改期及多、桂等道司、堂谕。车费二十吊。[5]

---

〔1〕《内务府来文·巡幸及行宫》，光绪二十四年六至十二月。该件下附有初十日慈禧太后还颐和园行程安排的黄记载。

〔2〕内务府《日记档》（署中）光绪二十四年八月，杂记类243/日243。引文第一段即为前引《杂录档》之事。引文第二段"已令书吏缮出崇、文禀帖"即下引《车费档》之事。当时崇光在颐和园值班。

〔3〕《内务府来文》中有皇后、瑾妃于八月初八日由宫中移住西苑，初十日前往颐和园的相关文件。（《内务府来文·巡幸及行宫》，光绪二十四年六至十二月）

〔4〕内务府奉宸苑《值宿档》光绪二十四年记：八月初五日"由堂来抄八月初十日皇太后在仪鸾殿进早膳毕，乘轿出瀛秀园门，由福华门、西三座门、西安门、西直门至倚虹堂少坐，乘船至广源闸下船，乘轿至万寿寺拈香，步行至御座房少坐，乘轿至广源闸下轿，至水木自亲下船，步行至乐寿堂驻跸等因"。

〔5〕内务府《车费档》，401/5－10/N/财务类476/车48。端、多、桂应是内务府的官员。

由此可见,因情况紧急,西苑方面立即派人通知正在颐和园值班的内务府大臣崇光,否则他将在颐和园准备接慈禧太后次日回园各种事务。此时正在颐和园的内务府升平署,在其《日记档》也有一补充记载:

> 又补。初五日敬事房传旨:于八月初十日老佛爷驻跸颐和园。特记。[1]

慈禧太后的这一决定,完全改变了事情的性质。我在前节说明,慈禧太后初四日去西苑、初六日回颐和园的决定,不是针对光绪帝的,而是为了初五日伊藤博文的觐见,因为初六日到初十日光绪帝还有独自处理政务的空间与时间;此次决定与光绪帝同回颐和园,也就是说,对光绪帝不再信任,要将光绪帝置于其身边。

慈禧太后的这一决定,其原因为何,当属此日与光绪帝见面时另有一场争论。其争论的主旨及双方的言词,档案中毫无记载,无从得知。如果说是为伊藤博文的觐见,似为不太可能。因为前已说明,以光绪帝与慈禧太后的政治权力关系而言,初四日慈禧太后回西苑后当面向光绪帝交代清楚,光绪帝必然会一一照办。

光绪帝的宠臣张荫桓后来被戍,押解其官员留下了一份记录,称:初五日光绪帝召见伊藤时,"太后在帘内"[2] 此一说法为房德邻先生1983年论文所驳,对此我是同意的。一是勤政殿内一时无法设帘;二是慈禧太后的亲信庆亲王奕劻在场,慈禧太后无须亲自出面。还有一个情况也值得注意,在军机处档案中,有当时伊藤博文觐见的文字记录。共两份,一份字迹清楚,有如奏折;一份字迹较草,有如录副。[3] 这两份记录是给谁看的? 如果说总理衙门留有此记录,作为以后的备忘录,当属外交中的正常之事;军机

---

〔1〕 内务府升平署《日记档》光绪二十四年,该记载是八月初七日以后补记的。

〔2〕 王庆保、曹景郕:《驿舍探幽录》,《戊戌变法》,第1册,第491页。该记录错误甚多,如康有为的资金来源为孙文;康有为、康广仁每日人大内,与皇上坐论新政等等,不像是深知内情的张荫桓所言,可能其中相当部分是记录者私加的。

〔3〕 《军机处录副·光绪朝·内政类·戊戌变法项》,3/107/5617/9、10。

处留此记录，则应是为光绪帝或慈禧太后提供的。但档案中对此没有更多的材料可以说明这两份记录的用处，我以为，很可能是呈送慈禧太后的。

伊藤博文的觐见持续了15分钟。光绪帝在召见时表示了与日本加密关系的倾向，但在实际事务中仅表示了将通过总理衙门向伊藤了解"变法次序"，并没有出现慈禧太后等人最担心的重用伊藤以为"客卿"的言辞。也就是说，慈禧太后若仅为伊藤博文的觐见，第二天便可以放心地回颐和园，可她为什么留下来，到初十日与光绪帝一起回颐和园呢？

由此，问题的要害显露出来了，初四日晚慈禧太后见过光绪帝之后到初五日上午再见光绪帝之前，慈禧太后见过了什么人？得到了什么消息？然清代的档案是以皇帝为中心的，有关慈禧太后的档案我一直未见，对此我不能做出答复来。

慈禧太后推迟回颐和园，是否意味着已决定训政开始？对此，我也不能得出结论来。内务府档案中有当天的两份文件：

> 领侍卫内大臣为知照事。八月初五日由内奏事口传，奉旨：朕于明日办事毕，由勤政殿檐前乘轿出德昌门、西苑门，进西华门、右翼门、中右门至中和殿阅视祝版，毕，乘轿由后左门进乾清门，换轿至圣人前拈香，毕，乘轿出乾清门、隆宗门、西华门，进西苑门、德昌门，还瀛台。更衣，用膳，召见，毕，诣皇太后前请安、侍膳，毕，还瀛台。卯初二刻伺候。钦此。须至知照者。右知照内务府。光绪二十四年八月初五日〔1〕
>
> 由侍卫处询得初七日皇上办事后出西苑门，进西华门、熙和门，出午门至社稷坛致祭，毕，仍由旧路还海。召见后，诣皇太后前请安、侍膳，毕，还瀛台。站班人员均穿补褂。堂、司禀、启帖等均办登记〔2〕

〔1〕《内务府来文·礼仪》光绪二十四年八月至十月，441/5－50－1/N/第323包。内务府奉宸苑《值宿档》光绪二十四年也有相同的记载："初五日由侍卫处询得，明日卯初二刻皇上办事毕，乘轿出德昌门、西苑门，进（西）华门、右翼门，至中和殿阅视祝版，毕，进乾清门，至圣人前拈香，毕，出乾清门、西华门，进西苑门，还瀛台。站班人员均穿常服挂珠。堂、司启帖均发。"（430/5－39/605）
〔2〕内务府奉宸苑《值宿档》光绪二十四年八月初五日记。

前一份文件涉及初六日的日程,有几点值得注意。其一是领侍卫内大臣未见到光绪帝,而是由内奏事处太监所传旨,故向内务府行文不用"咨"而用"知照";其二是光绪帝先在勤政殿"办事","卯初二刻"即上午5时半左右前往宫中阅视祭社稷坛的祝版,并为孔子拈香;其三是光绪帝"召见"可能在瀛台,当然也可能在勤政殿,并没有说明;其四,也是最重要的,光绪帝处理完政务后才去向慈禧太后"请安"、"侍膳"。如果将此与前引八月初五日军机处《早事》的记录相比较,可以看出,光绪帝传出此旨,时在见到慈禧太后之后,也有可能是召见伊藤博文之后。后一份文件涉及初七日的日程,由于事关内务府官员的站班,故向侍卫处主动打听,也就是说,侍卫处在八月初五日已知光绪帝初七日的日程安排。从光绪帝这两日"办事"、"召见"后才"请安"、"侍膳"的时间安排来看,他本人还不知道第二天慈禧太后的"训政";尽管我们还无法知道慈禧太后此时心中是否已经作出了决定。

八月初六日慈禧太后训政

八月初六日(9月21日)《上谕档》载:

> 内阁奉上谕:现在国事艰难,庶务待理。朕勤劳宵旰,日综万几。兢业之余,时虞丛脞。恭溯同治年间以来,慈禧端佑康颐昭豫庄诚寿恭钦献崇熙皇太后两次垂帘听政,办理朝政,宏济时艰,无不尽美尽善。因念宗社为重,再三吁恳慈恩训政,仰蒙俯如所请。此乃天下臣民之福。今日始在便殿办事。本月初八日朕率诸王、大臣在勤政殿行礼。一切应行礼仪,著各该衙门敬谨预备。钦此。

《上谕档》在此谕旨上还专门注明"朱笔",以说明此一重要的谕旨是光绪帝亲写。可是光绪帝在什么时候、什么地点、什么情况下写下此一朱谕?为此查宫中《穿戴档》,该日记:

上戴绒草面生丝缨冠(缀珠重七分),穿蓝江绸单袍,石青江绸单金龙褂,戴斋戒牌,戴伽楠香朝珠,束绿玉钩褡线鞓带,挂带拎,穿青缎凉里尖靴。卯初外请至中和殿看阅视祝版,毕,至圣人前拈香,毕,还勤政殿。朝珠、金龙褂、带拎下来,更换寻常,见大人毕,还涵元殿。

从这一记载来看,与前引领侍卫内大臣的知照有所不同。其一是去中和殿前没有"办事"的记录,且似从涵元殿出发,而不是从勤政殿出发;其二是从宫中看祝版、拈香后没有回涵元殿,而是去了勤政殿。再查《起居注册》,该日记:

卯刻,上诣中和殿阅视祝版,诣圣人前拈香,毕,诣仪鸾殿慈禧太后前请安,驾还涵元殿。

此一记录与前引领侍卫内大臣知照的相同处,在于仪鸾殿请安,但请安在勤政殿见大人前还是见大人后,没有明确的记载。再查军机处《早事》,该日记:

刑部、都察院、侍卫处值日。江宁藩司袁昶到京请安。出使大臣徐寿朋到京请安。李征庸谢授头品顶带。冯汝骙谢授四川知府恩。召见袁昶、徐寿朋、李征庸、冯汝骙、军机。皇上明日寅正至社稷坛行礼,毕,还海办事、召见大臣。[1]

此一记录同以前一样,没有时间的记录。再查宫中《召见单》,该日在"京

---

[1] 江宁布政使袁昶上有新政的条陈,并交由军机处议复,奉旨进京召见。徐寿朋是新任派往韩国的使节。李征庸原为二品顶带记名道,因捐银二万两以助蜀学堂,由孙家鼐保举,得赏头品顶带。又据该日《早事档》,由阔普通武保举的兵部员外郎祁师曾、由侍讲学士陈兆文保举的翰林院庶吉士李稷勋,应本日觐见,奉旨:"初八日递牌子。"后又改在初九日觐见。祁师曾当日未觐见,郑孝胥在其日记中称:"晨,祁君肙来,言入内未召见,又闻太后本欲幸颐和园,今不往,至初十乃往。余曰:'但恐乱作于日内,奈何?'"(《郑孝胥日记》,第2册,第681页)

官"册中记："徐寿朋(出使大臣)";在"外官"册记："袁昶(江宁布政使),冯汝骙(四川顺庆府知府),李征庸(简放道)。"也无时间的记载,再查军机处、宫中、内务府其他档册,皆无时间的记载。

由此,我这里似可以大胆推测出一个时间表:光绪帝这一天早晨可能没有到勤政殿出席早朝,而是直接从涵元殿去宫中看祝版、拈香;从宫中回来去了仪鸾殿,向慈禧太后请安,然后又与慈禧太后共同来到勤政殿,也就是前引上谕中"今日始在便殿办事";处理完政务后,光绪帝回到涵元殿。如果按照这一时间表,那么,光绪帝正式交出权力由慈禧太后训政,似在仪鸾殿请安时;而将"训政"朱谕发下军机,似在勤政殿召见时,而且是光绪帝与慈禧共同召见。[1]

如果我的这一大胆推测可以成立的话,那么,光绪帝为什么改变了初五日通过内奏事处下达给领侍卫内大臣的时间安排,即先"办事",再去宫中,再回涵元殿"召见",再去慈禧太后处"请安、侍膳"？这里面只有一个可能,即光绪帝初五日中午召见伊藤博文回到涵元殿之后到初六日清晨早朝之前,涵元殿与仪鸾殿之间另有接触,或者是光绪帝去过仪鸾殿、慈禧太后去过涵元殿,或者是慈禧太后派人到涵元殿向光绪帝下达了新的指令。可惜我对此不能提供新的材料。

事实上,问题的要害仍是我在前面提出的:慈禧太后到西苑后,见过了什么人？听到了什么事？

黄彰健先生1970年著作根据日本外务省档案,称荣禄于八月初四日由津回京,见过了慈禧太后。我以为,此说尚有疑问。从前引荣禄致总理衙门有关山海关、大沽军情的电报可知,八月初二日、初三日、初四日、初五日他皆有发自天津电报。这当然也有可能由别人以其名义代发。从袁世凯《戊戌日记》可知,当他于初五日下午到达天津时,荣禄也在天津。仅从时间上来看,荣禄如秘密回京,是难以安排的。假如荣来北京,须乘八月初五日上午的火车返回,如果是骑马的话,八月初四日晚城门关闭前

---

〔1〕 北京的冯志先于八月初九日电上海的盛宣怀："自初六起,召见大臣,均太后、皇上一同训话。"(《愚斋存稿》,1939年思补楼刻本,卷33,第7页)

须离开北京。且清代制度，督抚大吏离开职守，需事先请旨。荣禄回京必不敢请旨，而只能是微服私行。考虑到当时光绪帝与荣禄之间不太和谐的关系，荣禄私行，会有一定的风险。那么，最重要的是，他冒着风险进京见太后目的是什么呢？如果他从袁世凯处得知康、梁有所发动，冒此风险还是值得的。谭嗣同离开法华寺时已是初三日深夜。如果袁世凯有心告密的话，最佳方法当是请荣禄的折差（袁日记称"专弁遗书"）[1]带急信回天津，由于此时城门已关，荣禄的折差无论坐火车或骑马，当在初四日一早出行，中午以后方可见到荣禄。荣禄下午赶紧进京，初四日晚可在西苑见到慈禧太后（返回的时间可能过紧）。此时袁世凯尚在北京，按照慈禧太后的性格，当晚西苑应有大事发生，光绪帝不可能在初五日上午仍单独处理政务、单独召见袁世凯，而拿捕康有为及其党人的活动也应在初五日进行。黄先生在其著作中已经相当充分地证明了袁世凯告密在其初五日回天津之后，那么，荣禄就没有特殊的理由初四日秘密微服进京。如果是当面劝慈禧太后训政，不太像荣禄办事老练的性格；如果仅是向慈禧太后表示忠诚，他完全可以用书信或其他方法。由此再查黄先生所引日本代理公使林权助致日本首相兼外相大隈重信的电报，发于八月十九日，当时北京的各种谣言甚多，林本人并无秘密管道，这从当时他所发出的其他电报可知。他的这一说法，很可能是听到了其中的某一传说。称荣禄初四日进京的说法，并不可靠。刘凤翰先生1964年论文提出的荣禄初五日进京说，已被黄彰健先生1970年著作、林克光先生1987年论文所驳，对此我是同意的。

王树卿先生1990年著作称：八月初六日早上，慈禧太后"按原来计划

---

〔1〕 荣禄的折差在宫中《日记账簿》中有记录："七月十六日，直隶总督荣禄三封（请安二封、进单一封），差弁李祥，于十七日发去。""七月十九日，直隶总督荣禄五封（请安二封、奏事三封），用兵部印花封发回，差弁邹麟，于二十一日发去。""八月初一日，直隶总督荣禄四封（请安二封、奏事二封），用兵部印花封发回，差弁安景昌，于初三日发去。""八月十二日，直隶总督荣禄四封（请安二封、贺训政二封），用兵部印花封发回，差弁闪殿甲，于本日发去。"（《宫中各项档簿》簿1129号、簿1130号）四位折差皆为不同，可见当时直隶总督的有关文件皆专弁送至。

返回了颐和园。可是,慈禧太后并没有住下,突然接到荣禄自天津打来的电报,盛怒之下,马上用轻轿快班,急速向北京城里进发"。王先生此处未注明出处,但其确有所依据。先看慈禧太后返回颐和园一事。内务府《杂录档》中记:

> 八月初六日,圣母皇太后在仪鸾殿进早膳毕,总管二名奏请圣母皇太后从仪鸾殿乘轿出瀛秀园门、福华门,由西三座门出西安、西直门,至倚虹堂少坐。乘船至广源闸东马头下船,乘轿至万寿寺拈香,毕,步行至御座房少坐,乘轿至广源闸西马头下轿。乘船至水木自亲马头下船,步行还乐寿堂。圣驾驻跸颐和园[1]

王先生的著作提到了内务府《杂录档》,其依据可能是此。然此一文件仍是内务府的事先请示,当时的名称叫"记载"或"黄记载"(因为写在黄纸上,故有此名)。其作用是事先拟好行程后请示慈禧太后认可,以便执行。它不是事后的记录。而这一份"黄记载"什么时间发下的呢?为此查内务府《日记档》,于八月初四日中有此记载:"敬事房传出初六日皇太后还颐和园记载一件,已发署粘连。"[2]由此可见,此一记载仍是初四日

---

〔1〕 内务府《杂录档》(颐和园)光绪二十四年八月,杂记类 1003/杂 262。

〔2〕 内务府《日记档》(颐和园)光绪二十四年八月,杂记类 244/日 244。又,八月初四日内务府还准备慈禧太后返回颐和园时由内务府大臣送豹尾枪事:"八月初四日,福、赵大部赴启(秀)、立(山)堂宅,请示带豹尾枪。车费。"(《车费档》光绪二十四年八月立)可见当时内务府已为慈禧太后初六日回颐和园做好了充分的准备。又,查内务府《杂录档》(颐和园)光绪二十四年八月,在八月初六日慈禧太后返回颐和园的"黄记载"之后,还附有八月十四日回颐和园的黄记载:"八月十四日,圣母皇太后在仪鸾殿进早膳毕,总管二名奏请圣母皇太后从仪鸾殿乘轿出瀛秀园门、福华门,由西三座门出西安、西直门,至倚虹堂少坐。乘船至广源闸东马头下船,乘轿至万寿寺拈香,毕,步行至御座房少坐,乘轿至广源闸西马头下轿。乘船至水木自亲马头下船,步行至颐乐殿看戏、进晚膳,戏毕,乘轿还乐寿堂。圣驾驻跸颐和园。"再查《内务府来文》,此"黄记载"粘于八月初九日慈禧太后改期回颐和园的来文之后。(《内务府来文·礼仪》,光绪二十四年八月至十一月,441/5－50－1/N/第 323 包)由此可证此类记载为事先请示的日程安排,非为事后的记录。

慈禧太后去西苑前所定,不能作为初六日慈禧太后回颐和园的证明。再看荣禄的电报一事。日本驻天津领事郑永昌于八月十四日电告日本首相兼外相大隈重信:

> 我从可靠的来源得知,中国皇帝突然被废及康党受惩的原因,很大程度上可归于中国皇帝在 9 月 19 日召见袁世凯所给他的秘令,要他率 4000 军队由小站军营开往宫廷,充作御林军。第二天,袁在回小站的路上向属于后党的直隶总督泄密。消息立即以电报发给慈禧太后,而她立即重出于权坛。[1]

我不知道王先生的电报说是否据此,然郑永昌所称"可靠的来源",很可能是梁启超,他正护送梁启超、王照由天津去大沽以登日本军舰。而梁启超的消息恰恰是不可靠的。关于荣禄发电给慈禧太后的说法,已被骆宝善先生 1999 年论文、房德邻先生 2000 年论文所驳,对此我也是同意的。

以上分析说明,慈禧太后没有见过荣禄,也没有收到荣禄的电报。那么,慈禧太后为什么决定重新训政呢?

由此再回到刘凤翰先生 1963 年论文中提出的问题:袁世凯日记关于初四日凌晨零时至初五日凌晨六时共 30 小时"只字未提,实在令人怀疑"。我对此有同感。郭卫东先生 2002 年论文对此 30 个小时也有同样的疑问。虽郭先生所称八月初四日一大早袁世凯去海淀告密,导致慈禧太后回西苑发动政变,由于时间与慈禧太后初三日晚的决定不符,而不能成立,但他提到的告密对象庆亲王奕劻,却是此次政变的主角之一。由此而进行思索,郭先生的思路也有其可以伸长的意义。当时光绪帝与慈禧太后的关系已如绷紧而即刻可断的发丝,只要听到一点风声,不要太多的证据,即刻会出大事。也就是说,无论是袁世凯还是徐世昌,只要向奕劻

---

〔1〕 这一条材料最先由黄彰健先生引用,原件藏于日本外务省外交史料馆《各国关系杂纂:支那之部——光绪二十四年政变、光绪帝及西太后崩御、袁世凯免官》,1 - 6 - 1 - 4 - 2 - 2,第 1 册。

等人稍露口风(且不管在城内或海淀的何地),如"康有为将有不利之事"之类的暗示,即可变为慈禧太后先下手为强的实际行动。可是没有材料的怀疑还不能证明任何问题。刘、郭两先生的袁世凯告密说仍然是接不上去的链条。

据此再检视八月初六日的政令,首先是捉拿康有为。《清实录》中称:"谕军机大臣等:工部主事康有为结党营私,莠言乱政,屡经被人参奏,著革职,并其弟康广仁,均著步军统领衙门拿交刑部,按律治罪。"[1]然该谕旨在军机处的《上谕档》、《随手登记档》、《交片档》、《交发档》、《交事》各档册中均不载。[2]按照当时的习惯,此旨若由军机处发出,应是交片谕旨,其写法为"交步军统领衙门。本日军机大臣面奉谕旨:工部主事康有为……"应录于《上谕档》、《交片档》,并在《随手登记档》中留有记录。以上军机处各档册未录,说明此旨未经过军机处。由此再查《清实录》,竟注明此谕旨录自《东华录》!档案中最先出现此旨,为八月十一日以刑部尚书崇礼为首的奏折:"本月初六日,步军统领衙门奉密旨:工部主事康有为……"[3]崇礼为刑部尚书又兼任步军统领,是慈禧太后的亲信之臣,他可能不是从军机处受旨,而是直接从慈禧太后处受旨。对此郑孝胥在该日日记中称:"长班来报,九门提督奉太后懿旨锁拿康有为,康已出都,其弟康广仁及家丁五人已被拿获。"[4]

慈禧太后未经军机处命步军统领捉拿康有为,是否为了保密的需要?因为军机处毕竟还有慈禧太后最不信任的新任四章京。我以为似无此必要。因为当天收到了宋伯鲁请与英、日结盟并保康有为的奏折,则由内阁

----

[1] 《清实录》,中华书局,1987年,第57册,第598页。

[2] 当时以李鸿章为首的内阁,每月须向皇帝汇奏奉到的谕旨。查此宫中谕旨汇奏,不见该旨。内务府堂每日抄录上谕,查该府《上谕档》,也不见此旨。由此可以肯定,此旨未经内阁。《清实录》引此旨,用"谕军机大臣等",应当是"字寄",也与当时谕旨体裁稍有异。

[3] 《戊戌变法档案史料》,第465页。其所引谕旨与《清实录》相比,仅是称谓中增两字,即"工部候补主事康有为"。

[4] 《郑孝胥日记》,第2册,第681页。

明发上谕:"御史宋伯鲁滥保匪人,平素声名恶劣,著即行革职,永不叙用。"[1]其中"滥保匪人"指的就是康有为,而此旨由军机处发下。

我以为,慈禧太后未经军机处命步军统领捉拿康有为,可以说明两点,其一是有人向她报告康有为尚在北京,否则就不会令掌京师治安警卫的步军统领去捉康;其二是很可能她曾命光绪帝捉康,而光绪帝未能及时执行或拒绝执行。前者由逻辑关系可证明;后者完全是我的推测。

我在完全没有材料的情况下,大胆想像了这样一个场景:即在光绪帝八月初五日接见伊藤博文之后,到八月初六日早朝之前的某一时刻,慈禧太后得到报告,康有为尚未离开北京,康有为、康广仁与光绪帝之间有联系,甚至听到某种康有为欲有所发动的传闻,她命令光绪帝将康氏兄弟抓起来送刑部审讯。光绪帝对此表示不能从命。于是,慈禧太后出示杨崇伊的奏折,光绪帝见有"仰恳皇太后……即日训政,召见大臣,周咨博访,密拿大同会中人"一语,只能跪请皇太后"训政"。慈禧太后因此密召崇礼捉拿康氏兄弟。我的这一并无材料的大胆假设,只能留待以后证实或证伪了。

消息灵通的内务府官员,很可能听到了什么。初六日清晨,光绪帝由西苑去宫中中和殿看祝版,路过西华门内的内务府衙门,该府官司员照例须在衙门前站班,可这一天居然有许多官员未能出席[2]。

八月初六日慈禧太后重新训政,其政策取向还不是完全倒行逆施。除了捉拿康氏兄弟、将宋伯鲁革职外,并无其他停止新政的谕旨。当日收到侍读学士李殿林用机器纺棉的奏折,奉交片谕旨:"著农工商总局酌核

---

〔1〕《上谕档》光绪二十四年八月初六日。

〔2〕 内务府档案中有两份文件:"堂交。本月初六日皇上升中和殿看祝版,毕,还海。著派堂委署主事文明,郎中文廉、彬格、增善,员外郎庄达、盛桂、孙恩润、文淇、崇志、廷铠、锡恩、明诏,候补员外郎铁格、祥麟、铭章、恩喜、萨章、桢兴,主事文贵,候补主事继纲于是日寅刻在本府衙门外预备站班,并站回班。特谕。此交。八月初五日。是日世大人带班。""堂交。奉堂谕:本月初六日皇上由西苑进内升中和殿看祝版,是日站班司员人数不齐,实属不成事体。著交各司处传知各该员,嗣后每遇站班之日,务须尽早为承应,以昭慎重。倘有无故不到者,即将乌布开去。勿谓言之不豫也。特谕。此交。"(内务府《堂谕堂交》光绪二十四年,445/5 - 54/包号171)

办理";收到侍讲学士秦绶章及由总理衙门代奏的北洋委用道傅云龙的奏折,奉交片谕旨:"北洋委用道傅云龙请设制造银钱总局,又侍讲学士秦绶章奏请由工务总局开铸银元各一折,著总理各国事务衙门归入刘庆汾等前奏内一并妥议具奏";收到总理衙门代奏郑孝胥保萨镇冰奏折,发出一电旨:"著荣禄详细察看,据实具奏";收到湖北巡抚谭继洵保举使才奏折,奉明发上谕:"谭继洵奏遵保使才一折,在籍翰林院检讨宋育仁,湖北候补知府洪常,著各该督抚饬知该员来京,预备召见。"[1]此四道谕旨似乎还给人以新政继续进行的印象。更重要的是,光绪帝虽与慈禧太后同见大臣,但他的朱批权并没有取消。这一天的朱批情况,可见第二天上报慈禧太后的"朱批奏折事由单":

> 八月初六日,文光奏成都将军恭寿因病出缺折,奉旨:留中。德寿奏交卸抚篆起程日期折,奉朱批:知道了;又奏张绍华等署藩司各缺折,奉朱批:吏部知道;又奏保荐道府贤员折,奉旨:留中;又奏筹解金陵老湘等营军饷片,奉朱批:户部知道;又奏保荐道员贺元彬折,奉朱批:贺元彬著送部引见;又奏劝办息借商款各员择尤请奖折,奉朱批:吏部议奏;又奏查明通商口岸路矿事宜折,奉朱批:该衙门知道。谭钟麟、许振祎奏已革知府卢秉政报效银两请开复折,奉朱批:著照所请,该部知道;又奏卢秉政前参未允折,奉朱批:知道了。谭继洵奏解厘金京饷银两折,奉朱批:户部知道;又奏解地丁京饷银两折,奉朱批:户部知道;又奏六月分雨水粮价片,单一件,奉朱批:知道了;又奏遵保使才折,奉朱批:另有旨;又奏遵保人才折,单一件,奉旨:留中。邓万林奏出洋督巡日期折,奉朱批:知道了[2]

虽说朱批权尚存,但朱批中已无实质性的内容。

八月初七日(9月22日)的谕旨,也还算是平和,尽管已经下旨加强

---

〔1〕 见八月初六日军机处《随手登记档》、《上谕档》、《电寄档》。
〔2〕 《军机处录副·光绪朝·内政类·其他项》,3/111/5735/82。

紫禁城、西苑、颐和园三处的禁卫，[1]并发电荣禄捉拿康有为。[2] 光绪帝继续有朱批权，同样也没有什么实质性的内容。[3] 据这一天军机处《早事》、宫中《召见单》，慈禧太后和光绪帝召见了崇礼、洪用舟和军机。召见崇礼，很可能是听取捉拿康有为的汇报；洪用舟是新任山东东昌府知府。又据军机处《早事档》《随手登记档》，选用道陈曰翔、刑部候补主事陈桂芳本应本日觐见，奉旨"明日递牌子"。而陈曰翔、陈桂芳是新任礼部侍郎阔普通武保举的"通达时务人才"。[4]

---

〔1〕 该日由内阁明发上谕："禁城内外，理宜严肃。前经屡次谕令值班官役，认真巡缉。近来仍有闲杂人等，任意出入，实属玩弛，不成事体。所有紫禁城、西苑、颐和园三处，著步军统领衙门遴派官弁，带领番役，各在宫门内外，分段巡逻，不准稍有疏懈。其旧有护军营管理地方，仍著该统领等严饬派出各员弁，认真巡缉，以重门禁。倘再仍前玩误，定当查取职名，从严惩办。"（见该日军机处《上谕档》）根据此谕，内务府也发出堂谕："堂交。奉堂谕：本月初七日由内阁钞出，奉上谕：'禁城内外……'查朝廷之于门禁屡下明诏，不啻三令五申，凡禁廷各门座值班兵弁，应如何敬谨稽查，以重责守。乃近来屡有疏懈情事，甚非朝廷严申门禁本意。著传知三旗护军营，严饬紫禁城内各门座及西苑门外值班之官员兵丁等，务须禀遵谕旨，敬谨守卫，不得旷踏疏懈积习。并著三旗护军统领、司钥长等官，会同步军统领衙门派出官弁等，认真稽查，勿稍疏懈。其番役处仍著派出妥协官役，随时巡缉。勿得视为具文。特谕。此交。八月初九日。"（内务府《堂谕堂交》光绪二十四年，包号171）

〔2〕 八月初七日军机处《电寄档》记寄荣禄旨："工部候补主事康有为，现经降旨革职拿办。兹据步军统领衙门奏称，该革员业已出京，难免不由天津航海脱逃。著荣禄于火车到处及塘沽一带，严密查拿。并著李希杰、蔡钧、明保于轮船到时立即捕获，毋任避匿租界为要。"同日，总理衙门收北洋大臣荣禄电："电旨敬悉。昨日酉正闻有拿康有为之旨，当即密派得力弁兵先在紫竹林行栈等处暗为查察。复于戌刻经崇礼派弁速拿，又加派弁兵连夜驰往塘沽、大沽逐处搜捕。并电饬蔡钧、李希杰妥为设法挨船严搜，并知南洋一体查拿矣。兹据派赴塘沽差弁回文，奎等电称，探得康有为系于初六日晚乘重庆轮船转烟赴沪等情，当即电派该弁乘飞鹰鱼艇追驶烟台。复再急电李希杰、蔡钧迎头搜捕，悬赏务获。谨先行代奏。荣禄肃。阳申。"（《总理衙门清档·收发电》，01-38）荣禄的电报称其于"酉正"，即八月初六日晚上6时，得到捉拿康有为的谕旨，很可能是由杨崇伊带来的消息，"戌刻"即晚上7至9时崇礼派出的兵弁已追到天津。

〔3〕 参见该日军机处《随手档》及该日"朱批折件事由单"。（《军机处录副·光绪朝·内政类·其他项》，3/111/5735/84）

〔4〕 见八月初二日军机处《随手档》、《上谕档》。

八月初六日、初七日两天的政令表明,慈禧太后虽开始对光绪帝、康有为进行清算,但仍在权力层面,尚未进入政策层面。

袁世凯告密消息传到北京

黄彰健先生 1970 年著作做出了一个经典性的判断,政变非袁世凯告密而发生,而告密加大了政变的剧烈程度,并开出了一个非常具体的时间表,即八月初五日袁世凯回到天津后向荣禄告密,荣禄的密折于初七日由杨崇伊带回北京,初八日上奏慈禧太后,初九日逮问张荫桓等 7 人。黄先生称:"太后于初八日始见到荣禄密折,这自然还需要查北平故宫所藏军机处《早事档》、《随手档》,看是否相合。"为此,我查阅了军机处《早事档》、《随手登记档》,皆无荣禄或杨崇伊的奏折。但此并不能证明,荣、杨没有密折,因为该折也有可能未经内奏事处而到达慈禧太后手中。或者根本没有奏折,用书信、口信的方式转达于慈禧太后。

黄先生的袁世凯告密而致使政变加剧的判断,为后来的许多研究先进所采用,但表述不同。房德邻先生 1983 年论文提出袁告密消息于初六日晚传京,初七日慈禧太后开始行动。其主要证据是引用《驿舍探幽录》:

> 初七日,仍随班朝见,太后在帘内,皇上在炕侧坐,太后令廖寿恒拟拿办康有为羽党谕旨。廖拟就,呈与皇上,皇上转呈太后阅毕,仍递交皇上。皇上持此旨目视军机诸臣,踌躇久之,始发下。[1]

我在前面提过,《驿舍探幽录》是一部可信度不高的著作,此初七日的情节当为编造。首先,张荫桓根本不能"随班朝见",他不是军机大臣,当日早朝值班的衙门是工部、镶黄旗。张氏为总理衙门大臣、户部侍郎,这一

〔1〕 《戊戌变法》,第 1 册,第 488 页。

天没有特旨是不能朝见的。[1] 为此查军机处《早事》、《早事档》、宫中《召见单》根本没有张荫桓被召见的记录。其次,慈禧太后第三次训政未设帘,而是与光绪帝同坐。再次,我查阅了军机处所有记录谕旨的档册,当日并无此一内容的谕旨。林克光先生1987年论文指出,逮捕新任四章京等人的时间为八月初九日,其主要证据为八月十一日崇礼的奏折:

> 初九日,该衙门(步军统领衙门)续奉上谕:"张荫桓、徐致靖、杨深秀、杨锐、林旭、谭嗣同、刘光第,均著先行革职,交步军统领衙门拿解刑部审讯。钦此。"经该衙门遵将官犯张荫桓等七名,悉数拿获,于初十日,一并解送到部。[2]

为此,我查阅了军机处八月初八日、初九日《上谕档》、《交片档》、《交发档》、《交事》、《随手登记档》等有关记录谕旨的档册,发现的情况与初六日捉拿康有为的谕旨一样,根本没有记录。再查《实录》,注明该旨的材料来源仍是《东华录》!在修纂《实录》时,有关人员是能很方便地利用军机处的各类档案的,可他们也已找不到有关记载,只能转引私修的《东华录》。而《东华录》的材料又来源于何处?我对此尚无证据,但有一点可以肯定,崇礼八月十一日的奏折刊于《谕折汇存》。我以为,也有这样一种可能,《东华录》的编者是从崇礼奏折中剥下八月初六日、八月初九日两旨,《实录》修纂官再从《东华录》中转引,其来源都是崇礼奏折。以上材料可以说明,逮捕张荫桓等人的谕旨未经军机处,而是由慈禧太后直接下达给步军统领的。马忠文先生1999年论文证明,八月初八日晨杨锐、刘光第、谭嗣同被捕,林旭于初九日被捕。这就产生一个问题,为何前引崇礼奏折称"初九日该衙门续奉上谕"?对此档案中没有材料可证。

---

[1] 很可能受《驿舍探幽录》的影响,房先生2000年论文称:"张荫桓为军机大臣,初八日逮捕他时竟无旨,初九日才有旨,这说明初八日的逮捕令是非常秘密的。"房先生的意思是,为了保密,初八日逮捕令未经军机处。就结论而言,房先生的看法有新意,但就过程而言,是将张荫桓的身份弄错了。

[2] 《戊戌变法档案史料》,第465页。

我个人猜测,慈禧太后下达的逮捕张荫桓等人的谕旨,很可能不是一道,而是多道,即其人数一开始不是7人,而到了初九日最后达到7人。八月初十日,步军统领衙门上有一折,军机处《早事档》记录为:"步军统领衙门封奏一件。奉旨:留。"《随手登记档》记录为:"步军统领衙门折,拿获张荫桓等请交部由。"该折可能会记录有关谕旨的情况。由于该折尚未检出,也无法将之核对。

由此再看八月初八日的朝政。这一天是慈禧太后进行训政典礼的日子,其日程安排为:

> 八月初八日巳时,德昌门外设圣母皇太后仪驾,圣母皇太后在仪鸾殿办事,进早膳毕。午时,总管二名奏请圣母皇太后从仪鸾殿乘轿,出寿光门,由纯一斋出崇雅殿门,进仁曜门,至勤政殿东暖阁少坐,礼部堂官转传与内监,奏请随。总管一名奏请圣母皇太后升勤政殿宝座。礼部堂官引皇帝至拜褥上立,鸣赞官奏跪拜兴,皇上率领诸王大臣等行三跪九叩礼。礼毕,总管一名引皇后率瑾妃步行至殿内拜褥上,诣圣母皇太后前行三跪九叩礼。礼毕,总管二名奏礼毕,圣母皇太后起座乘轿出仁曜门,进崇雅殿门,仍由纯一斋进寿光门,还仪鸾殿。[1]

由此可见慈禧太后的"办事"地点在仪鸾殿。又据军机处《早事》、宫中《召见单》,这一天召见的人员为选用道陈曰翔、刑部主事陈桂芳和军机。这一天的诸多事务,很可能使慈禧太后一时还提不出一个完整的名单。在慈禧太后的心中,此时最恨的人是康有为、张荫桓,这一点当时并不是秘密。[2] 其次是未经其同意的新任四章京,八月初三日她已对其限权。至于徐致靖,很可能因其保康有为而对他有印象,至于杨深秀,虽属康党,

―――――――――――
〔1〕 内务府《杂录档》光绪二十四年八月(杂记类1004/杂262)。
〔2〕 八月初五日晚,林旭去见郑孝胥,称杨崇伊请慈禧太后训政,并要求"清君侧",郑称:"此事急矣。康有为已去,张荫桓尚在,惟有逐之以息众谤,则或可免祸耳。"(《郑孝胥日记》,第2册,第681页)

但其被捕一事,很可能另有原因。[1] 如果真情有如我的猜测,前后有多道谕旨下达,而初九日的谕旨名单最全,我以为,崇礼八月十一日奏折仅引初九日谕旨,是出于省文。房德邻先生1983年论文中提出,初九日的谕旨"主要目的不是捕人,而是令提督衙门将已经拿获的谋乱要犯移交刑部收监",也是一种很值得注意的分析。

房德邻先生2000年论文指出,袁世凯告密消息传京后,"光绪帝的处境就恶化了",从八月初八日起至十一日,慈禧太后"就不让光绪帝和她一起'在便殿办事'了"。房先生的依据是宫中《穿戴档》,因为八月初八日起至十一日没有"见大人"的记录,而初九日、十一日没有换衣服。我以为,房先生的这一判断似为有误。

首先,宫中《穿戴档》主要是记录皇帝的穿戴,如果没有换衣服,有些政务活动经常不记。为此,我核对了光绪二十四年四月初一日至八月初七日的《穿戴档》,其中有41天没有"见大人"的记载,而核对军机处《早事》,这些日子没有一天不见军机大臣的。[2] 因此,不能因《穿戴档》中没有"见大人"的记录,来判断光绪帝此日未见军机大臣。

其次,据军机处《早事》、宫中《召见单》,八月初八日召见陈曰翔、陈桂芳和军机,初九日召见文焕、祁师曾、李稷勋和军机,初十日召见何乃莹、嵩恩、翁斌孙和军机,十一日只召见了军机。其中前已提及,陈曰翔、陈桂芳、祁师曾是阔普通武保举的通达时务人员,李稷勋是陈兆文保举的通达时务人员,文焕是新任四川叙州府知府,何乃莹为新任奉天府府丞兼学政,嵩恩、翁斌孙皆是翰林,且翁斌孙还是翁同书的孙子。如果了解了

---

〔1〕 康有为、梁启超称,杨深秀在慈禧太后训政后上奏请撤帝,于是遇难。此说已被孔祥吉先生所驳。见《杨深秀考论》,《戊戌维新运动新探》,第288—290页。

〔2〕 《穿戴档》中未有"见大人"记载的日期为,四月初十日、十二日、十八日、二十日、二十四日、二十九日至三十日,五月初一日、初十日、十八日至十九日、二十一日、二十三日、二十八日至二十九日,六月初四日至初七日、初十日至十二日、十七日至二十日、二十三日、二十八日至二十九日,七月初四日至初六日、初九日至十一日、十七日、二十日、二十五日至二十八日。光绪帝如无特殊礼仪活动,每天只穿一套衣服是常见的事情,有时甚至连续几天都只穿一套衣服。

这些人的背景，很难想像只是慈禧太后一人召见。若是如此，这些人员见不到光绪帝，必会传出消息，而会引起无数猜测，引起政局的很大波澜。

再次，光绪帝的朱批权并未剥夺。军机处《随手登记档》八月初八日至十一日的记录及档案中现存的八月初八日至十一日"朱批折件事由单"，皆可为据。仅是朱批，不见军机，在工作程序上存在一些困难，慈禧太后还需要光绪帝出场。在这里还要特别说明，不管后来光绪帝的境遇如何，他的朱批权一直没有被取消，只不过这些朱批毫无内容，皆是"知道了"、"著照所请，该部知道"之类的空话。[1]

尽管房德邻先生认为八月初八日至十一日光绪帝见军机之权被慈禧太后所夺，其证据是不充分的，但房先生"光绪帝的处境就恶化了"的判断还是正确的。除了八月初八日起逮问谭嗣同等人外；慈禧太后采取一系列的对策：初九日，将原定初十日与光绪帝同回颐和园，改为十四日。[2]这表明她有大量的事务需要处理，而且必须在城里，原定计划时间已经过紧。推迟的时间仅4天，又表明她还没有放弃在颐和园过中秋节

---

[1] 1999年我在台北故宫博物院查档时，该院研究员庄吉发先生提醒我，戊戌政变之后，现存的朱批奏折上仍是光绪帝的笔迹。现藏于北京和台北的光绪朝朱批奏折皆已出版，我翻看了一下，上面的朱批字样在政变前后完全一样，可以证明是光绪帝的笔迹。为此感谢庄先生的提醒。由此也可证明，黄彰健先生1970年著作中称，政变之后的朱批是慈禧太后所为，朱谕也是慈禧太后所为的判断是不正确或不准确的。黄先生所提到台北"故宫博物院藏有袁世凯升授工部侍郎后袁所上谢恩折，给光绪的折子上有朱批'无庸来见'四字，系太后笔迹，非光绪所写"，据《袁世凯奏折专辑》（台北故宫博物院，1970年）第1册第22页"毋庸来见"的朱批，是为光绪帝的笔迹。

[2] 《内务府来文》中有两份文件："八月初九日，总管宋进禄等为前传本月初十日皇上驻跸颐和园，今改为本月十四日驻跸。所有传达室出车辆、马匹、苏拉等俱于是日寅初在福华门外照例预备。于十七日还宫。所传车辆、马匹、苏拉等于是日在东宫门外照例预备。差首领何增盛传。""八月初九日，总管宋进禄等为前传本月初十日皇后、瑾妃住宿颐和园，今改为本月十四日住宿。"（《内务府来文》巡幸及行宫，光绪二十四年六至十二月）内务府《日记档》（署中）八月初九日记："皇太后、皇后改十四日驻跸颐和园记载、手折、粘单、行文灯交，均发公所讫。引导、跟随手折及报帖发公所讫。"（杂记类243/日243）内务府升平署《日记档》八月初九日记："由敬事房传旨：于八月初十日老佛爷驻跸颐和园，著改于十四日驻跸。特记。"

的计划。初十日,发下谕旨:"朕躬自四月以来,屡有不适,调治日久,尚无大效。京外如有精通医理之人,即著内外臣工切实保荐候旨。其现在外省者,即日驰送来京,勿稍延缓。"[1]此一由内阁明发的谕旨,除了求医外,更重要的是诏告天下,光绪帝从"四月"起即处于病中,有关政策皆是在病中决定的。同日,她电令荣禄来京,决心重组中枢,用其亲信来控制军机处。同日,还对原定八月十四日、十五日、十六日在颐和园颐乐殿演戏事,也作出了调整:

> 敬事房传旨:初十日老佛爷驻跸颐和园,改于十四日驻跸颐和园。
>
> 奉旨:八月十四日四喜班、十五日福寿班、十六日宝胜和班颐乐殿侍候戏。敬事房传旨:十四日之戏,改十三日纯一斋伺候。十五日、十六日之戏颐乐殿伺候。十五日养心殿月供改紫光阁伺候。奉旨:十四日四喜班改十三日纯一斋伺候。十五日福寿班、十六日宝胜和班颐乐殿伺候。[2]

慈禧太后此时仍不忘看戏,似乎觉得一切已经处于她的重新控制之下。十一日,下旨恢复原被裁撤的詹事府等衙门,取消司员士民上书权,撤销时务官报,各州县小学堂由各地官员酌情办理。也就是说,慈禧太后此时不仅是权力上进行清算,而且在政策上进行了反攻。以上诸事件中,调医入京为光绪帝治病一事,最为各位研究先进所注重,认为是慈禧太后废帝的先声。为此,再作补证于下。

首先是光绪帝确实是有病。光绪二十四年七月的内务府《记事珠》

---

[1] 《上谕档》光绪二十四年八月初十日。
[2] 内务府升平署《恩赏日记档》八月初十日的记载相当混乱,造成这一混乱的原因是升平署人员此时尚在颐和园,有关旨意传到时间晚了一天。但可以看出,慈禧太后是匆匆做出决定的。其中"四喜班"、"福寿班"、"宝胜和班"皆是外请的戏班子;"纯一斋"在西苑;"月供"是中秋节的仪式,由养心殿改为紫光阁,说明光绪帝中秋节那一天不可能回宫,仍将在西苑。

中,共有 15 条这样的记载:"适太医院报上皇上脉案一纸,已缮手折引文给怀堂发宅。原脉案粘档讫。"其中的"怀堂"当指内务府大臣怀塔布,当怀塔布被罢斥后,即改发为"启堂",即内务府大臣启秀。[1] 而有此记载的时间为:七月初三日、初四日、初五日、初六日、初八日、初九日、初十日、十四日、十六日、十八日、二十四日、二十五日、二十六日、二十七日、二十八日。[2] 我还没有查到相关的档案,以看看这些脉案中究竟有什么内容,也不知道如此频繁的脉案上报是出于病情还是例行公事,但一个健康的皇帝不应当出现如此之多的脉案并上报内务府大臣。光绪帝当然不是患重病,他的病情我在后面还会具体地加以说明。

其次调医入京的电旨,当时引起了不同的反应。最先作出反应的是山东巡抚张汝梅,十一日推荐了山西汾州的朱焜。其次是两广总督谭钟麟,十一日推荐了惠州府卢秉政。再次是在上海的盛宣怀,十二日推荐了青浦人陈秉钧。[3] 当时富有政治经验的封疆大吏,从调医入京的电旨中看出了名堂。湖广总督张之洞于十四日电称:"惟查湖北省良医素少,是以之洞十年以来遇有病疾,皆只自行调理,不敢延医服药。目前实无精通

---

〔1〕 内务府档案中对此有记录:"总管内务府谨奏。为奏闻请旨事。礼部尚书怀塔布奉旨革职,其所管处所应请派员管理。谨将怀塔布佩带内务府印钥并所管处所及臣等衔名分缮清单,恭候简派。""七月二十二日具奏,奉朱笔圈出,启(秀)佩带印钥,管理御药房、太医院、紫禁城值年,崇(光)管理宁寿宫、上驷院,文(琳)管理圆明园,世(续)管理造办处。其醇亲王载沣家务,著勿庸管理。钦此。"(《内务府奏案》,光绪二十四年一月至七月,446/5 - 55/W/第 710 包)其中"佩带印钥"为总管内务府首席大臣之责,御药房和太医院改由启秀负责。
〔2〕 内务府《记事珠》光绪二十四年七月,杂记类 242/日 242。
〔3〕 张电称:"本日恭奉电传上谕:……汝梅查,山东现无良医。惟在山西臬司任内,知有汾州府张兰镇同知朱焜医学可靠,脉理分明。可否电令山西巡抚即饬朱焜赴京之处,乞代奏请旨。汝梅谨肃。真。"十二日电旨山西巡抚胡聘之,命朱焜前往军机处报到。谭电称:"钦遵电旨,查年前任惠州府卢秉政颇谙医理,即日给咨,航海晋京诣钧署候旨。祈代奏。钟麟。真。"该电十三日总理衙门收到。盛电称:"江苏名医在籍郎中陈秉钧,青浦县人,医理精通。每遇标本要证,举重若轻。现系江南第一手。可否请电饬江苏巡抚传旨驰送,数日可到。乞代奏。宣怀。文。"次日电旨江苏巡抚奎俊,命陈秉钧前往军机处报到。(见《总理衙门清档·收发电》,01 - 38;军机处《电寄档》光绪二十四年八月十二日、十三日)

医理之人,不敢冒昧保荐,容各方访闻,如得其人,即奏明驰送赴京。"陕西巡抚魏光焘十四日电称:"陕西现乏良医,仍留心访查保送。"两江总督刘坤一更是滑头,他于十七日电称:"前奉电传谕旨,饬令保荐医士。皇上圣躬欠安,莫名企念,当经详加延访,查有在籍郎中陈秉钧医理精通,堪膺保荐。电饬苏松太道蔡钧迅速派人敦劝应召。昨据复称,该郎中料理行装,准于二十四日到沪赴京等因。正在电奏间,准苏抚电知,该郎中业经盛宣怀奏保,奉旨迅速来京等因。除饬蔡钧传知该郎中迅速航海北上外,谨先电陈,并跪请圣躬万安。"他可能听到盛宣怀已荐陈秉钧,如再称江苏省无良医,便无法交待过去,结果也荐陈秉钧。安徽巡抚邓华熙对此的电报,颇见政治技巧,他于十八日电称:"承准贵署初十日电上谕,饬荐精通医理之人,即日驰送来京等因。钦此。圣躬不豫,臣下企念万分,亟应钦遵举荐。华熙素所深知江苏医士马培之精通医理,著有明效,堪膺保送。访查该医士寄居无锡县,电饬该县劝驾。兹据电称,该医士年已八旬,步履跪拜艰难请辞等语。年高既难勉从。此外亦难其选。谨祈鉴察。"[1]其意是我已尽心,但事未办成,由此了却此一棘手的皇差。最后作出反应的是新任广州将军寿荫,刚从热河都统调任,电报晚了一些,九月十一日电奏推荐了门定鳌。[2]卢秉政、朱焜、陈秉钧、门定鳌后来都成为光绪帝医疗班子的重要成员。除此之外,我还没有发现其他电报,看来众多的封疆大吏一反以往热衷于皇差以显示其忠心,在此关键时刻对此类皇差存有很大的戒心,干脆不表态。

光绪帝不认可"围园劫后"说

八月初十日(9月25日),康广仁、张荫桓、徐致靖、杨深秀、杨锐、林旭、谭嗣同、刘光第等8人转到刑部监狱。十一日,崇礼等刑部六堂官上

---

〔1〕 张之洞、魏光焘、刘坤一、邓华熙电,均见《总理衙门清档·收发电》,01-38。
〔2〕 军机处《各衙门文书》光绪二十四年记:"九月十一日,总理衙门为广州将军保荐医生门定鳌事。"(《军机处汉文档册》,第2278号)

奏请钦派大学士、军机大臣会同审讯。当日发下谕旨,派军机大臣会同刑部、都察院对徐致靖、杨深秀、杨锐、林旭、谭嗣同、刘光第、康广仁"严行审讯";对张荫桓"著交刑部看管,听候谕旨";并表示"朝廷政存宽大,概不深究株连",不再扩大范围。十二日,又发下交片谕旨,增派御前大臣参加审讯,并"限三日具奏"。[1] 十三日,发下谕旨,将康广仁、杨深秀、谭嗣同、林旭、杨锐、刘光第"即行处斩",派刚毅监刑,崇礼带兵弹压。十四日,发下谕旨,张荫桓发往新疆,交地方官"严加管束";徐致靖"永远监禁",其子徐仁铸革职,永不叙用。八月十一日崇礼奏折中所引初九日谕旨中的7人名单顺序为张、徐、杨(深秀)、杨、林、谭、刘,当日谕旨中的名单仍相同,只不过去掉了张,增加了康;十三日谕旨名单顺序已稍有变化,康、杨(深秀)、谭、林、杨、刘。谭嗣同与杨锐位置正好互换。这是一个值得注意的变化,尽管我还不知道其中有什么样的内情。

慈禧太后不审而诛六君子及将张荫桓发往新疆的原委,黄彰健先生1970年著作、林克光先生1987年论文已经有了完整的评述,称此为英、日干涉的结果,对此我是同意的。然而,六君子不审而诛,留下了许多疑问,其中最重要的是康有为等人"围园劫后"的密谋。杨天石先生1985年论文、赵立人先生1990年论文都认为康有为等人有主动的武装夺权的密谋,对此最重要的证据是八月十四日"内阁奉朱谕"中的一段话:

> 前日竟有纠约乱党,谋围颐和园,劫制皇太后及朕躬之事。幸经觉察,立破奸谋。[2]

"朱谕"中的这段话,不可能是随随便便说出来的。对照已被杨天石先生等人认定为大体可信的袁世凯《戊戌日记》,此中的"乱党",当属谭嗣同

---

〔1〕 光绪二十四年八月十二日军机处《上谕档》、《交片档》。
〔2〕 军机处《上谕档》光绪二十四年八月十四日。该段文字在《实录》中为"劫制皇太后、陷害朕躬之事"。

所称的"好汉数十人","湖南好将数人";"谋围颐和园",即为谭嗣同谋请袁世凯带兵围攻颐和园;"劫制皇太后",即为谭嗣同所称"去此老朽,在我而已"。这一段话是袁世凯告密的铁证。

袁世凯的告密,使慈禧太后有了"围园劫后"的说法,然此事牵涉到光绪帝,光绪帝对"围园劫后"说又是什么态度呢?黄彰健先生1970年著作指出,此朱谕非出自光绪帝,而是由军机起草,慈禧太后抄录的,但他对此既无证据也无论证。然从档案来看,黄先生的这一大胆判断又在相当大程度上是正确的。查八月十四日军机处《上谕档》,有一段很奇怪的记载:

> 康有为叛逆之首,现已在逃
>
> 杨深秀等实系结党,谋为不轨
>
> 每于召见时,杨锐等欺蒙狂悖,密保匪人,实属同恶相济,罪大恶极
>
> 因时势紧迫,未俟复奏。又有人奏,若稽时日,恐有中变。细思该犯等自知情节较重,难逃法网,倘语多牵涉,恐有株连。是以将该犯等即行正法。又闻该乱党等立保国会,言保中国不保大清

这一件记载上有"朱"字,可见是由光绪帝朱笔书写。再查该日军机处《随手登记档》,同样也有一条很奇怪的记载:

> 发下朱谕一件　康有为　见面带下　随事缴进

其中"康有为"三字较小。"见面带下　随事缴进"八字,字体更小。这两处记载当属一事。由此可以看出,军机章京收到光绪帝发下的朱谕一件,"康有为"三字,是该朱谕的首三字,即其内容。"见面带下",是指军机大臣召见后带下,军机章京得此而抄录,"随事缴进",是指该朱笔随"事"一起由军机大臣缴回。清代制度,朱笔必须缴回。

八月十三日不审而诛六君子,是对清朝审拟定罪一整套制度的极大

破坏,[1]也违背了八月十一日、十二日之谕旨。八月十四日的朱谕,是对这一违制举措的解释。很可能光绪帝奉慈禧太后之命,拟一道朱谕以平息舆论。其中"因时势紧迫,未俟复奏"一语中,"时势"当指英、日两国在张荫桓被捕后所施加的压力,"复奏"当指御前大臣、军机大臣与刑部、都察院审讯定拟的复奏。"又有人奏,若稽时日,恐有中变"一语,当指八月十一日高燮曾、庆绵、张仲炘、胡孚宸、徐道焜、冯锡仁、穆腾额的联名上奏,八月十二日黄桂鋆一折两片,八月十三日贻谷的奏折,"中变"即外国干涉之事。但光绪帝此时的思绪相当混乱,无明确的思路,苦思冥想,罗掘罪名,只做出这一无头无尾,语多零乱的朱笔,且也无法再写下去,于是由光绪帝或慈禧太后下发军机处,命其拟旨。根据光绪帝的朱笔,军机们拟出了洋洋一大篇谕旨。这一判断,当属推测,但当日由内阁明发的"朱谕",几乎全部包括了光绪帝的朱笔,可以作为内证。[2]下引其全文,并将录自朱笔处用黑体标出:

---

〔1〕 清朝以往惩办朝廷要犯,皆依其法律制度审判行事。即便是最为峻烈的雍正帝,也经过三法司审理勾决。

〔2〕 "内阁奉朱谕"是当时很少使用的谕旨形式,以示其特别重要。有时谕旨虽是皇帝亲写,仍用"内阁奉上谕",而不标明"朱谕"。如慈禧训政的谕旨,军机处《上谕档》中标明"朱笔",即为光绪帝亲写,但发布时仍称"内阁奉上谕"。光绪二十四年以"内阁奉朱谕"形式发出的谕旨,就我所见,共四道。第一道为四月二十七日罢免翁同龢,第二道为七月十九日罢免礼部六堂官,军机处《上谕档》皆抄有"朱笔"谕旨,然后再写"内阁奉朱谕"的谕旨,两者相较,只是开头有"内阁奉朱谕"五字,结尾有"钦此"两字。由此可见,若用"内阁奉朱谕",军机处《上谕档》应抄有两道同样内容的谕旨,即先抄下"朱笔"谕旨,再抄下"内阁奉朱谕"。第三道即为此次公布被处决的康广仁等罪名。八月十四日"朱笔"如此之简,而后的"朱谕"如此之长,已可证其非光绪帝所亲拟,而出自军机之手。同样的情况又出现于十月二十一日,军机处《上谕档》中记:"翁同龢授读以来,辅导无方。至甲午年蛊惑开衅,以致国势垂危,不可收拾。今春又密保康有为。种种劣迹,不可枚举。至入枢廷以来,办理诸事又多乖谬。前因任性跋扈,开缺回籍,继思前事,殊深痛恨。著即行革职,交地方官严加管束,不准滋生事端。吴大澂贻误军情,声名恶劣,居心不端,著革职。"该件上有"朱"字,当为光绪帝之朱笔。结果由军机处对此做出一篇大文章,且有很多内容违背了光绪帝的朱笔。如"今春又密保康有为"一语,变为"今春力陈变法,密保康有为,谓其才胜伊百倍,意在举国以听。""乃康有为乘变法之际,阴行其悖逆之谋,是翁同龢滥保匪人,已属罪无可逭。"此外,朱笔中"蛊惑开衅"一语也完全变了意思。

内阁奉朱谕：近因时势多艰，朝廷孜孜图治，力求变法自强。凡所施行，无非为宗社生民之计，朕忧勤宵旰，每切兢兢。乃不意主事康有为首倡邪说，惑世诬民，而宵小之徒，群相附和，乘变法之际，隐行其乱法之谋。包藏祸心，**潜图不轨**。前日竟有纠约乱党，谋围颐和园，劫制皇太后及朕躬之事。幸经觉察，立破奸谋。**又闻该乱党私立保国会，言保中国不保大清**，其悖逆情形实堪发指。朕恭奉慈闱，力崇孝治，此中外臣民之所共知。康有为学术乖僻，其平日著作无非离经畔道非圣无法之言，前因其素讲时务，令在总理各国事务衙门章京上行走，旋令赴上海办理官报局，乃竟逗留辇下，构煽阴谋。若非仰赖祖宗默佑，洞烛几先，其事何堪设想？**康有为实为叛逆之首，现已在逃**，著各直省督抚一体严密查拿，极刑惩治。举人梁启超与康有为狼狈为奸，所著文字语多狂谬，著一并严拿惩办。康有为之弟康广仁及**御史杨深秀，军机章京谭嗣同、林旭、杨锐、刘光第等，实系与康有为结党**，隐图煽惑。**杨锐等每于召见时欺蒙狂悖，密保匪人，实属同恶相济，罪大恶极**。前经将各该犯革职，拿交刑部讯究。**旋有人奏，若稽时日，恐有中变。朕熟思审处，该犯等情节较重，难逃法网，倘若语多牵涉，恐致株累，是以未俟复奏，于昨日谕令将该犯等即行正法**。此事为非常之变。附和奸党均已明正典刑，康有为首创逆谋，罪恶贯盈，谅亦难逃显戮。现在罪案已定，允宜宣示天下俾众咸知。我朝以礼教立国，如康有为之大逆不道，人神所共愤，即为覆载所不容。鹰鹯之逐，人有同心。至被其诱惑，甘心附从者，党类尚繁，朝廷亦皆察悉。朕心存宽大，业经明降谕旨，概不深究株连，嗣后大小臣工，务当以康有为为炯戒，力扶名教，共济时艰，所有一切自强新政，胥关国计民生，不特已行者亟应实力举行，即尚未兴办者，亦当次第推广，于以挽回积习，渐臻上理，朕实有厚望焉。

从对比中可见，朱笔中只有"因时势紧迫"一语，在朱谕中没有出现。绝大多数罪名，皆出于朱笔，军机们只是加以引申或放大，也有一些内容引自八月十一日的两道谕旨,[1]唯一的例外是"纠约乱党,谋围颐和园,劫制皇太后"一节,光绪帝根本没有提到这一内容。也就是说,"围园劫后"说光绪帝未予以认可。以上的内容,可为房德邻先生1988年论文作一补证。

由军机所拟的这一道朱谕,最后由光绪帝抄写,或由慈禧太后抄写,或两人根本未抄,在档案中还查不出结论来,但可以肯定,此一道由军机所拟的"朱谕",得到了慈禧太后的认可。

综上所述,可略作数语作为本节的小结。八月初五日上午,光绪帝向慈禧太后请安时,形势急变。先是慈禧太后决定与光绪帝同回颐和园,后又直接训政。这两项决定与袁世凯告密似无关连,但袁告密消息传京后,引发了一系列的震动,尽管光绪帝不认可"围园劫后"的密谋。如果从政治权力关系而言,光绪帝虽有权见军机,但只是陪衬;仍旧作朱批,但只是传统政治中的那些套话;而在名分上,他还是皇帝。

六、整肃与软禁

尽管各种关于戊戌政变的私家著述中充满了慈禧太后回西苑后种种整肃和监禁的描写,且又栩栩如生,有如作者身在现场一般,但从档案中可以看到,慈禧太后对光绪帝身边太监的整肃却是在训政以后十多天才开始的,对光绪帝的监禁则更晚。因此,以下的叙说,主要是抄录有关档案,以纠正私家著述中没有根据的种种描写。

---

[1] 八月十一日两道明发上谕中称:"朝廷振兴庶务,筹办一切新政,原为当此时局,冀为国家图富强,为吾民筹生计。""业经议行及现在交议各事,如通商、惠工、重农、育才以及修武备、浚利源实系有关国计民生者,亟当切实次第举行;其无益时政而有碍治体者,均无庸置议。""方今时势艰难,一切兴革事宜,总须斟酌尽善,期于毫无流弊。""此外难保官绅中无被其诱惑之人,朝廷政存宽大,概不深究株连,以示明慎用刑至意。"(见该日《上谕档》)

八月十五日慈禧太后决定不回颐和园

八月十三日(9月28日),也就是六君子赴刑就义的那天,慈禧太后决定,将原定十四日返回颐和园,推迟到二十日。内务府《杂录档》记:

> 八月十三日,总管宋进禄等为前传本月十四日皇上驻跸颐和园,今改为本月二十日驻跸。所有传出车辆、马匹、苏拉等俱于是日寅初在福华门外各该处照例预备。差首领何增盛传[1]

由此记载可见,光绪帝一行仍旧是从福华门动身,即从西苑出发。光绪帝的这一时间变动是与慈禧太后同步的。《内务府来文》中称:

> 八月十三日,总管宋进禄等为前传本月十四日圣母皇太后驻跸颐和园。今改为本月二十日驻跸。所有传出引导、跟随、车辆、马匹、苏拉俱于是日寅初在福华门外各该处照例预备。差首领何增盛传[2]

同样的记载又见于内务府的各种档册。[3] 由于这一改动牵涉到原定八月十三日西苑纯一斋演戏,十五日、十六日颐和园颐乐殿演戏,在升平署的档案中又留下了一些记载:

> 八月十三日。敬事房传旨:里外人等出入西苑门,太监俱穿靴、

---

〔1〕 内务府《杂录档》光绪二十四年八月。
〔2〕 《内务府来文·巡幸及行宫》,光绪二十四年六至十二月。该件附有二十日慈禧太后行程安排的黄记载。
〔3〕 内务府《日记档》光绪二十四年八月记:"十三日皇上改廿日往园,马匹杂录一件下交抄。"内务府奉宸苑《值宿档》光绪二十四年记:"十三日由堂来抄,十四日皇太后、皇上前往颐和园驻跸改于廿日等因。"内务府升平署《日记档》光绪二十四年记:"八月十三日,敬事房传旨:于八月十四日老佛爷驻跸颐和园,著改为二十日驻跸。特记。"该署《恩赏日记档》光绪二十四年记:"敬事房传旨:十四日老佛爷驻跸颐和园,改二十日驻跸。"

戴帽。十五日、十六日之戏改纯一斋伺戏。十四日福寿班,十五日本家,十六日宝胜和班纯一斋伺候戏。[1]

升平署太监的衣着规定,显示了西苑正加强警卫。原来的安排十四日并不演戏,结果又增演一天。从八月十三日至十六日,西苑纯一斋连续四天演戏。[2] 又据宫中《穿戴档》、《起居注册》,这四天光绪帝天天伺慈禧太后看戏。这个时候陪太后看戏,是一件不太好应付的苦差事。慈禧太后再一次推迟回颐和园的时间,正是她感到了还有很多事情需要她亲自来做。

八月十四日,慈禧太后决定停止南苑、天津的阅操。对光绪帝来说,南苑、天津阅操是提倡西法练兵,对慈禧太后来说,正可借此显示其对军队的统御。到了此时,这两个目的都已经悄然淡化。而荣禄进京后,已使得此次阅操指挥官的人选成了麻烦事。荣禄于十一日入京,十二日、十三日召见。十三日旨命荣禄入军机,并命北洋各军归其节制。十四日命荣禄以大学士管理兵部,并颁"节制北洋各军"关防。由此荣禄的官差各职为文渊阁大学士、军机大臣、总理衙门大臣、管理兵部事务、节制北洋各军。他已经不可能再承担更多的事务。天津方面的事务,临时由袁世凯署理,而他正是康党策动的人物。虽已派裕禄为直隶总督,但由其担任阅操的指挥官,还有一些军事知识上的欠缺。

从后来的事态来看,慈禧太后此时决定停止阅操,对其是相当有利

---

〔1〕 内务府升平署《恩赏日记档》光绪二十四年。

〔2〕 据内务府升平署《恩赏日记档》,这几天开戏、戏毕、戏目、赏银情况为:八月十三日,纯一斋伺候,巳初三刻开戏,酉初二刻戏毕。《福寿双喜》,(本)《五台山》,(本、头本)《佳梦关》,(本)《瑶台》,(本)《水帘洞》。四喜班六出。八月十四日,纯一斋承应,巳初二刻十分开戏,酉初二刻戏毕。《喜洽祥和》,(外)《新安驿》,(外)《群英会》,(本)《青石山》,福寿班五出。赏银共996两。八月十五日,纯一斋承应,辰正十分开戏,酉初一刻十分戏毕。(本一、二本)《天香庆节》,(外)《迎亲》,(外)《耕耘州》,(本三本)《天香庆节》,(外)《回令》,(外)《下河东》,(外)《状元谱》,(本四本)《天香庆节》。八月十六日,纯一斋承应,巳正五分开戏,酉初二刻戏毕。(府)《天香庆节》,宝胜和班二出,(府)《天香庆节》八出,(本)《洛阳桥》。赏银共521两。又,该档八月十四日记:"崔玉贵传旨:以后有差之日,里外人等进随墙门,戏毕出西苑门。"

的。由于八月十五日在前门外的中外冲突,英、俄、德、日、美、意等国各调其军队一小部从十七日起由大沽、天津开入北京使馆区,形势相当紧张。而南苑、天津的阅操原订计划是九月初五日至二十五日。

八月十五日,即中秋节这一天,慈禧太后决定不再返回颐和园。《内务府来文》中存有一文件:

> 八月十五日,总管李连英奉旨:于本月二十日圣母皇太后、皇上、皇后、瑾妃均不往颐和园去。前传引导、跟随、车辆、马匹、大车、苏拉等,均著一并撤回,勿庸准备。钦此。差首领任瑞祥传。[1]

慈禧太后的这一道谕旨,并没有说明何时再回颐和园。[2] 但颐和园却接到了明确的指示:

> 申刻,都甲由城内代来口信,今日奉懿旨:颐和园著撤班。钦此。[3]

自慈禧太后住颐和园后,内务府须派一堂官住班,约为5日一换,以随时听候慈禧太后的指令。[4] 由于堂官们皆住在城中,派住班经常很麻烦。

---

〔1〕《内务府来文·人事》,光绪二十四年八月至十月,441/5 - 50 - 1/N/第949包。李连英,民间又写作李联英、李莲英。查有关档案,其在慈禧太后前的名字为"连英",这在《内务府来文》等多处档案中可以见到;他在宫中的正式名字应是"李进喜"。《敬事房年总》光绪二十四年有一份收罚银两单,其中记"储秀宫总管李进喜银一百四十四两"。(《宫中杂件》〔旧整〕,第345包)

〔2〕内务府升平署《日记档》记:"八月十五日,由敬事房传旨:于八月二十日老佛爷驻跸颐和园停止。特记。"内务府升平署《恩赏日记档》记:"八月十五日,敬事房传旨:二十日老佛爷驻跸颐和园,听再传。"

〔3〕内务府《日记档》(颐和园)光绪二十四年八月,杂244/日244。

〔4〕光绪二十四年七月至八月十五日颐和园住班的内务府大臣为:七月初二至初七日,世续;初七至初十日,启秀;初十至十四日,怀塔布;十四至十九日,崇光;十九至二十四日,文琳;二十四至二十九日,世续;二十九至八月初一日,启秀;初二至初三日,文琳;初四日至初九日,崇光;初九日至十四日,立山;十四至十五日,崇光。

八月初四日,慈禧太后去西苑后,颐和园的住班一直没有撤销。慈禧太后的此一懿旨撤销了颐和园的住班,也就是说,她暂时不会回来了。

从八月十三日到十五日,慈禧太后的旨意多变,最后决定不再回她颐养的颐和园,其中的原因为何,我还没有找到直接的证据。可以看到的是,这一天她在纯一斋看戏,并另下达一条命令:

> 八月十五日,储秀宫司房口传:乾清门侍卫、上虞备用处、銮仪卫、电灯处、轮船、闸军、颐和园,于明日叫内务府堂上的俱到储秀宫司房领赏[1]

这样适时的赏赐,慈禧太后最为擅长。八月十七日,她颁赏于驻守西苑各门的上三旗护军营,[2]十八日,再颁赏给负责她往来引导等责的内务府护军及司员。[3] 而疏于值守的官兵也由内务府予以严惩。[4]

---

[1] 内务府《杂录档》光绪二十四年八月,杂记类 1004/杂 263。储秀宫是慈禧太后在宫中的寝宫,此时已演化为慈禧太后宫内事务的代名词。

[2] "总管内务府谨奏。为代奏叩谢慈恩事。本月十七日蒙恩赏三旗护军营在西苑门各门座值班守卫官兵等缎匹银两,仰见慈恩浩荡,闰泽咸敷。该官兵等莫不鼓舞欢欣,同深感戴。谨恭折代奏叩谢皇太后恩。""光绪二十四年八月十八日具奏,奉旨:知道了。钦此。"(《内务府奏案》,光绪二十四年八至十月,446/5–55/W/第711包)另一份同此内容的奏折给光绪帝。

[3] "总管内务府谨奏。为代奏叩谢慈恩事。八月十八日,恩赏臣衙门护军统领、护军参领、护军及司员、笔帖式、内管、库掌、披甲等缎匹银两。仰见慈恩浩荡,闰泽咸敷。该护军暨司员、笔帖式并车库、苏拉处官员兵丁等莫不鼓舞欢忭,同深感戴。谨恭折代奏叩谢慈恩。""光绪二十四年八月十九日具奏,奉旨:知道了。钦此。"(《内务府奏案》,光绪二十四年八至十月,446/5–55/W/第711包)另一份同此内容的奏折给光绪帝。

[4] "堂交。奉堂谕:据景运门值班大臣文称,本月十八日该大臣亥刻间稽查各门座朱车,至西北角城隍庙见内务府朱车两处均未站班,咨由内务府自行惩办前来。查本府新陈枪营守卫紫禁城内各处所,责任綦重,自应按班值宿,方昭慎重。今既据景运门文称城隍庙朱车空误站班,足征是日值班无人。若不严加惩警,将来必致诸多效尤。所有是日英华殿朱车误班之正黄旗披甲人文补、大寿、祥和、明安、瑞林等五名,均著交慎刑司鞭责,以昭炯戒。各朱车嗣后倘有空误情弊,一经查出,或别经发觉,定将该披甲人责革,决不宽贷。勿谓言之不豫也。凛之。慎之。特谕。"(内务府《堂谕堂交》光绪二十四年,第171包)

八月二十二日,慈禧太后命内务府另调写字人4人以充实敬事房。[1] 走向前台之后,政务多了起来,人手不够了。

八月十九日杖毙太监

慈禧太后不回颐和园的一个直接结果,就是开始对光绪帝和珍妃两处太监进行整肃。从档案中,我还看不出此一整肃从何日开始,但可以看到一个非常凶残的结果:

> 光绪二十四年八月十九日,敬事房奉懿旨:内殿太监杨瑞珍、杨长文,内殿司房太监张得名及珍妃下太监戴恩如,此四名干预国政,搅乱大内,来往串通是非,情节较重,实属胆大妄为,著交内务府大臣即日板责处死。再,内殿小太监苑长春著革去顶带,内殿司房太监张源荣、王吉祥、徐源寿,珍妃下太监孙海成,此五名实系结党,串通是非,著交内务府慎刑司重责二百板,永远枷号。又,珍妃下太监张田祥、卢田庆、李玉盛、苑福有、张长瑞,此五名均串通是非,不安本分,实属胆大,交慎刑司板责一百,枷号二年,年满请旨。以上太监等均著严加看守,如有疏脱,滋生事端,惟该大臣是问!钦此。[2]

由此可见,审讯的日期为八月十九日(10月4日),且由慈禧太后亲自审决。以往负责审理太监的内务府慎刑司,此时已成为一个执行判决的部门。慈禧太后的审讯时间有多长,仅是当天,还是几天?档案中没有说明。但该懿旨中,被审的14名太监中有3名的名字写错,可见当时审讯的仓促。八月二十一日,由总管宋进禄等下发撤销14名太监所食银两的

---

〔1〕 "光绪二十四年八月二十二日,敬事房奉懿旨:著传于包衣昂邦,敬事房写字人不敷当差,著包衣昂邦挑选四人交敬事房当差。钦此。""包衣昂邦"即内务府大臣之意。此后内务府大臣为挑选此4名写字人花了不少时间。(内务府《堂谕堂交》,光绪二十四年,第171包)

〔2〕 《内务府来文·人事》,光绪二十四年八月至十月,441/5-50-1/N/第949包。

咨会,再度引用此懿旨,可知这 14 名太监的正确名字及在宫内的地位:

内殿太监杨瑞珍,镶黄旗广润管领下,每月食银四两五钱

内殿太监杨昌恩(前错为长文),正白旗恒宽管领下,每月食银
四两五钱

内殿司房太监张得明(前错为得名),镶黄旗鄂麟管领下,每月
食银三两五钱

内殿小太监苑长春,七品官职小太监,正白旗钟吉管领下,每月
食银五两

内殿司房太监张源荣,镶黄旗文龄管领下,每月食银五两

内殿司房太监王吉祥,镶黄旗延祥管领下,每月食银二两五钱

内殿司房太监徐源寿,正白旗常瑞管领下,每月食银二两五钱

珍妃下太监戴恩如,正黄旗常贵管领下,每月食银二两五钱

珍妃下太监孙海成,正白旗常瑞管领下,每月食银二两五钱

珍妃下太监李玉盛,正黄旗钟麟管领下,每月食银二两

珍妃下太监张田祥,正白旗恒深管领下,每月食银二两

珍妃下太监卢田庆,正白旗恒深管领下,每月食银二两

珍妃下太监苑福有,正白旗奎昌管领下,每月食银二两

珍妃下太监张昌瑞(前错为长瑞),正白旗常瑞管领下,每月食
银二两[1]

当时光绪帝的内殿共有太监 94 人,其中总管 2 人,为赵文泰和郝寿禄。
首领 5 人,为张景洋、尹来玉、邓志山、王贵安、李荣明。小太监 13 人,为
得庆、春福、得意、得如、春华、福玉、喜顺、福庆、喜春、玉梅、长平、长兰、春
来。学规矩太监 5 人,食四两太监 7 人,食三两太监 7 人,食二两五钱太

---

[1]《内务府来文·人事》,光绪二十四年八月至十月。其中"管领下"是指所有太监入宫
后均在内务府上三旗中注籍。除每月所食银两外,各太监另有钱粮米加五钱,津贴口
分例一分,官房一间。

监9人,食二两太监46人。其中的"小太监"是因其年龄小,多为贴身照顾生活之人,其地位有时经常超过总管或首领。从上引被审讯太监所食银两来看,还不是大太监,大多只能算是普通太监,但有一位除外,即七品官职小太监苑长春,他是光绪帝身边照顾生活的小太监。[1] 由于是慈禧太后亲自审讯,一切都打破了常规,内务府慎刑司和刑部都没有审讯记录,我们今天难以查出他们的具体罪名。而上引懿旨中的罪名又过于简略:"干预国政"一语,似牵涉至政治问题;"搅乱大内"一语,其意是破坏了宫内的等级秩序?生活规则?或违反了宫内的各种规矩?"串通是非"一语,其意更不清楚,是宫内此14人互相串通,结成一党?还是宫内外串通,结交外官?只有"结党"的罪名比较清楚,这些人形成了一个小团体。

慈禧太后整肃太监的手段是极为罕见的狠毒。4名太监被活活打死,此已违反《大清律》中五刑的规定。按《大清律》,五刑中的杖刑最高数为"杖一百";可慈禧太后用此酷刑还不解气,第二天又发下懿旨:

> 八月二十日,敬事房口传,奉懿旨:昨日交出板责处死太监四名,不必买棺盛殓,即著抛入万人坑。钦此。[2]

另10名太监分别被板责100板或200板,已是血肉横飞,慈禧太后还分

---

〔1〕 光绪二十四年八月初二日由内殿总管郝寿禄开具了赏单九件,其中一件为赏内殿太监:"赏内殿总管赵文太银十五两,郝寿禄银十两,小太监得庆、春福、得意三名,每名银三十两,首领张景洋、尹来玉、邓志山、王贵安、李荣明五名,每名银十两,小太监得如、春华、福玉、喜顺、福庆、喜春、玉梅、长平、长兰、春来十名,每名银十五两,学规矩太监五名,每名银五两。食四两太监七名,食三两太监七名,共十四名,每名银五两,食二两五钱太监九名,食二两太监四十六名,共五十五名,每名银三两。"(《复奏折片》,《宫中杂件》〔旧整〕补6号)由于小太监是属于身边侍候人,其大名与皇帝称呼有差别,我还未查出苑长春在宫内的名字为何。又据该年十二月初四日、十四日由内殿总管郝寿禄开具的赏单,小太监少了"得意"、"春华"两名。苑长春很可能是两人中的一人。而被审太监的所食银两中也有可能是加赏,不一定是其宫内的地位。

〔2〕 内务府《杂录档》光绪二十四年八月。

别给予"永远枷号"、"枷号二年"的刑罚。按例稽查的大理寺为此咨会内务府:

> 大理寺为咨行事。准内务府慎刑司文称:光绪二十四年八月十九日敬事房奉懿旨:内殿小太监苑长春著革去顶带,内殿司房太监张源荣、王吉祥、徐源寿,珍妃下太监孙海成,此五名实系结党,串通是非,著交内务府慎刑司重责二百板,永远枷号。钦此。除将太监苑长春、张源荣、王吉祥、徐源寿、孙海成五名枷号外,相应咨行查照等因前来。查各衙门永远枷号人犯,例系由本寺稽查,并将该犯等年貌、籍贯造具细册,咨送过寺,以便派司员先行赴贵衙门查验加封。俟加封后,本寺堂官再行定期前往查验可也。须至咨者。右咨内务府。光绪二十四年九月十七日。[1]

此后,大理寺于十月十八日派司员查验加封,二十二日由堂官查验。[2]查《大清律》,枷号分两种:"寻常枷号重二十五斤。重枷重三十五斤。枷面各长二尺五寸,阔二尺四寸。至监禁人犯止用细链,不用长枷。"[3]戴此枷号度过余生,以今人的眼光来看,实为生不如死。

由于慈禧太后懿旨中命对枷号太监"严加看守",内务府大臣为此还下达了一项恩威并举的命令:

> 光绪二十四年八月二十一日奉堂谕:查慎刑司管狱官二员,有值宿之责,是在狱人犯皆宜归其典守稽查,职任极为重要。现有钦奉懿旨饬交枷号之情罪重大太监,防范自须加意。该管狱官等尤当倍加小心,按班常川住宿,严密稽察,毋得稍涉大意。倘能始终勤慎,除于年满时核其资劳,按班升补外,仍于存记,酌派优差,以示奖励。如有

---

〔1〕 《内务府来文·人事》,光绪二十四年八月至十月。
〔2〕 《大理寺知照》光绪二十四年十月十五日、光绪二十四年十月二十日,见《内务府来文·人事》,光绪二十四年八月至十月。
〔3〕 《大清律例》,天津古籍出版社,1993年,第90页。

旷班不到者,亦必照例参办,决不宽贷。凛之。慎之。[1]

而内务府慎刑司一下子收监 14 名要犯,其枷铐及监房皆有不足,只得向刑部调用枷、铐各 30 付,[2]并修理该司的南、北监房。[3]

慈禧太后对太监的整肃并没有到此结束,此后继续追究有关太监的连带责任。八月二十日,她又下令:

> 敬事房奉懿旨:关防营总管张进喜,因失查太监不法来往,串通

---

[1] 内务府《堂谕堂交》光绪二十四年,第 171 包。

[2] 关于枷铐,内务府档案中有三件材料:"刑部为片行事。四川司呈内务府咨取枷号三十面、铐镣三十分等因咨取前来。查本部所用铐镣向由工部咨取,自应贵府专咨工部取用。至添制枷号三十面,除饬匠赶紧制造,俟造齐再行知照取用外,相应知照贵府可也。须至片行者。右片行内务府。光绪二十四年九月二十四日。""工部为片复事。准总管内务府咨称,本府现存木枷、铐镣因年久间有损坏糟朽,现在不敷应用。当经本府咨行刑部。咨取去后,兹准文称,查本部所用铐镣向由工部咨取……应咨工部希即按式打造铐镣三十分,以便赴部领取前来。查总管内务府咨取铐镣,本部并无办过成案。相应片复贵府查照办理可也。须至片者。右片复总管内务府。光绪二十四年十月二十八日。""刑部为知照事。四川司案呈前准内务府咨取枷号三十面,本部现在全行造齐。相应知照贵府查照。希即出具印领,派员赴部领取。至制造铐镣三十分,本部业经咨行工部调取。俟造齐送部时,本部再行知照贵府领取可也。须至知照者。右知照内务府。光绪二十四年十一月二十八日。"(《内务府来文·刑罚》,光绪二十四年至二十五年,441/5 - 50 - 2/8/2361)由此可见,刑部为内务府专门制造了三十面枷号,并由于工部不直接对内务府负责,改由刑部向工部调取三十付铐镣,也是专门制造的。

[3] 关于监房,内务府档案中有两件材料:"慎刑司为呈报事。查本司北监内监房共十四间,头停渗漏,瓦片脱落,监房子墙坍塌闪裂,并二门内界墙及库房墙垣坍塌。各工应行修理。开单呈回堂台,奉谕:著核实估修等谕。遵即时招商逐一查勘,各项活计,核实估须银九十五两等因,呈明批准在案。今本司应领估需银九十五两。相应呈报堂查核处,转饬银库照数发给可也。为此呈报。光绪二十四年八月二十九日。""慎刑司为移付事。查本司南监内旧有南北监房四间,因年久失修,住屋不堪栖止。南监房两间坍塌情形甚重,拟暂缓修。其北监房二间查勘情形稍轻,仅只头停渗漏,瓦片脱落,门窗木植糟朽。前经回明,将此北监房修理,以为收置投司太监。现饬商逐一查勘各项活计,核实估需工料实银四十九两,理合呈明批准在案。相应移付贵库照数给发可也。须至移付者。右移付银库。光绪二十四年十月二十一日。"(《内务府来文·修建工程》,光绪二十三年到二十四年,441/5 - 50 - 2/7/2099)

是非,著革去总管,发往打牲乌拉,五年给官兵为奴。钦此。[1]

"关防营总管"即为乾清宫总管之一张进喜,五品官职,每月食银十四两,是一位大太监。八月二十一日,她再下令:

> 敬事房奉懿旨:内殿总管赵文泰、郝寿禄,俱因失查太监不法等情,著从宽各罚月银一年。钦此。[2]

赵文泰,又写作赵文太,五品官职,每月食银十两;郝寿禄,六品官职,每月食银六两。他们均是慈禧太后为光绪帝选择的身边人,于是年七月初八日刚刚升职。对于光绪帝的内殿,慈禧太后一直未放权。[3] 此次的处罚

---

[1] 《内务府来文·人事》,光绪二十四年八月至十月。内务府《日记档》(署中)光绪二十四年八月记:"二十日,由敬事房交出关防营总管太监张进喜因失查太监不法,著发往打牲乌拉五年懿旨一件。当将该太监交慎刑司领去讫。并缮禀帖全分发公所矣,并入事矣。"

[2] 《内务府来文·人事》,光绪二十四年八月至十月。

[3] 慈禧太后对于内殿总管一职从未放松过。这里引几件档案:光绪二十三年"四月初二日,总管多环奉旨:总管宋进禄等为内殿四品官职蓝翎总管段文元,因病准其为民,官职钱粮全行止退。钦此"。负责传旨的多环为储秀宫的两位总管太监之一,大名应为"王得禄",其地位仅次于连英。其所传之旨,当然是慈禧太后之旨。同年"四月初六日,首领春海奉旨:内殿五品官职总管谢双喜,赏添二两钱粮,七品官职首领赵文泰放为本处六品官职,赏添一两钱粮,太监王贵安放为本处八品官职首领。钦此"。春海是储秀宫的五位首领太监的第一位,大名应为"高福春",其地位仅次于连英、多环。他所传仍是慈禧太后之旨。谢双喜后改为御膳房总管。(以上档案见《传抄底簿》光绪二十三年正月立,《宫中各项档簿》簿 2157 号)光绪二十四年"七月初八日,总管多环奉旨:总管宋进禄为内殿六品官职总管赵文泰,赏换五品顶带,赏加二两钱粮;七品官职首领太监郝寿禄放为本处六品官职总管,赏加一两钱粮,八品官职首领太监邓志山放为本处七品官职首领,太监李荣明放为本处八品官职首领。钦此。将伊等官职照例咨部。其赵文泰系镶黄旗安立管领下,每月现食八两钱粮米之外,再添二两钱粮米,每月得给十两钱粮米食。郝寿禄系正黄旗五套管领下,每月现食五两钱粮米之外,再添一两钱粮米,每月得给六两钱粮米食。邓志山系正黄旗三保管领下,李荣明系镶黄旗全字管领下,此二名每名每月现食四两五钱粮米,俱无庸另行添给。再每名每月应得之津贴口分,俱照品级例得给"。(见《内务府来文·人事》,光绪二十四年五月至七月,441/5-50-1/N/第 948 包)多环所传此旨,仍是慈禧太后的懿旨。

已降到找不到任何过错的内殿总管身上,光绪帝不能给予任何保护。以后光绪帝身边的大小太监们还又有谁敢违背慈禧太后的旨意? 光绪帝身边的一切完全处于慈禧太后的控制下了。[1]

袁世凯告密之后,慈禧太后因恐外人的干涉对有关当事人不审而诛,谭嗣同之密谋仍为隐情。就一般逻辑而言,就慈禧太后的性格而言,她必不会放手。整肃光绪帝、珍妃身边的太监以探隐情,自是顺理成章之事。但慈禧太后放出的整肃手段如此酷烈,[2]肯定是这14名太监的活动触犯了她的根本——政治权力乃至生命,而且,很可能与她此时最痛恨的康有为、张荫桓有关。

慈禧太后的整肃,当时在宫中引出了紧张空气。八月二十一日,内殿太监尹得福、苏敬芳听说同伴张得明板责处死后逃走。尹得福,48岁,南皮人,每月食银四两五钱;苏敬芳,27岁,静海人,每月食银二两。[3] 而

---

〔1〕 尽管诸多私家著述称慈禧太后在政变后对光绪帝身边的太监大换血,但从档案来看,情况并非如此。光绪二十四年八月初二日、十二月初四日、十四日,内殿总管郝寿禄三次开具赏单,内殿的总管、首领皆未变,小太监少了得意、春华2名,学规矩太监由5名减为2名,食四两太监由7名降为6名,食三两太监7名升为11名,食二两五钱太监9名升为14名,食二两太监由46名降为28名。(《复奏折片》,《宫中杂件》〔旧整〕补6号)其上层未变的主要原因当属他们都是慈禧太后挑选出来的人。

〔2〕 一般说来,清朝对于太监的处罚都比较重,但如此残暴的刑罚实属罕见。当时一般的处罚,有如光绪二十四年两例:其一,"光绪二十四年五月十三日敬事房太监何姓口传,奉旨:交出太监袁兴成、周恩杰,著慎刑司严行审讯,务于今日复奏。钦此。""五月十三日敬事房奉旨:司房太监袁兴成、周恩杰,此二名俱因造言生事,实属妄为。每名重责一百板,均著发往打牲乌拉五年。钦此。"此是光绪帝的处罚,经过慎刑司。而袁兴成的具体罪名为:"奴才宋进禄等谨奏为请旨事。内殿司房太监袁兴成昨日夜声言,与奴才等九人及内殿总管赵文泰等要铁车银两等语。奴才不知何故。据内殿总管赵文泰声言,无能管辖,此系太监袁兴成与周恩杰二人捏造,讹诈银两。奴才等不敢擅专。为此请旨。"(原件无日期,夹在宫中《日记账》内,《宫中各项档簿》簿4179号)其二:"黑龙江将军恩、齐齐哈尔副都统萨为咨行事。慎刑司案呈,本年五月十七日准总管内务府咨开……二月二十三日首领喜寿奉旨:储秀宫小太监庆丰因素日胆大,串通是非,情节较重,著发往黑龙江枷号十年。钦此……"此是慈禧太后的处罚,未经过慎刑司。(见《内务府来文·人事》,光绪二十四年五月至七月)

〔3〕 总管宋进禄为内殿太监尹得福、苏敬芳逃走事,光绪二十四年八月二十四日,见《内务府来文·人事》,光绪二十四年八月至十月。

尹得福逃走后,竟身怀小刀重入禁宫,在景运门被护军捕获,送往刑部。[1] 据当时的审讯记录,尹得福怀刀闯门是企图复仇,最后也被处死。[2]

八月二十三日起光绪帝被软禁

八月十九日慈禧太后整肃光绪帝、珍妃身边的太监后,她与光绪帝、珍妃的关系也降至冰点。原有的亲情已不复存在,而对光绪帝与珍妃采取直接行动也是必然之事。八月二十三日(10 月 8 日),内务府奉宸苑《传帖簿》中有一记录:

> 春字九十三号。传兴隆厂为四扇门钉安门攒钉锔事。[3]

奉宸苑即管理西苑等处的衙门,《传帖簿》是奉宸苑记录外请工匠所发"传帖"的记录,"春字"是其发帖的编号,"兴隆厂"是京城中有资格承接皇家活计的营造商,而"四扇门"就在瀛台涵元殿一带,[4]"门攒"疑是门闩,"钉锔"是将门扣住的金属件。兴隆厂的这一活计是什么意思? 可以往下看。

---

〔1〕 刑部行内务府片,光绪二十四年九月初二日,见《内务府来文·人事》,光绪二十四年八月至十月。刑部片中称:"景运门奏送太监尹德(得)福怀刀闯门请交部审讯一案。讯据尹得福供称,在内殿充当太监,本年八月二十日伊听闻同处当差之太监张得明犯法杖毙,心怀畏惧,告假出京……"

〔2〕 参见孔祥吉:《慈禧、太监、慎刑司》,《晚清佚闻丛考——以戊戌变法为中心》,巴蜀书社,1998 年,第 96—104 页。

〔3〕 内务府奉宸苑《传帖簿》光绪二十四年,430/5 - 39/第 367 包。

〔4〕 "四扇门"的具体位置我还不太清楚。我认为其在涵元殿一带,有两条材料可作依据。其一是八月初八日慈禧太后训政典礼,内务府记光绪帝的日程称,光绪帝当日在中和殿看祝版后"还瀛台。午时出四扇门,至德昌门外黄幄次等候皇太后升勤政殿"。(内务府奉宸苑《值宿档》光绪二十四年)瀛台本紧靠着勤政殿,德昌门是勤政殿的正门,可见四扇门在瀛台之内。其二是立山后来传懿旨"瀛台前两楼梯满砌,明早将材料送至四扇门"。"瀛台前两楼梯"当为涵元殿一带。

第二天,二十四日,内务府奉宸苑《记事簿》中有记:

> 总管刘得寿奉旨:瀛台桥迤南安搭木板棚房二座,东西朝房迤北安搭木板棚二座,著奉宸苑今日急刻成做修理。钦此。
>
> 又,总管阮进寿传:北海大闸闸板糟朽二块,赶紧添换。栏杆破烂,赶紧修齐。莫误。[1]

《记事簿》是奉宸苑记录重要工匠事务的档册,大多为由太监传下的光绪帝和慈禧太后的谕旨。其中刘得寿为乾清宫的总管太监之一;阮进寿的身份更为特别,他是北海的总管太监,同时又是慈禧太后身边的小太监。[2] 当天的《传帖簿》又记:

> 春字第九十四号。为传兴隆厂,奉旨:瀛台过河桥添安木板棚二座,赶紧今日进安事。
>
> 春字第九十五号。为传兴隆厂,北海大闸闸板栏杆事。

此中的"木板棚"、"闸板栏杆"的活计又是为什么?可以再往下看。

第三天,八月二十五日,该《记事簿》的记载可以明确无误地说明前两天的活计具有什么样的性质:

> 立大人(立山)面奉懿旨:所有瀛台两傍楼梯及各门座,全行堵砌妥协。再仁曜门迤西至荷风蕙露亭灰土海墁,改墁砖甬路。钦此。

---

〔1〕 内务府奉宸苑《记事簿》光绪二十四年,430/5 – 39/251。

〔2〕 光绪二十四年《敬事房年总》中收有一件罚单,其中注明"北海总管阮进寿银三十三两"。(《宫中杂件》〔旧整〕第 345 包,《敬事房年总》)又内务府《复奏折片》中收有光绪二十四年八月初二日的一份赏单,其中提到赏储秀宫小太监阮进寿银十二两,同年十二月初四日、十四日的赏单,也列阮进寿为储秀宫小太监,每次赏银为十两。小太监即为身边人,称其小太监是因其年龄,但其地位相当高。由于此两位置都十分重要,不可能重名,当属为一人。由此可证,阮进寿所传之旨,当为慈禧太后之旨。

该日的《传帖簿》对此也有记录：

> 春字第九十六号。帖子一件，为传兴隆厂。奉立大人谕：面奉懿旨，瀛台两傍楼梯及门座全行堵砌，多加人夫事。

由此可见，八月二十三日在四扇门"钉安门攒钉锔"，并不是简单的活计。二十四日的4座"木板棚房"更是针对光绪帝的。"瀛台桥南"，已在瀛台，"东西朝房以北"还不能确定位置，很可能在涵元殿一带，4座"木板棚房"是一种住下等人的简易房屋。在此建简易房，且要求当日完成，只有一种可能，即为看守光绪帝的人员建值班用房。"闸板栏杆"是为了加强西苑警卫，以防有人潜入。而到了二十五日，负责管理奉宸苑事务的内务府大臣立山奉到的慈禧太后懿旨更为明确，将瀛台涵元殿的楼梯及瀛台所有建筑的门座全部"堵砌"，光绪帝出行的道路只能在其看守的眼下，其活动的空间受到了限制。仁曜门即勤政殿通往瀛台的正门，荷风蕙露亭在勤政殿西侧丰泽园以西，两地皆在南海的北岸，"灰土海墁"是指南海此段原来的土堤，此一段土堤改"墁砖甬路"，很可能是为了巡逻的警卫更方便地观察瀛台。[1] 由此可以大体断定，八月二十三日起，光绪帝已被软禁。

此后的两日，瀛台等处的监禁设施继续增加。奉宸苑《记事簿》记：

> 二十六日，总管阮进寿奉旨：四扇门外安搭木板棚一座，著奉宸苑今日急刻成做修理。钦此。
>
> 二十七日，立大人面奉旨：淑清院北门堵砌，明日要齐。又，瀛台前两楼梯满砌，明早将材料送至四扇门。又，北海蚕坛后进水闸，清

---

[1] 此一段甬路修建时间较长，据内务府奉宸苑《现修活计簿》记："八月二十七日至九月初六日现修活计开列于后：……仁曜门迤西铺墁砖甬路。九月初七日至十六日现修活计开列于后：……仁曜门迤西成做甬路。九月十七日至二十六日现修活计开列于后：……仁曜门迤西甬路钻生油。"（430/5－39/575）又，内务府奉宸苑《敬事房活计档》也有相同的记载。（430/5－39/574）

挖积土,闸板糟朽,赶紧更换。又,日知阁外织女桥,清挖淤泥,半截河闸棱包铁,安铁壁(算)子等因。又,首领李文泰奉旨:罩子门内安搭木板棚一座;半截河清理闸口,安铁壁(算);淑清院元光门上闩封锁。钦此。

奉宸苑《传帖簿》记:

> 二十六日。春字第九十八号。为传兴隆厂,阮总管口传,奉旨:四扇门外搭木板棚一座事。
>
> 二十七日。春字一百号。为传兴隆厂,淑清院北门堵砌;瀛台前两楼梯满砌;北海蚕坛后进水闸清挖积土,闸板糟朽,赶紧安换。日知阁外织女桥清挖淤泥,半截河闸棱包铁,添安铁壁(算)子事。

木板棚已搭建到四扇门,很可能意味着看守已到涵元殿门外。淑清院在勤政殿以东,此时是珍妃的寝宫,其北门堵砌,使之遥望瀛台都不可能,其元光门上闩封锁,意味着珍妃也被软禁。日知阁在淑清宫沿岸向南,下有水闸,是三海的出水口,织女桥在今南长街,三海之水由日知阁经此进入天安门前金水桥,于此处清淤泥、安铁算,仍是防人潜入。

西苑一下子有如此许多的活计,每日须进许多工匠。为防范工匠于此中生事,又对进出的工匠加强管理。奉宸苑《记事簿》记:

> 二十八日,阮总管口传,奉旨:水西门每日进匠时,著带匠官会同海司房点数放进,晚间点数放出等因。

水西门本有带匠官,海司房是西苑负责工程等事务的衙门,双重查验是为了防止带匠官因人头熟络而徇私情。进、出点数,是为了防止混入混出。从奉宸苑《传帖簿》来看,此后进匠,须在前一天报名单,以便带匠官、海司房官员核对放入放出。[1]

八月二十九日,奉宸苑《记事簿》还有一条意义不明的记载:

> 阮总管口传,奉旨:御膳房宫门内安大锁、门闩,门外安大钉锔。今日门内安小锁、钉锔。

相应的内容在奉宸苑《传帖簿》中也有记载。然而,这一条记载我还看不太明白。御膳房宫门的大锁究竟起什么作用? 难道御膳房关门了? 难道处在软禁中的光绪帝伙食也将降格减等了?

九月初四日公布光绪帝病情

九月初一日(10月15日),慈禧太后命总管内务府大臣每天带医生为光绪帝看病。为此内务府大臣也选派司员随其照料。内务府《堂谕堂交》中有此一文件:

> 堂交。奉堂谕:现奉懿旨,派出本堂等每日带领医士在皇上前请脉。自应遴派妥员随同照拂。著派堂掌稿笔帖式文起、重英、文秀、文珣、文荫、继森、联堃、有庆,每日二员跟随本堂等妥协带领,以昭慎

---

[1] 奉宸苑《传帖簿》八月二十八日记:"春字一百零一号。为传兴隆、庆丰厂,阮总管口传,奉旨:水西门著代匠官会同海司房点数进匠,不得含混事。"二十九日记:"春字一百零三号。为传庆丰厂,催初一日报单事。春字一百零四号。传兴隆厂,奉旨:御膳房宫门内安大锁、门闩,门外安大钉锔。今日安小锁、钉锔等因。并催传今日应递初一日报单、刻急呈报事。""春字一百零六号。为传催兴隆厂,喜福堂、仁曜门大工进匠花名,书办一分,备带至水西门呈递带匠官事。""庆丰厂"也是接皇差的营造商。内务府奉宸苑《堂司传谕簿》记:"八月二十八日,阮总管口传,奉旨:水西门每日进匠……奉景司长谕,此件即应遵旨办理,由衙门传达室知该厂,务须多加人夫,按实数呈报。其带匠官即派中海常川人员。如不敷用,由稿公酌拟派北海吉英等数员,帮同带领出人。每日分班专员二位,由衙门暂行酌给饭食,每员三吊。其花名略节由衙门领出,或由该厂备用一分。莫误可也。"(430/5-39/215)

戊戌政变的时间、过程与原委——先前研究各说的认知、补证、修正　*153*

重。特谕。此交。九月初一日。[1]

前已叙及,光绪帝本就有病,而八月初十日发出选医入京之诏却是一个政治行为。此次慈禧太后派内务府大臣每日带医为光绪帝请脉,似非为关心光绪帝的身体,而有其政治目的。九月初三日,内务府上报了光绪帝的医案。第二天,内务府奉宸苑《值宿档》中有一记载:

> 光绪二十四年九月初四日。由奏事处交出本月初三日皇上脉案一纸,奉懿旨:交各衙门堂官阅看。钦此。

在专制社会中,皇帝的病况是绝对的秘密,以证明天子至圣至明。慈禧太后向京中各衙门堂官公布光绪帝的病情,实际上是一种政治试探。这一天的光绪帝身体状态极差:

> 九月初三日。卢秉政、庄守和、朱焜、李德昌、陈秉钧、范绍相,请得皇上脉息:左右寸细软,左关微弦而数,右关虚数,左尺虚数,右尺数页无力。症属肝肾久亏,脾胃均弱。昨夜前半夜未眠,后半夜眠不甚沉。晚昨(昨晚)大便一次,溏涤,今早大便二次,稀溏色白,兼有糟粕未化。少腹气坠,有时头晕眼涩,耳鸣而塞,口渴咽干,时或作痒,咳嗽少痰。腰痛,腿膝无力,麻木空痛。神倦喜卧。小便频数,色白而少。气怯懒言,语多则牵引少腹作抽。时或牙痛、口疮,手指作胀。常上(时常)恶寒。有时胸满糟杂作呕。面色晄白,左颧色青而滞,右颧淡白。下部潮湿寒冷,夜梦闻金声则遗精,或滑清,有时似滑未滑。躺卧难以转侧,不能久坐久立,不耐劳苦。总由心肾不交,肝气郁结,阴不潜阳,虚热上蒸于肺,中气不足,升降失宜。至于梦闻金声遗精,此心不藏神、肾不藏精、肺不藏魄所致。拟中培脾胃,下固肾真,上清肺气,滋养肝阴之方,以图缓效。今议用八珍麦味地黄汤,加

---

[1] 内务府《堂谕堂交》光绪二十四年,第171包。

减调理。

　　潞党参、四钱,焦於术、三钱,茯苓神、三钱,杭白芍、三钱,淮山药、三钱,干地黄、三钱,川杜仲、二钱,麦冬、三钱(米炒),山萸肉、二钱,补骨脂、一钱五分(盐炒),菟丝子、二钱(酒炒),炙甘草、一钱。

　　引用:金石斛、三钱,芡实、三钱,莲子肉、三钱。〔1〕

此医案中的医生名单很可能是按照当时的名级排列的,卢秉政为知府、朱焜为同知、陈秉钧为郎中,皆是外省推荐而来的;庄守和为花翎二品顶带太医院院使,李德昌为花翎二品顶带太医院右院判,范绍相为三品顶带太医院御医。〔2〕从病情报告来看,光绪帝浑身上下都是病,眼、耳、口、牙、喉、腰、腿、膝、指、头、胸、腹均感不适,而大小便、脉息也不正常。其中相当多的部分是光绪帝的自述,如"神倦喜卧"、"气怯懒言"、"不能久坐久立"等,但这些现象并不能说明光绪帝得了什么病。光绪帝确实有病,这主要是遗精病,其病因虽然不清楚,但此病伴随其一生。其余的症状,大约任何一个失意的政治家都会出现,更何况自八月初四日慈禧太后回西苑后,光绪帝每天都是在身心疲惫之中过日子。连续一个月,任何再健康的人,都不可能不出现"神倦"、"气怯"、"不能久坐久立"的现象。而医生开出的诊断也不仅是病理上,且兼具精神上的:"心肾不交,肝气郁结,阴不潜阳,虚热上蒸于肺,中气不足,升降失宜";"心不藏神,肾不藏精,肺不藏魄"。这样一份病情报告由慈禧太后下发到六部九卿各大臣,实际上是宣布,光绪帝的身体根本不能担负起乾纲独断的皇帝的责任!

　　自八月初六日慈禧太后训政后,各国驻华公使馆非常注意当时的政治走向,尤其是光绪帝本人的生命安全及慈禧太后废帝的可能性。上引光绪帝的病情报告,也为日本驻华公使馆所获,并于九月十四日其公使矢野文雄将之以本公第116号信的附件,发给日本首相兼外相大隈

〔1〕 内务府奉宸苑《值宿档》光绪二十四年。以下所引档案未注明者皆是引自该档。又,该件文字已与日本外务省档案中抄件对照校正。

〔2〕 此三人的职位见《宫中记载卷单》(两样),光绪二十二年至二十五年,《宫中杂件》(旧整),第2520包;又见《复奏折片》光绪朝,《宫中杂件》(旧整),补6号。

重信。[1]

由于英国等国公使的干预,总理衙门被迫同意由一名外国医生给光绪帝看病并出具诊断书。九月初四日,法国公使馆医生多德福(Dr. Detheve)给光绪帝看病。事后,多德福向清廷递交了病情诊断书。内务府奉宸苑《值宿档》有录,全抄于下:

> 由堂来抄,光绪二十四年九月初四日法国驻京使署医官多德福蒙约诊视大皇帝,并恭悉交亲(亲交)病原说略,熟思面答之语,现得悉:身体虚弱,颇瘦,劳累,头面皮白。饮食尚健,消化滞缓,大便微泄,色白,内有未能全化之物。呕吐无常,气喘不调,胸间堵闷,气怯时止时作。当日蒙允于听,肺中气音尚无异常现症,而运血较乱,脉息数而无力。头痛、胸间(闷)、虚火、耳鸣、头晕,似脚无跟,加以恶寒,而腿膝尤甚。自觉指木,腿亦酸疼。体有作痒处。耳亦微聋,目视之力较减。腰疼至于生行小水之功,其乱独重。一看小水,其色淡白而少。迫用化学将小水分化,内中尚无蛋青一质,而分量减轻。时常小便频数而少,一日之内于小便相宜似乎不足。在说略注意遗精为要,系夜间所遗,感动情欲,昼间则无,而且白日似不能兴举。
>
> 详细察悉皇帝圣恙,实知由于腰败矣。按西医名曰:腰火长症。若问腰之功用,则平人饮食之物入内,致化其有毒之责(质)作为渣滓,由血运至腰,留合小水而出,以免精神受毒。设若腰败,则渣滓不能合小水而出,血复运渣滓散达四肢,百体日渐增积,以致四肢百体有如以上所开之乱。
>
> 至于施治之法,总宜不令腰过劳累而能令渣滓合小水同出之一。养生善法,总之莫善于惟日食人乳或牛乳,他物不宜入口。每日约食乳六斤左右,而食牛乳时,应加入辣格多思,约一两五钱(此物系化取牛乳之精洁者,译名乳糖)。如此食乳须数天矣。若以药而论,则用外

---

[1] 《外务省记录》,光绪二十四年政变、光绪帝及西太后崩御、袁世凯免官,1-6-1-4-2-2,第一册,日本外务省外交史料馆藏。

洋地黄末，实属有功于腰，干擦可安痛楚。西洋有吸气罐，用之成效依然。照此养身之法，行之小便调和，喘气闷堵可除，以致病身大愈。

其遗精之症，软弱而少腹皮肉既亦虚而无力，不克阻精之妄遗。宜先设法治腰，然后止遗精益易也。

敝医官情殷效力，管见若此，详加以闻。

这是清方的记载。该病案可能是当时法国人所译，文字不甚流畅，但意思清楚。日本驻华公使矢野文雄当时得到一份法国公使馆致总理衙门的诊断书，并将之呈报首相兼外相大隈重信。该件为法文，今请近代史研究所黄庆华先生翻译如下，读者可以对照来看。

法国驻华公使馆多德福医生诊断书——1898 年 10 月 20 日呈总理衙门

1898 年 10 月 18 日，法国公使馆医生多德福博士奉中国皇帝的谕旨，入宫诊病。通过陛下欣然提供的记录并回答询问，对陛下的病情做出如下诊断。

体质衰弱，明显消瘦，精神不振，面色苍白。

食欲尚好，但消化缓慢，轻度腹泻。排泄物呈白色，且未完全消化。频繁呕吐。气闷导致呼吸不均匀，发作时更显焦虑。肺部听诊未见异常。

血循环不好，常出现紊乱。脉弱而频数，头痛，胸闷热；耳鸣，头晕，站立困难。

除上述症状，腿、膝部明显发凉，手指触觉不明显，小腿痉挛，全身发痒，轻度耳聋，目光迟钝，腰痛。

尿频最为关键。表面看，尿液白而透明，尿量不大；化验未见蛋白，尿浓度减淡。陛下尿频，量少，24 小时内尿量低于正常尿量。陛下强调遗精，常发生在夜间，之后出现快感。这类梦遗，多由白日自觉勃起功能减退所致。

经认真分析这些不同症状，我确信此病系肾脏损伤引起，欧洲称

"肾炎"或"慢性肾炎"。

正常情况下,血液流经肾脏时,将营养交换后的残渣滤出;而这类残渣对肾脏器官正是一种毒素。当肾脏损伤不能将这些毒素随尿排出时,这些物质便由血液带到其他脏器,在那里堆积,引起脏器运行紊乱,出现上述症状。

目前,有必要对饮食做出规定,以不使肾脏承受过重的负担,并且有利于残渣随尿液排出。最佳的食品是牛奶,不能吃其他食物。仅喝牛奶或人奶即可,每天喝3—4升,奶中加50克乳糖。这种饮食制度应坚持若干个月。

药物治疗:洋地黄粉疗效最好。腰痛可以通过按摩和诱导法减轻。

一旦排尿正常,气闷消失,病情就会明显好转。

遗精是由体虚引起的,特别是小腹肌肉衰弱,不能控制精液的流出。目前首先要重视肾功能,要加紧治疗。肾脏功能恢复了遗精问题即迎刃而解。谨向陛下陈明愚见,渴望能减轻陛下的病痛[1]。

这位法国医生听了胸部,也检验了小便,他的诊断是,光绪帝得了肾病。他开出的医方也很特别,即改变饮食,只喝人乳或牛乳。参照后来光绪帝的医案,此医嘱并未实行。至于光绪帝的遗精病,法国医生认为,是小腹肌肉衰弱所致,不能固精止滑。从今天的医学知识而言,肾病虽很麻烦,也需要多多休息,但并不影响政治决策中的思维能力和判断能力。

慈禧太后公布光绪帝医案的用心,当时的中外政治家看得十分清楚。其中最有名的是两江总督刘坤一给荣禄的电报,已为各位研究先进所引。我在这里还要指出的是,当时英国、日本等国所施加的压力。在此前后,英、俄、德、日、美、意等国军队开进了北京使馆区,东交民巷与西苑只有很近的距离,慈禧太后在决策时不能毫无顾忌[2]。

---

〔1〕 矢野文雄致大隈重信,本公第119号,明治三十一年十一月六日发,十一月十九日收到。《外务省记录》,1-6-1-4-2-2,第一册。在此向黄庆华先生致谢。
〔2〕 此中的情节,本书《日本政府对戊戌变法的观察与反应》一文将展开叙说。

内务府奉宸苑《值宿档》共留下了31份病案,时间从九月初三日至十月十八日,中有间隔。从这些医案中可以看出,光绪帝一直处在精神上和生理上的病困之中。[1] 他的遗精病也是时止时复。[2] 在此等的苦难中,光绪帝也有一次小小的反抗。九月十八日,他发下一道朱谕:"卢秉政脉理欠通,用药固执,著即回广东。钦此。"[3] 卢秉政是由两广总督谭钟麟所荐,由于康有为的缘故,光绪帝对谭钟麟并无好感。此次逐回卢秉政,很可能出自对谭的戒心而非卢氏的医术。光绪帝此一反抗获得了小小的成功。对照《值宿档》医案,卢秉政此日起果然不再出现。[4] 然在

---

[1] 此处可引《值宿档》中最后一份医案,以了解光绪帝的病况与心情:"由堂来抄十月十八日朱焜、门定鳌、庄守和、范绍相请得皇上脉息,左寸关浮弦,重按无力,右寸关弦细而数。左尺细软,右尺细弱。证见劳之逾时,心神迷惑。久坐久立,腰腿酸疼。下部觉空,两肩酸坠,痛之较甚。目睛发炎,经丝尚未退净,时或涩,视物迷蒙。气滞不畅。呛劾(咳)无痰,牵引少腹作抽。口角小泡未消,唇干口渴。时作太息。右颧下颏起有小疡,少有作痛。耳鸣烘烘。夜卧不实,醒不解乏。谷食略香,消化不快,食后胸堵膨满胀闷。恶寒,嗜睡,懒于步履,筋脉觉僵。小便频数,时或艰涩不利。今早大便一次,条干。以上所见之症,皆由禀赋素弱、脾元久亏、肝肾不足、心虚血少、营卫不和使然。宜以扶脾健胃滋肾养肝之中,仍寓清心节劳之剂调理。朱茯神、三钱,焦枣仁、三钱,远志肉、一钱五分,淮山药、四钱(炒),金樱子、三钱,芡实米、三钱,金石斛、三钱,干地黄、三钱(砂仁拌),杭白芍、三钱(炒),炒扁豆、三钱,甘菊、一钱五分,炙甘草、八分。引用:健神曲、三钱,霜桑叶、二钱。"

[2] 31件医案所记为:九月初三日、初四日、初五日记有遗精,初七日、初九日、初十日、十一日、十二日、十三日记"近日遗精未发",十三日记"遗精复发",十六日、十七日、十八日记"遗精未发",十九日未记,二十日记"近日遗精未发",二十二日、二十三日、二十五日、二十七日未记,二十九日记"遗精少发则元虚日见可复矣",三十日、十月初二日未记,初四日、初五日、初六日、初七日记"时或滑精",十三日未记,十四日记"昨夜又见滑精",十五日未记,十七日记"未见滑精",十八日未记。

[3] 内务府堂簿册《记旨档》光绪二十四年,400/5–9/N/谕旨类704/谕17。

[4] 光绪帝的医疗班子前后变动较大,在其31件医案所开,其最初是卢秉政、庄守和、朱焜、李德昌、陈秉钧、范绍相;九月初十日起少了庄守和;十六日起又少了范绍相,增加了忠勋,忠勋是太医院六品顶带九品俸医士;十八日起,少了卢秉政,为朱、陈、李、忠四人;二十三日增加了门定鳌,其人因保荐较晚而入值也晚;二十五日起少了陈秉钧;二十九日又出现陈秉钧;十月初二日又出现了庄守和、范绍相,少了忠勋。初四日起至十八日为朱、门、庄、范,只十五日一日为朱、庄两人。

此时给皇帝看病,也不是一件好差事,不久后陈秉钧以其母病求退。[1]
又据宫中《穿戴档》、《起居注册》,光绪帝每天都向慈禧太后请安,陪同见
大臣,也时常侍膳、陪看戏;又据军机处《随手登记档》等档册,他依旧作
朱批,不过只是例行,不见实际内容。他也亲自参加皇朝的各种仪礼,接
见召见和引见的官员。在慈禧太后的注目下,他空有皇帝的名号,而不再
拥有相应的政治权力。

时间一天天地过去,冬天来了,太液池开始上冻。为了隔断光绪帝与
外界的联系,奉宸苑奉到了命令:

> 光绪二十四年十一月十九日,阮总管口传,奉旨:瀛台周围沿边
> 河面,现已冻冰,著奉宸苑刻急派人赶紧打开一丈余尺,务见亮水,并
> 由明日起派拨人夫进入镩打,不准冻上。仍由该管官员代进差,毕,
> 退出。钦此。[2]

---

〔1〕 陈秉钧于十月初二日以其奉养老母而求退。内务府的奏折中称:"光绪二十四年十
月初二日,据花翎四品衔刑部候补主事陈秉钧呈称:⋯⋯前以大理寺少卿盛宣怀保
职知医,猥蒙召诊。职以夙受圣恩,虽知识庸愚,亦思稍竭涓埃,藉图报效,是以即
行就道,不敢以驽质诿,并不敢以亲老辞。自八月二十八日请脉搏以来,倏逾匝月。
自揣浅陋之资,未能仰神圣躬于万一,然犹思缓图补救,冀尽微忱。讵九月三十日
接到家书,悉职母旧恙较前加剧,且复神志不清,饮食少进,就近延医,叠进补剂亦
未见效。职少鲜兄弟,分职无人,千里远违,殊深悬系。"对于陈秉钧的回籍请求,内
务府的态度是"该员系为养亲起见,委系实情",并请示慈禧太后与光绪帝,十月初
三日奉旨:"准其回籍"。内务府档案中还有两件与陈秉钧、卢秉政有关:"总管内务
府谨奏,为代奏叩谢天恩事。本月初三日由司房交出赏给盛宣怀保荐之医官陈秉
钧、谭钟麟保荐之医官卢秉政袍褂料各一套。该员祗领之下,均不胜感激之至。谨
恭折据情代奏,叩谢皇太后、皇上天恩。光绪二十四年十月初四日。""奉旨:知道
了。""总管内务府谨奏,为代奏叩谢恩事。本月初六日由司房交出赏给盛宣怀保
荐之医官陈秉钧、谭钟麟保荐之医官卢秉政银各一百两。该员等祗领之下,均不胜
感激之至。谨恭折据情代奏,叩谢皇太后慈恩。谨奏。光绪二十四年十月初七
日。""随时具奏。奉懿旨:知道了。"(以上引文皆见于《内务府奏案》,光绪二十四
年八月至十月,第711包)由此可见,卢秉政虽于九月十八日为光绪帝所逐,但其至
少在十月初六日尚未离京。
〔2〕 内务府奉宸苑《记事簿》光绪二十四年。

从此开始,瀛台岸边每天又多了一群徒劳地与天气相对抗的人们。由于光绪帝从小陪慈禧太后看戏,对此也有心得,其中最爱响器,即锣、鼓、镲、钹之类。据当时的艺人称,其鼓板的尺寸、点子相当讲究。在此烦闷的病中,他也玩一点响器以自我消遣,松懈一下过紧的神经。十二月十一日,升平署总管太监马得安当面奉到慈禧太后懿旨:

> 以后传内务府差务等项,先请旨后传。皇上若要响器家伙等,先请旨后传。[1]

从此光绪帝下达给内务府的旨意,即便是要几件乐器之类的小事,也须经过慈禧太后的批准。

这一年,光绪帝为27周岁,这样的日子他以后又过了10年。

七、结　论

三年多前,当我决心对戊戌政变做一考察时,以为我的报告大约一两万字就可以结束,且很有可能一无所获;而今完成如此烦琐考证的长文,依例必须做一结论时,却又发现,我虽在细部上多有新见,但在总体结论上,仍是一无所获:首先,我认为,戊戌政变是一个过程,是由相关的诸多事件组成,慈禧太后与光绪帝的政治权力关系经历了紧张、对立、决裂,最后发展到慈禧太后企图废帝。其中若要明确一个具体的时间,仍是八月初六日。而"过程说"已由骆宝善先生1999年论文、房德邻先生2000年论文相当明确地提出,八月初六日政变说更是传统的结论。其次,我认为,政变起始于七月十九日光绪帝未依当时的政治游戏规则,即先请示慈

---

〔1〕 内务府升平署《恩赏日记档》光绪二十四年。其中"旨"字抬三格,即为先请慈禧太后懿旨再后传。

禧太后,而是独立地决定罢免礼部六堂官。而丁文江、赵丰田的著作于1936 年便指出,此事"也是促成守旧派积极运动政变的一大原因"。第三,我认为,开懋勤殿,设议政官,即光绪帝企图重用康有为及其党人,引起了慈禧太后与光绪帝的政治对立。而萧一山先生 1963 年的报告,便提到了开懋勤殿与戊戌政变的关联。第四,我认为,光绪帝召见和提升袁世凯,似未引起慈禧太后及后党的激烈反应,荣禄并未造谣、调兵以图制袁。而黄彰健先生 1970 年著作就对此进行了细密的论证,并得出了稳妥的结论。第五,我认为,八月初三日慈禧太后限制了新任军机新章京的"签拟"权力,并不是于此日政变。而这一命题的提出,却肇因于林克光先生1987 年论文的新说及其新发现的材料,由此引发了我的怀疑。第六,我认为,八月初四日慈禧太后突然回西苑,事起于御史杨崇伊的密折,而密折中最能打动慈禧太后之心的,是伊藤博文次日的觐见。而吴相湘先生1957 年论文就已提出了此说。第七,我认为,戊戌政变虽未因袁世凯告密而发生,但袁世凯告密的消息传到北京,大大加剧了政变的激烈程度。而这一判断,最初由黄彰健先生 1970 年著作提出,并已作了充分的论证。第八,我认为,慈禧太后进行整肃等行动的时间要比私家著述中的记录晚得多。而当政治权力交割之后,何时开始整肃,已对历史进程并无太大作用。由此看来,我的贡献在于,从细部上清晰了戊戌政变的整个过程,且对先前研究各说进行了一番认知、补证与修正的工作。

我必须说明,在本文中未加详引的诸多先生的论文,是出于我对他们观点的同意或基本同意。他们的许多判断,已被我当作前提而直接写入本文。我在此对各位研究先进表示感谢。而在本文中补证与修正最多的黄彰健、房德邻、林克光、孔祥吉等先生的论文,是因为他们提出重要的新解。由于他们的精彩,促使我的用功用力。其中最突出的是林克光先生1987 年论文,有着重要的新说,本该当时即引发出学术的讨论,许多问题即可由此清晰且深化。然我于今用了相当多的时间为林先生做补证与修正时,时间悄然已过去了 15 年。我在此也对林先生及所有我不知天高地厚而对其评头品足的论文作者们表示感谢。我一直认为,研究的递进,不过是踩着先进者的肩膀往上爬而已。

我在这里还要向黄彰健先生表示个人的敬意。这一方面是他提出的政变非袁世凯告密而起、袁告密加剧了政变激烈程度的判断,具有经典性,且是在未看到北京所藏档案的情况下作出的,30多年过去了,依然光芒不灭;另一方面是我于2000年初在台北近代史研究所、故宫博物院文献馆查档,企图有所斩获,一个多星期的工作后,我意识到,有关戊戌政变的档案已被黄先生悉数扫尽,一点汤都没有给我留下。

最后,我还要说明,慈禧太后为什么八月初五日决定将回颐和园日期推迟到初十日、为什么于初六日亲政,对于我来说依然像谜一样缠绕在心。我不知道档案中是否还有我未看到的材料足证此事,但我已感到,谜底很可能藏在两位身居要职、知悉内情且有写日记习惯的大臣的日记中,它们现在还未发现,一位是张荫桓,另一位是王文韶。

附录一:百日维新期间军机处上呈
慈禧太后重要折片

说明:为方便读者,将上呈慈禧太后的各重要奏折尽可能地标明已公开出版部分的出处,以便查考,可不必再寻找档案。

四月二十三日　中允黄思永:《息借华款请听商民自相劝办折》、《集赀设立劝农学堂请旨试办折》、《办理永清一带水利片》、《皖北赈捐请重定章程片》,均奉旨:"存。"

四月二十四日　总理衙门:《奏请设立商务大臣暨派宗支王公游历各国折》〔1〕御史张兆兰:《京师米价日贵请开仓平粜折》,旨:"户部会同仓场衙门妥议具奏。"

四月二十五日　翰林院侍读学士徐致靖:《密保人才折》〔2〕御史黄均隆:《湖南讲求时务有名无实折》〔3〕

四月二十六日　都察院:《湖南京官胡钟驹等呈控员外郎王育桐折》(附原呈禀三件)〔4〕;《云南举人杨宝琨请代父遣戍折》(附原呈一件),旨:"刑部议奏";《湖南举人郑曰敬等条陈时务折》(附原呈一件),旨:"存。"侍读学士济澄:《乡试请防弊端折》,旨:"存。"御史宋伯鲁:《请明

---

〔1〕　折见《戊戌变法》,第2册,第407—409页,奉明发谕旨一道。

〔2〕　孔祥吉先生考证此折由康有为所拟,该折原文及孔先生考证可见于孔祥吉编著:《救亡图存的蓝图》,第98—103页。该折奉明发谕旨:"工部主事康有为、刑部主事张元济均著于本月二十八日预备召见。湖南盐法道黄遵宪、江苏候补知府谭嗣同著该督抚送部引见。广东举人梁启超,著总理各国事务衙门查看具奏。"

〔3〕　《戊戌变法档案史料》,第252—253页。奉旨:"存。"

〔4〕　见该日《谕折汇存》,奉明发谕旨一道。

赏罚折》《经济科请分别办理片》《陕省昭信股票请减办片》。〔1〕御史李盛铎：《请明赏罚折》《行政在于用人片》。〔2〕督办军务王、大臣：《宋庆请撤毅军毋庸置议折》，旨："依议。"

四月二十九日　宋伯鲁：《变法先后有序折》《八股改为策论折》《请将铁路岁息提充学堂经费片》。〔3〕

四月三十日　御史徐士佳：《请禁革江苏落地布捐折》《请变通土布厘捐片》，旨："著奎俊察看情形分别办理"；《请核减地丁折征制钱数目片》《请另加带征学堂经费片》。〔4〕

五月初二日　总理衙门：《遵议河南矿务章程折》（附单）《查复吴式钊等参款片》，均朱批："依议。"御史曾宗彦：《请振兴农工二务折》《请设立矿务学堂片》。〔5〕宋伯鲁等：《礼臣阻挠新政折》。〔6〕

五月初三日　御史胡孚宸：《参张荫桓折》，旨："存"；《参浙江道员李宝章片》，旨："著廖寿丰查办。"

五月初四日　总理衙门：《代递主事康有为条陈折》，康有为：《进呈〈孔子改制考〉折》（附书一函）〔7〕尚书许应骙：《遵旨明白回奏折》〔8〕徐致靖：《请废八股折》《嗣后用人行政一切请明诏宣示片》。〔9〕

---

〔1〕　前两折片经孔祥吉先生考证为由康有为所拟，其中第一折及第三片未见，第二片原文及考证可见于《救亡图存的蓝图》，第106—108页。该三折片分别奉旨为"暂存"、"该衙门知道"、"暂存"。

〔2〕　孔祥吉先生认为此两折片是康有为所拟，原文未见，考证见《救亡图存的蓝图》，第104—105页。该折片均奉旨"暂存"。

〔3〕　孔祥吉先生考证此三折片是康有为所拟，原文及考证见《救亡图存的蓝图》，第109—117页。该折片分别奉旨"存"、"暂存"、"著户部查明办理"。

〔4〕　最后一片见《戊戌变法档案史料》，第254页。奉旨："户部议奏。"

〔5〕　《戊戌变法档案史料》，第385—386页、第433页，后片奉旨："该衙门议奏。"

〔6〕　孔祥吉先生考证该折是康有为所拟，考证及原文见《救亡图存的蓝图》，第131—133页。奉旨："著许应骙按照所参各节明白回奏。"

〔7〕　原折见《救亡图存的蓝图》，第123—130页。奉旨："留。"

〔8〕　《戊戌变法》，第2册，第480—482页，奉明发谕旨一道。

〔9〕　孔祥吉先生考证该折片是康有为所拟，考证及原文见《救亡图存的蓝图》，第134—138页。均奉旨："存。"

五月初六日　奕劻等:《遵议提督董福祥一军移扎近畿折》,旨:"依议。"

五月初九日　奕劻等:《遵旨裁撤督办军务处折》;《袁世凯请归直隶总督节制片》,旨:"依议";《余存银两交还户部片》,旨:"户部知道";《文案各员可否酌保片》,旨:"毋庸保奖。"

五月初十日　总理衙门:《英人请租威海卫商议专条请派员画押折》(附单)、《议复御史杨深秀奏请西书应译东文折》、《请派管理同文馆事务大臣片》(附单)。[1] 御史杨深秀:《请御门誓众折》、《请定阻挠新政罪片》。[2]

五月十一日　给事中高燮曾:《党论方兴请颁训戒折》、《山东冠县教堂请照前议择地另建片》、《著四川总督恭寿贪劣显著请严旨申饬片》,均奉旨:"存。"御史张承缨:《请试办近畿稻田沟洫折》,旨:"令荣禄体察情形酌核办理";《昭信股票请杜弊窦片》,旨:"户部查核办理。"

五月十二日　都察院:《河南民人马莲以昧赃坑商等情呈诉据情代奏折》(附呈一件),旨:"交刘树棠提讯具奏。"高燮曾:《胪陈督臣恭寿贪劣各款由》,旨:"著恭寿明白回奏。"宋伯鲁:《请将经济岁举归并正科并各省岁科试速改策论折》、《请禁止议复八股片》。[3] 御史李盛铎:《谨拟京师大学堂办法折》。[4]

五月十三日　总理衙门:《遵议御史陈其璋奏请开铁路口岸折》、《遵议御史曾宗彦奏请设矿学学堂片》、《日本参议等请赏给宝星片》、《举人梁启超遵旨察看片》、《呈递瓜梯马拉国国书并给复书折》、《遵议各国君

〔1〕《议复杨深秀折》见《戊戌变法档案史料》第448—450 页。
〔2〕杨深秀折片经孔祥吉先生考证是康有为所拟,考证及原文见《救亡图存的蓝图》,第144—148 页。
〔3〕孔祥吉先生考证该折片是康有为所拟,考证及原文见《救亡图存的蓝图》,第149—153 页。其折奉明了上谕一道,《上谕档》记载该谕有光绪帝朱笔改动字样,该片奉旨:"存。"
〔4〕《戊戌变法档案史料》,第254—257 页。奉旨:"著总理衙门归入大学堂未尽事宜,一并议奏。"

后宗藩及头等公使来华接见款待礼节折》。[1]

　　五月十四日　　总理衙门:《议复康有为条陈折》、《议复胡燏棻奏请开锦州铁路工款折》、《议复杨深秀奏请定游学日本章程片》、《遵议筹办京师大学堂折》(附章程)、《遵议杨深秀奏请设译书局片》。[2]

　　五月十五日　　侍郎荣惠:《筹饷充用折》、《保举知府郑思贤折》,均奉旨:"存。"

　　五月十六日　　总理衙门:《议复伍廷芳奏仿行印花税折》、《议复陈其璋奏酌加进口税折》、《议复陈其璋奏添设税则学堂片》、《议复杨崇伊禁米出洋片》、《议复曾宗彦奏振兴农工二务折内农学会一节》、《议复陈秉和奏昭信股票宜防流弊片》。[3] 内阁学士准良:《收民心以固邦本折》、《请停股票折》、《裁止厘金片》、《讲求洋务折》、《举行富强诸政片》、《请正用人之本折》、《考课闲散京员片》,均奉旨:"存。"

　　五月十七日　　孙家鼐、胡燏棻:《查明黄思永参款折》、《黄思永干预地方片》,明发谕旨一道。

　　五月十八日　　徐致靖:《请酌定各项考试策论文体折》。[4]

　　五月十九日　　总理衙门:《刚果使臣订立条约折》(附单),朱批:"依议",并奉旨:"派李鸿章画押";《奥国国王登位五十年庆典寄贺礼物折》(附片),奉电旨:"派杨儒为头等公使,赍礼物六色致贺";《美使康格请觐折》,朱批:"著于二十日在文华殿觐见";《美使田贝回国请赏宝星片》,朱批:"依议。"御史攀桂:《请练八旗制兵折》,旨:"暂存。"

　　五月二十日　　都察院:《代递广西试用道尹恭保条陈折》(呈一件),

〔1〕 其中《请开矿学学堂片》、《梁启超察看片》见《戊戌变法档案史料》第257—258页、第160页。前三件皆奉朱批"依议",最后一件,奉朱批"知道了"。
〔2〕 第一折见《戊戌变法档案史料》,第7—8页,第三折、第四折、第五片见《戊戌变法》第2册,第409—413页。
〔3〕 《议复曾宗彦折》见《戊戌变法档案史料》第387—389页,前四件皆奉朱批"依议",后两件各奉明发谕旨一道。
〔4〕 孔祥吉先生考证该折是康有为所拟,考证及原文见《救亡图存的蓝图》,第154—156页。奉旨:"暂存。"

旨:"存。"御史文悌:《言官党庇诬罔折》。[1]

五月二十一日　军机大臣等:《遵议精练洋操折》。[2] 攀桂:《参奉天府尹廷杰婪赃武断请旨饬查折》,旨:"著良弼归入前次奉天贡生程九式案一并查奏";《海城知县米穜办理股票苛派骚扰、辽阳州知州凤鸣举止轻浮一并请旨饬查片》,旨:"著依克唐阿、廷杰查奏";《奉天额兵充当各项杂差有误操防片》、《奉省马贼充斥请添练兵勇择要驻防片》,旨:"著依克唐阿体察情形办理。"

五月二十二日　左庶子庆颐:《奉天防营积弊请严查折》,旨:"著依克唐阿确查严惩";《奉天盗风甚炽请参劾武弁片》,旨:"著依克唐阿确查具奏。"

五月二十三日　侍讲学士济澄:《遵保人才折》,旨:"存。"

五月二十五日　总理衙门:《遵议主事康有为条陈折》、《京师大学堂刊刻关防片》、《考验声光电化诸学片》、《会奏经济特科章程折》(附章程)。[3]

五月二十六日　道员吴懋鼎条陈。[4]

五月二十七日　攀桂:《参上年广西会匪破城一案臬司蔡希邠把持欺饰折》、《参桂林府知府孙钦晃等片》,旨:"黄槐森明白回奏。"

五月二十九日　孙家鼐:《请将冯桂芬所著〈校邠庐抗议〉印行折》、《编译各书宜由管学大臣进呈折》、《委派大学堂教习各员折》(附单)、

---

[1] 《戊戌变法》,第2册,第482—489页。这一天《上谕档》军机处奏片有两件,其一称:本日"御史文悌奏《言官党庇诬罔折》,面奉谕旨:'存。候酌核。'谨将原折恭呈慈览"。其二称:本日"御史文悌奏《言官党庇诬罔折》,奉明发谕旨一道。谨将原折恭呈慈览"。造成这一现象的原因不清楚,但反映光绪帝对此事的处理有过波折。后来是以明发上谕严谴文悌。

[2] 《戊戌变法档案史料》,第335—337页,奉明发谕旨:"派奕劻、色楞额、永隆管八旗骁骑营,崇礼、苏鲁岱管两翼、前锋、护军营,督同各员认真操练。"

[3] 第一件、第三件、第四件见《戊戌变法档案史料》第8—9页、第228—231页,第一件奉朱批:"著军机大臣会同总理各国事务王、大臣切实筹议具奏,毋得空言搪塞。"第二件、第三件均奉朱批:"依议。"第四件奉明发上谕一道。

[4] 该条陈上于二十四日,本日发下,内各省应设商务局、内工艺应分别举办,各奉谕旨一道。

《官书局宜派提调片》、《请先行指派官房开办大学堂片》〔1〕 宋伯鲁:
《请将时务报改为官报折》、《八旗官学请归大学堂统理片》〔2〕 攀桂:
《遵旨明白回奏折》,旨:"攀桂著交部议处。"

五月三十日　翰林院侍讲学士恽毓鼎:《江南缺米请设法运枲折》,
旨:"著刘坤一设法平枲。"御史文琇等:《办理正阳门街道情形折》、《查明
穆大鸿侵占官地已经拆卸片》。

六月初二日　奕劻等:《请将地安门内马神庙空闲府第修葺作为大
学堂之所折》〔3〕

六月初四日　总理衙门:《照案保奖章京各员折》(附单),朱批:"依
议";《查明举人查元济保案片》,朱批:"依议";《补章京片》,朱批:"知道
了"。御史郑思赞:《徐海灾象又成请饬妥筹抚恤折》,旨:"著刘坤一、奎
俊妥筹抚恤";《请停捐纳折》,旨:"户部议奏。"

六月初六日　都察院:《民妇赵李氏控诉命案冤抑据呈代奏折》(附
呈一件),明发谕旨一道。侍郎李端棻:《变法维新条陈当务之急折》,旨:
"著奕劻、孙家鼐会同军机大臣切实核议具奏";《请饬岑春煊回籍办团
片》,旨:"存。"御史张承缨:《请于五城添设小学堂、中学堂折》,旨:"著孙
家鼐酌核办理。"

六月初七日　顺天府丞丁立瀛:《请暂设议院折》,旨:"存。"

六月初八日　孙家鼐:《遵议时务报改为官报章程折》〔4〕 御史韩
培森:《请筹办仓谷折》,明发谕旨一道。

六月十一日　南书房翰林徐琪:《前保广东生员区金铎请饬催来京
考验折》,旨:"著谭钟麟迅催来京,交总理衙门察看具奏。"宋伯鲁:《各省

---

〔1〕　第一、二件见《戊戌变法》,第2册,第430—432页。第一件奉旨:"著荣禄刷印一千
　　　部,送交军机处。"第二件奉旨:"传知康有为遵照。"(关于康有为"孔子改制称王"一
　　　事)第三、四件奉旨:"依议。"第五件奉旨:"著奕劻、许应骙迅即查照办理。"
〔2〕　孔祥吉先生考证该折片是康有为所拟,考证及原文见《救亡图存的蓝图》,第164—
　　　169页。正折奉明发上谕:"著管理大学堂大臣孙家鼐酌核妥议奏明办理",该片奉
　　　旨:"存。"
〔3〕　《戊戌变法档案史料》,第266页。奉旨:"著总管内务府大臣量为修葺拨用。"
〔4〕　《戊戌变法》,第2册,第432—433页,奉明发谕旨一道。

举办铁路矿务官不如商宜及时鼓励》、《主事席庆云承办西山煤矿请饬查验片》,旨:"著总理各国事务王、大臣斟酌办理";《大学堂派办各员请开去别项差使数年有成再请优奖片》,旨:"孙家鼐酌核办理。"[1] 御史阎锡龄:《崇文门委员明贵等侵蚀税课请饬查办折》,旨:"著载濂等查明具奏。"

六月十二日　御史郑思赞:《经济特科请定滥保处分章程折》、《请举办民团折》。[2]

六月十三日　曾宗彦:《签说〈校邠庐抗议〉请展限期折》。[3]

六月十五日　军机大臣等:《议复主事康有为条陈折》。[4]

六月十六日　徐郙等代递国子监肄业生汪奎等呈请维持学校折,旨:"存。"

六月十七日　孙家鼐:《议复五城添设学堂事宜折》、《大学堂总办各员请毋庸停差片》。[5] 给事中郑思贺:《米价翔贵请筹办法折》,旨:"著南北洋禁止贩运";《请在江宁省城设立机器总厂片》,旨:"存";《请推广学堂月课章程片》,旨:"著孙家鼐酌核办理"。恽毓鼎:《敬陈管见四条折》,旨:"存";《蒙古团练扰民请查办片》,旨:"著寿荫查办。"

六月十八日　顺天府丞丁立瀛:《请兴办团练折》,旨:"存。"

六月十九日　崇文门监督载濂等:《查明委员明贵等参款折》,旨:"知道了。"

六月二十一日　太仆寺卿刘恩溥:《大学堂须经久折》。

六月二十二日　孙家鼐:《筹办大学堂大概情形折》、《议复给事中郑思贺奏学堂月课章程片》、《筹办官报事宜折》。[6] 御史何乃莹:《请定学

〔1〕 孔祥吉先生考证该片是康有为所拟,考证及原文见《救亡图存的蓝图》,第177—179页。该片奉谕:"著孙家鼐酌核办理。"
〔2〕 前折见《戊戌变法》,第2册,第447页。两折各奉明发谕旨一道。
〔3〕 《戊戌变法档案史料》,第451页。奉旨:"存。"
〔4〕 《戊戌变法档案史料》,第9—11页。奉明发谕旨四道。
〔5〕 前折见《戊戌变法》,第2册,第434页,奉明发上谕一道。后折奉旨:"依议"。
〔6〕 第一件见《戊戌变法》,第2册,第435—437页。第三件孔祥吉先生认为是康有为所拟,考证及原文见《救亡图存的蓝图》,第185—186页。该折奉明发上谕一道,见该日《起居注册》。

堂中额折》《各项考试请严搜检片》,旨:"著孙家鼐酌核办理。"

六月二十三日　总理衙门:《请派出使日本大臣折》(附单)、《请派出使朝鲜大臣折》(附单),面奉谕旨:"明日请旨办理";《议复陈宝箴奏兴事练兵筹款事宜折》。[1]　杨深秀:《请申谕诸臣力除积习折》、《津镇铁路请另行招商办理片》。[2]

六月二十四日　王文韶等:《设立铁路矿务总局折》(附单)、《请铸关防片》、《请拨经费片》。[3]

六月二十六日　编修张亨嘉:《沥陈亲老丁单请改派朝鲜公使折》。

六月二十七日　徐致靖:《请开编书局折》。[4]

六月二十九日　孙家鼐:《办理编书局举人梁启超请添经费折》(呈一件),明发谕旨一道。

七月初三日　孙家鼐:《遵议徐致靖请开编书局应毋庸议折》[5]翰林院代递编修罗长裿呈。[6]　仓场侍郎李端棻:《黄遵宪堪胜重任折》,旨:"存";《保庶吉士熊希龄、江苏试用道谭嗣同片》,电旨:"著陈宝箴传知熊希龄来京预备召见。"内阁学士阔普通武:《请设议院折》。[7]

七月初四日　刑部代递郎中杜庆元敬陈管见折,旨:"著军机大臣会同总理各国事务王、大臣归入罗长裿条陈一并议奏。"都察院代递举人何镇圭条陈武试团练并行必有成效折,旨:"著兵部归入变通武科章程一并议奏";都察院代递举人李效培条陈时务折,旨:"著总理衙门察看其人,

---

〔1〕　后一折见《戊戌变法档案史料》,第28—33页。奉明发寄信谕旨各一道。

〔2〕　孔祥吉先生考证该折片是康有为所拟,正折原文未见,附片及考证见《救亡图存的蓝图》,第187—190页。正折奉明发上谕一道,附片奉旨:"著王文韶、张荫桓酌核办理。"

〔3〕　第一件、第三件见《戊戌变法档案史料》,第433—435页。

〔4〕　孔祥吉先生考证该折是康有为所拟,原文未见,考证见《救亡图存的蓝图》,第207—209页。奉旨:"著孙家鼐酌核具奏。"

〔5〕　《戊戌变法档案史料》,第455页,奉旨:"依议。"

〔6〕　《戊戌变法》,第2册,第366—372页,奉旨:"著军机大臣、总理衙门切实妥议具奏。"军机处奏片称该呈太长,应抄录,明日呈上。

〔7〕　孔祥吉先生考证该折是康有为所拟,考证及原文见《救亡图存的蓝图》,第213—216页。奉旨:"存。"

逐条考核办理";都察院代递四川京官骆成骧等、举人刘宣等呈诉奸商刘鹗请开矿务有碍大局折(两件),旨:"著总理衙门查核具奏。"

七月初五日　孙家鼐:《大学堂添设文案处折》、《官书局经费请由部改拨片》,均奉旨:"依议";《改派御史李盛铎充大学堂总办片》;《郎中王宗基等集资创建学堂片》。[1] 尚书许应骙封奏一件,旨"留中"。总理衙门:《代递主事康有为条陈折》(原折一件)、《汇核各关提存出使经费折》、《各省关欠交出使经费请饬解还片》、《请饬出使大臣就寓洋华人建立学校折》、《请由出使馆翻译西书片》。[2] 翰林院侍讲学士济澄:《奉天商务可否由贵铎、德馨会办折》,明发谕旨一道。

七月初六日　张承缨:《川省昭信股票摊派扰累请饬妥办折》,明发谕旨一道;《川省教案会匪请饬认真办理片》,旨:"著恭寿饬属认真办理";《各省捐案请扣限咨奖换照片》,旨:"著户部、国子监查明办理。"

七月初七日　前太仆寺少卿岑春煊:《敬陈管见折》,旨:"著军机大臣会同总理各国事务王、大臣妥议具奏。"

七月初九日　刚毅:《提讯敖汉郡王达木林达尔达克参案谨就现讯情形先行拟结折》,明发上谕一道。詹事府代递中允文焕封奏一件,旨:"留中。"御史杨福臻:《变通武科宜合学堂、营制、科举为一事折》,明发谕旨一道;《两淮盐场克扣灶丁请饬查片》,旨:"著刘坤一通饬查办。"

七月初十日　孙家鼐:《梁启超请在上海设编译学堂并请免书籍报纸纳税》(原呈原片各一件)。[3] 翰林院代递编修张星吉条陈。[4] 翰林院呈进编修陈鼎《校邠庐抗议别论》一部,明发谕旨一道。御史黄桂鋆:《广西匪党孙文请严查防范折》,旨:"著谭钟麟、许振祎、黄槐森查办";

〔1〕　最后一片见《戊戌变法档案史料》第273—274页,奉明发谕旨一道。
〔2〕　康有为原折见《救亡图存的蓝图》,第210—213页。该折奉明发上谕一道,设立农工商总局。第三件奉旨:"著户部、南北洋大臣赶紧筹还。"最后两件见《戊戌变法档案史料》第271—273页、第456页,奉旨:"著各出使大臣等妥筹办理。"
〔3〕　梁启超呈见《戊戌变法档案史料》第456页,奉明发谕旨一道。
〔4〕　张星吉条陈内请停股票一条,同本日黄桂鋆折奉谕旨一道,内剿粤匪一条同黄桂鋆折奉谕旨一道,内防会匪一条,旨:"著沿江沿海各督抚妥筹防范",内惩教民一条,旨:"著总理各国事务王、大臣妥议具奏。"

《请停办昭信股票片》,旨:"户部核议具奏。"

七月十一日　奕劻等代递副都统荣和拟招旧部猎户以固陪都折,旨:"准其招集并令伊克唐阿酌核办理。"鸿胪寺:《请将汉序班一项归入捐纳折》,旨:"暂存。"前太仆寺少卿岑春煊:《参广西巡抚黄槐森办匪不力折》、《参广西臬司蔡希邠片》,旨:"交陈宝箴查办并令苏元春迅速剿办土匪。"御史王培佑奏:《变法自强当破蒙蔽积习折》。[1]

七月十二日　都察院代递总兵张绍模敬陈管见折、都察院代递已革道员何应钟条陈时事折、都察院代递举人罗济美条陈时务折、都察院代奏举人朱励志条陈时事折,均奉旨:"存。"御史冯锡仁:《参黄槐森折》,奉明发寄信谕旨各一道。

七月十三日　顺天府学政张英麟:《巡捕因疯自缢家属藉端挟制请归案审办折》,旨:"著交刑部审办。"少詹事王锡蕃:《敬保通达时务人才折》、《请敕各省设立商会片》。[2]

七月十四日　孙家鼐奏:《派员赴日本考察学务折》。[3] 管理国子监事务徐郙等:《代奏候补学正学录黄赞枢条陈时务折》(呈一件)。

七月十五日　督办农工商总局端方等:《开办总局情形折》、《请铸关防片》。[4]

七月十六日　总理衙门:《复陈芦汉铁路借款折》、《议复瞿鸿机请将教民名数册报折》、《议复张星吉严惩教民片》,均奉旨:"依议。"礼部奏代递主事王昭条陈折(二件),明发上谕一道。翰林院代递主事姚大荣条陈折,旨:"存。"翰林院代递编修赵炳麟条陈折,旨:"暂存。"光禄寺卿常明:《知府郑思贤措筹巨款请作练兵购械之用折》,旨:"交谭钟麟核办。"侍讲学士济澄:《敬陈山东河工情形折》,旨:"交张汝梅筹办";《请将广东番摊等项陋规化私为公片》,同常明折奉旨:"交谭钟麟核办";《四川顺庆府会

〔1〕《戊戌变法》,第2册,第372—374页,奉明发谕旨一道。
〔2〕《戊戌变法档案史料》,第163—164页、第389—390页,奉明发谕旨一道。
〔3〕《戊戌变法档案史料》,第276页,奉旨:"依议。"
〔4〕前折见《戊戌变法档案史料》第390—391页,前折奉旨:"著端方等认真筹办",后片奉旨:"依议。"

匪情形片》，旨："存。"侍郎长萃:《请拿办仓匪折》，旨："著步军统领衙门查办。"给事中诧佛欢:《热河张三营等处荒地请开垦折》，旨："交色楞额核办。"《绿步二营弊窦片》，旨："著步军统领衙门查核。"

七月十七日　内务府代递员外郎多济条陈折，旨："存。"

七月十八日　礼部代递主事罗凤华条陈折，旨："著军机大臣会同总理衙门妥议具奏。"给事中庞鸿书:《振兴庶务宜审利弊折》，[1] 御史华辉:《广西会匪未靖请简派大员督剿折》，旨："责成苏元春认真剿办。"

七月十九日　都察院代递知县缪润绂、知县范敬清、从九品王子麟、举人李文诏等、贡生陈保勋、举人赵铭恩、教职李长生、拔贡延嵩寿条陈各一件，都察院代递民人高如清呈一件、书四本，[2] 兵部代递笔帖式珠英条陈折，旨："暂存。"端方等:《拟设农学堂大概情形折》、《农工商局拟借用詹事府旧署折》、《请拨经费折》、《调员差遣片》，[3] 委散秩大臣铭勋:《请试办官磺局折》。[4]

七月二十日　内阁奏代递中书王景沂、龙学泰条陈(王景沂呈、片二件，龙学泰折、片、疏七件)。[5] 翰林院奏代递笔帖式万亨条陈折、都察院递编修顾瑗请停捐折，均奉旨："暂存。"孙家鼐代递知县范敬端条陈折，旨："暂存。"给事中国秀等:《办小学堂情形折》。[6] 左都御史裕德:《保护教堂折》，旨："总理衙门妥速议奏。"《保提督张士元等折》。都察院:

---

[1] 庞鸿书折内条陈经济科等语，奉旨："著总理各国事务王、大臣会同礼部酌核具奏。"条陈大学堂章程等语，奉旨："著孙家鼐酌核具奏。"改定武科等语，奉旨："著兵部妥议具奏。"振兴农务、劝课种植、推广工艺、商务设局，奉旨："著端方、徐建寅、吴懋鼎酌核具奏。"创修铁路、开拓矿务等语奉交片谕旨："著王文昭、张荫桓酌核具奏。"通用银元等语，奉旨："著户部妥议具奏。"

[2] 缪润绂呈见《戊戌变法档案史料》，第118—125页，奉旨："存。"李文诏等呈奉旨："令陈宝箴查办。"其余各奉旨："暂存。"

[3] 第一折、第三折见《戊戌变法档案史料》，第391—393页，各折片均奉旨："依议。"

[4] 《戊戌变法档案史料》，第437—438页，奉旨："著总理衙门查询明白具奏。"

[5] 王景沂一折见《戊戌变法档案史料》，第183—184页，王两片分别奉旨："著总理衙门议奏"、"著端方议奏"。龙各件奉旨"暂存"。

[6] 《戊戌变法档案史料》，第281—282页，奉旨："依议。"

《民人李法志控案折》(附呈一件)。徐致靖:《请酌置散卿折》[1] 张荫桓:《保举将才折》、《保举张上达等熟悉河工片》、《请办团练折》、《陈清讼事宜折》,各奉明发谕旨一道。

七月二十一日　总理衙门代递章京张元济、知县谢希傅条陈(两件)[2] 总理衙门代递章京刘庆汾、知县洪涛条陈(二件)[3] 工部代递主事汪赞纶请兴畿辅水利折,旨:"著总理衙门、端方分别议奏。"恽毓鼎:《请设立武备大学堂折》、《参黄槐森庸懦欺饰折》[4]

七月二十三日　翰林院侍读学士陈兆文奏:《保王闿运折》,电旨一道。昨日户部代递主事程式谷条陈,旨:"著端方妥议具奏。"昨日户部代递主事王凤文、主事宁述俞条陈[5] 昨日户部代递主事王凤文条陈(二件)、主事彭谷孙条陈、主事谷如墉条陈、主事闵荷生条陈、主事陶福履条陈(二件)均奉旨:"存。"[6]昨日宗人府代递主事陈懋鼎条陈,旨:"存。"昨日国子监代递学正学录黄赞枢条陈,旨:"存。"

七月二十四日　刑部代递主事洪汝冲折,旨:"留中。"[7]端方等:《请用机器铸铜钱银元折》、《议复汪赞纶条陈水利折》、《议复庞鸿书条陈农工商务折》[8] 孙家鼐:《议复徐致靖请设散卿折》、《议复庞鸿书条陈

〔1〕孔祥吉先生考证该折是康有为所拟,原文未见,考证见《救亡图存的蓝图》,第229—230页。奉旨:"徐致靖奏冗官既裁,请酌置散卿以广登进一折。著孙家鼐妥速议奏。"

〔2〕张元济折见《戊戌变法档案史料》,第42—49页。该折奉旨:"留中。"谢希傅呈奉旨:"著总理衙门、端方分别议奏。"

〔3〕刘庆汾呈见《戊戌变法档案史料》,第427—429页,奉旨:"著总理衙门妥议章程奏明办理。"洪涛呈奉旨:"暂存。"

〔4〕前折见《戊戌变法档案史料》,第284—285页,奉旨:"著孙家鼐议奏。"后折奉旨:"暂存。"

〔5〕宁呈见《戊戌变法档案史料》,第49—53页,两呈各奉明发谕旨一道。

〔6〕王凤文、陶福履呈见《戊戌变法档案史料》,第173—174页、第428—429页、第38—42页。

〔7〕《戊戌变法》,第2册,第326—366页。

〔8〕第一件奉旨:"著总理衙门归入刘庆汾条陈内一并议奏。"第二、三件奉旨"依议",第三件见《戊戌变法档案史料》,第396—397页。

大学堂章程折》、《请设医学堂片》。〔1〕 孙家鼐代递骆成骧进呈书籍《中兴金鉴录》，旨："留览。"孙家鼐代递范敬端自行保荐折，旨："存。"御史戴恩溥等：《胶澳租界擅增里数折》、《请派员履勘片》，旨："总理衙门查明办理。"四品京堂王照：《参张荫桓朦保张上达等折》。〔2〕 都察院代递教习知县李文诏条陈(二件)、广西举人张鸿俅条陈，旨："留中。"〔3〕

　　七月二十五日　　总理衙门：《四川矿务商务请派韩铣等办理折》，明发谕旨一道。总理衙门代递道员汪嘉棠条陈(折片各一件)，奉旨共五道。户部代递郎中欧阳弁元条陈，旨："著谭钟麟确查具奏。"户部代递主事吴锡禹条陈，明发谕旨一道。户部代递司员杨楷条陈并书两种，旨："存。"王文韶等：《分设铁路矿务学堂折》、《请借太仆寺旧署作为铁路矿务总局片》、《请刊办理奉天矿务关防片》。〔4〕 李端棻封奏一件，旨："留中。"胡燏棻：《接造京西铁路折》，明发谕旨一道；《移设铁路学堂片》，旨："总理衙门查核办理。"《借用洋款须奉明文片》，旨："总理衙门酌核具奏。"

　　七月二十六日　　总理衙门代递章京李岳瑞条陈(折片各一件)，旨："归入张元济条陈核办。"总理衙门代递道员恽祖祁条陈，旨："张之洞斟酌办理。"署侍郎徐致靖：《保袁世凯折》。〔5〕 南书房翰林陆润庠奏：《请设馆编纂洋务折》，旨："著孙家鼐核议具奏。"日讲起居注官黄思永奏：《请开速成学堂折》、《铁路矿务应由国家设立公司片》、《请设集贤院折》、《督抚藩臬年老人员请饬陛见折》。〔6〕 二十四日刑部代奏主事萧文昭条陈。〔7〕 二十四日翰林院代递编修叶大遒条陈，旨："著总理各国事务

〔1〕　见《戊戌变法档案史料》，第 176 页、第 285—286 页。
〔2〕　《戊戌变法》，第 2 册，第 356 页，奉旨："张汝梅查明具奏。"
〔3〕　其中李文诏一呈，可能是《戊戌变法档案史料》，第 192—193 页所收。
〔4〕　第一折见《戊戌变法档案史料》，第 288—289 页。各折片均奉旨："依议。"
〔5〕　孔祥吉先生考证该折是康有为所拟，原文及考证见《救亡图存的蓝图》，第 231—234 页。奉电旨："著荣禄传知袁世凯即行来京陛见。"
〔6〕　第三折、第四片见《戊戌变法档案史料》，第 177—178 页。第一件于次日奉明发谕旨一道，第二件奉旨："著王文韶、张荫桓妥议具奏。"第三件奉旨："孙家鼐核议具奏。"第四件奉明发谕旨一道。
〔7〕　《戊戌变法档案史料》，第 397—400 页，奉明发谕旨一道。

衙门议奏。"二十四日都察院代递生员荣绶条陈。[1] 此外,于二十四日上奏的:翰林院代递编修叶大遒条陈(折片各一件),刑部代递司狱蓝沅条陈、都察院代奏州判詹大烈条陈、府经历李杜堂条陈、举人胡大华条陈、举人卓祖荫条陈、举人顾俊基条陈、举人李文诏条陈、举人王学曾条陈、拔贡生吴明勤条陈、拔贡生方履中条陈、拔贡生延嵩寿条陈(二件)、生员于翰镇条陈、生员赵桂森条陈、生员徐堃锡条陈、民人陈锦奎条陈,均在本日奉旨:"存。"[2]

七月二十七日　岑春煊:《条陈时务折》、《徐海等处讳灾片》、《试办铁路彩票片》、《参岑盛霭不法片》。[3] 侍讲学士瑞洵:《请折漕折》、《请提款购米片》、《请裁并屯卫片》、《请设报馆折》、《请考试京员片》。[4] 内阁代递候补中书祁永膺奏请改儒学为教习折,旨:"孙家鼐妥议具奏。"以下条陈皆是二十四日代奏:刑部代递主事顾厚焜推广邮政折,旨:"著总理衙门会同兵部妥议具奏。"都察院代递四川举人陈天锡等挑取教习等项折。[5] 都察院代奏知县黄遵楷奏设善堂折、都察院代奏广东拔贡陈采兰办理教案六条折,均奉旨:"著总理衙门议奏。"翰林院代递编修赵炳麟折,内学堂章程一条、刑部代递主事顾厚焜折,内铁轨一条,均奉旨:"著总理衙门议奏。"刑部代递笔帖式奎彰自请出洋折,旨:"著孙家鼐察看。"刑部代递主事杨增荦奏请推广农政折、刑部代递郎中孔昭鋆兴办广东商务折,均奉旨:"著端方议奏。"都察院代递教习知县李文诏请整顿官学折。[6] 都察院代递主事广德条陈,内挑缺用火枪一条,奉旨:"八旗都统

〔1〕 呈见《戊戌变法档案史料》,第65—71页,奉交片谕旨:"总理衙门会同兵部议奏。"
〔2〕 赵桂生、徐堃锡、李文诏呈见《戊戌变法档案史料》,第54—64页、192—193页。
〔3〕 第一折见《戊戌变法档案史料》,第91—95页,奉寄信、交片谕旨:户部、总理衙门、各督抚分别办理。第二件奉明发谕旨一道,第三件奉旨:"著岑春煊试办。"第四件奉电旨一道。
〔4〕 《设报馆折》见《戊戌变法档案史料》,第456—466页,第三、四、五件各奉明发谕旨一道。
〔5〕 《戊戌变法档案史料》,第237—238页,奉旨:"著吏部、礼部妥议具奏。"
〔6〕 《戊戌变法档案史料》,第286—287页,该折与广德折内将官学改学堂一条,奉旨:"著管学大臣议奏。"

等议奏"。都察院代递顺天生员高世芬裁汰冗员折〔1〕 都察院代递福建生员林辂存用切音折,旨:"著总理衙门考验具奏。"

七月二十八日　宋伯鲁:《参谭钟麟折》、《参魁元片》、《请妙选通才折》、《京师道路仿用西法修理片》、《行销银元请酌定价值片》,〔2〕端方等代递金蓉镜条陈折,旨:"总理衙门、户部分别议奏。"端方等:《遵议程式谷条陈折》、《遵议王景沂条陈折》、《遵议筹办丝茶折》、《保梁鼎芬等折》,〔3〕二十六日都察院代递举人张如翰条陈。〔4〕

七月二十九日　礼亲王世铎等:《遵议袁昶条陈折》,旨:"著各督抚分别办理。"孙家鼐:《详拟医学堂办法折》、《奏派朱启勋充提调片》、《通艺学堂请列入中学堂折》、《遵议恽毓鼎请设武备学堂折》,〔5〕杨深秀:《裁缺大僚缓用新进甄别宜严折》,〔6〕给事中胡俊章:《保举人才宜定限制折》、《请开水利片》、《请多购军器片》,旨:"存。"御史张承缨:《请整顿铁路积弊折》、《变通起复人员班次片》,〔7〕侍郎张英麟:《保举人才折》(单一件)、《保毓贤等片》,明发谕旨一道。徐致靖:《保举人才折》、王照:《保举人才折》,均奉旨:"存记。"前太仆寺少卿隆恩:《商人集股请办铁路折》,旨:"著铁路矿务总局议奏。"总理衙门代递章京郑孝胥条陈折。〔8〕

〔1〕 《戊戌变法档案史料》,第191—192页,奉旨:"存。"
〔2〕 前四折片经孔祥吉先生考证是康有为所拟,其中第三折原文未见,其余折片及考证见《救亡图存的蓝图》,第235—246页。第一、二件奉旨:"著陈宝箴一并逐款确查,据实严参。"第三件奉旨:"暂存。"第四件奉旨:"著总理衙门妥议具奏。"
〔3〕 前三折见《戊戌变法档案史料》,第402—406页,并均奉寄信谕旨"著各省督抚筹办",后一折奉电旨一道。
〔4〕 《戊戌变法档案史料》,第289—290页。奉旨:"著礼部会同孙家鼐、端方等议奏。"二十六日由都察院代递。
〔5〕 第一折、第四折见《戊戌变法档案史料》,第298—300页,前三折片均奉旨:"依议。"最后一折奉旨:"军机大臣会同总理衙门议奏。"
〔6〕 孔祥吉先生考证该折为康有为所拟,原文及考证见《救亡图存的蓝图》,第252—255页。
〔7〕 前折见《戊戌变法档案史料》,第438—439页,奉旨:"著铁路矿务总局查明办理。"后折奉旨:"著吏部议奏。"
〔8〕 郑折见《戊戌变法档案史料》,第11—12页,奉旨:"军机大臣议奏。"

七月三十日　国子监代递助教崔朝庆所著《一得斋算书》、《浙江嘉兴府水道图》，旨："著总理衙门大臣阅看具奏。"二十七日内阁代奏中书祁永膺条(陈折片各一件)，二十七日翰林院代递庶吉士周渤条陈，二十七日都察院代递试用知县冯秉钺条陈、试用州同郭申绶条陈、经历关敏道条陈、举人温宗羲条陈、拔贡刘子丹条陈、拔贡周培棻条陈、拔贡郑重条陈，均奉旨："存。"[1]

八月初一日　署侍郎王锡蕃:《山东治河请酌用西法挖泥船及打桩机器折》，旨："著张汝梅察看具奏。"户部代递主事蔡镇藩请审官定职折。[2]七月二十六日翰林院代递检讨桂坫条陈。[3]七月二十七日翰林院代递庶吉士丁惟鲁条陈折，奉明发谕旨一道;同日翰林院代递编修夏寿田条陈。七月二十七日兵部代递候补郎中李钟豫条陈折。七月三十日宗人府代递主事陈懋鼎条陈(折片各一件)。七月二十九日神机营代递通判董毓琦条陈折一件，均奉旨："存。"[4]

八月初二日　孙家鼐:《遵议学堂中额折》。[5]阔普通武:《保举人才折》，明发谕旨一道。七月二十八日总理衙门代递章霍翔条陈折，同日总理衙门代递副将陈季同请专使联络各国折、京师修路设立工程局片、学堂章程片。[6]七月二十九日工部代奏主事暴翔云考察吏治折，旨："著刘树棠、刘坤一分别查复。"同日工部代奏主事金蓉镜江浙米价情形折，旨："著刘坤一、廖寿丰分别查复。"七月二十九日兵部代递主事黄维翰条陈

〔1〕　冯秉钺、周渤、郭申绶、关敏道、周培棻呈见《戊戌变法档案史料》，第413—414页、第357—360页、第85—91页、第11—12页。

〔2〕　《戊戌变法》，第2册，第381—392页，奉旨："军机大臣会同各部院翰林科道各官详议具奏。"

〔3〕　《戊戌变法档案史料》，第355—356页，奉旨："著刘树棠核议复奏。"七月二十六日都察院代奏。

〔4〕　夏寿田折、片见《戊戌变法档案史料》，第166页、第295—296页。

〔5〕　《戊戌变法档案史料》，第239页，奉旨："著孙家鼐会同礼部办理。"

〔6〕　霍翔见《戊戌变法档案史料》，第292—294页。该折与陈季同所进前两件，同奉旨："著总理衙门议奏。"陈季同第三件奉旨："存。"

（二件），七月三十日兵部代递何成浚条陈、李钟豫条陈，沈搏青折，[1]七月二十七日都察院代递生员诚勤条陈、笔帖式联治条陈、陕西举人张铣条陈、山东省拔贡郑重条陈，七月三十日户部代递小京官邢汝霖条陈（折片各一件），七月二十七日吏部代递王宾基条陈，同日兵部代递学习主事范轼条陈，七月二十九日、三十日内阁代递郑宝谦条陈（三件）；本日吏部代递主事关榕祚重用康有为折，兵部代递主事李钟豫暂缓天津阅操折；以上各件均奉旨："存。"[2]

---

〔1〕 我在《上谕档》、《随手登记档》中无法查出沈折何处何时代奏。此时军机处工作已混乱。
〔2〕 范轼、关榕祚、李钟豫、诚勤、黄维翰折见《戊戌变法档案史料》，第91—102页、第167页、第184—188页、第361—362页。

附录二：光绪二十四年正月至百日维新前军机处上呈慈禧太后重要折片

光绪二十四年正月，共上呈慈禧太后重要折片 29 件：初六日，给事中高燮曾：《请设武备特科折》。十二日，顺天府尹胡燏棻：《工程紧要湘省前调勘路之员碍难遵调前往折》，御史王廷相：《时局增艰请亟振皇纲折》。十九日，委散秩大臣裕兴：《自请议处并据实纠参折》。二十日，编修顾瑗：《条陈练兵事宜》（翰林院代奏）。二十二日，委散秩大臣锡光：《敬陈管见折》、《户部内务府库银积弊片》。二十五日，内阁侍读学士荣庆：《八旗人才请饬部院大臣认真培养折》，给事中张仲炘：《请将海疆重地遍开商埠折》、《考差人员改试时务策论片》，御史王鹏运：《请力行修省实政折》、《请开办京师大学堂折》。二十六日，胡燏棻：《请精练陆军折》、《神机营操演请改用新法片》、《改设武科章程请于各省分设学堂教习片》，给事中国秀等：《请铸小银元以平市价折》、《酌拟行用银元办法》。二十七日，翰林院侍讲恽毓鼎：《经济特科宜议登进之途折》、《请兴修山东铁路以得漕运折》、《请将降调知州陶锡祺交山东差委片》，管理街道御史文瑔等：《特参都察院经历穆大鸿侵占官街请交部议处折》。二十八日，巡视北城御史忠廉、李擢英：《梁家园百善堂暖厂援案请续赏米石折》、《北城外坊地面添设海晏水局请饬部立案折》。二十九日，御史陈其璋：《德事将定后患宜防请外善邦交内修边备折》、《请饬总署将已译印各种图书颁交各学各馆片》、《阿尔泰金矿请饬总署妥议办理片》。三十日，御史胡孚宸：《请停捐实官并严核保举折》、《请饬总理各国事务衙门、礼部将时务各书同同文馆译印书籍颁行各省片》、《经济科岁举生监请认真录送片》。

二月,共上呈慈禧太后重要折片 42 件:初一日,军机处等:《会议荣禄广练兵团折》,委散秩大臣锡光:《理财固本以裕库储折》。初七日,毓昆等:《惠陵工程紧要请派大臣查勘折》,给事中张仲炘:《敬陈管见折》、《德使要挟愈甚不宜曲允折》。初八日,山西京官:《山西开办铁路宜防后患呈》(都察院代奏),左都御史徐树铭:《山西矿务铁路宜由本省绅民自办折》,御史宋伯鲁:《请设议政处折》、《总理衙门时务书籍请发交翰林院片》,委散秩大臣锡光:《请办厘税间架折》。初十日,户部:《拟定昭信股票详细章程折》(单一件),给事中荣升等:《侍卫志兴狡赖借款请旨办理折》,御史胡孚宸:《风闻德杀华民请饬总署诘责折》、《国闻报中载有中英新约一条请饬查片》。十一日,督办军务王、大臣:《遵议依克唐阿抽练工兵飞兵折》,廖寿恒:《恳请收回成命折》。十二日,总理衙门送到许景澄来电一件、发给电信一件,拟发杨儒、吕海寰电信各一件。十四日,总理衙门送到俄署使巴布罗福、德使海靖照会各一件。总理衙门:《与德国使臣议订专条画押事竣折》。十五日,右中允黄思永:《徐淮海三属被灾请筹赈抚折》、《职衔抵捐请递减二成实银片》。十六日,御史陈其璋:《请再借美国洋款折》。十七日,御史宋伯鲁:《请派员往美集大公司筹办铁路折》。二十一日,总理衙门送到俄署使巴布罗福照会一件、总理衙门发许景澄电信一件。十九日,启秀:《遵旨查勘惠陵工程情形折》;御史乌尔庆额:《詹事府考取供事弊窦丛生请申明旧章折》、《各馆供事冒充甚多片》。二十三日,给事中高燮曾等:《俄事紧迫所议万不可允折》。二十四日,给事中郑思贺:《庐汉、津镇铁路同时并办恐致两妨折》、《各省开垦荒田请认真清查片》、《请停房捐片》。二十六日,军机大臣会同兵部:《遵议荣禄等奏请变通武科章程折》(单一件)。二十八日,总理衙门送到俄署使巴布罗福照会一件并录本国电信一件,总理衙门复照一件及交片谕旨一件;御史陈其璋:《举人复试路阻逾期请饬礼部援案办理折》。

三月,共上呈重要折片及书籍 54 件:初一日,御史文悌:《敬陈管见折》、《满蒙御史请先尽各衙门得力人员保送并编、检各员准照汉员保送片》。初二日,刚毅:《时事多艰直陈愚悃折》、《整顿厘金、保甲、仓谷三片》。初三日,顺天府尹胡燏棻:《接造关外铁路半借洋款请仍拨经费并劝办捐输折》、《永定门外添设电轨请饬部拨款片》,御史潘庆澜:《时事多艰敬陈管见折》、《请饬各省于节省饷项内酌提兵丁加饷片》、《各省武备学堂请于去城稍远之地建立片》、《息借华款请饬部将股票部章遍为颁示片》。初四日,御史陈其璋:《俄患孔亟敬陈三策折》。初五日,给事中郑思贺等:《湖南金矿请饬禁借洋债折》;御史文悌:《请拒俄联英折》;总理衙门:《俄国订租旅大并展接铁路折》、附条约、附与俄方照会。初六日,督办军务王、大臣:《请将董福祥军移扎正定折》;御史何乃莹:《山西铁路矿务请饬停办借款折》、《昭信股票宜防流弊片》。十三日,山西京官:《山西商务局借款章程关系重大条陈》(都察院代奏)。十九日,御史李盛铎:《请举行大阅折》、《请饬各省督抚将省会大学堂及武备学堂克日兴办片》。二十二日,给事中国秀等奏:《宗室松岫入署肆闹请饬审办折》,御史联锦:《部院印钥应尽郎中、员外郎管带折》、《库伦办事大臣连顺任用劣员请查办片》。二十三日,侍讲恽毓鼎:《时局日艰请饬廷臣会议折》、《参西路厅同知谢裕楷等贪劣请饬查办片》;御史文悌:《请禁匪徒假冒洋捐折》;总理衙门:《代奏主事康有为条陈折》,附条陈一件、片一件,并《日本变政考》、《泰西新史揽要》、《列国变通兴盛记》;又总理衙门先前两次代奏康有为条陈折二件,附原呈三件,并《俄彼得变政考》。二十四日,给事中吴光奎:《四川民教斗殴急宜持平办结折》、《请饬增祺速赴福州将军任以便裕禄交卸赴川督新任片》,出使大臣伍廷芳:《京营暨各省绿营参用新法训练片》。二十六日,给事中国秀等:《言官呈送铺伙讯无实迹请旨交部审讯折》。二十七日,大学士徐桐:《司员猷法贿求据实纠参折》。二十八日,荣禄、刚毅:《查明敖汉郡王达木林达尔达克被参各款据实复奏折》、《蒙弁杀害佃民一案请由热河都统讯结片》。二十九日,都察院:《奉天贡生程九式呈控诬良安拿折》,黄思永:《请将通商口岸等事从长计议折》,高赓恩:《请崇正学折》,隆恩:《保举人才折》,徐桐:《请召张之洞来京面询机宜折》。三十日,工部郎中唐浩镇:《请令各省自辟利源折》(工部代奏)。

闰三月,共上呈慈禧太后重要折片56件:初一日,御史陈其璋:《铁路矿产请广为筹办折》、《山西矿务铁路请设监督稽查片》。初五日,总理衙门:《德使照称德国亲王将次来京折》(照会一件)、《会奏遵议河南奏设制造厂局折》、《遵议各省建立大学堂并筹设武备学堂片》、《会奏遵议接造关外铁路筹拨款项折》、《会奏遵议永定门外添设电轨请拨款片》、《法国请租广州湾及建造滇越铁路办理情形折》(照会四件)、《遵议出使大臣伍廷芳奏教案迭起变通成法折》、《筹办四川江北厅教案片》、《奏请简放船政大臣片》,御史徐道焜:《昭信股票流弊甚多速筹补救折》。初七日,山东举人孔广謇:《呈控德人残毁文庙圣像》(都察院代奏),给事中张仲炘:《德人无礼请严行责问折》、《接待德主之弟礼节过优请另行妥议片》、《请严禁贩米出洋片》、《福建营官廉凯裁兵索贿请行严办片》。十二日,顺天府尹胡燏棻:《查明西路厅同知谢裕楷等参款折》,御史潘庆澜:《条陈时务折》、《获盗请奖各案请量为变通片》、《刑部现审各案应由各司开单呈堂片》。十三日,委散秩大臣锡光:《请饬厘定京师银粮价值折》、《请整顿宗室觉罗等学片》、《侍卫马乾请照章支领片》,御史杨深秀:《山西局绅贾景仁劣迹多端请旨惩处折》,御史李盛铎:《党会日盛宜防流弊折》、《天津〈国闻报〉馆现归日本人经理水师学生不应代为译报片》。十五日,都察院:《湖北等省举人因山东即墨县圣像被毁呈请查办据情代奏折》,附呈四件,御史文悌:《德人作践圣庙亟应评断赔修折》。十八日,翰林院:《编修李桂林等具呈以文庙圣像被毁宜速责德使惩办据情代奏折》。二十三日,都察院:《直隶京官李桂林等呈称圣像被毁请查办折》(原呈四件)、《嗣后再有呈诉此案迳咨总理衙门片》、《四川举人董玉璋等呈诉江北厅教案折》(原呈一件)、《山西举人张官等呈诉矿务情形折》(原呈一件),徐树铭:《湖南民情强悍外人尝试恐激成事变折》、《湖南保卫局章程请饬禁止片》、《请遵崇圣道折》、《请饬湖南学政力崇正学片》。二十七日,大学士徐桐:《请将张荫桓严遣折》,御史文悌:《参崧蕃贪纵各款折》,给事中高燮曾:《昭信股票宜分别办理折》、《请禁贩米出洋片》、《总署不宜滥准公呈折》、《即墨县文庙案请饬学臣查复片》,黄桂鋆:《总署不得代达莠言折》、《保浙各会私借洋款请查究片》,御史杨福臻、王培佑:《即墨县文庙案请由总署明示各国公议办法折》。

四月初一日至二十二日,共送折片43件:初三日,御史黄桂鋆:《官报章程亟宜设法整顿折》。初四日,兵部左侍郎荣惠:《敬陈管见折》、《已革道员萧允文等请弃瑕录用片》。初五日,督办军务王、大臣:《议复王毓藻请精练陆军并整顿海军折》、《袁世凯请缓募千人片》、《请调总兵孙玉彪片》。初六日,御史曾宗彦奏:《请精练陆军兼习洋操折》(单一件)。初十日,都察院:《云南举人沈銮章等呈控举人钱用中等条陈矿务贻害地方折》、《奏请将刘鹗、方孝杰拿解回籍片》、《广西民妇覃谭氏遣抱呈诉惨杀多命折》,御史王鹏运:《大臣误国请罢斥折》。十三日,仓场衙门:《酌拟仓务条陈折》(单二件)、《搭放各仓陈米片》,御史杨深秀:《厘正文体折》、《请明定赏罚以正趋向折》、《请议游学日本章程片》、《请筹款译书局片》、《遣王公出洋游历片》。十七日,御史陈其璋:《请开铁路口岸折》、《请议加洋税片》、《请教练同文馆学生俾充洋关扦手片》,御史郑思赞:《河南省城不宜用洋车折》、《参吴式钊等揽办矿务片》、《铺捐药牙请旨停办折》,御史杨崇伊:《铺捐药牙请旨停办折》、《请禁贩米出洋片》、《参中允黄思永片》、《裁兵宜慎片》。十八日,顺天府尹胡燏棻:《请筹拨锦州铁路工款折》、《赶造大凌河一带铁路片》、《仍派吴懋鼎办理铁路片》,御史李盛铎:《请开馆译书折》、《河南矿务请议办理片》、《请暂免江西米厘片》。十九日,庶子陈秉和:《山东安邱县知县俞崇礼办理昭信股票借端殃民请饬查参折》。二十日,侍讲学士济澄:《云南广西州知州刘云章酷法虐民请查参折》,侍读学士徐致靖:《守旧开新请明示从违折》。二十一日,给事中高燮曾:《加增海关经费有失政体折》、《请由部臣阻止加增经费片》、《宜听西员辞差片》。

戊戌年张之洞召京与沙市事件的处理

一、徐桐的提议与清廷的用意

光绪二十四年戊戌,即 1898 年,正是清朝内外多事之年。德国占领胶澳,俄国、法国、英国也紧随其后,对大连、广州湾(湛江)、新界、威海提出了租借要求。清朝为偿还甲午战争对日本的赔款,对外大借款,引发了俄、英两国对借款权的争夺,向清朝施加种种压力。清朝处理此类事务的总理衙门对此根本无法抗拒。朝野上下感到了普遍的危机。而正是这种危机感引发了戊戌维新。

此时清朝的政治权力中心——军机处,正处在权、能皆不足的境地。军机大臣当时共有 5 位:恭亲王奕訢(兼总理衙门首席大臣)、礼亲王世铎、翁同龢(兼总理衙门大臣、户部尚书)、刚毅(刑部尚书)、钱应溥(工部尚书)。首席军机大臣、首席总理衙门大臣奕訢正处于病中,多次给假,经常不能入值,有事常去其家中请示。礼亲王世铎于光绪十年(1884)甲申政治风波中接替奕訢,出任首席军机大臣,光绪二十年(1894)奕訢再入军机处,他退居次席。其人无才,亦无野心,入值军机处 14 年一无建树,但以其亲王的身份、谦和的姿态也能自保其位。翁同龢、刚毅皆为光绪二十年入值军机处。其中翁同龢为帝师,曾于光绪八年(1882)至十年入值军机处,此次为再次入值。光绪帝常在上书房私下与翁相谋大计,遭慈禧太后疑忌,于光绪二十二年(1896)初裁撤汉书房。从此,翁与慈禧太后的关系十分微妙。刚毅因在甲午战争中力主战策,由广东巡抚开缺,以侍郎候补入值军机处。其思想保守,又是满人,但与慈禧太后的关系甚好。[1] 钱应溥本是军机章京出身,一度入曾国藩幕府。他于光绪二十一年入值军机处,一直列为班末,政治上的发言机会不多。他于光绪二十四年初起一直生病,多次给假。由此,军机处虽有 5 人,但奕劻、钱应溥一直请假,实为世、翁、刚三人。其中翁、刚有隙,世又无争,意见常常不一。在此情况下,奕劻提出"枢垣需人",光绪帝请示慈禧太后,于光绪二十四年二月初十日(1898 年 3 月 2 日)命刑部尚书、总理衙门大臣廖寿恒在军机大臣上学习行走。[2] 廖秉性肫诚,持躬端谨,但无大作为。入值后,光绪帝经常命其起草谕旨,但整个军机处的工作并未因廖的入值而有任何起色。

此外,清朝还有两个重要的机构,一是内阁,一是总理衙门。当时的内阁大学士为文华殿大学士李鸿章,武英殿大学士麟书,东阁大学士昆冈,体仁阁大学士徐桐,协办大学士荣禄、翁同龢。内阁本身当时已成闲散衙门,李鸿章甲午战败后,虽得保全,但已失势;麟书此时已病重,不久后死去;昆冈、徐桐当时被视为文人,且年龄太高,难掌政治执柄;荣禄在慈禧太后的器重下,主要执掌兵权,此时任督办军务处会办大臣、总理衙

---

〔1〕 二十四年三月初二日,刚毅上朝时当面递其奏折共一折三片。军机处《随手档》该日记:"刚折:一、直陈愚悃由;片一、整顿厘金由;片一、举办保甲由;片一、整顿仓谷由。"并有小注:"见面带下,随事递上,发下归籤。"其一折三片当日上呈慈禧太后。《上谕档》光绪二十四年三月初二日记有军机处给慈禧太后的奏片:"本日刚毅面递封奏时事多艰直陈愚悃折一件,整顿厘金、保甲、仓谷等片三件,一并恭呈慈览。俟发下后,再行分别缮写寄信、明发谕旨。"慈禧太后收到刚毅奏折的反应,可见于《翁同龢日记》,次日记:"见起三刻,昨刚公面递封奏,今日又索看,传懿旨,所奏甚是,即严行通谕。(明发:并局、保甲、积谷。延寄:一营发三百人饷,南洋机器局、北洋以复奏迟申饬)"(第 6 册,第 3104—3105 页)又查《上谕档》光绪二十四年三月初三日,由于刚毅的一折三片,共下发谕旨 5 道。由此可见,刚毅的奏折,光绪帝都不敢自行处理,而是要请示慈禧太后。

〔2〕《翁同龢日记》,第 6 册,第 3098 页。

门大臣、兵部尚书、步军统领。总理衙门大臣为奕䜣、庆亲王奕劻、廖寿恒、张荫桓、敬信、荣禄、翁同龢、李鸿章、崇礼、许应骙。其中奕劻为慈禧太后的亲信,时任颐和园工程处大臣、御前大臣,主要在慈禧太后身边;张荫桓最为光绪帝所重,时任户部侍郎,经常受光绪帝召见,但为慈禧太后所嫉恨。

由此可以看出,当时清朝上层处于权力结构不和谐状态。正是在这一情况下,体仁阁大学士、管理吏部事务、翰林院掌院学士徐桐于二十四年三月二十九日出奏,"请调张之洞来京面询机宜"。光绪帝收到此折后,未签署意见,当日将之上呈慈禧太后。[1]然而,这一份建议让慈禧太后考虑了 3 天,直到闰三月初三日(4 月 23 日),清廷发出电旨:

> 奉旨:张之洞著来京陛见,有面询事件。湖广总督著谭继洵兼
> 署。钦此。[2]

翁同龢对此在日记中称:"令湖督来京陛见,从徐桐请也,盖慈览后,圣意如此。"同一天,翁还致信正在病中的恭亲王奕䜣,告知此事。[3]

从当时的政情来分析,清廷于此时调张之洞入京,是在政治格局上有所调整的重要举措。

此时戊戌维新运动已经发动,不少人已上奏建议改革。其中正月初三日,总理衙门大臣约见康有为;初六日根据贵州学政严修的建议,决定开设"经济特科";十四日,发行"昭信股票";二十一日批准兴建津浦铁路;二十五日根据御史王鹏运的建议,决定开办京师大学堂;二十九日根据荣禄等人的建议,决定武科改试枪炮;二月十九日总理衙门代递康有为

---

〔1〕 军机处《随手档》该日记:"大学士徐桐折,请召张之洞来京面询机宜由。"《上谕档》该日记,军机处给慈禧太后的奏片:"……徐桐奏请召张之洞来京面询机宜折,俟发下,再请旨办理……"

〔2〕 见该日军机处《电寄档》。

〔3〕 《翁同龢日记》,第 6 册,第 3116 页。

变法奏议;三月初三日总理衙门再递康有为变法奏议两件及康著《俄彼得变政记》;二十三日总理衙门再递康有为变法奏议三件及康著《日本变政考》、《泰西新史揽要》、《列国变通兴盛记》。[1] 与此同时,民间的报刊、学会如春风春雨般地浸润着社会的土壤;各省大吏也在开矿、修路、兴办新学方面力图多有建树。百日维新尚未正式开场,但改革之势伴随列强的压力而增大积强。

徐桐,汉军正蓝旗人,时年79周岁。他在当时属思想守旧一派,并在政治上与李鸿章、翁同龢、张荫桓等趋新趋洋派人士格格不入。此时的中枢,以徐桐的眼光来看,已是大成问题:李鸿藻已于光绪二十三年去世,奕訢病重,将不久于人世,世铎力弱且少见识,翁同龢的权势太盛,刚毅、廖寿恒难以相敌。也就是说,奕訢若因病不能入值,权力将落在翁氏手中。若逐翁出军机,中枢即无一有能之人。由此需要一位新人能抵消翁氏的力量;若有机会逐翁,其人也能顶替上去,在中枢起到中流砥柱的作用。徐桐此时不满翁外,更嫉恨权臣张荫桓。张虽未入军机,但频频入见,对光绪帝的影响力极大。在多人出奏参劾张氏未成后,徐桐后于闰三月二十七日亲上一折《请将张荫桓严遣折》,[2] 明言攻张仍暗中稍涉及翁。然此折上后,张荫桓依旧未能撼动,光绪帝优宠有加。在徐桐看来,如果奕訢一旦过世而翁、张联手,政治局势的发展更不知伊于胡底。徐桐正是在这种背景下,推出张之洞的。[3]

---

〔1〕 《杰士上书汇录》卷一,转见于黄明同等主编:《康有为早期遗稿述评》,第262—283 页。

〔2〕 徐折见《军机处录副·光绪朝·内政类·职官项》,3/99/5359/82;又据《上谕档》,该折当日呈慈禧太后。

〔3〕 黄尚毅在《杨叔峤先生事略》中称,袁世凯的幕僚徐世昌致信杨锐,称日本伊藤博文来华,而李鸿章坐困,"欲求抵御之策,非得南皮入政府不可",杨锐遂与乔树枏"说大学士徐桐,并代作疏荐张,得旨陛见"。(《碑传集补》卷12,见《清代碑传全集》,上海古籍出版社,1987 年,下册,第1334 页)我以为此说不可靠,其证据有三:首先清廷召张之洞时,第三次伊藤内阁尚未倒台,并无伊藤来华之说。其次,杨锐作为张之洞的门生,去徐桐家说召张事,身份极不合适,且徐桐也并非容易说服之人。其三,也是最重要的,如果此事由杨锐出头,必会密告张,而从张后来得到电旨后不知所措的行为来看,他没有得到预报。(此说已有修正,见本书《新版后记》。)

此时的张之洞,已是督抚中的实力人物。甲午战争期间署理两江,战后又回任湖广,开创出了许多引人注目的新事业。他原本是清流出身,与京中各大老甚有关系;此时又与新派人士,包括康有为等人保持着比较密切的联系;长年封疆大吏的工作,使之有了实际的政治经验,做起事来更能让老派人士放心。同时,考虑到光绪帝此时的政治取向,此类趋新的官员也容易得到光绪帝的认可。是年张氏61周岁,恰是政治家最成熟的年龄,其声望、地位在军机处皆能镇得住。

徐桐荐张的原折,我在档案中尚未检出,仅能从军机章京的摘由中知其大要。但徐桐的身份地位,使之在奏折上不可能将其用意和盘托出,仅是提出召张入京"有面询事件"。政治经验丰富的翁同龢一下子便识破其心,在日记中写道:"徐桐保张之洞。"[1]谢俊美先生在其著作《翁同龢传》称徐氏用意在于"以张驱翁",虽无直接材料而推测,我对之仍是同意的。[2]慈禧太后看到徐桐的奏折后,用了3天的时间来考虑,也是因为兹事体大。

就在清廷发出召张电旨的几天后,安徽布政使于荫霖上奏弹劾李鸿章、翁同龢、张荫桓。于氏此折的背景今天还不能说得很清楚,但非为个人的举动。光绪帝于闰三月初八日收到,将此折留中,也未上呈慈禧太后。[3]此时光绪帝正与慈禧太后同住于颐和园,[4]于荫霖奏折的内容有无向慈禧太后当面报告,今限于材料,无法得知。当日,光绪帝再发电旨给张之洞:

奉旨:昨谕令张之洞即日来京陛见。该督何日起程,著即电闻,

<hr>

[1] 《翁同龢日记》,第6册,第3115页。

[2] 谢俊美:《翁同龢传》,中华书局,1994年,第540页。但谢先生称张之洞识破徐桐之谋而未来京,则是既无材料,且欠分析了。

[3] 军机处《随手档》、《上谕档》、《洋务档》光绪二十四年闰三月初八日。又见《翁同龢日记》,第6册,第3117页。

[4] 《清代起居注册》光绪朝,《联合报》文化基金会国学文献馆,1987年,第60册,第30651页。据记,闰三月初七日至十一日(4月27日至5月1日)在颐和园与慈禧太后同住。

毋得迟滞。钦此。[1]

此中的"昨"字,当作"以前"解。这一道催张入京的电旨,很可能经由慈禧太后批准。

张之洞收到两道电旨,云里雾中,实不知其中的底里。他于闰三月初九日(4月29日)小心翼翼地发电总理衙门:

> 电旨恭悉。奉旨陛见,亟应钦遵,迅速起程。惟湖北现奉新章,开办之事甚多,纷纭艰难,骤少一百数十万钜款,众情惶急。减营、筹饷两端,尤为棘手。必须与抚臣、司、道等筹酌大概办法,务求地方安帖。而洞自冬腊以来,即患咳喘、不寐,颇类怔忡,精神疲散,阖城僚属共见。以时势艰难,不敢请假休息。现在部署一切,尤为艰苦,实无一毫欺饰。惟有力疾昼夜赶办,将经手事件略为清理,大约十数日后即可起程,不敢迟延。再洞愚昧,本无所知,朝廷既有垂询事件,如有急办而可宣示者,可否先为谕知一二条,以便随时豫为筹拟上陈。不胜惶悚。请代奏[2]

张之洞的电报表示了三层意思,其一是湖北事务甚重,其责任甚大,脱不开身;其二是身体欠佳,难承重任;其三是试探朝廷命其入京的真实意图。他虽表示"十数日后"起程,但基本倾向是不愿入京。他不知道此次徐桐保其入京的本意,担心会否削其封疆之责。光绪帝收到此一明显推托的电报,十分气愤,闰三月十一日(5月1日)再电张之洞:

> 奉旨:张之洞电悉。前谕该督迅速来京陛见,自当闻命即行,何得托故迁延,致稽时日。至面询事件,岂有豫为宣播之理?所奏毋庸

---

[1] 《电寄档》,该件无日期,发出日期据《随手档》。
[2] 《张文襄公全集》,中国书店,1990年,第2册,第356页。该电又见于《宫中电报电旨》,第96盒。当时军机处未设电报房,电旨及各地电报均由总理衙门代转,故张之洞电总理衙门,请代奏。

议。钦此。[1]

张之洞奉此严旨,不敢怠慢,第二天即十二日连忙再电告总理衙门,完全换了一副腔调:

> 电旨恭悉。瞻望阙廷,亟思趋赴,以申瞻觐之忱。谨当迅速料理,拟于二三日内起程。无论病愈与否,至迟十七日亦必力疾起程,不敢稽延。请代奏。[2]

与此同时,张之洞还发电此时正在彼得堡的前清朝驻德公使许景澄,以了解当时的国际情况,[3]并电两江总督刘坤一,表示路过南京时将与之会面,共讨大计。[4] 闰三月二十五日(5月15日),张之洞乘"楚材舰"经南京到达上海。

正当张之洞刚刚离开武昌后,沙市事件爆发了。闰三月二十一日(5月11日),总理衙门收到湖北荆州将军祥亨的电报,称该月十九日因湖南人与招商局更夫发生争端而放火,结果烧毁日本驻沙市领事住宅(后将详述)。清廷当日下令荆州将军祥亨迅速查明情况,并命署湖广总督、湖北巡抚谭继洵派员"迅速办理"。[5] 同日,日本驻华公使矢野文雄来到总理衙门进行交涉,清廷再电谭继洵"力遏乱谋,严惩首要各犯"。[6] 二

---

〔1〕 《电寄档》光绪二十四年闰三月十一日。
〔2〕 《张文襄公全集》,第2册,第356页。该电又见于《宫中电报电旨》,第96盒。
〔3〕 许景澄已卸驻德公使任,由于当时俄国迫清朝租借旅大,清朝命其为头等公使赴俄,与驻俄公使杨儒一同与俄交涉。张电称:"奉旨陛见,有面询事。时局危迫,实深惶悚。欧洲真消息及要论之注重鄙人者亟愿知其确情,以备应付传言。张家口有游骑,确否? 阁下久知敌情,如有筹备良策,祈电示。"(《张文襄公全集》,第3册,第735页)由此可见,当时张之洞疑心欧洲有不利于其之言论,导致清廷可能将其调离湖广;同时还认定清廷的面询事件,很可能与当时极为紧张的列强施压有关。
〔4〕 《张文襄公全集》,第3册,第735页。
〔5〕 故宫博物院编:《清光绪朝中日交涉史料》,1932年故宫印本,卷51,第28页上。
〔6〕 《清光绪朝中日交涉史料》,卷51,第28页下。

十二日,谭继洵、祥亨连续三电,报告办理情况,称沙市外国人皆安恙,拿获要犯曹品棠等六名。当日,日本公使矢野文雄照会总理衙门,称滋事匪徒有数百名,并有声援之兵丁,"现所拿获仅六名矣,地方官岂未实力办理耶?"明确表示对此事办理的不满。[1] 也就在这一天,总理衙门收到驻日本公使裕庚发来一电:

> 沙市滋事甚重,日领事署、邮局烧尽。日派"高雄"、"谒城"两舰往沙,必藉事要挟[2]

此一电报引起清廷的恐慌。

光绪二十三年(1897)德国以山东两名德国传教士被杀为由,派舰占领了胶澳,此时已迫清廷签订了《胶澳租界条约》,强租青岛99年;法国虽已占领了广州湾,此时又因苏安宁(Berthollet)被杀案与总理衙门进行交涉。清朝与西方多年的交涉中得出经验:一旦发生事端,列强必藉机要挟;而一旦出动军舰,很有可能将事端扩大化,清朝必然陷于战与不战的选择,而被迫作出更大的让步。于是,在收到裕庚电报的第二天,二十三日清廷也发电给署湖广总督谭继洵、荆州将军祥亨、两江总督刘坤一,转告裕庚电报的内容,要求他们密加注意,"日谋不可不虑"。[3] 二十四日,很可能经过慈禧太后的批准,光绪帝发下一道电旨到上海:

> 奉旨:前据张之洞电奏,于十七日起程,嗣后尚无交卸来京之奏,此时计程当抵上海。惟现在湖北有沙市焚烧洋房之案,恐湘、鄂匪徒勾结滋事。长江一带呼吸相连,上游情形最为吃重。著张

---

〔1〕 《闰三月二十二日收日本国公使矢野文雄信一件:沙市匪徒滋闹请饬实力办理由》,
"湖北沙市土匪烧毁日本洋房获犯赔款及沙市专章岳州划界各案",《总理衙门清档》
01 - 16/77 - 85 - 1,台北中研院近代史研究所档案馆藏。
〔2〕 《清光绪朝中日交涉史料》,卷51,第30页上。该电是二十一日由东京发出的。
〔3〕 《清光绪朝中日交涉史料》,卷51,第30页上、下。

之洞即日折回本任,俟办理此案完竣,地方一律安清,再来京。
钦此。[1]

也就是说,张之洞的军舰刚到上海,清廷命其折回本任的电报已经在上海等着他了。

张之洞返回湖北去了,而恭亲王奕訢的身体也越来越差,于四月初十日去世,清朝中枢的权力结构因其去世而处于紧张。就在同一天,御史王鹏运上奏《大臣误国请予罢斥》,称翁同龢、张荫桓在对外借款时纳贿,该折当日上呈慈禧太后。[2] 二十一日,给事中高燮曾上奏《加增海关经费有失政体折》及两片,指责户部给海关洋员增薪有损政体。该折片虽未直言攻翁,但翁已看出其意,在日记中称:"高折意斥余而未明言,但指张某(荫桓)耳。"该折片也于当日呈送慈禧太后。[3]

四月二十二日(6月10日),即百日维新的前一天,慈禧太后进行第一次人事调整,荣禄升大学士(后补文渊阁)管理户部,刚毅升协办大学士、接任兵部尚书,崇礼接任刑部尚书。此一次调整几乎全是针对翁同龢。翁当时的职位是协办大学士、军机大臣、总理衙门大臣、户部尚书。荣禄原为协办大学士、督办军务处会办大臣、总理衙门大臣、兵部尚书、步军统领,与翁地位相等;此时以大学士管户部,正好在户部事务上管着翁;刚毅与翁同为军机,此时升协办大学士、调兵部尚书,在地位上完全与翁平起平坐;刚毅空出来的刑部尚书,留给了崇礼,使这位总理衙门大臣不再用镶白旗蒙古都统名衔,即可在总理衙门与翁对敌,更压着张荫桓一头。

四月二十七日,百日维新的第五天,慈禧太后进行第二次人事调整。翁同龢被罢斥,直隶总督、北洋大臣王文韶"来京陛见",荣禄署理直隶总

---

[1]《电寄档》光绪二十四年闰三月二十四日。又,闰三月二十至二十二日,光绪帝陪慈禧太后在京西检阅八旗营伍,此后一直住在颐和园,直到二十六日才回到紫禁城。而在这段时间,光绪帝每日向慈禧太后请安。重大事件,也在请安时报告。

[2]《随手档》、《上谕档》光绪二十四年四月初十日。

[3]《随手档》、《洋务档》光绪二十四年四月二十一日。《翁同龢日记》,第6册,第3132页。

督、北洋大臣。同一天,清廷还发出电报:"四川总督裕禄现在行抵何处?迅速来京陛见。"[1]此一人事调整直到五月二十三日才结束。王文韶接替翁出任军机大臣、户部尚书、总理衙门大臣,裕禄调任军机大臣,荣禄调任直隶总督、北洋大臣。[2] 军机处由世铎、刚毅、廖寿恒、钱应溥、王文韶、裕禄组成。而钱应溥一直生病给假。

如果不是沙市事件,张之洞将于四月上旬,即恭亲王去世前,到达北京,很可能由此入值军机处。若如此,政局还会有那么大的变动?

二、张之洞与总理衙门对沙市事件的处理

根据清方的报告,沙市事件的大体经过为:光绪二十四年闰三月十八日(1898 年 5 月 8 日),沙市招商局更夫因湖南辰州船帮中有人在局门口吵闹(一说在局门口小便),用扁担将其打伤。十九日上午,湘帮纠众报复,当即由官员将之弹压解散。下午,有湘人倚醉在海关验货场门前吵闹,海关的水手出拦,双方扭打。湘帮得到四川人的支持,大打出手,将海关的房屋点燃,延烧到日本领事的住宅、邮局及海关的 3 艘船。在此过程中,当地的驻军制止不力。日本驻沙市领事永泷及领事馆人员、英国领

〔1〕 《上谕档》、《电寄档》、《洋务档》光绪二十四年四月二十七日。
〔2〕 四月二十九日清廷电王文韶:"王文韶迅即来京,于初四日请安。"(《电寄档》光绪二十四年四月二十九日)同日王文韶回电:"艳电谕旨敬悉。现赶紧照料一切,准于初三日乘轮车进京,遵旨于初四日请安。"(《总理衙门清档·收发电》,01-38)五月初四日、初五日王文韶两次召见(《光绪二十四年外官召见单》,宫中杂件〔旧整〕第 915 包),并于初五日被命为军机大臣、总理衙门大臣、户部尚书。四月二十九日,总理衙门收到裕禄的电报:"裕禄四月二十八日行抵宜昌,接奉电旨,于五月初一日折回上海,航海入都陛见。请代奏。"(《电报档》光绪二十四年四月分),五月十九日裕禄被召见(《光绪二十四年外官召见单》),二十三日被命为军机大臣、署理镶蓝旗汉军都统。翁同龢遗下的协办大学士由孙家鼐升补。七月十九日礼部六堂官被革后,裕禄补为礼部尚书。

事、海关的洋员,当时均坐船脱离,未受到人身伤害。日本领事住宅及邮局,均是租用的中国人的房屋。海关办公处是新盖的洋房,从法理上看,也是中国政府的财产。[1]

如果用今天的国际法观念看待,沙市事件是一件平常的刑事案件,清朝政府对日本政府需道歉并赔偿相应的损失,由于被烧的住宅为租用的中国人的房屋,赔偿也只应是屋内被毁的物件。而从当时处理此类事件的惯例来看,清朝政府至少还得进行"惩凶",尽管此类刑事案件的审理,用今天的观念来看,完全属于本国法律范围之事。当时各国列强往往藉事要挟,清朝政府也不知道日本会以此事提出何种要求,当听说日本军舰出动时,无法不感到紧张。在给日本公使矢野文雄的照会中,总理衙门说明:"此事已迭奉电旨饬湖广总督严行拿办";"本衙门再行电达鄂督实力办理。"[2]

自1897年德国占领胶澳后,张之洞的态度转向联日。其中也有日本工作的因素。[3] 日本政府在战后力图建立与地方实力派的联系,刘坤一、张之洞皆是其重点的工作对象。在日本参谋本部次长川上操六的策划下,一些日本军方人士来到湖北。张之洞皆与之商谈,并将谈话要点及其联日意向三次电奏。[4] 清廷以"恐北方(俄国)之患必起"而予以拒绝。[5] 在此类交往中,他与日本军方人士及日本驻上海代理总领事小田

---

〔1〕 荆州将军祥亨四电、署湖广部督谭继洵三电、荆宜施道俞钟颖一电,皆见《清光绪朝中日交涉史料》,卷51,第28页上至第33页上。张之洞:《审结沙市客民滋事一案折》,《张文襄公全集》,第1册,第859—862页。当地湘军参与之事,见于矢野文雄致总理衙门照会,清廷下令张之洞调查。(《清光绪朝中日交涉史料》,卷51,第32页上)张之洞否认了这一说法,仅称制止不力。

〔2〕 《闰三月二十八日发日本国公使矢野文雄信一件:函复沙市烧毁洋房本衙门再行电达鄂督实力办理由》,"湖北沙市土匪烧毁日本洋房获犯赔款及沙市专章岳州划界各案",《总理衙门清档·地方交涉》,01-16/77-85-1,台北中研院近代史研究所档案馆藏。

〔3〕 参见陶德民:《戊戌变法前夜日本参谋本部的张之洞工作》,王晓秋主编:《戊戌维新与近代中国的改革》,社会科学文献出版社,2000年,第403—420页。

〔4〕 《张文襄公全集》,第2册,第347—348页。

〔5〕 《清光绪朝中日交涉史料》,卷51,第9页下。

切万寿之助等人建立了联系。此次奉命折回湖北处理事件,他即在上海与日本代总领事小田切进行了两次交谈。在谈话中得知日本军舰"高雄"号"本系到汉口游历者,非为沙案",且船身较大,不能上溯到沙市,另一艘日本军舰"爱宕"号较小,尚在长崎未来,"可函阻之",并听说沙市日本领事"言语甚和平,不至要挟",他立即电告总理衙门代奏,"以慰宸廑"。他给署理湖广总督谭继洵、江汉关道瞿廷韶的电报中也通报了以上消息,又要求善待日本沙市领事永泷,称"彼外部必以永泷之言为重轻,故慰永泷是抽薪法也"。[1] 四月初八日(5 月 27 日),张之洞回到湖北,电奏:"武汉谣言甚多,人心不靖,洋人异常惊惶,现正力筹镇抚事宜。"[2]

四月初九日(5 月 28 日),日本公使矢野文雄照会总理衙门,称其奉日本外务大臣西德二郎之命,向清朝政府提出五项要求:一、清廷颁发上谕,"将各外国人身家财产一体优待保护,严切设法随时防范,从此以后勿再有如此之事",并提出,该上谕之"周详",以"为日本所敬佩为要";二、"速将此次匪徒从重治罪,并将弹压不力之地方官从严议处";三、赔款 14.5 万日元,折关平银 10.5 万两;四、沙市开设日本专管租界,其章程以杭州租界章程为蓝本;五、岳州、福州、三都澳均开设日本专管租界。照会还称:"日本政府不疑清国政府迅速照办。"[3] 从当时

---

〔1〕 《清光绪朝中日交涉史料》,卷51,第32页;《张文襄公全集》,第3册,第737页。

〔2〕 《张文襄公全集》,第2册,第357页。

〔3〕 《日本矢野使照会一件:沙市事保护不力应筹赔补开列五条请迅速照办并希复照由》光绪二十四年四月初九日,《总理衙门原档·各国照会》,01 - 33/41 - 41(3),台北中研院近代史研究所档案馆藏。其中沙市开设日本专管租界一事,比较复杂。光绪二十一年(1895)中日《马关条约》规定,重庆、沙市、杭州、苏州辟为通商口岸,但并无明文规定以上四口设立日本租界。光绪二十二年中日《公立文凭》规定,日本可在上海、天津、厦门、汉口设立租界。但中日两国官员在外交事务中,已经涉及沙市设立日本租界之事,且清方也有一定的承诺。(参见《清光绪朝中日交涉史料》,卷50,第3—4页,第7—11页)光绪二十三年,日本设立了杭州、苏州日本租界。我以为,日本在外交上已经获得了沙市设立日本租界的权力,但仍不是法律上的权力。沙市日本租界进行了漫长的谈判,仍无协议,此次沙市事件的处理,无疑加快了进程。

的国际惯例来看,日本政府的要求是完全不合理的。沙市事件本为一般刑事犯罪,事发于海关,延烧到日本领事住宅,非为专对日本,本应由清朝政府按国内法处理。日本要求第一、第二项是对中国主权的粗暴侵犯。日本领事住宅本是租用的中国民房,当时合同订明,遇火延烧,互不赔偿,即日本领事不赔屋,中国民人不赔物。此次开出银 10.5 万两的天价,分明是狮子大开口。其第四、第五项提出沙市、岳州、福州、三都澳设日本专管租界,更是帝国主义的要求,且岳州、福州、三都澳与沙市事件毫无关系。然在 1898 年这一特殊时间刻度中,清朝政府认为,日本的要求还算是温和的,毕竟没有像德、俄、英、法那样提出租借地的要求,也没有以军舰入驶相要挟。为此,总理衙门照复矢野文雄,表示第一、第二项待结案时"请旨",实际也是同意了日方的要求,其余各项交由湖广总督张之洞办理;并于同日电告张之洞日本五项要求的内容。

张之洞奉到总理衙门的电报后,于四月十三日连发两电给总理衙门。对于日本的五项要求,他同意总理衙门对第一、第二项的处理;认为第三项日本要价太高,只能以"遗失物件若干并公馆陈列货物所实在所值若干议赔";同意在沙市设立日本租界,但认为因浙鄂两省有别,沙市租界应按正在谈判的汉口日本租界之例;他不同意第五项,认为"添口岸是另事,不必牵涉沙案"。尽管张之洞的这一答复,以今人眼光观之,已是对日本作了有损中国利益的极大让步;但张之洞仍恐日本乘机扩大事态,引起决裂,另提出了三条谈判事务的对策:一、此事的处理需要一定时间,由总理衙门告日本公使矢野"勿急",并表示"断不延宕";二、由他派熟悉日本情况的官员,即其主要洋务幕僚三品衔补用知府钱恂至上海,与日本驻上海领事小田切谈判,他认为小田切"极以东方大局为重,深愿联络中国","彼能与其政府及外务省迳通消息";三、日本驻沙市领事永泷"粗疏不更事",要求总理衙门与矢野切商,派小田切来湖北"面议此案"。[1] 与此同时,张之洞还通过盛宣怀致电日本驻上

---

〔1〕《清光绪朝中日交涉史料》,卷51,第 34 页下—35 页下。

海领事小田切,通报其派钱恂到沪商谈,并请小田切转告矢野:"万勿向总署催促此事,从容商办,必极妥,于贵国局面必好,且有无限好处。"在电报中,张之洞还提到了"东方大局",这一词语在当时有中日同盟的意味。[1] 张之洞对日本要求的过度反应,正是那个时代列强对华的蛮横态度所致。

此时的日本政府虽有意于利用沙市事件扩大其侵华权益,尚无心于用军事手段迫清朝屈服。当总理衙门在矢野文雄的催迫下,示之以张之洞电报时,矢野表示可派小田切赴湖北办理。为此,总理衙门于四月二十二日发两电给张之洞:

> 日本矢野公使照称:外务省电开,派驻沪小田切署总领事前往汉口,请电尊处转达,饬关道会商汉口租界等语。希查照。养。
>
> 日本催沙市案,即将元电(即张之洞四月十三日电)告知,矢野谓其政府饬办之事,不得派领事办理,必在总署商办。告以事隶鄂省,须该省自行查明核酌。彼谓可令小田切在汉晤商,作为私情。仍由钦差核办。彼国议院责望政府要索,如不速成定,两国大局有碍。所拟认赔之数几何?祈电知。至租界办法,随后商定。养。[2]

尽管矢野请示东京后,愿派小田切去湖北谈判,认为此为有利于日本的促进谈判的手段;而张之洞却认为,小田切是最为有利于清朝的日本谈判代表。矢野文雄的照会强调了小田切赴汉口的使命是与江汉关道瞿廷韶商办汉口日本租界之事,同时告诉总理衙门沙市之事,"仍由钦差核办",即由其本人核办,谈判的主要地点仍是北京。

由于小田切未来湖北,张之洞的代表钱恂在上海与小田切进行沙市

---

〔1〕《张文襄公全集》,第 3 册,第 739 页。《郑孝胥日记》,中华书局,1993 年,第 2 册,第 659 页。

〔2〕《发电档》光绪二十四年四月二十二日,《军机处汉文档册》,第 2082 盒。文中"钦差"一词,即大日本国驻扎清朝钦差大臣,即公使本人。

事件的善后谈判。四月二十日,张之洞发了一份长电报给小田切,对日本要求五项提出了自己的看法:第一、第二项可以照办;第三项只能赔日本领事永泷之损失,并答应给日本领事再造新屋,"租金多少不计";第四项因沙市情况与杭州不同,不能照杭州之例办理,但"地价酌减、华民杂居两条自可照办";第五项与沙市之案无关,"不必特提此事"。在这封电报中,张之洞提出了自己的大计划:湖北、湖南各派 50 人至日本学士官,另派 20 人学下士官,数十人学专门学。此外另聘日本教习 20 人来鄂。张之洞还称:

> 至两国修好,因战事未久,颇不易言。京外专主此说者,鄙人而已。若因此案牵涉他事,近乎抑勒。即使我总署曲从,京外闻者必存芥蒂。从此联交之说,鄙人何敢深信,何敢再言? 即言必为他人阻拦。千古大局,因此细微事顿然罢辍,岂不可惜? 此中关键,贵总领事无不周知。

在电报中张之洞还邀请小田切来武汉"面商"。[1] 在张之洞这一长电报的指导下,钱恂与小田切的谈判很可能"顺利"得过了头。四月二十四日,总理衙门再发电给张之洞:

> 顷矢野来署催办沙案,据称尊处派人商小田(切),以沙市租界大致议有头绪。惟吴淞、三都澳口岸日本可立专租界,与署议不符。查赫德申呈,吴淞等自开之口,与别口不同,应勿立租界,由中国派员另立巡捕、会审局,南洋深韪其言。本署告矢野,新开口岸,如各国立有租界,日本方可仿办,切不可由外间轻许。矢野询沙案赔款谓连筑码头费在内,须十万五千两,若由中国代筑可减。尊处究拟赔若干,祈速酌核电复。又催小田(切)速赴汉商办,彼谓沪有经手事,难速

---

〔1〕《张文襄公全集》,第 3 册,第 740—741 页。

往,似不令商办沙市案也。敬〔1〕

由此可见,上海谈判之进展神速,甚至涉及不在其权限内的吴淞、三都澳设立日本专管租界一事。二十八日,总理衙门为此事再次发电提醒张之洞〔2〕很可能根据钱恂与小田切在上海谈判的议定案,五月初四日(6月22日),矢野文雄照会总理衙门,提出了日本政府的修正案:

上月二十八日本大臣照内声明各节,因贵王、大臣面称,其第一、第二节内并无异议,此外尚有碍难照办之处,并湖广总督张电内,又有云云等语。当经电达外务大臣在案去后,兹准复称:其第三节原请赔补关平银十万五千两,此内一万八千一百零三两,是系毁失之物件实价,下余八万六千八百九十七两系为沙市江堤工费而索。兹改拟:清国政府如允下开第四节内所改拟,则日本政府亦允止索上开毁失之物件实价,不复索该江堤工费。其第四节内原请沙章速本杭章议定,兹改拟清国政府先允:一、该专界内道路地基免其地价及地租;二、筑路及养路之费由日本担承,则清国将该专管地内地价通行酌减;三、清国商民亦在日本专界内居住;四、该江堤工费由两国政府各认一半。以便日本领事届时会同地方官将沙章妥速商订。其第五节原请岳州、福州、三都澳设日本专管租界,兹改拟:清国政府日后如允别国在岳州、三都澳设其专界,允日本亦一律照办。至于福州与台湾

〔1〕《发电档》光绪二十四年四月二十四日。日本公使矢野文雄于5月31日照会总理衙门,要求将1896年中日《公立文凭》规定在上海设立日本租界,改在吴淞,并附有地图,要求将吴淞灯塔附近南北300丈、东西500丈的土地划为日本专管租界(《日本矢野使照会一件·前允上海日本专管租界现拟改在吴淞开列四至丈尺并绘地图望允照办理由》,《总理衙门原档·各国照会》,01-33/41-41〔3〕)。当时清朝政府在赫德的建议下自开通商口岸,其主要目的是防止列强开设租界。日本的此一要求被总理衙门所拒。"三都"即三都澳,也是当时清朝的自开口岸,清朝也不允许日本设立租界,后将述及。
〔2〕"三都、岳州、吴淞、秦皇岛系自开口岸,与各国所请有别,不能照通商租界办法。日索沙市码头,矢野面谈,指沿江堤岸。"(《发电档》光绪二十四年四月二十八日)

一苇可杭(航),帆樯往来日盛一日,是时速设专管租界,以便商民交易,并资该官约束,尤为当务之急,不得不仍请清国政府按照原拟办理。以上均是日本政府熟思而定。

在照会中矢野还称:"兹所改拟,直减至无可再减焉。惟贵王、大臣亦熟思而审定之。"表示了不再让步的坚决姿态。[1] 此一修正案与前案相比,仅减少在岳州、三都澳设立日本租界,而对赔款的减除,是由中国政府支付江堤工费一半,并减免地价、地租的条件作交换。从今天的角度来看,张之洞、总理衙门的外交并不成功。但在当时清朝外交一败再败的情况下,张之洞、总理衙门对他们的外交努力的结果表示满意。当日总理衙门电张之洞:

> 日本矢野使面递节略,沙市索赔减为一万八千余两,余八万六千余两作沙市沿江堤费。此项工程,应两国各认其半等语。堤费约需若干,各半是否约合八千两,希迅查核电复。略称,专界内道路地基应免索地价,豁免地租,又,专界内租地价酌行核减,是否可行?该国欲藉沙案多索利益,核之原索十万五千,恐有浮多,然亦不能酌予便宜。矢使催急,希速筹复,以便转商。支。[2]

张之洞得到消息后,于初九日复电总理衙门,同意支付日本领事永泷银1万两,作为全部赔偿;同意江堤费用两国平分;同意租界内道路免地租,但不同意免地价,认为"地价不给,与通例有碍,随意酌给可也";同意租界

---

[1] 《日本矢野使照会一件:沙市案改拟各节请允照办由》光绪二十四年五月初四日,《总理衙门原档·各国照会》,01-33/41-41(3)。

[2] 《发电档》光绪二十四年五月初四日。由于当时未能及时收到张之洞的回电,总理衙门于五月初八日又发一电给张之洞:"支电商询日本沙市赔款。昨据矢野云,沿江堤费各半,每分约需银四万余两。又称,界内道路地价豁免,租地价酌减,尊意允行,是否属实?祈速查明分晰电复。矢野拟案结后假回,催速定议。齐。"(出处同上)由此可见,关于道路地价、租地价已是上海谈判大体谈定之事。

内地价酌行核减。在该电中,张之洞称:

> 　　再,密陈者:看近日情形,矢野于沙案商办言语渐近情理,尚知顾全邻谊,所索较初次开口时减让甚多,必系奉到该国政府指示,意在联络邦交。[1]

在长久的列强压力中生存的人,心态也会有一些变化。他们已习惯了列强毫无让步的强压,而对日本意义不大的让步(且其要求仍不符合当时和现在的国际惯例),感到了一种欣慰,甚至置于"邻谊"、"邦交"的高位。

除了总理衙门与日本公使矢野文雄在北京的交涉、张之洞的代表钱恂与日本驻上海代理总领事小田切在上海的交涉外,张之洞本人还在湖北处理沙市事件的善后。首先是捉拿沙市事件的案犯。张之洞回到湖北之后,沙案被捕人犯达二十余名,其中 4 名在清廷的批准下已就地正法,其余人犯,正加紧审理。其次是命荆宜施道俞钟颖,在被毁原日本领事租用住宅的原址上另建新屋,要求"比原式宽敞整洁",并称"该馆右边尚有民房可买添建"。张之洞的用意是防止日本要求赔款自修。[2] 其三是尽可能笼络日本驻沙市领事永泷,以避免新生事端。

张之洞的答复,基本上符合了日本要求的修正案。可正于此时,日本内阁更迭,第三次伊藤博文内阁结束,大隈重信重组新内阁。当清朝驻日公使裕庚将此事电告后,[3]总理衙门担心日本新内阁会否改变原议,提出新的条件。五月十一日,总理衙门致电张之洞:

---

〔1〕《张文襄公全集》,第 3 册,第 746 页。张之洞认为,界内地租酌减,去年已允;道路免价,是按照杭州日本租界章程,沙案未出前,日方即有此语;堤工去年久议未决,但当时已倾向同意,未告日方。

〔2〕《张文襄公全集》,第 3 册,第 741 页,第 743 页。由于该屋系中国政府修建,其最后产权为"借与永泷住,不索租价,将来彼造公署时,再退还我"。(同上书,第 746 页)

〔3〕五月十一日总理衙门收到裕庚电:"日本进步、自由两党因国事合攻,伊藤辞退,大隈授内阁兼外部。陆、海军外,大藏等六臣俱换。佳。"(《总理衙门清档:收发电》,01-38)由于组阁、授命等时间,第一次大隈内阁于次日(6 月 30 日)正式成立。

佳、蒸电悉。沙市准驳,悉合情理,当告矢野,就此结束。裕星使电,日本政府伊藤退,大隈补,除海、陆两军外,大藏等俱换,矢野能否仍前联洽,未可知也。真[1]

此时总理衙门的基本想法是尽快结束沙案的交涉。

比照日本要求的修正案,还有重要的一项,即福州设立日本租界。总理衙门于收到矢野照会的当日,即五月初四日,为此致电福州将军增祺:

日本矢野使因沙市案索福州专界,告以该处向无各国专界,难以独允。矢野云,该处与台湾相近,商务日增,无须多地。闻南台一带沙岸尚多,可否酌给一段?[2]

总理衙门的电报虽已明言,但口气较温和。福州将军复电驳回福州租界一事。收到日本内阁变动消息的第二天,即五月十二日,总理衙门恐事态有变,再发一电给福州将军增祺、闽浙总督边宝泉:

日本索福州租界甚急。据称该处与台湾相近,商民往来日众,设租界可资约束,与各国仅为商务不同。若照援可有词阻谢。只求允给,后再由地方官与领事妥商划地。其地段广狭暂可勿论。沙市案将结,专候此事定议,断难诿延,祈速复。[3]

这一份电报实际上是压迫福建官员同意日本设立租界的要求。五月十五日,总理衙门将张之洞电报相示矢野文雄,请其电告日本政府,"允照议办结"[4] 十七日,总理衙门催问张之洞沙市事件的各地方文武官员如

---

[1] 《发电档》光绪二十四年五月十一日。佳电为前引张之洞初九日之电,蒸电见《张文襄公全集》,第3册,第746页。

[2] 《发电档》光绪二十四年五月初四日。

[3] 《发电档》光绪二十四年五月十二日。

[4] 《发电档》光绪二十四年五月十五日。

何处理,命其详电。十九日,总理衙门正式照会矢野文雄,基本上全面接受了日本政府要求的修正案:

光绪二十四年四月初九日接准照称,沙市一事因该地方官不实力弹压匪徒,日本领事与随员等躬逢危险,公署则被焚烧。日本政府为赔补起衷见,开具五条,请迅速照办。

查第一节,请降谕通国,将外国人身家财产一体优待保护,随时防范;第二节,速将此案匪徒从重治罪,并将弹压不力之地方官议处。此皆案内应办之事。

五月初四日又准照称,原开第三,如允下开第四节改拟,则日本政府止索失物实价一万八千一百零三两,下余八万六千八百余两充沿江修堤所需工款。其第四节,一、该专界内道路地基免其地价及地租;二、筑路及养路之费由日本担承,则清国将该专管内地价通行酌减;三、清国商民亦在日本专界内居住;四、该江堤工费由两国政府各认其一半,以便日本领事届时与地方官将沙章妥速商订。原开第五节,岳州、福州、三都澳设日本专管租界,改拟清国政府日后如允别国在岳州及三都澳设专界,日本亦一律照办,至于福州与台湾相近,请速设专界,以便约束出入,请按照原拟办理等因前来。

本衙门当经电商湖广总督妥协筹办。兹据电复,沙案各款,第一条索赔一万八千两一节,查日领事住房乃系我租与,并非彼屋,所失货物不多,众目共见,领事永泷亦曾自言之。拟允给一万两,所有一切各项赔补均包在内。第二条,以八万六千两作沿江堤费,两国各半一节,事属可行,当照允。惟江堤甚长,若太短,则所围地甚少,无大益。一纵一横均在四五里,石工须坚固,堤面须宽平,上修石板路或马路,工费约需银十万以外,非此不能稳固兴旺。此彼此两益之事,将来无论所费若干,总是两国分认。兴修时公同估计,公同监工。计修堤多认不止八千金,所以愿意增此减彼者。堤工乃彼受益,情理都协。失物本不甚多,故碍难多认,并非吝惜数千金也。若赔款过多,则在我出之为无理,而在彼索之为无名,于两国局面均有妨碍,故不愿也。此意请婉达。第三条惟界内道路免价豁租一节,道路不比行栈,彼无利息可生,其租可免。至地价不给,与通例有碍,随意酌给可也。第四条界内租地价酌减一节可行,但商民不能太苦,当与永泷领事从容商办等语。以上各节,本衙门已与贵大臣面商,承贵大臣电达外部允准照办,自可就此结案。

自来照所称岳州、福州、三都澳均设日本专界一节,本与沙案无涉。查岳州、三都澳系中国自开口岸,拟定为通商场,不立租界名目。如将来他国设有专界,自可允准日本一体照办。又,福州专界,本衙门电据闽浙总督复称,南台地窄人稠,通商各国皆在桥南仓前一带自行租地,并未设有租界。日本尽可照办,似无须另设专界等因。如贵国以为福州与台湾相近,必欲创立租界,应饬由贵国领事与地方官查勘商酌,再行核办。

相应照复贵大臣查照,转达贵国外部可也。[1]

此后的交涉可以说是相当顺利,波澜不起。五月二十三日,张之洞复电总理衙门,中国商民可在沙市日本租界中居住[2]。六月二十四日,张之洞出奏,将沙市事件有关案犯惩治及相关官员的处理上报朝廷,并将荆宜施

---

[1] 《五月十八日发日本国公使矢野文雄照会一件:照复沙市一案可照鄂督所议完结福州专界无须设立由》,《总理衙门清档·地方交涉》,01-16/77-85(2),台北中研院近代史研究所档案馆藏。案:《总理衙门清档》为一抄档,拟题经常并不准确。此照会拟题"福州专界无须设立"即为有误,照会的内容是承认日本有权在福州设立租界,只是强调由领事官与地方官查勘商酌。事后日本外务省审议此照会后,命日本公使矢野照会总理衙门:"此时不得不请清国政府预先声明,如有相宜之地,即为作为日本专界等语。"(《五月二十日收日本公使矢野文雄照会一件:沙市案鄂督电复各节及华商在日本界内居住均请照复并福州设界请预为声明由》,"湖北沙市土匪烧毁日本洋房获犯赔款及沙市专章岳州划界各案",《总理衙门清档·地方交涉》,01-16/77-85[1])

[2] 《张文襄公全集》,第3册,第749页。日本政府要求修正案第四条第三款有此内容,而总理衙门7月7日照会无此内容,矢野文雄照会总理衙门,总理衙门致电张之洞,要求给予明确答复。

道兼沙市关监督、江陵县知县衙门移至沙市。[1] 七月初二日(8 月 18 日),清朝荆宜施道俞钟颖与日本驻沙市领事永泷签订《沙市口日本租界章程》。[2] 初八日,光绪帝收到前引张之洞奏折,予以批准,并发出明发上谕。[3] 十二日,总理衙门将张折及明发上谕内容照会日本代理公使林权助。[4] 九月十三日,总理衙门照会日本公使矢野文雄,赔银 1 万两已由荆宜施道付给了横田。[5] 光绪二十五年三月十九日(1899 年 4 月 28 日),中日签订《福州口日本专用租界条款》。[6]

由上可见,日本通过沙市事件——并非针对日本的普通刑事案件——获得了:一、赔款银 1 万两;二、在沙市、福州设立日本租界;三、沙市日本租界的江堤工费由中日两国共同支付;四、租界内道路地租全免、地价酌给,租界内其余土地地价酌减;五、给日本领事修建新住宅,免其房

---

[1] 《张文襄公全集》,第 1 册,第 859—862 页。其中余以仁、李得胜、张太贞、袁辉煌四人已先行正法,其余易成应永远监禁,周玉清、黄善堂、余忠恩、许兴明、谭左卿监禁 15 年,周顺兴监禁 10 年,曹品堂、杨高明监禁 5 年,刘荫堂、彭德太、陈春堂、汤成家、刘洪臣、彭方元、李福元、孙保廷、刘怀保"满杖、系带铁杆石墩"3 年,徐正焕、陈茂清杖一百、枷号 1 月。沙市招商局董捐纳同知张鸿泽、湖南船帮会首从九品杨明阶斥革并驱逐回籍。沙防营勇全部撤遣,另行招募。该营管带总兵江得意以都司降补,哨官花翎游击李心鉴、哨官把总池士祥革职。江陵县知县刘秉彝、荆江后营管带水师副将张国栋降一级留任。从惩处情况来看,应当算是过重。

[2] 王铁崖编:《中外旧约章汇编》,生活·读书·新知三联书店,1957 年,第 1 册,第 791—793 页。

[3] 《上谕档》光绪二十四年七月初八日。

[4] 《七月十二日发日本国署公使林署照会一件:照会日本林署使沙市案现经鄂督奏结恭录谕旨知由》,"湖北沙市土匪烧毁日本洋房获犯赔款及沙市专章岳州划界各案",《总理衙门清档·地方交涉》,01-16/77-85(1),台北中研院近代史研究所档案馆藏。案,该清档将"署林使"误作林董,当为林权助。

[5] 《九月十三日发日本国公使矢野文雄照会一件:照复日本矢野使沙案赔银一万两已如数交收由》,"湖北沙市土匪烧毁日本洋房获犯赔款及沙市专章岳州划界各案",《总理衙门清档·地方交涉》,01-16/77-85(1)。银两支付时间尚未见记载,该照是答复日本代理公使林权助九月初一日(10 月 15 日)催促支付照会的(出处同上)。

[6] 《中外旧约章汇编》,第 1 册,第 894—898 页。

租,直至日本建起新馆为止。[1] 此外,清朝还将沙市事件的案犯4人处死、1人永远监禁,另19人被处监禁15年、10年、5年、3年至枷号1月不等;受到处罚的官员共7人。当然,作为刑事案件,清朝政府本应依法惩治,但处理如此之重,且连带当地官员,就有"给鬼子消气"之用意。这种处理方式给民众和官员以极大的心理压力,日本人是惹不起的,朝廷是站在"鬼子"一边的。

从今天的角度来看,沙市事件的处理完全违背了当时和现在的正常国际惯例,张之洞、总理衙门的外交完全错误。但比照当时德、俄、英、法等国的行径,日本毕竟还未将事件扩大化。张之洞、总理衙门对此案的处理感到相当满意。在列强极力扩张其在华权益的背景下,清朝已成了惊弓之鸟。

三、召张之洞进京的呼声再起

张之洞由上海折回湖北本任时,自认为他可能不必再进京了。尽管朝廷的电旨中称"办理此案完竣,地方一律安靖,再来京",但他于四月二十七日给正在俄国圣彼得堡前清朝驻德公使许景澄的电报中称:"仆至沪奉旨回鄂,办沙市案,此后想无须北上矣。"[2] 他虽然还没有听到当日中枢的震动,即翁同龢被逐、荣禄出为署直隶总督、王文韶召京,但很可能已清楚清廷召其入京之用意。在给他的好友湖南巡抚陈宝箴的电报中,张之洞袒露了其心迹:

───────────

〔1〕 虽在沙市事件之前,日本已在外交上得到清朝政府的承认,有权在沙市设立日本租界。但该项谈判进行了很长时间,并无协议。此次沙市租界谈判最后成功,日本明显依靠了清朝对沙市事件的退让性处理方针。由此认为,日本通过沙市事件获得了沙市租界也非为错。因为在此之前,日本仅获得了设立租界的权力,且只是外交上的,并非法律上的。

〔2〕《张文襄公全集》,第3册,第743页。

此次回任,奉旨:俟沙案完竣,地方一律安静,再行来京等因。目前地方情形如此,自未便遽请北上。且自顾迂庸孤陋,即入都一行,岂能有益时局? 惟有听其自然。在外所办虽一枝一节之事,然尚有一枝一节可办耳。[1]

张之洞不愿入京。他本是京官出身,深知京中官场的利害得失,自觉此时入京无益于时局,而在封疆尚有一枝一节的实事可办。张之洞的这一想法最后果然实现。五月二十七日,军机处发来电旨:

奉旨:前经谕令张之洞折回本任,俟沙市之案办竣,再行来京。现在案虽就绪,惟湖北地方紧要,张之洞著即毋庸来京陛见。[2]

此一谕旨的背景,我还没有查清楚,但此时光绪帝住在颐和园,该谕旨肯定经过慈禧太后。且王文韶、裕禄已入军机处,召张入京已无必要。

也就在此时,另有一事使张之洞名声大噪。先是浙江巡抚廖寿丰奉旨保举出使人才,其中第一位是翰林院侍讲黄绍箕。五月三十日,光绪帝接到此折,下令黄绍箕于次日召见。[3] 黄绍箕是张之洞的门生,其师的思想、学问均为知详。在六月初一日的召见中,[4]黄绍箕向光绪帝推荐了张之洞的《劝学篇》,光绪帝命其进呈。初五日,翰林院向军机处咨送

_____

〔1〕《张文襄公全集》,第3册,第739页。

〔2〕《电寄档》光绪二十四年五月二十七日。

〔3〕《随手档》、《上谕档》光绪二十四年五月三十日,并参阅台北中研院近代史研究所编:《清季中日韩关系史料》,1972年,第8册,第5134页。廖寿丰共荐使才3人,翰林院侍讲黄绍箕,编修张亨嘉,庶吉士寿富。光绪帝命黄绍箕、张亨嘉于次日召见,寿富于第三日召见。黄绍箕此时因孙家鼐的提名,还任京师大学堂提调。(《孙家鼐保大学堂人员》,《军机处录副·补遗·戊戌变法项》,3-168-9447-52)

〔4〕黄绍箕召见时间据《光绪二十四年京官召见单》,《宫中杂件》(旧整),第915包。

《劝学篇》。[1] 初六日,光绪帝发下谕旨:

> 本日翰林院奏侍讲黄绍箕呈进张之洞所著《劝学篇》据呈代奏一折。原书内外各篇,朕详加披阅,持论平正通达,于学术人心大有裨益。著将所备副本四十部,由军机处颁发各省督、抚、学政各一部,俾得广为刊布,实力劝导,以重名教而杜卮言。[2]

据张之洞在《劝学篇·序》称,该书完成于光绪二十四年三月,距光绪帝发出上引谕旨有三个多月。而黄绍箕在短短几天内进呈数量达 40 部之多,看来张之洞也确有在京城宣传的计划。《劝学篇》是张之洞最重要的著作,其中提出的"中学为体,西学为用"的中西文化观,当时无论趋新或守旧的人士都认为可以接受,且在文化底蕴上显得比康有为各说更为深厚沉实。这部书很快占据了当时众多士大夫的心。一个月后,七月初六日,光绪帝又命军机处转告总理衙门:

> 《劝学篇》一书,著总理衙门排印三百部。内〈明纲〉一篇自"议婚有限"至"皆不为婚"二十一字,注语自"七等"至"无为婚者"三十四字著删去。余俱照原文排印。钦此。[3]

----

[1] "翰林院为咨送事。本院侍讲黄绍箕遵旨进呈湖广总督张之洞编纂《劝学篇》二部,并备副本四十部,相应咨送贵处备查可也。须至咨者。计送《劝学篇》四十部。右咨汉军机处。光绪二十四年六月初六日。"(《军机处录副·光绪朝·文教类·科举项》,3/145/7202/48)从咨文中可知,黄绍箕进呈《劝学篇》是"遵旨",此当为黄在召见之所奉面谕。

[2] 《上谕档》光绪二十四年六月初七日。又据该日《随手档》:"翰林院折,一、代递侍讲黄绍箕进呈书籍由,一、原呈。"《劝学篇》是初七日递上。然《劝学篇》虽为不长,但也有 4 万余字,细阅尚需时间,为何光绪帝当日的谕旨中称"朕详加披阅",并作出了很高的评价?其中的原委,我还不太清楚。

[3] 《上谕档》光绪二十四年七月初六日。此删节因张荫桓的建策。七月初五日,张在召见中称:"鄂督《劝学篇·明纲篇》中述西俗婚配一段,删去则成善本,请颁行天下。"(《张荫桓戊戌日记手稿》,第 254 页)这一条史料是李细珠先生提示的。

张之洞的《劝学篇》由此而获得了敕印的地位。

到了这个时候,百日维新渐渐进入高潮。康有为及其党人的激进主义言论引起了许多官员的担心,康有为及其党人力图进入政治中心的努力也受到了京城高官的集体抵制。王文韶、裕禄在军机处的表现,虽让人挑不出大错,但其平庸无能也已充分展露。召张之洞进京的呼声由此再次响起。

最初提出此议的是一位小官内阁候补中书祁永膺。由于当时光绪帝开放言路,他也获得进言的机会。祁永膺在条陈中说:“今天下百僚职司颓靡实甚,欺罔蒙蔽,痼疾綦深”,可采用的办法惟有“得大公无我、刚健中正、决疑定案之大臣,畀以重权,任当枢要”。为此,他提名张之洞、李秉衡。其中对张评价为:“学问渊粹,于古今盛衰之故、中外强弱之势明达博通,而又知人善任,因才器使,所谓老成典型也。”他认为张之洞“如登枢要,畀以重权,与之日夕谋议,讲求用人行政之道,知必廉顽立懦,敦薄力偷,振聩发聋,救颓起靡,则吏治庶整肃而有常,新政必推行而尽利”。祁永膺的提议,明显是针对康有为及其党人的。条陈中有一语,称光绪帝若用张之洞,“断不如宋神宗之舍韩琦、富弼而误用王安石,以致群阴汇进矣。”祁永膺的条陈于七月二十七日由内阁代递。此时恰是光绪帝罢免礼部六堂官、任用杨锐等四人为军机章京“参预新政”后未久,百日维新达到高潮并暗涌着危险的潜流。祁永膺上折召张,其中必有其深刻的背景,尽管我对此还不能具体地加以说明。祁永膺的条陈于三十日奉旨“存”,并于同日由军机处呈送慈禧太后。[1]

第二个主张召张进京的是袁世凯。他因徐致靖的保荐,奉召入京,感

---

〔1〕 祁永膺:《简拔贤才任当枢要以振吏治而作新政折》光绪二十四年七月,《军机处录副·补遗·戊戌变法项》,3/168/9452/24。李鸿章等:《恭折代奏折》光绪二十四年七月二十七日,《军机处录副·补遗·戊戌变法项》,3/168/9450/42。《上谕档》光绪二十四年七月三十日。在此之前,户部主事王凤文在条陈中曾大力推重张之洞。该条陈见《戊戌变法档案史料》,第173—174页,七月二十二日户部代奏。在此之后,刑部候补主事周金浑也称:“张之洞远虑深,洵属忠爱。”见同上书,第109页,七月二十八日刑部代奏。

到了局势的危险。他于八月初一日遇到张之洞的主要洋务幕僚钱恂,告知欲在第二天召见时,当面向光绪帝建议召张之洞入值军机处。钱恂将此消息电告张之洞,张连忙发电,请钱"力阻之"。[1] 张之洞此时不愿入京,其中也包括他对局势的判断。北京已是险象环生,一些政治家见此都不愿入京。湖南长宝盐法道黄遵宪奉调驻日公使,进京请训时在途中多次称病,张之洞对此一眼看穿:"闻黄有留京入枢译之说,故托病辞使。"[2] 容闳在上海称病,上海道蔡钧奉命查看后,于七月初三日电告:"东电敬悉。容道寓虹口川河浜一百七十一号谭宅。据云,津镇路款事,六月十六日详禀,未奉批。现患暑湿腹泻,俟痊愈赴京。"[3] 前驻德公使许景澄归国后,也回浙江老家,要求请假,迟迟不肯入京。即使是钱恂,因张之洞保荐使才而被光绪帝电旨入京召见,同时被召的还有张之洞幕僚候补同知郑孝胥。郑先到京,被光绪帝升为候补道、总理衙门章京。张之洞害怕钱恂亦被留京,电告总理衙门,称钱恂将赴日本与小田切商议湖北学生留日学习事项,请在召见后"即令该守即回鄂"。[4]

第三个主张召张进京的是户部候补主事闵荷生。他在条陈中写道"变法自强,首在择相",日本之变法成功全赖伊藤博文。为此,他提名张之洞:

> 湖广督臣张之洞,才堪济变,久已简在帝心,天下皆知。其学问心术,才干识量,种种过人,而精力又强,资望亦深,仅予兼圻之任,似未足以尽其才。若蒙圣恩召置左右,俾参密勿,必能佐皇上丕振全局,当亦在廷诸臣所愿,相助为理。救时良相,自古为难,张之洞不为谓非其选。

从闵荷生的条陈来看,他还未意识到当时的政治已处于危险的边缘,只是

---

〔1〕《致钱念劬》,《张文襄公全集》,第3册,第757页。
〔2〕 同上。
〔3〕《总理衙门清档·收发电》光绪二十四年七月初三日,01-38。
〔4〕《致总署》,《张文襄公全集》,第3册,第757页。

认为在枢各臣难当大任,并未针对康有为或应付慈禧太后之心。该条陈于八月初二日写就,初三日由户部代递,当日奉旨"存",并由军机处呈送慈禧太后。[1]

第四个主张召张进京的是日讲起居注官、翰林院侍读学士陈兆文。他因任起居注职而常入宫禁,对政治内幕知详。他在奏折中用语相当委婉,只是称目前军机处工作太忙,皇上也未可过劳,"宜多择勋猷卓著之大臣,召入枢廷,以资赞襄"。为此他提名张之洞:

> 如今湖广督臣张之洞器量闳深,经猷远大,公忠直谅,素为海内所推。自英、法内窥,海氛始亟,张之洞内维中国自立之策,外观诸国富强之方,或慷慨陈言,或从容措置。日本之役,摄理南洋尤能整饬海防,倡作忠义。事平之后,鉴于我弱彼强之故,大张西学为天下先。其于内政外交,尤能通达善变。所著《劝学篇》,曾进御览,于中西政教得失源流,推阐无穷。历督两粤两湖,勤求吏治,稽核军政,兴练洋操,创设制造各局实效昭彰。

在这篇奏折中,陈兆文给了张之洞以他能表达的最高评价:"休休有容,得大臣之体。"他认为,光绪帝如召张之洞入军机,参赞宸谟,朝夕献纳,"必能挽艰危之时局"。陈兆文有直接上奏权,该折于八月初三日递上,光绪帝未作任何评论,同日军机处将该折呈送慈禧太后。[2]

与陈兆文同时递折的还有新任江苏松江府知府濮子潼。他在该日的奏折中推举了伊藤博文,在附片中也提到了重用张之洞。他认为张之洞

---

[1] 闵荷生:《胪陈天下大计折》光绪二十四年八月初二日,该折共提出四项建策,召张为相为其一,其余三项是"励将"、"备敌"、"固本"。裕禄等:《恭折代奏折》光绪二十四年八月初三日。以上见《军机处录副·补遗·戊戌变法项》,3/168/9453/19、56。《上谕档》光绪二十四年八月初三日。

[2] 陈兆文:《疆臣勋望素著请召入军机以济时艰而襄盛治折》光绪二十四年八月初三日,《军机处录副·光绪朝·内政类·职官项》,3/99/5364/13。《上谕档》、《随手档》光绪二十四年八月初三日。

"凡有建白,实出近日建言诸臣之上",隐隐露出对康有为之类的贬削。他没有提议召张入京,而是提出,今后交发军机大臣等"会议之件,拟请一并发张之洞议奏",并认为此举"实于新政大有裨益"。[1] 濮子潼虽无直接上奏权,但他曾任军机章京、兵部郎中,他的奏折很可能通过其与军机处的关系也于初三日递上,光绪帝依然未作任何评论,同日军机处将该片呈送慈禧太后。[2]

还有一份很奇特的条陈为京师大学堂提调、翰林院修撰骆成骧所上。他认为,变法须先定宰辅。而宰辅应在二品以上"通达时务"的大臣中选择。他认为西方的议会制度可作参照,即在京中考取出身的小官中按省份选择二三百名,由其投票,皇帝再据投票结果任命宰辅。骆成骧没有提出具体的人选,但他在条陈中极力反对"小臣"入中枢的言词,可见其议是针对康有为及其党人的。而他所称的"通达时务"大臣,在其心目中又是有人选的,张之洞很可能是其中的一员。该条陈于八月初四日由管理大学堂事务的协办大学士、吏部尚书孙家鼐代递。从档案中,我看不出光绪帝是否看到过此折,但该折未递慈禧太后。[3]

第五个主张召张入京的是兵部职方司学习主事曾炳熿。他认为变法未能得到实际进展的主要原因有二:"一则守旧不化,积习太深;一则意在维新,短于才识,不敢操纵一切。"他的对策是,"必择一贯通中西政治、办事而确有成效如湖广督臣张之洞者,入赞廷枢,主持新政"。惟有如此,"庶守旧者得所观感,自默运潜移于不觉,维新者咸务实学,不敢徒袭西报陈言,复创为伸民权男女平权之议"。他指出,张之洞的科举新章已奉行,《劝学篇》于世道人心大有裨益,而湖北的铁政局、织布局、蚕桑局

----

[1] 濮子潼:《请将新政令张之洞参议片》,《军机处录副·补遗·戊戌变法项》,3/168/9453/38。

[2] 《上谕档》、《随手档》光绪二十四年八月初三日。

[3] 骆成骧:《简择众论先定宰辅以为用人行政根本折》、《附陈条说片》光绪二十四年八月初四日,孙家鼐:《恭折代奏折》光绪二十四年八月初四日。以上见《军机处录副·光绪朝·补遗·戊戌变法项》,3/168/9454/1、53。《上谕档》、《随手档》光绪二十四年八月初三日。又,该日《随手档》未记录孙家鼐代奏折及骆成骧条陈。

皆有实效,"较之不学无术徒事纷扰及年少新进之空谈无补者,相去万倍"。他还以西方为例,称各国皆为用臣得当而政务大展:"法用麦马韩(麦克马洪)而复振,德用毕士马克(俾斯麦)而始强,英用的士累利(迪斯累里)而益福,日本用伊藤博文而成维新。"曾炳熿条陈的用意十分明显,想以张之洞作为一平衡的力量,使守旧与维新力量之碰撞不至于失控。该条陈于八月初五日由兵部代递,但从档案中我也看不出光绪帝是否看过此折,该折也未送慈禧太后。[1]

第六个主张召张进京的是教习知县广西举人李文诏。他的上书中称:

> 臣窃观中外大臣,大约主守旧者,十之七八。而一二新进,德望又不足以服众,而欲辅我皇上维新之治,不可得矣。无或乎皇上屡三申谕,而群臣汇沓如故也。皇上诚能立奋乾断,上以世宗宪皇帝、高宗纯皇帝为法,大加黜陟,罚行自贵近始,其有因循怠玩、拘泥不化者,立黜十数人;赏行自卑远始,其有振作、勤奋通晓时务者,立擢十数人。而择老成硕望志在维新,其才识又足以负荷天下之重,如两湖总督张之洞、湖南巡抚陈宝箴两人者,速调进京,任以枢要,然后斟酌损益,次第施行。庶不至凌杂无序,疑谤沸腾。

此处的"一二新进",当指康有为及其党人。他认为张之洞"老成硕望志在维新",由其主持局面,不至于"凌杂无序,疑谤沸腾"。李文诏条陈于八月初五日由都察院代奏。光绪帝未表示意见,也未将之呈送慈禧太后。[2]

---

〔1〕 曾炳熿:《变法首在得人宜慎选重臣以维大局而一事权折》光绪二十四年八月初五日,《军机处录副·补遗·戊戌变法项》,3/168/9455/12。《早事档》、《随手档》、《上谕档》光绪二十四年八月初五日。
〔2〕 李文诏条陈见《军机处录副·光绪朝·内政类·戊戌变法项》,3/108/5617/27,李文诏还称他先前的上书中有两件要求张之洞、陈宝箴"晋京以辅新政",但我在档案中未能检出。《上谕档》、《随手档》光绪二十四年八月初五日。

八月初三日，是光绪帝从颐和园回宫的日子，他与慈禧太后的关系已处于崩裂的边缘。也就在这一天，御史杨崇伊上密折，请慈禧太后重新训政。初四日，慈禧太后从颐和园回到城内的西苑，光绪帝也依例移居西苑瀛台涵元殿。初五日，慈禧太后决定暂不回颐和园。初六日，慈禧太后第三次训政。在此期间袁世凯、闵荷生、陈兆文、濮子潼、曾炳熿、李文诏的提议，皆于此背景中发生。他们对政治内情的了解不尽相同，但他们却同样深刻地感到，维新到了这一时刻须得有一大的变化，须得有人出面维护大局。他们都不看好康有为及其党人。他们都认为张之洞是收拾局面的最佳人选。他们的想法大多由军机处呈报慈禧太后，惟一有权对此作出决策的慈禧太后对此有何想法，今限于史料还无从得知。但从后来慈禧太后的做法来看，她最信任的人，还不是张之洞，而是荣禄。

最后一个主张召张入京的是湖南巡抚陈宝箴。由康有为起草、杨深秀出奏的《裁缺诸大僚擢用宜缓特保新进甄另宜严折》，提到了陈宝箴：

> 讵该抚被人胁制，闻已将学堂及诸要政举全行停散，仅存保卫一局，亦复无关新政，固由守旧者日事恫喝，气焰非常，而该抚无真识定力，灼然可知也。

杨深秀还指责陈宝箴所荐人才，除杨锐、刘光第、左孝同外，"余多守旧中之猾吏"。[1] 光绪帝收到此折，感到情况十分严重，于七月二十九日电旨陈宝箴：

> 有人奏，湖南巡抚陈宝箴被人胁制，闻已将学堂及诸要政全行停止，仅存保卫一局等语。新政关系自强要图，凡一切应办事宜，该抚当坚持定见，实力举行，慎勿为浮言所动，稍涉游移。[2]

---

〔1〕 孔祥吉编：《救亡图存的蓝图》，第253页。
〔2〕《电寄档》光绪二十四年七月二十九日。

陈宝箴收到此严旨,连忙电奏,说明情况。[1] 也正是此事,陈宝箴感到,中枢实为不力。他在深思熟虑后通过总理衙门电奏,要求召张之洞进京:

> 近月以来,伏见皇上锐意维新,旁求俊彦,以资襄赞。如杨锐、刘光第、林旭、谭嗣同等皆以在军机章京上行走,参预新政。仰见立贤无方,鼓舞人才至意。惟变法事体极为重大,创办之始,凡纲领、节目、缓急、次第之宜必期斟酌尽善,乃可措置施行。杨锐等四员,虽为有过人之才,然于事变尚须阅历。方今危疑待决,外患方殷,必得通识远谋,老成重望,更事多而虑患密者,始足参决机要,宏济艰难。窃见湖广总督张之洞,忠勤识略,久为圣明所洞鉴。其于中外古今利病得失,讲求至为精审。本年春间,曾奉旨召令入都,询商事件。旋因沙市教案由沪折还。今沙案早结,似宜特旨迅召入都,赞助新政各事务,与军机、总理衙门王、大臣及北洋大臣,遇事熟筹,期自强之实效,以仰副我皇上宵旰勤求至意。愚虑所及,谨冒昧电陈。乞代奏。

这一封字斟句酌精心撰拟的长电发于八月初七日,总理衙门于次日收到。[2] 他认为,由其出面请召张,必会有一个结果。他并不知道,到了此时一切都已经晚了。这一天,慈禧太后在勤政殿举行了盛大的重新训政的仪式,两天后,慈禧太后召荣禄进京。

---

[1] 陈宝箴电总理衙门:"昨承钧署电,奉旨:有人奏,湖南巡抚陈宝箴被人胁制,闻已将学堂及诸要举全行停散各等因。仰蒙圣训周详,莫名钦感。窃湖南创办一切应兴事宜,并未停止。现复委绅蒋德钧往湘潭等处联络绅商,来省设立商务局。前议派聪颖学生五十名至日本学习,近日来省求考选者千数百名。风气似可渐开。言者殆因学堂暂放假五十日,讹传停散所致。前七月十三日学生均已来馆,续聘教习亦到。其余已办各新事,当另折具陈。现在亦无浮言。自当凛遵圣训,坚持定见,实力举行。请代奏。宝箴肃。冬。"(《总理衙门清档·收发电》,01-38)该电发于初二日,总理衙门次日收到。

[2] 《总理衙门清档·收发电》光绪二十四年八月初八日,01-38。

四、简短的结语

光绪二十四(戊戌)年清廷召张之洞入京与沙市事件,原本是两件毫不相关之事,历史的偶然性将之联结在一起,结果造成了历史进程的曲折。

我个人以为,戊戌维新的动力不在于内而在于外,这是因为当时的中国并没有一股为自己的利益而要求改革的力量,也没有形成可行且系统的改革思想。甲午战争后"卧薪尝胆"的慷慨,在战后的"等因奉此"的因循中柔软地消磨殆尽。光绪二十三年底德国占领胶澳,俄、法、英紧随行动,在列强抢占租借地和分割势力范围的险境危局中,士大夫和朝廷再一次激荡起来。富国强兵的目的,在于抵御外侮。当然这一论点在此并没有展开。我之所以不厌其详地介绍张之洞与总理衙门对于沙市事件的处理,正是为了说明这一背景。这一使张之洞、总理衙门都感到满意的处理结果,今天的中国人无法不对此激起民族主义的情绪。可以说,在"豆剖瓜分"的阴影下,改革成了历史的必然,尽管当时清朝在政治上、思想上都没有做好准备。

我个人以为,张之洞是中国近代的"转型"人物,其在《劝学篇》中表现的"中学为体、西学为用"的中西文化观,恰是那个"转型"时代最有实践意义的理念。思想家可以超越他的时代而指引后来者,政治家则必须坚实地站在时代给他搭建的舞台上。对政治家来说,任何一种超越都有非常大的危险。张之洞毫无疑问是那个时代最重要的思想家,但不是那个时代最优秀的思想家。他也毫无疑问不是那个时代最具实力的政治家,但又是最具远见的政治家。如非历史的偶然,戊戌维新很可能在他的主持或指导下展开。在这一假设的前提下,我当然无法臆测中国历史的走向,但我已感到,由于他的机敏,很可能会避免戊戌政变的这一结局,那毕竟是中国历史的倒退。

以上的两点认识,本文都没有具体地加以证明。但我撰写本文的目的,却是为了建立这两点认识所依据的历史事实前提。

戊戌变法期间司员
士民上书研究

一、学术目的与方法

  光绪二十四年(1898)的戊戌变法,是中国政治改革的一次实验。在此期间进行的一项重大举措,便是允许司员士民不受限制地上书。这样的做法,在以前的历史中是否出现过,明朝以远我尚不能确定,但至少是清朝历史上的首次。司员即中央各衙门的中下级官员,主体是各部院主事、郎中、员外郎、翰林院编修、内阁中书等官,当时也包括各衙门小京官、笔帖式等;士即取得各级功名的人,当时也包括候选候补官员;民即指一般民众。到了后期,一些中下级地方官也加入进来。[1] 就清代的政治体制而言,他们原本向皇帝上书的渠道极为狭窄,而上书的主要内容是诉冤,发表政治见解的可能性极小,且有多种限制。此次获得机会,他们发表了大量的政治言论。从史料学的角度来看,他们的大量上书,很可能是中国历史上的一次中下层无指挥多声部政治大合唱。如果能对这次上书

---

[1] “司员士民”是当时的称谓,语出于六月十五日军机处奏折与光绪帝谕旨,然并不准确。本文为叙述方便而沿用。实际可以上书的人为:京内各部院司员与小京官、笔帖式;在京的候选候补官员、士与民。后又扩大到外省地方官、士与民。

活动做一全面的研究,直接听取他们的声音,也有可能使我们暂时地脱离我们所熟悉的上层及精英,更接近于中下层,尽管上书者出于多种原因未必全说真话。

对于该课题的系统研究,史学界尚未进行,尽管 1958 年由国家档案馆明清档案部出版的《戊戌变法档案史料》,收集了其中 93 件上书,也有一些研究者注意到了这些史料,在其论著中引用该书或直接引用相关档案。应当说,这些研究也是有其价值的,但方法主要是举例或选样,且研究兴趣也主要在对变法最有直接影响力或对后世最具光亮点。这虽可以反映出整个事件进程的某一点或面,似还不能完全展示戊戌变法期间司员士民上书的基本面貌。

我个人的学术企图是能够真正听到中下层的声音,其先决条件是要尽可能地把声音听全。个别人的说法可能会多种多样,但多听却可能让听者产生一个整体性的把握,并从中体会他们的内心,以识别他们在高调或低调背后的动机。在此企图之下的学术目的是:一、在此期间有多少人一共递交了多少份上书? 由此我采用的相应方法是,依据军机处《随手档》,并参阅《早事档》等档册及军机处录副奏折、宫中朱批奏折中代奏者的相应文件,以弄清上书的总数量。二、这些上书的内容是什么? 由于上书人的地位较低,大多未有结集或公开发表的机会,那么现存档案中上书保存情况究竟如何? 这主要通过军机处录副奏折,尽量找到当时上书的原件或抄件。三、朝廷对这些上书是如何处置的? 这也通过军机处《上谕档》、《洋务档》、《电寄档》,找到朝廷对这些上书的处置意见。自 2000 年以来,阅档的工作断断续续地进行着。三分笨工夫,半分小收成。到了现在,我自以为内心中有了一点把握。

我工作的直接结果是:自光绪二十四年二月初八日(1898 年 2 月 28 日)起,至八月十一日(9 月 26 日)下令停止司员士民上书新规则,司员士民(包括中下级地方官)共有 457 人次至少递交了 567 件上书,其中 226 件有朝廷的处置意见,也有 214 件上送慈禧太后,慈禧太后政变后直接处理了 5 件。[1] 以上 5 个数字,我是大体有把握的,因为这一时间的军机处档案是完整的,尽管在个别地方有记载不清楚或记载错误的地方,对此,我找到了许多代奏的原折,加以一一校对。我共找到了 275 件上书的原件和抄件,其中从档案中新发现了 163 件。[2] 也就是说,现存的上书,约占其总数的 48.5%。对于后面的这三个数字,我还没有把握。由于中国第一历史档案馆的档案整理原则,许多文件的归类方法存在着问题,我在档案馆的查找工作中很可能会有遗漏,甚至是大的遗漏。很有可能在档案馆中还存有一大批上书我未发现。

以上的数字当然还不能说明什么问题,但为了具体说明这些数字背后的内容,我在文后编了一个极为冗长难读的附录,以供对此有兴趣的研究者查考。

下文要向各位读者报告的是,我对戊戌变法期间司员士民上书若干史实的查证,以及我对这些上书内容的主观分析与评价。

还需说明,由于当时的文献多用中国纪年且须大量引用,为行文方便,本文使用中国纪年,并适当夹注公元纪年。

─────────────

[1] 需要说明的是:一、人次即以一次上书为记,如多人上一书也为 1 人次,如一人 7 次上书即为 7 人次;二、件数是不精确的,因为许多人上书有附片等,有些在档案中反映出来了,即进入了统计;有些在档案中未反映出来,即无法进行统计,此数当是最小数;三、处置意见与上送慈禧太后数字,档案中有些表达不太清晰,即按我本人的理解进行统计,也可能会有误;四、八月初六日慈禧太后直接处理政务,此后的处理视为由慈禧太后直接处理;五、八月十一日以后,京内的上书停止了,但京外未奉到谕旨,仍在上书,其中山东、吉林、山西、甘肃还有 7 件,也包含在此。此外,有些细节上的差别,如八月初三日后上书实际上由慈禧太后处理,又如处置意见有实质性的和非实质性的,请读者再核对后文及附录。

[2] 其中《杰士上书汇录》(黄明同等主编:《康有为早期遗稿述评》,中山大学出版社,1988 年)、《戊戌变法》(中国近代史资料丛刊,神州国光社,1953 年)第 2 册,共有 19 件;《戊戌变法档案史料》(国家档案局明清档案部编,中华书局,1958 年)收录了 93 件。我新发现的上书存于以下卷宗:《军机处录副·补遗·戊戌变法项》;内政类戊戌变法项、职官项、其他项;财政类金融项、仓储项、其他项;综合类;文教类学校项。我查阅的卷宗还有军务类;外交类中日、中朝关系等项;财政类借款赔款项、经费项;文教类科举项等。

二、上奏权、代奏与上书的处置

清代自雍正帝开始奏折制度后,拥有上奏权的官员人数相当固定。在中央,是各衙门的堂官、各军事单位的长官、谏台的言官和皇帝身边的词臣等,[1]在地方,为各省总督、巡抚、学政、提督、各八旗驻防长官。这些人员虽有数百人之多,但他们对于上奏权的使用都极为慎重。京中各衙门堂官虽有多名,上奏时一般都联衔,以机构的名义出奏,在档案中我们经常可以看到的机构为总理衙门、六部、理藩院、都察院,其他部门的上奏是不多的;各省督抚同城者一般也联衔,督抚以外的官员也很少出奏。

严格控制有上奏权的官员数量与有上奏权的官员慎于上奏,与清代的政治体制有关。

清代是一个高度专制的国家,以皇帝为中心。中央各衙门对各地皆不能发部令,只能用咨会,一切政令出自于圣裁。也就是说,中央各部门的相关指令须经过皇帝,以皇帝的名义下发;各省各地驻防也不能向京内各衙门请示,须向皇帝报告,由皇帝交"该衙门议复"。其具体工作流程是:一、清朝每天都进行早朝,由六部、内务府、理藩院八个衙门轮值,八天一轮。京内军事单位分八旗、八旗两翼、侍卫处轮值,十天一轮。[2] 每日

---

〔1〕 具体地说起来,主要是宗人府、内阁、军机处、总理衙门、六部、理藩院、都察院、内务府、翰林院、满洲蒙古汉军八旗、八旗两翼、侍卫处、步军统领衙门、各京营管营大臣、十三道监察御史、六科给事中、南书房翰林、日讲起居注官。此外,钦天监、太常寺、太仆寺、大理寺、鸿胪寺、国子监、銮仪卫、光禄寺、通政使司、詹事府、太医院、乐部、升平署等机构也有上奏权。

〔2〕 轮值情况为:吏部、户部、礼部、兵部、刑部、工部、内务府、理藩院八个一品衙门,每日按次由一个衙门轮值,八日一轮回;宗人府、钦天监、太常寺、太仆寺、都察院、大理寺、鸿胪寺、国子监、銮仪卫、光禄寺、翰林院、通政使司、詹事府十三个衙门,分成八拨,每日随固定的一品衙门轮值,其中宗人府、钦天监随礼部,太常寺、太仆寺随兵部,都察院、大理寺随刑部,国子监随内务府,銮仪卫、光禄寺随理藩院,翰林院随吏部,通政使司、詹事府随户部;镶黄旗、正黄旗、正白旗、正红旗、镶白旗、镶红旗、正蓝旗、镶蓝旗、八旗两翼、侍卫处十个军事单位,每日由一个单位轮值,十日一轮回。

早朝时,各轮值衙门堂官参加,军机大臣也参加。轮值衙门报告其上奏事件,一般的事件皇帝当即予以批准。二、早朝时未准的奏折,皇帝下旨"留",也即是在早朝中不作出决定,将奏折放到早朝结束后,皇帝亲自审阅,或作出朱批,或交代旨意,交发军机大臣拟旨。三、各省、各驻防及顺天府等奏折不经过早朝,直接由皇帝亲拆亲批,然后交军机大臣拟旨。

这样的描述也许过于笼统,但如果看看处于政治中心的光绪帝的时间安排,即可以了然:一大早约凌晨三点以前即起床,准备早朝。早朝结束后,吃早饭,然后看奏折。看完奏折后叫起,接见军机大臣及当日被召见的大臣。军机大臣见面后,根据皇帝的口谕及奏折中的朱批,将发下的奏折交由军机章京拟旨,军机大臣审改后交皇帝批准。此时的时间大约到了中午。这一天的政事也就结束了。清朝是一个礼教治国的国家,皇帝每年要出席几十次各种祭祀活动,许多活动还须先行斋戒,提前进入斋宫。对于光绪帝来说,如果是住颐和园,或慈禧太后回城,他还每天须向慈禧太后请安。可以从档案中看出,光绪帝每日的政务处理时间为清晨五点前到中午十二点左右。中午十二点以后便吃晚饭,下午很少还处理政务,因为此时的军机处已经散值。大约最晚在下午五点前便开始睡觉。"国不可一日无君",清朝的每一个大臣都可以请假,惟皇帝不能请假。光绪帝日日如此,是一个大忙人。

祖制规定的奏折处理原则是,一、皇帝亲自处理;二、除了对于例行报告可批为"依议"、"知道了"、"该部知道"外,对于任何请示都有明确的答复;三、除极个别情况,奏折须当日批复。根据这些处理原则,光绪帝每天看奏折的时间是早朝以后到见军机等人之前,如果在见军机前未将奏折看完,那么,军机处散值后就没有人来处理这些奏折,政务便自动中止了。在这种情况下,朝廷限制上奏人数及上奏人慎于出奏,也不失为一种合理的方法。

从我所见的档案来看,就一般情况而言,光绪帝每天收到的京内各衙门奏折为20至40件,收到各地的奏折也有20至40件。每天要看40至80件奏折,光绪帝当然不能很仔细。好在绝大多数奏折不过是例行公事,光绪帝批下也很快。对于一些复杂的奏折,光绪帝分别交给总理衙门、六部等衙门"议复"。各衙门收到交议奏折后,数日或数十日后逢轮值时再次上奏,报告其处理意见,光绪帝一般批为"依议"。

代奏的规定

尽管上奏人数是限定的,为了使其他官员与民人的报告能够上达"天听",清朝还有代奏制度。代奏是指有上奏权的机构与官员为无上奏权的中下层官员及民人出奏。其基本途径有两种:一是通过都察院。都察院本是"风宪"机构,凡是受冤狱的民人,陈述政见的士子,被革或候选候补京内外的官员,都可以到都察院陈情要求代奏。二是京内各衙门的中下层官员可以通过本衙门堂官要求代奏。在这两种情况中,都察院及各衙门堂官均有权决定是否为其代奏。

从戊戌变法的实际来看,光绪二十四年二月十九日(1898 年 3 月 11 日)总理衙门为康有为代奏,是其后司员士民上书的前奏。总理衙门在代奏原折中称:

> 光绪二十三年十一月十九日准军机处钞交给事中高燮曾奏请令主事康有为相机入西洋弭兵会一片,军机大臣面奉谕旨:"总理各国事务衙门酌核办理。钦此。"……惟既该给事中奏称,该员学问淹长,熟谙西法。臣等当经传令到署面询,旋据该员呈递条陈,恳请代奏。臣等公同阅看呈内所陈,语多切要,理合照录原呈,恭呈御览。[1]

康有为至总理衙门接受面询为光绪二十四年正月初三日,康有为条陈递上时间约为正月初八日,[2]经过了一个多月后,总理衙门才为其代奏。而他的条陈能够被代奏,总理衙门大臣翁同龢、张荫桓在中间起到了很重

---

〔1〕 《杰士上书汇录》,黄明同等主编:《康有为早期遗稿述评》,第 262—263 页。

〔2〕 详细的考证参见孔祥吉:《救亡图存的蓝图》,第 13—14 页。

要的作用。

此外,可以再看两个事例。

其一,光绪二十四年四月二十六日,都察院为湖南举人郑曰敬等代奏。都察院代奏原折称:

> 窃四月十八日,据湖南举人郑曰敬等以海氛已逼,披沥直陈等情赴臣衙门恳请代奏。臣等公同查阅,据原呈称:外洋各国窥伺益深,其意皆欲占据一隅,以为进取地步。皇上昕夕忧劳,不能自已。求其要道,不外三者:一曰强志气,二曰择硕辅,三曰备战守。诚本此而力行,国犹不富,兵犹不强,犹无以安内攘外者,未之有也。详密而致其惧,奋迅以要于成等语。臣等详阅,该举人等所陈三端,按切时势,并无违悖字样,不敢雍于上闻。该举人等既取同乡官印结,谨据情代奏。[1]

在此奏折中,都察院强调了三点:一、堂官公同"详阅";二、"无违悖字样";三、"取同乡官印结"。前者也反映在代奏机构的全体堂官须在奏折上列名,若有请假者也须注明,以示负责。"违悖字样"自雍正朝后已成为清代政治的一大禁忌,代奏人对此须负责。由于当时的资讯条件,上书人的身份难以确定,"取同乡官印结",即由同乡京官为上书人作身份担保,也是当时通行的做法。[2] 从四月十八日呈递到二十六日代奏,时间上也是相当快的。因为四月十八日恰是都察院轮值日,当日呈递已来不及,二十六日复遇轮值即代奏,都察院没有拖延时间。[3]

---

〔1〕 《军机处录副·光绪朝·综合类》,3/151/7432/8。

〔2〕 汉人以同乡官印结作为其身份的证明,当然,同乡官出具印结也是有偿的。旗人则由其佐领等出具图片,"都察院收呈时,旗人必随图片,汉人必随有乡官印结,始准代奏。"(镶白旗蒙古生员诚勤条陈,见《军机处录副·补遗·戊戌变法项》,3/168/9454/17,八月初五日都察院代奏)

〔3〕 四月十八日、二十六日为都察院轮值日一事,见各该日军机处《早事》。又,因为早朝时间太早,代奏须前一天准备。

其二,光绪二十四年三月三十日,工部为该部候补郎中唐浩镇代奏条陈请令各省自开利源以赡国用。该条陈的代奏方式是嵌入式,即开头称:"奏为据呈代奏事。据臣部都水司候补郎中唐浩镇呈称:……"结尾称:"臣等公同阅看,该员所陈并无违碍字样,不敢雍于上闻,理合据呈代奏。伏乞皇上圣鉴。"[1]与上引都察院代奏原折相比,仍有"公同阅看","无违碍字样"的说明,只不过唐浩镇为该部官员,身份可以确认,无须同乡京官的印结担保。

对于上奏的条陈,当日即有相应谕旨下达。前引康有为条陈发下的是交片谕旨,交总理衙门,奉旨:"总理各国事务王、大臣妥议具奏。"该条陈后于三月二十三日与康有为的其他条陈、书籍,送呈慈禧太后览。前引郑曰敬等条陈当日奉旨"存",并于该日送呈慈禧太后览。前引唐浩镇条陈当日亦发下交片谕旨,交户部"议奏",并呈慈禧太后览。[2]

最能说明清廷对于上书的处置方式的是当时士子对德军破坏山东即墨县文庙的上书。

光绪二十四年二月,清廷被迫与德国签订了《胶澳租界条约》,德国正式占领青岛。三月,山东即墨县文庙孔子像为山东德军破坏的消息传到北京,此时又恰逢会试之期,举子们为之大骇。闰三月初七日都察院代奏孔子后裔山东举人孔广泰等、当地绅士等呈控德国人残毁文庙的条陈两件。当日奉旨"该衙门知道",即总理衙门知道,并送慈禧太后。总理衙门随即发电山东巡抚张汝梅,了解情况。[3] 十五日,都察院代奏了各省举人为即墨县文庙被毁事件所上条陈共四件:其一是湖北、湖南、安徽、广西四省举人的联名条陈,其二是江苏举人的联名条陈,其三是浙江举人的联名条陈,其四是福建举人的联名条陈。七省举人的联合行动,使清朝感到了很大的压力。而在这一天,御史文悌也上了同样内容的奏折。当日光绪帝发下交片谕旨:

---

〔1〕 《军机处录副·光绪朝·综合类》,3/151/7432/6。
〔2〕 见各该日军机处《随手档》、《上谕档》、《洋务档》。其中郑曰敬等条陈,军机章京在《随手档》中注明"归箍"。
〔3〕 军机处《随手档》、《上谕档》、《洋务档》光绪二十四年闰三月初七日。

本日都察院奏湖北等省举人因山东即墨县圣像被毁,联名呈请查办据情代奏一折,并将原呈四件呈览。此事详细情形,经总理各国事务衙门电查,未据该省电复。仍著该衙门电催查复。到日应如何诘问之处,即行斟酌办理。

同日条陈并送慈禧太后。[1] 十八日,都察院代奏翰林院编修李桂林等因即墨文庙被毁请速责德国公使的条陈。光绪帝当日交总理衙门,下旨"著总理各国事务衙门酌核办理",并送慈禧太后。[2] 二十三日,都察院代奏直隶京官李桂林等呈诉山东即墨文庙案(原呈共四件)。当日光绪帝交总理衙门,下旨:"仍著该衙门酌核办理。"该条陈四件同日送慈禧太后览。也就在这一天,都察院出奏请示:此类呈诉以后不再代奏,拟咨送总理衙门办理。也就是说,都察院今后不再将条陈进呈光绪帝,而直接送到总理衙门,用此软性的手法,挫降举子们的上书热情。该折奉旨:"此后如续有具呈者,即著照所议办理。"[3] 根据后一条谕旨,此后档案中不再有相应的条陈。

尽管当时举子们一再发动强力攻势,但光绪帝的处理还是相当低调的。这一方面是德军已占青岛,清朝没有与之对抗的武力;另一方面德国亨利亲王即将到北京访问,清廷拟乘此机会改善中德关系。四月初三日,清廷收到山东巡抚张汝梅的电报:

> 即墨文庙圣像被毁一案,前饬莱州府委员确查。兹据电称,查明并无其事,并取有该教官印结。另文申送。[4]

---

〔1〕 军机处《随手档》、《洋务档》光绪二十四年闰三月十五日。
〔2〕 军机处《随手档》、《洋务档》光绪二十四年闰三月十八日。又据军机处《早事》,该日不是都察院的轮值日。
〔3〕 军机处《随手档》、《洋务档》光绪二十四年闰三月二十三日。
〔4〕 军机处《电报档》光绪二十四年四月分,《军机处汉文档册》207/3 – 50 – 3/2047。又,当时军机处没有电报房,各省发来电报皆送至总理衙门,由总理衙门代奏。张汝梅一电虽未请代奏,但总理衙门已报告光绪帝。

初八日,清廷再次接到张汝梅电奏,即墨文庙神像被毁一案查明并无其事。光绪帝立即下旨:"著总理各国事务衙门知照都察院。"[1]意即由都察院出面安抚各省士子。

然而张汝梅的消息并不正确。四月十六日,他又一次发来电报:

> 即墨文庙一事,前因县令朱衣绳告病,委候补令许涵敬往署。汝梅省东阅边,于莱州行次接见该令,谕令到任后确查禀报。嗣接朱衣绳来禀,言无毁像挖目情事。后饬府委查,久无具复。四月三日,汝梅复出省赴南路边,频频接彭守念宸电禀,委查并无其事。当即电闻,以许禀未到,仍恐不实,未请代奏。忝于济宁途次,接许令涵敬会同府委张令鸿宪禀称,确查本年元旦德兵拥入文庙,十八日始出,实有损伤圣容并先贤神像,毁损两庑先贤牌位,作践庙守兼及文圣名宦乡贤各祠、文昌城隍各庙,并钞呈绅等亲甘结,所禀确凿可据。此案即墨令朱衣绳始行匿报,从复讳饰,实属缪妄糊涂,应请即以革职。莱州守彭念宸冒昧电复,亦有不合,应请交部议处,以示惩儆。至应有向德使理论之处,请一并代奏请旨。[2]

光绪帝收到这一电报,为之大怒,十七日发电张汝梅:

> 奉旨:即墨毁像一案,得自传闻。前经电谕饬查,始据张汝梅两次电报均称并无其事,业经总署钞电呈览,即与复奏无异。乃迟至数月[日?],又称派员查复,竟有残毁情形,前后大相矛盾。张汝梅办事颟顸,著传旨申饬,并著责令地方官将各庙工程一律赔修,俟奏到后再候谕旨。[3]

---

〔1〕 军机处《洋务档》光绪二十四年四月初八日。
〔2〕 军机处《电报档》光绪二十四年四月分。文中"令"即知县之意,"守"即知府之意。
〔3〕 军机处《发电档》光绪二十四年四月,《军机处汉文档册》,207/3-50-3/2082。

此案的处理,可以看出士子上书的力量。其一,若不是士子上书的推动,即墨文庙一案很可能不会发现真相。其二,清廷收到上书后,按规定要对上书进行处置,必须要有一个交代。其三,光绪帝及总理衙门、都察院都不愿意将事情搞大,处处设法妥协,但必须小心谨慎,因为他们面对着极大的压力。也就是说,士子们的上书虽没有直接奏效,但已形成了一种政治威慑力量。

从二月初八日到六月十五日,在五个多月的时间里,京内各衙门共代奏了30人次40件条陈,其中35件依据制度进行了处理,36件上呈慈禧太后。只有极少数的上书未处理,那是因为这些上书并不需要进行处理。[1]

这是戊戌变法期间司员士民上书浪潮的萌动期。到了六月十五日之后,上书的浪潮渐起。

六月十五日以后的新规定与罢免礼部六堂官

二月十九日总理衙门代奏的康有为条陈,大胆提出了全面改革的方案。其中提出了设待诏所,许天下人上书。[2] 此条陈在光绪帝的施压下,[3] 军机处、总理衙门几经反复,于六月十五日(7月23日)出奏议复。其虽未同意康有为的提议,在诸多问题上迂回绕击,但在某些方面也有一些政策改变,关于待诏所,军机大臣奏折称:

> 我朝言路宏开,各部院司员条陈事件,准由各堂官代奏,士民上

---

〔1〕 详见文后附录。又,按照当时历法,二月至六月间还有闰三月。

〔2〕 康有为原呈见《杰士上书汇录》,《康有为早期遗稿述评》,第262—271页。

〔3〕 光绪帝收到奏折后,当日交总理衙门,奉旨:“总理各国事务王、大臣妥议具奏。”五月十四日,总理衙门议复,对康有为的提议基本予以否定。光绪帝对此非常不满,下旨:“暂存。”五月十六日,光绪帝将康有为的奏折再交总理衙门,下旨:“著该衙门另行妥议具奏。”五月二十五日,总理衙门请旨:康有为条陈牵涉大政,请光绪帝“特派王、大臣,会同臣衙门议奏”。光绪帝对此朱批:“著军机大臣会同总理各国事务王、大臣,切实筹议具奏,毋得空言搪塞。”(总理衙门议复奏折及请旨奏折见《戊戌变法档案史料》,第7—9页。光绪帝五月十四日、十六日旨意,见该日军机处《洋务档》《上谕档》)

书言事,准赴都察院呈递。迩言必察,询及刍荛。法至善也。应请饬令各衙门堂官,遇有属吏具疏呈请,应即随时代奏,毋得拘牵忌讳,稍有阻格。其言事见诸实行,确有实效者,请旨奖励,量才录用。此待诏所之变通办法也。[1]

军机大臣的奏复,实际上是对清朝上书制度的片面曲解,当时司员士民上书绝非容易,根本谈不上"言路宏开";但也在两个方面作了让步:一是"随时代奏",强调了时间性,二是"毋得拘牵忌讳",强调了不许各衙门阻格。光绪帝虽然对军机大臣的奏复并不满意,但也只能妥协,当日明发上谕:

> 朝廷振兴庶务,不厌讲求,所赖大小臣工,各抒谠论,以备采择……其部院司员有条陈事件者,著由各堂官代奏。士民有上书言事者,著赴都察院呈递。毋得拘牵忌讳,稍有阻格,用副迩言必察之至意。[2]

这一道谕旨明确了司员士民上书制度的程序性变化。

该旨下达后,经历了短暂的沉静,司员士民对此仍在观望或准备。到了七月初,司员士民的上书数量开始上升。然而,此时司员士民的上书是否要经过都察院或各衙门堂官的审查,即"公同查阅",还没有谕旨规定。七月初九日,詹事府中允文焕所上密封条陈,詹事府代奏时称:

> 本拟遵例公同阅看,惟该中允称系密折,业经封缄。臣等未便率行拆阅。恭读本年六月十五日奉上谕:"部院司员……"仰见皇上广开言路之至意,该中允原折既经封固,自未便拘泥旧章,开拆阅看。谨将原折恭呈御览。[3]

---

〔1〕 军机处议复奏折见《戊戌变法档案史料》,第9—11页。
〔2〕 《上谕档》光绪二十四年六月十五日。
〔3〕 《军机处录副·光绪朝·内政类·戊戌变法项》,3/108/5616/28。该条陈奉旨"留中",并于当日送慈禧太后。看来很可能真为机密之事。

文焕的条陈因其已封口而未经詹事府堂官的事先审查。与此同时，也有一些条陈是经该衙门堂官先阅看过的。如七月十二日记名总兵张绍模等人条陈由都察院代奏时，都察院在代奏折中称："臣等公同查阅……"[1]

也就是此时，出现了礼部阻挠该部主事王照上书一事。王照本人后来与犬养毅的笔谈中，对此谓：

> 及七月初五，照应诏上书，求礼部六堂代递。书中言请皇上奉太后游日本，以知日本崛兴之由，然后将奉太后之意，以晓谕臣民，以变风气。煞尾云："夫而后以孝治天下，而天下臣民莫复有异议；所有变革之事，皆太后开其意，皇上继其志。"此照之主意，欲和两宫，以名誉归太后，庶消变萌，意非专主联贵国而已也。而堂官阻之，照请堂官自陈抗旨之罪；堂官乃劾照，皇上怒而去六堂官。[2]

王照回忆称，他的上书拟稿于七月初五日，而档案记载礼部代奏其上书为七月十六日，从中阻挠其上书的时间可能长达11天；王照称礼部堂官"乃劾照"，这一点也可以从下引光绪帝的上谕中证实；王照称其上书的内容是请光绪帝与慈禧太后同访日本，这在当时是一件惊骇的事情，礼部堂官称此为将皇上、皇太后同陷于敌国的大不利，要求王照撤销或修改，从当时的政治来考虑，礼部堂官的意见也非为大错。十六日（9月1日），当礼部将王照上书两件及礼部劾王照的代奏上达时，光绪帝对此大怒，当日下达了一道严旨：

> 怀塔布等奏司员呈递条陈请旨办理一折。据称，礼部主事王照条陈时务，藉端挟制等语。朝廷广开言路，本期明目达聪，迩言必察。前经降旨，部院司员有条陈事件者，著由各堂官代奏，毋得拘牵忌讳，稍有阻格。诚以是非得失，朕心自有权衡，无烦该堂官等鳃鳃过虑。

---

[1] 《军机处录副·光绪朝·内政类·戊戌变法项》，3/108/5616/30。

[2] 王照：《关于戊戌政变的新史料》，《戊戌变法》，第4册，第331—332页。

若如该尚书等所奏,辄以语多偏激,抑不上闻,即系狃于积习,致成壅蔽之一端,岂于前奉谕旨毫无体会耶?怀塔布等均交部议处。此后各衙门司员等条陈事件呈请堂官代递,即由各该堂官将原封呈进,毋庸拆看。王照原呈著留览。[1]

这一道谕旨明确规定,此后司员上书各堂官"将原封呈进,毋庸拆看",即各衙门堂官对司员上书的审查权被取消。由于该谕旨限于京内各衙门的司员,第二天,七月十七日(9月2日),又发下给都察院的交片谕旨:

> 前经降旨,士民有上书言事者,著赴都察院呈递,毋得拘牵忌讳,稍有阻格。嗣后都察院凡接有条陈事件,如系封口呈请代奏,即著将原封进呈,毋庸拆阅。其具呈到院者,即将原呈封进,不必另行抄录。均著随到随递,不准稽压。倘有阻格,即以违旨惩处。[2]

从此,司员士民上书皆为封口。有未封口者,堂官还会嘱其加封后再为代奏。[3] 七月十九日,吏部奉旨遵议礼部堂官处分折上,其结论是"均照事应奏而不奏者,私罪降三级调用例,议以降三级调用,系私罪,无庸查加级议抵"。[4] 此事若按以往的做法,因"降三级调任"而京中无此品级的官位,一般皆改为"革职留任",过了一段时间后,再加恩开复原职,以示小有惩戒。但光绪帝此时扬起了杀威棒,下达一道亲笔所写的朱谕:

> 吏部奏遵议礼部尚书怀塔布等处分一折。朕近来屡次降旨,戒谕群臣,令其破除积习,共矢公忠,并以部院司员及士民有上书言事

---

〔1〕 军机处《上谕档》光绪二十四年七月十六日。
〔2〕 军机处《上谕档》光绪二十四年七月十七日。
〔3〕 如七月二十日,内阁为内阁候补中书王景沂、龙学泰条陈的代奏原折称:"谨将原折令该员自行封固,由臣代为呈递。"(见内阁代奏原折,《军机处录副·光绪朝·综合类》,3/151/7432/13)
〔4〕 《戊戌变法》,第2册,第503页。

者,均不得稍有阻格。原期明目达聪,不妨刍荛并采,并藉此可觇中国人之才识。各部院大臣均宜共体朕心,遵照办理。乃不料礼部尚书怀塔布等竟敢首先抗违,藉口于献可替否,将该部主事王照条陈一再驳斥。经该主事面斥其显违诏旨,始不得已勉强代奏。似此故为抑格,岂以朕之谕旨为不足遵耶?若不予以严惩,无以儆戒将来。礼部尚书怀塔布、许应骙,左侍郎堃岫,署左侍郎徐会沣,右侍郎溥颋,署右侍郎曾广汉均著即行革职。至该主事王照不畏强御,勇猛可嘉,著赏给三品顶带,以四品京堂候补,用昭激励。[1]

清朝的上谕多由军机章京拟稿,军机大臣修改,皇帝审定。朱谕由皇帝亲拟,数量是很少的。光绪帝的这一举动表明,他很可能不满意军机处的代拟谕旨,于是亲自书写,而一旦朱笔亲写,按规定谁也不能修改一个字,只能照发;同时也反映出,光绪帝此时对各大臣对于变法的态度十分不满,藉此发作,杀六个猴子给所有的猴子看看,以为各大臣的儆戒。

礼部六堂官的罢免,使得当时的政治顿时震荡起来。其引出的反应是多方面的,但至少有一点特别明显,即谁也不敢再公开阻挠上书了。王照的超擢,似乎开出了一个登进之门,各种各样的条陈像破了堤的洪水般涌来。从六月十五日到七月十九日一个多月的日子里,共有 38 人次 44 件上书,且不是每日都有,最多的一天为七月十九日,共 11 人次 13 件上书。七月二十日以后,几乎每天都有代奏的上书,而且数量剧增,最多的一天为七月二十九日,达到 37 人次 53 件。从七月二十日到八月初五日政变发生前,在此 15 天的日子里,上书的次数为 301 人次,而件数达到 373 件![2]

此后的几天里,关于上书一事,光绪帝又下达数旨,作了一些新规定。

七月二十四日,刑部代奏该部候补笔帖式奎彰条陈一折一片。其正折的主旨是推广京官出国游历以求知识、甄别捐纳京官以图精治、裁汰弁兵以选精宽饷,而其最主要的意思是,自荐去日本留学,但称其"寒微",

---

〔1〕 军机处《上谕档》光绪二十四年七月十九日。
〔2〕 详见文后附录。从七月二十日至八月初五日,仅七月二十三日一日未收到上书。

所费约银 740 两"请由官支领"。[1] 其附片为弹劾刑部官员:

> 奴才此次敬陈管见,自(七月)十七日回明左侍郎阿克丹、赵舒
> 翘。在赵舒翘并无异闻,惟阿克丹盛气相向,瞪目而语,且散衔时并
> 无示下,仅将原呈交堂书手,殊甚怪异。十八日进内回明尚书崇礼、
> 右侍郎梁仲衡,均无异词,且面奉尚书崇礼谕,二十日正班代递。当
> 即进署口述堂谕,将折封一件,交堂主事文谦办理。不料文谦于明明
> 宪谕若不理会,将原折封多方挑剔。安坐而语,面含怒气。且谓二十
> 日不能递,二十四日加班再递。虽经奴才力争,其言如铁铸成矣。此
> 应诏上言者实具此苦衷也。方今广开言路,日望进言之人多,岂知进
> 言之人受尽折磨,始能上达宸听。人生重气节,功名谁复论,恐后此
> 无以励敢言之气矣。夫时局之坏,由官邪也。小官无节气而后大官
> 之权势益高,故一切献媚营私,遂不以为耻。偶有离群而独立者,众
> 共谓其好事矣。官方何由整饬乎? 拟请饬下各衙门堂官,将迭次谕
> 旨恭录一道,宣示大堂。有条陈事件呈请代递者,次日呈进。承办官
> 稍有抑格,定行严参,庶进言之人不至气沮矣。[2]

这是我看到的描写司员士民上书过程的少量档案之一。[3] 候补笔帖式
是各衙门中最低级的官员,平时很少有说话机会。此次奉诏言事,受到了

---

〔1〕 奎彰该条陈见《戊戌变法档案史料》,第53—54 页。该月二十七日,交大学堂,奉旨:
　　"刑部代奏笔帖式奎彰自请出洋一折,著管理大学堂孙家鼐察看具奏。"八月二十六
　　日,孙家鼐议复"应毋庸议"。参见各该日军机处《随手档》、《上谕档》及孙家鼐原片。
〔2〕 奎彰附片见《军机处录副·补遗·戊戌变法项》,3/168/9449/56,七月二十四日刑部代奏。
〔3〕 我所看见的另一件描写其上书过程的档案,是镶白旗蒙古赓音佐领下生员诚勤八月
　　初四日的条陈:"条陈事件汉人多而八旗较少,岂无欲言之人,抑无欲言之事,以图片
　　难以印结故。""八旗佐领少见多怪,畏事喜功,其积习如出一辙。微末士人有为条陈
　　取其图片者,白眼阻格,在所不免。奴才两次上书均费尽千万言,迟至五六日,始以参
　　佐领派令冠带同至本都统崇礼私宅,回明都统曰可,然后发给图片。斯时也观其容
　　貌,犹有难色,以为封章所言,或触君怒,势必追累其身。"(《军机处录副·补遗·戊
　　戌变法项》,3/168/9454/17)

侍郎阿克丹、堂主事文谦的刁难也是不奇怪的。但事件发生于十七日、十八日，恰是光绪帝将礼部六堂官交吏部议处之后，由此而追究责任，阿克丹、文谦的处分将重于礼部六堂官。光绪帝此时不愿再兴大狱。至于奎彰提出的两条建议，即：一、抄录迭次谕旨宣示大堂；二、条陈次日代递，可以看到两条谕旨。七月二十四日，即奎彰条陈代奏的当日，交内阁转传各衙门，军机大臣面奉谕旨：

> 近日各衙门呈递封奏有一日多至数十件者。嗣后凡有呈请代递之件，随到随即分日进呈，不必拘定值日之期。[1]

七月二十七日，又明发上谕：

> 前因振兴庶务，首在革除壅蔽，当经谕令各衙门代递事件，毋得拘牵忌讳。嗣因礼部阻格司员王照条陈，当将怀塔布等予以重惩。复先后谕令都察院暨各衙门随到随递，不必拘定值日之期，诚以百度维新，必须明目达聪，始克收敷奏以言之效，第恐大小臣工，狃于积习，不能实力奉行，用再明白宣谕，以后各衙门有条陈事件者，次日即当呈进，承办司员稍有抑格，该部院堂官立即严参惩办，不得略予优容。所有六月十五日、七月十六日谕旨、七月十九日朱谕、七月十七日暨二十四日交片谕旨，均令各衙门录写一通，同此件谕旨一并悬挂，俾其触目警心，不致复萌故态，以示朕力除壅蔽之至意。[2]

由于相应档案的缺乏，难以确定此两条谕旨与奎彰附片之间有着直接的关系，但十分明显的是，其基本内容与奎彰的提议是一致的。

同在七月二十七日，军机处《电寄档》中有一条记载，军机处电寄（河南巡抚）刘树棠旨："刘树棠所代递分省补用知府伍元芝原折呈一件，著

---

〔1〕 军机处《上谕档》光绪二十四年七月二十四日。
〔2〕 军机处《上谕档》光绪二十四年七月二十七日。

留览。"〔1〕可见补用知府伍元芝的条陈由河南巡抚代递,当日送到北京。这是档案中记录的第二件中下级地方官的上书。〔2〕当日由内阁明发一道很长的上谕,称:"国家振兴庶政,兼采西法,诚以为民立政,中西所同,而西人考究较勤,故可以补我所未及。今士大夫昧于域外之观者,几若彼中全无条教,不知西国政法之学千端万绪,主于为民开其智慧,裕其身家,其精乃能美人性质,延人寿命。凡生人应得之利益,务令推广无遗。朕夙夜孜孜,改图百度,岂为崇尚新奇?"并称:"朕用心至苦,而黎庶犹有未知。职由不肖官吏与守旧之士大夫,不能广宣朕意,乃反胥动浮言,使小民摇惑惊恐,山谷扶杖之民有不获闻新政者。朕实为叹恨。"以上的评论很可能由伍元芝的条陈内容所引发。该上谕最后规定:

> 著查照四月二十三日以后所有关乎新政之谕旨,各省督抚均迅速照录,刊刻誊黄,切实开导。著各州县教官详切宣讲,务令家喻户晓。各省藩臬道府饬令上书言事,毋事隐默顾忌。其州县官应由督抚代递者,即由督抚将原封呈递,不得稍事阻格。总期民隐尽能上达,督抚无从营私作弊为要。此次谕旨并著悬挂各省督抚衙门大堂,俾众共观,庶无壅隔。〔3〕

根据这一谕旨,布政使、按察使、道员、知府从此获得了直接上奏权,州、县官可以经督抚等地方官代奏。然而该明发上谕将通过驿递传到各省,所需时间从数天至四五十天不等。为了将该谕旨以最快速度传到各地,第二天,即二十八日,军机处给各省发出了经光绪帝"御笔遵缮"的电旨:

---

〔1〕 军机处《电寄档》光绪二十四年七月二十七日。又该日《随手档》所记该条下有小注:"缮稿递上,朱改发下,另缮,由堂交总署。"意即军机处拟电旨稿递上光绪帝,经朱笔改后发下,另抄一份,由军机大臣交总理衙门发电。
〔2〕 其第一件地方官上书为江西巡抚邓华熙所上袁昶条陈,其具体代奏时间与方式,我尚未能查清,但六月二十日光绪帝交军机大臣议复。详见文后附录。
〔3〕 军机处《上谕档》光绪二十四年七月二十七日。

昨已明降谕旨,令各省藩臬道府均得上书言事,其州县条陈事件,应由该抚将原书代递。即著各省督抚传知藩臬道府,凡有条陈,均令其自行专折具奏,毋庸代递。其州县等官言事者,仍由督抚将原封呈递。至士民有上书言者,即经由本省道府随时代奏。均不准稍有抑格。如敢抗违,或别经发觉,定将该省地方官严行惩处。仍将遵办情形迅速电奏。[1]

这一道谕旨除了再次强调藩臬道府有直接上奏权、州县官代奏外,还规定了各地士、民均要上书言事,经过省、道、府官员代奏。

这一天是"百日维新"达于最高潮,因为在第二天,光绪帝将去颐和园面见慈禧太后。

"参预新政"军机四章京与上书处置方式的改变

一直到七月十八日,司员士民的上书仍按祖制的规定当日处置:即代奏衙门上奏,在早朝时交光绪帝,奉旨"留";随后由光绪帝亲阅,根据光绪帝的朱批或口谕,由军机处拟旨后,呈光绪帝审定下发。当然这里面也有可能存在这样的情况:光绪帝来不及看,直接发下军机处,命"拟旨来看"。但是,这种情况只能是少数,光绪帝最后还得根据"拟旨"再看一下原呈。[2]

七月十九日,都察院代奏了 11 件条陈并书 4 种,兵部上奏了 1 件条陈,除对广西举人李文诏等的一件条陈"广西土匪势蔓",下旨湖南巡抚陈宝箴"据实参奏"外,其余皆下旨:"暂存,俟发下后分别办理。"[3]这道谕旨的意思是,暂时放一下,先呈送慈禧,等到太后看完下后,再分别办理。这是一种前所未有的新现象,即上书当日未立即处理。查这一天的

---

〔1〕 军机处《电寄档》、《随手档》光绪二十四年七月二十八日。
〔2〕 二月初八日至六月十五日的上书处理,前已说明。从六月十六日起至七月十八日,共收到上书 25 人次共 31 件,其中处理了 28 件,上呈慈禧太后 27 件。详见文后附录。
〔3〕 军机处《上谕档》、《随手档》光绪二十四年七月十九日。

光绪帝工作记录:吏部带领引见 78 员,顺天府带领引见 1 员;[1]召见湖北襄阳新授知府锡伦、刑部主事刘光第、内阁中书林旭;[2]早朝时有兵部等衙门上了 23 件奏折,其中当场处理 18 件,另留下 5 件,包括都察院、兵部的代奏;[3]早朝后朱批了漕运总督任道镕、直隶总督荣禄、浙江巡抚廖寿丰奏折共 11 件;当日发下明发、交片、字寄、电报谕旨共 7 道,其中包括罢免礼部六堂官的"朱谕"[4] 这么大的工作量使光绪帝工作时间已经饱和,来不及看这批条陈,也来不及当日处理。又根据重要奏折须当日呈送慈禧太后的规定,未处理的上书只能先呈送慈禧太后了。

很可能因十九日出现的新情况,二十日军机处《随手档》中有一条记录:"递保举业经召见人员名单",当日军机处《上谕档》中录有此名单:"内阁候补侍读杨锐、刑部主事刘光第、内阁候补中书林旭、江西候补道恽祖祁、江苏候补知府谭嗣同",在该名单上,杨、刘、林、谭名上有朱圈。[5]《随手档》记录中所称的"保举",是指先前各大员密保人员,"业经召见"即已被光绪帝召见过。杨锐、刘光第、恽祖祁为湖南巡抚陈宝箴所保,分别于七月十六日、十九日、十八日被光绪帝召见。[6] 林旭为詹事

〔1〕《引见档》光绪二十四年七月十九日,台北故宫博物院文献馆藏。

〔2〕军机处《早事》光绪二十四年七月十九日。《光绪二十四年京官召见单》、《光绪二十四年外官召见单》。(《宫中杂件》〔旧整〕,第 915 包)

〔3〕军机处《早事档》光绪二十四年七月十九日。

〔4〕军机处《随手档》、《上谕档》、《电寄档》、《洋务档》光绪二十四年七月十九日。

〔5〕除在《上谕档》中有抄件外,该名单之原件见《军机处录副·光绪朝·内政类·其他项》,3/111/5736/14。

〔6〕陈宝箴原折见《戊戌变法档案史料》,第 160—163 页。七月十三日收到,当日明发谕旨:"陈宝箴奏遵保人才开单呈览各一折。湖南候补道夏献铭、试用道黄炳离、降调前内阁学士陈宝琛、内阁候补侍读杨锐、礼部候补主事黄采采、刑部候补主事刘光第、广东候补道杨枢、试用道王秉恩、江苏试用道欧阳霖、江西试用道恽祖祁、杜俞、湖北候补道徐家干、江苏候补道柯逢时、湖北试用道薛华培、候选道左孝同,以上各员在京者,著各该衙门传知该员预备召见,其余均由各该督抚饬知来京,一体预备召见。"(《上谕档》光绪二十四年七月十三日)又据军机处《保举人员》一簿册,恽祖祁曾于光绪二十二年正月二十五日由署两江总督张之洞保举;杨锐曾于光绪二十三年二月十五日由南书房翰林张百熙保举。召见日期见《光绪二十四年京官召见单》、《光绪二十四年外官召见单》。(《宫中杂件》〔旧整〕,第 915 包)

府少詹事王锡蕃所保,于七月十九日被召见。[1] 谭嗣同为翰林院侍读学士徐致靖所保,于七月二十日被召见。[2] 也就是在二十日(9月4日),光绪帝明发上谕:"候补侍读杨锐、刑部候补主事刘光第、内阁候补中书林旭、江苏候补知府谭嗣同,均著赏给四品卿衔,在军机章京上行走,参预新政事宜。"[3]

杨、刘、林、谭的差使是军机章京,但与普通的军机章京不同,谕旨中明确指出为"参预新政事宜"。然他们的具体工作,我在本书《戊戌政变的时间、过程与原委》中已经证明,就是帮助光绪帝阅看司员士民的上书,此处不再赘言。

杨锐当值7天后,即七月二十八日,在其家书中谈到他作为军机章京的工作:

> 二十日遂奉命与刘光第、林旭、谭嗣同三人,同在军机章京上行走,即日入直。朱谕云:"昨已命尔等在军机章京上行走,并令参预新政事宜,尔等当思现在时势艰危,凡有所见,及应行开办等事,即行据实条列,由军机大臣呈递,俟朕裁夺,万不准稍有顾忌欺饰。特

---

〔1〕 王锡蕃原折见《戊戌变法档案史料》,第163—164页,当日奉明发上谕:"少詹事王锡蕃奏敬保通达时务人才一折。福建兴泉永道周莲业经电谕来京预备召见,现尚在籍之四川候补道沈翊清、北洋差委候选道严复,著边宝泉、荣禄饬令该员等来京,预备召见。内阁候补中书林旭,著该衙门传知该员预备召见。"(《上谕档》光绪二十四年七月十三日)其召见日期见《光绪二十四年京官召见单》。(《宫中杂件》〔旧整〕,第915包)

〔2〕 光绪二十四年四月二十五日,明发上谕:"翰林院侍读学士徐致靖奏,保举通达时务人才一折。工部主事康有为、刑部主事张元济均著本月二十八日预备召见。湖南盐法长宝道黄遵宪、江苏候补知府谭嗣同送部引见。广东举人梁启超著总理衙门察看具奏。"(见该日《上谕档》)谭嗣同来京一事,光绪帝曾多次发电催促。谭嗣同到京后于七月十九日参加吏部带领的引见,当日军机处交吏部,本日贵部带领引见之江苏候补知府谭嗣同,奉旨:"著于二十日预备召见。"(见该日《上谕档》、《引见档》)军机处档案中还有一没有标记的材料:"明保江苏候补知府谭嗣同,旨:'著以知府仍发江苏,尽先补用,并交军机处存记。'"二十日谭被召见事,见《光绪二十四年外官召见单》。(《宫中杂件》〔旧整〕,第915包)

〔3〕 军机处《上谕档》光绪二十四年七月二十日。

谕。"圣训煌煌，祗增战悚。每日发下条陈，恭加签语，分别是否可行，进呈御览。事体已极繁重，而同列又甚不易处。刘与谭一班，兄与林一班。谭最党康有为，然在直当称安静；林则随事都欲取巧，所签有甚不妥当者，兄强令改换三四次，积久恐渐不相能。[1]

在此信中，杨锐提到"即日入值"，从字面理解应是二十日入值。这在当时很难办到。前引军机处《随手档》称是二十日递名单，当日定下人选，如果于二十日入值，按当时情况，须于十九日便通知。杨信中的"即日"应解释为二十日奉到上谕，当晚便做准备，二十一日凌晨即入宫当值。杨信所引朱谕也称"昨已命尔等……"又可证其是二十一日入值。杨锐信中所称的"朱谕"，我在档案中尚未查到原件。该朱谕说明了他们与光绪帝的联系方法，"即行据实条陈，由军机大臣呈递，俟朕裁夺"。从《光绪二十四年京官召见单》来看，他们平时与光绪帝并没有见面的机会。七月三十日，杨锐被召见一次，八月初二日林旭被召见一次，刘光第、谭嗣同当值后没有被召见。杨锐信中还透露，新进四章京分作两班，他与林旭一班，刘光第与谭嗣同一班，分班轮值。这与普通军机章京分满汉各两班轮值的情况是相符合的。

七月二十一日，当属四章京入值的第一天，这一天司员士民的上书仅6件：即总理衙门代奏张元济、谢希傅、刘庆汾、洪涛条陈，工部代奏汪赞伦条陈，军机处代奏章京继昌条陈。其中张元济条陈奉旨"留中"、洪涛条陈奉旨"暂存"，谢希傅、刘庆汾、继昌条陈交总理衙门"议复"，汪赞伦条陈交农工商总局"议复"。这样的处理与先前的做法并无二致，可以说是新任四章京的学习日。

七月二十二日，新任四章京的正式当值日。该日，户部代奏条陈共9件，宗人府代奏条陈1件，国子监代奏条陈1件。当日除户部主事程式谷的条陈作了处理，即交农工商总局"议复"外，其余的条陈还没有形成处理意见。看来新章京对其新工作一时也难以适应。当日，军机处给慈禧

---

[1] 《戊戌变法》，第2册，第572页。

太后的奏片中称：

> 本日户部奏代递主事宁述俞折一件、王凤文呈二件、彭谷孙呈一件、陶福履呈二件、宗人府代奏主事陈懋鼎折一件,现在酌拟办法,拟明日再呈慈览。[1]

这一奏片主要意思是第二天再向慈禧太后报告条陈的处理情况,但上报的上书遗漏了4件,[2]此在以往军机处的工作中是不可能的,可以说是大失误。而其中的关键一语是"现在酌拟办法",由谁来"酌拟"呢?[3]

七月二十二日军机处奏片中"现在酌拟办法"一语,透露了对于司员士民上书的处置方法有了大改变:原先的办法是条陈由光绪帝亲阅后提出处理意见;此时改为条陈由新任四章京阅看后,提出"酌拟办法",交光绪帝审定后,即可下旨办理,最后将处理结果与原条陈呈送慈禧太后。这样的处理办法虽与祖制相违背,然实为形势之使然。大量的条陈像洪水般涌来,光绪帝无论如何也看不过来,新方法使光绪帝得到了事务上的解脱。七月二十三日,恰好当天没有代奏的条陈,新任章京将昨天留下的11件条陈及处理意见呈送了慈禧太后。

七月二十四日,内阁、翰林院、吏部、刑部、大学堂、都察院共代奏了各类条陈40人次共45件,当日只处理了4件,而且其中2件为"留中",1件为"留览",1件为"存";二十六日处理了21件,其中14件为"存";二十七日处理了11件;最后还有9件始终没有处理。

七月二十五日,总理衙门、户部代奏了条陈5件另书2种,当日全部处理完毕。

---

〔1〕 军机处《上谕档》光绪二十四年七月二十二日。

〔2〕 即户部主事程式谷、谷如墉、闵荷生条陈,国子监学正学录黄赞枢条陈。详见文后附录。

〔3〕 七月二十四日的军机处奏片称,当日57件奏折、条陈中有14件奉有谕旨,"谨将原折恭呈慈览。其余折、呈俟核议奏明办理后,再行恭呈慈览。"此处又提出了"核议"、"奏明"、"办理",再"恭呈慈览"四个步骤。此后在七月二十五日至八月初一日的军机处奏片中都有相似的提法。(见各日军机处《上谕档》)

七月二十六日，总理衙门、都察院代奏了条陈 15 件，当日处理了 3 件，二十八日处理了 1 件，三十日处理了 7 件，最后还有 4 件始终未处理。

七月二十七日，内阁、吏部、兵部、翰林院、都察院代奏了条陈 23 件另样图 2 张、绘图 1 张、气枪 1 杆，当日处理了 1 件，三十日处理了 4 件，八月初一日处理了 3 件，八月初二日处理了 7 件，八月初三日处理了 2 件，八月初五日处理了 1 件，最后还有 5 件始终未处理。

七月二十八日，宗人府、户部、刑部、总理衙门、都察院、农工商总局共代奏条陈 22 人次共 30 件，当日只处理了 3 件，其余 27 件始终未处理。

在此之后，代奏的条陈是越来越多，新任章京的处理工作却越来越慢。他们本来没有做过中枢核心的工作，毫无经验可谈，此次奉旨代皇帝拟旨，责任重大，更应慎之又慎。尽管他们十分努力地工作，但大量的条陈还是积压下来，到了最后，变成了得到处理的条陈只是绝少数，绝大多数条陈都没有得到处理。

新任四章京奉旨拆阅条陈，并负责拟出处理意见，其具体情形又是如何？我在档案中找到他们所拟的签条共 14 件，兹录于下：

一、七月二十七日，兵部代奏郎中恩溥条陈，该条陈后贴有签条："所请八旗武试改用气枪，拟请并入谢祖沅条陈由总理衙门察议后，再饬施行。更订崇文门税则，拟请饬下户部酌议。"[1]对照《上谕档》等档册，该签条后来并未采用。

二、七月二十七日，都察院代奏附监生宋汝淮关于山西煤炭铁路等项的条陈。该条陈后贴有签条："山西煤炭及铁路今已开办，其论河务，请于河中对筑石坝，并修套支河制木坝船，拟请饬交河南、山东巡抚详议具奏。"[2]八月初三日，军机处奏片称，宋汝淮条陈已"签拟办法，恭呈慈览。俟发下后，再行办理"[3]八月初七日，该签条由慈禧太后发下，拟

---

〔1〕 恩溥条陈见《军机处录副·补遗·戊戌变法项》，3/168/9450/28，七月二十七日兵部代奏。

〔2〕 宋汝淮条陈见《军机处录副·补遗·戊戌变法项》，3/168/9452/23，七月二十七日都察院代奏。

〔3〕 军机处《上谕档》光绪二十四年八月初三日。

寄信谕旨给山东巡抚张汝梅、河南巡抚刘树棠:"都察院奏代递监生宋汝淮条陈河工各事宜原呈一折。山东黄河频年叠有险工,河南情形亦关紧要,所称筑坝分河各节,有无可采之处,著张汝梅、刘树棠体察情形,悉心筹议具奏。"[1](上谕)

三、七月二十八日,都察院代奏陈采兰关于各省学堂经费的条陈。该条陈后贴有签条:"所陈学堂各节,拟请饬下大学堂议奏。变通武举一条,无甚办法,请毋庸议。"[2]对照《上谕档》等档册,该签条后来并未采用。

四、七月二十八日,都察院代奏江苏拔贡张鸿鼎关于将特科与学堂合并的条陈。该条陈后有签条:"特科准于投县报考,未免太滥。应请毋庸置议。"[3]对照《上谕档》等档册,该签条未形成谕旨。

五、六、七、八、七月二十八日,都察院代奏已革河南临颍县知县孙宝璋条陈,共计四册。每册皆贴有签条:"第一册所陈皆筹饷之策。拟请旨分别饬下户部、工部及总理各国事务衙门议奏";"第二册所陈皆练兵之策。拟请留备御览。其饷章宜归一律一条,应请旨饬下兵部议奏";"第三册所陈多议论。拟请留备御览。其学堂工艺矿务凡四条,应请旨饬下大学堂、农工商总局、矿务总局议奏";"第四册所陈多系议论,且有已见施行者。拟请留备御览。其论热河兵米积弊一条,应请旨饬下热河都统查奏。"[4]对照《上谕档》等谕旨,此4件签条皆未形成谕旨。

九、八月初三日,都察院代奏补用通判郭连山条陈。在该条陈后贴有签条:"州县籍差苛派,自应严禁,但所称需款数百万,亦系悬揣之词,拟

---

[1] 军机处《上谕档》光绪二十四年八月初七日。

[2] 陈采兰条陈见《军机处录副·补遗·戊戌变法项》,3/168/9452/22,七月二十八日都察院代奏。

[3] 张鸿鼎条陈见《军机处录副·补遗·戊戌变法项》,3/168/9457/90,七月二十八日都察院代奏。

[4] 孙宝璋条陈四册见《军机处录副·补遗·戊戌变法项》,3/168/9459/2、3、4、5,七月二十八日都察院代奏。

请旨‘存’。"[1]此时新任四章京的工作性质已经改变(后将详述),如此签拟意见,当时已无意义,在《上谕档》等档册中也查不到相应的记录。

十、八月初四日,户部代奏候补主事陶福履条陈,请将运丁屯地变充饷。条陈后贴有签条:"屯田征租已奉旨派奕劻、孙家鼐会同户部妥议具奏。所称变价一节,似觉诸多窒碍。应请毋庸置议。"[2]此一签拟意见,当时并无意义,也未形成谕旨。

此外还有4件,由于档案的整理,军机四章京所拟的签条已与原条陈脱离,很难准确判断其针对的原条陈为何人所呈:十一、"请将各省盐务皆改商归官,以为办团经费,并片拟备敌练兵诸法,未必烦扰迂阔。应请无庸置议。"[3]十二、"所陈水利、垦荒、农学、银行诸议,皆已举行,应毋庸议。惟请弛官绅之禁,许其将资本在银行入股,并准其设立各项公司,免彼寄顿洋行之弊,似请饬交总理各国事务衙门详议具奏。"[4]十三、"所陈诸条俱已奉旨饬行矣。"[5]十四、"总理衙门请改外部,已于蔡镇藩条陈奉旨交议矣。同文馆专教语言文字与大学堂专门之学不同,亦□归并,应请旨‘存’。"[6]对照军机处《上谕档》、《洋务档》等档册,以上4件签条并未形成谕旨。

现存的14件新任军机章京的签条,只有一条最后形成谕旨,由此似可以得出结论:虽说后期上书得到处理的只是少数,但新章京已拟签条的上书很可能不是少数。其未能形成谕旨,另有原因。

从新任四军机的签条来看,他们的处理方法与先前光绪帝的处理方法是一致的,即不是根据上书的内容直接发出谕旨,而是将上书中的某些

〔1〕 郭连山条陈见《军机处录副·光绪朝·内政类·戊戌变法项》,3/108/5617/2,八月初三日都察院代奏。
〔2〕 陶福履条陈见《军机处录副·光绪朝·内政类·其他项》,3/111/5735/572,八月初四日户部代奏。
〔3〕《军机处录副·光绪朝·军务类》,3/124/6149/45。
〔4〕《军机处录副·光绪朝·财政类·金融货币项》,3/137/6684/38。
〔5〕《军机处录副·光绪朝·内政类·其他项》,3/111/5735/113。
〔6〕《军机处录副·光绪朝·内政类·其他项》,3/111/5735/114。

他们认为有价值的内容,交给某一部门"议复"。当一个具体部门收到"交议"的谕旨后,实际上也知道了皇帝的倾向性态度。从他们的"签条",到相应的谕旨下发,仍有一段路需要走。前引"签条"的绝大多数都没有形成相应的交片谕旨,这里面有可能发生的情况是:一、光绪帝不同意;二、光绪帝还来不及处理;三、他们没有将已贴"签条"的上书呈报光绪帝。但是,一旦光绪帝同意他们的"拟签"时,他们实际上是在行使着皇帝的权力,工作性质与明代的内阁很相似。尽管他们在工作中很难对此时进行的改革做一些建设性的工作,但要拖延、阻碍那些反对改革的条陈,仍能起到不小的作用。其中最明显的是,湖南举人曾廉弹劾康有为、梁启超的条陈,最后不了了之。反对康、梁的改归知县庶吉士缪润绂在戊戌政变后上书中称:

> 谭嗣同、刘光第、林旭、杨锐托通达事务预枢要,实皆逆党。凡臣工条奏乙览不遑者,悉归四人披阅,签拟以奉。有"参预新政事宜"之旨,目无枢总,奇悍无伦。异己者摈之,有论及康有为罪状者匿之,而不以上告。奴才曾于七月内两次上封事,由都察院代递,为所抑格不报。皇上广开言路,若辈乃凭藉权势,任喜怒而弃取之,一似都察院专为若辈设者。群小蜂起,致变法之令日下日急,浮言骚动,民不聊生,盖使直言不得闻于皇上。而圣聪益为摇惑者,皆四人蒙蔽之罪也。并请罢斥究问,原保大臣连坐其罪,庶荐主知所惊惕,而言路不致混淆。[1]

缪润绂看来很有一些消息来源,对四章京的工作性质及其作用是相当知情的。

还须说明的是,由于新任军机四章京对中枢核心的工作尚不熟悉,且

---

〔1〕《戊戌变法档案史料》,第464—465页。又,缪润绂所称两次上书为七月十九日、二十九日。十九日上书不是由新任四章京处理,当日奉旨"存",并报慈禧太后;二十九日上书没有处理意见。

与原有的军机章京的关系也不融洽,他们工作中的错漏比比皆是,这也是不足为怪的。[1]

慈禧太后的介入与新规定的取消

"参预新政事宜"军机四章京的工作从七月二十一日开始,二十二日正式处理司员士民的上书,但到了八月初二日,也就是 11 天之后,慈禧太后插手介入了。

八月初三日(9 月 18 日),军机处奏片称:

> 本日陈兆文奏保举人才片,奉明发谕旨一道。闵荷生奏请将会馆改学堂片、耿道冲奏请设保险公司折,又二十七日胡元泰请清教案呈、宋汝淮条陈矿务河工呈,均签拟办法,恭呈慈览,俟发下后,再行办理。总理衙门代递张元济条陈折一件、户部代递闵荷生、耿道冲条陈折各一件、陈兆文条陈折一件、濮子潼条陈折片各一件,均奉旨存。都察院代递桂格等折呈,俟拟定办法,再行签呈慈览。谨交陈兆文等各原折、片、呈并昨日因应行钞录未及呈递之孙家鼐、阔普通武、陈季同、金蓉镜、暴翔云、霍翔各原折恭呈慈览。谨奏。[2]

根据这一奏片,当日户部代奏的主事闵荷生、耿道冲条陈,七月二十七日都察院代奏的内阁中书胡元泰、山西附监生宋汝淮的条陈,由四章京"签拟办法"后,不是呈送光绪帝,而是呈送慈禧太后,经其审定"发下后",再办理相关的谕旨。当日都察院机构代奏的上书,"俟拟定办法"即由四章京拟签,然后再呈送慈禧太后。这一奏片虽是八月初三日所上,但根据当时的办事程序,此为八月初二日决定之事。

军机处的这一奏片表明,此时的司员士民上书的处理方式有了重大

---

〔1〕 参见前章《戊戌政变的时间、过程与原委》,并见本文附录。
〔2〕 军机处《上谕档》光绪二十四年八月初三日。

改变,即由新任军机四章京向光绪帝负责的"拟签"制,改为四章京向慈禧太后负责的"拟签"制。其具体程序为:早朝时奉旨"留"的代奏条陈,或各地方官代奏的条陈,交由四章京"拟签";军机处将已"拟签"的条陈原件呈送慈禧太后;由慈禧太后审定发下后,军机处才能送光绪帝发旨。这是戊戌政变前慈禧太后采取的重大措施之一,光绪帝与慈禧太后的关系已处于极度紧张之中。

慈禧太后为什么要介入此事?实际上是对四章京的不放心。尽管四章京处理的只是没有直接上奏权的司员士民上书,在当时的政治中不属最重要的文件,但从某种意义上说,四章京的实际权力却大于军机大臣:有上奏权的大臣奏折由光绪帝先看,然后发下军机大臣拟旨,即先有旨意后有谕旨;而司员士民上书由四章京先看"拟签",经光绪帝批准后形成谕旨,即先有"拟签"后有谕旨。深谙政治操作的慈禧太后,对未经其批准而就任的四章京,抱有很大的疑心:如果司员士民上书中有如王照请光绪帝、慈禧太后出访日本,又如刑部主事洪汝冲请求迁都荆襄、借才伊藤博文、与日本联邦之类的大事,四章京的"拟签"意见稍有偏差,光绪帝又未认真"考虑"即未经请示她本人而发出谕旨,其后果她将不堪设想。在那个时代,谕旨是不可改变的。于是,她便接过手来,直接负责此事。至于有上奏权的大臣奏折,原有的各种制度保障了慈禧太后的权力,处理此类奏折的军机处班底也是其一手安排,更何况这些有上奏权的大臣了解政治内幕,知道游戏规则,不可能出现太出格的奏折。

八月初四日,军机处仍按新程序处理:由翰林院等机构代奏的阎志廉等条陈共 10 件,"均签拟办法,恭呈慈览,俟发下后,再行办理";"其余各折呈(即司员士民的上书)俟拟议办法,再行陆续呈递。"[1]八月初五日,仍是如此。军机处将都察院等机构代奏何寿章等条陈共 4 件,"均签拟办法,恭呈慈览,俟发下后,再行办理";"其余各折片俟签拟办法,再行陆续呈递。"[2]八月初六日,政变发生,慈禧太后当日"始在便殿办事",朝廷

〔1〕 军机处《上谕档》光绪二十四年八月初四日。
〔2〕 军机处《上谕档》光绪二十四年八月初五日。

的一切均由其来主持。从第二天起,司员士民上书的数量开始下降。

八月十一日(9月26日),即政变后的第五天,慈禧太后以光绪帝的名义发下一道全面反攻倒算的谕旨,其中关于司员士民上书一段,完全取消六月十五日以来的新规定:

> 至开办时务官报及准令士民上书,原以寓明目达聪之用。惟现在朝廷广开言路,内外臣工条陈时政者,言苟可采,无不立见施行。而疏章竞进,辄多撷拾浮辞,雷同附和,甚至语涉荒诞,殊多庞杂。嗣后凡有言责之员,自当各抒谠论,以达民隐而宣国是。其余不应奏事人员,概不准擅递封章,以符定制。[1]

这一条规定立即得到了严格的执行。京内各衙门的代奏从当日便停止。军机处《早事档》、《随手档》中再也不见以往每日大量收到的代奏条陈。然而,此一谕旨发往外地还须时间。也就在这一天,光绪帝收到由吉林将军延茂代奏主事屠寄的条陈"中国维新当自同律度量衡始";由管理陵寝事务大臣毓昆代奏郎中瑞琛的条陈"请崇实学理"。光绪帝对此皆未朱批,没有表示意见。[2] 八月十八日,光绪帝收到山东巡抚张汝梅代奏的同知黄笃赞、知县林朝圻条陈两件,光绪帝在张汝梅奏折上朱批:

> 前已有旨,不应奏事人员,概不准擅递封章,以后毋庸再为呈递。[3]

当然,从此之后,代奏条陈一事并没有完全中止,只不过又回到清朝旧制的老路上去了,数量很少,也不再具有很大的意义。

---

〔1〕 军机处《上谕档》光绪二十四年八月十一日。
〔2〕 军机处《随手档》光绪二十四年八月十一日。
〔3〕 军机处《随手档》光绪二十四年八月十八日。

三、上书的内容及其评价

由于当时的政治结构,除了康有为等个别人上书中的一些建议形成了政治决策,其他人的上书,不过是交给相关衙门"议复",又由于政变很快发生,因而绝大多数上书未能形成政治决策,未能对当时的政治发生影响。如果从历史演变的结果来考察这些上书,可以说是它们的价值并不大。这一点我在附录中已一一加以说明。

但是,我的学术企图在于了解当时中下层官员的思想,了解他们的政治改革方案,并通过他们的上书了解当时的政治实情,可以说,我只是作一次历史的访问。

有意思的是,当时负责处理上书的"参预新政事宜"军机章京杨锐和刘光第,分别留下了他们对上书的总体评价。他们应当是最有资格的人。杨锐称:

> 现在新进喜事之徒,日言议政院,上意颇动,而康、梁又未见安置,不久朝局恐有更动。每日条陈,争言新法,率多揣摩迎合,甚至有万不可行之事。兄拟遇事补救,稍加裁抑,而同事已大有意见。今甫数日,即已如此,久更何能相处?拟得便即抽身而退,此地实难以久居也。[1]

刘光第称:

> 现在皇上奋发有为,改图百度,裁官汰冗,节费练兵,改科举之文,弛八旗之禁,下诏求言,令州县士民均得上书言事,决去壅蔽,民

---

[1]《戊戌变法》,第 2 册,第 572 页。

气大振(但学术不明久矣,条陈上书者多可笑,且有讦告恶习,斯为流弊耳)。汝于交游中,如见有欲上书者,必须真有建白方可,否则不如其已也(盖目下条奏既多,即好者亦多与人雷同,便无足观)。……兄二日一班,每日须于三更后入直,忙迫极矣。[1]

杨锐使用了"新进喜事之人"、"争言新法"、"揣摩迎合"、"万不可行之事"等语,刘光第使用了"可笑"、"讦告"、"多与人雷同"等语。由此可以认定,直接处理上书事务的杨锐、刘光第,对上书的评价都不高。

我个人在阅读这些上书时,得出的结论与杨锐、刘光第不完全相同。这当然是因为我与他们处在两个完全不同的时代,思想不同,那个时代的司空见惯,而今恰是历史真实。更重要的是,他们的目的是寻找那些在当时的政治结构中直接可用且有效的建策,这与我的目的差别就更大了。我这里举一个例子:

户部候补主事徐树昌于八月初三日上一条陈,次日由户部递上。该条陈共提出五条建议:一、变法尤当变心。称大臣遇事模棱两可,用人徇乎情面,当变其泄沓之心。小臣以标榜为声华,以夤缘为干济,当变其躁竞之心。武臣侵粮缺额、骄纵成风、简练失实,当变其恣肆之心。二、陆军宜精练。绿营、驻防不足用,裁兵之法最善是为缺出不补。练兵之法为悬一定格以募勇,"或逾二三丈沟或举数百斤石",然后选入习枪炮;在盛京、直隶、山东各练精兵三万人,以首尾相应。三、将材宜亟求。"诸葛宏勋本之谨慎,岳侯伟烈由乎忠孝",并以前朝选拔图海、阿桂为例。四、畿辅宜开水田。引清水制咸水,皆为熟田,可以抵南漕。五、学习欧洲制造。欧洲制造为一人为之,举国助之,一代创之,累世循之。如左宗棠办船政局,实力推行,我华人亦能自为,枪炮船只何必购自外洋?[2]

这一件上书是我随机而选,没有特定的标准,以求其可能具有更大的

〔1〕 《戊戌变法》,第2册,第571页。
〔2〕 徐树昌条陈见《军机处录副·补遗·戊戌变法项》,3/168/9453/49,八月初四日户部代奏。

代表性。对于处理上书事宜的新任军机四章京来说,这样的条陈可以说是毫无价值。首先,该条陈事关五事,很难将其交给某一特定的衙门去"议复";其次,该条陈中许多事情完全想当然,如"逾二三丈沟"、"举数百斤石",只有那些没有实际经验却又喜欢道听途说的人才可能写出来;又其次,以我之见,该条陈最有价值的地方是对绿营、驻防采取遇缺不补的方法,但在当时绿营、驻防维持地方治安的职责不变,新的警察制度没有建立起来,实行起来也并非没有阻力;又其次,畿辅开水田以抵南漕,在清代是长久议论的话题,此次上书浪潮中又有多人言及于此,然其可行性却很可疑(后将详述);又其次,船政局因与欧洲制造的经营方式不同而已失败,两者在此时已失可比性。

徐树昌是一个小人物,一生默默无闻。在这种变法的大形势下,他精心提出的五条,是其认真思考的结果,也反映了当时许多官员的思想变化。这本身就有很大的价值。如果他的条陈不是进呈皇帝,而是公诸于社会,比如说发表于当时还并不为多的报章,反而更有意义。他提出的问题可以让大家讨论,在讨论中不断地完善,也使当时的官员能真正从"变法"走向"变心"。但徐氏的条陈作为上书,光绪帝根本不可能有时间阅读,专司此事的四章京由于每日的条陈过多也无法精心阅读,它只能在每天一大堆的公牍中悄然无声地自然死亡,一点都不可能激起水花。诸如徐树昌的条陈很多,我今天一一读之,都能感知其上书人之用心及建议中的合理成分。但我了解了整个上书的处理流程后,可以作出一个判断:在我所见的 275 件上书中,绝大部分在当时的政治结构中是无法处理的,它们更适合作为报章中的言论,其真正的价值在于引发更多的人思考。而聪明的严复就选择了这一条道路,他的《上今皇帝万言书》并没有通过都察院等机构进呈,而是公开发表于光绪二十四年一月的《国闻报》,以至于光绪帝召见他时谈及此事,他才于八月初六日由总理衙门进呈。[1] 他的万言书公开发表起到了比上书进呈更大的作用。

我在这里还必须说明一下上书处理程序中的时间因素。当我用了两

---

〔1〕 详见文后附录八月初六日条。

个多月的时间才将 275 件上书匆匆浏览一遍时,更能体会"参预新政事宜"四军机章京当时的工作心情。他们从七月二十一日当值到八月初八日晨被捕[1],在军机处的工作期间为 17 天,而在这 17 天中他们共收到了上书 367 人次至少 443 件。如果说从八月初六日慈禧太后第三次听政后,四军机章京已实际被休置,那么,至政变前的八月初五日,他们在 15 天内共收到上书 294 人次至少 359 件。在这么短的时间里要处理如此之多的公文,又须得为光绪帝(八月初三日后为慈禧太后)签出意见,工作强度之大是可以想见的。这些上书有长有短,其中最长的一件,是已革河南临颍县知县孙宝璔条陈,共计四册,每册约有万余字,当我花了近一天的时间看完该条陈时,注意到每册尾都有处理签条![2] 我不知道处理孙宝璔条陈的新章京为此用了多少时间,又处于何种心情,但前引刘光第所言"兄二一班,每日须于三更后入直,忙迫极矣",绝非虚言。在这么一种工作压力下,许多上书从他们的感受说来是毫无新意甚至是毫无意义,是很可以理解的。

问题是为什么这么多依我所见只适合于公诸于社会的条陈,却没有发表于报章,而一窝蜂般由各衙门代奏到御前? 这一方面是因为当时的管道过小,报章数量有限,而有限的报章由于当时的政治观念更注重于上层决策,而较少充分发表下层的声音;[3]另一方面是上书人好不容易有了直接向皇帝表达意见的机会,多少有一点以一书见宠于九重之上的心

─────────────

〔1〕 杨锐、刘光第、谭嗣同于八月初八日清晨被捕,林旭于初九日被捕,林是因为当日不在寓所而于次日被捕。

〔2〕 孙宝璔条陈四册见《军机处录副·补遗·戊戌变法项》,3/168/9459/2、3、4、5,七月二十八日都察院代奏。军机章京签条内容见前文。

〔3〕 江西优贡就职候选训导沈兆祎在上书中便请各省遍设报馆。其称英国报纸有二千三百五十家,美国有一万四千一百五十家,法国有一千二百三十余家,德国有二千三百五十余家,俄国最少,亦有四百三十家。日本仿泰西,近闻亦有数百家。中国报馆起始于上海,总计不过数十家。"现在京师既经瑞洵创办,官绅士民,又经谕饬顺天府尹、及五城御史切实劝谕。应请旨饬下各省督抚,并传知藩臬道府,一体切实劝谕官绅士民,凡已有报馆者,极力筹款推广。其未有报馆者,尤宜赶紧集赀开办。"他的报馆认识为"上宣德意,下达民情,尤以除壅阏隔阂之弊。"(《戊戌变法档案史料》,第457—458 页,八月初三日都察院代奏)

情。谁又不想一跃入龙门呢?[1]更何况已有王照之先例。[2] 教习知县广西举人李文诏可能是上书件数最多的,他在八月初五日由都察院代奏的条陈中称"举人于上月十四日、十八日、二十二日、三十等日条上时事共十二件",还不包括此次又上的两件条陈。[3] 前引杨锐所言"新进喜事之徒",虽是讥评,也不无道理。

尽管我所见到的现存上书不及全部上书之半,但要对总数达 275 件上书内容作一全面且客观的分析,并作出众人皆能认可的评价,实际上也

---

[1] 除了前引奎彰自荐去日本留学外,还有许多人上书时自荐。如前出使各国参将兼头等翻译官花翎总兵衔副将陈季同,自请出使比利时,并称其与比利时国王关系甚好,"由其与比联系,请各国公保。"(见《军机处录副·补遗·戊戌变法项》,3/168/9459/11)又如顺天府大兴县民人夏雨田条陈称:耳心法不可不明仰教之道。他上书中连意思都说不太清楚,但自荐使用。(见《军机处录副·光绪朝·内政类·职官项》,3/99/5364/23)又如国子监候补正学录黄赞枢上书中竟称西人军事不足畏,建议募御侮军四万人,训练以短刀、藤牌、开山炮、八尺抬枪,以己之长攻敌之短。其核心的意思是要求报效。(见《军机处录副·补遗·戊戌变法项》,3/168/9449/49)这样的事例在条陈中比比皆是,还有许多人虽没有明说,但其求显达的意思还是流露出来了。

[2] 除了王照外,另一个明显的事例是分发云南记名遇缺简放总兵讷钦巴鲁图张绍模。他于七月十二日通过都察院代奏条陈(见《军机处录副·光绪朝·内政类·戊戌变法项》,3/108/5616/13),当日送慈禧太后。七月十六日被召见,二十八日出任贵州古州镇总兵,八月二十五日请训出京。(见各该日军机处《早事》《上谕档》《光绪二十四年外官召见单》)当然也有人因而获罪。如已革参将金凤岐此时来京活动,见此情形而上一条陈。从内容来看,实属抄录当时的流行词句,且前言不搭后语,其重点在于能够重新复出。但他找不到愿意为其具结的同乡官。直至八月初七日政变之后,都察院才为其代奏,并说明了情况:"查该参将前在江西吉安营任内,经巡抚德寿查明,该员纵容伊戚,带兵索诈吉安店铺,得赃属实。并包庇私宰耕牛,暨流娼收受规礼,抢取铺户笼鸟,又将追夺之人殴伤,屡次游街跑马,撞损沿街物件,均属实有其事。并因奉旨裁减制兵,有纵兵滋闹情弊。专折奏参于光绪二十二年八月,钦奉谕旨:革职勒令回籍,交地方官严加管束之员。"(《军机处录副·补遗·戊戌变法项》,3/168/9457/3)当日奉明发上谕:"著即递回原籍,交该地方官严加管束,不准在京逗留。"(军机处《上谕档》《随手档》光绪二十四年八月初七日)

[3] 李文诏条陈见《军机处录副·光绪朝·内政类·戊戌变法项》,3/108/5617/27,八月初五日都察院代奏。所称七月十四日、十八日、二十二日、三十日上了十二件条陈,都察院实际代奏时间为七月十九日、二十四日、八月初一日。又,该条陈中称他还就改定官制、划一学校,"另折条上言之",以此而计,李文诏上书至少为 14 件。

是不可能的。我只能从我读后的感受出发,选择一些我认为重要的内容进行介绍。历史虽然是客观的,历史研究却是相当主观的活动。[1]

---

〔1〕 罗志田教授于《近代史研究》1999 年第 3 期发表《"天朝"怎样开始"崩溃":鸦片战争的现代诠释》一文,对拙著《天朝的崩溃:鸦片战争再研究》提出批评。该文后多有转载,引起了一些误解,以为我与罗教授之间有了猜隙。为此我略作说明:我与罗教授相识于 1995 年深圳,当时拙著刚出,已引起罗教授的注意,为此我请他写一书评,蒙其慷慨允之。很快罗教授即将书评稿寄来给我。由于我当时的处境,某刊物未能及时发表。1999 年初《近代史研究》希望发表一些批评性的书评,以改变当时书评捧人之风。我即向该刊主编曾业英先生推荐此稿,很快发表。与先前一稿相比,正式发表的一稿,我觉得罗教授添了不少好话。我记得罗教授曾问我对其书评的意见,我答之:蒙学术之批评,如沐春风;拙著能得罗教授书评见爱,是一幸事。尽管《近代史研究》和罗教授本人一直希望我作复,但我却拖了下来。
　　罗教授对我的主要批评在于,我提出以"当时的道德观念、思维方式与行为规范去理解历史",即用"当时的观念合情合理地解释当事人的思想和行为",而在事实上我做得恰好相反。对于这一批评,我是不认可的。历史研究实际上分两个层面:一是历史的本体,其追求的是真,应回到"当时";另一是历史学家的认识,这是作者本人的,只能处于"当代"。在拙著中,这两点是可以分得开的,几乎所有我本人的认识都不客气地使用了第一人称,以示区别。我并没有用"当代情理"去解释去理解"当事人的思想和行为",但我只能用"当代情理"去评价去分析"当事人的思想和行为"。我的问题是,在我的"理解"、"解释"的过程中是否真正能做到返回"当时",对此只能尽我之努力,我在拙作的自序中自辩地写道"求真毕竟是历史学家不灭的梦境"。罗教授对我的另一个批评是"倒放电影"。他称:"《天朝》一书的结构安排体现出非常清晰的思路,但几乎所有史实都指向(恐怕作者早已得出的)同一结论。"对此我是承认的,但是,此是否即可称为"倒放电影",多少使我不解。历史研究是历史学家的主观活动,历史著作也不可能留下"一些看上去与结局关系不大的枝节"。问题在于,结论是否从研究中得出。我对鸦片战争的研究超过了十年,结论恐怕似不能说是"早已得出"?若将所有的枝节全部保存,那将提出了历史学的难点:怎么写? 写多少字? 什么是不合逻辑的历史真相? 什么是历史学家的思维逻辑? 历史学家的主观研究中应时时注意恢复其本人所忽略的枝节? 反过来说,历史学家的著作由于其本人的思路清晰,即应疑惑历史是否会这样逻辑地发展? 以上是我与罗教授在历史观上的差别,窃以为罗教授提出的"当时"与"当代"、"思路"与"枝节",也同样会存在于罗教授本人的研究之中。以下就罗教授提出的具体问题作简复:一、清朝在鸦片战争中必败这一结论,并不是仅在装备与战术层面做出的,与此结论相关的还有战略、人员给养补给、政治、军费、士气诸方面的研究,对此不能以日军侵台、北伐战争作简单相比。"复仇神号"是当时的先进战舰,但在清方文献中看不出威慑作用,我在书中引用最多的英方文献正是《复仇神号航行作战记》。二、三元里中的"爱国主义"之分析,是针对

清朝政府的制度病

光绪二十四年二月十九日总理衙门代奏的康有为条陈,提出三项要求:一、大誓群臣以革旧维新;二、在宫中设立制度局,征天下通才二十人为参与,将一切政事、制度重新商定;三、设待诏所,许天下人上书。此外,其新政推行,内外皆设专局:法律局、税计局、学校局、农商局、工务局、矿政局、铁路局、邮政局、造币局、游历局、社会局、武备局。[1]这是一篇大胆的全面改革清朝政治制度的宣言,如若照此办理,制度局将成为清朝的实际决策部门,法律等十二局将成为清朝的实际行政部门,而清朝原有的军机处、总理衙门、六部九卿将被闲置。

但是,康有为的改革方案是否可行果效,能否合乎当时的政治实情,却是大可怀疑的。我在阅读司员士民的上书时,从这些来自中下层的不断重复的声音中,刺激最深的却是当时清朝政府的制度病。

研究先进者而发,是有所指的,拙著中的许多议论也是针对研究先进的,并非是自我"增字"以"解经"。三、"中国是一个世界而不是世界的一部分",语出于李文森评梁启超,我因当时手中没有原著而未作注,是不对的。(真对不起,我因在客舍无此书,还不能作注)我因李文森此语甚为美丽而印象深刻(China is a world, not a part of the world),故有此引用。这本是一种形象的说法(汉语中的"天下",似又可作"world"),是否因此该进入罗教授的"华"、"夷"本非一"世界"的细辨,我还说不太好,但觉得似非为"牙慧"。四、罗教授所示"口吐真言"毛病,我当在今后研究中注意。但我也可以开玩笑地说,罗教授的这一书评中也有"口吐真言"之风。一个作者经常不可能说明其全部的论证过程,也不可能不自信地说出他的结论。当然,我应注意对于重要的结论详细开列其论证的全过程。

罗教授的书评长达万余言,在此仅以千余字在文注中作复,不太礼貌。1999年,当罗教授的书评发表时,我刚调入北京大学,为开课之事忙得不可开交,等转过身来,时过一年,我以为再做此讳疾忌医、拒不认错,甚至有点"反攻倒算"式的答复,也许会有添足之嫌。2003年12月,有学生告我,罗教授的书评已贴在历史系的网页上,我因客舍上网不便,请好友下载来看。由此得出两点:一、时间虽已过去四年多,但账还逃不掉,须有一正面回答。二、贴者有点见招拆招、看热闹之意,我反过来似不应满足其好奇心。我正在写作本文,恰又"旧病"重犯,于是在文注中仅此简复罗教授,以示旧账不再入新年。需要说明的是,此复虽简,但不影响我在内心中对罗教授的学问与人格的尊重。(2003年12月31日)

[1] 康有为原呈见《杰士上书汇录》,《康有为早期遗稿述评》,第262—271页。

清朝的政治制度是沿袭中国传统的政治制度而来,与近代国家政治制度相比,首先表现为官员的产生:其主体为科举出身。科举的道路本来就极为狭隘,但经此漫长道路上来的人,却无法安排官职。每次会试产生约三百名进士,第一等入翰林院,第二等分发各部院,第三等派往州县。入翰林院者三年后散馆,也是分发各部院及谏台。各部院是进士主要就职去向,而实际情况是各部院司员额缺已满。兵部候补郎中李钟豫条陈中称:兵部汉郎中五缺、汉员外郎三缺、汉主事五缺,总计十三人。"科甲到部,非十六七年不得补缺,捐纳到部,非三四十年不得补缺。""司员到署之始,均在壮年,非不思有所建白;迨至十数年后,志趣渐颓,精力渐老,此时纵然补缺,已非少壮可比。每届汉员京察一等,年终五六旬者居多。""京察一等"是当时补缺的前提条件,而一旦补上,堂官"惜老怜贫,待其因病出缺而后止"〔1〕 由此,京官补缺甚难,李钟豫为会典馆校对知府用四品衔,但仍是候补郎中。当时各部院拥挤着大量的候补官,数量甚至多达数百名,许多任掌印、主稿的司员也是候补官,实缺员反而多不任事。许多司员,尤其是候补司员,平日并不到署办事。从当时的官员日记来看,各部院并无规定的上班时间和下班时间,有关他们入署办公的记载很少,应酬反成了他们的主要活动。而在当时的政治运作中,应酬与钻营几乎是同义词。初入仕途即陷于对政治前程的无望之中,青壮年京官于此渐渐消磨其锐气和生机。

各部院之司员由于品级之关系(五、六、七品),不能直接升为一、二品的堂官。他们的升迁,或外放各省知府等职,或内迁通政使司、詹事府、太常寺、鸿胪寺、光禄寺、国子监、太仆寺、大理寺等小京卿。七月十四日裁去了詹事府、通政司、光禄寺、鸿胪寺、太仆寺、大理寺六个衙门,实际上也使司员失去了迁转之途。各部院堂官满汉各半共六员,出身为各京卿或地方官或贵族皇亲,由特旨任命。他们经常在各衙门中迁转,如从礼部左侍郎迁刑部右侍郎迁都察院都御史迁兵部尚书等等,迁转的原因是空缺的产生及圣眷的隆恩,并非其拥有该部门的专业知识。堂官也不是每

---

〔1〕 李钟豫条陈见《戊戌变法档案史料》,第184—186页,七月三十日兵部代奏。

日入署办公,一件上书的残件称:"即如臣部,堂官其公勤自矢、常川入署者,固不乏人,然一岁之久,入署仅三四次者,亦所不免。一部如此,他部可知。""署中司员尚难见面,欲其广收海内人才岂可得乎?"[1]

科甲出身的司员饱读圣贤之书,长于文字,而并未进行过政府职能的专业训练。分发各院时,也没有专门的培训,不少人迂拘墨守而不能办事。当时的政务处理,主要依据"例"、"案"。"司员之入署办公,亦不过照'例'行事。补一缺则按之'例',行一文则考之'例',但求无违于'例'。"[2]此中所称的"例"是指各部院《则例》等官政书。同时,在上百年的机构运行中还积累了大量的"成案",它们也是处理政务的根据。科举出身的司员对此是不熟悉的。由此,各部院存在着大量的书办、经承、贴写等书吏。候选主事举人孔昭莱称:

> 各部司员所以分理各事也,问以兵刑,不知。问以钱谷,不知。
> 国有大小政事,胥吏议之,司员承之,堂官为之画诺,而事毕矣。[3]

也就是说,在实际政务中,公文先交熟悉例案的书吏办,再呈该司主稿司员、再交掌印司员,再交该部院堂司员(堂主事等),最后由堂官画押发出。

如此一来,堂官依赖于各司掌印、主稿司员,司员依赖于书吏,书吏反成了各部院办公的实际骨干。从某种意义上说,各部院数以百计的书吏是"专业知识"最丰富的人,他们维系平日工作的正常运作。由于例案纷纭,一事而例有数条,彼此皆可比附,书吏久于此道,以致事权渐假,弊窦丛生,弄法舞文,无所不至。户部主事齐令辰在上书中称:

---

[1] 该残件见《军机处录副·补遗·戊戌变法项》,3/168/9450/21。原件注明日期为七月二十七日。

[2] 兵部候补主事费德保条陈,《军机处录副·补遗·戊戌变法项》,3/168/9455/13,八月初五日由兵部代奏。

[3] 孔昭莱条陈见《军机处录副·补遗·戊戌变法项》,3/168/9454/29,八月初五日由都察院代奏。

六部统摄行省,责任綦重,则书记等事,皆应用官。何况今世大弊,首在书办。若辈不畏天命,引类呼朋,私相授受,惟以舞文牟利,作奸犯科为心法,其势煊赫,远过属官……皇上毅然变法,三令五申,乃竟迟至多日,办理不勇。皆由大员奉旨,即问属官,属官又问书办,书办曰不合例,大小各官皆皇然矣。此等弊薮,原非一朝一夕之故。[1]

在司员士民的上书中对书吏的批评最大,这也并不是他们的创造,历朝历代对书吏的批评一直很激烈且未停止过。问题是如此之久的对书吏的批评且不乏裁抑之论,书吏依然坐大,反过来正说明了书吏存在的客观合理性。

各部院书吏基本上没有俸禄,其中一些人有很少的"工食银",候补司员也无俸禄,实缺司员乃至堂官的俸禄根本不足以生活。"京城居,大不易",这句俗语的流行,说明了问题的普遍性。京官如何生活,在当时是一件难事。京官的生活费及应酬费"小者岁需千数百金,大者岁需数千金至万金","官俸不过百余金,小或者三四十金","禄米多不过百数十斛,小或至三四十斛"。[2] 如此颠倒的收入状况,却有更多的人竭力进入其中,正说明他们的生活费用另有来源:主要来自于陋规等体制外收入。京官为同乡开具印结,结费也是其收入之一,这在当时是公开且清白的收入。各地要在中央各部门办事,有相应的暗中进行的规费。由于大量规费的存在,许多事情已变得无法改革。如遭非议最多的开捐,每年约收入二百万,占国家收入的2.5%,屡次议停而未果,"徒以户部陋规岁数十万,大小堂、司,以至书吏,太仓硕鼠,贪恋难忘,一交部议,便以岁支不足为辞。"[3]新任军机章京刘光第在私信中称,军机处章京每年可分规费约五百两,贪者不止此数,他分不到军机处一文钱,如不能辞差,"每年须干

[1] 户部主事齐令辰条陈,《戊戌变法档案史料》,第77—78页。七月二十八日户部代奏。
[2] 孔昭莱条陈见《军机处录副·补遗·戊戌变法项》,3/168/9454/29,八月初五日由都察院代奏。
[3] 候选知州前内阁中书涂步衢条陈之附片,见《军机处录副·补遗·戊戌变法项》,3/168/9452/27,七月二十九日由都察院代奏。

赔五百金"〔1〕在此情况下,官员无心思(也无能力)于政务,"以至要之咨移为具文,以无谓之应酬为常例。六堂花押,累月始毕。"四川叙州府富顺县举人卢庆家自称光绪二年以公车累至京师,在其条陈中称"公卿大臣不能究其详,悉而付之胥吏,故贿赂则朝请而夕得,徒手则终年不获"〔2〕司员等中下层官员若要改变其生活,须改变其地位或官职,以谋肥差肥缺。贵州举人胡东昌称:

> 当今之六部各院堂官,具有天良者无几。其平日进署当差,司员之贤否勤劳不问也,专以贿赂之厚薄为优劣。其考试军机、总理衙门章京也,专以条子之多寡为去取。夫条子由贿赂而得。贿赂有重轻,即条子有大小。同一座主门生也,凡三节两寿,每次送银数百两数十两者,为上等门生,送二两四两者,为下等门生。凡遇考试派优差,该座主为上等门生转递条子。军机大臣所递者为大条子,各部院尚书侍郎次之,九卿所递者为小条子,又次之。凡得大条子,考试必得前三名,京察必列一等,派差必得极优之差。下等门生无望也。至清贫分毫不能送礼之门生,更无望也。若无师生之谊者,能加倍送重礼,其考试派差,亦与上等门生同。此等司员不下十之七。其平日洁清自好,不屑钻营,逐日进署当差,困苦异常,十余年不得一差,不转一阶者。此等司员不下十之三。各堂官既以贿赂为重,自以人材为轻。为司员者,仰其意之所示,人心几无廉耻之存。夫递条子行贿赂,此犹人所共知,尚有许多鄙极不堪言状者,真堪令人浩叹。况部官非历年久不能补缺,补缺非京察一等不能简放,一切须由贿赂条子。试问正直廉明家贫亲老之员,何由表见〔3〕

胡东昌非为部员,敢将实情上呈。然此激烈之词,只是说到了表象。堂官

〔1〕《戊戌变法》,第2册,第570页。
〔2〕卢庆家条陈见《戊戌变法档案史料》,第200—202页。八月初五日都察院代奏。
〔3〕胡东昌条陈见《戊戌变法档案史料》,第199—200页,第364页。八月初五日都察院代奏。

若无三节两寿之孝敬,根本无法过日子。座主靠门生送钱,当时还认为是公开且正常的收入,仅靠于此,上层京官的生活还是不能维持的。他们的主要收入不是来自于司员门生;更何况送钱的司员,其收入又来何方?

在中央各部院之上,为内阁与军机处。内阁实际上早已闲置,军机处只能称是皇帝的秘书班子。军机大臣为兼差,其本职多为部院事务,当时有五人。此外还有当时极其重要的总理衙门,其大臣也是兼差,且有六人,亦各有其本职。军机大臣、总理衙门大臣兼差甚多,每天事务也极多,其处理事务时难以心专[1]军机处、总理衙门全用司员即章京办事,章京由军机大臣、总理衙门大臣从各部院司员中选调,由于其升迁较速,故司员多为谋之;而其不用书吏,是因其办事方法简略,不用则例与成案。[2]军机处、总理衙门虽责权重大,因是兼差,官员之收入仍是其本职。清朝外官有养廉银,京官则无。军机处、总理衙门大臣、章京的正式俸禄不过是每年银百余两至数十两不等,低到可笑的地步,但这两个机构却是各地各衙门往里送钱最多的地方。户部候补主事聂兴圻称:

> 枢府为天下根本,根本正则天下自无不正。向来京员禄入不足赡给身家,况在枢府之勤劳,苟不足给,无怪其有暗中之收受。有收受即有请托,请托行,外之督抚,怀瞻徇之私,内之各部臣,即有难言之隐。以情面为人才,凭八行为进退。用舍不公,国事即因之而废。方今新政初行,此病不除,进境难必。[3]

---

[1] 当时的军机处首席军机是礼亲王世铎,其他军机大臣为:翁同龢兼总理衙门大臣、户部尚书(后被革),刚毅兼协办大学士、兵部尚书,钱应溥兼工部尚书(长期生病),廖寿恒兼总理衙门大臣、刑部尚书,王文韶兼总理衙门大臣、户部尚书、管理铁路矿务大臣,裕禄兼署镶蓝旗汉军都统(后补礼部尚书)、总理衙门大臣。总理衙门首席大臣为奕劻兼任颐和园工程处大臣、御前大臣,主要在慈禧太后身边,其他大臣为:李鸿章兼大学士(后被免),崇礼兼刑部尚书、步军统领,张荫桓兼户部侍郎、管理铁路矿务大臣,许应骙兼礼部尚书(后被革),敬信兼工部尚书(后被免)。

[2] 前驻秘鲁参赞直隶候补知县谢希傅条陈,《军机处录副·补遗·戊戌变法项》,3/168/9453/47。八月初四日由总理衙门代奏。此外,内阁、翰林院也不用书吏。

[3] 聂兴圻条陈见《戊戌变法档案史料》,第72—73页。七月二十八日户部代奏。

这里所称的"枢府"即是军机处,"八行"是指推荐信,即"条子"。他建议军机处人员按照督抚司道廉俸议给。

由此可以看到当时清朝中央政府的制度病:一、正式的官员由科举出身,通经达史,但无专业知识。而所谓的"专业知识",却又只是则例与成案,为书吏所掌握,近代国家政府所需要的专业知识体系尚未建立。二、各部院的设置只是处理传统政务,且由书吏操作,司员、堂官权力倒置,甚至很少人署办事。书吏反成了"最勤政"的人,尽管他们受到的指责最多。三、在整个官僚机器处于半休眠的状态下,军机处、总理衙门成了"高速高效"的机构。而这两个机构的所有人员全是兼差。军机大臣、总理衙门大臣是当时"最忙碌"的人,责任重大却无时间思考与研究,所有的决策似乎都是在匆忙中做出来的。四、中央政府官员的生活主要不来自其俸禄,京官的印结费、座师的门生钱是当时最干净的钱,最重要的收入是各地各衙门的"孝敬"。政以贿成是当时的常态。五、除了总理衙门外,各部院并无近代的政府职能,官员与书吏也无相应的近代政府部门的专业知识。六、中央决策者仅是光绪帝本人(当然,他要受到慈禧太后的控制),没有中央的决策部门。光绪帝进行变法,几乎没有可以依靠的班子。

从表面上看,康有为的"制度局"及"法律局"等十二局也是针对上述问题而去,但并未对准这一制度病的要害:一、当时的清朝中央政府没有相应的财力给官员发工资,以能让其有基本的生活费;二、当时的清朝没有相应的近代政府专业知识,更没有拥有这些知识的官员。也就是说,一是没钱,二是没人。在此情况下,康有为的改革方案并不具备相应的可行性。

尽管康有为设计的"法律局"等十二局,被军机处、总理衙门在议复中否定,但在戊戌变法中,清朝中央政府还是成立了三个新机构:大学堂、铁路矿务总局、农工商总局,后两个机构的建立与康有为的条陈有着直接的联系。但这三个机构的组建方式仍是仿照军机处、总理衙门的,其主要的人员是差而不是官。大学堂由大学士、吏部尚书孙家鼐为管理大臣,所用人员皆是从各部院调用。铁路矿务总局由军机大臣、总理衙门大臣、户部尚书王文韶,总理衙门大臣、户部侍郎张荫桓为管理大臣,所用人员皆是从各部院调用。农工商总局算是例外,由三品卿端方、徐建寅、吴懋鼎为大臣,算是专任,但所用人员还是从各部院调用。由于没有具有近代政府专业知识的人员,且无专门经费,这三个机构成立后,并没有多少近代政府机构的气象。

康有为设计的"制度局",表面上是光绪帝的政治咨询部门——"议政",实际上是由其控制的政治决策部门。当时的高官在内心中对此非常清楚。他们不仅反对建立这一机构,更重要的是,反对由康有为来主持这一机构。当"制度局"被军机大臣、总理衙门大臣等驳回后,康有为及其党人又改变名称,多次上奏。当光绪帝决意开"懋勤殿"时,立即与慈禧太后发生了根本性的冲突,此为后来政变发生的主要原因之一。

清朝的戊戌维新不同于日本的明治维新。明治维新是尊王倒幕,一切政治机构皆是新建;而戊戌维新却是要在旧政府的基础上开出新局面,难度大了许多。康有为的设计方案实际上是新、旧两个政府同时存在,新的开始运作,旧的逐渐休置。其结果只能是旧的去不了,新的也建不起来。我在阅读司员士民上书中感受到,从当时的政治状况出发,只能在老树上嫁新枝,逐渐培养具有近代政府知识的官员,逐渐将传统的旧政府改造为近代意义的新政府。时间、人才、经费是必要条件,不可能以一纸计划而覆盖旧景。更何况在旧环境中,新政策也会不可避免地受到污染。江苏拔贡就职直隶州判张鸿鼎上书中称:大学堂与特科人选须保举,"道路传闻竟有挟赀入都,辗转营谋,贿求三品以上大员列入保章者。此何等事而亦可以贿行之光天化日之中,岂可容此丧心昧良之人"[1] 候选主事举人孔昭莱称:

> 中国振兴新治风气之开,不自今日始也。穆宗毅皇帝五年设船
> 政局于福建,六年设同文馆于京师,十年募弟子出洋学艺,十一年设

〔1〕 张鸿鼎条陈见《军机处录副·补遗·戊戌变法项》,3/168/9457/90,七月二十八日由都察院代奏。

招商局。他若上海之制造局、广方言馆,天津之武备学堂,广东之同文馆、水师学堂,各省之电报局、纺织局,南北洋海军开办,数十年费帑数万万,而贫弱如故,曾不获收一人一器之用……中国之坏不在于立法不善而在于积弊太深。积弊之深不在于无治法而在于无治人。泄沓欺蒙,上下一辙,苟且竞进,贿赂公行。内外度支皆浮冒,大僚荐引,半属私人……朝廷多一新法,则臣僚多一利窟;国家多一举动,官吏多一钻营。以之练兵,而空额糜饷如故;以之制造理财,而浮滥苦窳如故;以之储才取士务农劝工惠商,而苟且欺罔徇私营利又如故。职恐十数年后难保不再重蹈前时之覆辙也。[1]

孔昭莱的话虽然说得很透彻,但其解决方法却看不出会有何成效。

相比于康有为的设计,司员士民上书中许多建策却更具可行性。此时光绪帝已下令删改《则例》、考试司员。[2] 在此背景下,三品衔刑部郎中沈瑞琳上书,请将总理衙门改为外部并定设专官。他强调总理衙门管

---

〔1〕 孔昭莱条陈见《军机处录副·补遗·戊戌变法项》,3/168/9454/29,八月初五日由都察院代奏。

〔2〕 六月十一日,内阁奉上谕:"李端棻奏请删改《则例》等语,各衙门咸有例案,勒为成书,斠若画一,不特易于遵行,兼可杜胥吏任意准驳之弊,法至善也。乃阅时既久,各衙门例案太繁,堂司各官不能尽记,吏胥因缘为奸,舞文弄法,无所不至。时或舍例引案,尤多牵混附会,无论或准或驳,皆持例案为藏身之固。是非大加删订,使之归于简易不可。著各部院堂官督饬司员,各将该衙门旧例,细心细绎。其有语涉两歧易滋弊混,或貌似详细搀入之情理实多窒碍者,概行删去。另订简明则例,奏准施行。尤不得藉口无例可援,滥引成案,致启弊端。如有事属创办,不能以成例相绳者,准该衙门随时据实声明,请旨办理。仍按衙门繁简,立定期限,督饬司员迅速办竣具奏。"七月十七日,内阁奉上谕:"昨据吏部、户部奏删定则例办理情形,当经谕令将核定例章仿照史表,分门别类,列为一表,使人易晓。因思删定则例各衙门当照此办理,以归划一。著该堂官督饬司员,悉心编辑,毋稍纷歧。"七月二十七日,内阁奉上谕:"瑞洵奏请考试司员等语。司员贤否为任职授事所关,曾经谕令各部院堂官考试,著即懔遵谕旨,认真试以策论,秉公分别去取。笔帖式亦著一律考试。又编修赵炳麟奏整顿部务,拟令司员逐日到署办事拟稿,藉知司员优劣等语。所言尚属核实,著各部院堂官即行认真整顿。"(见各该日军机处《上谕档》)

理事务极多,许多事务本属六部,但由其分管,"凡策我国之富强者,皆于该衙门为总汇之地。"[1]户部主事蔡镇藩上书请审官定职,他建议将军机处改为枢密院,略如内阁。设大学士、章京等专官专任,不再兼理部务;总理衙门改为外部,设大臣、章京等官,驻外外交官专任;吏部、户部等机构均进行改造[2]一上书的残件称:"在京各堂官均常川入署,并于署中择一宽大之所,每月择定数日,令司官按期接见,分班坐谈,证以公事,觇其才识,不得奉行故事。"[3]户部主事齐令辰上书请废部院书吏以司员办事,并允秀才办理书吏之事[4]六品衔候选教职李长生上书称:各部则例既经删繁就简,"各部院之书吏则可尽行裁去,其各衙门实缺、候补司员,自一二百以至数百者不等,复有笔帖式若干员,派之办理公事,必优为之。实缺者故属分所当为,即候补者亦可借之历练,并令公牍尾注明某人办理,凭此以考勤惰优劣。"他还称"先停捐纳,继废科场,专恃学堂甄拔人才"[5]翰林院编修宗室宝熙上书中称:大政宜公开,一切政务除了军情、密约之外,其余如兵刑钱谷之数、交涉条约之端、新定部章、准驳条奏均应通行中外。"上可收集思广益之功,下可省悬揣无当之谕"。他还建议农矿等局设额缺、总署学堂设额缺,并建议将大学堂改为学部[6]前秘鲁参赞指分直隶候补知县谢希傅上书称:"则例既从删定,胥吏自可撤除。"请令各部院参照内阁、军机处、总理衙门、翰林院以司官办事之例,

---

[1] 沈瑞琳条陈见《戊戌变法档案史料》,第178—181页。七月二十八日由刑部代奏。

[2] 蔡镇藩条陈见《戊戌变法》,第2册,第381—392页。又该件为节本,原件见《军机处录副·补遗·戊戌变法项》,3/168/9451/52,八月初一日户部代奏。当日奉明发谕旨:"户部奏代递主事蔡镇藩请审官定职以成新政一折。朕详加披阅,除御史规复巡按旧制、各关监督改为关道两节应毋庸议外,其余所陈各条,具有条理,深得综核名实之意,可以见诸施行。著军机大臣会同大学士、各部院并翰林、科、道各官详议具奏。"该呈当日送慈禧太后。(见该日军机处《随手档》、《上谕档》)

[3] 该残件见《军机处录副·补遗·戊戌变法项》,3/168/9450/21。原件注明日期为七月二十七日。

[4] 齐令辰条陈见《戊戌变法档案史料》,第74—81页。七月二十八日户部代奏。

[5] 李长生条陈见《军机处录副·补遗·戊戌变法项》,3/168/9451/14,七月二十九日都察院代奏。

[6] 宝熙条陈见《戊戌变法档案史料》,第125—129页。八月初二日翰林院代奏。

掌印、主稿、总办司员改为领班，每日到署，其余分班轮值，按军机处办法，每日限令办竣。户部的"销算"、刑部的"讯狱"，"必资历熟手"，应派定官员专司其职。其旧设书吏、经承、贴写各项名目全行撤除；每司留十余名作为供事，专事缮写[1] 候选主事举人孔昭莱亦称：《则例》改删后，"宜尽去胥吏，一切事情之司员、堂官认真办理"；他的建议还有一条，即请"内官编、检、部员，各候补人员……由大学堂总教习定中西专门日课，使自行肄习，每人仍日注札记，月终汇呈教习评阅"。此外还有月课年试，三年后与学堂中人进行同等考试等[2] 另一上书的残件称："无论实缺、候补，皆令习本部掌故、则例及西国切于本部有用之书。如律例、公法归刑部，水陆军制、兵法归兵部之类。每日所阅何书，所办何事均登日记，或五日或十日轮呈堂官查阅"；"令司员逐日到署办事拟稿，诚可觇其优劣。惟部中司员多至数百，除掌印、主稿及实缺人员，其额外众员不妨轮值"；各部院堂官"不值内廷者，令其日日到署，以与属员相砥砺"[3] 山东截取补用同知黄笃瓒上书中称：各部院六堂官去其半，不分满汉，"但择才具素优，简在圣心者，量为补授。工综核者，令长户部；习法律者，令长刑部。不必纷纷迁调，俾久任以专责成"。军机处、总署"均应另设专官，不宜以他官兼领"[4] 山西拔贡延嵩寿上书中称："令各部院司官候补候选人员愿回本籍办理一切新政者，予以假期，不扣资格。"[5] 以上建策虽并不完美，更不可能彻底改造清中央政府，但却有可行性，并可使清政府变得稍有效率。

清朝政府的制度病，主要不是在中央，那毕竟在天子脚下，而更显著的表现还是在地方。司员士民上书中对此有着更多的反映。

---

〔1〕 谢希傅条陈见《军机处录副·补遗·戊戌变法项》，3/168/9453/47，八月初四日总理衙门代奏。
〔2〕 孔昭莱条陈见《军机处录副·补遗·戊戌变法项》，3/168/9454/29，八月初五日由都察院代奏。
〔3〕 见《军机处录副·光绪朝·文教类·学校项》，3/146/7210/16。原折日期为八月初六日。
〔4〕 黄笃瓒条陈见《戊戌变法档案史料》，第150—153页。八月十八日为收到日期。
〔5〕 延嵩寿条陈见《军机处录副·补遗·戊戌变法项》，3/168/9452/12，七月二十四日都察院代奏。

清朝一省长官是总督、巡抚，同省还有布政使、按察使、学政、提督等官。但太平军兴之后，总督、巡抚权重，布政使等官渐降为属员。总督、巡抚综理一省事务，但朝廷命官仅是其一人，并无佐贰。他得自雇幕府，此时又有着数量不一、人数极多的各种局所：如军需、支应、善后、水利、捐输、赈抚、保甲、发审、清讼、自新、军械、火药、采访、刊书等。许多省的督抚控制着该省的厘金，一省厘卡多达百余处至数百处，又有着大量的人员。总督、巡抚的这些幕府、局所、厘卡等相当大的程度上执行着政府职能，但却不是朝廷命官。由于当时的捐纳制度，各省有着大批分发某省的候补道、候补知府、候补知县等，由督抚派差而出掌上述事务。他们的人数虽没有完整的统计数字，但最保守的估计，大省不会少于几千人，其中有数以百计的候补候选官员。他们并没有朝廷的俸禄，而是由督抚们负责，或者从他们负责的事务上直接支用公款或勒收贿赂、陋规与滥费。

督抚之下，又有布政使、按察使、学政、提督及各专管道（如粮道、盐道等），其属官数量很少，但也有着大量的幕友、胥吏、衙役、家仆等事务人员，他们也不是朝廷命官，也没有朝廷的俸禄。再往下即为负责地方事务的府州厅县，其正式官员也是很少，但有幕友、书吏、门丁、家仆、衙役、捕快等。他们中的绝大多数没有俸禄，即便有一些工食银，数量也是很少，不足以维持生活。

由此而见，地方政府的制度病在于，朝廷命官很少，虽有养廉银，但其俸禄与养廉不足以维持其生活及幕友的生活。一省督抚每年的俸禄及养廉约一万两至三万两不等，但实际开支要超过六七万两；知府的俸禄与养廉约数千两，开支至少约二三万两。以上还不包括三节两敬时"孝敬"上级官员的钱。为政府服务的候补官员、幕友、胥吏、衙役、捕快等人员，是正式官员人数的上百倍，甚至几百倍、上千倍，但他们并没有朝廷的俸禄，除幕友每年可得座主的一些"席敬"外，主要靠各种名目的开销与搜刮。前已提及，中央政府官员相当数量的生活费，来自于地方"孝敬"的规费贿赂，两者相加，如此巨大数目的钱都要靠各级地方官员搜括民众或摊挪"河工"、"军务"、"赈务"等公费而来。

清代财政特点是没有地方财政,所有的支出都要根据户部的安排。这一制度从雍正朝已定型,行之百余年,一切收入与开支都已经固定化了。没有地方财政不等于没有地下的地方财政,在"火耗"、"羡余"名目下的加征,原本是地方财政的主要来源,但到了戊戌变法期间,这些名目根本不能维持地方财政。各种各样的陋规、滥费遍地开花。又由于地方官本是科甲出身,又须回避原籍且不久任,如何敛钱成了他们也难以掌握的"专业知识",于是久于任事的幕友、胥吏、衙役等成了搜括民众和挪用公费的专家。当时的中央财政收入每年约银八千万两,主要用于军费、俸禄及各项工程、新政事务;但中央和地方政府绝大多数人员的主要生活费并不在其内,从根源上说,这些费用皆来自于地方的浮收、陋规、滥费与贿赂,其数目肯定超过银八千万两。

由此形成了恶性循环。一方面是地方政府没有钱,一方面是地方官员有大量的钱。地方官员,尤其是下级官吏的主要工作变成了敛钱,他们以其"辛勤"的搜刮工作而成为整个中央和地方政府的"供血者",州县吏治由此大坏。候选直隶州州判广东拔贡詹大烈上书中称:

> "潮州府东关一饷,每年除解饷以后,尚余银十万有奇。此外若揭阳之北关、潮阳之后溪关及膏厘、戏厘、粮厘等税,尚多浮款。"

> "今之营官则不然,一兵丁补缺需银百数十两,一额外外委补缺需银数百两。把总、千总倍之",若按张之洞奏议"兵勇始准应试(武举),则买缺纷纷,营官更利市三倍。"

> "潮属差役藉案鱼肉乡民,每奉一票,多带白役二三十名,大轿则舆夫三抬,供给珍羞百味,簇拥下乡,俨然官府,差礼多至数百元,至少须数十元。稍指所欲,多方构陷,不使破家荡产不止……惠来一小县,而头役、散役不啻一百名之多。夫此百余差役,每个家属或数口或数十口不等。以此数百眷口,于官无口粮,于例无薪水,不事农桑,不务生业,尔衣食我民,费用吾民,若不剥民,将焉取之? 然此犹日正堂之差役也。此外又有捕厅巡检之弓役,汛防之目兵,扛烹分

肥。官身则有席价,门阍则有茶金。积习相延,莫之有易。"[1]

上引第一条即是地方财政及各种"孝敬"的来源,第二条是当地营官的生活费来源,第三条即是衙役捕快的生活费来源。山东登州府栖霞县优廪生于翰镇上书中称:

> 民间春秋两征,由各社粮差收钱折银交官。库秤足银每两收取京钱六吊余。迨李秉衡莅任,始限以每两银收京钱五吊。山东银价于光绪二十年后一两卖京钱两吊两百,即极贵之时,亦只合银两吊八九百。纵去胥差之工食,倾铸之火耗,走鞘之经费,俱在其中,亦断不至若是其贵。盖供于公项者少,入于私囊者多也……东海关税务每年进项足有百万余两,故民间有烟台道日进斗金之谣。其供之公费者,生不知额数多少,而补东海关道缺者,二三年即称巨富。其隐吞款、假公济私之情形概可识矣[2]

于翰镇并不了解内情,以为多征之钱仅是胥差之工食、铸银之火耗、鞘送京城之路费,实际上还有多少人要靠这些多征之钱来养活。烟台道虽是肥缺,但补缺要花销、平时有"孝敬"、经常需摊献,下又有幕友、书吏、衙丁等开支,他弄来的钱要养活一大批人。内阁候补中书林世焘等人在上书中称:

> 贺县地方厘金税厂而外,复有大桥厂、洞口厂、庙村厂、梅花厂,均归县官征税。每年额解司库银六千两。外尚有米包、盐包,两项每年约可收钱三四千串。米包一项名为专办义仓积谷,而义仓仅得四成;盐包一项则因同治初年招募练勇而设,今练勇久撤而税项则

---

〔1〕 詹大烈条陈见《军机处录副·补遗·戊戌变法项》,3/168/9452/14,七月二十四日都察院代奏。

〔2〕 于翰镇条陈见《军机处录副·补遗·戊戌变法项》,3/168/9452/4,七月二十四日都察院代奏。

存……贺邑濡染广东风气,亦有番摊赌博,以附廓河东一街而论,计番摊十台,每日每台纳各衙门规钱一千三百文,一年之中共得钱四五千串。又代收广东闱姓分厂四家,每家纳各衙门规银一百余两,共约五百余两〔1〕

这些具体的额外收厘、滥费、陋规与清朝的赋税系统全无关系,除了厘金要报省外,其余各项均是本县的开销。工部主事暴翔云上书中称:

> 臣卫辉人,试即卫辉府属所知州县言之。汲县知县李元桢,贪劣昏庸。纵其劣子李朝钧、劣幕萧景运、劣丁尤二、高二勾结劣衿孙聆泉表里为奸,贿赂公行。煤窑命案竟收贿将苦主幽押毙命。屡经省控,未蒙伸雪。民间有"汲县官本姓李,谁有钱谁有理"之谣。前署汲县知县孟苞赋性狡悍,行同无赖。到任月余,物议沸起。自以捐纳出身,尤喜侮毁士子。衙署演戏,强派民间戏台。支官致堂,传举人张晴岚百端挫辱。绅民共愤,县试几至罢考〔2〕

此处只是举其家乡之例,而当时地方官员家属勾结幕友、门丁、乡绅,通过诉讼敛钱,本是常见之事。捐纳出身的官员,补缺甚难,一旦补上,摆官架子、耍官威风也是不难想象的。广东肇庆府拔贡生伍梅上书中称:

> 今之州县能教养乎? 地方之利病不知,户口之多寡不知,下车莅事不过循例放告而已,未尝见诸事实也。诏令一到,不过视为具文,而未尝实力奉行也。其甚者,敢于朝廷蠲免钱粮之诏,先为隐匿,迫勒完纳,然后张贴城市。上虽有恩不能下及。

〔1〕 林世焘等人条陈见《军机处录副·补遗·戊戌变法项》,3/168/9456/7,八月初七日由都察院代奏。此上书的目的是将该陋规划作学堂费用。"番摊"、"闱姓"为当时流行的赌博。
〔2〕 暴翔云条陈见《军机处录副·补遗·戊戌变法项》,3/168/9451/37,七月二十九日工部代奏。

差役横行，藉端鱼肉，举世一辙。岂无禀请严究者，而州县不肯力办也。甚或诬良民以闹差碎票之罪，差役之胆益雄而无恶不作。故民之畏差役也，甚于畏盗贼。盗贼犹得借官威以制之，差役反是借官威以制民。

盗贼一案，治乱所关……其有以被劫告者，必勒定夫价钱，然后出踏勘；必勒定差费钱，然后饬追捕。既踏勘矣，追捕矣，虽大案亦小报，是与卫贼者何异也。

今之州县多不讲求，往往故意因循，案积如山，夫一人被讼，一家不安。十人被讼，十家不安。不安之象，日呈于目，处此颠连困苦之中，彼州县乃安坐而不以为意，居心殆不可问矣。书吏、门丁又而恣其需索哉。索取一金，民间已糜数金之费，偷安一日，民间已受数年之苦。此外或按纸索费，或按堂索费，以及户婚田土卖案沉冤之弊，难以遍举。

朝廷授督抚以督察州县之权，督抚遂藉其权以利市。当其未放缺也，必按缺之肥瘠如数取贿，然后挂牌，故民间视为买卖场。间有廉介之吏，不肯纳赂，即补缺无期。贪污者当此又往往多方借贷，争为买缺之计矣。及其既得缺也，负债累累，亏空难填。而督抚之取索，则又有三节、两寿各名目。相呼为孝敬钱。孝敬能丰，虽有脏污，必多方掩护，留为保举之阶。孝敬不丰，虽才比龚黄，亦必过事吹求，摘为纠参之隙。

伍梅所陈皆是事实，但从清朝政府制度病角度来看，此情在所难免。州县官先征粮征税，然后再出蠲免告示，恰可得一些财政收入。蠲免不过是该州县的正税，其地方费用需通过正税来加收，如一开始即蠲免，该县的一年财政缺口太大，何以弥补？差役本无工资，全靠剥民为生，若整肃太严，州县即无差役可用。地方捕盗并无专门经费，由事主交钱来办案，也是一种解决方法。诉讼是幕、吏、役、仆的主要生活来源，拖得越久，正可以源源相济。诉讼中各种滥费又恰是衙门的经费来源之一。督抚的主要钱财来源即是放缺收贿、时时取索，若断此源将无以为生计。伍梅对此提出的方法是:权操于上,论公于下。所谓权操于上,是指由督抚保举送部引见之臣,由皇帝命题进行"殿试",以此来再次进行评判,儆戒各督抚不敢滥保;所谓论公于下,即州县莅任之后,每年岁终或俸满,由各乡绅民皆得举劾,以得举者多者为上,得举者少者为下。[1] 然此一方案不能解决地方财政的问题,也必不能持久。贵州拔贡吴绳武上书中称:

> 州县之役领食于朝廷,非令其取于民也。乃民怀冤抑赴州县申诉,则呈词有费,送案有费,门丁书役又各有费。种种讹索,殊堪发指。到出差签票,而被告之家所取尤倍,至有货田宅、鬻妻子,而不能满吏胥之欲者。迨两造挚至,案犹未结而冻馁并至矣。

他要求将"一切规费悉令蠲除。即必有索赇财之件,亦应酌量核减,无得似前苛虐如此"。[2] 吴绳武看来并不了解地方吏、役的收入来源,他们中间的一些人有少量的工食银,绝大多数是没有正式收入的。如果蠲除规费,只能是关门。翰林院编修关冕钧上书称:

> 以往各州县放告,向以逢三、八为期,每月六期。民诉情者,为之递纸,纸上必需有盖戳,然后收阅,无者斥之。一戳之费,动收钱数千或十余千,视讼事大小以索规之多寡,若命盗二案,勒索更甚。在富户构讼尚可立办,若贫人含郁莫伸。

他的建议是:请仿西国投箱之法,在道府州县门设投箱,上午悬之,中午开启。[3] 然这一方法断了吏、役的财路,势必不可能顺利推行。候选主事

---

〔1〕 伍梅条陈见《军机处录副·补遗·戊戌变法项》,3/168/9456/10,八月初五日都察院代奏。
〔2〕 吴绳武条陈见《军机处录副·补遗·戊戌变法项》,3/168/9459/6,八月初五日都察院代奏。
〔3〕 关冕钧条陈见《军机处录副·补遗·戊戌变法项》,3/168/9454/55,八月初一日翰林院代奏。

举人孔昭莱上书中称：

> 州县必百计钻营而后得一缺，候补时之亏空太巨，谋缺时供应太繁，每有债主随任而来者。抵任而后必将取盈焉。两造之曲直不计，词讼之决必以货平。岁之丰歉不问，赋税之入必有加。甚而内事交之幕友，外事交之门丁，官亲肆其婪索，胥吏广为招罗，地方劣绅武弁复为爪牙，虎冠于堂上，而民肉尽矣。同、通、佐、杂皆有地方之责，而例不能擅理民事，只是为收陋规、虐百姓而设也。

他的建议是"令各省陋规悉数归公，酌拨一二成，津贴督抚约五六万金，以次递降至佐杂，亦当数千金"，由此官员可以实心任事，洁己奉公。[1]孔昭莱描绘了债权人对债务人投资官场的监督。他的解决方案也很直接，合乎理性原则；但是，许多陋规是不上台面的，如赌博的"台费"、妓女的"花捐"，更何况当时的官员也不太清楚收受的内幕，只有那些专营此事的书吏、幕友、衙役才清楚。一旦全数归公，他们没有好处，又让谁去勒收？孔昭莱为此还提出了全面的财税改革方案，我将放在后面评论。刑部主事杨承恩上书中称：

> 厘金本为国家支用而设，今则为各省督抚调剂属员而设。遇有门生故旧之官是省者，视人情之轻重，择厘局之大小而委之。所有得差之花费，均需于差次所得以补之。于是设法隐瞒，多方支用，必使私得有数十倍之盈余，斯予差者心安，而得差者乃快意。倘续为夤缘，即接年差委。此在官者之暗用厘金也。次则该局司事又继而剥蚀焉。原充当司事，亦非钻营不可。一经入局，则应酬局员，周济亲友，恤念身家，皆于是乎取斯。何以得之？遂作法舞弊，或包征包解，或卖放瞒藏，以图侵吞入己，而于国课不顾也。此司事之暗耗厘金

---

〔1〕 孔昭莱条陈见《军机处录副·补遗·戊戌变法项》，3/168/9454/29，八月初五日都察院代奏。

也。外则往来之商贾,更从而偷漏焉。法律森严,商贾亦岂敢于偷漏?而其势有不得不偷漏者。原来各局司事每遇商货,既集多方迟滞以遂其需索,如不遵依,便以少报多,责商偷漏,以致该商无可如何,任其需索,以图了事。而商贾遂不得不意存偷漏,且偷漏之花费较实报犹少,彼此两得其益。于是群商相率而效之。[1]

杨承恩描述了各省督抚、各厘金局委员、各厘卡司事如何从厘金中获利的方式。他的方法是将厘金交给士绅办理。然而,即便如此,挑选主管厘金的士绅之权仍在督抚,平日官员的各种勒索也不可避免,士绅对此也无力相抗。四川叙州府富顺县举人卢庆家上书中称:"胥吏勒索房费,门丁勒索门包,尝有候补禀到,小费稍不如意,不得传见。即见矣,而从中簸弄,不得差委。"[2]这是指幕友、门丁对候补官的勒索。实际上当时候补官要在督抚处谋取差委,根据差使之肥瘠,皆为有价;即使只是面见督抚,也是有价的。刑部主事冯镜濂上书中称:

> 州县之应长官,甚于奴隶,朝谒而暮见,附郭繁剧,仆仆道涂。凡有民事,付之委员、幕友、家丁而已。亲临上司过境,大吏凡有所需,取之州县,沿以为例。加以豪仆婪索,苞苴暗投,书吏舞文,绅士请托,而日责州县以尚风节、勤吏治,势必不能。况得官甚难,去官甚易。外观世局,内顾身家,卑谄不以为惭,贪酷不觉其忍。上行下效,几于道一风同。至团长设而苛派相随,乡局设而是非日甚。一法甫立,百弊丛生。变新法不变人心,变旧章不变积习,恐新政终托空言。[3]

---

〔1〕 杨承恩条陈见《军机处录副·补遗·戊戌变法项》,3/168/9454/33,八月初四日刑部代奏。

〔2〕 卢庆家条陈见《戊戌变法档案史料》,第200—202页,八月初五日都察院代奏。

〔3〕 冯镜濂条陈见《军机处录副·补遗·戊戌变法项》,3/168/9456/21,八月初六日刑部代奏。

当官员的地位只能由其上级决定时,官场上逢迎之风只能是越刮越烈。

对于地方政府的制度病,司员士民上书中也有许多对策。内阁候补侍读中书恒谦上书中请裁外省各局所,将之事务分别归并于布政使、按察使、提督、学政。[1]但这些事务归并后,其人员是否会减少则很难说,更何况督抚未必会同意。户部主事宁述俞上书中称:请实核地丁耗羡,成为定制,全数归公,除支养廉银外,尽行解户部,此外不许再浮收;厘金由户部制三联票,实收实解,并将详细章程公布;核查仓粮,防止官员中饱;禁官员剥民,不用幕友,不向上级送节礼寿敬等等。[2]其方法甚为理想,但在当时又很难办到。其中最重要的是,相当多的人员将由此而绝粮。候选知州前内阁中书涂步衢上书中称:“致治贵有本源,经济先求实用。谨案最切实用足浚本源者,莫如《牧令辑要》、《从政遗规》、《福惠全书》、《荒政辑要》、《庸吏庸言》等编,伏恳敕各州县身体力行,门签蠹不许复用。前任大学士陈宏谋任巡抚时的《申饬官箴檄十则》、《咨询地方利弊谕三十四条》,巨细靡遗,吏治纯疵未由循饰,并恳敕下督抚,不时逐一考核。”[3]他的方法是传统的求治之道,与变法已毫无关系。吏部候选员外郎王宾基的方法却是西法:“拟仿大学堂例,于各县分设六院。曰吏学院,讲求理乱得失而参之以西政;曰户学院,讲求丁粮货税而佐以商政;曰礼学院,讲求制度文章而纬之以各国方言;曰兵学院,讲求缉捕团练而推求夫各国军政;曰刑学院,讲求刑案例律而参之以公法;曰工学院,讲求制造织酿而精求夫格致。县令每月按临各院考课。”[4]这种寓政于教的方法恰又是来自中国的传统。前秘鲁参赞直隶候补知县谢希傅上书中称:各省应仿部院,改删公文制度,“妙选宾僚,裁汰曹掾,督、抚、司、道、府、厅、州、县各衙门拟请酌设幕职,量定员名,必令足备办公,不必过存限制。

---

[1] 恒谦条陈见《戊戌变法档案史料》,第176—177页,七月二十四日内阁代奏。

[2] 宁述俞条陈见《戊戌变法档案史料》,第49—53页,七月二十二日户部代奏。

[3] 涂步衢条陈见《军机处录副·补遗·戊戌变法项》,3/168/9452/26,七月二十九日都察院代奏。

[4] 王宾基条陈见《军机处录副·补遗·戊戌变法项》,3/168/9450/26,七月二十七日吏部代奏。

应支薪水,作为正开销。旧设首领佐杂等官均可量裁。所有官俸役食抵支幕职,薪水虽有不敷,要亦不巨。各省游幕中向有刑名、钱谷两家,专门授受……拟请并饬督抚严行考核,略仿西国考核律师事理,给予文凭。此后未得此文凭者不准滥充幕职。此外文案、书记各项亦可不限员绅,准其遴先延聘"。他要求对此进行核议,奏定章程[1]。这是一个将旧衙门改造为近代地方政府的方案,尽管仍使用"幕职"一词。然此时政局已变,该方案未得到讨论。户部主事王凤文认为州县官最为重要,而此次保举重用者无任州县官者,又翰林院散馆三等为州县用也不尽合理,应当以上者为州县用。他请求光绪帝在召见保荐人才时注意观察,选其上者特旨任州县。他还称督抚中张之洞、陈宝箴为上选。[2] 工部主事何肇勋上书请免回避,认为回避制度不利于家乡建设。他建议"外官除三品以上,由皇上简放,不分疆域外,其余亲民之官,凡有地方之责者,各归本省补用"[3]。广西举人李文诏上书中要求停捐纳,称言:各省"局所尽撤,候补人员无差可图,道府州县亦必无人再捐,此实不停之停也"[4]。此法虽未必可行,但也道出了捐纳官员投资回报的主要方式是在局所谋差获利。国子监学习监丞高向瀛上书中称:"近来海防遇缺先新例,州县一缺入款不过巨万,而蠹国殃民,所耗何啻于此数。""查泰西官禄之制,大僚自万五千镑至千五百镑为差,小吏至少亦两百镑。"他要求请停捐纳并行厚禄,认为此事重要性大于学堂等务,然其方法却是借洋款,"借洋债抵捐款,犹害少而利多"。他要求户部拨出专款,此后再由地方官"各将所属规例详实开报,作为地方公费"[5]。这是一个很新奇的解决办法,理论上也说得通;但问题是,督抚是否会将"所属规例详实开报",一旦开报后,是否会被要求如数解户部?内阁候补中书王景沂上书

<hr>

[1] 谢希傅条见《军机处录副·补遗·戊戌变法项》,3/168/9453/47,八月初四日总理衙门代奏。

[2] 王凤文条见《戊戌变法档案史料》,第173—174页,七月二十二日户部代奏。

[3] 何肇勋条见《戊戌变法档案史料》,第188—191页,七月二十九日工部代奏。

[4] 李文诏条见《戊戌变法档案史料》,第192—193页,七月十九日都察院代奏。

[5] 高向瀛条见《戊戌变法档案史料》,第193—194页,八月初二日国子监代奏。

中称,变法以来,民生吏治未闻略有起色,"督抚其罪居其七八"。"今舆论所归,公忠体国者,督抚不过数人"。他要求黜其尤庸劣者数人以外,严旨训饬大臣,限以年月,责其自新,如有锢蔽执拗者,必当威以重典[1]。在他描绘的大背景之下,任何解救地方政府制度病的方案,都不可能真有效果。

司员士民上书中指出的种种弊端,从近代政治学的角度,都可以找到制度上的原因。这本来也是不奇怪的,任何政治改革都是制度改革。但清朝政府本身病情极重,由此决定了其改革方案必须是综合的,应包含财政、税务、教育、人事、机构诸多方面。这就不再是一件简单的事情,且必定要经历许多步骤,需要很长时间。

激进、缓进与守旧

康有为在其上书中充满信心地宣称:三年见效,十年大成。他是激进派的代表。从司员士民上书中看,与康有为同属于激进派的人数并不多,只有以下几位。

总理衙门章京、刑部候补主事张元济是相当激进的改革派。他由翰林院侍读学士徐致靖于四月二十五日所保(同保者还有康有为、黄遵宪、谭嗣同、梁启超),二十八日与康有为同日召见,被目为维新干将,风头颇健。六月,又被王文韶、张荫桓引入铁路矿务总局,任管股章京。他在上书中提出了总纲五条、细目四十条:首先是设立"议政局"。"泰西各国行政与议政判若两事,意至良法至美也。中国则不然,以行政之人操议政之权",他的议政局设想为:一、设于内廷;二、以年富力强、通达时务、奋发有为者充局员,特旨简派;三、以二十人为额,如不足,请旨添派;四、局员轮班每日随军机大臣之后,听候召见;五、皇帝随时临幸,考核各员所办之事;六、遇有要事,局员全数聚集,请皇帝至局,听局员的详细核议;七、条陈时事及请旨之件交该局核议,然后请旨施行;八、凡今日应改应增之事,

---

[1] 王景沂该呈见《戊戌变法档案史料》,第183—184页。七月二十九日内阁代奏。

由该局先期拟定办法及详细章程,进呈钦定;九、新政各项,如学堂、报馆、轮船、铁路、邮政、电报、矿务、银行、商会,由该局详考西国制度,参酌现在情况,拟具则例,钦定颁行。此外他还称"旧存与新设各衙门,所有官制,应请饬下议政局,重加厘定,请旨施行"。张元济所称泰西行政与议政分开,当属是政府与议会分开,但其知识并不正确,所设计的议政局根本不像是西方的议会,其职权也远大于西方的议会。实际上,这一"议政局"就是康有为的"制度局"的翻版。该上书中还提出了融满汉之见、通上下之情、定用人之格、善理财之策总纲四条,其措施也相当激烈,如满、蒙、汉军编入民籍,归地方官管理,并鼓励互相通婚;各部院堂官,满汉并列者,只留一人,不分满汉;臣工平常入觐,立而不跪,老臣赐坐;多裁旧衙门,增设新衙门;废除科举制度;将户部及各省出入款项全数查清,然后统筹办法。张元济条陈最引人注目的言论是:

> "京、外大小各官,均令陈明,愿行新政与否,不必曲从。其不愿者,以原品致仕,三品以上荫一子入大学堂肄业,俾得及时自效。""除致仕者外,愿行新政之人,仍必不少。京官各堂官,外官三品以上,特旨录用。此外,京官由本署堂官,外官由本省督抚,切实甄别,足额为止。余令回籍,听候咨调。"[1]

此策是让所有官员都一一表态,无意新政者全部退休,同意新政者也要甄别,重新任免,并额外候选候补的官员全部回家。此策一披露,将会使清朝内外上下官员人人自危。该条陈于七月二十一日由总理衙门代奏,恰是新任四章京入值的第一天。光绪帝看到了这一上书,下旨"留中",当日也没有进呈慈禧太后。[2] 八月初三日,张元济再上条陈,称现裁之官员不宜当新政之任,所有京师矿路农工商总局选用人员,请各大员

〔1〕 张元济条陈见《戊戌变法档案史料》,第42—49页。七月二十一日总理衙门代奏。
〔2〕 军机处《随手档》、《上谕档》光绪二十四年七月二十一日。"留中"即为留在宫中,意为留在皇帝身边。此类奏折军机处都不得与闻。理论上说,"留中"只有上奏人和皇帝两人知道,但实际上也有外泄的。

保举素习矿路农工商学之人,送部引见,候旨派充。[1] 这完全是有所指的。[2]

另一位激进派人士是刑部主事洪汝冲。他于七月二十四日由刑部代奏的条陈,提出了三大策:一、迁都。"以变法论,亦莫不以迁都为便。俄人变法,由莫斯科建都彼得堡,日本变法,由西京徙都东京。即商鞅变法,亦由雍筑冀阙以徙咸阳。诚以移步换形,耳目一更,则阻挠者无成法之可沿,创造者有新机之可藉,而旧法不变自变,新法不行自行矣。"他认为德据胶澳、俄据旅大、英据威海后,北京已处于军事上的险地,兼之铁路将建,英入长江,新都最好的地方是荆襄。二、借才。"职以为不仿行西法则已,苟仿行西法,则一切内政尤当广聘东西国名士,畀以事权,俾资赞助,收效必宏。"他认为中国历史上楚材晋用之例甚多,俄国、日本变法时均借用外国人才。此时伊藤博文将来游中国,"皇上如能縻以好爵,使近在耳目,博访周咨,则新政立行,而中日之邦交益固"。三、联邦。"为日本者所亲宜无过于中国,以我幅员之广,人民之众,物产之饶,诚得与之联合,借彼新法,资我贤才,交换智识,互相援系,不难约束俄人,俾如君士但丁故事,则东西太平之局,可以长保,祖宗缔造之业,亦巩如磐石矣。"他认为中国与日本合邦才能强盛并保证安全。[3] 康有为本有迁都、借用伊

---

[1] 张元济条陈见《戊戌变法档案史料》,第195—196页。八月初三日由总理衙门代奏。

[2] 当时已裁詹事府等六个衙门,官员的安排已成问题。许多人认为可将他们安排到新设置的机构,司员士民上书中对此也有反映。户部主事吴锡畴上书中称,裁汰衙门的官员若归并内阁各部补用,将使内阁、各部因裁而冗。"方今各省设立铁路矿务农工商各局,及大小学堂亦均开办,宜将各员量材发往各局差遣,俾资历练。其通洋文者,准允小学堂教习,其年少聪悟者,选送大学堂肄业,学成后再行酌用。"(《军机处录副·光绪朝·内政类·职官项》,3/99/5363/100,七月二十五日户部代奏)户部候补主事陶福履称,裁员时须注重书吏、幕友的安排,一些资深幕友可以铨补书吏(即仓大使之类)。有功名的书吏幕友"可由管学大臣派充各省府州县学堂教习,或由农工商总局大臣派办各省分局事务"。(《戊戌变法档案史料》,第40—41页,七月二十二日户部代奏)

[3] 洪汝冲条陈见《戊戌变法》,第2册,第362—366页。七月二十四日刑部代奏。其中关于中日"合邦"的建策写得不甚清楚,我看了多次,也不知其意究竟是建立"联邦",还是建立"同盟"。很可能他本人也不知其中的区别。

藤博文、与日本合邦之想法,[1]洪汝冲提出的三大策,与之相同。洪汝冲的条陈很可能是康有为代拟的。该上书进呈后,光绪帝的处理意见仍是"留中",并于当日进呈慈禧太后。

还有一位激进派人士是总理衙门章京、铁路矿务总局管股章京、工部候补主事李岳瑞。他于七月二十六日由总理衙门代奏条陈折片各一件。该折片虽没有发现,但其处理却很有意思。当日奉旨:"归入张元济条陈案内办理",并于当日进呈慈禧太后。[2] 李岳瑞曾以总理衙门章京的身份到康有为的寓所,送光绪帝赐康有为银两千两,与康有为有交往。他的上书"归入张元济条陈案内办理",看来与张元济的上书有相通之处。

张元济、洪汝冲、李岳瑞三人在戊戌政变后,都受到了慈禧太后的追查。[3]

另一位激进派的拥护者是五品衔吏部主事关榕祚。他于七月二十四日、八月初二日分别由吏部代递上书。其于七月二十四日的条陈尚未看到,而八月初二日的条陈要求重用康有为。[4] 该条陈当日奉旨"存",并呈送慈禧太后。联系到当日即有光绪帝命康有为出京之旨,关榕祚的这一条陈很可能帮了康有为的倒忙。

---

〔1〕 康有为的《戊戌奏稿》中有迁都江南之奏折,虽不能证实当年确曾上之,但可以证明确是其本人为之,当有此心。伊藤博文到京后,康有为曾于八月初三日与之见面,初五日,即光绪帝接见的当日,由杨深秀出奏"借箸",并称"勿嫌合邦之名为不美"。康有为在其《我史》中提到,他与日本公使矢野文雄谈过"合邦"之事,尽管我还没有查到相应的日本记录。当时康有为主张联英日,三月初三日曾经通过总理衙门上书言之。

〔2〕 见该日军机处《随手档》《上谕档》。

〔3〕 八月十七日,军机大臣王文韶、廖寿恒上一奏片,称"遵查李岳瑞、洪汝冲并无请假辞署"。此时正是追查王照之时,王文韶、廖寿恒的奏片当属其对上朝时慈禧太后查问的答复。当日奉旨,交总理衙门、刑部,军机大臣面奉谕旨:"工部主事总理衙门章京李岳瑞、刑部主事洪汝冲均著该衙门堂官随时察看。"二十三日,又下一道谕旨:"詹事府少詹事王锡蕃、工部主事李岳瑞、刑部主事张元济均著即行革职,永不叙用。"(见各该日军机处《随手档》《上谕档》)张、李的处理很可能是因其在上书中的激烈言词所致。

〔4〕 关榕祚条陈见《戊戌变法档案史料》,第167页。八月初二日吏部代奏。

在我看到的 275 件上书中,绝大多数都主张变法,但与康有为及其党人不同,其改革建策相当具体而温和,可以认为是缓进派。[1] 至少上书14 件的教习知县广西举人李文诏,是一个热情的改革派。他于八月初五日由都察院代奏的上书中称:

> 臣窃观中外大臣,大约主守旧者,十之七八。而一二新进,德望又不足以服众,而欲辅我皇上维新之治,不可得矣。无或乎皇上屡三申谕,而群臣汇沓如故也。皇上诚能立奋乾断,上以世宗宪皇帝、高宗纯皇帝为法,大加黜陟,罚行自贵近始,其有因循息玩、拘泥不化者,立黜十数人;赏行自卑远始,其有振作、勤奋通晓时务者,立擢十数人。而择老成硕望志在维新,其才识又足以负荷天下之重,如两湖总督张之洞、湖南巡抚陈宝箴两人者,速调进京,任以枢要,然后斟酌损益,次第施行。庶不至凌杂无序,疑谤沸腾。

他自称其在先前的 12 件上书中,有两件要求张之洞、陈宝箴"晋京以辅新政"。他要求改明年为"维新元年",但反对"变西服之议"。[2] 李文诏所称的"一二新进",指的就是康有为及其党人,称其"德望又不足以服众"也指出其要害。他的解决办法是让张之洞、陈宝箴来主持新政。相比于康有为来说,张、陈的改革态度要温和得多。

司员士民上书的高潮期为七月下旬、八月上旬,此时京城内的谣言甚多,许多人都看出康有为一派与掌权大臣之间的对立。三品衔候选道前

---

[1] 如户部候补主事聂兴圻上书中称:"设农爵以优待大臣……维新守旧两党,自必各以为是,参用之,则有碍维新之大局,革黜之,宜谅守旧之素心。臣以为莫若仿古昔大臣复辟明农之意,明着为典,设农爵三等,令大员守旧不化者,加以农爵,令其退休田间,讲明农学,为诸农倡。"其余还有明教、实兵、分练京畿、厘金多征成归己、枢臣给予优廉、地方官考成、设客卿留外国人、设联省、令新进人士推举人才等。(《戊戌变法档案史料》,第 71—74 页。七月二十八日户部代奏)其自认为维新一派,但较温和。

[2] 李文诏条陈见《军机处录副·光绪朝·内政类·戊戌变法项》,3/108/5617/27,八月初五日都察院代奏。

湖北黄州知府高蔚光上书中提出消除门户,称"致有守旧之目,与讲求时务者,俨分门户",他要求光绪帝明下谕旨,以消融意见,和衷共济。[1] 这样的做法不可能产生作用,而在司员士民上书中,观点与李文诏相通者不少。内阁候补中书祁永膺、户部候补主事闵荷生、兵部职方司学习主事曾炳熿,直接要求以张之洞为首相,主持新政。[2] 这些主张缓进的官员,有着共同的特点,其政治选择是张之洞而不是康有为,其政制选择是宰相制(首相制)而不是制度局等机构,上书中提出的具体改革方案也比较温和。[3] 在细读这些人的上书时,我还有一种感觉,似不能将此完全看作是他们个人的态度,很可能代表着某些势力,是有其背景的。四川大挑教职万科进上书中称:

> 于中外三品以上大员,择其公忠弼亮、学术通古今、政治达中外,选用数人,置之帷幄枢密之地。其经论宏达者,与之谋变法,其韬略优长者,与之谋治兵,其综合多才者,与之谋理财,其明敏练达者,与

---

[1] 高蔚光条陈见《戊戌变法档案史料》,第 14 页,八月初五日都察院代奏。

[2] 祁永膺条陈见《军机处录副·补遗·戊戌变法项》,3/168/9452/24,七月二十七日内阁代奏。闵荷生条陈见《戊戌变法档案史料》,第 132—133 页,八月初三日户部代奏。曾炳熿条陈见《军机处录副·补遗·戊戌变法项》,3/168/9455/12,八月初五日兵部代奏。相关的分析见本书《戊戌年张之洞召京与沙市事件的处理》。此外,还有一些上书推荐张之洞,除前引户部主事王凤文上书外,另有刑部奉天司候补主事周金浑。(《戊戌变法档案史料》,第 108—110 页,七月二十八日刑部代奏)

[3] 如三品衔兵部候补郎中何成浚在其条陈中称:"俄之彼得、英之维多利亚、德之威林(威廉)、日本之睦仁此四君皆杰出一时。揆之仁义虽未尽合,然其事绩不无可取。""饬下臣工以学校、兵制、商务、农政、建官、理财等类为纲,以此四君事绩为目,编列成帙。择其善者,斟酌施行。""又历观致治之君,必有其一二硕辅,汉之萧、曹,唐之房、杜,近如德之俾思麦、日本之伊藤。"他没有提出人选,只是称"知人善任,惟在圣裁"。(《军机处录副·光绪朝·内政类·戊戌变法项》,3/108/5616/43,七月三十日兵部代奏)又如直隶保定府清苑县举人许涵志上书中称:设置宰相,"皇上亟选老成练达、德高量宏,体国爱民,怜才重士者为宰相,使其位尊于六部之上,参预机宜,整顿国政。朝廷之事即秉公而无私,众口之陈自取精而不杂。"其余另有重将权、地方官久任、蓄粮、民间禁用铜器、保护教堂、武备求新等策。(《军机处录副·补遗·戊戌变法项》,3/168/9459/20,八月十一日都察院代奏)

之谋众务。诚得此数人襄赞新猷,立纲陈纪,于转移天下为不难。[1]

万科进的上书很长,看不出任何背景来,但他的建策对康有为一派很不利,康有为、张元济、李岳瑞等人不过是主事,谭嗣同等四章京也只是四品卿衔,"三品以上"实际将他们开除在外。这也可能是当时人心目中"德望可以服众"者的最低品级。大学堂提调、翰林院编修骆成骧上书中称:

> 臣窃谓求人才于小臣之中,尤当先求人才于大臣之中;诚以小臣中之讲求时务者虽不多,而谙练老成者亦不少,不若择大臣之通达时务者,畀以事权,于新政尤多裨益。

这一段"小臣"、"大臣"之言论,词句都有些混乱,明眼人一看即知是冲着康有为及其党人而去的。他提出仿照西方议会制度,"公举执政",先定宰辅。其办法是:一、宰辅之候选人为"内官三品以上、外官二品以上",以吏部开列,进呈御览;二、"议员"的条件是,科举出身,四品至七品的京官,开单以皇帝点派;三、大省"议员"名额为十五人、中省十人、小省五人,宗室、满洲、蒙古、汉军比照大省。总数在二百至三百人之间;四、由"议员"公举的宰辅,听候钦定,任期三年,"上禀圣训,下副群情,若不称职,应照各国通法,自行辞退,以避贤路";五、"议员"于开议前五日由皇帝分派,议毕,即行撤销。[2] 骆成骧的做法当然并不符合西方议会制度的根本精神,只是由钦定的一些小京官选出他们心中"德望服众"的大臣,由皇帝任命为宰辅。宰辅仍是对皇帝负责。但他的实际用意似用"新进"好称的"议会"之术,选出"新进"以外的"大臣"来主持新政,即以其人之道还治其人之身。骆成骧的条陈看起来就像有很深的背景。

江苏候补同知郑孝胥,由张之洞作为使才保举,奉旨进京预备召见。

---

〔1〕 万科进条陈见《军机处录副·补遗·戊戌变法项》,3/168/9454/34,八月初五日都察院代奏。
〔2〕 骆成骧条陈见《戊戌变法档案史料》,第197—199页。八月初五日大学堂代奏。

七月二十日,他与谭嗣同同日召见,二十四日奉旨以道员候补、任总理衙门章京。[1] 他上书中称,"请以练兵、制械为变法急务",其真实意图是说明现在的言论多为好奇、新异,变法须有轻重缓急之分。[2] 又据《郑孝胥日记》,他上书前曾与许多人谈过,也听了不少意见。他赞成变法,但不赞同康有为一派的如此激进。三品衔道员用新任江苏松江知府濮子潼,原本是军机章京,此时尚未请旨赴任。他在上书中称:请优礼伊藤博文,饬总理衙门大臣密问彼国维新诸政次第,参照中国情况拟定办法;附片又请将新政令发电给张之洞,让其参与。[3] 这些话说得很委婉,其真实意图是,他看出变法有点操之过急,让伊藤博文本人现身说法,日本变法为最速,宜须三十年之久;同时也看到了政治危机,让张之洞多发表看法。郑孝胥、濮子潼,一在地方,一在中央,久居政治枢要机密之地,熟悉政治操作之内幕。他们已看出康有为一派的政治主张之不可行。他们对变法前景的担心是有道理的。

值得注意的是,当此变法正值热潮,司员士民上书中多言改革以邀帝心之际,还有一些人公然上书反对变法。其中最著名者当属湖南举人曾廉,上书弹劾康有为、梁启超,并捎带张荫桓。[4] 他的上书内容已有很多著述谈及,此处不再多论。但该上书事件在戊戌政变后被多人提及,那就很可能是一次有组织的行动。庶吉士改归知县缪润绂条陈上书中称:变法有十忽三误八可议,"必用舍公而后实政行,必忠佞辨而后真才出。人品心术,治乱所关,巧诈繁兴,未有不殆",这些话实际上是指责康有为及其党人的。缪润绂反对变法,上书也甚多。[5] 翰林院编修、记名御史黄

---

〔1〕 见《内外臣工遵保使才人员名单》,《军机处簿册》第58号第1盒《保举各项底簿档案》;《光绪二十四年外官召见单》,《宫中杂件》〔旧整〕第915包;军机处《上谕档》光绪二十四年七月二十四日。

〔2〕 郑孝胥条陈见《戊戌变法档案史料》,第11—12页,七月二十九日总理衙门代奏。

〔3〕 濮子潼条陈、附片见《戊戌变法档案史料》,第12—13页,第168页,八月初三日上呈,他本人曾是军机章京,未见代呈之记录,可能由某军机大臣代呈。

〔4〕 曾廉条陈及附片见《戊戌变法》,第2册,第489—503页,七月二十七日都察院代奏。

〔5〕 缪润绂该条陈见《戊戌变法档案史料》,第118—125页,七月二十日都察院代奏。又据《随手档》等,都察院除此次外还于七月十九日、八月初九日为其代奏上书。

曾源针对康有为、洪汝冲等人借才、联日之主张,针锋相对地上了一折两片:借才非现在所宜;伊藤博文不宜优礼;请和俄以疑英、日。他认为"自甲午以后,中国人心殊多不靖,日人伺间抵隙,于上海等处倡保种之说,立侠会以收召党徒,观《知新报》所录章程,是特结死党以乱天下"。"我仅用为顾问官,人却因以取富贵。倘有不肖之人,假之为奥援,而以使署为逋逃渊薮,其流弊所至,有非建议诸臣意料之所及到者。"[1]黄曾源虽非为守旧派,其建策也是就事论事,但其主张与康有为正好相反。五品衔刑部候补主事王者馨上书中称:司员士民上书使"迎合诡随、乖僻狂妄者,亦得藉以自伸其谬说"。他要求"嗣后凡条陈事件,果关国家利弊,无论言论当否,悉于容纳;其有揣摩迎合,或牵涉己私,及以乖谬狂悖必不可行之端,假名条陈,布图荧听,请将原件明白宣示,予以重惩……臣庶举劾,凡大贤大奸,果系灼见真知,确有证据者,准其指实详陈。惟不准以风闻言事",以防藉端行私。[2] 王者馨条陈虽由上书的具体规定而发,但其中表现出来的政治倾向性是十分明显的。他上书的当日,恰是戊戌政变之时,也不知其有何背景。他还称议院之设必不可行,对此我将在后面论之。同知衔候选知县姚金培上书中称:九卿者,"辅弼北斗九星也,布于九宫,以统元运"。裁撤詹事府等衙门,不合天地阴阳之道,使帝星孤木难成林。新设农工商、大学堂等衙门,将派员购买机器仪器,修建房屋等,"不知费去国帑几万万矣",他认为,"工、农、商三项可归寺院衙门分办,学堂暨译中华书籍等事,可归翰林院、詹事府、国子监、各学办理,医学院可归入太医院办理,仪器等项可归入钦天监观象台为一事,译西国各书仍归出使大臣编译送京,外省新创各政可由教谕、训导兼办。"他还称,如此"上合天星之制,下合地理之道"。"以上所论凶吉,近在百日,远在一年,若无效验,职愿领欺罔之罪。可否交王、大臣会议,或派精于天文地理之

---

[1] 黄曾源借才非宜条陈见《戊戌变法档案史料》,第168—169页。又《请和俄以疑英日片》见《军机处录副·补遗·戊戌变法项》,3/168/9456/22,八月初四日翰林院代奏。另一片名称见该日军机处《随手档》。

[2] 王者馨条陈见《军机处录副·补遗·戊戌变法项》,3/168/9456/20,八月初六日刑部代奏。

员参酌,或请赏职召对以询之。"[1]姚金培以天象来反对詹事府等旧衙门之撤销,及农工商总局等新衙门之设,今虽显得有些可笑,但可从中观察当时官员之思想观念。他的条陈具日期为八月初十日,看来已知政变消息,其凶吉"近在百日"也不能称是预言。候选詹事府主簿杨朝庆上书中称:"当今要务,莫要于收拾臣民之心,保全大局,亟宜降旨,颁告天下,自今以后,大小臣工不得有新法名目,不得存变法意见。"此条陈具日期也是八月初十日,并称"伏乞皇太后、皇上圣鉴",看来他也知政变消息,此时上书也有风转抢彩之心。[2]

以上所称六人,姚金培、杨朝庆的言论在政变之后,黄曾源的建策只是反对康有为,真正持保守态度的不过曾廉、缪润绂、王者馨三人。在其余的上书中,我也没有看到公然反对变法的意见。真正主张守旧的人当然不止这些,出于当时的时势,他们不敢或觉得没有必要出面说话。

议会的概念与设置

大约在上世纪 50 年代起,戊戌变法被定性为资产阶级改良主义运动,其方向是资本主义君主立宪国。这一说法的根据是,康有为《戊戌奏稿》中有代内阁学士阔普通武所上《请定立宪开国会折》,明确指出:

> 臣窃闻东西各国之强,皆以立宪法开国会之故。国会者,君与国民共议一国之政法也。盖自三权鼎立之说出,以国会立法,以法官司法,以政府行政,而人主总之,立定宪法,同受治焉。人主尊为神圣,不受责任,而政府代之,东西各国,皆行此政体,故人君与千百万之国民,合为一体,国安得不强? 吾国行专制政体,一君与大臣数人共治

---

[1] 姚金培条陈见《军机处录副·补遗·戊戌变法项》,3/168/9457/19,八月十一日都察院代奏。

[2] 杨朝庆条陈见《军机处录副·光绪朝·内政类·戊戌变法项》,3/108/5617/46,八月十一日都察院代奏。

其国,国安得不弱?〔1〕

在这一叙述中,君主虽"总之"国会、法官、行政,但"同受治"于宪法,并因其"神圣"而"不受责任"。由此称之为"君主立宪国",当不为错。1958年国家档案局明清档案部从档案中刊出阔普通武原折,与康有为《戊戌奏稿》所录大相差异,其称为:

> 拟请设立上下议院,无事讲求时务,有事集群会议,议妥由总理衙门代奏,外省由督抚代奏。可行者,酌用;不可行者,置之。事虽议于下,而可否之权仍操之自上,庶免泰西君民争权之弊。

按照此说,上下议院不过是一个不负实际政治责任的"询谋"机构,君主可以通过此而"谋及卿士,谋及庶人"。〔2〕 由于当时的种种原因,这一件档案虽已发表,也引起了一些学者的注意,但未顺然而引出新的结论来。1970年黄彰健先生出版《戊戌变法史研究》一书,指出康有为在《戊戌奏稿》中作伪,1981年《杰士上书汇录》在故宫博物院图书馆被发现,孔祥吉等先生多文论及于此,"君主立宪"一说,在学界渐渐寝议。

我以为,若称戊戌变法为"资产阶级改良主义运动",也只能是这一变法若未被政变所中止而可能产生的方向之一,如日本明治维新一开始只是"尊王攘夷",后渐至为师法欧美的革命性变革。就当时而言,康有为与其他人皆无"资产阶级"之概念,也并无为"资产阶级"谋取政治权力的企图。当时与"资产阶级"最接近的概念是"商人",在司员士民上书多有赞赏或相助的言论,公然为之谋权的是分发浙江试用知县冯秉钺。他在上书中称,要让商人以集股的方式来振兴商务,"商本既裕,度支不竭,凡造轮船、建铁路、兴矿务、讲农学、精技艺、广制造亦能次第举行"。他的办法是"每股以五十金为限,多寡听其自便",不由官办,而主张商人自办:

---

〔1〕 《戊戌变法》,第2册,第236页。
〔2〕 《戊戌变法档案史料》,第172页。

复请于六部外添设商部,商尚书、商侍郎即以天下之巨富、次富当之。于各省添设商抚、商道,即以各省之巨富、次富当之。于各省府厅州县添设商知府、商同知、商知州、商知县,即以各省府厅州县之巨富、次富正副当之。然后于各省通都大邑商贾云集之处,设立商局。每省一总局,数分局。局有大小,即官为尊卑。司其事者,即以各省各府厅州县集股之富绅大贾就近入局,分受其职。

他还提出,视商局之大小,各设立数量不等的商兵。[1] 冯秉钺的建策是要将中国变成一个商人的国家,以个人财富多少作为衡量的标准,此与"资产阶级改良主义"的政治取向并不吻合。

由此可见,称戊戌变法为"君主立宪",似不可成立,称"资产阶级改良主义",也似不甚恰当,但当时毕竟还有着不少新气象。前引杨锐所称"现在新进喜事之徒,日言议政院"即是一例,由此须将司员士民上书中的"议会"概念及其设置方式作一介绍。

前引总理衙门章京、刑部主事张元济上书中的"议政局",已说明其与西方议会并无关系,只是康有为"制度局"的翻版;前引阔普通武奏折中"上下议院",已说明其是君主的"询谋"机构,且也不属司员士民上书的范围;前引大学堂提调、翰林院编修骆成骧上书中称仿西方议会制度以定宰辅,已说明其是临时"官意"机构,且真实意图也不在于此;现存的上书中,涉及"议院"者并不为多,有以下几件,以代奏的时间顺序述之。

镶白旗蒙古生员诚勤上书请开议院。他指出:"昔者,轩辕有明台之议,放勋有衢室之问,虞帝有告善之旌,夏后有昌言之拜。洪范稽疑,谋及庶人,盘庚迁都,咨于有众。"因此"西国议院,其风近古"。他说明了清朝开议会的五大好处:一、筹款。"凡一举动,必先筹款。有议院,则军国大事,君秉其权,转饷度支,民肩其任。"人民不再会为征赋过重而怨。二、地利。二十二行省,四千三百万方里土地,二十六万种物产,"一一独断于官,恐不无罅漏之遗。有议院,则士民中之确有见地者,即由议院上

<hr>

[1] 冯秉钺条陈见《戊戌变法档案史料》,第413—414页。七月二十六日都察院代奏。

请开办,则地利尽矣"。三、除弊。清朝军队无心作战,在于军官克扣太甚,交于督抚又案积如山。"有议院,以抉其弊,则上无虚糜之饷,下无不练之兵。"四、改约。"立约以来,西人夺我商权","有议院,以维持之,则已往之条约,可设法更换,后来之抑勒,可先事预防"。五、用人才。"中国之迁擢臣僚也,不视人才之可否,而论资格之浅深,故下士庸才,皆可意存徼幸。有议院,则人归公举,重才不重资格,则国无遗贤矣。"他指出,根据《万国史鉴》,君民共主之国,"权得其平,盖事定于上,下议院仍奏其君裁夺,君曰可,即签名准行。君曰否,则发下再议"。中国"果能设立议院,上下相通,臂指相使,合四百兆之众如一人,于并吞四海乎何有?"诚勤的议会知识,来自当时刻印的时务书。这些书籍并没有说明议会是一种代议制政治,是人民权力的表现,而强调的却是上下相通。诚勤上书中也称:"孙子曰:'道者使民与上同欲。'易曰:'上下交而其志同。'故议院不开,虽百事并举,而呼吸不通,终难畅达。"[1] 在司员士民上书中,诚勤是主张议会最坚决的人,关于议会的言论也可谓是最全面的;但却没有说明代议制政治中最重要的两点,即议会的权力与议员的产生办法。当然,也有可能是上书于君,他也不便多言民权。

户部堂主事恒年在上书中称:"泰西各国,皆有议院,庶人得以议政。彼则政柄操之下也。我国家不必尽取而效之,亦不防(妨)变而通之。"他的"变通"方法是:在六部中防止"掌印"、"主稿"等"领袖"司员之把持,仿议会制度,每遇紧要事件,务先参考众司员的意见,然后拟稿,拟稿后交与众司员共同阅看,最后与众司员一同去堂官处作出决定。他认为,由此"考核之令既严,举劾之道亦得,不必另设议院也。似与西国之议院大同小异也"[2] 恒年的建策,只是各部院处理重要事件时注意听取司员们的意见,司员们也无权参预最后的决定。这与议会制度并无关系。恒年也称,当年阎敬铭任户部尚书时,不分满汉,举贤黜劣,拔用出身寒素者,不齿夤缘奔走之徒。他将阎敬铭时期的户部当作"典范"。

<hr />

〔1〕 诚勤条陈见《戊戌变法档案史料》,第186—188页,七月二十七日都察院代奏。
〔2〕 恒年条陈见《戊戌变法档案史料》,第106—108页,七月二十九日户部代奏。

候选郎中陈时政上书请开设上下议院。他称言："泰西议院,为立国最良之规模,实有国不易之宏纲。凡有举废,皆询于上下议院,两院议成而后谋定,国主报可而后施行。"他称现在言路开放,条陈纷上,有公议政事之气象,应于此时"改军机处为上议院,所有人员一仍其旧",派一大儒主持其事;下院以现裁之衙门一所为开办,一切章程参照近译德国议院章程,"而审时度势,斟酌损益之。能行者用,不能行者不用。察首领、分班之限,严问答、议事之防,务期于尽美尽善,无一流弊"。他认为,如此设立上下议院,较之已行的条陈上书,更能使皇帝"下情悉通,民隐悉达"[1] 陈时政的"议会"观念与诚勤有相通之处,即其主要作用是上下相通,他也没有说明"上下议院"的各自权力,更没有说明下议院议员的产生方法。

五品衔刑部候补主事王者馨是一守旧人士。他在上书中反对设立议会:

臣更有请者,言官之设,历代本以寄耳目而备谏诤,近来私议多欲仿照西法,改设议院。不知泰西各国僻处海隅,极其幅员大不过中国数省,小仅一二府地耳,又有火车以速其行,故但有规为,不难集民,应召而来,然权操自下,而上受其成。必不可以为训。此外洋所以有君主、民主之分也。中土地方万里,若改设议院,将集近郊之民而议之乎,抑聚天下之民而议之乎? 就近集民而议之,宜于内者未必果合于外。必聚天下之民,则行省各判远近不同。微论无此政体,即勉强为之,亦不能应期而到。而朝廷政令或行或止,必待议决而始定耶,将听之而不为也。古之帝王虽刍荛是询,未闻强畿内之民而议国是也,况天下乎。今即广开言路,凡秘条陈,可者酌之,否者存之;凡所举劾,实者奖之,虚者罪之。统天下公议而断处宸衷乾纲独揽,较之议院之设,孰得孰失,当在圣明洞见之中。故孔子云:"天下有道,则政不在大夫。天下有道,则庶人不议。"臣愚谓谏院当如其旧,科道太多,无妨量为裁并,议院之改必不可行[2]

---

〔1〕 陈时政条陈见《戊戌变法档案史料》,第196—197页,八月初五日都察院代奏。
〔2〕 王者馨条陈见《军机处录副·补遗·戊戌变法项》,3/168/9456/20,八月初六日刑部代奏。

由于当时正面说明议会的上书不多，从反对意见中也可以了解当时的议会观念，故将王者馨的言论全录于上。他提出了三个问题：一是国土太大，如何集民，并没有说明民与"议员"的关系，即对西方各国议员的产生方法也是不了解的；二是既然设议院是为了下情上达，现在广开言路，又有谏院言官，完全可以达到目的，没有必要再设议院；三是"天下有道，则庶人不议"，倡议院者既然复古尊孔，那么孔子之言又为何不遵？

分省试用府经历张宗庆上书中请设通议院。他在上书中称：

> 再业经裁撤如通政使司各衙门，奉旨议定散卿，可否择一处，改为通议院，而不任实政，设卿、副数员掌院事。凡在京候简文武大员，及额外闲员，皆许在署，专一讨论天下利病，及时政得失。众议多同，然后奏请圣裁。其士庶上言论事者，亦即在院呈请代递，未始非新政之一助〔1〕

张宗庆所称之"散卿"，当属康有为代徐致靖所拟之奏折，七月二十日上奏后，奉旨："翰林院侍读学士徐致靖奏冗员既裁请酌置散卿以广登进一折，著孙家鼐妥速议奏。"〔2〕张宗庆很可能是从邸报中看到这一谕旨，故有此建策。但他并不了解徐致靖的"散卿"是为康有为等人设位，因而其"通政院"只是一个无实权的政治讨论机构，其目的仍是下情上达。这与西方各国的议会并无关系。

五品衔候选知县山西汾州府平遥县举人宋梦槐上书中称：皇上一日万机，若如西方各国君主"游历"，"以联与国，以观政教，固属现有未暇"；但中外交界之要陲、各国可采之时政、军民之甘苦利病、官吏之干弱贪廉，不可不加以了解。由此请求：

> 再下谕旨，令臣民士庶之留心时政者，先标定宗旨，专陈某事，然后分段划界，简切以陈。有不愿显陈者，可设一铁匦，备其穿入。古之谋

〔1〕 张宗庆条陈见《戊戌变法档案史料》，第146—150页，八月初七日都察院代奏。
〔2〕 军机处《随手档》、《上谕档》光绪二十四年七月二十日。

及庶人,询于刍荛,良有以也。即今泰西诸国议院之规,亦不外是。[1]

宋梦槐的本意是不同意当时议论纷纷的皇帝出国及巡视各省的建策,他没有提出设立议会,但他心目中的西方议会的主要职能仍是下情上达,"谋及庶人,询于刍荛"。

刑部主事冯镜濂在上书中也未提设议会,但要求开民智:"外国视我民如野人,我民视外国如畜类。有司听断糊涂,鱼肉良善,民穷无告,恃入教为护符。""至于商民,多半诚实,动呼市侩奸商,故缙绅子弟,不屑经商。市井顽愚,竟充士类。生计日困而游民益多,商民自弃自贱,不求学问,目不识丁,即设下议院、农商局何能伸说论?"[2]在冯镜濂的心目中,下议院是与开民智相联系的。

顺天府大兴县生员高世芬在上书中称:今后学试各差,不宜用侍郎等专责官员,"即用候补京堂及翰林等项人员,其中亦不乏通达时务之士,可备简用者;惟军机大臣与总理各国事务衙门大臣,务必择明体达用之人兼充其事,似可勿令其再管各部院事务,俾专心于中外实在情形,措施自能裕如,不至扞格。此即泰西上议院之意,不师其名,而得其实,则国家自徐而治。"[3]这一段话的意思,我反复看也未能弄明白。前者请求用候补京官及翰林院官员担任学政及各级考官,后者请求军机大臣、总理衙门大臣专职专任,不再管理各部院事务,这些又与西方的上议院究竟有什么联系?我以为,高世芬很可能只听说过上议院之名称,而对上议院的设置与作用完全不了解。

在我所见的 275 件上书中,论及议会者不过以上数件,由此似乎可以得出这样的印象:尽管从其他材料来看,当时人对议会的议论颇多,而在正式上书中,言及议会者很少。在有限议论中,并没有涉及西方代议制之

---

〔1〕 宋梦槐条陈见《军机处录副·补遗·戊戌变法项》,3/168/9457/89,八月初九日都察院代奏。

〔2〕 冯镜濂条陈见《军机处录副·补遗·戊戌变法项》,3/168/9456/21,八月初六日刑部代奏。

〔3〕 高世芬条陈见《戊戌变法档案史料》,第191—192页,七月二十四日都察院代奏。

根本,即议会的权力及议员的产生方法,更未谈及议会之理念,即"主权在民"。他们的心目中,西方议会的主要作用是"上下互通",与中国古代的君主"询谋"是相接近的。

西学与中学

我在阅读司员士民上书之前,有这么一种认识:戊戌变法是师法欧美日本的政治改革,而西政本源于西学,若究其源,即主张变法的人在思想学术上也应是相当推崇于西学的。我的这种想法,多少受了康有为《杰士上书汇录》、《戊戌奏稿》的影响。康有为在这些上书中大力推崇西方,以俄国的彼得大帝的改革与日本的明治维新为楷模。他也谈及中学,但毕竟不是主导,以至于被人斥之为"貌孔心夷",尽管对于后一说法我现在也已怀疑。[1]

------

[1] 虽说《戊戌奏稿》中有大量作伪,但只是在是否上呈、是否修改方面应慎重待之,从思想史的角度来看,却为今天提供了更多的版本,并有可能更细致地说明康有为的真实思想。从军机处《随手档》、《上谕档》来看:康有为在五月初四日进呈过《孔子改制考》,该书也上呈慈禧太后;五月二十九日,孙家鼐上奏称该书"孔子改制称王字样宜亟删除",奉旨:"著孙家鼐传知康有为遵照。"他的其余中学著作是否进呈,档案中未见记录。但我看到了一件档案:光绪二十四年八月初二日"总理衙门收上海道蔡钧文":"本年七月十一日奉宪署蒸电,内开《时务报》第五十一册所载各书目,现奉旨签出交沪关购办,希即照单开念八种迅速购齐运京,幸勿稍迟是要,仍望电复。书目列后:《南海先生五上书记》、《上古茫昧无稽考》、《周末诸子并起创教考》、《诸子创教改制考》、《诸子改制托古考》、《诸子争教互攻考》、《墨老弟子后学考(表附)》、《儒教为孔子所创考》、《孔子为制法之王考》、《孔子创儒教改制考》、《六经皆孔子改制所作考》、《孔子改制托古考》、《孔子改制法尧舜文王考》、《孔子改制弟子时人据旧制问难考》、《诸子攻儒考》、《墨攻儒尤盛考》、《儒墨交攻考》、《儒攻诸子考》、《儒墨最盛并称考》、《鲁国全从儒教考》、《儒教遍传天下战国秦汉时尤盛考》、《武帝后儒教一统考》、《春秋董氏学》(康长素著)、《春秋中国夷狄辨》(三水徐勤著)、《瑞士变政记》、《俄土战记》、《意大利兴国侠士传》、《纪世文编》(顺德麦仲华辑)等因奉此。按照以上各种书籍一律办齐,计每种两部,分别装潢,共需价洋三十九元五角。理合敬谨装箱具文呈,仰祈宪台俯赐察收进呈。为此备由呈乞照验施行。"(《总理衙门清档·一般交涉》沪关道呈送旨谕购办书籍,01－34/5－5－6,台北中研院近代史研究所档案馆藏)根据当时的习惯,上海道经常需办理皇差。由于当时军机处没有电报房,电

也就是戊戌年的三月,张之洞完成了《劝学篇》。由于翰林院侍讲黄绍箕在召见中向光绪帝推荐,该书于六月初七日奉旨下发各省:

> 本日翰林院奏侍讲黄绍箕呈进张之洞所著《劝学篇》据呈代奏
> 一折。原书内外各篇,朕详加披览,持论平正通达,于学术人心大有
> 裨益。著将所备副本四十部,由军机处颁发各省督、抚、学政各一部,
> 俾得广为刊布,实力劝导,以重名教而杜卮言。[1]

张之洞的《劝学篇》是有针对性的,该书提出了"中学为体、西学为用"的文化观,强调的是中学。光绪帝的谕旨肯定了这一观念。这些都意味着当时的社会存在着"中学独尊"和"西学为主"的两种倾向,若用形象的语言表达,张之洞形立于两者之间,而内心中偏向中学。

然我通读了275件上书后,突然发现,在这些上书中虽然大讲泰西政史,多论彼得、明治,常引西例为佐证,但却没有从思想学术上推崇西学的言论,恰恰相反,更多的是保护中学不受西学冲击的言论。

江西举人罗济美上书中称:"查西学各种,皆中国旧说,散见于管、墨、申、韩、周礼及秦汉诸书……西人逐物求和,探隐索冥,创为工艺之奇,练兵通商,遂以纵横海上。中人致骇为得圣经之旨,正由昧于中学耳。"

报只能通过总理衙门发出。由此可见,康有为并没有将其全部著作进呈,至少是以上光绪帝命上海道代购之书未上呈。光绪帝是通过《时务报》得知其著作,指名从上海购买。这些书到达北京后,可能没有太大的用处,因为八月初二日为收到日,初三日光绪帝从颐和园回到宫中,初四日慈禧太后亦从颐和园回到西苑,光绪帝随即住于西苑,初六日政变发生。从时间关系来看,光绪帝已没有时间自己仔细阅读,也不可能再交给孙家鼐等帝师帮其分辨。然康有为的政治思想是否是"貌孔心夷",我是怀疑的。我目前的看法是恰好相反,在戊戌年间,康有为的政治思想是"貌夷心孔"。为了打动当时的言论及影响光绪帝,康有为时而自觉时而不自觉地扮演了"时务家"、"西学家"的角色,而在这两方面,康有为的根底似为颇浅。对于康有为的政治思想,我拟另文专论。

[1] 七月初六日,光绪帝又命军机处转告总理衙门:"《劝学篇》一书,著总理衙门排印三百部。内《明纲》一篇自'议婚有限'至'皆不为婚'二十一字,注语自'七等'至'无为婚者'三十四字著删去。余俱照原文排印。钦此。"见各该日军机处《上谕档》。

罗济美的西学中源说，属当时社会的陈词，此时用来作为上书的立论，可见此说的生命力顽强。他并不是完全反对在学堂中学习西学，而是提出了先决条件："中国学术在先正人心，后究时务"，先学经学、义理，十分娴熟后，再学译成中文的西书，"驱之讲求实务，责以一物不知儒者之耻"。用这种学习方法使学子有了坚实的中学基础，不至于为西学所惑。他也不同意"中学"、"西学"的名词，要求改为"义理学"、"时务学"。他列举了西学不如中学的种种事例，并称同文馆、广方言馆、自强、水师、武备各学堂聘西人教习数年至二十多年，未能培养出一位"异才"；为了防止"师名"受亵，提出三年后各学堂教习专用中人，所延聘的西人只能在编译局翻译西文、仪器院演习仪器，并教授幼童各国语言文字。罗济美推崇的是曾国藩、胡林翼之类的领袖，批评当时社会的种种弊病也能入木三分，其真正的目标是"卫圣教而培真儒"。[1] 他的条陈很长，共有六策，还另有附片，上书的时间也很早，为七月十二日，即王照上书之前，看来其目的也并非全求显达。他虽赞成变法，但其改革方案依旧是相当传统的。

江苏江宁县文生徐堃锡上书中称："圣教为根本，西学为枝叶"，要求重圣教而回风气。他对当时的风气进行了批评：

> 皇上所以讲求洋务者，不过为出使不知洋务不足以固邦交，封疆不识洋务不足以办交涉。乃举国不会用意之所在，宦途中遂以洋务为荣施，士林中遂以洋务为捷径。少年弟子就沪学习者有之，本省学堂中学习者有之，名曰中西并进，其实有西而无中。

他认为，习西学者不知圣贤的微言大义，稍知西洋语言文字即趾高气扬，视孔孟为腐儒，视四书五经为赘疣，视修齐治平为迂谈。他要求所有的新式学堂，必先立先师孔子之牌位，朝夕敬礼，无论学生学习何种西学，必于

---

[1] 罗济美条陈见《军机处录副·光绪朝·内政类·戊戌变法项》，3/108/5616/32，七月十二日都察院代奏。

朔望之日听中师讲四书五经一章,由此而"端其趋向","激其天良"〔1〕
徐堃锡的主张,较之于张之洞,更注重于中学的作用。

山西沁水县丁酉科拔贡延嵩寿在上书中称:"科制已改,书院已更,
腐士迂儒莫所适从,物议沸腾骚动,闾阎咸谓中国废孔孟而遵基督教,伏
乞皇上饬各省学政行文各州县,凡入小学堂,必熟读四书五经,通汉文讲
义。学生之根底既厚,而老师宿儒教书为生者,亦不以失业。"〔2〕延嵩寿
注重的是社会问题,担心将来儒生是否会失业,自称此策是"固结士心
者",不知是否与其个人的职业有关。他也强调入学者须从四书五经开
始,以建其"根底"。

镶白旗蒙古生员诚勤,可谓是一个"中学为体、西学为用"的典型。
前已提及,他曾上书要求设立议院,意志坚定,但该上书还有一附片,
称言:

> 今者西学门径大开,风气所通,人争趋之。盖上以此求,下以此
> 应,猝然发奋,亟图自新,固朝廷所厚望于天下者。然喜新厌故人之
> 常情,特恐躁于干进,囿于一偏,骤知西学为有用,渐忘圣教之为本。

他还指出"夫中学为体西学为用之言,上谕特详之,臣工屡道之",但求擢
升捷径的人、为营生外洋的人,不过是谋食干禄,未必于此着意。"开辟
西学之日,正存亡圣教之秋。"为了"维持圣教保固人心",他提议旨命省
府州县广立圣庙,春秋典祭由地方官照例奉行,并各省大小学堂均设大成
殿,凡在堂学生每月朔望行九叩礼。〔3〕诚勤的上书共有四件,现皆存世。
我读完之后,觉得他不是一个知识渊博的人,无论是立议院还是保圣教,都
是言他人之所言。而这种无个人见解的意见,却能说明更大的社会观念。

---

〔1〕 徐堃锡条陈见《戊戌变法档案史料》,第61—64页,七月二十四日都察院代奏。
〔2〕 延嵩寿条陈见《军机处录副·补遗·戊戌变法项》,3/168/9452/12,七月二十四日都
察院代奏。
〔3〕 诚勤附片见《军机处录副·补遗·戊戌变法项》,3/168/9450/35,七月二十七日都察
院代奏。

户部主事齐令辰上书中指责梁启超、徐致祥对于经学的态度，称："以臣闻见，各州县城乡学塾，俱已辍业，因其本不知西学为何物，亦不知圣学为何事"，认为"保教即以保国也"。原来的《十三经》白文已逾六十五万字，张之洞在《劝学篇》所提的"约"者，也有三十万字，即便翰苑硕学也无能背诵者，为此他要求新编四书五经，大约一两万字，使"海内城镇乡僻共诵"，"用以宣扬我教"。将来科场命题皆出于该简本，"设或罢废科场，养蒙教士，亦本乎此"。原来从汉到今的经本经学仍如其旧，"聪颖士子自研求之"。齐令辰赞成变法，上书中提出了八策，包括停武科停优贡拔贡、妇女不缠足、各村淫祠改为农桑公所等项。他认为，中国礼教的精神是最重要的，但不要墨守程朱说，应崇颜元、李塨说。"臣谨按颜、李之学于今时最宜，请旨表章其学，藉挽空谬迂懦痼习。惟其书亦繁，颜元、李塨两年谱，能括其学术之要。如蒙俞允，可将两年谱付编译书局再删之。"尽管齐令辰没有直接涉及中学、西学之命题，但他的主旨是明显强调中学。他也提到了西方，称赞西方的报纸、农学与女学堂，而其西方知识也不尽正确。"臣查中土三亩不养一人，西土一亩能养三人。但得风气大开，有一杰出之人讲西法而获美利，则农家争相效仿，无俟劝戒。"[1] 此一"西土一亩能养三人"的知识可能得自于当时的报纸。

内阁候补中书郑宝谦认为"中西学术不同，政教各异"，上书中称：

> 比阅西书及闻西人议论，每每驳杂偏颇，不重伦常。其君臣父子之大伦，彼均视为平等，不足深辨无论矣；即如论女学，则以游历访师友为先，论人道则以男女均权为贵。此与中学大相刺谬，尤足以惑乱人心者也。

在强调了中国文化的"纲常"后，他提出了一个解决办法：在学术纯正者中选一二员，钦派为大学堂"译书校勘"，凡译西书，"除格致、艺术各种勿

---

〔1〕 齐令辰条陈见《戊戌变法档案史料》，第74—81页，七月二十八日户部代奏。

庸校勘外,其政教诸书有涉于此论者,悉屏弃弗录,并不许留贻坊间,流毒中国"。"中国虽极贫极弱而流极之弊,终不至于沦为夷狄者"[1] 郑宝谦的想法是,西学的格致(即声光化电)、艺术(即各种工艺技术)之书可以传入中国,而平等均权的思想却不能放进来。

上书最多的广西举人李文诏想法略有不同。他不同意改服制,由此而做了一段大文章:

> 西人之最精者,政学而已,若其教化俗,尚颇不及中国。中国纲常名教之重,自唐虞以来四千余年矣,实为五洲文明最先之国,西人亦自谓弗及。中国变法在用其长以辅我之短,断不宜用其短而弃我之长。且服色变西制矣,则俗尚礼教亦相应必变。西人讲平权之法,人人皆可自主,其君臣父子兄弟夫妻无不平等,中国亦将变之乎? 西人男女相见以握手、接吻为礼重,中国亦变之乎?

他的结论是,"果若此,则纲常斁,礼教废,虽骤至富强,然且不可"[2]在李文诏的心目中,西方的"政学"虽为最精,但与"平权"、"自主"之说是没有关系的。

都察院满都事兼经历长庆主张先中学后西学。他在上书中称:

> 中国之四书五经,实为学者之根底。说者谓中学为体西学为用,是学有本末,不容越俎。要在先中后西,方为通体达用之才。否则中学未通,欲讲西学,是犹南辕而北辙,舍本而求末也。

长庆上书的目的,是为八旗官学配备图书。他认为八旗官学的图书太少,

〔1〕 郑宝谦条陈见《军机处录副·光绪朝·内政类·戊戌变法项》,3/108/5617/73,七月二十九日内阁代奏。
〔2〕 李文诏条陈见《军机处录副·光绪朝·内政类·戊戌变法项》,3/108/5617/27,八月初五日都察院代奏。

学生于"四书五经之深文奥意,素未精求",至于"小学"几成绝废。他要求官学在讲课中时刻讲解经义,熟习史学,尤其是在初学者,"须讲明小学古音古训,及《说文》、《尔雅》、《方言》等书,要必使之通贯明达";"果能日见精进,再行推广西学"。他认为,由此才能学有"渊源",才能造就"真才",才能有"实用"。[1] 长庆虽然也谈西学,但其心明显偏向中学,其用意似为以中学之"根底",防西学之"偏误"。

由于当时的通信条件,外省官员参预上书者甚少。然在很少的上书中,却有两人提到了中学与西学。同知衔山西即用知县密昌墀上书中称:变法求言之后,人心大变,多有逢迎。经史古义在"今日趣时之徒视之诚非急务",而其三纲五常、忠孝大节之道"诚远出于言新学者之下";"知有西学,而不知有先王、先圣之微言,知有《时务报》,而不知有列祖列宗之大法";谈时务以投朝廷之好,反是者恐斥为"不达时务",由此虽言路大开,而进言之路更狭窄。他要求下一道谕旨:"凡言事者,但论是非,不论新旧,但问得失,不问中西。"密昌墀自称其读书三十多年,以"即用"分发山西也已六七年,看来至少也已四十多岁。他虽称不分中西,实际上是强调中学。[2] 前同知衔山西即用知县改吉林府教授王寯颐上书中称:各省奉旨设立学堂,中西兼学,然其考各国法术成功,"全成于我中华《大学》一经,彼不过略得粗末之偏"。他建议明颁旨命,将《大学》一经镌刻大字立于大学堂及各行省中小学堂。[3] 由此可见,其思想学术的取向还是中学。密昌墀、王寯颐条陈皆署日期为八月十二日,上书中皆称"伏乞皇太后、皇上圣鉴",看来当时的电报已将政变的消息传到了山西与吉林,他们的思想学术取向也许还有政治的因素。

我在阅读司员士民上书时感到,当时的上书者并不推崇西方的思想

---

〔1〕 长庆条陈见《戊戌变法档案史料》,第311—312页,八月初五日都察院代奏。

〔2〕 密昌墀条陈见《军机处录副·补遗·戊戌变法项》,3/168/9457/28,八月二十一日收到。

〔3〕 王寯颐条陈见《军机处录副·补遗·戊戌变法项》,3/168/9457/83,八月二十七日收到。

学术,并非为"中学为体西学为用"已受钦定,言事者由此受限而不敢迈步;从上书中可以看出,上书者对西方的思想学术毫无认识,所谈的泰西事例,多来自于当时的时务书籍与报纸。[1] 他们不推崇"西学",在于不了解"西学"。更何况上书者多为中下层官员和士人,所受的教育是相通的,即"中学"的四书五经。在此情形下,他们选择"中学",恰是他们的学术本源,尽管他们已经看到了手中的圣贤之论不敌泰西之利器财富。

由此,可以再看一实例。四川京官杨锐、骆成骧、高枬、王乃征、李征庸、傅增湘、乔树柟、曾鉴、汪世杰、郭灿、王荃善、高树、聂兴圻、蔡镇藩等在京师设立蜀学堂。他们中的许多人都上过条陈,当属热心变法的人。他们出面办新式学堂,似可作为新政一派的学术风向。该学堂设于观善堂旧址,七月一日开办,学生六十余人。他们在上书中称:

> 学堂谨在正厅中间,恭设至圣先师孔子神位,朔、望行礼。东、西两屋,分陈经、史及皇朝政治之书,俾学者肆习其中,先识趋响之所在。又于西院正厅,聘西文教习任鸿鼎,教授英文,其下东屋数间,购置西国图书仪器,随时观览。其余各项专门之学,应俟英文学成,即行各读专书,力图推广。其学徒大抵皆留京举、贡及京官子弟,亦有登甲科、通朝籍者十余人,俱入其中。

杨锐等称,其办学方向是,讲求正经正史,力求实际;兼习西国文字,以能

---

[1] 如直隶保定府清苑县举人许涵志在上书中称:君主之学宜贯中西,此说当然全面。但他向光绪帝推荐的"西学"书籍是《泰西新史揽要》、《万国史记》、《法国刑律》。(《军机处录副·补遗·戊戌变法项》,3/168/9459/20,八月十一日都察院代奏)如以这些书代表"西学",当然不能使许多人悦服。当然,在这些上书人中,严复当属例外。他是了解"西学"的惟一人士,但他的思想学术取向究竟是"中学"还是"西学",也是不能确定的。

读西书通西政。[1] 由于大学堂尚未正式开办,康有为的万木草堂非为普通教育而是革命教育,即培养其党徒的康有为主义讲习所,杨锐所办的蜀学堂,当属人们心目中新政将建立的大学堂、中小学堂的样板。今人的担心是,这样的学堂可能入不了"西学"的堂奥;当时人的担心是,这样的学堂已经西化。

戊戌上书的司员士民,虽主张各不相同,但绝大多数赞成变法,可以说是变法所能依赖的基础;但这些人多言泰西而缺乏西学基础,尤其是多不同意西学中的"平权"、"自主"之说,而在君臣父子、纲常伦教的基本框架下追求维新;那么,即使没有慈禧太后的政变,变法的道路又会通向何方呢?

铸币

当我研究司员士民上书时,一直企图从他们众多的改革方案中寻找一种建策,既切实可行又果有实效。我的目光渐渐地集中了,那就是铸币。

当时的清朝财政以实银为计量单位,兼以铜为辅,铜为铸币;而当时的中国社会又大量使用银元,绝大多数为进口,有西班牙元、墨西哥元、日元等,也有刚刚开始由各省铸造的龙元。这就造成了当时的货币制度极为复杂:一、银以重量为单位,重量又有库平、京平、漕平、关平、广平、规平、市平、公码平等十余种名目,民间又各有标准,之间的换算十分不便;

----

[1] 杨锐等条陈见《戊戌变法档案史料》,第306—308页,八月初四日大学堂代奏。当日奉明发上谕:"孙家鼐奏四川京官四品卿衔内阁候补侍读杨锐等,呈请于京师设立蜀学堂,专教京员子弟及留京举贡生监据呈代奏一折。川省地属边远,学堂规模诚恐未易遽臻美备。现经该省京员,就京师建立学堂,以开风气,京员举贡学业有成,即可为乡里资,所拟办法亦甚切实,杨锐等均著传旨嘉奖。所有捐银二万两之二品顶戴记名道李征庸,关心时务,慨输巨款,洵属好义急公,著赏给头品顶戴。直隶津海关道李岷琛捐银二千两,云南候补道韩铣、兵部主事陈时利各捐银一千两,著一并传旨嘉奖。余著照所拟办理。该部知道。"该呈当日送慈禧太后。(军机处《上谕档》光绪二十四年八月初四日)

而且实银的分割、熔铸,也要有相应的技术手段,有相应的成本;以实银作为支付手段时,需同时再加"火耗",而"火耗"的标准也各地不一。二、银的成色有差别,验银的难度又很大,需要专业的验银师,不同成色的银在支付时需有"平余",而"平余"的标准也各地不一。三、银与铜钱的比价不是固定的,而是随着市场的变化而变化,这里面不仅有时间上的涨落,而且还有地区性的差别,山东的银价与广东不同,山东省内各地区的银价也不同。四、由于咸丰年间为解救财政危机而造大钱,当五、当十、当百的大钱在市场上还在流通,但其比值并不按照铸币的面值,而是根据铜的成色、重量随市场变化而变化。[1] 五、由于通货膨胀,顺治、雍正年间的官铸铜钱成色甚好,就其铜的重量而言价值已经超过其面值,民间许多人收集后熔铸为劣质铜钱,从中获利,而这种劣质铜钱本身也在流通中有差价,也就是说,同样一文钱,由于成色、工艺上的差别,实际价值是不同的。六、由于通货膨胀,官方的铸币赢利很小,甚至亏本,各省官钱局的铸币积极性下降,市场上铜钱短缺。七、中国不是一个产铜大国,云南、江西铜的成本也甚高,铸币用铜需要进口"洋铜",一些不法商贩将雍正、乾隆年间的铜钱私熔,卖给外国人,然后外国人作为洋铜卖给清朝的各省官钱局,一进一出,市场的铜钱数量并没有增加,铸币成本却大为增加。[2] 八、银元多为各国所制,成色、重量不一,使用年限不一,由此其价值也是随行就市的,但总体而言,由于其使用方便而被市场接受,其价值一般高于同等重量同等成色的实银。九、由于银元在早期使用时,为验其价值需用钢印加戳,许多银元已被加戳多次而变成银饼,当其再熔为银时,其价值又会大大下降。十、不同成色的银以不同的重量标准、不同面值的铜钱以不同

---

[1] 如在当时的北京市场,"当五"大钱不通行,"当十"大钱值两钱。

[2] 户部候补郎中张仁漙上书中称:社会的积弊莫坏于钱法,钱法之坏在于买洋铜,而洋铜是毁中国之钱再转销中国的旧钱。中国两万钱重一百二十五斤,合银十九两有奇,毁作洋铜卖银三十余两。洋人有利可图。如不买洋铜,制钱不至销毁如此之速,钱法不至耗坏如此之极。东南半壁各厘局尽收乾嘉制钱卖与洋人,体重质美,毁销获利更厚。又滇铜到京,可否铸币凭炉头一言。炉头云不可铸,上好之铜亦作废铜。炉头从中渔利。(《军机处录副·补遗·戊戌变法项》,3/168/9453/52,八月初四日户部代奏)

重量与成色、不同国家的银元以不同成色不同重量不同使用年限，同时在市场上决定其价值，这使得当时的货币运行规则多变。

以上我用尽可能简短的语言，说明当时的货币制度，实际情况要比我的描述更为复杂。此中的道数只有经营钱庄、票号的高手才能看得清楚，而当他们经营银、钱、银元的投机交易时，货币市场更加动荡不定。不让他们从事货币交易是不可能的，他们收钱、收银、收银元并支付高额利息（一般超过百分之四五，高于同时期国际金融界存款的利息），不仅要靠放贷获利，货币投机也是其获利的一个方面；反过来说，如果不让他们投机，他们手中的本来成色、重量、价值就不同的银、钱、银元，价值也在不停地变化，他们的风险会极大。更何况他们最重要的客户又是各级官府，他们的风险有可能转移为各级官府的财政风险。

由此造成了两个结果：一、书吏、衙役、社目等在征税中可以用"火耗"、"平余"、"折钱"、"折银"等技术手段来大量加征，加征的数量几乎没有固定的标准和限度，这一点我在前节"清朝政府的制度病"中已经揭示。二、由于货币市场的混乱动荡，造成了整个市场的不可测因素增大，商业活动的风险性随之增大。

在商品经济不发达的时代，货币制度的不完善，其影响面有限。到了19世纪后期，中国的商品经济已经相当发达，粮食、茶叶、棉花、布、丝绸、木材等商品已经形成了全国市场，全国有几十个大中型城市，如北京、上海、武汉三镇、南京等城市的人口均已超过50万。在此情况下，货币的影响面相当大。商人不能准确地计算其成本与赢利，每一次商业活动都成了商业投机，为转嫁货币风险，只能是提高价格。为商业活动提供贷款的钱庄与票号，由于商业活动的风险，也提高了利率。高价与高利并不是市场需求造成而是货币风险导致，那就影响了整个市场，也影响了民间资本投资商业、制造业、运输业等新兴行业。大商人由于其资本雄厚还可以从中投机，中小商人随着风险而起落不定。普通百姓最佳方案是实物交易，一旦有了货币，应尽可能地将良币保存下来，使用劣币，或将之存入钱庄。

当时中国海外贸易也有了相当的规模，每年的海关税收达银两千万两，进出口总额达银约四亿两。英、美等国实行的是金本位，美洲银矿的发现,使国际银价下降;使用银为货币的国家在国际结算方面,处于不利地位。日本在甲午战争获得的巨额赔款,相当部分用于货币改革,由银本位改为金本位。这种货币的国际风险,使大商人也难以承受。富甲天下的胡光墉由于国际丝价与银价的同时下降而一跌不举。

以上自然是我对当时的货币、市场、经济的观察。当时的人们由于长期处于这一状态下,体会不同,感受的问题也不同。

翰林院编修罗长裿在上书中提出了变钱法,造华镑。他称,由于目前制钱短缺,民用大困,而私铸私销成风;为此提议用机器铸铜钱,以防私铸。他的钱式是"以径四分、厚半分,重二铢",称"光绪通宝",重量约是顺治时制钱的40%、雍正时的60%。他要求下令民间所有旧钱交局改造,一年后停用旧钱。罗长裿此策的目的是解决市场上的钱荒。他还称,中国对外贸易须以银买英镑,价格涨落不定。英以金为币,"系八四成色,重二钱二分,现时合中银八两有奇",与中国的金价相比,已很悬殊,而且镑价仍在上涨。为此提议由各省铸金币,称为"华镑",在通商口岸试用,如果流行,再由北京开局铸造。罗长裿此策的目的是专门铸造一种对外贸易的货币,"抵制外洋抬镑跌银之弊"。他认为日本近年改金本位,"商情甚为不便",由此,新的"华镑"并不改变中国以银为货币的现状。[1] 罗长裿看出了问题,解决方案也针对时弊,但是否果能奏效,尚可怀疑。以"光绪通宝"来统一全国制钱,是一个好方案,但新钱轻于旧钱,以当时人的心理,以清政府的能力,旧钱能否收回?旧钱是否会停止流通?"华镑"不改变银本位,等于增加了一种新货币,很可能会使货币运行规则更加多变。

就在罗长裿上书后不久,给事中庞鸿书的奏折提出了全国通用银元。七月十八日,光绪帝发下交片谕旨:"御史庞鸿书振兴庶务宜审利弊折内,条陈通用银元等语,著交户部妥议具奏。"[2] 很可能受到了这道谕旨的影响,司员士民上书中关于铸币的言论多了起来。

---

〔1〕 罗长裿条陈见《戊戌变法》,第2册,第366—372页,七月初三日翰林院代奏。
〔2〕 军机处《上谕档》、《随手档》光绪二十四年七月十八日。

盐运使衔道员用候补知府、总理衙门章京刘庆汾的方案更进了一步。他提出用机器铸造当五、当十、当二十的铜币,并规定铜钱与龙洋的比价,"永遵定价"。他还认为"银、铜两钱并用数年后,再继纸币"。按照他的计算,现行制钱,一千文约重七斤,而铜价是每百斤银二十余两,铸币"亏本过半";按其方案,每百斤铜可铸币价八千文,有二倍的利润,将是一笔很大的财政收入。刘庆汾为江苏巡抚奎俊作为"使才"保荐,奉旨入京,于七月初四日由光绪帝召见,命为总理衙门章京。他去过外国,其方案实际上是币制大改革。从世界货币史的角度来看,其规律是以某一实物为通货,发展到以重量为单位的贵金属货币,再进至以个数为单位的贵金属铸币,最后到以贵金属为保证金的纸币……当时的中国还处于以重量为单位的贵金属货币阶段。按照刘庆汾的方案,以龙洋为主币,配以相应的铜附币,形成新的货币体系。刘庆汾也认识到,他的方案还有两点执行中的困难:一是清朝的财政、仓储与会计制度必同时改用新币制,如果不改制,"事出两歧",新币制根本不能通行;二是"劣书蠹役"本靠"火耗"、"平余"中饱,必将百般阻挠。对此,他提出下令"各省厘、税、丁、漕、薪俸、军饷,内外一切正、杂各款,凡便纳库银一两者改为龙洋一元五角"。他没有提出会计改制,而以各级政府收入、支出龙洋作为推行的手段。刘庆汾条陈上呈后,旨命总理衙门议复。[1]

户部候补主事陶福履上书中称:"用金、用银、用铜,皆有流弊。惟三品并用,子母相权,斯为不易之法。宜仿英国金镑分量,铸金钱,合以金钱时价。一金钱值十银钱,为银钱分两(分量),铸银钱,又合银钱时价。一银钱值千铜钱,为铜钱分两(分量),铸铜钱。尽废现行金、银及铜钱不用,亦不准三品价值有涨落。"以铸币收入为国用,以免受洋镑之亏和洋

---

[1] 刘庆汾条陈见《戊戌变法档案史料》,第 427—428 页,七月二十一日总理衙门代奏。七月二十四日,农工商总局大臣端方上奏用机器铸铜钱银元。当日交总理衙门,奉旨:"端方等奏请用机器铸造铜钱银元等语,著总理各国事务王、大臣归入刘庆汾条陈内一并议奏。"(军机处《随手档》、《上谕档》光绪二十四年七月二十四日)端方等人的加入,使得铸币言论升温。

元成色不足之耗。[1] 陶福履方案并不可行,他将三种货币的价值与金、银、铜的时价相连,却不许有涨落;然当时国际市场上金、银、铜价一直在变化,三种货币的价值也肯定会涨落不定。

兵部学习主事范轼上书称,当前市面银、钱皆缺,请在京师设立银元局,铸龙元及半开、四开小银元不等,"必须少掺美铜,拣化匀净,使成色远胜他洋,自无不行之理"。他的方法是以铸造精良而使其能在市面上推行。他还要求"准以大小银元代制钱收付百官廉俸、兵勇粮饷、州县征解、关卡税厘,悉照数扣算,上下转输,与制钱相辅而行"。[2]这实际上是在货币市场上增加一种银辅币,其价格最后还是由市场来决定。

户部候补主事程利川上书中称,广东银元解京后并不通行,主要原因是银色九成,重七钱二分,户部以库平七钱二分交市,是广东得其利,户部适为所愚。他的方案是由户部设局自铸银元,最初作为七钱二分,以后分两次加价五厘,至七钱三分;另铸小银元半角、一角,以流通小银元来解决钱荒。他还称,铸小银元"获利较大"。至于户部银库,入款每银元少作二厘,出款每银元多作二厘,每元合得四厘,作为津贴银库所用。[3] 程利川方案也是解救钱荒,并由户部在发行银元、小银元中获利,但他没有考虑到全国货币的统一。按此行之,广东银元、户部银元会有不同的价格,同时流通的外国银元也会有另一种价格。这虽可缓舒钱荒,但对市场来说,不是一个彻底的解决方案。

宗人府候补笔帖式溥芬上书中称:"请饬天下广铸银元,官为定价",并在京城与各省城设立官银钱局,"仿照泰西钞票法,制造银元银钱等票",并令"天下之铺店,将银钱票一律收回,此后除官局之票,不准行使"。[4]溥芬的方案比较奇特,允许私人铸银币,不许私人出具银

---

[1] 陶福履附片见《戊戌变法档案史料》,第40页。七月二十二日户部代奏。
[2] 范轼条陈见《戊戌变法档案史料》,第96—102页。原折日期为七月二十七日。
[3] 程利川附片《军机处录副·光绪朝·财政类·金融项》,3/137/6684/35,七月二十八日户部代奏。
[4] 溥芬条陈见《戊戌变法档案史料》,第102—106页。七月二十八日宗人府代奏。

票、钱票。私人铸币的主要问题是监管,如监管失当,将会劣币充市。当此清朝政府的制度病未消、陋规贿赂盛行之时,私人铸币很可能由于成色不均而价格不一,将是一弊未除又生一弊。私人的银票、钱票当时已通行,主要解决当时交易实银、实钱运输等困难,兑换只能在该钱庄、票号进行,若取消会引起市场的极大不便。京师、各省"造票",若不能方便兑换成银、钱,必不能行之。咸丰年间的银、钱票的发行并无保证金,结果引出金融上的大混乱。溥芬此方案若行之,货币市场将是一场大混乱。

户部堂主事恒年上书中称:吉林、奉天等省银元"行之甚便",而京师不畅行,请旨由顺天府与户部"妥定章程",发给各铺户,令其遵行,并"不准钱铺开钱帖","设官局专收银元"〔1〕恒年的方案是以行政命令强迫通行银元,不准钱庄票号开钱票的方法与溥芬相同。

四川监生傅式煌在上书中要求,仿照英国、日本,铸造银元及五角、一角小银元,并铸当十、当二十、当五十铜元及小铜钱。并准许私人集资成立公司,参加铸造银币,私人铸币的利润以一半入公。〔2〕傅式煌的方案甚为详细,与刘庆汾大体相同;而允许私人铸币的意见与溥芬相同。

拔贡签分河南试用知县黄景棠上书指出了中国货币制度的种种弊端,"西国以币政为民生国脉之根源,轻重高低,一成不易"。他请改革币政,提出方案:一、增金币,仿日本九成成色,定重四钱四分四厘为银价二十元,以与国际相通,免得在国际交易中"补镑价"而吃亏。二、专用龙洋,不再用实银,"明颁谕旨,由此尽收天下库、纹、松江等银"。三、仿英国香港之法,用机器铸造"仙",可抵十文。四、银元定成色轻重以一律,与英国、墨西哥、日本相同相通,以利流通。〔3〕黄景棠方案中最值得称赞的一点,是中国银元在铸造时能与外国通行的银元成

〔1〕 恒年条陈见《戊戌变法档案史料》,第106—108页,七月二十九日户部代奏。
〔2〕 傅式煌条陈见《军机处录副·光绪朝·内政类·戊戌变法项》,3/108/5616/39,七月二十九日都察院代奏。
〔3〕 黄景棠条陈见《戊戌变法档案史料》,第429—431页,七月二十九日都察院代奏。

色重量上一致。他称,中国银元将来能否通行外国尚不可知,但外国人到中国由于中国银元的简便、公平而乐于使用。由于可以在市场上互换,就有可能在国际上彼此流通,而一旦流通"则吾利溥矣"。然其提出的固定金、银比价的做法,是不了解当时国际银价下降的原因,是不可能成功的。当时的中国负有大量外债,还债时由于银价下跌损失很大,对此最好的办法是学习日本实行金本位制度。至于"尽收天下之银",如果没有公平的兑换,将会出现衙役书吏作乱民间的严重后果。

进入八月以后,上书中要求铸币的言论越来越多。户部候补郎中张仁溥在上书中要求按照刘庆汾的方法以滇铜铸钱币。[1] 文举人候补笔帖式三品宗室荣霖在上书中称,请京师与各地铸造银元,以银元为国家通货。[2] 顺天府民人杨可久上书提出,请仿照湖北等地,由顺天府设局收买银元,以解决当时广东银元在京师流通不畅的问题。[3] 山西太原府太谷县监生温廷复上书中要求在京师设立官银局,铸造银币。[4] 兵部学习主事唐樾森上书中提出十项建策,其中第一项就是铸银币。[5] 山东截取补用同知黄笃赞在上书中提出,用官督商办的方法来铸钱。[6] 所有这些提议与先前提出的方案,大同小异。

以上的方案中,以刘庆汾的方案最为完整。他在上书中称,他还有具体的实施办法作为附片进呈。然档案在整理过程中,该附片已被拆分,今天无法看到,但仅上书中提出的各项,已能感受到该方案的适时与合理。

---

〔1〕 张仁溥条陈见《军机处录副·补遗·戊戌变法项》,3/168/9453/52,八月初四日户部代奏。

〔2〕 荣霖条陈见《军机处录副·光绪朝·内政类·戊戌变法项》,3/108/5617/6,八月初五日宗人府代奏。

〔3〕 杨可久条陈见《军机处录副·补遗·戊戌变法项》,3/168/9457/88,八月初五日都察院代奏。

〔4〕 温廷复条陈见《戊戌变法档案史料》,第141—142页,八月初四日都察院代奏。

〔5〕 唐樾森条陈见《军机处录副·补遗·戊戌变法项》,3/168/9456/23,八月初六日兵部代奏。

〔6〕 黄笃赞条陈见《戊戌变法档案史料》,第150—153页,八月十八日收到。

然而,我在阅读以上条陈时,发现没有人以近代经济学理念来谈铸币问题。他们看到了钱荒,看到了铸币成本,看到了货币制度的混乱带来的不便,看到了英镑等金本位货币升值带来的国际收支逆差;于是,他们的方案也是直接的,用低成本的机器铸币以供应更多的铜币,以银元取代实银,固定币值,并使清政府在铸币中获利。但他们中间没有人提到货币与商业发展的关系,没有人提到稳定的货币体系对本国经济的支撑作用,更没有人提到货币的供应、兑换、国际汇率等近代货币学说的理念。即便是刘庆汾,也只是从其国外生活经验出发,直观地感受近代货币制度的优长,并没有意识到在近代货币制度背后的理论基础。也因为如此,另一些人提出了不同的解决方案。直隶保定府清苑县举人许涵志在上书中要求在民间禁用铜器。他的理由是,由于铸币所用的铜不足,进口洋铜又使外国将中国铜钱熔后再卖给中国,请将民间铜钱以外的一切铜器熔化,以保证有足够的铜来铸币![1] 吏部候补主事沈博青上书中称,请准各省乡民以谷当物以通有无。[2] 他的条陈写得极其含糊,其基本意思是以谷物为通货。按照这一建策,当时的经济似又要回复到实物货币时代去了。

税收与财政

戊戌变法时期,清朝政府最为头痛的问题是财政困境。中日甲午战争花去了大量战费,而对日的战争赔款高达银两亿三千万两。为了筹措这笔赔款,清朝政府于光绪二十四年正月发行了"昭信股票",然进展并不顺利(后将详述),只能再举外债。变法举办的新事业,如学堂、铁路、矿务、农工商务、练兵购械,都需要先行投入大量资金。这对于已经入不

---

[1] 许涵志条陈见《军机处录副·补遗·戊戌变法项》,3/168/9459/20,八月十一日都察院代奏。

[2] 沈博青条陈见《军机处录副·光绪朝·财政类·仓储项》,3/137/6678/17,七月二十七日吏部代奏。

敷出、捉襟见肘的清朝财政来说，有如无源之水，无本之木。[1]

<hr>

[1] 当时各省各关拖欠已成积习，户部银库告急，总理衙门的经费也不足。六月十九日，总理衙门会同户部上奏，催解东北边防经费。当日寄福州将军，两江、两广、湖广、闽浙、四川各总督，广东、山东、湖南、湖北、浙江、江西、安徽、江苏、山西各巡抚，传谕粤海关监督，奉旨："本年东北边防尚欠解银一百二十四万两。此项经费关系边防要需，何得任意延欠？著该将军、督、抚、监督按照单开本年未解及历年欠解银数，赶紧筹解。倘再延迟，著户部照贻误京饷例，指名严参。"七月初五日，总理衙门上奏，催解各省关出使经费，当日寄户部、南北洋大臣等，奉旨："所有各关提存银两，暨收拨总数，据该王、大臣等按年逐款分列，总计南北洋、各省关、户部共欠出使经费银三百五十七万八千三百十六两零。此项经费，关系紧要，现又用款浩繁，该衙门拨付各出使大臣常年应销费用，已虞支绌。各处欠延之款，岂容久假不归。著户部、南北洋大臣赶紧如数筹还。一面飞咨欠解各省关督抚监督等，将所欠银两，按款解清，不准再有滞欠。嗣后内外各衙门，无论何项要需，不得率请借用此项经费，以重专款。"七月初九日，户部上奏，催解京饷、欠饷与筹备饷需，当日发下三道谕旨：寄福州将军，直隶、两江、湖广、闽浙、四川、两广各总督，江苏、安徽、江西、浙江、湖北、湖南、河南、山东、山西、广东各巡抚，传谕粤海关、淮安关各监督，奉旨："本年京饷原拨、续拨共八百万两，截止五月底，除划拨解到及报解起程外，尚欠解银四百八十一万两。现在部库支绌，应放各款均关紧要。所有各省关欠解京饷，亟应源源报解，以济要需。著该将军、督、抚、监督等将欠解银两，赶紧陆续提前解部，统于年内扫数解齐。"寄直隶、两江、闽浙、两广各总督，江西、浙江各巡抚，传谕粤海关、淮安关各监督，奉旨："户部奏，各省关欠解京饷等款，查明开单分别奏参等语。各省关自光绪十一年起至二十三年止，欠解部库各军京饷、近畿防饷、筹办军饷、筹备饷需各款六百万九千六百两。现在部库艰窘情形，各省关均当深悉，何得任意拖欠，置部库要款于不顾？所有应行议处之闽浙、浙江各督抚，藩司、两淮盐政、运司、粤海、淮安各关监督，著交吏部查取职名照例议处。仍著直隶、两江、闽浙、两广、江西、浙江各督抚，督饬各省关，迅将欠解、展缓、分年带解各款，限于年内按照所欠应行补解之数，报解清楚，俾济急需。倘再行迟延诿卸，即著户部随时严参。"寄福州将军，两江、湖广、闽浙、两广各总督，江苏、安徽、江西、浙江、湖北、湖南、广东各巡抚，传谕粤海关监督，奉旨："户部奏，各省关奉拨二十四年分筹备饷需银两，除两浙运库应解银四已解及半外，福建、广东两省应解银两、闽海、粤海、江海、江汉四关应解四六成税银均解不及半，江苏、江西、安徽、浙江四省应解银两，粤海关应解六成税银，均未报解，请旨饬催等语。各省关应行筹备饷需银两，关系紧要。现在部库支绌，著各该将军督抚监督等将欠解银两，迅速筹解，统于本年十月底扫数解清。"七月十六日，户部上奏，催解加放俸饷等项银两。当日寄吉林将军，两江、闽浙、湖广、两广、漕运各总督，江苏、安徽、江西、浙江、湖南、山东、山西、河南、陕西各巡抚，奉旨："户部奏款支绌请饬催解加放俸饷旗兵加饷以资周转一折。据称，该部库近来存款无多，本年新增出款如大学堂开办常年经费、译书局开办常年经费、八旗添练兵丁，武胜新队、骁骑营、护军营筹拨月饷各项，不下百余万。各省应解

司员士民上书中对此也有许多直接的建议。内务府候补员外郎多济上书中称："各省营兵除省会之外,其府、厅、州、县所属武营,自裁减以后,副、参、游、守所辖营兵为数寥寥,兼多老弱","皆因营官廉俸无多,兵丁粮饷太薄"。一旦出现叛乱,无以相对,他的办法是实行"铺捐",以"生意之大小,成本之轻重,分为上、中、下三等"。上等九钱,中等六钱,下等三钱,由地方官出告示,当地驻军营官领取,营官津贴十倍于兵,以次递减。"放饷时务须张榜通衢,俾使商民遍晓。"多济的着眼点在于防止内患,其方法为两条:以保证地方治安来换取商民纳捐,以财务公开来博取商民信任。此策若行之,各地武营将逐渐成为当地商民自雇的军队。多济还称,鸦片屡禁不止,不如学习广东,实行鸦片捐。先由京师试办,设立总局,"每售烟膏一两,抽饷三分","如见成效,其各省未办者,亦可推广"。他认为此是寓禁于征的办法。[1]湖北汉水渔人陈锦奎上书中提出三策:一、设立"置业税契",令全国重换田契、房契等各种业契,可增收入并可避免诉讼;二、设立结婚税,由政府发给"合璧庚书";三、租谷收入千担以上、租金千两以上,按盈余十分之一二报效,给予职封。以上三项每年能增加收入银千余万两,以用于学堂等事业。[2]山西拔贡生延嵩寿提议在各大城市征收"出入人税",即出入城门税。其上书中称:"即以京师而论,正阳门每日出入人,折中数约得二百万,永定、广宁、东西便门得一百万,崇文、宣武、得盛等门得一百二十万。由各门出入每人税京蚨一文,车轿二文,驼马一文。按日核计,日得人税四百二十万,车马折中得一百八

部库各款多未按数解清,若复仍前延欠,库款何从支给?查有欠解最多之加放俸饷及旗兵加饷两款,尤为接济官兵急需,更难稍有延误,请饬催解等语。著该将军督抚等按照单开欠解银两赶紧筹解,限于年内全数解清,毋再延欠。至历年欠款,并著分年带解,以清积欠而顾要需。倘再仍前延玩,即著户部照贻误京饷例指名严参。"(见各该日军机处《随手档》、《上谕档》)

〔1〕 多济条陈见《军机处录副·补遗·戊戌变法项》,3/168/9449/1,七月十七日内务府代奏。当日奉旨存,并送慈禧太后。

〔2〕 陈锦奎条陈见《军机处录副·补遗·戊戌变法项》,3/168/9449/50,七月二十四日都察院代奏。然他的目的是求显达,自称是湘军的后代,要求赴总理衙门"呈验"。二十六日奉旨存,并送慈禧太后。

十万,以时价足六百京蚨估银一两,统共日得银一万两。"由此推广到"潼关、粤海、江海各关,营口、吴淞、张家各口,上海、天津、汉口、镇江、苏、杭、福、广、澳、厦等省埠,相繁冲之地,设卡修栅,照章抽收","每年得五千七百六十万两,除七百六十万两为局员薪水、川资等费,尽(净)得五千万两"。以此用于新政各事业。为此,他还建议仿照六部设立"税务部"。[1] 一无名附片为解决潮州的团练经费,提出了七项财源:一、鸦片捐。潮州膏厘局原设于中法战争时,各地盗贼充斥,地方官藉此募勇缉捕,由士绅董办。后改官派委员办理,每年约万两,解省数千两,余为局员薪水及夫役工食,而募勇缉捕废弛。请将此局裁撤,由士绅办理,经费归保甲总局。二、戏班捐。潮州筹防局也设于中法战争时,炮台等处募勇无费,从本地戏班按班大小抽厘,每年数千两,除汕头各炮台募勇口粮经费外,官派委员及绅士局内夫役经费约二千两,请将此局撤去,所收戏班捐归团练总局。三、潮州沙田租捐每年数千两,请每两加收三分,每年约数百两。四、潮州闹姓子厂四五家,每年十余万,每元请加收银三分,每年数千元。五、汕头将设自来水厂,请在水价中每元加收三分,每年约一千数百元。六、汕头将设电灯厂,电价每元加收三分,年约一千数百元。七、汕头开往潮阳、揭阳内河小轮每年票价收入十余万元,每元加收三分,年约数千元。以上收入归团练保甲经费,有多余可办文武学堂。[2] 在他的眼中,鸦片、戏班、沙田、赌博、电灯、自来水、小轮船皆应征税或加税,这在当时陋规滥费花样百出的时代并不奇怪;但问题的要害是由谁来征此类指定用途的专税。户部郎中欧阳弁元上书中称:请将广东番摊(一种赌博)交予"保源堂殷实商黄卓瑚、何晓生、谭清源等人"承办,承包期六年,每年交捐银 60 万元,共 360 万元,以助学堂经费。[3] 广东广州府新宁县举

---

[1] 延嵩寿该条陈见《军机处录副·补遗·戊戌变法项》,3/168/9542/13,七月二十四日都察院代奏。

[2] 该附片见《军机处录副·补遗·戊戌变法项》,3/168/9453/12。原件日期为八月初二日。

[3] 欧阳弁元条陈见《军机处录副·补遗·戊戌变法项》,3/168/9449/47,七月二十五日户部代奏。当日寄两广总督谭钟麟,奉旨:"户部奏代递郎中欧阳弁元条陈一折。据称广东番摊提捐一款,援照旧案加增办理,六年报效洋银三百六十万元,请以商人黄卓瑚

人右翼宗学汉教习温宗羲上书中称:请将广东番摊陋规援照闱姓章程,交与其"向识之富商林焕藻、萧芬等","设立广德公司",六年共交银360万元,"专充省城学堂经费"。温宗羲恐怕其言有忌,提出了"西例"为佐证,西国有吕宋票、博览会、赛马、赛艇,"无不博塞之,内伸筹镶之权,诚以固有之财,兴必行之政"。[1]黄卓瑚、林焕藻,再加上先前翰林院侍讲学士济澂奏保的商人何元善,看来为争办广东的番摊权益,三方在京城展开了政治攻势。山西介休附监生宋汝淮上书中建议:仿小吕宋之方法,发行"股标"(即彩票),价值两千万,每两月开一次,所得归铁路矿务总局并兼及河工。[2]四川举人敬传璧上书中称:"德国男有男学,女有女学,无论幼子童孙闺门弱质,见有嬉游于涂者,即罚其父母",他请求仿照其法,对实行新政不力者进行罚款。"子弟不学罚其父兄,团练不力罚其绅董,田野不治罚其田主,境多游民罚其保甲",以罚款办理学堂等新政。他还称:"今泰西各国更无不有罚锾之例,如德监禁三年之罪,罚银一千马克,英律管押七日之罪,罚洋三元";由此建议清朝亦仿之,对于官员贪婪被劾者,也实行罚款,以充各项事业的经费。[3]

以上的建策,多属开征新税,或将原来的陋规滥费改为实征,其方法新奇,除最为奇特的"出入人税"外,皆数额不大,其最终效果也难以判断;然当时最为紧缺的中央财政却很难因此而立即收到巨额,以至直接用于各种事业。从近代欧美日本的历史经验来看,此时清朝的最佳方案为

等遵章承办,以充学堂经费等语。前因翰林院侍讲学士济澂奏保商人何元善试办广东番摊,业经谕令谭钟麟复奏,此次该郎中所称商人黄卓瑚等究竟是否家道殷实,加倍收捐,提充经费是否可靠? 著谭钟麟一并确查具奏。"(军机处《上谕档》光绪二十四年七月二十五日)

[1] 温宗羲条陈见《军机处录副·光绪朝·内政类·戊戌变法项》,3/108/5616/36,七月二十六日都察院代奏。三十日奉旨存,并送慈禧太后。

[2] 宋汝淮条陈见《军机处录副·补遗·戊戌变法项》,3/168/9452/23,七月二十七日都察院代奏。

[3] 敬传璧条陈见《军机处录副·补遗·戊戌变法项》,3/168/9453/16,八月初三日都察院代奏。

发行国债。

清朝在该年正月十四日发行了"昭信股票",并在发行谕旨中称:"周年以五厘行息,期以二十年本利完讫。平时股票准其转相售买,每届还期,准抵地丁盐课。""既不责以报效,亦不强令捐输,一律按本计息,分期归还。"[1]此为清朝第一次发行国债。然而,昭信股票在发行过程中又被各地官员当作"捐输"的变种,强行逼勒,以致民怨沸腾。[2]七月初十日,御史黄桂鋆上奏、翰林院编修张星吉上书,均请停昭信股票。当日交户部,奉旨:"著户部核议具奏。"[3]二十二日,户部议复奏称:"股票扰民,屡经指摘,近时收数无多。除京外各官仍准随时请领,并官民业经认领之款,照案收缴外,其绅商士民人等,请一概停止劝办。"奏上而旨下:"前据户部奏办昭信股票,原定章程愿借与否,听民自便,不准苛派抑勒。嗣因地方官办理不善,据御史黄桂鋆等先后奏参四川、山东等省办理昭信股票苛派扰民,当经谕令该部核议具奏。""朝廷轸念民依,原期因时制宜,与民休息,岂容不肖官吏随意洒派,扰害闾阎。其民间现办之昭信股

---

〔1〕 军机处《上谕档》光绪二十四年正月十四日。

〔2〕 相关的记载简录于下:四月二十六日,御史宋伯鲁上奏请求陕西昭信股票请宽减。既然是自愿,请宽减已有指标。五月十二日,给事中高燮曾上奏称,成都将军兼署四川总督恭寿,"办理昭信股票,令各州县按粮摊派"。十六日,总理衙门议复陈秉和奏股票宜防流弊,"山东州县承办昭信股票,闻有勒派富民"。二十一日,御史攀桂奏,"海城知县米办理昭信股票,苛派骚扰,私设班馆,任令蠹役擅作威福"。七月初五日,户部主事李经野上书称山东办理昭信股票确有"计顷按亩之弊"。初六日,御史张承缨上奏,再次指责四川办理昭信股票"扰累闾阎"。每一次上奏,光绪帝均有严旨。另一方面,许多人也不要股票,宁可按捐输办理。如六月十八日上谕称:"前因图、车两盟蒙古王公暨哲布尊丹巴呼图克图沙毕喇嘛等报效银二十万两,业经谕令归入昭信股票办理。兹据该王公等再三恳请不愿领票,具见急公奉上之诚,深堪嘉尚。著理藩院会同户部照章核给奖叙。至该卡伦总管等所捐银两,亦属一并给奖。嗣后各处奏报捐助昭信股票银两,仍著归入股票章程一律办理。"福州将军增祺奏称,报效银一万两请无庸领股票。七月十一日光绪帝朱批:"著户部归入昭信股票内一律办理。"当时人认为,捐输的奖叙尚可立即兑现,而对股票能否真正还本付息抱有怀疑。(见各该日军机处《随手档》、《上谕档》)

〔3〕 军机处《随手档》、《上谕档》光绪二十四年七月初十日。又,编修张星吉条陈由翰林院代奏。

票,著即停止,以示体恤而固民心。"[1]至此,清朝第一次国债发行完全失败。

户部主事王凤文很可能参与了户部关于昭信股票是否停办的"核议",他在上书中提出补救建议,"将昭信股票一项开设官银行"。王凤文称:"此次股票开办,本为偿还日本起见,原议有二十年清还股本之说。但比年以来,国家岁帑每每支绌,二十年还清此票,恐力有未逮。现已别款抵日人,而股票一项既无停止之文,又无孳生之路。""铁路、矿务两大宗,虽经商办理,而究必贷款外人。"由此他提出的对策是,将昭信股票之款,在北京开设"通利银行";以京中大商人"公举公正廉明、勇于任事者数人,以备总董、副董、分董之选,一切章程,即仿照西商办理";"如矿、路、招商等事,利益确有把握,准其由银行借款,以收利权"。王凤文担心昭信股票之款会被户部的各项零杂开支中花销一尽,至时无款可还。他的方案是以此款为本金,成立银行,放贷给中国新兴的铁路、矿务等事业,既可收息,更可将来扩展。王凤文的方案从理论上说非常合理;而实施中的难点在于,当时的北京有没有合格的银行家,既有专业知识,又能抗住清政府的各种索需摊挪。王凤文上书署日期为七月十九日,末尾处还称"伏乞中堂、大人钧鉴",即让户部堂官考虑其意见。但户部核议昭信股票时显然没有考虑其建议。二十二日,户部议复停止昭信股票,同日也代奏了其上书。[2]候选直隶州州判广东拔贡詹大烈上书中称:昭信股票不能通行,在于"各属胥吏侵渔骚扰,藉借款之名,以多方赫勒"。他还称:"潮州前届借款,富民初甚踊跃。届偿借款,官场限以三日为期,或有因路途遥远风雨阻隔者,过期执票领取,胥吏多方揓索,不勒不休。"民众以为前车之鉴。[3]在近代国家中,信用与服务是政府财政的保证。没有信用,多方勒索,财政便无法筹款。刑部主事杨承恩上书中称:

―――――――――
[1] 军机处《随手档》、《上谕档》光绪二十四年七月二十二日。
[2] 王凤文条陈见《戊戌变法档案史料》,第428—429页,七月二十二日户部代奏。文中所称"别款"指当时为付日本赔款而借的外债。
[3] 詹大烈条陈见《军机处录副・补遗・戊戌变法项》,3/168/9452/14,七月二十四日都察院代奏。

昭信股票实无异于西国之国债。西国以国债多寡验其国之强弱,其国债多而其国愈强。原财聚于上,则民视财重,必民心相与,固守其国,以保其财。不过西国既聚其财,必使有用,且付之息,不耗其财。是以民皆乐聚其财于上,而国用亦于是乎不竭。

杨承恩关于国债的经济学分析虽不正确,但也明确指出了昭信股票的性质。他极为大胆地请光绪帝"收回成命",并提出了新的发行办法:在京师设昭信股票总局,各省另设一分局,以各道御史总其事,视省份大小,随带各部院原籍司员若干名,分府劝办,若有弊可随时纠参。同时可观察该御史、司员的表现,"可以查看人才,预为将来录用之地"。[1] 杨承恩没有说明昭信股票发行后的资金使用方向,也没有说明将来偿还本息的政府财源。山东即用知县林朝圻上书也要求恢复昭信股票,但其主要用意是"昭民信",政令更改则民不信,同时他也指出,"与其借之外洋,利归人而害归己。孰若筹诸吾民,楚人失之,楚人得之,犹为害少而利多也。"他虽称国债"在泰西奉行已久,本视为保国保民之善举";但仍未意识到国债是解决政府财政困难的手段之一,也是政府兴办各种新事业的筹款手段之一。[2]

新税未能行,国债已失败,清朝的惟一办法是整顿旧税源了。

此时清朝中央财政的收入每年大约银八千万两,其主要税源是:一、地丁钱粮,二、海关关税,三、厘金,四、盐课,五、漕粮,六、杂税,七、常关。其他还有多项,但数量不多。在这些税种中,海关关税由西人经办,用西方的会计制度,税额清楚,每年报表完整,到戊戌变法时已达银两千多万两,占清朝中央财政的四分之一强。盐课以商人包引为主,虽有官商勾结,但其弊相对较小,每年约银一千万两。地丁钱粮为农业税,虽有《赋役全书》的定额,但各地多有"浮收"。漕粮的相当部分已经改折,其

〔1〕 杨承恩条陈见《军机处录副·补遗·戊戌变法项》,3/168/9454/33,八月初四日刑部代奏。
〔2〕 林朝圻条陈见《军机处录副·补遗·戊戌变法项》,3/168/9456/14,八月十八日收到。

中征收时也有"浮收",运输成本极大。杂税无定额,征收时也有加征。常关有定额,每年约银数百万两,多征归各关,少征由各关包赔。最为混乱者为厘金,其性质是商业税,由督抚自报,并无具体的报表,每年约银一千多万两。以上各税种中,以厘金的漏洞最大,自然成为司员士民上书中要求改革的重点;而地丁钱粮等项的"浮收",普通民众体会最切,也成了司员士民上书中要求改革的热点。

　　户部主事宁述俞上书中提出"厘金实收实解"。他指出厘金征收中虽使用布政使印票,但征收时仍可作弊:一、对落地之货,不给印票;二、勾结商人,少纳厘金归己,不给印票;三、虽给商人印票,但以多填少。而各省官员收回印票,仍可自行将原票销毁,另造印票,自填数字。他的办法是:一、由户部颁发三联票,每年由户部详细核对。二、将详细征收项目数额等,"刊布天下"。他认为由此厘金的征收可增加一倍。宁述俞还要求对"地丁钱粮"实行"耗羡归公"。其方法是将额外浮收的"耗羡",减数成为定制,除支养廉银外,一律解户部[1] 然厘金税票虽用户部三联单,各局卡仍可采用不给票、以多填少的方法;"耗羡归公"后,又可能生出新的"浮收"。宁述俞的方案,如无严格的监督机制,注定要落空。此中的关键在于解决清朝地方政府的制度病,如此之多的司事、役仆等人皆无合法收入,必然一弊未除,新弊又生。候选直隶州州判广东拔贡詹大烈的方法相对要实际一些。他称各省关税(指常关与厘金)往往关吏巡丁侵渔中饱,粤海关每年旺则千一二百万两,少亦七八百万两;潮州东关一饷每年除解饷外尚余银十万两;若按照肇庆关办法,每年酌加薪水数万两,余数悉数解公,广东一省可增数百万两[2] 也就是说,增加征税人员的合法收入,使其按额实征,实数报解。户部候补主事聂兴圻提出了同样的办法,厘金多征部分分成归己。他在上书中称:"征收税厘,有能于常额之外多缴出万两者,明以千两赏之,令其在收数之内开除,部臣不必驳问。

〔1〕　宁述俞条陈见《戊戌变法档案史料》,第49—53页,七月二十二日户部代奏。
〔2〕　詹大烈条陈见《军机处录副·补遗·戊戌变法项》,3/168/9452/14,七月二十四日都察院代奏。

能多收缴出十万两至二十万两者,亦按一成开除递加。不论实缺候补,征收一年期满,如系道府,请旨立予超升。候补佐贰等官,则准其补实缺。只论缴出比从前征数之多寡,不论到省年次之久暂。如此旌之,庶几人人爱惜名节,征收之数和盘托出矣。"[1]詹大烈、聂兴圻的方案同样也需要强有力的监督机制。各厘局总办、提调、委员、司事虽可增加透明收入,但若隐匿则不是"一成"或"数万",而是全数或数百万;更何况其黑色收入中还有相当部分是对上级的各种"节敬"、"报效",如全为透明收入,其得差保差的各种费用又从何而出?聂兴圻虽以官职为诱引,但当时的官职已满,只能是加衔或候补,此时已出现了"头品顶带候补道"、"三品衔候补主事",若无实缺,也未必真有吸引力。贵州大定府毕节县拔贡周培棻提议厘金由商会办理。他在上书中称:"若各口岸均开商会,各等商自推商总入会中议事。将厘、税(指厘金与杂税)两项交商会办理,商人以得为国用为荣,断不肯效诸官所为。"他称此举"岁入可增八百万两"。[2]周培棻的方案在实际执行中将会变成商人自抽其税,对此仅靠"得为国用为荣"之荣誉感,还是不能长久的。户部候补主事杨祖兰的方法于此有所修正,其称:

> 今者各省商局、商会奉旨次第举行,即可将现有厘金局卡一律裁撤净尽;其应征之厘金归商局督同商会包抽。商局以振兴商务为心,则剥削商人之事万不肯为。以视厘局委员,其供职只在征收,其用心专在比较者,固已不同。使之兼办厘金,必能先将有妨商务之弊,除之务尽,督同商会持平抽取。商会中董事,无非其地之巨商大贾,即所谓各业之首领,不啻公举之正人也,责成包抽,视行栈尤有归宿。应如何分类征收,归总完纳,许其因地制宜,斟酌办理,藩司总其成。

---

〔1〕 聂兴圻条陈见《戊戌变法档案史料》,第71—74页。原折日期为七月二十八日户部代奏。

〔2〕 周培棻条陈见《戊戌变法档案史料》,第88—91页,七月二十六日都察院代奏。

杨祖兰的方法是商局监督,商会抽取,定期包额,并由各省布政使因地制宜制定具体实施办法。[1] 然而,当时各省拟建的商务局,主要由当地绅商控制,很难称其为近代政府,商局监督很可能是落空。杨祖兰方案的特点在于包税制。前引刑部主事杨承恩的解决方案也有相同之处,即将税则公开,由绅商经办,由官府监督。其弊前已分析,此处不再详论。[2] 户部候补主事陶福履的方案是将厘金与关税合并:"惟有速裁厘卡,并归各关,税厘并征,如子口税则,给以关单,通行内地。国家进款,丝毫不损,而商民免无穷苦累。"他还提出与各国谈判,增加海关进口税。上年李鸿章出访欧洲未能谈成,是人选不当,应派赫德。其"才猷卓著,中外咸钦,于欧美诸邦气求声应。且商务惟英最大,税则一事,诸国惟英是从。赫德系英爵臣,倘肯竭力斡旋,英廷或能照允。"[3] 按照他的方法,内地的厘金将由西人控制的海关仿照子口税代收,这也确实能克服许多弊端,但地方政府的地下财政将失去一大财源。至于增加进口税的谈判,从后来的历史来看,也不是换一人选即可成功的。

候选主事举人孔昭莱提出了一个很具体的财政改革方案。一、地丁、杂税、漕粮等皆有大量的"浮收",各地官役的"中饱"之数大于"正供","宜仿行西国清册之法,令州县将每县地丁钱粮若干,杂税若干,契税若干,每岁收原额若干,浮收若干,造具清册,岁终汇呈督抚,由督抚奏报,交户部核实拨用。令官报局将每岁清册刊入报中,使臣民共见,有不实不尽者,任士民上书条陈,不三年内弊端可尽行揭出。"户部核实之后,将"羡余"分作十成,"以一成归本州县津贴廉俸,以一成作为本州县办公之费,余八成尽解部。则户部可岁增三四千万两,而州县津贴亦有所出。"与其他"耗羡归公"的提议相比,孔昭莱的方法多一项,即刊官报,进行监督。二、厘金各关卡委员多有"中饱"、"分肥",他曾询之厘金局员及关厂文案,称厘金实数高出上报数不止三四倍,"宜令商人包办厘金,仿西人拍

---

〔1〕 杨祖兰条陈见《戊戌变法档案史料》,第420—422页,八月初五日户部代奏。
〔2〕 杨承恩条陈见《军机处录副·补遗·戊戌变法项》,3/168/9454/33,八月初四日刑部代奏。
〔3〕 陶福履该附片见《戊戌变法档案史料》,第38—42页,七月二十二日户部代奏。

卖民间公投之法,上商务局董详议章程,先期谕告各商,届期在商务局公投,以价高者得。"由此"厘金岁入必增四五倍"。孔昭莱的方法是以投标来决定承包人,使定额更为恰当,也可免官员选择承包人中的弊陋。三、盐课积弊甚深,私盐盛行,"令各省盐官清查产盐之地,划段督收,尽数官卖,使民间无所得私,以清其源。归于官运,以一其价值。官盐通行,商贩立至,所有引额、关卡概行撤销,国家可增二三千万之课。"在盐课上,孔昭莱的方法是以官卖官运防走私与舞弊,而从清朝历史来看,商办引领恰是官卖官运失败后的改革。四、各省漕粮"浮收",漕运时又有诸弊,每岁修河工程费用数百万两,由此"现在漕粮已半由海运,归招商局承人,经有明效。留河运者,不过二百万石。职以为莫如尽改海运,将漕粮折色,解交招商局董采买,由轮船北上抵天津后,用小轮船挽入通仓"。孔昭莱是用商业化的方式改变漕粮成本过高的弊端,即由征实粮改为征银(折色),交招商局采买粮食后,海运北上通州。他称此举可省运费之百分之九十,漕督、督粮道以下员兵胥吏皆可尽撤,一岁可节省银数百万两,而改折后"耗羡归公"又可增收银数百万两。五、户部与各省开支、存留数字不清,请令"户部及各省将所有开支项目,每年作正开销之款请造具清册,零细破碎,详细开列,岁终奏览,刊入官报,任人指驳,考求开销实数",由此"可省现在开销之半"。此举将公开财政开支,并受公众监督。六、驿站费用每年三百余万,而各省办理奏折事务的提塘官,往来一次费银百余两。"现邮政既兴,电报又捷,所有内外公事请改隶邮政、电报,删去一切驿站提塘,岁可溢四五百万金。"而利用驿站系统往来的官员,由兵、户两部给支路费,由其自雇车马。[1] 此举是用新事业取代旧制度。

山东即用知县林朝圻也主张"耗羡归公",其方法是"清查一切钱漕契税现收耗羡若干,概行归公,核计三分之一归州县办公,裁去一切摊捐、杂款、节寿、薪水,明取于民"。他还由此进一步地提出各省采取预、决算

---

〔1〕 孔昭莱条陈见《军机处录副·补遗·戊戌变法项》,3/168/9454/29,八月初五日都察
　　　院代奏。

制度。"尝考泰西理财之法,预算一岁之入,某物税若干,名曰'预算表';计一岁之出,某项费若干,名曰'决算表'。此即《王制》言'制国用量入为出'之法也。出纳、支销皆有程度,通国皆知,虽取之重而民无怨。"以"耗羡归公"之费,建设中小学堂,整治武备,开办农、工、商、矿、制造各机构等事业,应"取法泰西预算决算,分别朝廷上计若干,留支若干,明取之而实销之,列示通衢,尽人皆见,民何不愿? 取小民已出之财供国家应办之事,取州县无名之费定地方需用之经,官吏又何不愿?"他认为二十一行省采取此制度,"可添数千万"。尽管林朝炘对"泰西"预、决算制度的理解与评论皆有错误,但由此可将地方财政的收、支情况公开化。[1]

翰林院庶吉士丁惟鲁上书中称:"内务府承办供奉,暨随时举行典礼,以及苏、杭等处织造,每岁开销不下巨万,而以所费之款绳以所办之工,不过用十分之一。其余则皆乾没侵渔,习为故事。朝廷有大工作,则觊觎差者营谋恐后。一万之工,估工者必捏报五六倍,承办之商人分其一,自承办大臣以至监督丁书分其二三。名曰节省银两,其到工者不过一二成。""军饷之浮支,考试之杂费,诸如此类,不可枚举。"为此,他建议编岁入岁出表:"户部将每年钱漕正供所入若干,关税杂款之有定者若干,其无定者约入若干,缕析条分,按簿细核,定为岁入一表。即将每年度支,自宫廷内外,以及各省常年开支分别正项杂项,逐一开单,进呈御览,交王、大臣会同各部院详加核议,将有名无实之款,一概裁汰,定为岁出一表。俟诸臣核议详妥奏闻,均行颁行,天下周知。若所议有不尽不实,皆得指明参揭。"[2]丁惟鲁上书的目的,在于防范官员"中饱"、"分肥",然其提议的方案却牵涉到清朝财政制度的变革。他的条陈于七月二十七日由翰林院代奏,八月初一日,内阁奉上谕:

> 翰林院奏代递庶吉士丁惟鲁请编岁入岁出表颁行天下一折。户

---

〔1〕 林朝炘条陈见《军机处录副·补遗·戊戌变法项》,3/168/9456/14,八月十八日收到。
〔2〕 丁惟鲁条陈见《军机处录副·补遗·戊戌变法项》,3/168/9450/33,七月二十七日翰林院代奏。

部职掌度支,近年经用浩繁,左支右绌,现在力行新政,尤须宽筹经费,以备支用。朕惟古者冢宰制国用,量入为出,以审岁计之盈亏。近来泰西各国皆有预筹用度之法。著户部将每年出款入款,分门别类,列为一表,按月刊报,俾天下咸晓然于国家出入之大计,以期节用丰财,蔚成康阜,朕实有厚望也。[1]

这是数量极少的由上书未经"交议"而直接形成诏令的事例之一。很可能受到此上谕的影响,优贡就职候选训导沈兆祎称言:各省外销各款皆在数十万两,"当事者以其不入奏册,往往假公济私,恣为滥费,甚至浮冒侵渔,皆所不免。致使地方应办公事,转以无款可筹。""应谕请令各督抚转饬藩司,将每年外销之入款出款一律按照户部之式,分门别类,逐月登报。如该省尚无报馆,则刊入督抚辕门抄内。"[2]

农业改革

当时的中国是一个农业国,国家及人民的主要经济来源在于农业,虽说铁路、矿务、工业、商业更能代表国家前进的方向,但所需的资金仍离不开农业。更何况外国资本已经进入中国,铁路、矿务与工业很难一开始即赢利。没有农业的大变革,国家的经济状况与人民的生活保障不会好转。康有为对此有着清楚的认识,七月初五日,他通过总理衙门上书,要求"兴农殖民以富国本"。他虽然还不具有农业与各产业之间关系的近代知识,但也很直观地指出:"万宝之原,皆出于土,故富国之策,咸出于农。"光绪帝对此极为重视,当日根据康有为的建议,明发上谕:一、在北京设立农工商总局,各直省由督抚设立分局;二、各地设立农学堂、开农会、刊农报、购农器,"由绅富之有田业者试办",以作为表率,即民间亦可

---

〔1〕 军机处《上谕档》光绪二十四年八月初一日。

〔2〕 沈兆祎条陈见《军机处录副·补遗·戊戌变法项》,3/168/9453/13,八月初三日都察院代奏。"外销"款项,指各省无须交户部核议的开支。

办理。[1] 七月十九日,新成立的农工商总局上奏提出,一、设立农务中学堂,与大学堂中的农学一门相对应;二、开京畿农学总会;三、开农学官报;四、购买美国、日本之农具。此外还提出了设立植物院、在近畿购地试行种植新法,聘请美国及日本农学家。光绪帝对此下旨"依议"。[2]

很可能受到光绪帝谕旨的鼓舞,司员士民上书中关于农业改革的言论多了起来。

七月二十日,内阁候补中书王景沂上书中建议:在京师设立农学会,拨官地数千亩进行试验。并对农民试办农工新业可借官款,予以扶植。对农工试办事业,初办时其产品在出口税单上未列者,可以免税出口,行销内地者可以减少税厘。该上书当日交农工商总局,奉旨:"著端方等妥速议奏",并送慈禧太后。[3]

二十二日,户部主事程式谷请推广农学、农报,以兴农政。该条陈在档案中尚未发现,其内容还不可得知;然处理亦快,当日交农工商总局,奉旨"著端方等妥议具奏",并于第二天送慈禧太后。[4]

二十四日,刑部候补主事萧文昭上书提出茶桑建策七项:建立茶务学堂、讲求种植、尽地力、用机器焙茶;建立桑蚕公院、种桑树进行考成、颁桑蚕书籍。[5] 其内容相当具体明确。两天后,发下明发上谕:"刑部代奏主事萧文昭条陈一折。中国出口货以丝茶为大宗,自通商以来,洋货进口日多,漏卮巨万,恃此二项尚堪抵制。乃近年出口之数锐减,若

---

[1] 康有为条陈见《杰士上书汇录》,《康有为早期遗稿述评》,第314—315页。光绪帝谕旨见军机处《上谕档》光绪二十四年七月初五日。当然,当时兴农学的想法也不仅是康有为一人。如御史曾宗彦曾于五月初二日上奏(见《戊戌变法档案史料》,第385—387页),奉旨由总理衙门"议奏"。

[2] 农工商总局奏折见《戊戌变法档案史料》,第391—392页,光绪帝谕旨见军机处《上谕档》光绪二十四年七月十九日。

[3] 王景沂条陈见《军机处录副·补遗·戊戌变法项》,3/168/9449/35,七月二十日内阁代奏。

[4] 军机处《随手档》《上谕档》光绪二十四年七月二十二日。该条陈的内容可参阅端方等人的议复奏折。(见《戊戌变法档案史料》,第403—404页)

[5] 萧文昭条陈见《戊戌变法档案史料》,第397—400页,七月二十四日刑部代奏。

非亟为整顿,恐愈趋愈下,益无以保此利权。萧文昭所请设立茶务学堂及蚕桑公院,不为无见。著已开通商口岸及出产丝茶省分各督抚迅速议奏开办,以阜民生而固利源。"[1]当日该条陈送慈禧太后。同在二十四日,刑部还代奏主事杨增荦的上书。该条陈虽在档案中未发现,但三天后的谕旨说明其内容:"刑部主事杨增荦条陈农政利弊一折,著农工商总局议奏。"[2]

二十五日,候补道总理衙门章京汪嘉棠上书建议在苏皖两省用机器开荒。当日下旨给两江总督刘坤一、江苏巡抚德寿、安徽巡抚邓华熙:"总理各国事务衙门代奏候补道汪嘉棠条陈,内称江皖两省荒地废弃可惜,亟宜酌筹的款,购置泰西机器,试办开垦,展限升科,并举道员胡家桢、刘世珩堪以督理其事。著刘坤一、德寿、邓华熙察度地方情形,能否按照所拟办理,并胡家桢、刘世珩是否堪胜此任? 即行妥速筹议具奏。"[3]

二十六日,福建福安县举人张如翰上书请在科举中设立农学特科。[4]两天后,奉明发上谕:"都察院代奏举人张如翰呈请设农学科等语,著礼部会同孙家鼐、端方等议奏",并送慈禧太后。[5]

二十八日,农工商总局上奏遵议王景沂条陈折、遵议程式谷条陈折等共三折,当日寄各直省督抚,奉旨:

> 农务为中国大利根本,业经谕令各行省开设分局,实力劝办。惟种植一切,必须参用西法,购买机器,聘订西师,非重资不能猝办。至多设支会,广刊农表,亦讲求农学之要端,应于省会地方筹款试办,逐渐推行,广为开导。或借官款倡始,或劝富民集资,总期地无余利,方足以收实效。著各直省督抚饬属各就地方情形妥筹兴办,毋得视为

〔1〕 军机处《上谕档》光绪二十四年七月二十六日。
〔2〕 军机处《随手档》、《上谕档》光绪二十四年七月二十四日、二十七日。
〔3〕 军机处《随手档》、《上谕档》光绪二十四年七月二十五日。
〔4〕 张如翰条陈见《戊戌变法档案史料》,第289—299页,七月二十六日都察院代奏。
〔5〕 军机处《上谕档》光绪二十四年七月二十八日。

迂图，以重农政。至丝茶为商务大宗，近来中国利权多为外人所夺，而丝茶衰旺，总以种植、制造、行销三者为要领，并宜分设公司，仿用西法，广置机器，推广种植制造，以利行销。并著产茶产丝各省督抚妥定章程，实力筹办，以保利源。并将开办情形，随时具奏。[1]

在司员士民上书中，我还没有看到哪一个领域如同农业一样，得到光绪帝的如此注重，下发如此之多的谕旨。特别是七月二十日之后，由于条陈的急剧增加，绝大多数条陈得不到处理，即便处理，也拖得很晚，而有关农业改革的上书却优先处理、重点关照。很可能处理上书事务的新任四章京，得到了光绪帝的特别指示。

以上的改革方案，其方向特别明确，即用西方的农学、农机、知识教育与传播方式来改造中国的农业，[2]光绪帝的谕旨中也特别强调了"西法"，尽管张如翰上书建议用传统的科举方式，但所鼓励的农学却不是传统的。然而，如果简单地泛泛而谈农学堂、农学会、农学报，还是比较容易的，当时的社会也已出现了相应的学会与印刷品，也有一些人如张謇等人准备付诸实践；而如何用西方的农学改造中国的农业，司员士民上书中并没有人提出具体的方案。[3]

司员士民上书中关于农业的兴革，当时有一个集中的话题，即畿辅水

---

[1] 端方等所上三折见《戊戌变法档案史料》，第403—406页。光绪帝谕旨见军机处《上谕档》光绪二十四年七月二十八日。

[2] 还有一件无名附片称，地方官严拿匪徒，以保障勤苦农民不受扰害；请绅士立会讲学出版，遍教乡愚，使知农学农利；绅富出贷，春借秋还，使有知识者可以有本经营。（见《军机处录副·补遗·戊戌变法项》，3/168/9449/23）也是一个很有意思的方案。

[3] 如增贡生不论双单月选用府经历李杜堂上书中称：在天津盐山县候选时，奉令经营积谷钱文，发商以八厘生息，现本利两万余两。各州县若以此款购买机器，以兴农业，较发商生息更为意美法良。若有不足可向各省绅劝办。但他没有说明购买机器兴办农业，如何能比"发商生息更为意美法良"。从其后称八卦可用于军事的议论来看，他对农业机械并无知识。（《军机处录副·补遗·戊戌变法项》，3/168/9452/17，七月二十四日都察院代奏）

利与水稻。工部学习主事汪赞纶上书请兴畿辅水利改种水稻，称之可减少南漕并用于赈荒，其依据是明代的徐贞明、雍正时的怡亲王、道光时的林则徐等人的开垦活动与言说。[1] 候选知州前内阁中书涂步衢上书中亦称直隶河间等四府水利营田，谷粟自饶，各省设立农局，首先在东北展开。其证据仍是雍正时怡亲王的垦荒。[2] 内阁候补中书曹广权上书中再引历史文献证明直隶四府水利可解南漕问题，并称林则徐的《畿辅水利议》"筹画尤为详尽"，要求以董福祥、袁世凯、聂士成部清军治水，并采用西方机械。[3] 内阁候补中书赵镇上书再以畿辅水利以解南漕为题，所引证据仍是雍正至光绪初年的旧例。他认为畿辅兴水利改水稻，可解决每年四百万石南漕，由此将水稻推广到河南、山东、陕西等省，"一年成田，二年多稔，三五年间而九州几遍膏腴"。[4] 候选主事举人孔昭莱也卷入其中，他以同样的证据，力主直隶大开水田种稻，"以固京畿而足民食"。[5] 汪赞纶、涂步衢、曹广权、赵镇、孔昭莱，再加上前已提及的户部候补主事徐树昌，其共同特点是，谁也没有在畿辅真正种过水稻，甚至可以怀疑他们会不会种水稻，他们是从《畿辅通志》、《畿辅安澜志》以及各种文献中寻找对他们有用的资料，由此断言畿辅兴水利、改稻田即可解决北京的粮食问题，并进而展开他们的想像力，即中国北方种稻可以大大改变中国的粮食供应。更何况畿辅水利水稻在当时已不是一个新课题，为了解决南漕北运，明清两代对此多有议论，留下了大量的

---

〔1〕 汪赞纶条陈见《军机处录副·补遗·戊戌变法项》，3/168/9459/14，七月二十一日工部代奏。当日交农工商总局，奉旨："著端方等斟酌情形妥议具奏。"七月二十四日，端方议复，奉旨："依议。"（军机处《随手档》、《上谕档》光绪二十四年七月二十四日）端方的议复奏折虽未见，但从处理方式上来看是全然否定汪赞纶的建议。

〔2〕 涂步衢该条陈见《军机处录副·补遗·戊戌变法项》，3/168/9452/26，七月二十九日都察院代奏。

〔3〕 曹广权条陈见《军机处录副·补遗·戊戌变法项》，3/168/9453/11，八月初二日内阁代奏。

〔4〕 赵镇条陈见《军机处录副·补遗·戊戌变法项》，3/168/9455/16，八月初五日内阁代奏。

〔5〕 孔昭莱条陈见《军机处录副·补遗·戊戌变法项》，3/168/9454/29，八月初五日都察院代奏。

著述。此时他们再提此议,并没有新的研究,不过是重复旧说,但却信心十足地要求皇帝下令相关各省推行。尽管他们也提到了运用泰西农业机器,尤其是"吸水机器",但同样的问题是,他们谁也没有见过此种"吸水机器"。由此,似可以认为,尽管直隶及北方地区后来也开发了大量稻田,但此类上书的基本精神与近代农学中的实践、试验的原则是恰恰相反的。

相同的事例还有一些。如兵部学习员外郎祁师曾上书中称:"西国饮食必须酥酪,羊牛驼毛尽为织毯毡呢之用。美洲牛大者日出乳八百四十两,每年运售约值洋银五万万元。即出一项较中国出口各货值银七千七百二十余万两,不已多五之二乎?"以上的数字本不准确,但祁师曾即以此要求在西北一带"讲求牧务","特派牧政大臣总理其事,会同各管将军、都统、督巡、办事大臣悉心商榷,考求西国牧畜所以繁滋,物产所以丰盛",在整个西北地区设牧厂十余处。然后又进一步提出,"牧厂不用荒田,编籍壮丁,按名给田,以资耕种。酌提租银,备制军械,津贴口粮,不另给饷。一律操演洋操。""数千里尽士饱马腾,悉成劲旅。谓之'屯牧新军'。远可备漠北之防,近可为山陕之助。"[1]祁师曾自我进入了想像的海洋,他从美国牛奶开始,进到了"屯牧新军",中间虽也提西学西法,但没有考虑与之相关的任何问题。又如改归知县庶吉士前户部主事缪润绂,虽反对变法,但也建议在奉天围场以东开荒,可开百万亩,并每亩先收压租银三钱三分。他提出了此举有七利:实边、靖盗、强兵、充帑、安民、足食、辟地,其想法与农业改革的方向是不吻合的。[2]

还有一些上书的关注点非常奇特。如候选直隶州州判广东拔贡詹大烈上书中称:南方人多地少,北方地多人少,可按照华人过洋办法。由招商局船运至北方,每月工价若干,"衣食登录账簿,余银给寄安

---

[1] 祁师曾条陈见《军机处录副·补遗·戊戌变法项》,3/168/9456/8,八月初六日兵部代奏。

[2] 缪润绂该条陈见《军机处录副·补遗·戊戌变法项》,3/168/9451/39,七月二十九日都察院代奏。

家"。商民若垦荒地,划界领垦,数年后酌定税额。[1] 詹大烈是广东人,提议用当时广东、福建的中南美契约农工(即猪仔贸易)的方式招募南方无地贫民来北方开荒。又如前驻秘鲁参赞直隶候补知县谢希傅上书中称,中国出口向以丝茶为大宗,"近来丝市为意、法所揽,茶市为印度、锡兰所揽。推究其故,以我国向无商会为之督教,而乡民多不识字,购用机器各项尤属为难。"而他提出的补救之道是广种咖啡。由于种咖啡无须用机器,国际价格高,广东、福建诸省皆近热带,要求命该两省督抚督饬所属地方绅商设法倡办。[2] 谢希傅曾在南美生活过,他的建议不是用西学西法使中国的丝、茶再次占据失去的国际市场,而是用咖啡替代丝、茶,成为中国新的主要出口产品。五品衔候选知县山西汾州府平遥县举人宋梦槐上书中提议,用化学改善农业,称言:

> 外洋各国讲求化学务农之法,每亩每岁可增收数斛不等。我各行省均有一千方里,计以开方,有田三百兆亩。即除山林城郭,尚得田一百五十兆。每亩多收一斛,以值银一两计之,每省一岁尚可添银一千五百万两。惟恐辨土、择种、御寒、速成之法,西人悉用化学。我中国农学局初设,耕获机器尽可仿买于西洋,至培壅诸法,当先以中国之化质务中国之农事,俯拾即是,最为利便。夫万物原质七十余种,利农者有一十四种,而最利最便者仅有数种。如稼穑最宜养气,即天地自然之气也。无养气则万物不生。农家能耕耡五次,即可多留养气,且田内已含电气,盖犁与土相摩而生电也。如此则土阳而易生。其次淡气。淡气与轻气化合即成呵摩尼呵,呵摩尼呵者,无盐质之无上妙品,为农家最要之物,但此物少形象,可譬如泉水、河水以过

---

〔1〕 詹大烈条陈见《军机处录副·补遗·戊戌变法项》,3/168/9452/14,七月二十四日都察院代奏。
〔2〕 谢希傅该附片见《军机处录副·补遗·戊戌变法项》,3/168/9454/56,八月初四日总理衙门代奏。

之处，其细土薄胶泥中即含此质……[1]

我不知道这一位举人从何处得知如此"精妙"的外洋农业成就及其化学务农法，但可以肯定地说，他本人也未必真懂其所言。

追求实效的具体建策

在司员士民上书中，有一些具体的建策经常吸引我的注意力。它们虽不宏大，以至于关系到国家命运，也非精思，即可使国家一步登云，但若一旦实行，将会有实际的效果。尽管这些建策当时都没有实现，但因其本身的效果，在以后的中国国家发展中最终一一被推行或择要采用。

我个人觉得颇有意义的建策是，总理衙门章京、刑部候补主事张元济要求将早朝改为午朝。当时的早朝，实为"夜半视朝"，作为"本朝家法"而成为当时勤政的标志。张元济称："今诸臣秉烛入值，仓皇视事，神气不清，岂能振作？且起居失宜，亦非保护圣明之道。"由于早朝实在太早，且以皇帝的起居为准，并无固定的钟点，各大臣皆前半夜从家出门，坐在轿子里打瞌睡，大约在夜半时分就到值房，准备大约三点进行的早朝，睡眠实有不足。张元济曾于四月二十八日受光绪帝召见，很可能这一次他个人的痛苦经历使其看出了弊端。一个人坚持一天两天，还不是大问题，军机大臣等重要人物每日如此，不能不说是一个很大的负担。光绪帝当时尚不满三十岁，每日进行的早朝，使其已无常人的生活习惯，以半夜为清晨，以中午为黄昏，张元济称"非保护圣明之道"，确非虚语。清朝的重大决策就是由这些睡眠不足的人在太阳尚未升起时作出，当非为合适的方式。

---

[1] 宋梦槐条陈见《军机处录副·补遗·戊戌变法项》，3/168/9457/89，八月初九日都察院代奏。而在事实上，当时的许多人对西方的农业成就多有夸大。康有为亦称："鸟粪可以培肥，电气可以速成，沸汤可以暖地脉，玻罩可以御寒气。播种则一日可及数百亩，刈禾则一天可兼数百工。择种一粒可收一万八千粒，千粒可食人一岁，二亩可食人一家。"（见《杰士上书汇录》，《康有为早期遗稿述评》，第314—315页）除了鸟粪一项外，其余皆不是事实。"玻罩"可能是指当时的玻璃花房，至于"电气"、"沸汤"则不知所云。

张元济还称:"现在皇上每日召见大臣皆系办昨日之事,而非办本日之事,是欲速而反迟,欲勤反怠也。何如改为午朝,犹可办本日午前之事?"[1]

　　四品衔户部学习主事陈星庚,曾为出使英、法、意大利、比利时国公使馆随员,上书中要求更改历法。他指出中国历法三年置闰月,在财政出纳、典礼举行、学校假期、通商贸易等方面有着诸多不便,而日本明治维新之始,"特先改朔,参用西洋月日,而仍遵本国国号",请求光绪帝"酌采良法,以新宇宙"。陈星庚还进一步地指出,"西人每遇七日举国休假,每日办事及朝会大典,皆在巳初申正之际"。巳初当为上午九时,申正当为下午四时。"从公原不废私事,而宣力尤在节劳",他要求"定七日来复之期,以为诸臣休假","更定内外大小臣工每日当差时刻,免其逮闇从公","我皇上圣躬尤得从容涵养,默召变和"。[2] 陈星庚的方法比张元济更为简洁也更为彻底,他要求清朝建立工作时间制度,其中"免其逮闇从公"一语,也正是针对着早朝。光绪帝本人在新的工作时间中也可以稍稍"从容"一些。

　　花翎二品顶带北洋委用道傅云龙,曾被总理衙门派往美国、日本等国考察,他上书中请求统一度量衡:西方各国内部度量衡统一,各国之间可以互算。中国量器"至于今有匠尺、广尺诸目,与工部尺异。即以工部尺,较载典籍者,亦版有燥湿,不免尺有伸缩";衡器差别更大,"天津用平,异同有三十余种"。"每遇购置炮船、机器",只能借用英、法之度量衡,否则无法征信西人。他请求由工部精制铁尺、铁斛、铁秤、铜码,通行各省,从前沿用者与之不符者,一律停用;亦用白金造尺,"以为颁尺之母"。他还为此创造了变与不变的理论:"寓创于因,以变为正,立万变不离之宗,实裨于百度维新。"[3]

　　工部即补郎中潘盛年在上书中提出,请于 1901 年在北京举行赛奇

<hr />

[1] 张元济条陈见《戊戌变法档案史料》,第 46 页,七月二十一日总理衙门代奏。
[2] 陈星庚条陈见《军机处录副·补遗·戊戌变法项》,3/168/9453/53,八月初四日户部代奏。又,当时派公使,往往兼数国,陈星庚所任职,亦有所兼各国。
[3] 傅云龙条陈见《军机处录副·补遗·戊戌变法项》,3/168/9454/36,八月初五日总理衙门代奏。

会,即博览会。"查欧美各国皆有赛奇会之举,而美国希加哥(芝加哥)之大会,尤为泰西赛会之冠。故美国富甲于环球,各国取效之速,实由于此。"他称北京举行赛奇会有五利:开民智,使人民知道新技术;固邦交,利用博览会与各国交往;利商民,在博览会上推销中国商品;增税项,即博览会上的外国商品交纳海关税可达数百万;立会局,在北京城外择地建设,设立一局,出售门票等收益,用以修铁路、兴邮政、建街道。"欲变新政,必先开民智;欲开民智,必先自京师开赛奇会始"。他自称是南方人,"考证西书"而知赛奇会之利,请求由总理衙门通知各国,并饬各省督抚晓谕各商,"预制新器,赴会比赛"。[1] 潘盛年此策意义甚佳,尽管他将此事看得过于简单,当时的中国以三年时间准备世界博览会还存在着许多困难。安徽池州府石埭县监生沈恩燎上书中也有此议,称:"拟请总理衙门酌议,就天津、上海地方择一合宜之处,作为赛会院,知照各国分租地段",由此使中国人的心思耳目有所扩充,从中仿学各国的农工机器。[2]

考取八旗官学汉教习、候选直隶州州判、江苏拔贡田其田,曾在湖北舆图局充教习,后又入江西舆图局,专测全省县治,对光绪初年各省奉旨实测实量绘呈地图的工作,有着亲身的经历,称其只是"奉行故事,开局塞责"。他认为"西国讲求国计民生,重在尽地之利","考究舆图,尤有专家测绘之法",由此请在北京设测绘总局,各省设舆图学堂,教以新法。各地设局,酌测要地经纬,并逐一详考本地天气、地势、土质、物产、牧种之法、应办事宜,兼查民生、风俗,详记贴说,绘一平方里细图,十平方里缩图。以一年半为限,进呈朝廷。[3] 当时的中国地图仍是旧式的摹绘近似图,缺乏新式的精确比例尺地图,于各项事业均有不利之处。田其田的设全国测绘总局、各省学堂方法是相当合理的,同时不仅要求全国测绘新式地图,而且要具体测绘各地的经济地图,也是相当有见解的;但他称一年

---

〔1〕 潘盛年条陈见《戊戌变法档案史料》,第411—412页,七月二十九日工部代奏。

〔2〕 沈恩燎条陈见《军机处录副·补遗·戊戌变法项》,3/168/9456/2,八月初七日都察院代奏。

〔3〕 田其田条陈见《军机处录副·补遗·戊戌变法项》,3/168/9454/6,八月初五日都察院代奏。

半即可完成此事,其心中的目标很可能还不是全新的精确比例尺地图,而是旧式各县图的修改。

兵部候补主事杨荩认为"中外舆地之学,实讲求时务之基"。他在上书中指出,"西人游历中国,所过山川城郭率自携仪器,详细绘图",由此了解中国之地理情形,而清朝公使出使多年,回国多剽窃西书作为日记,对各国地理形势并不了解;由此建议各出使大臣多带精通测绘之员,将各国的都会、险隘、炮台、商埠、局厂查明详记,由分图而合为总图。他认为中国的旧式地图仅列州县山川名目,险要形胜概从其略,"今之侈陈时务者,率多影响附会,发为空谈,及穷诘其生长之乡,其道里关河尚多茫昧";由此建议由各省督抚择员赴各州县测量地势,绘制地图,并要求"总须计里开方,每若干丈缩为若干分,大小远近,厘然划一",即精确比例尺地图。杨荩建策最重要的一点是,各省与各国地图绘制后,交总理衙门及大学堂"详加勘定",然后一份进呈御览,"另备一份精为镌刻,发官书局定价出售,俾官绅士庶,以至兵丁皆得按图考究"。清代以往由传教士等绘制的精致地图,皆藏于深宫,外界无从得悉,人民的地理学知识极差,而此精确比例尺地图的公开发售,既可以让普通民众加以利用而提高其知识,且对当时热门的铁路、矿务、商业运输皆有极大的帮助。[1]

杨荩的条陈还有两附片。其一是要求各省统计兵勇。按照当时的规定,各省督抚每年其兵数统计报兵部,每季将勇数统计报兵部,但执行很差,兵部也不掌握全国的兵勇数目。他提出各省将额兵为一表、练军防勇为一表,按季分层,按营排列,添募裁并详注日期,并将管带衔名,驻扎处所,详列表中。由兵部的报表数字与户部的支饷数字相比较,以防浮滥。此策若行之,将使兵部及各省具备一些近代政府的管理职能,且可从数目字上实行监督。其二是请令出使大臣派员随时察访各国政务。由于经济特科,五大洲政务也列入士子的考章,但现有之书的资料大多为数年之前,不足以济。他提出清驻各国公使"逐日派员察访各国一切条教章程,

<hr>

[1] 杨荩条陈见《军机处录副·补遗·戊戌变法项》,3/168/9456/9,八月初六日兵部代奏。

随时电报总理各国事务衙门",然后由总理衙门汇齐编成表,"以事为纲",层列各国改革次第,说明各国办法,按季缮册,一份进呈,另一份送官书局发刊,以供关心时务者参考。[1] 此策之目的虽为士子考试所本,但一旦实行,其雪球作用甚大。经常查阅清代外交档案者皆知,清驻各国公使寄回的政治、军事、经济、社会情报甚少,造成总理衙门乃至整个清朝对各国情况知之甚少。此策若行之,收集、整理、编集的工作将大大提高清朝外交部门的外国知识水准;而士子们获得较为准确的外国知识,为赴考而加以钻研,也不会如同此次司员士民上书时那样,言必称"泰西"而实不知"泰西"为何。

福建大挑知县黄遵楷上书中也有同样之请求。他曾游学日本,见日本农、工、商会会馆悬挂各种图表,各种数字一目了然。他请求驻外公使"广购图表","于各国用人行政之谟,与夫一切经武理财之要分编成册",以年月为比较,附图贴说,按季进呈。他提出此举有政治、军事、产业、通商四利,"各国之事,如掌上纹,庶于交涉往来之道,得所操纵;即本国应兴应革之事,亦可以思过半矣"。[2]

刑部郎中、总理衙门章京霍翔上书请推广自费留学。他指出了此举有"七便",请求"特降谕旨,凡有财力之文武大员及各省富商子弟,自备资斧,学于外洋。卒业后领有学成文凭,经出使大臣验明,咨起回华,由总理衙门带领引见,询事考言,破格录用"。他是用将来录用为政府官员的方法,鼓励留学。该上书显然引起了光绪帝的兴趣,当日下旨:"霍翔呈请推广游学章程等语,著总理各国事务衙门妥议具奏。"[3] 翰林院编修汪凤梁在上书中称,留学日本一年需银五百两,留学西欧一年约需银一千两,以六年为计,费用巨大。"今日多一出洋游学之人,则异日多一办理

〔1〕 杨芾附片分见《戊戌变法档案史料》,第371—372页,《军机处录副·补遗·戊戌变法项》,3/168/9457/14,八月初六日兵部代奏。

〔2〕 黄遵楷书该附片见《军机处录副·补遗·戊戌变法项》,3/168/9449/67,七月二十四日都察院代奏。

〔3〕 霍翔条陈见《戊戌变法档案史料》,第292—294页,七月二十八日总理衙门代奏。光绪帝谕旨见该日军机处《上谕档》。

新政之人"，由此而请求鼓励自费留学，其方法与霍翔大致相同，"申谕内外文武大小官员，以及在籍绅商，情愿自备资斧，令子弟出洋学习者，报名列册，先将该家长传旨嘉奖，俟学成后，加等录用。"[1] 拣用知县黄嵩裴曾游历南洋，其家乡广东新宁为当时著名的留美华侨之乡。他在上书中提出，由其选取父兄在美国、年不满二十岁的华侨子弟约六十名，带领赴美学习，并由其"明晓以大义，教之以经史掌故，隐示之以忠君爱国，导之以居仁由义"，另聘洋教习，前三年为普通学，以后为专门之学。由于当时美国有排华法案，他请"饬令总理衙门给以凭照，并照会美国公使，转令咨明美国外部，俾得进口"[2] 这是要求清政府能对他的举动予以外交上的支持。宗人府主事宗室文榘上书中称，其读时务各报，发现西人论中国事，"莫不纤悉靡遗，洞如烛照"。"我中国即间有谈西学西政者，亦半多模糊影响，捕风捉影之谈"。他由此要求推广官员士民出国游历，"凡京外大小文武官员，以及士民绅商，如有情愿出洋游历者，准其自备资斧，赴总理衙门呈报，仿西例给予游历护照。酌以年限，游历各国，回华后或著论说，或撰日记，择其有关时政者，予以优奖，以资鼓励。"[3] 文榘的重点在于事后的优奖，然其中提出的"护照"，却是值得注意的要点，当时的清政府还没有为本国人出国提供护照。

福建安溪生员林辂存在上书中称："我国之字最为繁重艰深，以故为学綦难，民智无从启发。泰西人才之众，实由文字浅易。考其法则，以字母拼合，切成字音，故传习无难而成学自速。"他认为，"英法德美各国知文识理者，十人得其八九，我国十不一二"，其因在于"中国字学原取象形，最为繁难"，"非用功六七年，莫能稍通文理"；"今欲步泰西，当察其本原所在，师其意而效之"，由此提出了使用拼音文字的建议。据其所称，福建厦门卢戆章生长于外洋，壮年回国，研究了二十多年，创建了"切音新法，只须半载，便能持笔抒写其所欲言"。如果按照卢戆章所创《闽音

---

〔1〕 汪凤梁条陈见《戊戌变法档案史料》，第305—306页。原折日期为八月初一日。

〔2〕 黄嵩裴条陈见《军机处录副·光绪朝·文教类·学校项》，3/146/7210/15，八月初一日都察院代奏。

〔3〕 文榘条陈见《戊戌变法档案史料》，第136—137页，八月初四日宗人府代奏。

字学新书》的方法,"正以京师官音"颁行,那么,数十年后,不仅妇孺皆能知书文,而且可以在中国各地包括蒙、藏、新疆,以至于南洋,"书可同文,言可同音"。他要求光绪帝命福建督抚学政,"传令卢戆章等并其所著字书咨送来京,由管学大臣选派精于字学者数员,及编译局询问而考验之。校其短长,定为切音新字,进呈御览,察夺颁行。"林辂存改用拼音文字的建议,是一个非常大胆的举动,然其七月二十四日上书,三天后即获旨:"都察院奏生员林辂存呈称字学繁难请用切音据情代奏一折,著总理各国事务衙门调取卢戆章等所著之书,详加考验具奏。"[1]由于政变很快发生,此一文字改革方案没有得到进一步的研究,反成了后来守旧派的攻击目标之一。

北京的道路河道修建

司员士民上书中最为具体的建策,莫过于北京的道路河道修建。

当时的北京虽为东方大城,人口上百万,但十分肮脏。城市没有下水道系统,全靠城内的几条河道排脏水。年久日长,这些河道已经堵塞淤结。城内外只有很少的石路,大多是土路,雨水冲刷后,靠黄土填平,未久又坏。骡马大车使用铁箍木轮或铁轮,因道路不平难以行驶而又在轮上加"铁泡",结果更加剧了对路面的破坏。没有城市的供水系统,主要靠井水,没有城市的公共交通系统,也没有路灯。这不仅与当时世界各大都市有着很大的差别,即使较之上海、天津、汉口等处租界,也相形见绌。

七月二十日,内阁奉上谕:"京师为首善之区,现在道路泥泞,沟渠河道壅塞不通,亟宜大加修理,以壮观瞻。著工部会同管理沟渠河道大臣、步军统领衙门、五城御史暨街道厅,将京城内外河道沟渠一律挑挖深通,并将各街巷道路修垫坦平,毋得迁就敷衍,仍将筹办情形及开工日期迅速

---

〔1〕 林辂存条陈见《军机处录副·补遗·戊戌变法项》,3/168/9452/11,七月二十四日都察院代奏。谕旨见该日军机处《上谕档》。

具奏。其款项著由户部筹拨。"[1]光绪帝的这一道谕旨对于变法热潮中的北京,当属十分必要。无论多么宏大的改革都需要非常具体细致的实际行动,如果连京城的道路、卫生都不能整治,又何谈旨在富国强兵的变法得以成功呢?然此谕旨究竟缘何而发,我在军机处《随手档》、《早事档》等档册中找不到线索,也有可能与康有为有关。[2]

光绪帝此谕旨一下达,相关的上书接连而来。七月二十一日,军机章京继昌上书中称,北京修治沟渠街道,请派熟悉洋界情形的大臣督办。当日交总理衙门,命其"斟酌办理"。二十四日,翰林院编修叶大遒上书中提出,修理北京河道街道聘请西人"估计比较"。两天后该上书再交总理衙门,命其"议奏",并送慈禧太后。同在二十四日,刑部主事顾厚焜上书中提出,北京街道宜设铁轨街车,并添设巡捕(警察)、开办自来水。三天后该上书又交总理衙门"议奏",并送慈禧太后。二十五日,候补道、总理衙门章京汪嘉棠上书中涉及修整北京街道,当日交步军统领衙门、五城御史、街道厅,命其"按户派丁巡缉,扫除污秽,不得视为具文",并送慈禧太后。二十八日,工部主事农工商总局章京金蓉镜上书提出修理北京河道街道办法,当日与御史宋伯鲁仿西法筑路的奏折同交总理衙门,命其"妥议具奏",并送慈禧太后。[3] 继昌、叶大遒、顾厚焜、汪嘉棠、金蓉镜的上书今均未见,但从其题由与相应的谕旨可以看出,他们强调的是西法。

---

〔1〕 军机处《上谕档》光绪二十四年七月二十。

〔2〕 康有为在《我史》中称:"以京城街道芜秽,请修街道,附片上焉,既不达,交王幼霞觅人上之,奉旨允行,交工部会同八旗及顺天府街道厅会议,卒以具文复奏,惟御史陈壁后行之,仅修宣武门一段焉。盛祭酒曰:修道岁支帑六十余万金,旗丁、工部、街道厅分之,若必修,则无可分矣。此所以不能行乎?"(《戊戌变法》,第4册,第132页)康有为称此为光绪二十一年之事,查该年并无相关谕旨下发。然光绪二十四年七月之际,光绪帝对康有为极为信任,不知康有为此时是否有条陈谈及此事。再查光绪帝召见单,七月十九日召开刘光第、林旭、锡伦,二十日召见张荫桓、谭嗣同、郑孝胥。(《光绪二十四年京官召见单》、《光绪二十四年外官召见单》、《宫中杂件》〔旧整〕,第915包)其中张荫桓与康有为甚有关系,不知其面见时是否谈论过此事。

〔3〕 见军机处《随手档》、《上谕档》光绪二十四年七月二十一日、二十四至二十八日。

前出使各国参将兼头等翻译官花翎总兵衔副将陈季同,于七月二十八日上书中称:"京城周围四十里,为五大部洲一大都会也,惟英之伦敦可埒。"伦敦修路已花费数亿镑,每年费用数百万镑,特设工程总局,专管其事,"有落地税、车马捐,以供修路、燃灯、设捕之需"。香港、上海租界也仿照其方法。北京此次修路若勉强凑几十万,敷衍了事,只能暂图一时,日久仍复壅塞;而且车轮加"铁泡"最易伤路,如果车制不改造,道路虽修旋坏。为此他提议,按照英国伦敦的方法,"设立工程总局,派大臣董其事",先行测量街衢里巷,计算每年的工程量及所需款项,再计算"落地税若干、车马捐若干",以求进出款项平衡;有此可靠之款,即可向外国银行借款;同时改造车辆,"如外洋马车、街车之式,并准通行东洋车"。陈季同曾随使法、德、荷兰、奥地利、意大利、比利时,长达十八年,代理过驻比利时代办,他的方案包括机构、规划、工程施工、税收、车轮改造等,十分完整。然其最重要之点,在于贷款,即首先解决最初资金的来源。由于一开始即在京城开征"落地税"、"车马捐",很容易引起商民的反抗,只有当道路、河道工程有了一定的成效,相关的税捐才会征收起来容易一些。对此他称言:"西人凡修路、造桥、设自来水、燃电气灯皆系借款为之,岂官民具有巨资先垫哉? 至抽税抽捐为修路之费,盖为民也,其不乐输乎?"[1]八月初二日,该条陈交总理衙门"妥议具奏",初三日送慈禧太后。

员外郎衔刑部候补主事何若水七月二十八日上书中称:"臣弱冠供职刑曹二十年矣,闻各省士商来京,莫不曰道路之污秽不洁倾仄难行者,以京师为最。""入其境者,不独中国士商窃异之,即异域国人亦相与非笑之。"他对修路并没有提出具体的方案,而建议多种树。他在征引了诸多历史文献说明种树的意义后,要求相关衙门"勘看京城内外大街,相度其地段,至宽阔者一律种树"。"凡属往来通衢大路者,居中约留丈许或两丈,以行车马,其左右两畔,悉种槐柳桑榆之类,每树相间十步,如周文帝

〔1〕 陈季同附片见《军机处录副·补遗·戊戌变法项》,3/168/9459/12,七月二十八日总理衙门代奏。

各州夹道一里种一树之法,更增广之。"何若水没有出过国,只是从中国传统中寻找了种树的方法。尽管从今天的角度来看,种树也是一个很好的方法,但他仍意识到此与时尚的"西学"、"西法"有着很大的差别,于是,他在上书的结尾处写道:"我皇上振兴庶务,咸与维新,其有关夫农学工学商学无不博采周咨,讲求西艺矣。而此植物学者,实西艺之本务也。"[1]

兵部笔帖式崇耀于七月二十九日上书中称:"京师内外大小街道原浮土所垫,本难坚固,又兼来往大小车辆终日压踏,更难坦平。"他要求"认真仿照西法,用三合土垫平,或照外省用石垫平,两边深挖沟渠,再将现在轿车改用驮轿,兼兴用东洋车。向来大车原期载物,改用牲口代负。"崇耀的办法虽不那么完善,但其追求的是"修理之帑不至于糜费",是一个省钱的办法。[2] 崇耀的上书,于八月初四日由新任军机章京"签拟办法",上呈慈禧太后,但慈禧太后没有发下来。[3]

刑部主事杨承恩建议在北京设立煤气路灯。他在上书中称:北京夜行不便,若令各家各户设立门灯,光亮也不足,"惟设煤气灯于大街两旁,仿上海租界章程,离若干丈远设一灯";"闻各国京城皆如此夸耀,直如阀门巨族丛居一处,彼皆灯彩辉煌,我独庭院具寂,既不足以示美,亦未免相形见绌"。杨承恩没有出过国,可能去过上海,他提议立路灯,除了夜行的方便外,似乎更注重北京的国际形象。他的方案是用西山之煤,招洋工程师开办,其资金来源是昭信股票。[4]

此外,还有一些上书言及于此,但与以上建策多有相同。直隶顺天府大兴县生员杨赞清上书中提出四策:一、道路河道两旁种植柳树与桑树;

〔1〕 何若水条陈见《军机处录副·补遗·戊戌变法项》,3/168/9451/11,七月二十八日刑部代奏。
〔2〕 崇耀条陈见《军机处录副·补遗·戊戌变法项》,3/168/9459/13,七月二十九日兵部代奏。
〔3〕 军机处《上谕档》光绪二十四年八月初四日。
〔4〕 杨承恩条陈见《军机处录副·补遗·戊戌变法项》,3/168/9454/33,八月初四日刑部代奏。

二、推行两人肩舆、东洋车;三、设立街务总局与分局;四、将以往修治河道经费划归街务总局,并酌抽车税商捐。[1] 兵部候补主事费德保上书中提出三策:一、北京修路可略仿上海、天津马路,以碎石粗砂为之,中高旁低;二、仿照西方巡街之巡捕(警察)的方法,设立巡役;三、仿照上海租界,设立自来水管道,由官办或官督商办。[2] 三品衔刑部郎中沈瑞琳上书中称:京师道路修理请仿西法,设工程专局;由江苏巡抚向上海租界工部局索取修路章程,以备参酌;南北洋制造局赶造新式大小滚路机器。此外也提出了自来水、煤气路灯、巡捕及抽税诸法。[3]

五品衔刑部主事余和壎上书中提出的整修北京道路的新奇方法,足足让我大吃一惊! 他称:京城以往用中法修理街道,数天大雨即前功尽弃。而天津、上海用西法,终为一劳永逸。于是,他就此事与比利时商人罗花商量。据罗花称,各国都城皆有电车,以电车之利为修路之费。北京内外城及西直门到颐和园的电车建设总费,大约三百万上下。如果中国成立公司,罗花可以借款代建。赢利其百之五十归该商,二十归公司,三十为“报效”中国国家。行车后第十五年开始拔本,第七十五年本息拔净,全部“报效”中国国家。余和壎听到这一消息,感到十分兴奋:既不要中国出钱,又能修建道路,而且还可以得到“报效”,最后整个公司全部“报效”中国,在他看来真是一件天大的好事。“如果成立公司,官督商办,包由该洋人承办,该洋人有血本在内,自必工坚料实,不肯迁就敷衍。我国家不费帑项而街道全行修整,既省目前之巨款,又省历年之岁修,而积少成巨,不无裨益。”他为此事后又与华俄银行的璞科第相商,据璞科第称,比利时商人罗花“曾在外洋屡办大工,于华俄银行颇有存款,家道甚为殷实”。于是,他认定“此举实于新政有大裨益”,便与罗花“草定合

---

〔1〕 杨赞清条陈见《军机处录副·补遗·戊戌变法项》,3/168/9453/48,八月初五日都察院代奏。

〔2〕 费德保条陈见《军机处录副·补遗·戊戌变法项》,3/168/9455/14,八月初五日兵部代奏。

〔3〕 沈瑞琳条陈见《军机处录副·补遗·戊戌变法项》,3/168/9456/12,八月初六日刑部代奏。

同"，请求设立北京车路公司。[1] 余和塽毫无近代经济学头脑。他并不知道，在他与罗花草定的合同中，在"官督商办"名义下，罗花已将"投资"变成"借款"，减少了风险，并且从中获得了：一、经营权（内外城至颐和园独家经营，且路通之后七十五年）；二、建设权（全部工程由其设计施工，且工程费用总额由其自报）；三、电车沿线的电灯经营权（包括路灯与店铺）；四、借款权（由其一人出资，不许他人参股）。余和塽最看重的，是中国在此不要出钱，但他并不知道，罗花也不要出钱。他凭借这一与中国政府签订的极其有利的合同，可以到任何一家银行贷款，该合同第十一条规定："终年所收车票，除驶车经费外，即以付息拨本后，所剩净利，以百分之三十报效中国国家，以二十分归车路公司开支，以百分之五十归比国窄轨公司"，也就是说，车票的收入先扣除行车成本，再扣除借款的本息，然后才算是赢利，而此中的"报效"本当是中国的税收。当时的中国并不是没有钱，所缺者是理财的理念与人才。罗花所看重的，就是中国人乘车的车资，其余的一切均是资本运作。由于余和塽上书的当日，慈禧太后从颐和园回到城内，政变即将发生，该上书也被闲置。如若被通过，罗花将成

---

[1] 余和塽条陈及所附合同见《军机处录副·补遗·戊戌变法项》，3/168/9454/26，八月初四日刑部代奏。由于该合同颇有研究参考价值，故录全文：《拟办北京车路公司借款合同》"一、车路公司华官拟请国家准备其借款，在京城内外至颐和园为止，安置凹轨，驶行街车。现与罗花比国窄轨公司议定，借款三百万两，华洋两公司合办。二、比公司于华官所定一切行驶章程，皆愿遵守。三、所借之款，除本工程外不索另外保项。四、比公司拟与华官商定安置凹轨，应在某某街道，期便民用。五、行车之力如用或马、骡或机器或电引，亦与华官议定配用何力。六、如用电力，则街道与铺户电灯，亦准比公司承办。七、勘验工程各费归比国公司垫付后，并入资本统计。八、安轨驶车归比公司经办，至借款本息清还为止。九、比公司于置轨之路，应一律修整。其修整之宽，或无逾街车尺寸，或须加宽，临时酌定。十、应借之数勘验画图后准定，无论多少，统由比公司出借。十一、终年所收车票，除驶车经费外，即以付息拨本后，所剩净利，以百分之三十报效中国国家，以二十分归车路公司开支，以百分之五十归比国窄轨公司。十二、各路开驶街车后，第十五年始行拨本，按每年净利计十之二。十三、全本自拨本之日起，限分六十年拨清。十四、开驶后第十五年，华公司将一切工程按时估价可全向比国公司售加该价。除已拨之本不计外，即取三旺年中数，核以三厘为定。售回之限，后以五年为期。十五、终年进项华官皆可稽核。十六、全本拨清后，所有一切路轨车辆等件，全行报效中国国家。"

为控制北京电车、电灯事业的巨富,戊戌变法所催生的第一位超级国际大资本家。

四、简短的结语

当我走了漫长的路,终于完成对司员士民上书的查寻、阅读和初步分析工作后,心中的感受却是浅灰色的。对我来说,不仅是工作的时间跨越了数年,更困难的是要跨越百年的时空,以尽可能地了解这些中下层官员士民的内心。对于这一次无指挥多声部的政治大合唱,我不能说听得很清楚,因为毕竟还有半数以上的条陈我没有看到;我也不能说看得很清楚,因为对绝大多数上书者,我不知道他们个人的实际生活,只能看到纸的表面而看不见其背后。在此情况下,我无法做出完整而准确的结论。我只能写下我的三点感受,作为本文的结语。

一、戊戌变法期间司员士民上书造成了当时的新气象,北京政治温度由此急剧上升。许多关心时政的中下层官员士民终于有了这么一个机会,也极为珍惜这一机会。他们的上书有长有短,而皆为精心结撰。他们中的大多数不了解"一事一报"的公文程式,而模仿历史上的贾谊、诸葛亮等人,开出了长长的救时方,建策往往同时包含军事、政治、外交、社会、财政等诸多方面。然而,正是他们的参与,使得戊戌变法有了更大的展开面,波及更多人的内心。这与以往历史上少数人进行"变法"、"新政",有了很大的区别。"公器付之公论",言路由之大开,变法的局势因此而发生了根本性的变化。尽管他们中的许多人在上书时也羼和着私人的欲求,但不可否认的是,在历史运动中私人欲求往往是最重要的动力之一。

二、虽然上书者多来自中下层,他们的上书也更多地反映出中下层政治的实情,但从上书的内容来看,似乎可以得出这样一个印象,戊戌变法并没有深厚的思想基础。推动此次变法的力量来自于外,即德占胶澳、俄占旅大、英占威海和新界、法占广州湾(湛江),瓜分的阴影笼罩着许多人的心,俄国的彼得大帝改革、日本的明治维新又成了此时指路的灯。尽管清朝已百病缠身,但戊戌变法的目标并不是自救其病,而是求强救亡。没有内部的动力推动,就不可能产生深刻的思想。从现存的 275 件上书来看,方案种种,对策多多,却没有一条清晰的改革思路,对彼得、明治的模仿也只能是外貌,而不详其真精神。变法而"无法","无法"以变法。毫无疑问,在改革的初期人们不知其方向,当属历史的正常,寻找历史突围的道路,本应先有多次碰壁。由于政变很快发生,也无从知道当时的思想会向何处发展;但似可以认定,上书者手中现持的思想武器显然不足以指导戊戌变法走向如同彼得大帝改革、明治维新般的辉煌灿烂。也就是说,假设慈禧太后不阻挠,政变不发生,戊戌变法要走向成功,须得改革者对手中的思想武器进行换装。也因为如此,当政变发生后,很少能再见这四百多名上书者在历史舞台上继续表演,他们对变法道路的探寻在现实的压力下停止了。只有深刻的思想家才能不顾外界之压力而不放弃他们的思考。

三、我对现存上书的分析,当属今日之思想溯源,本着世界上现存的、我脑中认知的改革经验,作一次逆向的思考,潜藏着"应该如此而非如此"之类的假设前提。我的个人研究兴趣与当时上书者的关注点,有着很大的偏差。如果顺着当时上书者的思路,可以看出,变法的动因在于外,上书者的兴趣也多针对于外,其最主要的对策是直接的,即军事与外交。由于本文已经过长,且编辑部截稿在即,有关这一方面的上书内容介绍,我拟另文进行。

最后我还要说明,以上有关上书内容的解读,本以我个人的主观为起点。任何一篇历史文献,不同人读之,会有不同见解。我不希望我的工作结束了其他研究者对这批历史文献的反复解读,而希望本文后极为冗长的附录,能为新来者的解读起一点点帮助的作用。

附录[1]:司员士民上书的时间、
　　代奏及收藏状况

二月初八日

2/8/1　山西京官公呈晋省开办铁路后患宜防并参方孝杰、刘鹗。都察院代奏。处理:寄山西巡抚胡聘之,奉旨:"著将现办情形及拟定章程刻日具奏",方孝杰、刘鹗"均著撤职,毋令预闻该省商务"。该条陈并送慈禧太后。二月二十四日,收山西巡抚胡聘之奏折,复陈铁路矿务现办情形,附:方孝杰请办铁路章程,刘鹗请办矿务借款合同,刘鹗请办矿务章程。朱批:"该衙门(即总理衙门)议奏。单三件并发。"闰三月二十七日,总理衙门奏,遵议山西铁路矿务办法;附:铁路合同,矿务章程。朱批:"依议。"四月初十日,都察院奏,请将刘鹗、方孝杰拿解回籍。奉旨:"总理衙门查明办理。"(随手档)、(上谕档)

---

〔1〕　以下条陈按代奏日排列。其中编号是我为方便起见而编,非为当时人的编号。第一个数字为月份,第二个数字为日,第三个数字为序号。日月皆为阴历。已刊印的条陈注其刊本,未刊者注其档案编号。档案皆藏于中国第一历史档案馆。查《戊戌变法》第 2 册所录《故宫博物院所藏有关戊戌变法的奏折原稿目录》相核对,发现该《目录》所录上书皆收入于《戊戌变法档案史料》。又查《戊戌变法档案史料》中《本编未选辑档案史料目录》,有 4 件上书未查到:"刑部候补主事王者馨条陈外交政策片,光绪二十四年八月初六日";"候选知县姚金吾奏股票局不宜在火仓以内片,光绪二十四年八月初十日";"顺天府大兴县民人杨可久请定银元价值片,光绪二十四年八月";"顺天府大兴县民人杨可久请将两翼八旗各官学改为学堂并另请西学教习片,光绪二十四年八月"。此 4 件全为附片。由于档案的整理,原条陈已与附片分离。此 4 件难以查到。但从该书所收入的档案来看,皆为《军机处录副》补遗 21 戊戌变法项下的档案,该卷宗现已拍成胶片,原档无法利用,不知是否拍摄时有所遗漏,而在该卷宗中,我已发现 5 件无名条陈(或为残件或为附片),就内容而言,无法与此对应。但"顺天府大兴县民人杨可久请将两翼八旗各官学改为学堂并另请西学教习片,光绪二十四年八月",其内容与工部候补主事张润的条陈内容一样,只是未提到"两翼"。(见 8/4/17 之第一件)

二月十九日

2/19/1　工部主事康有为请大誓臣工开制度新政局。总理衙门代奏[1]处理:交总理衙门,奉旨:"总理各国事务王、大臣妥议具奏。"三月二十三日该呈送慈禧太后。五月十四日,总理衙门议复,基本予以否定。奉旨:"暂存。"总理衙门该折当日送慈禧太后。五月十六日,再交总理衙门,奉旨:"著该衙门另行妥议具奏。"五月二十五日,总理衙门请旨:"特派王、大臣,会同臣衙门议奏。"奉朱批:"著军机大臣会同总理各国事务王、大臣,切实筹议具奏,毋得空言搪塞。"总理衙门该折及谕旨当日送慈禧太后。六月十五日,军机大臣会同总理衙门大臣出奏,仍未同意康有为的提议[2]当日发下七道上谕。一、明发上谕:"朝廷振兴庶务,不厌讲求,所赖大小臣工,各抒谠论,以备采择。著翰林院、詹事府、都察院各于值日之日,由该堂官轮派讲、读、编、检八员,中、赞二员,科、道四员,随同到班,听候召见,俾收敷奏以言之益。其部院司员有条陈事件者,著由各堂官代奏。士民有上书言事者,著赴都察院呈递。毋得拘牵忌讳,稍有阻格,用副迩言必察之至意。"二、交内阁,奉旨:"著翰林院、詹事府、都察院各于每值日之日,由该堂官轮派讲、读、编、检八员,中、赞二员,科、道四员,随同到班,听候召见。其是日未召见之员,著于下次值日再行到班。仍按照各衙门派定员数,呈递膳牌。"三、明发上谕:"朝廷于整饬吏治,不啻三令五申,乃各省大吏往往粉饰因循,于所属各员不肯认真考察,以致贤者无由各尽其长,不肖者得以自匿其短。甚至案关吏议,尚不免巧于开脱,误国病民,皆由于此。著各省督抚嗣后于属员中务当详加考核,贤能者即行胪陈政绩,保荐擢用,其旷废职事营私舞弊之员,随时分别奏参,立予黜革。经此次申谕之后,各该督抚身膺重寄,当其振刷精神,秉公举劾,以期吏治日有起色,毋负谆谆诰诫之至意。"四、明发上谕:"通商惠工,务材训农,古之善政。方今力图富强,

---

〔1〕　康有为原呈及总理衙门原奏见《杰士上书汇录》,《康有为早期遗稿述评》,第262—271页。

〔2〕　总理衙门及军机处议复的奏折见《戊戌变法档案史料》,第7—11页。

业经明谕各省,振兴农政,奖励工艺,并派大臣督办沿江等处商务。惟中国地大物博,非开通风气,不足以尽地力而辟利源。图治之法,以农为体,以工商为用。现当整饬庶务之际。著各直省督抚认真劝导绅民,兼采中西各法,讲求利弊。有能创制新法者,必当立予优奖。该督抚等务当仰体朝廷开物成务之意,各就该管地方考察情形,所有颁行农学章程,及制造新器新艺专利给奖,并设立商务局,选派员绅开办各节,皆当实力推广,俾有成效。此外送经明降谕旨饬办事宜,亦均悉心讲求,次第兴办。毋得徒托空言,一奏塞责。并将各项如何办理情形随时具奏。"五、明发上谕:"铁路矿务为时政最要关键,现在津榆、津卢铁路早已工竣,由山海关至大凌河一带,亦筹款接办。其粤汉、卢汉两路,均归总公司建造。是干路规模大段已具。矿务以开平、漠河两处办理最为得法,成效已著,现正一律推广。惟路矿事务繁重,诚恐各省办法未能画一,或致章程歧出,动多窒碍,亟应设一总汇之地,以一事权。著于京师专设矿务铁路总局,特派总理各国事务大臣王文韶、张荫桓专理其事,所有各省开矿筑路一切公司事宜,俱归统辖,以专责成。"六、交总理衙门,奉旨:"现在讲求新学,风气大开,惟百闻不如一见,自以派人出洋游学为要。至游学之国,西洋不如东洋,诚以路近费省、文字相近、易于通晓,且一切西书,均经日本择要翻译,刊有定本,何患不事半功倍。或由日本再赴西洋游学,以期考证精确,益臻美备。前经总理衙门奏称,拟妥定章程,将同文馆东文学生酌派数人,并咨南北洋、两广、两湖、闽浙各督抚,就现设学堂遴选学生,咨报总理衙门,陆续派往。著即拟定章程,妥速具奏;一面咨催各该省迅即选定学生,开具衔名,陆续咨送;并咨询各部院,如有讲求时务愿往游学人员,出具切实考语,一并咨送。均毋延缓。"七、电寄驻美公使伍廷芳,奉旨:"前经总理衙门议复伍廷芳奏请变通成法案内,饬令该大臣博考各国律例,及日本改定新例,酌拟条款,咨送总理衙门核办。现当整饬庶务之际,著伍廷芳迅即详慎酌拟,汇齐咨送,毋得延迟。"军机大臣该折及七道谕旨当日送慈禧太后。(随手档)、(上谕档)、(洋务档)、(电寄档)

三月初三日

3/3/1　工部主事康有为译《俄彼得变政记》成书及条陈。工部主事康有为请密联英日拒许旅大。总理衙门代奏。[1] 处理:该两件条陈及书于三月二十三日送慈禧太后。(随手档)、(洋务档)

三月十三日

3/13/1　山西京官条陈商务借款关系重大。都察院代奏。处理:交总理衙门、户部,奉旨:"归入胡聘之前奏内一并议奏。"该条陈并送慈禧太后。闰三月二十七日,总理衙门等奏,商务局事隶晋省应由晋抚妥办。朱批:"依议。"(随手档)、(上谕档)

三月二十三日

3/23/1　工部主事康有为译纂《日本变政考》,并进呈《泰西新史揽要》、《列国变通兴盛记》。工部主事康有为请照经济特科例推行生童岁科试。总理衙门代奏。[2] 处理:该条陈及书三种当日送慈禧太后。(随手档)、(洋务档)

三月二十九日

3/29/1　奉天贡生程九式为其父程万里被控通贼、统领德英阿不送地方官私刑致死而诉。都察院代奏。处理:寄奉天将军依克唐阿、奉天府尹廷杰,奉旨命由调查办理,并令今后此类案件一律移送地方官。该条陈并送慈禧太后。(随手档)、(上谕档)

3/29/2　已革广西太平思顺道员何昭然擅用驿递印禀申诉。都察院代奏。处理:明发上谕,驳回何昭然的要求,并重申嗣后革职人员申诉应亲赴都

---

[1]　康有为原呈及总理衙门原奏见《杰士上书汇录》,《康有为早期遗稿述评》,第272—278页。又据总理衙门原折,康有为译《俄彼得变政记》及条陈于二月二十日递到总理衙门,后一呈递于二月二十七日。

[2]　康有为原呈及总理衙门原奏见《杰士上书汇录》,《康有为早期遗稿述评》,第278—283页。又据总理衙门原折,康有为于三月二十日递两件条陈及三书至总理衙门。

察院呈递,不得擅用驿递。该条陈并送慈禧太后。(随手档)、(上谕档)

三月三十日

3/30/1　工部都水司候补郎中唐浩镇请令各省自开利源以赡国用。[1]工部代奏。处理:交户部,奉旨:户部议奏。该条陈并送慈禧太后。(随手档)、(上谕档)、(该折原件)

闰三月初七日

闰3/7/1　敖汉郡王达木林达尔克赴热河听候传质请派大员办理。理藩院代奏。处理:明发谕旨,仍派大学士荣禄、军机大臣刚毅确切研讯。(随手档)、(上谕档)

闰3/7/2　山东举人孔广泰等呈控德国人残毁文庙(共两件:一件标为"圣裔原呈",一件标为"绅士原呈")。都察院代奏。处理:当日交总理衙门,奉旨:"该衙门知道。"该条陈并送慈禧太后。(随手档)、(上谕档)、(洋务档)

闰三月十五日

闰3/15/1　湖北、湖南、安徽、广西举人因山东即墨县文庙被毁事件陈情。闰3/15/2　江苏举人同事陈情。闰3/15/3　浙江举人同事陈情。闰3/15/4　福建举人同事陈情。都察院代奏。处理:"本日都察院奏湖北等省举人因山东即墨县圣像被毁,联名呈请查办据情代奏一折,并将原呈四件呈览。此事详细情形,经总理各国事务衙门电查,未据该省电复。仍著该衙门电催查复。到日应如何诘问之处,即行斟酌办理。"该条陈并送慈禧太后。四月初八日,山东巡抚张汝梅电奏即墨文庙神像被毁一案,查明并无其事。奉旨:"著总理各国事务衙门知照都察院。"(随手档)、

---

〔1〕该条陈的代奏方式是嵌入式,即开头称:"奏为据呈代奏事。据工部都水司候补郎中唐浩镇呈称:……"结尾称:"臣等公同阅看,该员所陈并无违碍字样,不敢壅于上闻,理合据呈代奏。伏乞皇上圣鉴。"(《军机处录副·光绪朝·综合类》,3/151/7432/6)

（洋务档）

闰三月十八日

闰3/18/1　翰林院编修李桂林等因即墨文庙被毁请速责德国公使。翰林院代奏。处理：交总理衙门，奉旨："该衙门酌核办理。"该条陈并送慈禧太后。（随手档）、（洋务档）

闰三月二十三日

闰3/23/1　直隶京官李桂林等呈诉山东即墨文庙案（原呈共四件）。都察院代奏。处理：交总理衙门，奉旨："仍著该衙门酌核办理。"又当日都察院奏，此类呈诉径咨总理衙门。奉旨："著照所议办理。"该条陈并送慈禧太后。（随手档）、（上谕档）、（洋务档）

闰3/23/2　四川举人董玉璋等呈江北教案。都察院代奏。处理：交总理衙门，奉旨："该衙门知道。"该条陈并送慈禧太后。（随手档）、（上谕档）、（洋务档）

闰3/23/3　山西举人张官等呈诉矿务情况。都察院代奏。处理：交总理衙门，奉旨："该衙门知道。"该条陈并送慈禧太后。（随手档）、（上谕档）、（洋务档）

四月初十日

4/10/1　云南举人沈鋈章等呈控举人钱用中等办理滇省矿务贻害地方。都察院代奏。处理：交总理衙门，奉旨："著总理衙门查明办理。"该条陈并送慈禧太后。（随手档）、（上谕档）

4/10/2　广西民妇覃氏遣抱呈诉惨杀多命。都察院代奏。处理：明发谕旨：广西巡抚黄槐森督同臬司亲提人证卷宗，秉公按例定拟。民妇覃氏解往广西备质。该条陈并送慈禧太后。（随手档）、（上谕档）

四月二十六日(6月14日)

4/26/1　云南举人杨宝琨请代父遣戍。都察院代奏。处理：当日交

刑部,奉旨:"刑部议奏。"该条陈并送慈禧太后。(随手档)、(上谕档)

4/26/2 湖南举人郑曰敬、黄羲、谭莹、王章永条陈强志气、择硕辅、备战守。[1] 都察院代奏。[2] 处理:奉旨"存"。该条陈并送慈禧太后。(随手档)、(都察院代奏原件)

4/26/3 湖南京官胡钟驹等呈控员外郎王育桐阴谋吞产(原呈、原禀、原禀共三件)。处理:当日奉明发谕旨:"湖南京官胡钟驹等呈控户部员外郎王育桐阴谋吞产,诬控慈母,并王汤氏、邵氏具禀呈控,语意相同","王育桐著先行革职,交刑部审讯。"该条陈并送慈禧太后。(随手档)、(上谕档)

五月初四日(6 月 22 日)

5/4/1 工部主事康有为请御门誓众开制度局以统大局。工部主事康有为请商定教案法律并呈《孔子改制考》。总理衙门代奏。[3] 处理:奉旨"留"。该两件条陈及书送慈禧太后。(随手档)、(上谕档)

五月十二日(6 月 30 日)

5/12/1 河南民人马莲呈诉昧赃坑商等情。都察院代奏。处理:寄河南巡抚刘树棠,命其"督同臬司亲提人证卷宗,秉公研讯确情,按例定拟具奏。原告民人马莲该部照例解往备质"。(随手档)、(上谕档)

五月二十日(7 月 8 日)

5/20/1 广西试用道尹恭保条陈。都察院代奏。处理:当日该条陈送慈禧太后。(随手档)、(上谕档)、(都察院代奏原件)

---

[1] 郑曰敬等条陈见《军机处录副·光绪朝·内政类·戊戌变法项》,3/108/5615/43。原折日期为四月十八日。

[2] 都察院代奏原折称:"窃四月十八日,据湖南举人郑曰敬以海氛已逼,披沥直陈等情赴臣衙门恳请代奏。臣等公同查阅……并无违悖字样……该举人等既取同乡官印结,谨据情代奏。"(《军机处录副·光绪朝·综合类》,3/151/7432/8)

[3] 康有为原呈见《杰士上书汇录》,《康有为早期遗稿述评》,第 284—292 页。

五月二十六日(7月14日)

5/26/1　光绪帝发下本月二十四日直隶候补道吴懋鼎条陈,交军机大臣酌拟办法。[1] 处理:条陈中各省应设商务局一条,明发上谕:"近来各省商务未见畅兴,皆由官、商不能联络,遇有铺商倒闭,追比涉讼,胥吏需索,以致商贾观望,难期起色。当此整顿商务之际,此种情弊亟应宜认真厘剔。著各直省将军督抚,严饬各该地方官,务须体察商情,尽心保护。凡有倒闭亏空之案,应即讯明查追断还,并严禁胥吏勒索等弊,以儆奸蠹而安善良。"条陈中工艺应分别举办一条,寄直隶总督荣禄,奉旨:"振兴商务为富强至计,必须讲求工艺。设厂制造,始足以保我利权。据王文韶面奏,粤东商人张振勋在烟台创兴酿酒公司,采购洋种葡萄栽植颇广,数年之后,当可坐收其利。又北洋出口之货,以驼绒羊毛为大宗,就地购机,仿造呢绒羽毯等物,亦可渐开利源。前经批准道员吴懋鼎在天津筹款兴办等语。著荣禄饬令该员吴懋鼎、张振勋等即行照案举办。但使制造日精,销路畅旺,自可以暗塞漏卮。务令该员等各照认办事宜,切实筹办,以收成效。仍将如何办理情形,由荣禄随时奏报。"该条陈当日送慈禧太后。(随手档)、(上谕档)、(洋务档)

六月初六日(7月23日)

6/6/1　民妇赵李氏呈控命案。都察院折代奏。处理:交管理顺天府大臣孙家鼐、顺天府尹胡燏棻,奉旨:"亲提人证卷宗,秉公研讯确情,按律定拟具奏。"该条陈并送慈禧太后。(随手档)、(上谕档)

六月初七日(7月24日)

6/7/1　翰林院侍讲黄绍箕呈进张之洞《劝学篇》。翰林院代奏。处

---

〔1〕 吴懋鼎条陈由何人代递,尚未查明,很可能由新任军机大臣王文韶面见时代递。又据《光绪二十四年外官召见单》,吴于五月十三日、七月初九日两次被光绪帝召见。

理:明发上谕:"本日翰林院奏侍讲黄绍箕呈进张之洞所著《劝学篇》据呈代奏一折。原书内外各篇,朕详加披阅,持论平正通达,于学术人心大有裨益。著将所备副本四十部,由军机处颁发各省督抚学政各一部,俾得广为刊布,实力劝导,以重名教而杜卮言。"(随手档)、(上谕档)

6/7/2　光绪帝发下军机处康有为条陈折片各一件。[1] 该折片很可能由军机大臣廖寿恒见面时代递。处理:寄两江总督刘坤一、湖广总督张之洞,奉旨:"振兴商务,为目前切要之图,叠经谕令各省认真整顿,而办理尚无头绪。泰西各国首重商学,是以商务勃兴,称雄海外。中国地大物博,百货浩穰,果能就地取材,讲求制造,自可以暗塞漏卮,不致利权外溢。著刘坤一、张之洞,拣派通达商务明白公正之员绅,试办商务局事宜。先就沿海沿江,如上海、汉口一带,查明各该省所出物产,设厂兴工,果使制造精良,自能销路畅旺,日起有功。应如何设立商学、商报、商会各端,暨某省所出之物产,某货所宜之制造,并著饬令切实讲求。务使利源日辟,不令货弃于地,以期逐渐推广,驯致富强。事属创办,总以得人为先,该督等慎选有人,即著将拟定办法迅速奏闻,毋稍迟缓。"(洋务档)、(随手档)

六月十六日(8月3日)

6/16/1　国子监肄业生汪奎请维持学校。国子监代奏。处理:该条陈当日送慈禧太后。(随手档)、(上谕档)

六月二十日(8月7日)

6/20/1　光绪帝发下袁昶条陈一件(安徽巡抚邓华熙代递,代递时间与方法不详)。处理:交总理衙门,奉旨:"著军机大臣会同总理各国事务王、大臣,切实妥速议奏。"七月二十九日,军机处、总理衙门议复袁昶条陈。当日下发谕旨:一、军机大臣字寄户部,奉上谕:"军机大臣等议复袁

---

[1]　康有为原折当属《为商民不兴请立商政折》,附片尚不能确定,很可能是《请将优拔贡朝考改试策论片》,见《杰士上书汇录》,《康有为早期遗稿述评》,第300—305页,第292—293页。

昶条陈,请权理财之名实等语。现在振兴庶务,理财尤当最要。自非综合名实,悉心筹画,无以济国计之艰。即如厘金一事,起自军兴,为东南各省饷需所出,经曾国藩、胡林翼厘定章程,法称最善。行之既久,经理不得其人,遂致弊端丛集,利折秋毫,徒滋纷扰。值此帑藏奇绌,需饷浩繁,户部职领度支,当思如何兴利除弊,如何开源节流,统筹全局,力任其难。总之,理财之道,取之于农不若取之于商,用吏役不若用士人。不外从前创办厘金之良法,该部惟当默师其意,随时斟酌施行,务期确有成效,不得徒托空言,用副朕裕国阜民至意。"二、军机大臣字寄北洋大臣荣禄、南洋大臣刘坤一,奉上谕:"军机大臣等议复袁昶条陈请严查官轮兵轮稽税杜漏等语。各省官轮兵轮经过关卡,夹带私货私盐,在所不免。虽向设委员盘查,改兵轮既援西例不应稽留,径自驶行,官轮亦遂因之不服盘查,税厘漏卮,莫甚于此。应即通行各省,无论兵轮、官轮,一律师归常关稽查,照章完税,以杜弊端。著荣禄、刘坤一督饬各海关监督,详议章程,认真办理。"三、军机大臣字寄两江总督刘坤一、湖广总督张之洞、四川总督奎俊,奉上谕:"军机大臣等议复袁昶条陈请加重川盐课等语。据称,以淮课比较,川课加衙十数倍,使川课与淮课相埒,即以之抵补淮课原额。所奏如果可行,于饷项大有裨益。应如何设法加增之处,著刘坤一、张之洞、奎俊破除情面,会商妥议,奏明办理。"四、军机大臣字寄北洋大臣荣禄、南洋大臣刘坤一,奉上谕:"军机大臣等议复袁昶条陈请禁区金银制钱流出外洋等语。中国金银大矿,尚未大开,致未能兴造金币。近日各省钱荒,正筹整顿圜法。据称,兴安岭一带金沙流入外洋,及各省私运制钱出洋销毁诸弊,亟应设法杜绝。著荣禄、刘坤一督率各海关,申明约章,严查禁止。"五、内阁奉上谕:"军机大臣等议复袁昶条陈请事屯田等语。屯卫之设,昉于明代,本所以养兵实边。至国初屯军次第裁汰,惟有漕运省分仍隶卫所,乃为赡送之计。现在漕粮既归海运,卫所半属虚悬,若改卫为屯,征租充饷于国用,不无裨益。著两江、湖广、浙江各督抚通饬所属,彻底清查各卫所屯田地亩实在数目,详定征租章程,迅速奏明,请旨办理。"六、内阁奉上谕:"军机大臣等议复袁昶条陈请筹八旗生计等语。旗丁生齿日繁,徒以格于定制,不得在外省经商贸易,遂致生计益艰。从前富俊、松筠、沈桂芬等均曾筹议及之。现当百度维新，允宜弛宽其禁，俾得各习四民之业，以资治生。著户部详查嘉庆道光年间徙户开屯计口授田成案，重订新章，会同八旗都统妥筹办理。"七、交总理衙门，军机大臣面奉谕旨："军机大臣等议复袁昶条陈内出使日记申明定章一节，著总理各国事务王、大臣查核办理。"[1]（上谕档）、（随手档）、（军机处等议复奏折）[2]

六月二十二日(8月9日)

6/22/1　光绪帝发下康有为折片各一件。[3] 该折片很可能由军机大臣廖寿恒见面时代递。处理:明发上谕:"前据孙家鼐奏遵议上海时务报改为官报,请派康有为督办其事,并据廖寿恒面奏,嗣后办理官报事宜,应令康有为向孙家鼐商办,当经谕令由总理衙门传知康有为遵照。兹据孙家鼐奏陈官报一切办法。报馆之设,义在发明国是,宣达民情。原于古者陈诗观风之制。一切学校、农商、兵刑、财赋均准胪陈利弊,藉为韬铎之助,兼可翻译各国报章,以备官商士庶开扩见闻,其于内政外交裨益非浅。所需经费,自应先行筹定,以为久远之计。著照官书局之例,由两江总督按月筹银一千两,并另拨开办经费银六千两,以资布置。各省官民阅报,仍照商报例价,著各省督抚通核全省文武衙门、差局、书院、学堂应阅报单数目,移送官报局。该局即按期照数分送。其报价著照湖北成案,筹款垫解。至报馆所著论说,总以昌明大义,抉去壅蔽为要义,不必拘牵忌讳,致多窒碍。泰西律例,专有报律一门,应由康有为详细译出,参以中国情形,定为报律,送交孙家鼐呈览。"该谕旨当日送慈禧太后。（随手档）、（洋务

---

〔1〕《上谕档》七月二十四日中,有一段无头无尾之记载:"权理财之名实、清理屯田、严查官轮兵轮稽税杜漏、加重川厘课、禁金银制钱流出外洋、出使日记申明定章、八旗生计",即是指此事。看来这一串谕旨还是酝酿了几天。

〔2〕此事在《随手档》中记为二十一日之事。又据七月二十九日军机处、总理衙门遵议奏折称:"安徽巡抚邓华熙代奏。六月二十日世铎等见面时面奉谕旨交议。"其代奏人及交议时间可以由此确定。《随手档》的记载当属事后的补记。

〔3〕即《为恭谢天恩条陈办报事宜折》、《请定中国报律片》,见《杰士上书汇录》,《康有为早期遗稿述评》,第306—308页。具体上奏时间为六月十三日。该两件又见《戊戌变法档案史料》,第451—453页,其时间为军机章京抄录的时间。

档)、（上谕档）

七月初三日（8 月 19 日）

　　7/3/1　翰林院编修罗长裿条陈请校阅、选将、改营制、派军舰巡洋埠、变钱法、造华镑、抽鸦片税等十议。[1] 翰林院代奏。处理：交军机大臣、总理衙门大臣，奉旨："切实妥议具奏。"该条陈过长，军机章京当日来不及抄录，第二天送慈禧太后。（随手档）、（上谕档）、（翰林院代奏原折）

七月初四日（8 月 20 日）

　　7/4/1　刑部郎中杜庆元条陈时务。刑部代奏。处理：交军机大臣、总理衙门大臣，奉旨："归入编修罗长裿条陈内，一并切实妥议具奏。"该条陈并送慈禧太后。（随手档）、（上谕档）

　　7/4/2　四川京官骆成骧等奏四川矿务关系大局情形。7/4/3　四川举人刘宣等呈诉奸商请开川矿有碍大局。都察院代奏。处理：交总理衙门，奉旨："查核具奏"；并送慈禧太后。七月二十五日，总理各国事务衙门奏四川矿务商务请派韩铣等会同办理。奉明发上谕："四川矿务商务经前派之翰林院检讨宋育仁开办，业已渐有头绪。惟该省产矿处所甚多，商务亦极繁盛，非大加兴办，不足以拓利源。著即派云南补用道韩铣、记名道李征庸，会同翰林院检讨宋育仁妥筹办理，并于该绅商自设商务局外，并设矿务局。所有集款开办一切章程即著韩铣等报明总理各国事务衙门暨铁路矿务总局核定，切实妥办。"（随手档）、（上谕档）

　　7/4/4　云南举人李效培条陈时事。都察院代奏。处理：当日奉旨："李效培著交总理各国事务衙门察看其人，逐条考核办理。"该条陈并送慈禧太后。二十九，总理衙门奏李效培条陈分别考核。奉旨："依议。"（随手档）、（上谕档）

　　7/4/5　湖南永州府新田县举人何镇圭条陈请将武科、团练合之为一

---

〔1〕　罗长裿条陈见《戊戌变法》，第 2 册，第 366—372 页。

并拟章程十条。[1] 都察院代奏。处理:明发谕旨:"著兵部归入变通武科事宜内,一并妥议具奏。"该条陈并送慈禧太后。(随手档)、(上谕档)、(都察院代奏原折)

七月初五日(8 月 21 日)

7/5/1　工部主事康有为请兴农殖民以富国本。[2] 总理衙门代奏。处理:明发上谕:"训农通商为立国大端。前经叠谕各省整顿农务工务商务,以冀开辟利源。各处办理如何,现尚未据奏报。万宝之源皆出于地,地利日辟则物产日阜,即商务亦可日渐扩充。是训农又为通商惠工之本。中国向本重农,惟尚无专董其事者以为倡导,不足于鼓舞振兴。著即于京师设立农工商总局,派直隶霸昌道端方、直隶候补道徐建寅、吴懋鼎为督理。端方著开去霸昌道缺,同徐建寅、吴懋鼎均赏给三品卿,一切事件准其随时具奏。其各省府州县皆立农务学堂,广开农会,刊农报,购农器,由绅富之有田业者试办,以为之率。其工学、商学各事宜,亦著一体认真举办。统归督办农工商总局大臣随时考察。各直省即由该督抚设立分局,遴派通达时务公正廉明之绅士二三员,总司其事。所有各局开办日期及派出办理之员,并著先行电奏,此事创办之始,必须官民一气,实力实心,方可渐收成效。端方等及各该督抚等务当仰体朝廷率作兴事之至意,考求新法,精益求精,庶几农业兴而生殖日蕃,商业盛而流通益广,于以植富强之基。朕有厚望焉。"该呈当日送慈禧太后。(随手档)、(上谕档)

7/5/2　户部候补主事李经野山东办理股票实系苛派请旨饬查。户部代奏。处理:明发上谕:"前因安邱县办理股票有苛派扰民情事,曾经谕令张汝梅确查具复。兹据该主事呈称,该抚复奏不实,流弊愈滋。并历指当日办理情形,恳请除去计顷按亩之弊等语。昭信股票,愿借与否,本属听民自便,若计亩摊派,即不免抑勒之弊。著张汝梅通饬各属,懔遵叠

---

〔1〕　何镇圭条陈见《军机处录副·光绪朝·内政类·戊戌变法项》,3/108/5616/19。原折无日期。

〔2〕　即《兴农殖民而富国本折》,见《杰士上书汇录》,《康有为早期遗稿述评》,第314—315 页。

次谕旨,断不准稍有苛派,并将该主事指饬各节,切实查明,据实复奏,不准稍有回护。"（随手档）、（上谕档）、（户部代奏原折）

七月初九日(8 月 25 日)

7/9/1　詹事府中允文焕条陈事宜。詹事府代奏。处理:奉旨"留中",并送慈禧太后。[1]（随手档）、（上谕档）、（都察院代奏原折）

七月初十日(8 月 26 日)

7/10/1　广东举人梁启超条陈请设编译学堂准予学生出身、并片请书籍报纸恳免纳税。[2] 协办大学士、管理大学堂事务孙家鼐代奏。处理:明发上谕:"该举人办理译书局事务,拟就上海设立学堂,自为培养译才起见,如果学业有成,考验属实,准其作为学生出身。至书籍报纸一律免税,均著照所请行,该衙门知道。"该条陈第二天送慈禧太后。（随手档）、（上谕档）

7/10/2　翰林院编修张星吉条陈。翰林院代奏。处理:字寄沿海沿江各督抚,奉旨:"翰林院代奏编修张星吉条陈内称,此次粤匪情形,若出衡永以犯长沙,入长江以窥武汉,则安庆、江宁势如破竹,一旦勾结,四起又成燎原,请饬预防等语。著沿江沿海各督抚,整饬防营,严查保甲,毋令会匪党羽暗相勾结,以为思患预防之计,是为至要。"交总理衙门,奉旨:"翰林院代奏编修张星吉条陈内称,请严惩教民等语,著总理各国事务王、大臣酌核办理。"该条陈第二天送慈禧太后。（随手档）、（上谕档）

7/10/3　翰林院编修陈鼎呈《校邠庐抗议别论》。翰林院代奏。处理:明发上谕:"该编修所著论说其中有无可采之处,著军机大臣会同总理衙门王、大臣悉心阅看,妥议具奏。"交翰林院,奉旨:"著传知该员再行

---

〔1〕 该原折称:"本拟遵例公同阅看,惟该中允称系密折,业经封缄。臣等未便率行拆阅。恭读本年六月十五日奉上谕:'部院司员……'仰见皇上广开言路之至意,该中允原折既经封固,自未便拘泥旧章,开拆阅看。谨将原折恭呈御览。"（《军机处录副·光绪朝·内政类·戊戌变法项》,3/108/5616/28）

〔2〕 梁启超后一条陈见《戊戌变法档案史料》,第 456 页。原折日期为七月初十日。

进呈一部,即由翰林院咨送军机处以备呈览,毋庸由翰林院具折。"七月二十一日,该书一套四册送慈禧太后。(随手档)、(上谕档)

七月十一日(8月27日)

7/11/1 副都统荣和拟请召回旧部猎户二十营以固陪都并就地筹款永作专饷。庆亲王奕劻代奏。处理:寄盛京将军依克唐阿,奉旨:"沿边猎户善骑健步,枪械夙娴,现当整顿边防之际,诚能收集训练,自可成为劲旅。该副都统所请招集二十营,编列成军,认真操演,事属可行。惟练兵必先筹饷,其所称就奉天沿海各属盐厘船捐商货等项,筹定用款,能否确有把握,著依克唐阿体察地方情形,妥议奏明。"该条陈第二天送慈禧太后。(随手档)、(上谕档)

七月十二日(8月28日)

7/12/1 分发云南记名遇缺简放总兵讷钦巴鲁图张绍模条陈操练壮丁、选统将注意其学问、查勇籍以防逃跑、宜识天文舆图测量、选用比利时步枪、战阵进止起伏、进攻注意天时、变法筑垒[1] 都察院代奏。处理:当日送慈禧太后。(随手档)、(上谕档)、(都察院代奏原件)

7/12/2 已革道员何应钟条陈。都察院代奏。处理:当日送慈禧太后。(随手档)、(上谕档)

7/12/3 江西举人罗济美条陈大学堂学生考试归入经济特科、先学中学后学西学、各学堂三年后教习全用中人、学堂经费勿勒索、卫圣教培真儒、兵学武科合一[2] 都察院代奏。处理:奉旨"存"。当日送慈禧太后。(随手档)、(上谕档)、(都察院代奏原件)

7/12/4 举人朱励志条陈。都察院代奏。处理:奉旨"存"。当日送慈禧太后。(随手档)、(上谕档)

---

〔1〕 张绍模条陈见《军机处录副·光绪朝·内政类·戊戌变法项》,3/108/5616/13。原折日期为七月初八日。
〔2〕 罗济美条陈见《军机处录副·光绪朝·内政类·戊戌变法项》,3/108/5616/32。原折日期仅写为"七月"。

七月十四日(8 月 30 日)

7/14/1 国子监候补学正学录黄赞枢条陈。国子监代奏。处理:明发上谕:"朝廷整理庶务,无日不以吏治民生为念,重农之外,桑麻丝茶等项,均为民间大利所在,全在官为董劝,庶几各治其业,成效可睹。著各直省督抚督饬地方官各就物土所宜,悉心劝办,以浚利源。亲民之官,莫如牧令,近来仕途冗杂,非严加考察不足以别贪廉。钱粮之浮收,胥吏之肆扰,种种殃民之事,该管上司果能悉心考核,即不肖官吏亦断不至无所忌惮。著各省督抚懔遵六月十五日谕旨,于所属州县认真察核。毋令贤否混淆,仍随时秉公举劾,以资惩劝。吏治清则民生自裕,此即封疆大吏之责,无负朕再三申诫焉。"交总理衙门、孙家鼐,奉旨:黄赞枢条陈中内浮费一条"著孙家鼐会同总署王、大臣核议具奏"。该条陈并送慈禧太后。(随手档)、(上谕档)、(洋务档)

七月十五日(8 月 31 日)

7/15/1 敖汉郡王呈称被参冤抑牵涉言官(原呈两件)。理藩院代奏。处理:明发上谕:"据该郡王呈称,翁牛特郡王藉事陷害,蒙古奸员贿买御史参奏。著仍派刚毅确切查办,据实陈奏。"(随手档)、(上谕档)

七月十六日(9 月 1 日)

7/16/1 礼部主事王照条陈请宣示中国远逊列强,请奉皇太后出游日本、英、俄等国,请专设教部。另一件[1] 礼部代奏。处理:明发上谕:"怀塔布等奏司员呈递条陈请旨办理一折。据称,礼部主事王照条陈时务,藉端挟制等语。朝廷广开言路,本期明目达聪,迩言必察。前经降旨,部院司员有条陈事件者,由各堂官代奏,毋得拘牵忌讳,稍有阻格。诚以是非得失,朕心自有权衡,无烦该堂官等鳃鳃过虑。若如该尚书等所奏,

---

〔1〕 王照前一条陈见《戊戌变法》,第 2 册,第 351—355 页。后一条陈当属陈其上书受阻事,未见。

辄以语多偏激,抑不上闻,即系狃于积习,致成壅蔽之一端,岂于前奉谕旨毫无体会耶? 怀塔布等均交部议处。此后各衙门司员等条陈事件呈请堂官代递,即由各该堂官将原封呈进,毋庸拆看。王照原呈著留览。"该条陈第二天送慈禧太后。(随手档)、(上谕档)

7/16/2　起居注官姚大荣条陈科举学堂宜筹全局。翰林院代奏。处理:奉旨"存"。该条陈并送慈禧太后。(随手档)、(上谕档)

7/16/3　翰林院编修赵炳麟条陈严饬防剿以苏民困。翰林院代奏。处理:奉旨"暂存"。该条陈并送慈禧太后。(随手档)、(上谕档)

七月十七日(9月2日)

7/17/1　内务府候补员外郎多济条陈铺捐充兵饷、保甲官督绅办、抽鸦片捐三事〔1〕内务府代奏。处理:奉旨"存"。该呈当日送慈禧太后。(随手档)、(上谕档)、(内务府代奏原件)

七月十八日(9月3日)

7/18/1　四品衔礼部候补主事罗凤华条陈强邻交胁请暂停举办铁路〔2〕礼部代奏。处理:奉旨:"著军机大臣会同总理各国事务王、大臣妥议具奏。"该条陈第二天送慈禧太后。(随手档)、(上谕档)、(礼部代奏原折)

七月十九日(9月3日)

7/19/1　知县缪润绂条陈。都察院代奏。处理:奉旨"存"。该条陈并送慈禧太后。(随手档)、(上谕档)

7/19/2　知县范敬清条陈。都察院代奏。处理:奉旨:"暂存,俟发下

---

〔1〕　多济条陈见《军机处录副·补遗·戊戌变法项》,3/168/9449/1。原折日期为七月十六日。《戊戌变法档案史料》在未选目录中将日期仅称为"七月",误。

〔2〕　罗凤华条陈见《军机处录副·补遗·戊戌变法项》,3/168/9459/10。原折无日期。

后分别办理。"该条陈当日送慈禧太后。(随手档)、(上谕档)[1]

7/19/3　从九品王子麟条陈。都察院代奏。处理:奉旨:"暂存,俟发下后分别办理。"该条陈当日送慈禧太后。(随手档)、(上谕档)

7/19/4　广西举人李文诏条陈(共三件),其中一件请停捐并各省局所裁撤后捐纳人员必去其半[2]。都察院代奏。处理:奉旨:"暂存,俟发下后分别办理。"该条陈当日送慈禧太后。(随手档)、(上谕档)

7/19/5　广西举人李文诏等条陈。都察院代奏。处理:寄湖南巡抚陈宝箴,奉旨:"都察院代奏广西举人李文诏等公呈一折。据原呈内称,广西土匪滋事,势尚蔓延,虽稍有擒获,皆团练之力,官军退缩不前,捏报战功。现在匪首啸聚多人,将图四窜。梧州知府张璧封怠玩废弛,绅耆请兵,置之不理。迨容城失陷,绅耆等径行电请督抚派兵,该府又电禀贼发无多,求缓进兵。苍梧长行乡新利墟一带,土、会各匪纷起,该府若罔闻知。梧州是西商交涉之地,恐外人乘机酿乱,牵动大局,请饬严办等语。著陈宝箴归入前次交查广西土匪案内一并确查,据实参奏,毋稍徇隐。"该条陈送慈禧太后。(随手档)、(上谕档)

7/19/6　贡生陈保勋条陈。都察院代奏。处理:奉旨:"暂存,俟发下后分别办理。"该条陈当日送慈禧太后。(随手档)、(上谕档)

7/19/7　举人赵铭恩条陈。都察院代奏。处理:奉旨:"暂存,俟发下后分别办理。"该呈当日送慈禧太后。(随手档)、(上谕档)

7/19/8　教职李长生条陈。都察院代奏。处理:奉旨:"暂存,俟发下后分别办理。"该呈当日送慈禧太后。(随手档)、(上谕档)

7/19/9　拔贡延嵩寿条陈。都察院代奏。处理:奉旨:"暂存,俟发下后分别办理。"该条陈当日送慈禧太后。(随手档)、(上谕档)

7/19/10　顺天府大兴县采育司河津营村民人高清如、杯文成条陈请

---

[1]　《随手档》将其人名写为"范敬瑞"。此后又写作"范敬端"、"范进瑞"。当属一人,皆随原档抄录。

[2]　李文诏该条陈见《戊戌变法档案史料》,第192—193页。原折日期仅书为"七月"。

立帝王万世师表碑并呈书四本（义学、义仓、守助、联合）。[1] 都察院代奏。处理：奉旨："暂存，俟发下后分别办理。"该条陈及书当日送慈禧太后。（随手档）、（上谕档）

7/19/11　兵部笔帖式珠英条陈。兵部代奏。处理：奉旨："暂存，俟发下后分别办理。"该条陈当日送慈禧太后。（随手档）、（上谕档）

七月二十日(9月5日)

7/20/1　内阁候补中书龙学泰条陈（共七件）。内阁代奏。处理：奉旨"暂存"。该条陈当日送慈禧太后。[2]（随手档）、（上谕档）、（内阁代奏原件）

7/20/2　内阁候补中书王景沂条陈（共两件）。其中一件关于农工商事务，建议设农学会、减农工税、借官款、重赏罚。[3] 内阁代奏。处理：交总理衙门，奉旨："中书王景沂奏经济特科名实至重等语，著总理各国事务王、大臣妥议具奏。"交农工商总局，奉旨：王景沂条陈农工商事宜一折"著端方等妥速议奏"。该条陈并送慈禧太后。二十八日，农工商总局上奏遵议王景沂条陈折、遵议程式谷条陈折、筹办丝茶折，当日字寄各直省督抚，奉旨："督直农工商总局事务端方等奏，遵议中书王景沂条陈农工商事务、主事程式谷条陈推广农会农报事宜并端方等筹办丝茶情形各折。农务为中国大利根本，业经谕令各行省开设分局，实力劝办。惟种植一切，必须参用西法，购买机器，聘订西师，非重资不能猝办。至多设支会，广刊农表，亦讲求农学之要端，应于省会地方筹款试办，逐渐推行，广为开导。或借官款倡始，或劝富民集资，总期地无余利，方足以收实效。著各直省督抚饬属各就地方情形，妥筹兴办，毋得视为迁图，以重农政。

---

〔1〕 高清如等条陈见《军机处录副·光绪朝·内政类·其他项》，3/111/5736/2。原折无日期。

〔2〕 内阁代奏原折称："谨将原折令该员等自行封固，由臣等代为呈递。"（《军机处录副·光绪朝·综合类》，3/151/7432/13）已还原。

〔3〕 王景沂该条陈见《军机处录副·补遗·戊戌变法项》，3/168/9449/35。原折日期为七月二十日。

至丝茶为商务大宗,近来中国利权多为外人所夺,而丝茶衰旺,总以种植、制造、行销三者为要领,并宜分设公司,仿用西法,广置机器,推广种植制造,以利行销。并著产茶产丝各省督抚妥定章程,实力筹办,以保利源。并将开办情形,随时具奏。端方等三折,均著钞给阅看。"农工商总局议复奏折次日送慈禧太后。(随手档)、(上谕档)、(内阁代奏原件)

7/20/3　丁忧分省试用知县范敬端条陈各省设立学堂并官款发商三分利以为经费。管理大学堂大臣孙家鼐代奏。处理:奉旨"暂存"。该条陈并送慈禧太后。(随手档)、(上谕档)、(孙家鼐代奏原件)

7/20/4　翰林院编修顾瑗呈请停捐,其每年二百万收入由各省官员摊捐。[1] 翰林院代奏。处理:奉旨"暂存"。该条陈并送慈禧太后。(随手档)、(上谕档)

7/20/5　翰林院笔帖式万亨条陈裕国救民练兵察吏。翰林院代奏。处理:奉旨"暂存"。该条陈并送慈禧太后。(随手档)、(上谕档)、(翰林院代奏原件)

7/20/6　直隶民人李法志呈控冤抑。都察院代奏。处理:交直隶总督荣禄,奉旨:"会同臬司亲提人证卷宗,秉公研讯确情,按例具奏,原告李法志该部照例解往备责。"该条陈并送慈禧太后。(随手档)、(上谕档)

7/20/7　洪涛条陈。都察院代奏。处理:当日送慈禧太后。(随手档)、(上谕档)

七月二十一日(9月6日)

7/21/1　总理衙门章京、刑部主事张元济条陈请设立议政局等五策。[2] 总理衙门代奏。处理:奉旨"留中"。(随手档)、(上谕档)

7/21/2　前驻秘鲁参赞分发直隶知县谢希傅条陈。总理衙门代奏。

---

〔1〕《军机处录副·光绪朝·财政类·其他项》现存一残件,编号为3/137/6688/80,其中内容为停捐。该件是用嵌入法代奏的,最后称:"臣等查阅原呈关切时务,不敢壅于上闻,谨据呈代奏……再臣徐桐现在请假,不克呈递膳牌,合并声明。"徐桐为翰林院掌院学士,由此可断定该残件为顾瑗条陈。

〔2〕张元济条陈见《戊戌变法档案史料》,第42—49页。原折日期为七月二十日。

处理:交总理衙门,奉旨:"直隶知县谢希傅奏,驻洋使臣宜多带学生,并将额设参、随、翻译各项明示限制等语,著总理各国事务王、大臣速议具奏。"该条陈第二天送慈禧太后。(随手档)、(上谕档)

7/21/3　盐运使衔道员用候补知府总理衙门章京刘庆汾请仿照成法印造铜钱通饬各省筹办。[1] 总理衙门代奏。处理:明发上谕:"著总理各国事务衙门妥议章程,奏明办理。"该条陈并送慈禧太后。(随手档)、(上谕档)、(总理衙门代奏原件)

7/21/4　大挑知县洪涛条陈。总理衙门代奏。处理:奉旨"暂存"。该条陈并送慈禧太后。(随手档)、(上谕档)、(总理衙门代奏原折)

7/21/5　工部学习主事汪赞纶请兴畿辅水利。[2] 工部代奏。处理:交农工商总局,奉旨:"著端方等斟酌情形妥速议奏。"该条陈并送慈禧太后。七月二十四日,农工商总局议复,奉旨"依议"。(随手档)、(上谕档)、(工部代奏原件)

7/21/6　军机处章京继昌请京师修治沟渠街道请派熟悉洋界情形大臣督办。军机处代奏。处理:交总理衙门,奉旨:著"斟酌办理"。(随手档)、(上谕档)

七月二十二日(9月7日)

7/22/1　户部主事程式谷请推广农学、农报,以兴农政。户部代奏。处理:交农工商总局,奉旨:"著端方等妥议具奏。"该条陈第二天送慈禧太后。二十八日,农工商总局议复,当日奉明发谕旨一道。(见二十日内阁中书王景沂条陈7/20/1)(随手档)、(上谕档)、(户部代奏原件)

7/22/2　户部主事彭谷孙条陈。户部代奏。处理:第二天奉旨"存",并送慈禧太后。(随手档)、(上谕档)、(户部代奏原件)

7/22/3　户部候补主事陶福履条陈检讨中法战争、中日甲午战争、招商局之事,认为是未用忠勇人才所致,附片提出重农务、改厘章、变钱法、

---

〔1〕　刘庆汾条陈见《戊戌变法档案史料》,第427—428页。原折日期为七月十四日。
〔2〕　汪赞纶条陈见《军机处录副·补遗·戊戌变法项》,3/168/9459/14,原折无日期。

开矿产、求人才、安闲员、重使职、自开口岸.[1] 户部代奏。处理:第二天
奉旨"存",并送慈禧太后。(随手档)、(上谕档)、(户部代奏原件)

　　7/22/4　户部主事闵荷生条陈。户部代奏。处理:第二天奉旨
"存",并送慈禧太后。(随手档)、(上谕档)、(户部代奏原件)

　　7/22/5　户部主事宁述俞条陈请耗羡归公、厘金实收实解、查仓粮、
禁官员剥民、崇俭朴、广造机器、加洋货厘税.[2] 户部代奏。处理:第二
天明发上谕:"户部奏代递主事宁述俞条陈一折。广兴机器,为制造货物
之权舆。现在开办农工商总局,并饬各省概设分局,振拓庶务,应用各项
机器至多。著各督抚极力裁节冗费,筹备的款,妥议速设局所,分别制造,
以扩利源而资民用。"该呈第二天送慈禧太后。(随手档)、(上谕档)、(实
录)、(户部代奏原件)

　　7/22/6　户部主事王凤文请将保荐人才酌用州县官、请将昭信股票
一项开设官银行、请设工赈厂.[3] 户部代奏。处理:第二天明发上谕:
"户部奏代递主事王凤文请设工赈厂一折。以工代赈,实救荒之良法。
中国办理荒政,旧有此条,而泰西推行尤广。所有修造工程、各项手艺绵
足为养赡穷民之用。国家偶遇灾荒,赈施动拨巨款,而在事人员办理不
善,侵渔冒领,弊窦百出,灾黎转不得均沾实惠。若以工代赈,则弊杜而工
业可兴。近来江苏、湖北、山东等省遍灾,屡告饥民转徙流离,朕心深为轸
念。王凤文所请不无可采之处。著农工商总局端方等妥议开办章程,迅
速具奏。"该条陈第二天送慈禧太后。(随手档)、(上谕档)、(户部代奏
原件)

　　7/22/7　户部主事谷如墉条陈。户部代奏。处理:第二天奉旨
"存",并送慈禧太后。(随手档)、(上谕档)、(户部代奏原件)

---

〔1〕　陶福履条陈见《军机处录副·补遗·戊戌变法项》,3/168/9449/39;附片见《戊戌变法
　　　档案史料》,第38—42页。原折日期皆为七月二十日。
〔2〕　宁述俞条陈见《戊戌变法档案史料》,第49—53页。原折日期为七月二十一日。
〔3〕　王凤文前两条陈见《戊戌变法档案史料》,第173—174页,第428—429页。王凤文后
　　　一条陈见《军机处录副奏折》补遗21戊戌变法项,3/168/9449/52。原折日期皆为七
　　　月十九日。

7/22/8　宗人府汉主事陈懋鼎条陈。宗人府代奏。处理:第二天奉旨"存",并送慈禧太后。(随手档)、(上谕档)、(宗人府代奏原件)

7/22/9　国子监候补学正学录黄赞枢称外国军事不足畏在于清军将士肯用命,并自请报效。[1]国子监代奏。处理:第二天奉旨"存",并送慈禧太后。(随手档)、(上谕档)、(国子监代奏原件)

七月二十四日(9月9日)

7/24/1　内阁候补侍读中书恒谦条陈请裁外省各局所。[2]内阁代奏。(随手档)

7/24/2　翰林院编修叶大遒条陈(一折两片共三件)。翰林院代奏。处理:本月二十六日交总理衙门,编修叶大遒请修河道街道请西人估计比较等语,奉旨:"著交总理各国事务衙门议奏。"该条陈并于该日送慈禧太后。(随手档)、(上谕档)

7/24/3　翰林院编修蒋式瑆条陈。翰林院代奏。(随手档)

7/24/4　翰林院编修黄曾源条陈。翰林院代奏。(随手档)

7/24/5　翰林院编修赵炳麟条陈。翰林院代奏。处理:本月二十七日与侍讲学士瑞洵奏折同获明发上谕:"瑞洵奏请考试司员等语。司员贤否为任职授事所关,曾经谕令各部院堂官考试,著即懔遵谕旨,认真试以策论,秉公分别去取。笔帖式亦著一律考试。又编修赵炳麟奏整顿部务,拟令司员逐日到署办事拟稿,藉知司员优劣等语。所言尚属核实,著各部院堂官即行认真整顿。"[3]该条陈并于该日送慈禧太后。(随手档)、(上谕档)

7/24/6　吏部主事关榕祚条陈。吏部代奏。(随手档)

7/24/7　刑部郎中孔昭鋆奏请兴办广东商务。刑部代奏。处理:本月二十七日,奉旨交农工商总局"传询查看议奏"。该条陈并于该日送慈

---

〔1〕　黄赞枢条陈见《军机处录副·补遗·戊戌变法项》,3/168/9449/49。

〔2〕　恒谦条陈见《戊戌变法档案史料》,第176—177页。原折日期为七月二十四日。

〔3〕　又据二十七日《上谕档》军机处奏片,称赵炳麟奏折中"风学堂章程一条","奉交片谕旨,著总理衙门议奏"。又查《上谕档》、《洋务档》,未见该交片谕旨,不知是否有误?

禧太后。(随手档)、(上谕档)

　　7/24/8　刑部主事顾厚焜条陈。刑部代奏。处理:本月二十七日明发上谕:"刑部奏代递主事顾厚焜请京城邮政广设分局,又都察院奏代递优贡沈兆祎呈请推广邮政,裁撤驿站各等语。京师及各通商口岸设立邮政,商民既俱称便,亟宜多设分局,以广流通。至各省府州县若能一律举办,投递文报必无稽迟时日之弊,其向设驿站之处,自可酌量裁撤。著总理各国事务衙门会同兵部妥议具奏。"该日又交总理衙门,奉旨:"刑部代奏主事顾厚焜呈请京城街道宜设铁轨街车及添设巡捕、自来水一折,著总理各国事务衙门议奏。"该条陈并于该日送慈禧太后。[1](随手档)、(上谕档)

　　7/24/9　刑部候补主事萧文昭条陈茶桑事务建策七项。[2]刑部代奏。处理:本月二十六日,明发上谕:"刑部代奏主事萧文昭条陈一折。中国出口货以丝茶为大宗,自通商以来,洋货进口日多,漏卮巨万,恃此二项尚堪抵制。乃近年出口之数锐减,若非亟为整顿,恐愈趋愈下,益无以保此利权。萧文昭所请设立茶务学堂及蚕桑公院,不为无见。著已开通商口岸及出产丝茶省分各督抚迅速议奏开办,以阜民生而固利源。"(随手档)、(上谕档)

　　7/24/10　刑部洪汝冲条陈请迁都、借才、联日。[3]刑部代奏。处理:奉旨"留中",并送慈禧太后。(随手档)、(上谕档)

　　7/24/11　刑部主事杨增荦条陈。刑部代奏。处理:本月二十七日交农工商总局,奉旨:"端方等代奏刑部主事杨增荦条陈农政利弊一折,著农工商总局议奏。"[4](随手档)、(上谕档)

---

〔1〕　顾厚焜、沈兆祎、孔昭鋆之条陈,皆于二十四日进呈。而本日《上谕档》误为二十五日,可查看该日《上谕档》中军机处奏片。

〔2〕　萧文昭条陈见《戊戌变法档案史料》,第397—400页。原折日期为七月二十四日。

〔3〕　洪汝冲条陈见《戊戌变法》,第2册,第362—366页。

〔4〕　据《随手档》,杨增荦条陈于二十四日由刑部代奏。此后军机处经常将代奏机构弄错,可见此时处理条陈的军机章京工作已不堪负荷。按照常规,军机处所发出的谕旨是不允许有错的。

7/24/12　刑部候补笔帖式奎彰条陈推广京官出国游历以求知识、甄别捐纳京官以图精治、裁汰弁兵以选精宽饷，并自请出洋要求资助，其附片为弹劾刑部官员阻挠其上书。[1]　刑部代奏。处理：本月二十七日，交大学堂，奉旨："刑部代奏笔帖式奎彰自请出洋一折，著管理大学堂孙家鼐察看具奏。"八月二十六日，孙家鼐议复"应毋庸议"。（随手档）、（上谕档）、（孙家鼐原片）

7/24/13　内阁中书宋廷模条陈。农工商总局代奏。（随手档）

7/24/14　从九品王子麒条陈。农工商总局代奏。（随手档）

7/24/15　翰林院编修骆成骧进呈书籍原呈及《中兴金鉴录》。大学堂代奏。处理：交孙家鼐，奉旨："书留览。"（随手档）、（上谕档）

7/24/16　知县范进端自行保荐。大学堂代奏。处理：奉旨"存"。（随手档）、（上谕档）

7/24/17　正红旗满洲文生荣绥请武科变制、文试防弊、翻译试变制、大学堂章程加益、考核部院司员、办保甲团练、停捐纳、汰冗员、宽免误字处分、和缓民教关系。[2]　都察院代奏。处理：其中设立陆军武学院一事，本月二十六日奉旨："著交总理各国事务衙门会同兵部议奏。"（随手档）、（上谕档）

7/24/18　主事广德条陈。都察院代奏。处理：本月二十七日，交管理八旗官学大臣，奉旨："都察院代奏主事广德请将八旗官学改为学堂等语，著管理八旗官学大臣妥速议奏。"交八旗都统、前锋护军统领，奉旨："都察院代奏主事广德请旗营兵丁添练火枪等语，著八旗都统、前锋护军统领妥速议奏。"该条陈并于该日送慈禧太后。（随手档）、（上谕档）

7/24/19　刑司狱蓝沅条陈。都察院代奏。处理：本月二十六日奉旨"存"，并送慈禧太后。（随手档）、（上谕档）[3]

7/24/20　福建大挑知县黄遵楷条陈、附片建议命出使大臣购买各式

〔1〕　奎彰条陈见《戊戌变法档案史料》，第53—54页，附片见《军机处录副·补遗·戊戌变法项》，3/168/9449/56。原折、原片日期为七月二十四日。

〔2〕　荣绥条陈见《戊戌变法档案史料》，第65—70页。原折日期为七月二十四日。

〔3〕　二十六日军机处奏片将该呈误为"刑部代奏"。

各国图表、编制政教等分类书籍[1]都察院代奏。处理:本月二十七日,交总理衙门,奉旨:"知县黄遵楷请设善堂及购编外洋图表各一折,著总理各国事务衙门妥议具奏。"该呈并于该日送慈禧太后。(随手档)、(上谕档)

7/24/21 湖北举人胡大华条陈。都察院代奏。处理:本月二十六日奉旨"存",并送慈禧太后。(随手档)、(上谕档)

7/24/22 广西举人张鸿炎条陈。都察院代奏。处理:奉旨"留中",并送慈禧太后。(随手档)、(上谕档)

7/24/23 江苏举人顾傭基条陈。都察院代奏。处理:本月二十六日奉旨"存",并送慈禧太后。(随手档)、(上谕档)

7/24/24 四川举人谢联辉条陈。都察院代奏。处理:本月二十六日奉旨"存",并送慈禧太后。(随手档)、(上谕档)

7/24/25 福建举人卓祖荫条陈。都察院代奏。处理:本月二十六日奉旨"存",并送慈禧太后。(随手档)、(上谕档)

7/24/26 四川泸州举人陈天锡、罗凤翊、梅光鼎、朱荣邦条陈请将会试改于各省进京殿试等项[2]都察院代奏。处理:本月二十七日明发上谕:"都察院代奏四川举人陈天锡等敬陈管见一折,所请将大挑教习誊录各项人员,与会试荐卷中挑取,及甲科候补人员,准其一体考差等语,著吏部、礼部会同妥议具奏。"该条陈并于该日送慈禧太后。(随手档)、(上谕档)

7/24/27 山西太原府文水县举人王学曾条陈(两件)。其中一件推广中小学堂[3]都察院代奏。处理:本月二十六日奉旨"存",并送慈禧太后。(随手档)、(上谕档)

7/24/28 教习知县广西举人李文诏请改革京师官学[4]都察院代

---

[1] 黄遵楷附片见《军机处录副·补遗·戊戌变法项》,3/168/9449/67,原件无日期。

[2] 陈天锡等条陈见《戊戌变法档案史料》,第237—238页。原折日期仅注为"七月"。

[3] 王学曾该条陈见《军机处录副·补遗·戊戌变法项》,3/168/9452/21。原折仅注为"七月"。

[4] 李文诏条陈见《戊戌变法档案史料》,第286—287页。原折日期为七月二十四日。

奏。处理:本月二十六日奉旨"存",并送慈禧太后。本月二十七日,交管理八旗官学大臣,奉旨:"都察院代奏教习知县李文诏呈请整顿官学一折,著管理八旗官学大臣议奏。"(随手档)、(上谕档)

7/24/29　增贡生选用府经历李杜堂条陈请将积谷钱文发商生利改为购买机器并自称熟习八卦可用于军事[1]　都察院代奏。处理:本月二十六日奉旨"存",并送慈禧太后。(随手档)、(上谕档)

7/24/30　候选直隶州州判广东拔贡生詹大烈条陈练兵、筹饷、移民、武试、昭信股票等事[2]　都察院代奏。处理:本月二十六日奉旨"存",并送慈禧太后。(随手档)、(上谕档)

7/24/31　直隶丰润县增生赵桂森条陈大学堂收生宜宽、考察防军练军将弁、严禁各省会党、各营洋教习宜撤、筹备海防战守驻汛千把外委全撤[3]　都察院代奏。处理:本月二十六日奉旨"存",并送慈禧太后。(随手档)、(上谕档)

7/24/32　江苏江宁县文生徐堃锡条陈请理民生、办民团、通民情、重孔孟之道、以上书言事拔人才[4]　都察院代奏。处理:本月二十六日奉旨"存",并送慈禧太后。(随手档)、(上谕档)

7/24/33　顺天府大兴县生员高世芬请在刑部设大理司、兵部设太仆司、礼部设光禄司鸿胪司、通政司归内阁;其余派差人员可备简用以取泰西上议院之议[5]　都察院代奏。处理:本月二十七日奉旨"存",并送慈禧太后。(随手档)、(上谕档)

7/24/34　江西拔贡生沈兆祎条陈江西新办学堂筹款方法三项[6]

---

〔1〕李杜堂条陈见《军机处录副·补遗·戊戌变法项》,3/168/9452/17。原折日期仅注为"七月"。

〔2〕詹大烈条陈见《军机处录副·补遗·戊戌变法项》,3/168/9452/14。原折仅注为"七月"。

〔3〕赵桂森条陈见《戊戌变法档案史料》,第54—60页。原折日期为七月二十四日。

〔4〕徐堃锡条陈见《戊戌变法档案史料》,第61—64页。原折日期为七月二十四日。

〔5〕高世芬条陈见《戊戌变法档案史料》,第191—192页。原折日期仅注为"七月"。

〔6〕沈兆祎条陈见《军机处录副·补遗·戊戌变法项》,3/168/9452/30。原折日期仅注为"七月"。

都察院代奏。（随手档）

7/24/35　山东登州栖霞优廪生于翰镇请剔浮征理冤狱停捐纳汰僧道禁鸦片等。[1] 都察院代奏。处理：本月二十六日奉旨"存"，并送慈禧太后。（随手档）、（上谕档）

7/24/36　福建生员林辂存条陈请改文字用切音（一种拼音）。[2] 都察院代奏。处理：本月二十七日，交总理衙门，奉旨："都察院奏生员林辂存呈称字学繁难，请用切音，据情代奏一折，著总理各国事务衙门调取卢戆章等所著之书，详加考验具奏。"（随手档）、（上谕档）

7/24/37　广东拔贡陈采兰条陈。都察院代奏。处理：本月二十七日，交总理衙门，奉旨："都察院代奏州判陈采兰条陈教案办法六条"，"著总理各国事务衙门妥议具奏。"该条陈并于该日送慈禧太后。（随手档）、（上谕档）

7/24/38　山西拔贡延嵩寿条陈宜固结者四变通者三不可行者一不可忽者一、又条陈京师税关每年约三百六十万请钦派税务大臣或另设税部。[3] 都察院代奏。处理：本月二十六日奉旨"存"，并送慈禧太后。（随手档）、（上谕档）

7/24/39　直隶拔贡吴明勤条陈。都察院代奏。处理：本月二十六日奉旨"存"，并送慈禧太后。（随手档）、（上谕档）

7/24/40　安徽拔贡方履中条陈。都察院代奏。处理：本月二十六日奉旨"存"，并送慈禧太后。（随手档）、（上谕档）

7/24/41　湖北汉水渔人陈锦奎请设田契税、结婚税及有产者报效以充学堂经费。[4] 都察院代奏。处理：本月二十六日奉旨"存"，并送慈禧太后。（随手档）、（上谕档）

---

[1]　于翰镇条陈见《军机处录副·补遗·戊戌变法项》，3/168/9452/4。原折无日期。

[2]　林辂存条陈见《军机处录副·补遗·戊戌变法项》，3/168/9452/11。原折仅注为"七月"。

[3]　延嵩寿条陈见《军机处录副·补遗·戊戌变法项》，3/168/9452/12、13。前一条陈仅注为"七月"，后件无日期。

[4]　陈锦奎条陈见《军机处录副·补遗·戊戌变法项》，3/168/9449/50。原折日期为七月二十二日。又该条陈之附件与原条陈分开，见《军机处录副·补遗·戊戌变法项》，3/168/9452/3。

七月二十五日（9 月 10 日）

　　7/25/1　道员、总理衙门章京汪嘉棠条陈（折片各一件）。总理衙门代奏。处理：一、明发上谕："总理各国事务衙门代奏道员汪嘉棠条陈内称，水旱遍灾，地方官宜轸念民困等语。国家勤恤民隐，每遇各省奏报偏灾，无不立沛恩施，分别蠲缓。乃任事各员不免假手吏胥，因缘为利，民间不能尽沾实惠，甚至蠲免誊黄迟之又久，始行张贴，以致经征入官之数无可稽考。种种弊端，实堪痛恨。以后除办理赈务印委各员如有侵吞浮冒情事，即行严定罪名外，其各督抚常年具奏蠲缓分数，即于奏报到日，由电谕知各该省照所请行，该督抚即将应蠲应缓分数并奉到电旨，即日刊刻誊黄，遍行晓谕。不得藉口于部文未到，稍有延搁，致滋弊窦。"二、寄两江总督刘坤一、江苏巡抚德寿、安徽巡抚邓华熙，奉旨："总理各国事务衙门代奏候补道汪嘉棠条陈，内称江皖两省荒地废弃可惜，亟宜酌筹的款，购置泰西机器，试办开垦，展限升科，并举道员胡家桢、刘世珩堪以督理其事。著刘坤一、德寿、邓华熙察度地方情形，能否按照所拟办理，并胡家桢、刘世珩是否堪胜此任？即行妥速筹议具奏。"三、寄两江总督刘坤一、江苏巡抚德寿，奉旨："总理各国事务衙门代奏道员汪嘉棠条陈一折，据称淮南灶地宜缓开垦以顾盐课，暨江南厘金宜复二年旧章以便考察等语。著刘坤一、德寿按照所奏各节，悉心体察情形，酌核办理。"四、交步军统领衙门、五城御史街道厅，奉旨："总理各国事务衙门代奏候补道汪嘉棠条陈请修整街道等语，著步军统领衙门暨五城御史街道厅按户派丁巡缉，扫除污秽，不得视为具文。"五、交总理衙门，奉旨："总理各国事务衙门代奏候补道汪嘉棠条陈，请讲求约章等语，著总理各国事务衙门通行遵照。"该条陈并送慈禧太后。（随手档）、（上谕档）

　　7/25/2　户部郎中欧阳弁元请商办番摊（一种赌博）每年交捐六十万元以助学堂经费。[1] 户部代奏。处理：寄两广总督谭钟麟，奉旨："户部奏代递郎中欧阳弁元条陈一折。据称广东番摊提捐一款，援照旧案加

---

[1]　欧阳弁元条陈见《军机处录副·补遗·戊戌变法项》，3/168/9449/47，原折日期为七月二十二日。

增办理,六年报效洋银三百六十万元,请以商人黄卓瑚等遵章承办,以充学堂经费等语。前因翰林院侍讲学士济潓奏保商人何元美试办广东番摊,业经谕令谭钟麟复奏,此次该郎中所称商人黄卓瑚等究竟是否家道殷实,加倍收捐,提充经费是否可靠? 著谭钟麟一并确查具奏。"(随手档)、(上谕档)、(户部代奏原件)

7/25/3　户部主事杨楷条陈并自撰书籍两种。户部代奏。处理:奉旨"存",并送慈禧太后。(随手档)、(上谕档)、(户部代奏原件)

7/25/4　户部主事吴锡寯请裁卫缺并裁退官员入铁路矿务农工商局及大小学堂[1]户部代奏。处理:明发上谕:"前经降旨裁撤詹事府等衙门,并谕令大学士、六部及各直省督抚,将其余京内外应裁文武各缺及一切裁减归并各事宜,分别详议筹办,迅速具奏。现在已裁各衙门归并事宜,业由各该衙门遵照办理,其余各衙门应裁文武各缺,尚未据将筹办情形具奏。应再申谕该大学士、六部尚书侍郎及各省督抚等,懔遵前旨,将在京各衙门闲冗员缺,何者应裁,何者应并,速即切实筹议;外省道员及通同佐贰等官暨候补、分发、捐纳、劳绩等项人员,认真裁并,并严加甄别沙汰,其各局所冗员,一律裁撤净尽。本日据户部代递主事吴锡寯条陈,内称漕督所辖卫所各官,既系武职,并无管带漕标之兵,名实殊不相副,所有军田可以拨归各州县征收等语。此项人员,本在应行裁汰之列,即著该督抚等妥速议办。并漕督一缺究竟是否应裁,亦著两江总督、江苏巡抚一并详议具奏。至京外已裁实缺候补各员,应如何分别录用,及饬令回籍候缺,均著妥议条款,请旨办理。该大学士、尚书侍郎、督抚等,务当从速筹办,不准稍事迁延,尤须破除积习,毋得瞻徇情面,用副朝廷综核名实之至意。"该条陈并送慈禧太后。(随手档)、(上谕档)、(户部代奏原件)

七月二十六日(9月11日)

7/26/1　总理衙门章京、工部候补员外郎李岳瑞等条陈(折片各一

---

[1]　吴锡寯条陈见《军机处录副·光绪朝·内政类·职官项》,3/99/5363/100,原折日期为七月二十三日。

件）。总理衙门代奏。处理：当日奉旨"归入张元济条陈案内办理"。该条陈并送慈禧太后。（随手档）、（上谕档）、（总理衙门代奏原件）

7/26/2　记名江西尽先补用道恽祖祁条陈。总理衙门代奏。处理：当日字寄湖广总督张之洞，奉旨上谕："总理各国事务衙门奏代递道员恽祖祁条陈一折。据称，民团办法，各业皆可设团。民与兵习，久即民兵。鄂中八省通衢，水陆云附，民业既多，民团易集，可因利乘便，徐图进步等语。筹办民团，前经降旨，谕令各直省限三个月内复奏。兹既据该道筹度鄂省民兵及预计饷源一切事宜，所有矿团、农团、岭团、滩团、堤团、客团六事，是否能于办团之内兼谋兴利之方，实有试练民兵之效。著张之洞斟酌该省情形，先行试办。原折著钞给阅看。"（随手档）、（上谕档）、（总理衙门代奏原件）

7/26/3　安徽试用直隶州州同郭申绶条陈请将各省营伍一半留防一半来京，合阵操演。[1] 都察院代奏。处理：三十日奉旨"存"，并送慈禧太后。[2]（随手档）、（上谕档）

7/26/4　分发浙江试用知县冯秉钺请各省富绅集股以兴商务机构及商兵。[3] 都察院代奏。处理：三十日奉旨"存"，并送慈禧太后。（随手档）、（上谕档）

7/26/5　四品衔布政司经历关敏道条陈乡会试暂停、漕粮改折、更定营制、刑罚从宽。[4] 都察院代奏。处理：三十日奉旨"存"，并送慈禧太后。（随手档）、（上谕档）

7/26/6　马寿铭条陈并样图一张。都察院代奏。（随手档）

7/26/7　徐岂条陈。都察院代奏。（随手档）

7/26/8　广东广州府新宁县举人右翼宗学汉教习温宗羲条陈请将广

---

[1]　郭申绶条陈见《戊戌变法档案史料》，第357—358页。原折日期为七月二十八日。

[2]　又据三十《上谕档》军机处奏片，知县冯秉钺、州同郭申绶、经历关敏道、举人温宗羲、技贡刘子丹、周培菜、郑重条陈（见以下各项）各一件均奉旨"存"，并于三十日呈慈禧太后览。但该奏片却将上奏时间误为"二十七日"。

[3]　冯秉钺条陈见《戊戌变法档案史料》，第413—414页。原折日期仅注为"七月"。

[4]　关敏道条陈见《戊戌变法档案史料》，第85—87页。原折日期为七月二十六日。

东番摊陋规援照闽姓章程作为学堂经费[1] 都察院代奏。处理:三十日奉旨"存",并送慈禧太后。(随手档)、(上谕档)

　　7/26/9　福建福安县举人张如翰条陈请设立农学科[2] 都察院代奏。处理:二十八日奉明发上谕:"都察院代奏举人张如翰呈请设农学科等语,著礼部会同孙家鼐、端方等议奏。"该条陈并于该日送慈禧太后[3](随手档)、(上谕档)

　　7/26/10　拔贡郑重条陈。都察院代奏。处理:三十日奉旨"存",并送慈禧太后。(随手档)、(上谕档)

　　7/26/11　拔贡刘子丹条陈请将书院改学堂枪炮设民厂等[4] 都察院代奏。处理:三十日奉旨"存",并送慈禧太后。(随手档)、(上谕档)

　　7/26/12　贵州大定府毕节县拔贡周培菜条陈甄别各省大员、征用华侨、任各省自开铁路、厘金归商局、各营并营合操、罢科举、停捐纳、八旗自为生计[5] 都察院代奏。处理:三十日奉旨"存",并送慈禧太后。(随手档)、(上谕档)

　　7/26/13　徐谦条陈。都察院代奏。(随手档)

　　7/26/14　谭靖光条陈。都察院代奏。(随手档)

　　7/26/15　无名条陈(残件)请自行筹款办速成学堂[6]

七月二十七日(9月12日)

　　7/27/1　内阁候补中书冯锡环条陈一件。内阁代奏。(随手档)、

[1]　温宗羲条陈见《军机处录副·光绪朝·内政类·戊戌变法项》,3/108/5616/36。原折日期为七月二十四日。
[2]　张如翰条陈见《戊戌变法档案史料》,第289—299页。原折日期为七月二十六日。
[3]　据军机处《随手档》,张如翰呈于二十六日进呈,二十八日《上谕档》军机处奏片误称为二十五日。
[4]　刘子丹条陈见《军机处录副·补遗·戊戌变法项》,3/168/9452/6。原折仅注"七月"。
[5]　周培菜条陈见《戊戌变法档案史料》,第88—91页。原折日期为七月二十六日。
[6]　《军机处录副·补遗·戊戌变法项》,3/168/9450/21。原折日期为七月二十六日。

（内阁代奏原件）

7/27/2　内阁候补中书祁永膺条陈两件。其中一件保张之洞、李秉衡任当枢要。[1]　内阁代奏。处理：当日奉明发上谕："中书祁永膺奏请将各省教职改为中小学堂教习一职，著孙家鼐妥议具奏。"该条陈并送慈禧太后。（随手档）、（上谕档）、（内阁代奏原件）

7/27/3　吏部候补主事沈博青条陈请准各省乡民以谷当物以通有无。[2]　吏部代奏。处理：八月初二日奉旨"存"，并送慈禧太后。（吏部代奏原折）、（上谕档）

7/27/4　吏部候选员外郎王宾基条陈请求注重州县吏治。[3]　吏部代奏。处理：八月初二日奉旨"存"，并送慈禧太后。（吏部代奏原折）、（随手档）、（上谕档）

7/27/5　四品衔兵部郎中恩溥条陈请八旗挑选官缺请试后膛洋枪。兵部代奏。该折上有军机章京签条："所请八旗武试改用汽枪，拟请并入谢祖沅条陈由总理衙门察议后再饬试行。更订崇文门税例，拟请饬下户部酌议。"[4]（随手档）、（兵部代奏原件）

7/27/6　兵部候补郎中李钟豫条陈。兵部代奏。处理：三十日奉旨"存"，并送慈禧太后。（随手档）、（上谕档）、（兵部代奏原件）

7/27/7　兵部学习主事范轼条陈核实保荐人员、扩充团练、停捐纳、学堂责成教官、昭信股票摊派大员、招游民开荒、京师设银元局、各埠学堂习交涉学、经济特科与策论宜合、武科与营伍宜分。[5]　兵部代奏。处理：八月初二日奉旨"存"，并送慈禧太后。（随手档）、（上谕档）、（兵部代奏原件）

---

〔1〕祁永膺该条陈见《军机处录副·补遗·戊戌变法项》，3/168/9452/24。原折日期仅注为"七月"。

〔2〕沈博青条陈见《军机处录副·财政类·仓储项》，3/137/6678/17，原折日期为七月二十七日。

〔3〕王宾基条陈见《军机处录副·补遗·戊戌变法项》，3/168/9450/26。

〔4〕恩溥条陈见《军机处录副·补遗·戊戌变法项》，3/168/9450/28。原折无日期。又据军机章京的签条，恩溥当另有一条陈涉及崇文门关税，尚未查到。

〔5〕范轼条陈见《戊戌变法档案史料》，第96—102页。原折日期为七月二十七日。

7/27/8　翰林院编修夏寿田请起用王闿运、请各直省设中小学堂。[1] 翰林院代奏。处理:八月初一日奉旨"存",并送慈禧太后。(随手档)、(上谕档)

7/27/9　翰林院庶吉士丁惟鲁条陈请编岁入岁出表。[2] 翰林院代奏。处理:八月初一日,明发上谕:"翰林院奏代递庶吉士丁惟鲁请编岁入岁出表颁行天下一折。户部职掌度支,近年经用浩繁,左支右绌,现在力行新政,尤须宽筹经费,以备支用。朕惟古者冢宰制国用,量入为出,以审岁计之盈亏。近来泰西各国皆有预筹用度之法。著户部将每年出款入款,分门别类,列为一表,按月刊报,俾天下咸晓然于国家出入大计,以期节用丰财,蔚成康阜,朕实有厚望也。"该日送慈禧太后。(上谕档)、(翰林院代奏原件)

7/27/10　翰林院庶吉士周渤条陈地方团练。[3] 翰林院代奏。处理:三十日奉旨"存",并进呈慈禧太后览。(翰林院代奏原件)、(上谕档)

7/27/11　翰林院检讨桂坫请南漕改折盐政河工严核并开水师一科。翰林院代奏。[4] 处理:八月初一日,字寄河南巡抚刘树棠,奉旨:"翰林院代奏检讨桂坫请减河工岁修专款创办海军一折。整顿海军为今日自强要务,需款繁多。河工岁修专款已经叠次核减,据称实销不及二三等语。是否属实,著河南巡抚破除情面,于一切河工经费认真稽核,毋任稍有浮冒。在常年拨款能否力加撙节,凑拨海军之用?据实奏明办理。"该日送慈禧太后。(上谕档)、(翰林院代奏原件)

7/27/12　候选笔帖式联治条陈请防铁路练水军开煤厂理银价禁私

〔1〕　夏寿田条陈及附片见《戊戌变法档案史料》,第166页,第295—296页。原折日期为七月二十七日。

〔2〕　丁惟鲁条陈见《军机处录副·补遗·戊戌变法项》,3/168/9450/30。原折日期为七月二十七日。

〔3〕　周渤条陈见《戊戌变法档案史料》,第359—362页。原折日期为七月二十七日。

〔4〕　桂坫条陈见《戊戌变法档案史料》,第355—356页。原折日期为七月二十六日。都察院代奏原折称:"据臣衙门检讨桂坫于二十六日未刻呈出缮就条陈,封筒书写二十六日。臣等令其改写二十七日,该检讨未经改写,合并声明。"

花大钱。[1] 都察院代奏。处理：八月初二日奉旨"存"，并送慈禧太后。（随手档）、（上谕档）、（都察院代奏原件）

7/27/13　广西试用知县章国珍条陈。都察院代奏。（随手档）、（都察院代奏原件）

7/27/14　候选州同谢祖沅条陈并汽枪一杆，样图一张。都察院代奏。（随手档）、（都察院代奏原件）

7/27/15　浙江举人何寿章条陈请严订贩米章程、设税务学馆、酌定交涉章程、设立邮政、设立矿务学堂。[2] 都察院代奏。处理：八月初五日，由军机处"签拟办法，恭呈慈览。俟发下后，再行办理"。[3] 该日送慈禧太后。（随手档）、（上谕档）

7/27/16　陕西举人张铣条陈。都察院代奏。处理：八月初二日奉旨"存"，并送慈禧太后。（随手档）、（上谕档）、（都察院代奏原件）

7/27/17　湖南举人曾廉条陈弹劾康有为、梁启超，并附片一件。[4] 都察院代奏。（随手档）、（都察院代奏原件）

7/27/18　镶白旗蒙古生员诚勤请开议院。[5] 并片请广立圣庙中学为体西学为用以崇圣教。[6] 都察院代奏。处理：八月初二日奉旨"存"，并送慈禧太后。（随手档）、（上谕档）、（都察院代奏原件）

7/27/19　内阁候补中书胡元泰条陈各国教堂须在中国买保险。[7] 都察院代奏。处理：八月初三日由军机处"签拟办法，恭呈慈览。俟发下后，再行办理"。八月初七日，交总理衙门，奉旨："内阁等衙门奏代递中书胡元泰、

〔1〕　联治条陈见《军机处录副·光绪朝·内政类·戊戌变法项》，3/108/5617/85。原折无日期。
〔2〕　何寿章条陈见《戊戌变法档案史料》，第81—85页。原折日期为七月二十六日。
〔3〕　八月初五日《上谕档》军机处奏片将该条陈代奏日期误为二十六日，当是原条陈日期。
〔4〕　曾廉条陈及附片见《戊戌变法》，第2册，第489—503页。
〔5〕　诚勤条陈见《戊戌变法档案史料》，第186—188页。原折日期仅注为"七月"。
〔6〕　从档案胶片来看，该片无日期与署名，但与前折放在一起，字体相似，见《军机处录副》补遗21戊戌变法项，3/168/9450/35。又据《戊戌变法档案史料》未选目录称："镶白旗生员诚勤请崇圣教片"，当属当时整理时未分离之状况，故放于此。
〔7〕　胡元泰条陈见《军机处录副·补遗·戊戌变法项》，3/168/9457/4。原折无日期。上谕称胡元泰条陈由内阁代奏，误。

主事耿道冲各折,呈请仿设保险公司,并令各国教堂在中国保险等语。是否可行,著总理各国事务衙门妥议具奏。"(随手档)、(上谕档)、(都察院代奏原件)

7/27/20 山东拔贡郑重条陈。都察院代奏。处理:八月初二日奉旨"存",并送慈禧太后。(随手档)、(上谕档)、(都察院代奏原件)

7/27/21 山西介休附监宋汝淮条陈矿务铁路河工彩票并样图一张、绘图一张。该条陈后贴有签条:"山西煤炭及铁路今已开办,其论河务,请于河中对筑石坝,并修套支河制木坝船,拟请饬交河南、山东巡抚详议具奏。"[1]都察院代奏。处理:八月初三日由军机处"签拟办法,恭呈慈览。俟发下后,再行办理"。八月初七日,军机大臣字寄山东巡抚张汝梅、河南巡抚刘树棠,奉上谕:"都察院奏代递监生宋汝淮条陈河工各事宜原呈一折。山东黄河频年叠有险工,河南情形亦关紧要,所称筑坝分河各节,有无可采之处,著张汝梅、刘树棠体察情形,悉心筹议具奏。"(随手档)、(上谕档)、(都察院代奏原折)

7/27/22 知府伍元芝条陈。河南巡抚刘树棠代奏。[2]

7/27/23 无名条陈(残存半件)请堂官常川入署陋规化为公费州县体恤民众。[3]

七月二十八日(9月13日)

7/28/1 宗人府候补笔帖式溥芬条陈请将大学堂归于国子监、广铸银元造银钱等票、拍照片防科场舞弊、严保奖、教练宗室、维持名教、核吏治、整顿侍卫、世职以贤袭承、裁冗兵[4]宗人府代奏。(随手档)、(宗人府代奏原件)

---

[1] 宋汝淮条陈见《军机处录副·补遗·戊戌变法项》,3/168/9452/23。原折日期仅注为"七月"。

[2] 军机处该日《随手档》中记:电寄刘树棠旨:"所代递知府伍元芝折呈留览。"并注明:"由缮稿递上,朱改,发下。另缮,由棠交总署。"

[3] 该条陈见《军机处录副·补遗·戊戌变法项》,3/168/9450/21。原折日期为七月二十七日。

[4] 溥芬条陈见《戊戌变法档案史料》,第102—106页。该书称原折日期为七月二十八日。据档案原件,并无日期注明,见《军机处录副·补遗·戊戌变法项》,3/168/9451/15。

7/28/2　户部四川司郎中谢启华条陈请各洋务局所将光绪十三年之后账目报部并按海关贸易册按季结算,并片荐前户部郎中陈炽《续富国策》片[1]又片请电饬广西巡抚停止臬司蔡希邠办防敛钱[2]户部代奏。(随手档)、(户部代奏原件)

7/28/3　户部学习郎中韩印符请将奉省米豆折银,其天津脚价约三万两,改为津东学堂经费[3]户部代奏。(随手档)、(户部代奏原件)

7/28/4　户部候补主事聂兴圻条陈请明教、实兵、分练京旗、厘金多征分成归己、枢臣给予优廉、设农爵以安置保守官员、地方官考成、设客卿留外国人、设联省、令新进人士推举人才[4]户部代奏。(随手档)、(户部代奏原件)

7/28/5　户部候补主事程利川条陈请并武备于科举以崇武习兵,又附片请铸小银元以解钱荒[5]户部代奏。(随手档)、(户部代奏原件)

7/28/6　户部主事齐令辰条陈请新编四书五经,表彰颜元、李塨学说,以经书正大臣之心,废部院书吏以官员办事,停武科优贡拔贡,东西陵驻防应业蚕桑,各村淫祠改为农桑公所,妇女不缠足[6]户部代奏。(随手档)、(户部代奏原件)[7]

---

[1]　谢启华条陈及附片见《戊戌变法档案史料》,第108—110页。原折日期为七月二十六日。附片一无日期,并与原折分开,见《军机处录副·补遗·戊戌变法项》,3/168/9450/49。该书录于此,当属当时折片未分离之情而定之。

[2]　该附片与原折分离,无日期,见《军机处录副·补遗·戊戌变法项》,3/168/9450/50。此据《戊戌变法档案史料》所录未选目录中所称:"户部四川司郎中谢启华请电谕广西巡抚停办防科敛片,光绪二十四年七月二十六日",查内容相同,当属当时档案整理时未分离之状况,调整于此。

[3]　韩印符条陈见《军机处录副·补遗·戊戌变法项》,3/168/9450/9。原折日期为七月二十六日。

[4]　聂兴圻条陈见《戊戌变法档案史料》,第71—74页。原折日期为七月二十六日。

[5]　程利川条陈见《戊戌变法档案史料》,第234—235页,原折日期为七月二十六日,附片见《军机处录副·光绪朝·财政类·金融项》,3/137/6684/35。

[6]　齐令辰条陈见《戊戌变法档案史料》,第74—81页。原折日期为七月二十六日。

[7]　本日《上谕档》奏片中将以上五件称为"二十六日户部代奏",是当日军机处将代奏日期搞混。此据户部二十八日原折称:"七月二十六日臣部郎谢启华……各呈条陈一封,请代为具奏前来。臣等自应遵旨将原封呈进。"

7/28/7　三品衔刑部郎中沈瑞琳条陈请将总理衙门改为外部并定设专官。[1]刑部代奏。(随手档)、(刑部代奏原件)

7/28/8　刑部候补主事李学芬条陈速办团练、考核制造各局员、加强捕盗、改造抬枪。[2]刑部代奏。(随手档)、(刑部代奏原件)

7/28/9　刑部奉天司候补主事周金浑条陈推举张之洞、陈宝箴、邓华熙、许振祎、李秉衡以求实心办事之人并建议各省设枪炮厂、修建支线铁路、训练长江水师、办团练不如办族练、捐纳官员入学堂交总理衙门考试再录用可不必停捐。[3]刑部代奏。(随手档)、(刑部代奏原件)

7/28/10　刑部主事曾光岷请速筹武备共练将、海军、选兵、练兵、团练、武备学堂、制器与工艺、筹饷八策。[4]刑部代奏。(随手档)、(刑部代奏原件)

7/28/11　刑部候补主事何若水等条陈请京师修路宜添种树木[5]刑部代奏。(随手档)、(刑部代奏原件)

7/28/12　刑部郎中、总理衙门章京霍翔条陈请推广自备资斧游学。[6]总理衙门代奏。处理:八月初二日交总理衙门,奉旨:"刑部代奏郎中霍翔呈请推广游学章程等语,著总理各国事务衙门妥议具奏。"[7]初三日送慈禧太后。(随手档)、(上谕档)、(总理衙门代奏原件)

7/28/13　前出使各国将兼头等翻译官花翎补兵衔副将陈季同条陈请派专使联络各国并自请出使比利时;并附片京师修路请仿西法设京师工程局。并附学堂章程。[8]总理衙门代奏。处理:八月初二日交总理衙门,

〔1〕　沈瑞琳条陈见《戊戌变法档案史料》,第178—181页。原折日期为七月二十八日。
〔2〕　李学芬条陈见《戊戌变法档案史料》,第110—113页。原折日期为七月二十八日。
〔3〕　周金浑条陈见《戊戌变法档案史料》,第108—110页。原折日期为七月二十八日。
〔4〕　曾光岷条陈见《戊戌变法档案史料》,第346—355页。原折日期为七月二十四日。
〔5〕　何若水条陈见《军机处录副·补遗·戊戌变法项》,3/168/9451/11。原折日期为七月二十八日。
〔6〕　霍翔条陈见《戊戌变法档案史料》,第292—294页。原折日期为七月二十六日。
〔7〕　该谕旨有误。霍翔条陈据《随手档》,总理衙门代奏原折是由总理衙门于二十八日代奏。
〔8〕　陈季同两条陈见《军机处录副·补遗·戊戌变法项》,3/168/9459/11、12,原折无日期。学堂章程未见。

奉旨:"副将陈季同奏请联络各国公保以纾时局,并自称愿效驰驱等语,著总理各国事务衙门察看筹议具奏。""副将陈季同奏京师设立工程局等语,著总理衙门妥议具奏。"初三日送慈禧太后。(随手档)、(上谕档)

7/28/14　赏还原衔已革知州衔花翎河南临颍县知县孙宝璋条陈,共计四册:其一为筹款;其二为练兵;其三、其四皆为议论。该条陈每册附有签条:"第一册所陈皆筹饷之策。拟请旨分别饬下户部、工部及总理各国事务衙门议奏";"第二册所陈皆练兵之策。拟请留备御览。其饷章宜归一律一条,应请旨饬下兵部议奏";"第三册所陈多议论。拟请留备御览。其学堂工艺矿务凡四条,应请旨饬下大学堂、农工商总局、矿务总局议奏";"第四册所陈多系议论,且有已见施行者。拟请留备御览。其论热河兵米积弊一条,应请旨饬下热河都统查奏"[1] 都察院代奏。(随手档)、(都察院代奏原件)

7/28/15　候补府经历赵巨弼条陈。都察院代奏。(随手档)、(都察院代奏原件)

7/28/16　贵州举人金正炜条陈,都察院代奏。(随手档)、(都察院代奏原件)

7/28/17　江苏拔贡臧增庆等条陈。都察院代奏。(随手档)、(都察院代奏原件)

7/28/18　江苏徐州府邳州拔贡就职直隶州州判张鸿鼎条陈请将特科与学堂合并办理。该条陈后贴有军机章京签条:"特科准其投县报考,未免太滥。应请毋庸置议。"[2]都察院代奏。(随手档)、(都察院代奏原件)

7/28/19　候选直隶州州判广东拔贡陈采兰条陈学堂办法五项并附武科章程。该件后有军机章京签条:"所陈学堂各节,拟请饬下大学堂议奏。变通武科一条,无甚办法,请毋庸议。"[3]都察院代奏。(随手档)、

---

〔1〕 孙宝璋条陈四册见《军机处录副·补遗·戊戌变法项》,3/168/9459/2、3、4、5,原折无日期。

〔2〕 张鸿鼎条陈见《军机处录副·补遗·戊戌变法项》,3/168/9457/90,原折无日期。

〔3〕 陈采兰条陈见《军机处录副·补遗·戊戌变法项》,3/168/9452/22,原折仅注为"七月"。

（都察院代奏原件）

7/28/20　四川廪生张化鹏条陈。都察院代奏。（随手档）、（都察院代奏原件）

7/28/21　直隶膳生艾青甫条陈。都察院代奏。（随手档）、（都察院代奏原件）

7/28/22　工部主事金蓉镜请修理河道。农工商总局代奏。处理：当日交总理衙门,奉旨："御史宋伯鲁奏京城道路请仿西法修筑等语,又农工商总局代奏主事金蓉镜条陈街道沟渠办法一折,著总理各国事务衙门一并妥议具奏。"该条陈并送慈禧太后。（随手档）、（上谕档）、（农工商总局代奏原件）

七月二十九日(9月14日)

7/29/1　总理衙门章京、候补道郑孝胥请以练兵制械为变法急务。[1]　总理衙门代奏。处理：当日奉旨："著军机大臣议奏。"该条陈次日送慈禧太后。（随手档）、（上谕档）、（总理衙门代奏原件）

7/29/2　神机营营务处委员董毓琦奏气船等件条陈并附图一张(气船机器)。神机营代奏。处理：八月初一日奉旨"存",并送慈禧太后。（随手档）、（上谕档）、（神机营代奏原件）[2]

7/29/3　内阁候补中书郑宝谦条陈一件片两件：请派大学堂译书校勘以防西方平等均权流毒中国,另片请改试策论请宽阅卷大臣时日以求真才。[3]　内阁代奏。处理：八月初二日奉旨"存",并送慈禧太后。（随手档）、（上谕档）、（内阁代奏原件）[4]

---

〔1〕　郑孝胥条陈见《戊戌变法档案史料》,第11—12页。原折日期为七月二十八日。

〔2〕　八月初一日《上谕档》军机处奏片将此条陈误为总理衙门代奏。其原因是代奏人皆是奕劻,他是总理衙门首席大臣,同时又是管理神机营首席大臣。

〔3〕　郑宝谦条陈及一附片见《军机处录副·光绪朝·内政类·戊戌变法项》,3/108/5617/59、73。其条陈日期仅书为"七月"。

〔4〕　内阁原折称："谨将原折令该员等自行封固,由臣等代为呈递。"

7/29/4　内阁候补中书王景沂请训饬大臣折[1]请州县久任片、请考试部员片。内阁代奏。处理：八月初四日军机处"签拟办法，恭呈慈鉴，俟发下后，再行处理"。并于该日送慈禧太后。（随手档）、（上谕档）、（内阁代奏原折）

7/29/5　兵部候补主事梁旭培胪列矿地折、矿务章程三片[2]兵部代奏。处理：八月初四日军机处"签拟办法，恭呈慈鉴，俟发下后，再行处理"。并于该日送慈禧太后。（随手档）、（上谕档）、（兵部代奏原件）

7/29/6　兵部学习主事黄维翰条陈请训武职专举劾统一军械[3]兵部代奏。处理：八月初二日奉旨"存"，并送慈禧太后。（随手档）、（上谕档）、（兵部代奏原件）

7/29/7　兵部笔帖式崇耀条陈请广造机器、开矿、甄别官员贤愚、京师修理道路使用西法[4]兵部代奏。处理：八月初四日军机处"签拟办法，恭呈慈鉴，俟发下后，再行处理"。并于该日送慈禧太后。（随手档）、（上谕档）、（兵部代奏原件）

7/29/8　户部堂主事恒年条陈请在六部仿西方议院由司员众说取其正论、注重士兵训练、订章程以在京师行银元、整顿旗务以防官员以补兵自肥[5]户部代奏。（随手档）、（户部代奏原件）

7/29/9　户部小京官邢汝霖参张荫桓滥保黄玑、张上达及陈宝箴滥保欧阳霖[6]户部代奏。处理：八月初二日奉旨"存"，并送慈禧太后。（随手档）、（上谕档）、（户部代奏原件）

7/29/10　户部学习笔帖式周祺请筹饷办团折、谨拟备敌之策片[7]户部代奏。处理：八月初四日军机处"签拟办法，恭呈慈鉴，俟发下后，再行

---

〔1〕　王景沂该呈见《戊戌变法档案史料》，第183—184页。原折日期为七月二十九日。
〔2〕　梁旭培条陈一件见《戊戌变法档案史料》，第439—441页。原折日期为七月二十九日。
〔3〕　黄维翰条陈见《戊戌变法档案史料》，第361—362页。原折日期为七月二十九日。
〔4〕　崇耀条陈见《军机处录副·补遗·戊戌变法项》，3/168/9459/13。原折无日期。
〔5〕　恒年条陈见《戊戌变法档案史料》，第106—108页。原折日期为七月二十八日。
〔6〕　邢汝霖条陈见《军机处录副·补遗·戊戌变法项》，3/168/9451/13。原折无日期。
〔7〕　周祺条陈及附片见《军机处录副·补遗·戊戌变法项》，3/168/9451/4、5。原折日期为七月二十八日。

处理"。并于该日送慈禧太后。(随手档)、(上谕档)、(户部代奏原件)

7/29/11　工部主事何肇勋条陈请免回避、请停捐纳片，另片一件。[1] 工部代奏。(随手档)、(工部代奏原件)

7/29/12　工部主事暴翔云条陈吏治大坏，并附片参欧阳霖、张上达等。[2] 工部代奏。处理：八月初二日，字寄河南巡抚刘树棠，奉旨："有人泰州县贤否不分，请饬认真考察一折。据称，河南汲县知县李元桢贪劣昏庸，纵令伊子及劣幕劣丁贿赂公行。前署汲县孟苞赋性狡悍，行同无赖，尤喜侮毁士子，绅民共愤。延津县知县岳廷楷听断明决，廉洁爱民，捐廉挖渠一事尤见通达政体。该管抚藩道府漫无区别，无以示惩劝等语。州县为亲民之官，现当整饬吏治，必须随时考核，彰瘅分明，方足以清仕途而恤民困。著刘树棠分别查明，据实具奏，毋稍回护。"字寄两江总督刘坤一，奉旨："有人奏，江苏候补道欧阳霖前在河南州县中为贪酷最著之员等语，著刘坤一察看该员心术操守究竟如何，据实具奏，毋稍徇庇。"[3]初三日送慈禧太后。(随手档)、(上谕档)、(工部代奏原件)

7/29/13　工部主事金蓉镜条陈及片参嘉兴令等。工部代奏。处理：八月初二日，字寄两江总督刘坤一、江苏巡抚奎俊，奉旨："有人奏沥陈江浙米价昂贵民间困苦情形一折。据称，去年以来，米价日昂，近竟至十元以外，府县筹办平粜敷衍塞责，同间米价迄未能平，嗷嗷等哺等语。江南米价奇贵，现新谷尚未登场，贫民乏食，情殊可悯。著刘坤一、奎俊迅即妥筹接济，以恤穷黎。至原折所称运米出洋屡禁不绝，皆由苏松太道蔡钧暗中庇护分肥，发给护照，一日之内，至八九十起之多。其为通同奸商贩运无疑等语。所奏是否属实，著该督抚即行秉公确查，据实参奏，毋稍徇隐。"字寄浙江巡抚廖寿丰，奉旨："有人奏，调署嘉兴县知县金廷栋不恤灾歉，禁遏平粜，为照常征收自肥之计；前署秀水县任内，讳强为盗，积有

〔1〕　何肇勋条陈及片一件见《戊戌变法档案史料》，第188—191页。原折日期仅注为"七月"。另有一片未见。

〔2〕　暴翔云条陈及附片见《军机处录副·补遗·戊戌变法项》，3/168/9451/37、38。原折日期为七月二十九日。

〔3〕　据该日《上谕档》军机处奏片，此两谕旨，皆由工部主事暴翔云折片所引出。

多案,抑捐加厘,几至罢市。州县贪虐至此,如果属实,殊堪痛恨。著廖寿丰确切查明,严行参办,无得稍有回护。"〔1〕初三日送慈禧太后。(随手档)、(上谕档)、(工部代奏原件)

7/29/14　工部主事汪赞伦条陈。工部代奏。(随手档)、(工部代奏原件)

7/29/15　工部郎中何云蔚条陈。工部代奏。(随手档)、(工部代奏原件)

7/29/16　工部郎中松毓条陈及附单。工部代奏。(随手档)、(工部代奏原件)

7/29/17　工部即补郎中潘盛年请在京师创立赛奇会。〔2〕工部代奏。(随手档)、(工部代奏原件)

7/29/18　翰林院检讨阎志广条陈农工商局应办事宜。〔3〕翰林院代奏。处理:八月初四日军机处"签拟办法,恭呈慈鉴,俟发下后,再行处理"。并于该日送慈禧太后。(随手档)、(上谕档)、(翰林院代奏原件)

7/29/19　庶吉士改归知县缪润绂条陈变法有十忽三误八可议,〔4〕又请奉天大围场以东开荒百万亩。〔5〕都察院代奏。(随手档)、(都察院代奏原件)

7/29/20　候选主事杨瑜良条陈请推广邮政、厘捐持平、候补等官员可在学会上发表政见以鉴其贤否、新疆额兵改习德操及西藏建省。〔6〕都察院代奏。(随手档)、(都察院代奏原件)

7/29/21　候选知州前内阁中书涂步衢条陈募勇丁正吏治用重臣等八条,另附片两件:户部陋规阻碍停止捐纳、广西土匪势盛请另派韬略大臣。〔7〕

---

〔1〕据该日《上谕档》军机处奏片,此两谕旨,皆由金蓉镜折片所引出。

〔2〕潘盛年条见《戊戌变法档案史料》,第411—412页。原折日期为七月二十九日。

〔3〕阎志广条见《戊戌变法档案史料》,第406—411页。原折日期为七月二十九日。

〔4〕缪润绂该条陈见《戊戌变法档案史料》,第118—125页。原折日期只注为七月。

〔5〕缪润绂该条陈见《军机处录副·补遗·戊戌变法项》,3/168/9451/39。原折日期为七月二十九日。

〔6〕杨瑜良条陈见《戊戌变法档案史料》,第113—115页。原折日期只注为七月。

〔7〕涂步衢条陈见《军机处录副·补遗·戊戌变法项》,3/168/9452/26、27、28。原折仅注为"七月"。又《戊戌变法档案史料》在未选目录中将其名误为"徐步衢"。

都察院代奏。（随手档）、（都察院代奏原件）

7/29/22　拔贡签分河南试用知县黄景棠请改革币政。[1]　都察院代奏。（随手档）、（都察院代奏原件）

7/29/23　候选教职李长生条陈请裁书吏禁刑名幕友停捐纳废科举，附片建议以李秉衡督办广西军务。[2]　都察院代奏。（随手档）、（都察院代奏原件）

7/29/24　广东试用通判周运春条陈。都察院代奏。（随手档）、（都察院代奏原件）

7/29/25　江西举人黄文珏等条陈请饬江西巡抚查办契税浮收。[3]　都察院代奏。（随手档）、（都察院代奏原件）

7/29/26　福建举人黄乃裳条陈。都察院代奏。（随手档）、（都察院代奏原件）

7/29/27　四川举人陈光煦条陈。都察院代奏。（随手档）、（都察院代奏原件）

7/29/28　贵州举人杨锡谟条陈。都察院代奏。（随手档）、（都察院代奏原件）

7/29/29　贵州举人龚绵元条陈。都察院代奏。（随手档）、（都察院代奏原件）

7/29/30　直隶拔贡吴明勤条陈。都察院代奏。（随手档）、（都察院代奏原件）

7/29/31　广东拔贡莫伯浉条陈以新章科举请允许注明出处。[4]　都察院代奏。（随手档）、（都察院代奏原件）

7/29/32　江西已革举人胡寿民条陈。都察院代奏。（随手档）、（都

〔1〕　黄景棠条陈见《戊戌变法档案史料》，第429—431页。原折日期为七月二十八日。
〔2〕　李长生条陈及附片见《军机处录副·补遗·戊戌变法项》，3/168/9451/14、15。原折日期为七月二十八日。
〔3〕　黄文珏等条陈见《军机处录副·补遗·戊戌变法项》，3/168/9451/7。原折日期为七月二十八日。
〔4〕　莫伯浉条陈见《军机处录副·补遗·戊戌变法项》。原折日期为七月二十八日。

察院代奏原件）

　　7/29/33　陕西附贡陈雄藩条陈。都察院代奏。（随手档）、（都察院代奏原件）

　　7/29/34　直隶附和生董元佑条陈。都察院代奏。（随手档）、（都察院代奏原件）

　　7/29/35　宛平生员袁峻条陈。都察院代奏。（随手档）、（都察院代奏原件）

　　7/29/36　四川监生傅式煌条陈请仿泰西、日本铸造大小银元、铜元、小铜钱。[1]都察院代奏。（随手档）、（都察院代奏原件）

　　7/29/37　鸿胪寺学习序班陈福锦条陈。都察院代奏。（随手档）、（都察院代奏原件）

七月三十日(9 月 15 日)

　　7/30/1　国子监助教崔朝庆进呈《一得阁算书》十九种计八册、《浙江嘉兴府水道图》一种四册。国子监代奏。处理:交总理衙门,奉旨:"著将原书原图交总理各国事务衙门王、大臣阅看。"（早事档）、（上谕档）、（国子监代奏原折）

　　7/30/2　南学肄业生安徽举人陈体慈条陈。国子监代奏。（国子监代奏原折）

　　7/30/3　宗人府汉主事陈懋鼎条陈（呈片各一件）。宗人府代奏。处理:八月初一日奉旨"存",并送慈禧太后。[2]（随手档）、（上谕档）

　　7/30/4　三品衔兵部候补郎中何成浚条陈请编俄国彼得、英国维多利亚、德国威林(威廉)、日本睦仁四君事绩并请择硕辅总握其枢。[3]兵部代奏。处理:八月初二日奉旨"存",并送慈禧太后。（随手档）、（上谕

---

〔1〕 傅式煌条陈见《军机处录副·光绪朝·内政类·戊戌变法项》,3/108/5616/39。原折日期为七月二十八日。

〔2〕 《上谕档》八月初一日军机处奏片将代奏日期误称为"二十日宗人府奏"。

〔3〕 何成浚条陈见《军机处录副·光绪朝·内政类·戊戌变法项》,3/108/5616/43。原折日期为七月三十日。

档）、（兵部代奏原件）

7/30/5　会典馆校对知府用四品衔兵部候补郎中李钟豫条陈裁汰冗员请从大臣及实缺官员为始。[1] 兵部代奏。处理：八月初二日奉旨"存"，并送慈禧太后。（随手档）、（上谕档）、（兵部代奏原件）

7/30/6　兵部学习主事黄维翰条陈。兵部代奏。处理：八月初二日奉旨"存"，并送慈禧太后。（随手档）、（上谕档）

7/30/7　户部小京官邢汝霖条陈。户部代奏。处理：八月初二日奉旨"存"，并送慈禧太后。（随手档）、（上谕档）

7/30/8　内阁中书郑宝谦条陈。内阁代奏。处理：八月初二日奉旨"存"，并送慈禧太后。（随手档）、（上谕档）

7/30/9　工部主事金蓉镜条陈及附片。工部代奏。（随手档）

八月初一日（9月16日）

8/1/1　户部主事蔡镇藩条陈请审官定职。[2] 户部代奏。处理：当日奉明发谕旨："户部奏代递主事蔡镇藩请审官定职以成新政一折。朕详加披阅，除御史规复巡按旧制、各关监督改为关道两节应毋庸议外，其余所陈各条，具有条理，深得综核名实之意，可以见诸施行。著军机大臣会同大学士、各部院并翰林、科、道各官详议具奏。"该条陈并送慈禧太后。（随手档）、（上谕档）

8/1/2　钟开寿条陈。户部代奏。（随手档）

8/1/3　陈文领条陈。户部代奏。（随手档）

8/1/4　户部候补主事郑文钦请甄别司员由殿试以拔真才。[3] 户部代奏。（随手档）

8/1/5　孔繁萨条陈。户部代奏。（随手档）

---

〔1〕　李钟豫条陈见《戊戌变法档案史料》，第184—186页。原折日期为七月三十日。

〔2〕　蔡镇藩条陈见《戊戌变法》，第2册，第381—392页。又该件为节本，原件见《军机处录副·补遗·戊戌变法项》，3/168/9451/52。原折日期为七月三十日。

〔3〕　郑文钦条陈见《军机处录副·补遗·戊戌变法项》，3/138/9451/53。原折日期为七月三十日。

8/1/6　吴锡霬条陈。户部代奏。(随手档)

8/1/7　礼部候补主事罗凤华条陈。礼部代奏。(随手档)、(礼部代奏原件)

8/1/8　编修柯劭忞等条陈。都察院代奏。(随手档)、(都察院代奏原件)

8/1/9　候选内阁中书龙建章条陈。都察院代奏。(都察院代奏原件)

8/1/10　江西广信府广丰县拔贡候选直隶州州判顾沛章条陈兴水利广储粮编团练造印花税四事。[1] 都察院代奏。(都察院代奏原件)

8/1/11　江苏补用通判俞凤琴条陈。都察院代奏。(都察院代奏原件)

8/1/12　福建大挑知县黄遵楷条陈请设善堂。[2] 都察院代奏。(都察院代奏原件)

8/1/13　试用知县范敬端条陈。都察院代奏。(都察院代奏原件)

8/1/14　拣用知县黄嵩裴条陈请准自费选带学生游学美国。[3] 都察院代奏。(都察院代奏原件)

8/1/15　教习知县李文诏条陈。都察院代奏。(都察院代奏原件)

8/1/16　河南举人何兰芬条陈。都察院代奏。(都察院代奏原件)

8/1/17　浙江拔贡刘富槐条陈。都察院代奏。(都察院代奏原件)

8/1/18　广东拔贡陈业骏条陈。都察院代奏。(都察院代奏原件)

8/1/19　广西拔贡黄玉培条陈。都察院代奏。(都察院代奏原件)

8/1/20　浙江拔贡姚祖义条陈。都察院代奏。(都察院代奏原件)

8/1/21　山东拔贡徐问点等条陈。都察院代奏。(都察院代奏原件)

---

〔1〕　顾沛章条陈见《戊戌变法档案史料》,第115—118页。原折日期仅注为"七月"。

〔2〕　黄遵楷条陈见《军机处录副·补遗·戊戌变法项》,3/168/9451/33。原折日期为七月二十九日。又黄折称该折附有"清折一扣片一件",未见。

〔3〕　黄嵩裴条陈见《军机处录副·光绪朝·文教类·学校项》,3/146/7210/15,原折日期为七月三十日。

8/1/22　浙江廪生董亮条陈。都察院代奏。（都察院代奏原件）

8/1/23　江西副贡祝寿钦条陈。都察院代奏。（都察院代奏原件）

8/1/24　江西优贡沈兆祎条陈。都察院代奏。（都察院代奏原件）

8/1/25　直隶廪膳生胡麟翰条陈。都察院代奏。（都察院代奏原件）

8/1/26　直隶附生孔庆禄条陈。都察院代奏。（都察院代奏原件）

8/1/27　直隶附生苏兆奎条陈。都察院代奏。（都察院代奏原件）

8/1/28　优贡唐玉书等条陈。都察院代奏。（都察院代奏原件）

8/1/29　前光禄寺署正廖廉能条陈另书一本。都察院代奏。（都察院代奏原件）

8/1/30　直隶州判钱维骥条陈。都察院代奏。（都察院代奏原件）

8/1/31　山西拔贡延嵩寿条陈。都察院代奏。（都察院代奏原件）

8/1/32　贵州举人乐嘉藻条陈。都察院代奏。（都察院代奏原件）

8/1/33　翰林院编修汪凤梁请鼓励自备资斧出洋学习[1]翰林院代奏。（随手档）、（翰林院代奏原件）

8/1/34　翰林院编修关冕钧条陈请州县收阅词讼改变方法[2]翰林院代奏。（随手档）、（翰林院代奏原件）

8/1/35　翰林院庶吉士傅增湘兴办矿务变通旧章。翰林院代奏。处理：八月初五日军机处"签拟办法，恭呈慈览。俟发下后，再行办理"。该日送慈禧太后。（随手档）、（上谕档）、（翰林院代奏原件）

8/1/36　交总理衙门，军机大臣面奉谕旨："总理各国事务衙门奏进呈候选守备张震所著《炮法演题》一折，著将原书发交袁世凯、袁祖礼阅看，各具说帖，由该衙门呈览。"（上谕档）[3]

八月初二日(9月17日)

8/2/1　会典馆校对知府用四品衔兵部候补郎中李钟豫请暂缓天津

---

〔1〕　汪凤梁条陈见《戊戌变法档案史料》，第305—306页。原折日期为八月初一日。

〔2〕　关冕钧条陈见《军机处录副·补遗·戊戌变法项》，3/168/9454/55。原折无日期。

〔3〕　张震条陈进呈日期未查明。

阅操。[1] 兵部代奏。处理：当日奉旨"存"，并送慈禧太后。（随手档）、（上谕档）、（兵部代奏原件）

8/2/2　内阁候补中书曹广权条陈畿辅水利营田。[2] 内阁代奏。（随手档）

8/2/3　许邓起枢条陈。翰林院代奏。（随手档）[3]

8/2/4　翰林院编修黄绍第编辑近时政书折、请责令督抚以苏民困折、请就各省会馆改置中小学堂片。[4] 翰林院代奏。处理：八月初五日军机处"签拟办法，恭呈慈览。俟发下后，再行办理"。该日送慈禧太后。（随手档）、（上谕档）、（翰林院代奏原件）

8/2/5　翰林院编修宗室宝熙条陈大政宜公开、设农矿等局额缺、总署学堂设额缺、停捐纳、教民编籍。[5] 翰林院代奏。（随手档）、（翰林院代奏原件）

8/2/6　五品衔吏部主事关榕祚请重用康有为。[6] 吏部代奏。处理：当日奉旨"存"，并送慈禧太后。（随手档）、（上谕档）、（吏部代奏原件）

8/2/7　联启条陈。刑部代奏。（随手档）

8/2/8　高祖培条陈。刑部代奏。（随手档）

8/2/9　奎彰条陈。刑部代奏。（随手档）

8/2/10　国子监学习监丞高向瀛条陈请停捐纳并行厚禄。[7] 国子监代奏。（随手档）、（国子监代奏原件）

8/2/11　国子监南学肄业生杨儒书条陈乡会试考官阅卷草率。[8] 国子监代奏。（随手档）、（国子监代奏原件）

---

〔1〕 李钟豫条陈见《军机处录副·补遗·戊戌变法项》，3/168/9453/23。原折日期为八月初二日。

〔2〕 曹广权条陈见《军机处录副·补遗·戊戌变法项》，3/168/9453/11。原折日期为八月初一日。

〔3〕 该日军机处《随手档》附记："未发下，初三日见面带下。"

〔4〕 黄绍第第二折见《戊戌变法档案史料》，第129—132页。原折日期为八月初一日。

〔5〕 宝熙条陈见《戊戌变法档案史料》，第125—129页。原折日期为八月初一日。

〔6〕 关榕祚条陈见《戊戌变法档案史料》，第167页。原折日期为八月初二日。

〔7〕 高向瀛条陈见《戊戌变法档案史料》，第193—194页。原折日期为八月初一日。

〔8〕 杨儒书条陈见《军机处录副·补遗·戊戌变法项》，3/168/9453/1。原折日期为八月初一日。

8/2/12　无名附片请在潮州办团练,经费由鸦片捐、戏班捐、沙田捐、自来水捐、电灯捐出。[1]

八月初三日(9月18日)

8/3/1　三品衔道员用江苏松江知府濮子潼条陈请优礼伊藤博文饬总理衙门大臣密问彼国维新诸政次第,附片请将新政令张之洞参与。[2]处理:当日奉旨"存",并送慈禧太后。(随手档)、(上谕档)

8/3/2　总理衙门章京、刑部主事张元济请慎选办理新政人员[3]总理衙门代奏。处理:当日奉旨"存",并送慈禧太后。(随手档)、(上谕档)、(总理衙门代奏原件)

8/3/3　户部学习主事耿道冲请设保险公司保护内地教堂。[4]耿道冲条陈另一件。户部代奏。处理:前一件由军机处"签拟办法,恭呈慈览,俟发下后,再行办理";后一件当日奉旨"存"。两件当日送慈禧太后。八月初七日,交总理衙门,奉旨:"内阁等衙门奏代递中书胡元泰、主事耿道冲各折,呈请仿设保险公司,并令各国教堂在中国保险等语。是否可行,著总理各国事务衙门妥议具奏。"(随手档)、(上谕档)、(户部代奏原件)

8/3/4　户部候补主事闵荷生请以张之洞为首相并请励将、筹银、东三省铁路事,并片请令各省在京官员照奉直八旗学堂之例,将在京会馆限期改为学堂。[5]户部代奏。处理:前一件当日奉旨"存";后一件由军机

---

[1] 该附片已与正折分离,末尾注明八月初二日,看来上该条陈者也不明当时的官文书规定,附片一般不署日期。他是一个官场核心以外的人,其姓名与代奏时间尚难以考证。该附片见《军机处录副·补遗·戊戌变法项》,3/168/9453/12。

[2] 濮子潼条陈、附片见《戊戌变法档案史料》,第12—13页,第168页。原折日期为八月初三日。此人原为军机章京,故在《随手档》中看不出代奏机构。很可能是其本人或托旧友上呈军机大臣的。

[3] 张元济条陈见《戊戌变法档案史料》,第195—196页。原折日期为八月初三日。

[4] 耿道冲条陈见《军机处录副·补遗·戊戌变法项》,3/168/9453/18。原折日期为八月初二日。

[5] 闵荷生该呈见《戊戌变法档案史料》,第132—133页。原折日期为八月初二日。附片见《军机处录副》补遗21戊戌变法项,3/168/9453/20。

处"签拟办法,恭呈慈览,俟发下后,再行办理"。两件皆当日送慈禧太后。八月初七日,交孙家鼐,奉旨:"户部代递主事闵荷生条陈请将京城各省会馆改设中、小学堂等语,著孙家鼐酌核办理。"八月二十六日,孙家鼐议复"应毋庸议"。(随手档)、(上谕档)、(户部代奏原件)、(孙家鼐原片)

8/3/5　拣选知县栓格条陈。都察院代奏。(随手档)、(都察院代奏原件)

8/3/6　候选中书龙建章条陈。都察院代奏。(随手档)、(都察院代奏原件)

8/3/7　蓝翎五品顶带分发山西补用通判郭连山条陈请将玉牒大差改用铁路可费数百万。都察院代奏。该条陈贴有签条:"州县籍差苛派自应严查。但所称需款数百万亦系悬揣之词。拟请旨'存'。"[1](随手档)、(都察院代奏原件)

8/3/8　四川举人敬传璧请敕部立法对未入学者等罚款以充经费。[2] 都察院代奏。(随手档)、(都察院代奏原件)

8/3/9　浙江举人陈洛东条陈。都察院代奏。(随手档)、(都察院代奏原件)

8/3/10　贵州举人傅夔条陈。都察院代奏。(随手档)、(都察院代奏原件)

8/3/11　贵州拔贡乐嘉藻条陈。都察院代奏。(随手档)、(都察院代奏原件)

8/3/12　江西拔贡黄云冕条陈。都察院代奏。(随手档)、(都察院代奏原件)

8/3/13　浙江拔贡唐鉴条陈。都察院代奏。(随手档)、(都察院代奏原件)

---

〔1〕 郭连山条陈及军机章京签条见《军机处录副·光绪朝·内政类·戊戌变法项》,3/108/5617/2。原折日期为八月初二日。
〔2〕 敬传璧条陈见《军机处录副·补遗·戊戌变法项》,3/168/9453/16。原折日期为八月初二日。

8/3/14　安徽太平县优贡教职陈继良请收抚游民以杜教案。[1] 都察院代奏。(随手档)、(都察院代奏原件)

8/3/15　江西优贡就职候选训导沈兆祎请各省遍设报馆、各省外销款项请编出入表。[2] 都察院代奏。(随手档)、(都察院代奏原件)

8/3/16　浙江廪贡徐乃嘉条陈。都察院代奏。(随手档)、(都察院代奏原件)

8/3/17　候补把总倪镇清等条陈。都察院代奏。(随手档)、(都察院代奏原件)

8/3/18　湖南布衣杨炽昌条陈。都察院代奏。(随手档)、(都察院代奏原件)

8/3/19　军机章京鲍心增呈请保举人才宜令同乡京官出具保状。[3] (随手档)

八月初四日(9月19日)

8/4/1　四川京官杨锐、骆成骧、高枬、王乃征、李征庸、傅增湘、乔树枬、曾鉴、汪世杰、郭灿、王荃善、高树、聂兴圻、蔡镇藩等请设立蜀学堂。[4] 管理大学堂大臣孙家鼐代奏。处理:当日奉明发上谕:"孙家鼐奏四川京官四品卿衔内阁候补侍读杨锐等,呈请于京师设立蜀学堂,专教京员子弟及留京举贡生监据呈代奏一折。川省地属边远,学堂规模诚恐未易遽臻美备。现经该省京员,就京师建立学堂,以开风气,京员举贡学业有成,即可为乡里师资,所拟办法亦甚切实,杨锐等均著传旨嘉奖。所有捐银二万两之二品顶戴记名道李征庸,关心时务,慨输巨款,洵属好义急

---

〔1〕 陈继良条陈见《军机处录副·补遗·戊戌变法项》,3/168/9453/14。原折日期为八月初二日。

〔2〕 沈兆祎前一条陈见《戊戌变法档案史料》,第457—458页,后一条陈见《军机处录副·补遗·戊戌变法项》,3/168/9453/13。原折日期皆为八月初二日。

〔3〕 鲍为军机章京,《随手档》上未注明由何机构代奏,反写有小字"见面带上"。当属军机大臣见面时带上的。

〔4〕 杨锐等条陈见《戊戌变法档案史料》,第306—308页。原折日期为八月初三日。

公,著赏给头品顶带。直隶津海关道李岷琛捐银二千两,云南候补道韩
铣、兵部主事陈时利各捐银一千两,著一并传旨嘉奖。余照所拟办理。该
部知道。"该呈当日送慈禧太后。(随手档)、(上谕档)

8/4/2　大学堂提调、翰林院编修骆成骧请先定宰辅[1]管理大学
堂大臣孙家鼐代奏。(孙家鼐代奏原折)

8/4/3　宗人府主事宗室文榘条陈请以考试替代京察、宗学、八旗官
学及京城各义塾聘请西学教习、官员士民出国游历由总理衙门给予护
照。[2]宗人府代奏。(随手档)

8/4/4　吏部候补主事韦锦恩条陈裁武职以办民团、征收杜浮冒、除
死刑犯外其余罪犯准其当工以赎。[3]吏部代奏。(随手档)、(吏部代奏
原件)

8/4/5　礼部额外主事史悠瑞请改革水陆军制并设军医院。[4]礼部
代奏。(随手档)、(礼部代奏原件)

8/4/6　户部候补郎中张仁溥条陈改试策论必先严考官、出使人员须
有外交实绩、各关等机构收银元以防毁铜钱。[5]户部代奏。(随手档)、
(户部代奏原件)

8/4/7　户部候补主事陶福履请将运丁屯地变价充饷。条陈后有军
机章京所拟签条:"屯田征租已奉旨派奕劻、孙家鼐会同户部妥议具奏。
所称变价一节,似觉诸多窒碍。应请毋庸置议。"[6]户部代奏。(户部代
奏原件)

8/4/8　四品衔户部学习主事前出使英、法、义、比国随员陈星庚条陈

〔1〕骆成骧条陈见《戊戌变法档案史料》,第197—199页。原折日期为八月初四日。
〔2〕文榘条陈见《戊戌变法档案史料》,第136—137页。原折日期为八月初四日。
〔3〕韦锦恩条陈见《戊戌变法档案史料》,第137—139页。原折日期为八月初四日。
〔4〕史悠瑞条陈见《戊戌变法档案史料》,第363页。原折日期为八月初三日。
〔5〕张仁溥条陈见《军机处录副·补遗·戊戌变法项》,3/168/9453/52。原折日期为八月
　　初三日。
〔6〕陶福履条陈见《军机处录副·光绪朝·内政类·其他项》,3/111/5735/572,原折日期
　　为八月初三日。

更历法以顺天时、培八旗以固邦本、联舆国以借人才（聘请英国政治家数人）[1]。户部代奏。（户部代奏原件）

8/4/9　户部候补主事丁乃安条陈请将天津阅操改在南苑进行，内安慈圣之起居，外杜强邻之潜伺[2]。户部代奏。（户部代奏原件）

8/4/10　户部候补主事徐树昌条陈变法尤当变心、陆军宜精练、将材宜亟求、畿辅开水田、学习欧洲制造[3]。户部代奏。（户部代奏原件）

8/4/11　户部江西司学习主事杜德兴条陈请整顿民团[4]。户部代奏。（户部代奏原件）

8/4/12　五品衔刑部主事余和壎条陈京城修理街道请用西法办官督商办公司并借比利时款三百万，附清单一件[5]。刑部代奏。（随手档）、（刑部代奏原件）

8/4/13　刑部主事杨承恩条陈：一、昭信股票不应停办；二、整顿厘金；三、铁路矿务设法招股；四、教堂应设保险；五、京师设煤气灯[6]。刑部代奏。（随手档）、（刑部代奏原件）

8/4/14　京察一等道府用工部营缮司郎中福润条陈请派总理衙门大臣、大学堂管学大臣、农工商总局总办往伊藤博文处同询日本明治维新一切，亟求日本各学新法；并片请驻外使馆翻译各国最新发明[7]。工部代奏。（随手档）、（工部代奏原件）

〔1〕　陈星庚条陈见《军机处录副·补遗·戊戌变法项》，3/168/9453/53。原折日期为八月初三日。
〔2〕　丁乃安条陈见《军机处录副·补遗·戊戌变法项》，3/168/9453/41。原折日期为八月初三日。
〔3〕　徐树昌条陈见《军机处录副·补遗·戊戌变法项》，3/168/9453/49。原折日期为八月初三日。
〔4〕　杜德兴条陈见《军机处录副·补遗·戊戌变法项》，3/168/9453/42。原折日期为八月初三日。
〔5〕　余和壎条陈见《军机处录副·补遗·戊戌变法项》，3/168/9454/26。原折无日期。
〔6〕　杨承恩条陈见《军机处录副·补遗·戊戌变法项》，3/168/9453/33。原折日期为八月初四日。
〔7〕　福润前一条陈见《军机处录副·补遗·戊戌变法项》，3/168/9453/54，后一附片见《戊戌变法档案史料》，第458页。原折日期皆为八月初三日。

8/4/15　工部候补郎中林鹤年条陈。工部代奏。（工部代奏原件）

8/4/16　工部候补员外郎秦树声条陈。工部代奏。（工部代奏原件）

8/4/17　工部候补主事张润条陈两件：请推广学堂先改八旗官学，请按银一两折钱两千纳税以苏民困。[1] 工部代奏。（工部代奏原件）

8/4/18　工部都水司员外郎衔候补主事钱振清条陈帝德宜法祖、内政宜维新、外交宜推陈、河工宜变通四事。[2] 工部代奏。（工部代奏原件）

8/4/19　工部候补主事郑瀚光条陈(折片各一件)。工部代奏。（工部代奏原件）

8/4/20　工部候补主事吕传恺条陈责成保举、慎选州县、复设巡按、先练团练、民教一体保护。[3] 另片一件。工部代奏。（工部代奏原件）

8/4/21　工部主事梁芝荣条陈请设立保商会。[4] 工部代奏。（工部代奏原件）

8/4/22　工部七品候补笔帖式宝信条陈请下旨停止一切捐纳。[5] 工部代奏。（工部代奏原件）

8/4/23　翰林院编修、记名御史黄曾源条陈借才非现在所宜；伊藤不宜优礼；请和俄以疑英日。[6] 翰林院代奏。处理：均奉旨"存"，并送慈禧太后。（随手档）、（上谕档）、（翰林院代奏原件）

---

〔1〕 张润改八旗官学条陈见《军机处录副·补遗·戊戌变法项》，3/168/9459/8，银钱定制条陈见《军机处录副·光绪朝·财政类·其他项》，3/137/6689/75。原折皆无日期。

〔2〕 钱振清条陈见《军机处录副·补遗·戊戌变法项》，3/168/9453/31。原折日期为八月初二日。

〔3〕 吕传恺条陈见《军机处录副·补遗·戊戌变法项》，3/168/9459/9。原折无日期。

〔4〕 梁芝荣条陈见《军机处录副·补遗·戊戌变法项》，3/168/9453/50。原折日期为八月初三日。

〔5〕 宝信条陈见《军机处录副·补遗·戊戌变法项》，3/168/9459/7。原折无日期。

〔6〕 黄曾源借才非宜条陈见《戊戌变法档案史料》，第168—169页。原折日期为八月初四日。"请和俄以疑英日"附片见《军机处录副·补遗·戊戌变法项》，3/168/9456/22，该件无署名无日期，是我根据笔迹及内容判断其为黄曾源的附片。

8/4/24　翰林院庶吉士陈骧条陈化陋规为经费在天津办学[1] 翰林院代奏。(随手档)、(翰林院代奏原件)

8/4/25　分省补用道、总理衙门章京朱棨济条陈保护地方等十策[2] 总理衙门代奏。(随手档)、(总理衙门代奏原折)

8/4/26　前秘鲁参赞直隶候补知县谢希傅条陈请派忠贤咨访伊藤博文、请裁各衙门书吏[3]并片请广种咖啡以供出口[4] 总理衙门代奏。(随手档)、(总理衙门代奏原折)

八月初五日(9月20日)

8/5/1　文举人候补笔帖式三品宗室荣霖条陈请京师与各地铸造银元[5] 宗人府代奏。(宗人府代奏原件)

8/5/2　内阁候补中书赵镇条陈两件,其中一件为推广稻田以京畿开始[6] 内阁代递。(内阁代奏原件)[7]

8/5/3　户部候补主事杨祖兰请厘金改由商局商会筹办[8] 户部代奏。(随手档)

---

〔1〕 陈骧条陈见《戊戌变法档案史料》,第133—135页。原折日期为八月初四日。

〔2〕 朱棨济条陈见《军机处录副·补遗·戊戌变法项》,3/168/9453/51。原折日期为八月初三日。

〔3〕 谢希傅条陈见《军机处录副·补遗·戊戌变法项》,前一条陈为3/168/9457/90,原折日期仅写为"八月";后一条陈为3/168/9453/47,原折日期为八月初三日。

〔4〕 该附片见《军机处录副·补遗·戊戌变法项》,3/168/9454/56,无署名无日期。据《戊戌变法档案史料》未选目录称"直隶候选知县请倡办栽种咖啡以补利权片,光绪二十四年八月初三日",意指为谢希傅条陈之附片,此为当时折片未分离之状况。又将该片与前折字迹相对,故放于此。

〔5〕 荣霖条陈见《军机处录副·光绪朝·内政类·戊戌变法项》,3/108/5617/6。原折日期为八月初五日。

〔6〕 赵镇推广稻田条陈见《军机处录副·补遗·戊戌变法项》,3/168/9455/16。原折日期为八月初五日。

〔7〕 当日军机处《随手档》称内务府代奏条陈两件,未录姓名,而无当日内阁代奏的记载。查当日军机处《早事档》记"内阁代递封奏两件",而无内务府的记载。可见《随手档》将"内阁"误为"内务府"。

〔8〕 杨祖兰条陈见《戊戌变法档案史料》,第420—422页。原折日期为八月初五日。

8/5/4　户部代奏条陈一件。

8/5/5　户部代奏条陈一件。[1]

8/5/6　记名理事同通兵部委署主事敦崇条陈开铁路广树艺练海军造器械。[2] 兵部代奏。（随手档）

8/5/7　兵部候补主事邬质义条陈认真考试武员以拔将才。[3] 兵部代奏。（随手档）

8/5/8　兵部职方司学习主事曾炳熿条陈请调张之洞入京，入赞廷枢，主持新政;附片请翰林院编修、检讨可捐俸保送各部员外郎。[4] 兵部代奏。（随手档）

8/5/9　兵部候补主事费德保条陈京师修路巡街自来水事，另条陈兵部堂官、司员对于武职的考查。[5] 兵部代奏。（随手档）

8/5/10　花翎五品顶带兵部笔帖式来存条陈请保留南漕。[6] 兵部代奏。（随手档）

8/5/11　兵部代奏条陈一件。[7]

8/5/12　花翎二品顶带北洋委用道傅云龙请在京师设立武学堂训练旗营以练德操洋枪、请统一度量衡。[8] 总理衙门代奏。（总理衙门代奏原件）

————————

〔1〕 据该日《随手档》、《早事档》皆称该日户部代奏三件，但在《随手档》未录人名，除在档案中找到一件外，此两件不知何人所上。

〔2〕 敦崇条陈见《戊戌变法档案史料》，第 144—145 页。原折日期为八月初五日。

〔3〕 邬质义条陈见《军机处录副·补遗·戊戌变法项》，3/168/9455/19。原折日期为八月初五日。《戊戌变法档案史料》未选目录将其职衔误为"户部候补主事"。

〔4〕 曾炳熿条陈分见于《军机处录副·补遗·戊戌变法项》，3/168/9455/12、13。原折日期为八月初五日。

〔5〕 费德保条陈分见于《军机处录副·补遗·戊戌变法项》，3/168/9455/14、15。原折日期皆为八月初五日。

〔6〕 来存条陈见《军机处录副·补遗·戊戌变法项》，3/168/9455/19。原折日期为八月初五日。

〔7〕 据该日《随手档》、《早事档》皆称该日兵部代奏六件，但在《随手档》未录人名，除在档案中找到五件外，此件不知何人所上。

〔8〕 傅云龙条陈分见于《军机处录副·补遗·戊戌变法项》，3/168/9454/14、36。原折日期皆为八月初四日。

8/5/13　总理衙门代奏一件。

8/5/14　总理衙门代奏一件。[1]

8/5/15　翰林院庶吉士傅增湘条陈请将教案编纂成书下发各地。[2]翰林院代奏。（翰林院代奏原件）

8/5/16　都察院满都事兼经历长庆请八旗官学配备中学图书并以中学为体。[3]都察院代奏。（都察院代奏原件）

8/5/17　镶白旗蒙古生员诚勤条陈两件：一、劾管学编修陆钟琦反对新政限制学习西学等事并请各官学设西学教习；二、上书时受佐领为难事请饬下各都统明白晓谕。[4]都察院代奏。（都察院代奏原件）

8/5/18　翰林院编修柯劭忞等陈。都察院代奏。（都察院代奏原件）

8/5/19　候选郎中陈时政请开设上下议院并留伊藤博文参预新政。[5]都察院代奏。（都察院代奏原件）

8/5/20　三品衔候选道前湖北黄州知府高蔚光请消除门户并删除繁文缛节，并附片两件：广西土匪将扰及湖南、贵州请加设防；京师修浚河道请查明铺户后再行。[6]都察院代奏。（都察院代奏原件）

8/5/21　湖北试用知县卢绍植条陈练兵事宜八项。[7]都察院代奏。（都察院代奏原件）

8/5/22　四川大挑教职万科进条陈求贤佐改兵制练海军颁则例。[8]

---

〔1〕　据该日《随手档》、《早事档》皆称该日总理衙门代奏三件，但在《随手档》未录人名，除在总理衙门代奏原折上看到一件的记录外，此两件不知何人所上。

〔2〕　傅增湘条陈见《军机处录副·补遗·戊戌变法项》，3/168/9455/25。原折日期为八月初五日。

〔3〕　长庆条陈见《戊戌变法档案史料》，第311—312页。原折日期为八月初四日。

〔4〕　诚勤前一条陈见《戊戌变法档案史料》，第312页；后一条陈见《军机处录副》补遗21戊戌变法项，3/168/9454/17。原折日期皆为八月初四日。

〔5〕　陈时政条陈见《戊戌变法档案史料》，第196—197页。原折日期为八月初四日。

〔6〕　高蔚光条陈见《戊戌变法档案史料》，第14页，附片见《军机处录副·补遗·戊戌变法项》，3/168/9454/31，32。原折日期皆为八月初四日。

〔7〕　卢绍植条陈见《戊戌变法档案史料》，第368—371页。原折日期为八月初五日。

〔8〕　万科进条陈见《军机处录副·补遗·戊戌变法项》，3/168/9454/34。原折日期为八月初四日。

都察院代奏。（都察院代奏原件）

8/5/23　直隶举人邹国桢条陈。都察院代奏。（都察院代奏原件）

8/5/24　贵州平越州余庆县举人余坤培请集资归公发商以兴商务并办理民团。[1]　都察院代奏。（都察院代奏原件）

8/5/25　贵州举人胡东昌请去贿赂条子之弊并选理财管兵之材，并片请总督专管练兵并诛叶志超等人以昭炯戒。[2]　都察院代奏。（都察院代奏原件）

8/5/26　教习知县广西举人李文诏条陈请调张之洞、陈宝箴入京主政并请改明年为维新元年。[3]　都察院代奏。（都察院代奏原件）

8/5/27　举人拣选知县廖润鸿条陈学堂团练农工商务应州县划一。[4]　都察院代奏。（都察院代奏原件）、（《随手档》记为初六日）

8/5/28　四川叙州府富顺县举人卢庆家条陈请定限以清公务，并片请各省督抚将灾荒电报都察院。[5]　都察院代奏。（都察院代奏原件）、（《随手档》记为初六日）

8/5/29　考取教习举人李海恩条陈。都察院代奏。（都察院代奏原件）、（《随手档》记为初六日）

8/5/30　候选主事举人孔昭莱条陈用人理财兵制三大策。[6]　都察院代奏。（都察院代奏原件）

8/5/31　安徽拔贡高溥昌条陈。都察院代奏。（都察院代奏原件）

---

[1]　余坤培条陈见《戊戌变法档案史料》，第139—141页。原折日期为八月初四日。

[2]　胡东昌条陈见《戊戌变法档案史料》，第199—200页，第364页。原折日期为八月初四日。

[3]　李文诏条陈见《军机处录副·光绪朝·内政类·戊戌变法项》，3/108/5617/27。原折无日期。

[4]　廖润鸿条陈见《戊戌变法档案史料》，第142—144页。原折日期为八月初四日。

[5]　卢庆家条陈见《戊戌变法档案史料》，第200—202页，附片见《军机处录副·补遗·戊戌变法项》，3/168/9454/12。原折日期为八月初四日。

[6]　孔昭莱条陈见《军机处录副·补遗·戊戌变法项》，3/168/9454/29。原折日期为八月初四日。

8/5/32　广东肇庆府拔贡伍梅条陈整顿吏治方法权操于上论公于下。[1] 都察院代奏。（都察院代奏原件）

8/5/33　四川拔贡梁正麟条陈天津阅操请轻车简从、微行密查、皇太后止辇停銮,并请在出行期间慎简亲贵王公等监国。[2] 都察院代奏。（都察院代奏原件）、（《随手档》记为初六日）

8/5/34　考取八旗官学汉教习候选直隶州州判江苏拔贡田其田条陈请令各县测绘地图以利农业。[3] 都察院代奏。（都察院代奏原件）

8/5/35　贵州拔贡吴绳武条陈免除衙规、允民间开矿、限制官绅奢华。[4] 都察院代奏。（都察院代奏原件）

8/5/36　候选训导沈兆祎请参照西法在各省设善堂。[5] 都察院代奏。（都察院代奏原件）

8/5/37　山西太原府太谷县监生温廷复条陈京师设劝工厂银元局仿洋街设巡捕。[6] 都察院代奏。（都察院代奏原件）

8/5/38　直隶顺天府大兴县生员杨赞清条陈三件:士民上书若无同乡官具结,分别情况可以上书,并请派各省采访使;各省各地方有教堂教会者,派熟悉公法练达时务者治理;整理京师街道。[7] 都察院代奏。（都察院代奏原件）

---

〔1〕 伍梅条陈见《军机处录副·补遗·戊戌变法项》,3/168/9456/10。原折日期为八月初六日,查军机处《随手档》亦注明为"初六日",此初五日上奏时间据都察院代奏原折。其时间差错的原因可能是,伍梅按当时的习惯提前写了上奏日期,而军机处在登录时又据伍梅之原折。

〔2〕 梁正麟条陈见《军机处录副·光绪朝·内政类·戊戌变法项》,3/108/5617/5。原折日期为八月初四日。

〔3〕 田其田条陈见《军机处录副·补遗·戊戌变法项》,3/168/9454/6。原折日期为八月初四日。

〔4〕 吴绳武条陈见《军机处录副·补遗·戊戌变法项》,3/168/9459/6。原折无日期。

〔5〕 沈兆祎条陈见《军机处录副·补遗·戊戌变法项》,3/168/9454/28。原折日期为八月初四日。

〔6〕 温廷复条陈见《戊戌变法档案史料》,第141—142页。原折日期为八月初四日。

〔7〕 杨赞清三条陈见《军机处录副·补遗·戊戌变法项》,3/168/9453/44、45、48。原折日期为八月初三日。

8/5/39 顺天民人杨可久条陈请仿湖北等地由顺天府设局收买银元以平其价。[1] 都察院代奏。(都察院代奏原件)

8/5/40 内阁候补中书赵镇条陈两件。内阁代奏。(内阁代奏原件)

八月初六日(9 月 21 日)

8/6/1 正蓝旗二等辅国将军溥绶条陈。宗人府代奏。(随手档)、(宗人府代奏原件)

8/6/2 四品宗室文举人候补笔帖式续昌条陈西国之法不足以仿效。[2] 宗人府代奏。(随手档)、(宗人府代奏原件)

8/6/3 翰林院编修于受庆条陈。翰林院代奏。(随手档)、(翰林院代奏原件)

8/6/4 翰林院检讨江春霖条陈请以捐班考试录用定限三年。[3] 翰林院代奏。(随手档)、(翰林院代奏原件)

8/6/5 户部贵州司员外郎恩裕请满汉文武皆习兵法以储将才、请重金聘用西人翻译西书。[4] 另片一件。户部代奏。(随手档)、(户部代奏原折)

8/6/6 兵部学习员外郎祁师曾条陈聘用伊藤博文、建陆军大学堂、保护利权等事。[5] 兵部代奏。(随手档)、(兵部代奏原折)

8/6/7 兵部候补主事杨芾条陈请详绘各国各省地图,并片两件:请令出使大臣派员随时察访各国一切,电总理衙门,由总理衙门汇齐编表,

---

[1] 杨可久条陈见《军机处录副·补遗·戊戌变法项》,3/168/9457/88。原折日期仅书为"八月"。

[2] 续昌条陈见《军机处录副·补遗·戊戌变法项》,3/168/9456/11。原折日期为八月初六日。

[3] 江春霖条陈见《戊戌变法档案史料》,第 204—205 页。原折日期为八月初五日。

[4] 恩裕条陈见《戊戌变法档案史料》,第 364—367 页,第 458—460 页。原折日期为八月初五日。

[5] 祁师曾条陈见《军机处录副·补遗·戊戌变法项》,3/168/9456/8。原折日期为八月初六日。

按季编册发印,以便士子考章参阅;各省统计兵勇.[1] 兵部代奏。(随手档)、(兵部代奏原折)

8/6/8 兵部学习主事唐樾森条陈:一、铸银币;二、责令词臣(翰林院等)翻译西书;三、矿务官员有专折上奏权;四、分段修铁路;五、仿瑞典国修水闸;六、轻罪犯人可罚款代刑;七、学额移至学堂;八、藩司之照磨、府同通之知事,道府州之库仓大使、州县之主簿、巡检、驿丞等可改为保护教堂的专官;九、兵丁集中镇压匪徒;十、赈灾以防民造反.[2] 兵部代奏。(随手档)、(兵部代奏原折)

8/6/9 兵部学习七品小京官程鹏进呈沿海七省险要图、通筹海防全局策并请随使出访日本游学.[3] 兵部代奏。(随手档)、(兵部代奏原折)

8/6/10 刑部学习主事张宝琛条陈两件:一、中外交涉宜编定则例援案办理;二、编教民诘奸民保富民.[4] 刑部代奏。(随手档)、(刑部代奏原件)

8/6/11 刑部主事冯镜濂条陈:一、设田土局以注册产业;二、开民智以利内政外交;三、以民事重于军国大计。另议漕粮改折、改官场陋习、延聘日本人才、学堂求实.[5] 刑部代奏。(随手档)、(刑部代奏原件)

8/6/12 刑部候补郎中英秀条陈南漕改折颇有损害.[6] 刑部代奏。

---

〔1〕 杨芾条陈见《军机处录副・补遗・戊戌变法项》,3/168/9456/9,原折日期皆为八月初六日。附片一见《军机处录副・补遗・戊戌变法项》,3/168/9457/14。附片二见《戊戌变法档案史料》,第371—372页。其中附片与原折已分离。附片二称"臣部总司兵籍",由此认定该附片为兵部司员所上,兼之辨认笔迹,认定为杨芾。附片二收入《戊戌变法档案史料》时,条陈与附片可能未分离。

〔2〕 唐樾森条陈见《军机处录副・补遗・戊戌变法项》,3/168/9456/23。原折日期为八月初六日。

〔3〕 程鹏条陈见《军机处录副・补遗・戊戌变法项》,3/168/9456/19。原折日期为八月初六日。图未见。

〔4〕 张宝琛两条陈见《军机处录副・补遗・戊戌变法项》,3/168/9456/17、18。原折日期皆为八月初六日。

〔5〕 冯镜濂条陈见《军机处录副・补遗・戊戌变法项》,3/168/9456/21。原折日期为八月初六日。

〔6〕 英秀条陈见《军机处录副・补遗・戊戌变法项》,3/168/9456/16。原折日期为八月初六日。

处理：八月初九日交总理衙门、孙家鼐、户部，奉旨："刑部郎中英秀呈请南漕改折无益有损等语，著奕劻、孙家鼐会同户部归入瑞洵折内一并议奏。"（随手档）、（刑部代奏原件）、（上谕档）

8/6/13　刑部主事区震条陈折二件、片一件，其中一折称为防止教案宜教民编籍、教民犯事归地方官讯办、教堂器物报官查核以便教案后赔偿有据、应请教皇派使中国防止各国公使出面施加压力。[1] 刑部代奏。（随手档）、（刑部代奏原件）

8/6/14　三品衔刑部郎中沈瑞琳条陈京师道路修理请仿西法设工程专局。[2] 刑部代奏。（随手档）、（刑部代奏原件）

8/6/15　五品衔刑部候补主事王者馨条陈京员士民上书须防藉端行私并称议院之设不可行。[3] 刑部代奏。（随手档）、（刑部代奏原件）

8/6/16　刑部候补主事余艮条陈。刑部代奏。（随手档）、（刑部代奏原件）

8/6/17　刑部候补郭书堂条陈（折二件）。刑部代奏。（随手档）、（刑部代奏原件）

8/6/18　刑部候补主事赵学曾条陈。刑部代奏。（随手档）、（刑部代奏原件）

8/6/19　密云镶黄旗满洲军功协领衔佐领兼前锋章京常贵条陈请设学堂练旗兵并改用利器。[4] 密云副都统信恪代奏。（信恪代奏原件）

8/6/20　密云正黄旗满洲军功五品顶带骁骑校祥雯条陈加土烟税、开淤荒地、任命统帅、添练海军、练旗丁。[5] 密云副都统信恪代奏。（信

〔1〕　区震防止教案条陈见《军机处录副·补遗·戊戌变法项》，3/168/9456/16。原折日期为八月初六日。
〔2〕　沈瑞琳条陈见《军机处录副·补遗·戊戌变法项》，3/168/9456/12。原折日期为八月初六日。
〔3〕　王者馨条陈见《军机处录副·补遗·戊戌变法项》，3/168/9456/20。原折日期为八月初六日。
〔4〕　常贵条陈见《军机处录副·补遗·戊戌变法项》，3/168/9455/1。原折日期为八月初五日。
〔5〕　祥雯条陈见《军机处录副·补遗·戊戌变法项》，3/168/9455/2。原折日期为八月初五日。

恪代奏原件）

8/6/21　镶白旗蒙古领催永寿条陈。都察院代奏。（都察院代奏原件）

8/6/22　国子监肄业生陆鋆条陈。都察院代奏。（都察院代奏原件）

8/6/23　试用县丞姜鹏条陈。都察院代奏。（都察院代奏原件）

8/6/24　革员前贵州册亨州同张均条陈。都察院代奏。（都察院代奏原件）

8/6/25　福建举人黄乃裳条陈。都察院代奏。（都察院代奏原件）

8/6/26　四川举人罗凤翔条陈。都察院代奏。（都察院代奏原件）

8/6/27　浙江举人施绍常条陈。都察院代奏。（都察院代奏原件）

8/6/28　广东举人谢义谦条陈。都察院代奏。（都察院代奏原件）

8/6/29　云南拔贡生胡在邦条陈。都察院代奏。（都察院代奏原件）

8/6/30　河南拔贡生刘文明条陈。都察院代奏。（都察院代奏原件）

8/6/31　江西拔贡生俞凤官条陈。都察院代奏。（都察院代奏原件）

8/6/32　广东拔贡生詹大烈条陈。都察院代奏。（都察院代奏原件）

8/6/33　江西已革举人胡寿民条陈。都察院代奏。（都察院代奏原件）

8/6/34　直隶贡生孙宝贤条陈。都察院代奏。（都察院代奏原件）

8/6/35　安徽附生郑召臣条陈。都察院代奏。（都察院代奏原件）

8/6/36　四川附监生李治条陈。都察院代奏。（都察院代奏原件）

8/6/37　四川副贡韩廷杰条陈。都察院代奏。（都察院代奏原件）

8/6/38　候选未入流舒鸿猷条陈。都察院代奏。（都察院代奏原件）

8/6/39　直隶愚民董明条陈。都察院代奏。（都察院代奏原件）

8/6/40　总理衙门章京郑孝胥保萨镇冰。[1] 总理衙门代奏。处理：当日电寄荣禄旨："总理各国事务衙门章京候补道郑孝胥，奏保现充北洋通济练船管带官参将萨镇冰练习海军，兼习陆战，历年管带兵轮，痛除积习，操行尤属可信等语。究竟如何，著荣禄详细察看，据实具奏。"（随手档）、（上谕档）、（总理衙门代奏原件）

8/6/41　北洋委用道傅云龙请铸银元。总理衙门代奏。处理：当日交总理衙门，奉旨："北洋委用道傅云龙请立制造银钱总局，又侍讲学士秦绶章奏请由工务总局开铸银元一折，著总理各国事务衙门归入刘庆汾等前奏内一并妥议具奏。"（随手档）、（上谕档）、（总理衙门代奏原件）

8/6/42　北洋差委候选道严复录呈旧作一册，即《上今皇帝万言书》，要求变法。[2] 总理衙门代奏。（总理衙门代奏原件）

8/6/43　无名条陈（残件）请在各部院、各省官员中实行月课制度，每五日小考一次，由堂官及督抚主持。学习内容为本部则例及西国相关的知识。[3]

八月初七日(9 月 22 日)

8/7/1　裁缺光禄寺候补署正苏龙恂条陈（折、片各一件）。都察院代奏。（随手档）、（都察院代奏原件）*

8/7/2　内阁候补中书林世焘、候选知县杜泽、广西拔贡严荣超条陈拟将广西贺县临江书院改为小学堂，请饬拨税银官租陋规为经费。都察院代奏。[4]（随手档）、（都察院代奏原件）*

---

〔1〕 郑孝胥条陈见《戊戌变法档案史料》，第 202—203 页。原折日期为八月初五日。

〔2〕 据光绪二十四年八月初四日《国闻报》称，严复在七月二十九日召见时光绪帝曾问及其是否上有条陈，并命其抄录一份进呈。严复答称有一份上书在《国闻报》上分六七日登完。又称严复回寓后，将其在《国闻报》上之作抄录进呈，"想日内已经御览矣"。由此，严复此"旧作"即其《上今皇帝万言书》，见《国闻报》光绪二十四年一月。（《戊戌变法》，第 2 册，第 311—329 页；第 3 册，第 408 页）

〔3〕《军机处录副·光绪朝·文教类·学校项》，3/146/7210/16。原折日期为八月初六日。

〔4〕 林世焘等人条陈见《军机处录副·补遗·戊戌变法项》，3/168/9456/7。原折日期为八月初六日。

8/7/3　候选州判刘子丹条陈。都察院代奏。(随手档)、(都察院代奏原件)*

8/7/4　广西候补道田良条陈。都察院代奏。(随手档)、(都察院代奏原件)*

8/7/5　直隶廪生苗庆勋条陈(折二件)。都察院代奏。(随手档)、(都察院代奏原件)*

8/7/6　山东拔贡张宝典条陈。都察院代奏。(随手档)、(都察院代奏原件)*

8/7/7　四川举人孙克勤条陈。都察院代奏。(随手档)、(都察院代奏原件)*

8/7/8　贵州举人杨鸿耆条陈。都察院代奏。(随手档)、(都察院代奏原件)*

8/7/9　教习知县宾宗瑛条陈(折、片各一件)。都察院代奏。(随手档)、(都察院代奏原件)*

8/7/10　山东增生王化新条陈。都察院代奏。(随手档)、(都察院代奏原件)*

8/7/11　副指挥衔蒋宝树条陈并单一件、图说二份。都察院代奏。(随手档)、(都察院代奏原件)*

8/7/12　山东拔贡蒋锡彤条陈。都察院代奏。(随手档)、(都察院代奏原件)*

8/7/13　安徽廪生方嘉谷条陈。都察院代奏。(随手档)、(都察院代奏原件)*[1]

8/7/14　正蓝旗满洲文童庆升条陈。都察院代奏。(都察院代奏原件)

8/7/15　试用知县杨宗汉条陈。都察院代奏。(都察院代奏原件)

8/7/16　江苏补用知县赵钜弼条陈。都察院代奏。(都察院代奏原件)

----

〔1〕　以上有 * 号者军机处《随手档》皆记在八月初六日,当属军机章京事后补记而有误。

8/7/17 理问沈文灏条陈。都察院代奏。（都察院代奏原件）

8/7/18 分省试用府经历张宗庆请设通议院等事。[1] 都察院代奏。（都察院代奏原件）

8/7/19 福建举人黄乃裳条陈。都察院代奏。（都察院代奏原件）

8/7/20 福建举人王毓菁条陈。都察院代奏。（都察院代奏原件）

8/7/21 福建举人梁鸿葆条陈。都察院代奏。（都察院代奏原件）

8/7/22 浙江举人黄元寿条陈。都察院代奏。（都察院代奏原件）

8/7/23 福建拔贡吴智仁条陈。都察院代奏。（都察院代奏原件）

8/7/24 陕西拔贡张鸿琴条陈。都察院代奏。（都察院代奏原件）

8/7/25 顺天拔贡王如恂条陈。都察院代奏。（都察院代奏原件）

8/7/26 江苏监生薛闳鑫条陈。都察院代奏。（都察院代奏原件）

8/7/27 安徽池州府监生沈恩燎条陈请皇帝巡视各地、分省办铁路、发行彩票、设博览会、设女学堂、练藏蒙藩兵、造木轮船、练水军、教养囚犯。[2] 都察院代奏。（都察院代奏原件）

8/7/28 福建生员林辂存条陈。都察院代奏。（都察院代奏原件）

8/7/29 山东附监生谭靖夫条陈。都察院代奏。（都察院代奏原件）

8/7/30 已革参将金凤岐条陈精兵必用利器、裕财请先开矿、各省积弊太深、水源亟宜疏通。[3] 都察院代奏。处理：当日明发上谕："都察院代递已革参将金凤岐条陈一折。金凤岐前任江西吉安营参将，所犯各案情罪重大，经德寿等查明奏参，奉旨革职勒令回籍交地方官严加管束之人。兹复潜逃来京，实属瞻玩。著即递回原籍，交该地方官严加管束，不准在京逗留。该衙门知道。"（随手档）、（上谕档）

8/7/31 户部主事杨楷条陈。户部代奏。（随手档）、（户部代奏原件）

---

〔1〕 张宗庆条陈见《戊戌变法档案史料》，第146—150页。原折日期为八月初五日。

〔2〕 沈恩燎条陈见《军机处录副·补遗·戊戌变法项》，3/168/9456/2。原折日期为八月初六日。

〔3〕 金凤岐条陈见《军机处录副·补遗·戊戌变法项》，3/168/9452/31。原折日期仅注为"七月"。

八月初八日（9 月 23 日）

8/8/1　国子监学正李永镇请围剿匪。国子监代奏。（随手档）、（国子监代奏原件）[1]

八月初九日（9 月 24 日）

8/9/1　户部主事改归知县缪润绂请求治不必太急[2] 缪润绂请对康梁等及四军机置以重典[3] 都察院代奏。（随手档）、（都察院代奏原件）

8/9/2　镶红旗文举人宗室寿岂条陈。都察院代奏。（随手档）、（都察院代奏原件）

8/9/3　候选知府李作霖条陈山东河工办法[4] 都察院代奏。（随手档）、（都察院代奏原件）

8/9/4　五品衔候选知县宋梦槐条陈允臣民上奏、用化学改善农业、察吏治、核兵数[5] 都察院代奏。（随手档）、（都察院代奏原件）

8/9/5　浙江生员朱增麟条陈。都察院代奏。（随手档）、（都察院代奏原件）

8/9/6　顺天府生高玉林条陈。都察院代奏。（随手档）、（都察院代奏原件）

8/9/7　广东附贡生潘定祥条陈附片、图各一件。都察院代奏。（随手档）、（都察院代奏原件）

---

〔1〕　该代奏原折称："谨将原封恭呈御览，伏乞皇太后、皇上圣鉴。"（《军机处录副·光绪朝·综合类》，3/151/7432/38）

〔2〕　该条陈见《戊戌变法档案史料》，第461—463 页。原折日期为八月初七日。查八月初七日都察院代奏原折，未见缪名，又初八日军机处《随手档》《早事档》皆无都察院代奏，当属初九日代奏。

〔3〕　该条陈见《戊戌变法档案史料》，第464—465 页。原折日期为八月初九日。

〔4〕　李作霖条陈见《军机处录副·补遗·戊戌变法项》，3/168/9457/9。原折日期为八月初八日。原折有"为我皇太后、皇上敬陈"字样。

〔5〕　宋梦槐条陈见《军机处录副·补遗·戊戌变法项》，3/168/9457/89。原折日期仅写为"八月"。

8/9/8 湖北拔贡陶炯照条陈。都察院代奏。(随手档)、(都察院代奏原件)

8/9/9 顺天府大兴县民人夏雨田条陈耳心法不可不明仰教之道并自荐使用。[1] 都察院代奏。(随手档)、(都察院代奏原件)

八月初十日(9 月 25 日)

8/10/1 记名道府翰林院编修叶大遒条陈内患急于外患请加意练团。[2] 翰林院代奏。处理:本日字寄各直省将军督抚,奉旨:"翰林院代奏编修叶大遒请加意练团,并速筹生计以固民心一折,著各直省将军督抚各按地方情形,将折内所陈各节悉心体察。如有可采之处,即行酌筹办理。"(随手档)、(上谕档)

八月十一日(9 月 26 日)

8/11/1 同知衔候选知县姚金培条陈裁撤詹事府等衙门不合天地阴阳之道、农工商等新政可合入旧衙门办理。[3] 都察院代奏。(都察院代奏原件)

8/11/2 前帮统新建陆军马队天津武备学堂教习花翎尽先都司巫炳修条陈请设行军武备学堂江附武备特科条陈一纸。[4] 都察院代奏。(都察院代奏原件)

8/11/3 直隶保定府清苑县举人许涵志条陈君主之学宜贯中西、设宰相、重将权、地方官久任、蓄粮、民间禁用铜器、保护教堂、武备求新。[5]

---

〔1〕 夏雨田条陈见《军机处录副·光绪朝·内政类·职官项》,3/99/5364/23。原折日期为八月初四日。

〔2〕 叶大遒条陈见《军机处录副·补遗·戊戌变法项》,3/168/9457/18。原折日期为八月初十日。

〔3〕 姚金培条陈见《军机处录副·补遗·戊戌变法项》,3/168/9457/19。原折日期为八月初十日。

〔4〕 巫炳修条陈见《军机处录副·补遗·戊戌变法项》,3/168/9457/87。原折日期仅写为"八月"。

〔5〕 许涵志条陈见《军机处录副·补遗·戊戌变法项》,3/168/9459/20。原折无日期。

都察院代奏。（都察院代奏原件）

8/11/4　河南拔贡冯喜堂条陈。都察院代奏。（都察院代奏原件）

8/11/5　候选詹事府主簿杨朝庆条陈当今之务在于收臣民之心，保全大局，不得有新法名目，不得存变法意见。[1]都察院代奏。（都察院代奏原折）

8/11/6　吉林奏留工部候补主事屠寄条陈中国维新当自同律度量衡始。吉林将军恩泽七月二十七日代奏，本日收到。（随手档）

8/11/7　孝陵奉祀礼部掌关防郎中瑞琛条陈请崇实学理、请统一度量衡。毓昆等八月初八日代奏，本日收到。（随手档）、（毓昆等代奏原件）

八月十八日(10月3日)

8/18/1　山东截取补用同知黄笃赞条陈：一、各部院六堂官去其半不分满汉，军机处、总署设专官；二、裁减无用之文牍；三、漕粮改折；四、铸钱官督商办；五、译西国有用之书；六、废武科；七、兵勇合一；八、山东河工派大员专任；九、停保奖。[2]山东巡抚张汝梅代奏。处理见下条。（随手档）

8/18/2　山东即用知县林朝圻条陈明是非、严赏罚、选督抚、定官制、勤考察、提耗羡、裁寺庙、昭民信。[3]山东巡抚张汝梅代奏。处理：奉朱批："前已有旨，不应奏事人员概不准擅递封章，以后毋庸再为呈递。"（随手档）

八月二十一日(10月6日)

8/21/1　同知衔山西即用知县密昌墀条陈请在中西新旧之间取其中。[4]山西巡抚胡聘之代奏。处理：奉朱批："前已有旨，不应奏事人员

---

〔1〕 杨朝庆条陈见《军机处录副·光绪朝·内政类·戊戌变法项》，3/108/5617/46。原折无日期。

〔2〕 黄笃赞条陈见《戊戌变法档案史料》，第150—153页。八月十八日为收到日期。

〔3〕 林朝圻条陈见《军机处录副·补遗·戊戌变法项》，3/168/9456/14，原折日期为八月初六日。

〔4〕 密昌墀条陈见《军机处录副·补遗·戊戌变法项》，3/168/9457/28。原折日期为八月十二日。

概不准擅递封章,以后毋庸再为呈递。"(随手档)

八月二十七日(**10 月 12 日**)

8/27/1　前同知衔山西即用知县改吉林吉林府教授王寯颐条陈办新学堂等新政,全在于大学一经"日新又日新"。[1] 吉林将军延茂代奏。处理:奉朱批:"前已有旨,不应奏事人员概不准擅递封章,嗣后毋庸再为呈递。"(随手档)

九月初八日(**10 月 22 日**)

9/8/1　同知衔甘肃平凉县知县唐受桐条陈请行新政用新人。陕甘总督陶模代奏。[2]

无日期

无名条陈(残件)请变通官制、裁省文牍、漕粮改折、钱局官督商办、妥议译书局章程、分别劝惩办洋务者、废武科、兵勇合一、山东河务派重臣、暂停保奖科目。[3]

---

〔1〕　王寯颐条陈见《军机处录副·补遗·戊戌变法项》,3/168/9457/83。原折日期为八月十二日。

〔2〕　唐受桐条陈见《军机处录副·光绪朝·内政类·戊戌变法项》,3/108/5617/14。原折日期为八月十一日。

〔3〕　《军机处录副·补遗·戊戌变法项》,3/168/9456/15。

戊戌变法期间光绪帝对外观念的调适

由于中国的文明传统,清王朝长期在对外关系上以"天朝"自居。道光二十年至二十二年(1840—1842)鸦片战争及战后一系列不平等条约的签订,作为中华帝国国际秩序的"天朝"体系已经崩溃,但"天朝"的观念仍是顽强地存在着,由此观念影响下的外交行为引起了中外交涉中的许多争端,也影响了清朝对外打开局面,在国际社会上得到更多的同情甚至支持。光绪二十年至二十一年(1894—1895)的甲午战争扫荡了"天朝"体系的残余,"天朝"的观念随之崩溃,然在此时,清朝并没有能立即掌握另一套西方样式的国际关系、国际惯例的知识,因而在国际事务上表现出外交技巧的笨拙。光绪二十四年(1898)戊戌变法期间,光绪帝于此有所改变,企图掌握更多的西方知识,使清朝的外交在程式上更能与西方相接。

本文叙述了光绪帝在戊戌变法期间对外态度的调适,从细小事件的描述中,展现昔日"天朝"大皇帝在 19 世纪末期以弱国之君在帝国主义强压下顽强地欲有所作为的种种表现。

一、德国亨利亲王来华促动的
清朝觐见礼仪改革

中国传统王朝皆以儒家学说为立国之本,而儒家政治学说的核心为

"礼治"。清朝也不例外,礼仪是其重要的政治活动内容,且具有非常的刚性。对清朝礼治的挑战首先来自域外,这就是乾隆五十八年(1793)马戛尔尼(G. Macartney)来华时的觐见礼仪之争。鸦片战争之后,清朝与英国等国在"公使驻京"一事上又有长时间的相争相抗,其核心仍是觐见清朝皇帝的礼仪。[1] 同治十二年(1873),同治帝亲政后,日本及英、法、俄、美、荷五国使节首先实现用西方礼节觐见清朝皇帝。觐见在西苑紫光阁举行,各国使节行鞠躬礼,其国书被奉至皇帝面前的御案上,同治帝也通过恭亲王奕訢之口,表达其亲睦之意。

此次西礼觐见实现后,清朝与西方各国的觐见礼仪的分歧并没有完全解决。首先是因为同治帝的病逝,西方使节觐见清朝皇帝的活动又中断了很长时间;其次是觐见礼的地点在西苑而不在宫中,紫光阁又曾是清朝皇帝接见藩属国贡使的地方,由此引发了西方使节的种种不快。光绪二十年十月十五日(1894 年 11 月 12 日),正当中日甲午战争最激烈之时,光绪帝在宫中文华殿接见美、俄、英、法、西班牙、比利时、瑞典等国驻华公使,并亲自用满语致答词。此次礼仪改革,主要是进行觐见地点之变。据光绪帝最亲近的大臣翁同龢的日记,在此前一天,光绪帝"以明日各国使臣致礼暨国书欲赐宝星,又俄君即位欲遣专使贺之。此二事枢臣兼译署者不谓然,上声色俱厉,意在必行"。[2] 此中的"宝星",即为勋章,光绪帝企图以此来加强清朝与各国的联络(关于"宝星"后将再叙);派专使赴俄致贺,迟至两年后才出行(先派湖北布政使王之春,后改派文华殿大学士李鸿章);而"枢臣兼译署",即军机大臣兼总理衙门大臣,为当时的两位权臣孙毓汶和徐用仪(后皆被免职)。由此可以看出,就光绪帝当时的本意,企图在光绪二十年的对外礼仪改革中走得更远。而当年参加觐见的法国公使施阿兰(A. Gerard)对此评论道:

---

〔1〕 参见拙文《公使驻京本末》,《近代的尺度:两次鸦片战争的军事与外交》,上海三联书店,1998 年。
〔2〕 《翁同龢日记》,第 5 册,第 2749 页。

这次觐见本身标志着西方同中国关系史上的一个新纪元。这是破天荒第一遭让君王神圣不可接近和不可仰望的信条(直到那天为止中国礼仪使它带上偶像崇拜的性质),被纯粹的外交礼仪所替代。[1]

施阿兰的评论表现出对清朝儒家"礼治"的本质不甚了了,但也充分地肯定了此次礼仪改革的重要意义。此后文华殿觐见成为常例,有关的礼仪皆成制式。[2]

---

〔1〕 A.施阿兰:《使华记1893—1897》,袁传璋、郑永慧译,商务印书馆,1989年,第36页。
〔2〕 文华殿位于紫禁城内,是清朝此时不常用的一处宫殿。施阿兰称:"这座宫殿,已经相当陈旧,庭柱上的朱红油漆几乎剥落殆尽,露出它那光秃秃的雕刻过的柚木柱子,殿上的陈设只剩下几座青铜香炉和一排围绕着皇帝御座背后的屏风。"(《使华记1893—1897》,第36页)清朝档案中也留下了很有意思的记载,称光绪二十三年十一月二十二日(1897年12月15日)英国使臣在文华殿觐见,内务府关防处打扫文华殿门外地面及拔除荒草共用工1632人日,用银244.8两;赁用杉篙,买办筐绳铁锹等物,用银45.6两;买办垫道黄土12万斤,用银48两。以上各项共用银338.4两。光绪二十四年三月十五日(1898年4月5日)俄国使臣文华殿觐见,打扫门外各项共用银286.6两。是年闰三月二十七日(5月17日)法国使臣文华殿觐见,打扫门外各项共用银286.6两。五月二十日(7月8日)美国使臣文华殿觐见,打扫门外各项共用银338.4两。(《内务府来文》外交,光绪二十二年至二十八年,441/5 – 50 – 1/N/1715)内务府的这些银两开支,很有可能是花账。但这些名目的存在,似又可说明文华殿平日不用而疏于打扫。又,施阿兰称,1897年俄国派乌什顿斯基亲王(Prince of Hespere Oukhtomsky)为大使来华感谢清廷派使致贺,赠送慈禧太后及光绪帝礼物,并授慈禧太后圣卡特琳大绶勋章,觐见在太和殿进行。(同上书,第158页)查清方有关记载,此为误。光绪帝两次接见俄国大使,皆在文华殿。有关觐见的具体礼仪,可以举1897年日本新任驻华公使矢野文雄递国书为例。总理衙门开出的礼节单称:"是日皇上御文华殿,升宝座。恭亲王(奕訢)、庆亲王奕劻先在东旁侍立。臣衙门堂官二人带领日本国使臣一员,参、随、翻译五员,进文华门中门,由甬路进入文华殿中门,使臣一鞠躬,向前数步,一鞠躬,到龙柱间正立,一鞠躬。使臣致词,翻译译文,各毕,使臣向前至纳陛中阶,捧书敬候,亲王一人由左阶下,接受国书,由中阶上至案前,将国书陈于案上。使臣一鞠躬,皇上答以首肯,示收到国书之意。使臣退回龙柱间原立处,亲王一人在案左跪听,皇上以国语传谕慰问,亲王一人由左阶下至使臣站立处,用汉语传宣。使臣听毕一鞠躬,皇上答以首肯。臣衙门堂官带领使臣等后退数步,一鞠躬,退至殿左门,一鞠躬。礼毕,即带出殿左门,走甬道,由文华门东左门出。"(故宫博物院编:《清光绪朝中日交涉史料》,卷51,第2—3页)

光绪二十四年新年各国公使觐见贺岁也非同寻常,据军机大臣、总理衙门大臣、户部尚书翁同龢的日记,光绪帝在觐见前两日,即是年正月二十三日召见军机大臣时称,各国公使"将以舆马入禁门"(即所谓当时清朝礼制中"紫禁城骑马"、"紫禁城赏乘两人肩舆"),"上意谓可曲从",而翁氏以"不待请而先予,恐亦非礼也"加以否定。[1]　光绪帝的态度很可能是因上一年新年觐见的礼仪交涉所引致,但他并不知道,就在翁同龢表示反对的当天,美国公使照会总理衙门要求更改觐见礼。[2]　至此年新年觐见时,各国公使皆从文华门中门出,此一违礼的行为,总理衙门也予以了默认。[3]

　　也就在此时,德国皇帝威廉二世之弟亨利亲王(Prince Heinrich of Prussia,又译显理亲王)来华。清朝得知消息后,命驻德公使了解西方的相关礼仪,以便接待。[4]　总理衙门与德国公使海靖为此进行了长期的交涉。光绪帝多次表明其在觐见礼仪上的开明态度。三月十三日,光绪帝

---

〔1〕《翁同龢日记》,第6册,第3093页。当时各国公使的新年贺岁礼于中国纪年正月举行,故与公历有差。

〔2〕光绪二十三年正月二十五日(1897年2月26日),各国公使新年致贺觐见,法国公使施阿兰退出时未按礼节单从文华门左门出,而径从文华门中门出,德国公使海靖(E. Heyking)亦随之,为执礼大臣敬信扯住衣袖。当时总理衙门中有人提出对法国公使的违礼行为提出交涉,总理衙门大臣张荫桓认为,事已如此,即便交涉,也不能让法国公使重走一遍。第二天,德国公使为扯衣袖事提出交涉,表示敬信若不至德国使馆说明此理,将不出席总理衙门为各国公使举行的宴会。此后,美国公使田贝(C. Denby)、法国公使施阿兰、德国公使海靖、比利时公使费葛(C. Vinck de Deuxorp)也先后提出交涉,要求行走中门,并请在东华门内乘肩舆,皆被总理衙门所驳。是年三月二十日(4月21日),法国公使因本国授光绪帝勋章而觐见,仍在文华殿进行,出门时走文华门左门。(见《翁同龢日记》,第6册,第2977—2978页、第2983页、第2986页、第2990—2991页、第3093页;《张荫桓戊戌日记手稿》,第238—240页)

〔3〕《翁同龢日记》称:"稍有失,亦未与较。"(第6册,第3093页)

〔4〕光绪二十三年十二月初五日,总理衙门收到尚未卸任的驻德公使许景澄电:"己刻。顷副外部称,奉德主之命云,总署愿接待王弟,极欢喜,并致谢。至德国按理商请兼为中国利益之事,愿速议成。王弟新正廿一抵香港,以后程期尚未定。请转中国国家等语。据闻。"(《宫中电报电旨》,157/4－18/92)其中所谓"按理商请兼为中国利益之事",系指占领胶州湾。此一电报上呈光绪帝。清朝为此命许景澄查西方礼制:"发许

在召见军机大臣时，"有欲其西礼之语"；提出觐见的地点为宫内毓庆宫，"开前星门，于东配殿赐食，准其轿车入东华门"。毓庆宫在康熙年间为太子宫，乾隆帝为太上皇帝时，嘉庆帝住在此宫。其地位仅次于皇帝的寝宫养心殿。光绪帝入学后也一直以此为书房。开前星门，轿、车入东华门等都是对清朝礼制的极大改动。翁同龢等军机大臣对此表示了强烈的反对，光绪帝为之"盛怒"，当面指责军机大臣刚毅，"谓尔总不以为然，试问尔条陈者能行乎？否乎？"由于光绪帝怒气大作，翁同龢于召见结束后与总理衙门大臣张荫桓商量，张提出觐见可在西苑；翁氏继访总理衙门大臣庆亲王奕劻，得知慈禧太后命太监传懿旨，让总理衙门办理此事，觐见的地点在宫中或颐和园"似尚两可"；翁氏再访此时因病给假的首席军机大臣、首席总理衙门大臣恭亲王奕䜣，奕䜣的态度更为前进，表示宫内"乾清宫亦可"。第二天，十四日，光绪帝召见军机大臣时，情绪已经平静，根据慈禧太后的意见，觐见的地点定为颐和园。光绪帝虽不再提毓庆宫，仍有"争小节而吃大亏之谕"。[1] 十七日，

大臣电。正月二十八日。函悉。德亲王礼制较崇，此次来京请觐，带有德廷礼物，自应优加接待。希博考西国接待亲王礼节，详细电闻，以便妥速核办。"(《发电档》光绪二十四年，207/3－50－3/2082)许景澄于此事两次复电："二月初七日。遵考西礼，亲王将至，派提督、副将、都司三员先迎于陆境或舟次。主国亲王迎于车站，同车导至所舍宫邸。君主即是日延见，用客礼。旋偕至外厅，由亲王筵请其从僚。此后辞行再见，或有事另见，无常例。所派官常值照料，出门则提督陪乘送，如迎礼。""二月十一日。加考西礼，据金楷理询德礼官云，向无章程专书。惟主国亦有遣亲王至陆境或舟次迎送，视两君交谊为衡。至泰西君主尚有设宴及答拜等事。由此西礼宽简，或各国宗藩多姻娅故云。查中西礼制悬殊，德藩尚未明言赴京，拟请核办后通行各驻使，冀免临事争论。备酌。"(《宫中电报电旨》，157/4－18/94)许景澄该两电皆呈光绪帝。此外，新任驻德公使吕海寰也有函件说明德国礼官所陈接待亲王礼节。

[1]《翁同龢日记》，第6册，第3108—3109页；《张荫桓戊戌日记手稿》，第81—90页。翁同龢提出五条理由：第一、毓庆宫前殿的东间供孝静皇后御容(恭亲王奕䜣的生母)，按礼制不能辟中间为过道；第二、配殿太小，无容席地；第三、德方随员无地可见；第四、前星门近百年未开启，框木沉陷；第五、乘轿入门不合礼制。张荫桓也认为前星门自嘉庆初年起未开，宜慎之，并称"年三煞在南，舆马纷沓于此亦非宜"。如果去掉翁同龢关于礼制的考虑、张荫桓关于星象的考虑，毓庆宫地方太小、前星门久未开可以认为属具体实在的困难。

光绪帝在颐和园为觐见地点及礼仪事请示慈禧太后,确定了大体原则。根据事先的安排,同日总理衙门递折"德亲王计将到京觐见礼节请钦定",并附有礼节单,光绪帝朱批:"朕钦奉皇太后懿旨著在园觐见,余依议。"[1]

此次确定的觐见礼仪为:先由慈禧太后召见亨利亲王于颐和园乐寿堂,但只是"立见",然后由光绪帝于颐和园玉澜堂召见,并"赐宴赐游"[2]。乐寿堂为慈禧太后在颐和园的寝宫,玉澜堂为光绪帝在颐和园的寝宫,就清朝礼制而言,虽不若颐和园中政务公所仁寿殿的地位,但已高于各处殿堂。这是"以礼治国"的儒家国度当时所能给予的最高规格了[3]。

德国公使海靖对此并不满意,主要是慈禧太后接见亨利亲王时应赐坐。据张荫桓和翁同龢的日记,闰三月初九日张与海靖有过交涉,慈禧太后闻讯后表示"若必欲坐,只得不见"。十七日(5月7日)海靖照会总理衙门,提出亨利亲王觐见礼节八条,再次要求慈禧太后召见时应赐亲王坐。军机处将海靖照会当日呈递慈禧太后,[4]并附有一奏片:

　　本日据总理各国事务衙门送到德使海靖照会一件,内称德国亲王觐见皇太后时亦应赐座等语。日前奕劻面奉懿旨:如该王觐见必欲赐坐,即无庸赐见。业经传令张荫桓向海靖告知。今该使复有此请,奕劻拟即

---

〔1〕 《随手档》光绪二十四年三月十七日,207/3－50－1。

〔2〕 《翁同龢日记》,第6册,第3110—3111页。

〔3〕 如果从清朝的礼制考虑,除非慈禧太后与光绪帝共同召见亨利亲王,可以在仁寿殿进行。然当时慈禧太后已撤垂帘,共同召见在礼制上不可。若两人单独召见,任何一人利用仁寿殿都会带来不便。因为慈禧太后的地位高于光绪帝,光绪帝又已亲政;而仁寿殿为政务公所,乐寿堂、玉澜堂为寝宫。总理衙门对此安排认为甚妥,为此电驻德公使吕海寰:"闰三月十八日。函述礼官所陈接待亲王礼节,本署已与海使商订,大致相同,更有格外优待之处。海使谅已电达。中国系初次办理,纵未尽如人意,但按各国通例,当无参差。现德亲王念三日由津到京,念五觐见。一切均妥备矣。祈告外部。"(《发电档》光绪二十四年闰三月分,207/3－50－3/2082〔4〕)

〔4〕 《随手档》光绪二十四年闰三月十七日记"照录德使照会一件恭呈慈览"。

日到署再令张荫桓前往德馆,切实声明,俟其声复,再行奏闻。谨奏。[1]

张荫桓与海靖当日的商议并没有结果,海靖称其不敢自专,待其与亨利亲王商议后方可决定。二十日,张荫桓与海靖再议,仍无结果。

与此相反,光绪帝对此次礼仪改革表现出积极的姿态,几次召见张荫桓,商议有关礼仪,并命翁同龢、张荫桓代拟召见亨利亲王时的"口敕"。军机处档案中有此记载:

> 张荫桓谨拟德国亲王觐见时皇上口敕
> 贵亲王何时在柏林起程?
> 贵国大皇帝好?
> 贵亲王此行经历几处口岸? 何时到中国境?
> 我已吩咐沿途督抚加意接待,究能周到否?
> 听说光绪五年贵亲王到过上海,现在贵国商务比前数年更旺了。我两国向来友好,此次贵亲王来见,我甚欢喜。就怕中国与欧洲政俗不同,接待不周,还要原谅为好。
> 谨拟皇上至南配殿口敕
> 贵亲王今日周旋,不无劳乏,可从容少息。宝星一件以答贵亲王勤恳修好之意。[2]

清朝皇帝以往召见西方国家使者,在受贺词后,只是向身边的亲王用满语温谕数言,由亲王用汉语代宣,觐见也即行结束。此次召见亨利亲王,皇帝采用问答式的对话,乃是首次。为此由曾出任驻美国、西班牙、秘鲁三国公使,并出任贺英王在位六十年专使的张荫桓拟定"口敕",自是合适的人选。在此份"口敕"中,虽说是一般的外交礼节用语,但与清朝依儒

---

[1] 《洋务档》光绪二十四年闰三月十七日,207/3–50–3/1912。该日《翁同龢日记》称:"庆邸请起,上见之,一面命南屋将照会抄递,余等见起复面谕,写一奏片叙明办法,退后并述旨递上,无说,传散。"可见此一处理方法为光绪帝所定。
[2] 《洋务档》光绪二十四年闰三月。该件未记具体日期,据《随手档》为二十一日。

家学说制定的"礼",已是完全不同。在称谓中,虽"贵国"、"贵国大皇帝"是当时清朝外交的固定用语,但清朝皇帝对他国亲王,称"贵亲王",很可能是第一次。尤其是"就怕中国与欧洲政俗不同,接待不周,还要原谅为好"一语,本属道歉用语,从某种意义上也可以理解为对清朝礼制并无信心的自我辩解。

为了安排亨利亲王觐见等活动,光绪帝于闰三月二十日派内务府大臣世续"照料一切"[1]为保证安全,光绪帝又于二十一日特命步军统领衙门左翼总兵副都统英年"妥为照料"[2]二十二日,总理衙门呈递宝星四件,军机处奏片中称:

> 据总理各国事务衙门送到新制宝星四件,内一件恭备皇太后赏给德国亲王,又一件恭备皇上赏给德国亲王之用。其余二件,请留备赏。谨奏[3]

二十三日(5月13日),亨利亲王到达北京城南马家堡车站,总理衙门大臣庆亲王奕劻、李鸿章、张荫桓、敬信、崇礼皆前往车站迎接。他们此行时

---

[1] 《洋务档》光绪二十四年闰三月二十日记:"交总理衙门。本日军机大臣面奉谕旨:现在德国亲王来京觐见,著派世续照料一切。钦此。"以内务府大臣来照料一切,自然与在颐和园觐见有关。在此前一日,内务府收总理衙门来函:"总理衙门为片行事。本月二十五日德国亲王在颐和园觐见。所有殿廷处所应备事宜,应由贵府先期预备。相应片行贵府查照办理可也。须至片行者。右片行,内务府。光绪二十四年闰三月十九日酉正。"(《内务府来文·外交》,光绪二十二年至二十八年)此次亨利亲王除在颐和园觐见外,海靖公使还于闰三月二十四日(5月14日)照会总理衙门,请求于二十七日游历雍和宫。此事也牵涉到内务府。(总理衙门片行内务府,光绪二十四年闰三月二十三日;理藩院片行内务府,光绪二十四年闰三月二十五日。皆见《内务府来文·外交》,包号同上)

[2] 《洋务档》光绪二十四年闰三月记:"交步军统领衙门。本日军机大臣面奉谕旨:德国亲王不日来京,荣禄现在请假。所有地面弹压事宜,著派英年妥为照料。钦此。"该件无日期,据《随手档》为二十一日。荣禄当时为步军统领衙门提督。

[3] 《洋务档》光绪二十四年闰三月。该件无日期,据《随手档》为二十二日。从后来的实际情况来看,两件宝星皆以慈禧太后的名义赠送。

还负有一项任务,就是打消亨利亲王觐见慈禧太后时要求赐坐的念头。由于车站初见时的忙乱,亨利亲王一行到达德国使馆后,奕劻、张荫桓始有机会向海靖询问,然海靖仍要求觐见时赐坐。奕、张对此表示了坚决的反对。当晚,曾在德国学习、此时充当清朝翻译的荫昌,向德方翻译福兰格(Otto Franke)探询后传出了一个相当含混的消息。翁同龢日记中称"彼王似有屈从口气"。张荫桓日记中称"似已如我意"。

光绪二十四年闰三月二十五日(5月15日)早晨,亨利亲王一行前往颐和园觐见慈禧太后与光绪帝。先由庆亲王奕劻带领亨利亲王、海靖与两名随员至乐寿堂觐见慈禧太后。慈禧太后的召见过程,清宫档案中有具体的记载:

> 光绪二十四年闰三月二十五日在颐和园乐寿堂大德国亲王觐见。老祖宗说话记载:
>
> 贵国皇太后、大皇帝、皇后均好?
>
> 贵国派宗藩修好,邦交甚密,中外一家,共享太平。
>
> 贵亲王一路平安,走了几个月?到过几处口岸?沿途地方官接待周到不周到?
>
> 中外礼节不同,如有不周到之处诸所原谅。今有送贵国皇太后御笔字画各一件、珍珠宝星成分,皇后御笔画一件,锦缎九匹,以表两国亲睦之意。
>
> 贵亲王聪明福气,初次来华,实深忻慰。给予御笔字画各一件、珍珠宝星成分、什物数件,及贵亲王妃御笔团扇二柄,锦缎九匹,留作修好记载。
>
> 觐见皇帝礼毕,配殿歇息,赐酒席。坐船看看园廷景致。[1]

尽管慈禧太后在召见时表示了极其亲善的态度,也赠送了精心挑选且相

---

〔1〕《日记账》光绪二十四年闰三月立,《宫中各项档簿》簿4179号。同样的内容又见于《记载账》光绪二十四年闰三月二十五日立,《宫中各项档簿》簿3996号。

当可观的礼物,甚至对礼物的赠送方式也进行了精心的设计,[1]但未对亨利亲王"赐坐"。这关系到清朝的礼制,是通过努力而争取得来的。[2]亨利亲王一行随后在德和堂少坐,往玉澜堂觐见光绪帝。据张荫桓日记,亨利亲王入殿门后免冠鞠躬,光绪帝**站立受礼**。亨利亲王站立在暖阁中陈明来意,其随员鞠躬,呈上紫瓶一对。光绪帝命庆亲王导上,与亨利亲王**握手**,指定御座右侧垫高凳,请亨利亲王**坐下**。光绪帝乃按张荫桓拟定的"口敕"询问,亨利亲王一一作复。礼成后,光绪帝**握手送之**。庆亲王奕劻带领亨利亲王一行至南配殿,同坐用宴。中午,光绪帝**亲临**南配殿慰问亨利亲王,并赠送其宝星。亨利亲王则引光绪帝**检阅**其随带的卫队。德国士兵双手举枪致敬,光绪帝含笑点头,表示赞许。此后,庆亲王奕劻等根据慈禧太后的懿旨,带领亨利亲王一行参观了颐和园。[3] 此一觐见礼节中,站立受礼、握手、在御座右侧坐下、握手送之、亲临慰问、检阅兵队,这些在西方国家的外交礼节是极为平常之事,但在强调"南面为君"的儒教国度

---

[1] 具体的礼物为:"光绪二十四年闰三月二十五日,大清国皇太后送大德国皇太后御笔寿字一轴、御笔画群仙祝寿一轴、御制上上等珍珠宝星成分。大清国皇太后赠大德国皇后御笔画一轴、锦缎九匹。大清国皇太后颁赠大德国亲王御笔寿字一轴、御笔画一轴、御制头等第二珍珠宝星成分、脂玉群仙祝寿山子成脂玉文具成分、旧玉古王舺成件、青绿方樽成件、古铜龙文鼎成件、粉瓷青龙花瓶成对;王妃御笔团扇二柄、锦缎九匹。"慈禧太后与光绪帝的礼物赠送方式为:"光绪二十四年闰三月二十五日,大德国皇太后、皇后礼物盘,先安在殿内。觐见时宝星、红礼单挂红里。上(慈禧太后。——引者注)面交庆亲王礼物盘,由殿内现往外搭交内务府大臣。大德国亲王、王妃礼物盘安在殿内西边,觐见礼毕,交内务府大臣转达交庆亲王。皇帝颁赐大德国亲王礼物盘亦安在殿内西边,觐见礼毕,盘、单均交内务府大臣转交庆亲王。另有寻常礼单全分,皇帝寻常礼单一件,均由殿外随时盘交内务府大臣。"(《日记账》光绪二十四年闰三月立。同样的内容又见于《记载账》光绪二十四年闰三月二十五日立)

[2] 《翁同龢日记》称:"不坐。此屡经辩论始定,庆邸之力。"(第6册,第3124页)

[3] 《张荫桓戊戌日记手稿》,第122—130页。《翁同龢日记》,第6册,第3123页。德和园茶水和赐膳,档案中也有记载:"觐见先(前)德和园西穿堂德国亲王等稍坐,茶房预备茶水。觐见礼毕仍西穿堂稍坐,茶房预备茶水。内务府大臣立山代当。膳房预备饭三桌(官传),茶房预备果桌三桌(官传),外买奶食三桌。大德国亲王饭一桌(菜双上)、果桌一桌、奶食一桌,南配殿摆。内务府大臣立山代当。随员等饭二桌(菜双上)、果桌二桌、奶食二桌,牌楼门外南北值房摆。内务府大臣立山代当。"(《日记账》光绪二十四年闰三月立)

中是骇人听闻的毁国举动。所有这些体现出来的是光绪帝对外观念的变化。

此次觐见,德国大为满意。清朝驻德国公使吕海寰于四月初一日(5月20日)发来电报:"昨外部言,德主弟来电,觐见皇太后、皇上,礼节隆重,情意浃洽。主甚为欣感。并有进呈皇太后礼物,业已补发云。"[1]总理衙门收到此电后,于初三日进呈光绪帝。

亨利亲王根据事先的安排,亦于初三日拜访总理衙门,称其收到德皇国电,授光绪帝黑鹰勋章,要求初五日觐见。光绪帝恰于初三日去颐和园,按其日程将于初九日还宫。[2]总理衙门为此建议,仍在颐和园觐见,或推迟几天。亨利亲王原定初六日(25日)离京,不愿去颐和园,也不愿改变行期,仍要求初五日在城内觐见。初四日,军机大臣在召见时报告此事,光绪帝立即答应,并称在宫中相见"亦无不可",翁同龢对此"力言非体"。军机大臣退下后,庆亲王奕劻进见,光绪帝仍持其意见。庆亲王奕劻为此进见慈禧太后,传下慈禧太后懿旨,初五日中午在西苑勤政殿相见。[3]勤政殿是西苑最重要的政务处所,其地位相当于颐和园的仁寿殿,与昔日的觐见地点紫光阁在仪制上有很大的区别。其正式程度虽不如宫中,但从当时的角度来考虑,宫中也很难找到合适的场所。更何况

---

〔1〕 《电报档》光绪二十四年四月分,207/3 - 50 - 3/2047。

〔2〕 据内务府《杂录档》:"光绪二十四年闰三月二十七日,总管宋进禄等为四月初三日随驾往颐和园去……于四月初九日还宫。"(405/5 - 14/W/杂记类996/杂255)根据清朝的礼制,皇帝出行随行人员多达数百人,且牵涉到沿途安全。一般至少提前五六天决定。光绪帝此次去颐和园是提前五天决定的,同时也定下了回宫的日程。从当时的交通条件来看,从颐和园回宫,光绪帝的行路是乘轿出颐和园东宫门,由石路至西直门外倚虹堂少坐,然后再乘轿入西直门、西安门至宫中,至少两三个小时。

〔3〕 《翁同龢日记》,第6册,第3126—3127页。此外内务府档案中也有一些反映:"四月初四日由园寄来,立(立山)大人交谕,适面奉懿旨,现在德国亲王于明日午刻在勤政殿觐见,该王在御前大臣坐落处稍坐,并在用饭。所有屋内桌张椅子均由颐和园今日运到,不可误去。衙门见信立即发给该路苑丞信,并给郎中等位信,以备明日午前一律整齐为要。四月初四日午初由园寄。差刘头目送来奉宸苑衙门。"(内务府奉宸苑《堂司交谕簿》,430/5 - 39/215)又一件称:"奉宸苑为咨呈事。据中海苑丞恩奎、继纲呈报,光绪二十四年四月初四日奉懿旨:现在德国亲王于明日午刻在勤政殿觐见。……所有备差屋内应行安摆桌张、铺垫,预备德国亲王等饭食,并伺候茶水,办买煤炭、

光绪帝为了此次觐见,于次日由颐和园返回西苑,并在觐见结束后再返回颐和园,专门跑了一个来回。[1]

四月初五日(5月24日)中午,亨利亲王的第二次觐见在勤政殿举行。亨利亲王入殿后,免冠鞠躬,站立向光绪帝致国电。致电毕,光绪帝起立,与亨利亲王握手,并让坐,表示对德皇的感谢。觐见礼后,庆亲王奕劻引导亨利亲王游北海。[2]第二天,亨利亲王离开北京。

就在德国亨利亲王觐见的前后,光绪帝对外国驻京公使的觐见礼节也有改变。

中俄旅大租地条约签订后,俄国驻华代理公使巴布罗福(A. I. Pavlov)照会总理衙门,称其奉到国电,要求觐见。三月十三日,总理衙门出奏请示,光绪帝朱批:"著于本月十五日在文华殿觐见。"[3]当日在召见军机大臣时,光绪帝提出,觐见时可由俄使上纳陛将国电亲交其手中。翁同龢对此反对,称此次俄使并没有格外请求,似不必加礼。光绪帝很不以为然,谓"此等小节何妨先允,若待先请而允,便后着矣"。到了该日觐见前确定礼节为:俄使上纳陛将国电放在光绪帝面前的御案上(与以往由亲王代递到御案,已有变化),由庆亲王代宣答敕,然后俄使出文华中门。到了觐见时,俄使按先前确定的礼节如仪,而光绪帝却以汉语亲自答词。此为前所未有之事。翁同龢在日记中称,庆亲王对此毫无预知,翁及其他

茶叶、蜡烛,抬送桌张来往抬夫工食脚价各项使费,打扫地面,预备船只、办买什物,以及帮差苑副、柏唐阿、苑户、苏拉、官役、船夫等津贴饭食等项,共需用实银九百八十四两五钱。……光绪二十四年五月初三日。"(《内务府来文·外交》,光绪二十二年至二十八年)可见慈禧太后不仅在原则上指示,且有相当具体的布置。

[1] 内务府《杂录档》记:"四月初四日总管宋进禄等为于本月初五日随驾往南海去,现用黄车一辆、青车二辆,于是日寅初在东宫门外预备,并随侍等处总管、首领、太监等所用连鞍马匹开后。当日还颐和园。所传车辆、马匹、苏拉等照例预备。"(杂记类997/杂256)该件档案称,随侍的太监为一百人,用马一百匹,另大车四辆,抬夫二十二名。

[2] 《张荫桓日记》,第143—146页。《翁同龢日记》,第6册,第3127—3128页。德皇国电的内容为两项,一是向光绪帝授勋章,二是德占胶州湾(今青岛),中国海军可以在该处驻泊。

[3] 《随手档》光绪二十四年三月十三日,同递的还有俄国国电及礼节单,光绪帝皆朱批"览"。

人也未预知,"真辟门达聪之意矣"。[1]

闰三月二十七日(5月17日),法国新任公使毕盛(S. J. M. Pichon)觐见光绪帝,递交国书,地点仍在文华殿。觐见时,光绪帝突然佩带了前一年法国总统所授的勋章。觐见的仪式如前俄国公使,法使上纳陛将国书放于御案上,光绪帝亲自答词。参加此次觐见的翁同龢、张荫桓在日记中不约而同地用了同一个词来表示其惊愕——"异数"。[2]

四月二十七日,即百日维新开始不久,光绪帝颁下了朱笔谕旨:"著总理各国事务衙门,将各国君、后、宗藩及特派头等公使来华,于皇太后及朕前接见款待礼节,务须参酌中西体制,详定章程,从优接待。一俟议妥奏准后,即行照会各国驻京公使,并分电出使各国大臣,令其一体知悉。"[3]自乾隆五十八年马戛尔尼使华以来,一直是列强压迫清朝修改觐见礼仪,每次都伴随着争论、威胁和抵抗。此次却是清朝主动修改觐见礼节。光绪帝的朱谕也说得很清楚,"参酌中西体制","从优接待",表示了尽可能与西方礼仪接近的倾向。

按照儒家的政治学说,制礼是天子所为,圣人所为,且有不变为上的信条。此次总理衙门尽管是奉旨制礼,但他们受制于儒家思想,难以有大的作为。五月十三日,总理出奏,强调了此时的世界交往与春秋盟会大有不同,强调了中国风气日开,轮船铁路日盛,也介绍了一些西方的方法,但在具体的礼仪上还只能是缩手缩脚。关于各国君、后的礼仪,该折只是提出"仪文繁重,非一二言所能尽,当视国之远近,临时要酌,请旨遵行"。

----

[1] 《翁同龢日记》,第6册,第3108—3109页。张荫桓对此有不同的说法,称俄使的国电是由光绪帝亲手接收的,仍令庆亲王宣旨。(《张荫桓戊戌日记手稿》,第84—85页)

[2] 《张荫桓戊戌日记手稿》,第131—132页。《翁同龢日记》,第6册,第3125页。翁同龢还称,觐见前,光绪帝与庆亲王奕劻、李鸿章有长时间的交谈。又据《随手档》,觐见前两天,总理衙门上奏请钦定觐见地点时间,附有礼节单,光绪帝朱批"览"。看来光绪帝并未依照而行。五月二十日(7月8日),光绪帝接见美国卸任公使田贝、新任公使康格时,也是亲自答词。(《张荫桓戊戌日记手稿》,第193—194页)

[3] 《洋务档》光绪二十四年四月二十七日。

关于各国宗藩(即亲王、公主、王子等)的礼仪,该折只是提出"今年之德国亲王亨利,本为德国王子,又为德国王弟,此次来华有代君相见之谊,皇太后、皇上接待如礼,各国咸以为优德尤深",今后若有"友国"宗藩来华,"拟恳皇太后、皇上仍照此次接待礼节,无庸另议"。关于头等公使(即西方外交体制中的"大使")的礼仪,该折提出"若为庆贺皇太后而来,拟请皇太后、皇上均予接见,如为两国交涉而来,按照各使臣现行递书之礼,皇上亲接国书,口敕答颂,以其头等公使,拟请皇上立受国书,俾与二等公使有所区别,亦足以示优异"。在此奏折中,除头等公使觐见时皇帝立受国书是新拟外,其余各条,均是对现行制度的确认。值得注意的是,总理衙门还提出了两条相关的建议,一是建立"宫馆"(国宾馆),以接待来华的各国君、后、亲王,而不像此次亨利亲王住在德国使馆。此一"宫馆",由光绪帝酌拨王公闲府,"门楣依旧,但就堂室中,酌照西式,装修完美,陈设合宜",各国君、后、亲王来华居住时,"官为供张,凡事从丰"。二是此后遇有大庆,各国公使觐见,总理衙门不再开列礼节单,而是按照西方的惯例,"有大庆,则编成一册,分送各使,告以备集宴会日期服色",以免在"抬写款式"上引出麻烦。[1] 光绪帝收到此折后,朱批"依议"。[2]

　　光绪二十四年由光绪帝所促动的清朝觐见礼仪改革,是在清朝蒙受

---

〔1〕　总理衙门奏《遵议各国君、后、宗藩、头等公使来华接见款待礼节折》,光绪二十四年五月十三日。(《军机处录副·补遗·戊戌变法项》,3/168/9444/17)根据这一奏折,五月十九日,光绪帝发下交片谕旨:"交总理各国事务衙门。军机大臣面奉谕旨,各国君、后、宗藩等来京,宜设专馆以示优待之礼。已故镇国公荣毓府第,规模地段均属相宜。著派奕劻、李鸿章前往查看估修。其应如何办理之处,即行奏明请旨。"(《洋务档》光绪二十四年五月十九日)七月二十八日再发下交片谕旨:"交内务府,军机大臣面奉谕旨:前经降旨,将镇国公荣毓府第改为迎宾馆,现在亟须兴修。即著内务府由官房租库酌拨官房一所,给荣毓家属迁居,以便工速行修理。"(《上谕档》光绪二十四年七月二十八日)
〔2〕　《随手档》光绪二十四年五月十三日。又,根据当时的政治习惯,此类涉及慈禧太后的规定,要另呈太后。当日军机处将总理衙门该折呈送慈禧太后,并称"俟发下后再行传旨'依议'"。第二天,慈禧太后发下此折,军机处传旨"依议"。(《洋务档》光绪二十四年五月十三日、十四日)

着列强的巨大压力下进行的。"三国干涉还辽"后,德国、俄国等在华势力迅速扩张,各国也加快了在华抢夺租借地和势力范围的步伐。清朝限于自身的力量,无力与各国相抗,一一屈服。光绪帝企图以觐见礼仪上有所让步,以缓和压力,其心情是可以理解的。但清朝觐见礼仪的西方化,并不可能减少或减弱各国对清朝的压力。中西文化于此有着极大的差别。以儒家学说立国的清朝将"礼"视为国之根本,认为已经做出了重大的实质性的让步。而在西方,"外交礼节"很大程度上意味着非实质性的,尽管其在宫廷政治中仍扮演了重要的角色。光绪二十四年清朝觐见礼仪的首次改革,是俄国代理公使巴布罗福三月十五日(4月5日)在文华殿的觐见,而巴布罗福恰是迫使清朝租借旅大的谈判代表;而是年清朝觐见礼仪的关键性改革,是德国亨利亲王闰三月二十五日、四月初五日(5月15日、24日)在颐和园、西苑的两次觐见,而亨利亲王正是德国远东扩张政策的首席执行者。在此之前,德皇利用山东教案准备强占胶州湾,派出海军舰队前往中国,其统帅就是亨利亲王。在欢送的宴会上,亨利亲王在答词中称:

> 有一件事,我可以向陛下保证,声名和荣誉都引诱不了我。我唯一目的就是要在外国土地上宣布陛下神圣之身的声音,把它传布给每一个愿意听的人,也传布给那些不愿意听的人……让这种呐喊的声浪回荡于全世界,以至于永远。[1]

尽管清朝已经衰弱,尽管其在国际事务上遭受着列强的反复蹂躏,但在此年光绪帝促动的觐见礼仪的改革中,今人仍可以看到"天朝"的残痕,在一些大臣的日记和奏折中淡淡地流露出一种情绪——将之视为大皇帝的格外之恩。

由于戊戌变法的失败,清朝觐见礼仪的改革并没有继续进行下去。

---

〔1〕 〔美〕马士:《中华帝国对外关系史》,张汇文等译,上海书店出版社,2000年,第3卷,第116页。

至光绪二十七年(1901)清朝与列强签订《辛丑条约》时,再次蒙受屈辱。西方列强用条约的形式将清朝的觐见礼仪强行西方化:觐见的地点为宫内乾清宫,外国使节乘轿至乾清门前,国书须由皇帝亲手接受,宴会须皇帝亲自入席。[1]

二、为德皇制作宝星与购置世界地图

光绪二十四年四月初五日德国亨利亲王在西苑觐见时,转达了德皇的国电,其中一项内容是,为感谢清朝皇帝对亨利亲王的优礼,德皇将向光绪帝授予"黑鹰宝星"。此一举动引起了光绪帝的注意。

宝星,即勋章。在西方外交中,对促进两国关系的外国人授勋是一常例。清朝官员在此之前也曾获外国的授勋。清朝也于光绪初年即仿效此一做法,对离任的来华外国外交官或来华交涉的外国人授予宝星。光绪二十三年,总理衙门还再次奏准颁行了《宝星章程》。也就在这一年,俄国和法国向慈禧太后、光绪帝授予该国最高等级的勋章。

然而,在光绪帝和相当多清朝官员的心中,对于西方授勋的基本意义仍有误解。他们将"宝星"当作一种特殊的礼物,因而在官方文书中将授勋写为"赠送"、"赏给"。特别有意思的是,在给来华访问的德国亨利亲王"赠送宝星"后,四月二十六日,光绪帝颁下一条谕旨:"交总理衙门,本日军机大臣面奉谕旨,李鸿章、张荫桓均著赏给头等第三宝星。"[2]这种毫无来由并无目的随意性的举动,有如君主对臣下的赏赐,可见当时人对勋章的荣誉性并不清晰,就连颁奖的光绪帝也觉得不

---

〔1〕《辛丑各国和约》附件十九,王铁崖编《中外旧约章汇编》,生活·读书·新知三联书店,1957年,第1卷,第1023—1024页。

〔2〕《洋务档》光绪二十四年四月二十六日。

宜公开。[1]

四月初六日,即亨利亲王告知授黑鹰宝星的第二天,光绪帝决定进行对等外交,命拟致德皇国电,由驻德公使吕海寰觐见德皇递交,并告回赠清朝最高等级即头等第一宝星。光绪帝嫌总理衙门所制头等第一宝星不佳,"金色黯淡",拟令吕海寰在外国制造。军机大臣们退朝后与总理衙门大臣进行了商议,曾在广东任职的刚毅建议宝星在广东制造,而张荫桓主张在上海制造,致德皇的国电由张荫桓拟稿。初七日,光绪帝同意在上海制作宝星,也认可了张荫桓所拟的国电。[2] 当日,总理衙门分别致电柏林、上海:

> 发出使大臣吕海寰。德赠宝星,先来电,宝星未到。现奉国电致谢,酬以宝星,由华制就即寄。希先呈国电,并告外部宝星后到。德亲王昨晨出京,一切款接如礼。
>
> 发上海道蔡钧。酬赠德君头等第一宝星,都中制办金色黯淡,不称旨。拟由沪制造。上年新定国式,久经颁行。希照图式制造大小两座。大者于第二重线上加珠一围,其上嵌大珠一颗。约重成何?其价若干?先电复。制成寄署,进呈后再寄德国。沪上工艺较精,执

----

[1] 《翁同龢日记》中对此有详细的记录:"奏对毕,因将张侍郎请给宝星语代奏,声明只代奏不敢代请。上曰张某可赏一等第三宝星,又曰李某亦可赏,但须交片,不必明发,又谕毋庸具折,传令递膳牌。"(第6册,第3133页)由此可见,此次赏给宝星的举动,属张荫桓的请求,很可能光绪帝在某次召见张时有此许诺,而张请翁氏代奏。按清朝制度,皇帝有何恩赏皆用明发上谕,以示赏罚皆出自于上,奖优惩劣。而光绪帝却明确指示用交片谕旨(按清朝制度为秘密),由此该旨在《上谕档》、《明发档》中皆不载。又按清朝制度,臣子受恩后须具折谢恩,光绪帝不让其折,而是递膳牌,即请见,也是从于不事声张的考虑。

[2] 《张荫桓戊戌日记手稿》,第148页。《翁同龢日记》,第6册,第3128页。张所拟国电称:"大清国大皇帝敬问大德国大皇帝好。此次大皇帝介弟来华,朕推诚相与,以联两国之欢。中西礼俗攸殊,总虑情文未能周洽,烦大皇帝电称致谢,又赠送黑鹰宝星,并申两国联交,永缔和好之意。昨日介弟言辞,缕述及此,朕心良深慰悦。回赠大德国大皇帝头等第一宝星,以志邦交酬答之情,益彰两国联合之美。特令出使大臣吕海寰译呈呈国电,先宣朕意。"(《洋务档》,原件无日期)

事熟谙西例,必能仰慰宸怀。希妥速办理。[1]

不久后,总理衙门先后收到蔡钧、吕海寰的电报。吕海寰电称:

> 遵初七日电,先告外部订期呈递。适十一日(5月30日)德主约看步队营,遂在城外夏宫接见。谨缮国电译呈恭宣圣意。德主大悦,言蒙大皇帝电书慰问,情意殷切,予心甚快。予弟到京接待优隆,甚合两国体制。又蒙皇太后召见垂问,情文实属周浃。且荷赠送宝星,不胜荣幸。请先奏谢。刻下中国整饬海军,所有船只可停泊胶澳。前已谕商中国政府,兹再重申前意。嗣后大皇帝遇有为难之事,不妨直知予知。凡予力所能为者,无不尽力相助。予今日在此接见,以此宫陈设均系中国珍物,足表予郑重之忱。从此务使两国皇家日见亲密。请转奏云云。临行又握手问好。当日筵宴,复举杯相劝,以示优异,请代奏其请我胶澳停泊及遇事相助之事。用否请旨致谢,乞钧裁。[2]

驻德公使的电报,用今日眼光看来,德皇的亲善言辞不过是一派外交辞令,而允未来的中国海军舰船停泊胶州湾,也可视为企图控制中国海军,因为此时清朝正在德国订购军舰,其第一艘"海容号"即将完工。但在饱受列强压力的清朝,感觉就很不一样。总理衙门于十四日收到此电后,呈送给光绪帝。根据吕海寰的建议,光绪帝命再发一电给吕海寰:"奉旨:吕海寰电悉。德皇接见,情意殷殷。胶澳泊船及遇事相助,足见真心亲密。著吕海寰遵旨致谢。"[3]吕海寰奉电赴德国外交部,转致光绪帝之意,并将具体情节通过总理衙门电告光绪帝。[4]

上海道蔡钧收到总理衙门电报后,知此事为皇差,全力为之。四月初

---

[1]《电报档》光绪二十四年四月分。
[2]《电报档》光绪二十四年四月分。该电四月十三日发,总理衙门次日收到。
[3]《发电档》光绪二十四年,207/3–50–3/2082。
[4]《电报档》光绪二十四年四月分记:"收出使大臣吕电。四月十六日。寒电敬悉。遵旨赴外部恭宣皇上致谢德主亲密之意。适德主赴海口验看。外部云:承大皇帝情意如此周浃,德主定倍加欣感。允为转达云。祈代复奏。"该电四月十五日发,次日收到。

九日,蔡钧电告总理衙门:

> 宝星大珠选购光圆一颗,重三分二,价约洋六百零。正副两座,共足金重四两零,价约二百左右。小珠约数十元,雇洋匠制作,工价百金。据称,外国最喜火钻,如伴就内边一围镶火钻,更壮观。大小珠均用上等。价约增千余金。约四旬竣工。合并附及,应如何定制,乞示,遵[1]

蔡钧的方案虽对钦定《宝星章程》稍有修改,但仍得到了认可,十三日,总理衙门电告蔡钧:“文电悉。宝星镶火钻,用上等珠。赶四旬造成。送署进呈。”[2]不久后,宝星制作的规格大变。

四月十五日,光绪帝收到吕海寰的电报后,在召见时发下“宝星佩带”一条,令上海照式织造,并规定“色用明黄”。总理衙门根据光绪帝的旨意,两次致电蔡钧。[3]然明黄色毕竟是清朝礼制规定的皇帝专用色,总理衙门奏定的《宝星章程》规定此一等级宝星的佩带为金红色,蔡钧只得在电报中婉言请示,结果遭到了严厉的批斥。[4]

---

[1]《电报档》光绪二十四年四月分。该电于十二日收到。该件另注“堂谕抄一分”,显是呈送光绪帝之用。又见《宫中电报电旨》光绪二十四年,157/4-18/97。《宫中电报电旨》是专呈皇帝亲阅的,可见光绪帝已看到该电。

[2]《电报档》光绪二十四年四月分。

[3]《翁同龢日记》,第6册,第3128页。总理衙门该日电蔡钧,称:“元电计达。宝星佩带用明黄色织丝带。宽三寸,长六尺三寸。宝星大小共装一匣,用紫檀木匣,外面加银丝,内用黄缎装潢。希照办。电复。咸。”十七日,总理衙门又电蔡钧,称:“咸电宝星带长、宽照京裁尺织造。筱。”(《发电档》光绪二十四年)

[4]总理衙门收蔡钧电:“四月二十四日。宝星事,奉咸、筱两电,遵经饬匠限赶制。顷据织匠禀,请在带上加织龙形,两边用栏杆花纹,两头改结网穗,以期精美。应否照办,乞示,遵。再,佩带《章程》头等第一,本金红色。现奉咸电用明黄色,遵照办。谨闻。钧禀。漾。”(《电报档》光绪二十四年四月分。又见《宫中电报电旨》光绪二十四年,157/4-18/98)总理衙门为此回电:“漾电悉。德亲王所佩宝星系黄带,此次赠赠德君,带用明黄色系遵旨办理,岂能拘泥署奏?长宽尺寸系照俄君所赠比量一式。俄带系回波缎,各国宝星佩带从无织作花纹者,但宜织制坚厚,明黄一色较大方。两端结网穗,自更精美,惟于缀带副宝星碍否,望就近询德领事妥办为要。有。”(《发电档》光绪二十四年。又见《宫中电报电旨》光绪二十四年,157/4-18/98)

四月二十四日,即"明定国是"的第二天,光绪帝改变了主意,要求宝星嵌珠改为大颗。为此,总理衙门电告蔡钧:

> 文电宝星大珠一颗重三分二,究不大观,应移作副宝星用。其大宝星另购八分重一颗大珠,庶合式。余均照办。毋庸惜费。统希妥办。敬。[1]

光绪帝的这一改动,显然不符合宝星原有的荣誉性质,使之更具珍宝性质,且这一改动又牵涉到原来颁布的宝星图式。蔡钧对此不敢辩言,立即发电请示:

> 奉二十四日(6月12日)电,自应遵办。惟大珠径约四分,照原图式,万容不下,与匠熟商,只好斟酌将珠围外边放至分许,另将中国大清汉字略为排紧,当中腾出一字许,以容大珠。其外围小珠暨中珠亦略放大,以期匀称合式。又副宝星中珠照原图只容数厘者,现用三分重珠,亦须将周围外边放大分许,腾出中空地位。至正副两座仍照原式是否有当,乞赐电示,以便遵照改制。再电请示佩带应否用本色织成双飞阑干花边式,或明黄地金红起花,或用彩色起花,或全不赤花,均乞赐示。职道现嘱匠照双龙阑干边式另织一带,系明黄色丝地洋金线起花,以备佩带。

蔡钧的电报因牵涉到原有的《宝星章程》,着实使总理衙门大臣们为难。在该电报的收电日期"四月二十六日"上注有小字:"堂谕改二十七日,又谕仍改二十六日,二十八日递",可见总理衙门大臣们需要时间来研究方案。[2] 二十八日,总理衙门请示了光绪帝后电告蔡钧,同意其关于宝星

---

〔1〕《电报档》光绪二十四年四月分。又见《宫中电报电旨》光绪二十四年,157/4－18/98。

〔2〕《电报档》光绪二十四年四月分。又见《宫中电报电旨》光绪二十四年,157/4－18/98,该件注明是二十六日。

的修改方案。〔1〕蔡钧收到电报后，自然表示遵照办理，但遇到了更大的困难，市场上可购买的八分重的大珠，光圆度不够。他与洋匠商议后，建议改用五分重的大珠。蔡钧的提议，最后得到了批准。〔2〕

　　五月十七日，即蔡钧最初电报所称四十日到期，总理衙门立即发去一电："所制宝星已届四十日，何日寄署？先电复。"〔3〕蔡钧后于六月初五日电告："宝星已交税司，妥速邮寄。"〔4〕张荫桓在日记中称，他于六月十六日在总理衙门看到了此一宝星，"金色、嵌珠、分量、制法，无一不佳"，但也存在着非常严重的差错，"背镌制匠字号及廿二换金等字，市井恒情，不合友邦投赠"。可见蔡钧也将宝星看作为一件珍宝，乃有工匠字号、金色成分的字样，以显示其价值。具有较多外部知识的张荫桓认定，该宝星必须寄回上海，将背后字样磨掉，为此而还拟一电，请军机大臣廖寿恒代呈光绪帝。〔5〕

　　就我所见各类记载而言，清代皇帝为赠外国君主一礼物（按照光绪帝等人的理解），从未有过如此费心，反复给予指示。此时的光绪帝似乎已经忘记，去年他批准了《宝星章程》；而且去年法国公使施阿兰回国时，

---

〔1〕　总理衙门电称："有电悉。宝星既用大珠，自应将珠围外边放大，满汉字紧排，惟须分明可辨。其外围小珠、中珠亦放大，以期匀称。既加钻石一圈，尚须小珠否？副宝星改为三分，亦应加大外围，始能嵌抱。两座大小仍照原式佩带，业详有电。统希查照妥办。勘。"（《电报档》光绪二十四年四月分。又见《宫中电报电旨》光绪二十四年，157/4－18/100）

〔2〕　总理衙门收蔡钧电："四月二十九日。有、勘两电敬悉。宝星佩带，询之德领事，无需加网穗，已饬匠改照办。至大珠连日访购，七八分重者既少且不光圆，尚未觅熟。昨洋匠来看珠样，谓珠大龙小款式不称，且占中龙、镶珠及火钻地位，镶制万难讨好。极大珠重至五分余者，已极美观，可应准照办理。乞示，遵。钧。艳。"（《电报档》光绪二十四年四月分。又见《宫中电报电旨》光绪二十四年，157/4－18/98）总理衙门以蔡钧电："四月三十日。艳电悉。大珠重至五分余，既美观，即照所办。余皆照前电办理。卅。"（《发电档》光绪二十四年）

〔3〕　《发电档》光绪二十四年。

〔4〕　收上海道电，六月初六日（该电前一日发），《总理衙门清档·收发电》，01－38。

〔5〕　《张荫桓戊戌日记手稿》，第221—222页，第227—228页。六月二十日日记还称："宝星发下，当另易内匣寄沪关，留木匣在舍，较准尺寸，制衬匣，以成美观。"

为答谢法国总统授予其勋章,也"回赠"了与赠德皇同一级的宝星[1]。而在此后不久,李盛铎新任驻日公使时,他赠送了日本天皇同一等级的宝星。当比利时公使费葛在该年底赠其"军中大宝星",他又让兼任比利时公使罗丰禄亲赍国书表示感谢,并告将寄给比利时君主"头等第一宝星"[2]。从现有的材料中,我还看不到赠日本、比利时的头等第一宝星是否依照赠德皇的制式制造。但可以肯定,此时清朝所"赠"各国君主、国家元首的宝星在制式上有差异。当然,就清朝本身的理念而言,此事还不属违制,似可称为"大皇帝格外恩典"。

在给德皇制作宝星的过程中,光绪帝对自己佩带外国宝星也发生了兴趣。前已提及,在闰三月二十七日法国新任公使觐见时,他突然佩带了法国宝星。但此类宝星过重,多枚佩带不便,于是他让总理衙门分别致电清朝驻法国公使庆常、驻德国公使吕海寰:

> "发出使庆大臣电。五月初一日。法、俄两国前送皇上宝星各缩制一座,备连缀横排佩带。希在巴黎查明款式。案据制造俄国宝星向在巴黎定制,亦希就近查明缩制。遵旨电达。东。"

> "发出使吕大臣电。五月初一日。德国现送皇上宝星想已制就。希照式样缩制一座,备连缀横排佩带。制成送驻法使馆汇寄。遵旨电达。东。"

驻法公使庆常等奉到此电后,不甚了了,电询总理衙门。为此,总理衙门又发了数电:

---

[1] 在给施阿兰的国书中称:"朕前承大伯理玺天德赠送荣光头等大星,并由贵国全权大臣施阿兰亲递贵国国书。经朕阅欣。惟大伯理玺天德诞登宝位,福祚绵长,睦谊克敦,实深欢慰。兹因贵国全权大臣施阿兰回国之便,特制一等第一双龙宝星一座,交其亲赍国书,以表我两国交谊永远巩固之据。惟希大伯理玺天德收纳。"(《国书档》,207/3-50-3/1922,原件无日期)
[2] 《致大日本国国书》、《恭拟复大比国国书》,《国书档》,两件皆无日期。

"发出使庆大臣电。五月初四日。江电悉。缩制者,改小之谓。外国宝星多者,每缩制,以备连缀佩带。东电已详,勿误会。支。"[1]

"复出使大臣庆常电。初九日电悉。外国有投赠宝星案,并无缩制宝星案。前电令查案,因宝星未经瞻仰,只可在该国查案,可以得其样式尺寸,俾缩制不逾式,非谓外国有缩制案也。兹既与官行酌,就原式缩制。正星连芒一寸四分又三分之一,通镶钻石。俄制可照办矣。法宝星若镶钻石,与原赠不符,尺寸缩小,与俄同,无须镶钻石。副星向不缩制。希分别办理,若犹不领会,请就近询罗稷使,便不致误。"

"复出使大臣吕海寰。初九日电悉。即照官行所拟缩制。正星连芒长一寸四分又三分之一。通镶钻石甚妥。副星向不缩制,即作罢论。"[2]

除了自己佩带外,光绪帝让各驻外公使也佩带外国宝星。[3]

为德皇制造宝星,以及光绪帝佩带宝星,均是中外关系史上无足轻重的小事。而我以为,正是此类小事,恰能清晰地看出光绪帝等人内心世界中的对外观念,恰能准确地测出光绪帝所掌握的外部知识的实际水准。光绪帝如此费心用神于为德皇制作宝星,是其不了解近代外交的实质,**将程式当作内容**。正因为如此,我在详述此事时,尽可能地录下有关史料,目的正是说明,光绪帝尽管力图冲破旧的羁绊,但他所走的路,既未必与近代外交的方向**丝丝吻合**,也还不可能走得很远。

光绪帝在力图增加其外部知识时,也感到了一些困难,其中之一便是没有合适的世界地图。此时的清朝皇帝尚无可随时查用的世界地图,这一令今人吃惊的现象正说明了当时的正常状况。在光绪帝的命令下,此一任务约在该年六月初交给了办事干练的上海道蔡钧。蔡钧奉命后,立

---

[1] 《发电档》光绪二十四年。

[2] 《宫中电报电旨》光绪二十四年,157/4 - 18/100,原件无日期。

[3] 六月初四日,军机处电寄各出使大臣旨:"嗣后出使大臣凡遇各国君主赠给宝星,均著收受佩带,以示联络,毋庸电询总署。"(《电寄档》,207/3 - 50 - 3/1576)

即赶办,并请示有关事宜:

> 奉饬购办译印局地图,遵即访购。现只初次印成九十四幅,尚有
> 三百幅。须会明年续出。应否先将初次印出者装潢邮呈,乞示。再
> 图片每幅长一尺,阔尺二三寸。据委员禀示,裱作册页,或连缀裱作
> 手卷、挂幅均可。应用何式装潢,统乞示,遵。钧禀。遇[1]

对于蔡钧的来电,总理衙门请示了光绪帝后作复:

> 地图裱作挂屏,仰看不便,宜作屏风式,制木架一座,上用小圆木
> 轴横置于架旁,用辘轳转折。将地图裱成整幅,天头宽裱四尺,附粘
> 木轴,以便卷舒伸缩,随意展观。图背裱面绸,图面薄抹明油一遍,取
> 其耐久。天头宽无须仰看,地脚则衬裱数寸便合。此数架式各国外
> 部公事房内均常用,沪上不难仿制。即照复。先电复[2]

此一指示应说是相当具体明确。从这一指令中又可看出,光绪帝需要的
是可以随时查看、比较详细的世界地图。根据这一指令,蔡钧后来又两次
请示总理衙门,要求对地图及其木架的具体尺寸作出指示:

> 地图事遵蒸电饬委详考照办。据称,现出之图,按纵线分十束,
> 如裱册页,仍按纵线,连缀成折式,背托耿绢,分束绫套,翻阅便且免
> 散佚。惟裱整幅,连天地头,长丈五六尺,阔丈二三尺,幅面较大,难
> 于裱糊,且背面用绸托,亦嫌接缝过多。可否按纵线分作十长幅,或
> 并作五长幅,分数架,或一架;抑仍裱统幅一。及架应统高若干,座脚

---

[1] 《总理衙门清档·收发电》,01-38。该电发于六月初七日,总理衙门当日收到。前引
　　蔡钧六月初五日电有一语:"地图亦赶紧办,俟讯明装潢,竣工日期另报。"(出处同
　　上)由此可见,蔡钧是六月初收到此一指令的。
[2] 《电报档》光绪二十四年六月分。该电题"拟寄上海道蔡钧电。六月初九日",由此可
　　见该电需经光绪帝后,方可发出。

高若干,乞酌定示,遵。钧禀。元。

　　地图已裱就,现制木架。据委员称图身高一丈三尺余,欲整幅张挂,架连底须高丈五六尺。看时虽将天头四尺放下,而图身仍高丈余。上年之图,目力不及,且恐线出图幅长短不定,架难一律。可否将度酌中,定以高九尺或一丈为度,俾天头放下四尺,图可平视,不必仰观,既有簧轴,舒卷仍可烛见全幅。将来续制之架,亦照此尺寸,以期一律之处,乞核示祗遵。钧禀。巧[1]

前电收到日期为六月十三日,后电收到日期为七月十八日,蔡钧正按其工作日程赶制。然而,当后电到达时,距戊戌政变已经不远。这些地图裱就并配制木架送到北京时,已是第二年了。尽管这些地图的裱制及木架的制作十分精良,耗银达一千六百余两,但对处于无权状态的光绪帝,意义已经不大了。[2]

---

[1] 《总理衙门清档·收发电》,01-38。

[2] 蔡钧与总理衙门于次年有四份文件可以说明这些地图及木架的最后情况。光绪二十五年四月十二日,上海道蔡钧呈总理衙门:"窃查上年六月间,奉宪台衙门电谕饬裱地图册页,并装裱整幅配制木架等因。遵即饬令经管图书集成委员伊县丞立勋分别妥办去后。兹据该员禀称所有册页已如式裱竣,装盛红木方匣一具。整幅地图糊裱殊难,亦经设法裱成,配制轮轴木架,系饬陈长福西式木器另绘图试造,屡经斟酌改制,始臻稳妥。轮轴转圜尚未称灵捷,雕刻花样亦尚适观。惟初次创造,工费甚巨。核实估计议定,每架规银三百五十四两。以近日料价工资核计,尚无浮冒。加装铅皮图箱、厚木大箱,以及备用烛凳,逐项配齐。计装册页一箱、整幅图架八箱、高凳四只,堪以寄京应用。并照样多备一架寄存图集集成栈房,以便第二次图成配用,免致先后歧异。现在一律完竣,绘图贴说,开列价目清折,送请核办。再红木材料无此长大,现用上等红色花梨木,不甚悬殊等情到道。查此项地图木架第一次制造工竣,拟即委员带匠解京,以期装配得法。业经由电禀奉复照准。除札委伊县丞立勋带同匠人一名,领运前项图架由沪趁搭轮船赴津,再行登陆进京交收,并咨询明津海关道转饬照料放行外,理合备具图折一并呈送,仰祈宪台俯赐察收核办。再,此项工料计实支银九百三十一两五钱二分,连委员经费支给规银六百两,暨购地图股票两分价洋一百元,以七四四折合规银七十四两四钱。共规银一千六百五两九钱二分,由道垫给。应动支何款,并乞示遵,实为公便。至是项地图,每分约四百幅。此次头批九十四幅外,尚有二、三批三百余幅。据地图公会中人云,未经译就,印竣尚须时日。现经职道取有股票存案。俟图继出,按次领取,照式装裱。合并陈明。为此备由呈乞照验施行。"该件

三、亲拟致日本国书与召见伊藤博文

　　光绪二十四年是中日关系史上相对平和的一年。虽说日本对中国的压力依旧存在,但相较于德国、俄国、法国和英国,此时的日本没有那么咄咄逼人。在此情况下,清朝内部一些官员纷纷上奏,主张联日、联英,以抗德、俄的压迫。其中地方实力人物湖广总督张之洞,将其与日本参谋本部参谋神尾光臣、宇都宫太郎密谈要点电告光绪帝,可能会有一些实际的影

　　所附清册称:"谨将装裱地图册页并裱整幅装配木架工价解费实数开呈宪鉴。计开:黄绫面耿绢背地图册页十幅,工料洋九十六元,合规银七十四两五钱六分;红木匣黄龙绫套并粗木外箱,工料洋十二元,合规银八两八钱二分;黄绫面耿绢背整裱地图一幅,工料洋一百二十四元,合规银九十一两一钱四分;花梨木四面雕花洋漆地图大架二座,每座三百四十五两,规银六百九十两;红油白木大箱十六只,每只三两,规银四十八两;洋松高凳四只,每只四两,规银十六两;白铅地图长箱二只,每只三两五钱,规银七两;由沪赴京解费,规银六百两;地图股票两分,洋一百元,合规银七十四两四钱。共计规银一千六百五两九钱二分。"该件所附图说称:"谨将图架除铜练摇手外大小共计二十四件,每件标明数目次序。装架时,按照次序配合。图架较高,顶上横木颇重,装第七图轴、第八横木时,备有高凳四架,以便两边抬上。铜练装在左边柱内,上下套住。轮轴有轮齿扣住,惟须先套住下面第六轮轴,再套上面第七轮轴,两边拉平,不使偏倚为要。第七图轴另有细铁条挂在图幅下面,使图幅坠平。即在左边柱眼套上摇手,摇下之后,卸去细铁丝,用黄绳将图缚在第六轮轴上。图幅有眼,长绳联络,不必剪断。缚紧之后,上下回环,均可摇转。谨注。"四月二十四日,总理衙门札上海道蔡钧:"光绪二十五年四月十二日据江海关道蔡钧呈称,上年六月……查此项装裱地图册页,并装配木架,工费共银一千六百五两九钱二分,即据声明尚无浮冒,自应准其作正开销,应令该道于出使经费项下动支,以清款目。至照样多备一架,应俟筹备组二次图成后,径交招商局轮船运津,交津海关顺便寄京,无庸另派委员,藉节浮费。其第三批图幅告成寄京时,毋庸再配木架。除将运到地图、木架等项存署预备进呈外,相应札行江海关道遵照办理可也。"(《总理衙门清档·一般交涉》江海关道奉饬装裱地图册页等解京案,01-34/5-5-8,台北中研院近代史研究所档案馆藏)

响力。[1]

是年春日本驻华公使矢野文雄照会总理衙门,表示日本愿意接收中国留学生。此一事件引起了光绪帝的兴趣。[2] 七月初二日,光绪帝以电旨下达各省督抚:"日本政府允将该国大学堂、中学堂章程,酌行变通,俾中国学生易于附学,一切从优相待,以期造就。著各省督抚就学堂中挑选聪颖学生,有志上进,略谙东文、英文,酌定人数,克日电咨总署核办。余由总署电知。"[3] 由于当时清朝近代教育制度的改造刚刚开始,没有相应的学校,也缺少懂日文、英文的青年,留日学生的挑选工作,进行得并不顺利。[4]

---

[1] 电报可见于《张文襄公全集》,第2册,第348页。这些电报皆呈光绪帝阅。为此光绪帝还专发一电:"奉旨:张之洞三电均悉。中日修好之后,本无不洽。若遂连衡,恐北方之患必起。倭将所请,断勿轻允,是为至要。钦此。(光绪二十三年)十二月十二日。"(《清光绪朝中日交涉史料》,卷51,第9页下)光绪帝虽然拒绝了张之洞的建议,但在其思想中还是留下了一些印象。

[2] 光绪帝对此事的兴趣很可能与康有为代杨深秀所拟《请议游学日本章程片》有关。杨片上奏后,奉交片谕旨:"著总理各国事务衙门议奏。"(《洋务档》光绪二十四年四月十三日)五月十四日,总理衙门复奏称:"查本年闰三月间,准日本使臣矢野文雄函称:该国政府拟以中国倍敦友谊,藉悉中国需才孔亟,倘派学生出洋习业,该国自应支其经费。又准使臣来署面称:中国如派肄业学生陆续前往日本学堂学习,人数以二百人为限。经臣备函致谢,并告以东文学堂,甫经设立,俟酌妥办法,再行函告。……臣等公同商酌,拟即妥定章程,将臣衙门同文馆东文学生酌派数人,并咨询沿南北洋大臣,两广、湖广、闽浙各督抚,就现设学堂中,遴选年幼颖悟粗通东文诸生,开具衔名,咨报臣衙门,知照日本使臣,陆续派往。"(《戊戌变法》,第2册,第409—410页)前一天,总理衙门在议复御史曾宗彦奏时,也谈到了相同的内容。(《戊戌变法档案史料》,第258页)查有关档案,总理衙门在上奏前已有行动。四月二十三日,总理衙门电湖广总督、两广总督:"湖北、广东自强学堂、同文馆内东文学生有无年少颖悟堪以派往之人?约若干名?希查明,拟章程,电复核办。漾。"(《发电档》光绪二十四年)

[3] 《电寄档》,207/3-50-3/1576。

[4] 就我所见,各省关于此事的电报有:一、七月初六日总理衙门收到浙江巡抚廖寿丰电:"冬电谕旨恭悉。日本同洲同文,其政府允中国遣学生附学,自关大局。浙省四月初派知县张大镛等选带廪生陈晃、把总徐方谦等文武学生各四人赴日本肄业,修膳一切经费先由外筹动,咨呈钧署在案。兹接张大镛等来禀,称该国拨派教员,筹添学舍,相待优极,具承睦谊。寿丰愚意,此项学生略识英文东文,尤以先在学堂讲求根底,察验志趣为要。如择焉未精,不堪造就,负彼美意;即才堪造就,而志趣一误,亦复可虑。浙

也就在此时，清朝驻日本公使裕庚任期已满，且患有腿病，多次电请派新任继之。六月二十四日，光绪帝命曾任驻日参赞并以《日本国志》一书闻名的湖南长宝盐法道黄遵宪为新任驻日公使。[1]黄遵宪的新任，因其一路告病而迟迟未能到北京请训，而于七月二十二日军机处《随手档》中留下了一条记载："发下墨笔致日本国国书底稿一件。"军机章京录此记载时用大字，且以顶格书写，可见此国书是光绪帝亲拟。[2]兹按其原格式录于下：

　　　大清国
　　大皇帝敬问我同洲至亲至近友邦
　　　诞膺
　　天佑践万世一系帝祚之
　　　大日本国

省风气初开，一时无可续派，容随时筹选，再行遵旨陈明。他省派送，似宜慎选。所用经费，并请作正开销。是否有当，谨请代奏。寿丰叩。微。"二、初七日总理衙门收安徽巡抚邓华熙电："东电获悉。皖省求是学堂开学施教仅三月余，学生分习英文语。饬查功课，尚无谙习英法语言文字之人，堪以挑选，送往日本学堂。必须一年届满，再行酌度办法，以期核实。恳鉴察。华熙。阳。"三、初八日总理衙门收江西巡抚德寿电："奉电旨，挑选学生，由总署核办。钦此。伏查江西甫议筹设学堂，一时尚乏谙悉东文年小聪颖学生。现已示谕，绅民如有堪以造就有志附学子弟，准其报名考验。俟挑选有人，再行电咨核办。特先电复，并请代奏是叩。江西巡抚德寿。虞。"四、湖南属于此中的例外，八月初三日总理衙门收到湖南巡抚陈宝箴电："前议派聪颖学生五十名至日本学习，近日来省求考选者千数百名，风气似可渐开。"（以上电报皆引自《总理衙门清档·收发电》，01/38）但湖南的具体做法未见电报。

〔1〕　据《翁同龢日记》，光绪帝曾于是年正月二十三日向翁索要《日本国志》，翁自称"臣对未洽，颇致诘难"。（第6册，第3093页）

〔2〕　就一般而言，国书由总理衙门代拟。按清代制度，《随手档》会记有总理衙门的奏折及朱批。若光绪帝命军机大臣代拟，《随手档》也应记有奏片。该记载仅称"发下"，意即军机大臣召见时由光绪帝发下，由此可以确定该国书不是由总理衙门或军机处代拟的。《随手档》在该记载下有小注："照缮。次日见面带上。墨笔恭缴。抄交总署。"其中"墨笔"抬两格，其规格与谕旨相同，由此可见，此"墨笔"为光绪帝所拟。而该国书录于军机处档册《洋务档》，该档册主要用于记录各类谕旨与军机处的奏片。这一墨笔谕旨的原件，我也已找到，藏于《宫中杂件》（原三号楼）第445号，就我的观察来看，字迹为光绪帝的亲笔。

大皇帝好。我两国同在亚洲,海程密迩。自各派使臣驻扎以来,诚
　　信相孚,情谊弥挚。每念东方时局,益廑辅车唇齿之思。现在
　　贵国驻京使臣矢野文雄到华以来,凡遇两国交涉之事,无不准
　　情办理,归于公平,已征邻好。曩复贻书总理各国事务衙门,备述
　　贵国政府关念中国需才孔亟,愿中国选派学生前赴
　　贵国学堂,肄习各种学问,尤佩
大皇帝休戚相关之意,曷胜感谢。朕已谕令总理各国事务王、大臣与
　　贵国驻京使臣商订章程,认真选派,以副
大皇帝盛意。兹因出使大臣裕庚奉使期满,特派二品衔候补三品京堂
　　黄遵宪为出使驻扎贵国都城钦差大臣,亲赍国书,表明朕意。该
　　大臣托志贞亮、学识宏通,办理两国交涉事件,必能悉臻允当,尚望
大皇帝优加接待,俾能尽职。从此两国信使往来,邦交益密,共相
　　维持,以期保固东方大局。
大皇帝谅有同情也。〔1〕

按照当时的惯例,清朝的国书均由总理衙门代拟,经光绪帝批准后发出。
此次由光绪帝亲拟的国书又有何新意? 若与前派裕庚的国书相比,至少
增加了两个内容:其一是关于中国学生入日本学堂事,光绪帝为此亲向日
本天皇表示感谢。若按日本的政治体制,邀请中国学生入日本学校,未必
须旨准天皇。但光绪帝以本国情势度之,一切政令皆出自于上,以为是日
本天皇的好意。他与总理衙门并不知道,邀请中国学生入日本学校,是驻
华公使矢野文雄的自作主张,日本外务省对此并不知情。〔2〕 其二是在此

----

〔1〕 该国书早已发表,见《清光绪朝中日交涉史料》,卷52,第7页。但从此书中无法看出
　　该国书为光绪帝亲拟。此处所录为该墨笔谕旨的原格式。
〔2〕 矢野文雄的提议,当时并未经过本国政府的事先同意,外务大臣西德二郎后来对此指
　　示:"今后清国政府接受右记提议决定派遣留学生之际,宜设法限定最少人数以求应
　　对。"(详见河野一夫:《驻清公使时代的矢野龙溪》,成城大学《成城文艺》,第46号,
　　1967年;容应庚:《戊戌维新与清末日本留学政策的成立》,《戊戌维新与近代中国的
　　改革》,第320—321页)

国书中,光绪帝两次提到"东方时局"、"东方大局",表示了强烈的与日本结好的意向,这些内容与措辞在以往的国书中是没有的。还须注意的是,按照清朝当时的惯例,国书的第一句话一般写为"大清国大皇帝问(或'敬问')大日本国大皇帝好",而光绪帝却在"大日本国"之前加了一段敬语——"我同洲至亲至近友邦诞膺天佑践万世一系帝祚之",这是一个很特别的写法。[1]

亲拟致日本国国书,这一特殊的做法,表明了光绪帝有着特别的用意。又按照清朝的政治惯例,出使大臣黄遵宪赴任前需向光绪帝请训。或许此时光绪帝会当面予以指示,以说明其用意之所在。然黄遵宪因病滞留上海,裕庚病重急需替换,光绪帝只能命已在上海准备东渡日本考察大学教育的江南道御史、京师大学堂总办李盛铎,先期赴日,临时代理驻日公使。李盛铎赴日后,黄遵宪被免,李随即出任正式公使。[2] 他奉到的国书与此大体相同。[3] 但他赴日后再未回北京请训,且政变已经发生,光绪帝亲拟国书的真实用意,现在看来已是无可知晓了。

当光绪帝亲拟致日本天皇国书时,已经听说了日本前首相伊藤博文

---

〔1〕 此处可比较 1895 年给驻日公使裕庚的国书:"大清国大皇帝敬问大日本国大皇帝好。我两国同洲邻近,素敦和好,兹幸友谊如初,尤望益臻妥善。特命二品衔、候补四品京堂裕庚为出使驻扎贵国都城钦差大臣,并令亲赍国书,以表真心和好之据。朕稔知该大臣和平通达,才识素优,办理两国交涉事件,必能惬当。务望大皇帝推诚相待,俾尽厥职,以永敦友睦,共享升平。朕有厚望焉。"(《军机处录副·光绪朝·外交类·中日项》,3/164/7744/25)

〔2〕 由于裕庚数次电报,称其腿疾不能出席日本天皇庆典,而黄遵宪一时不能到任,请光绪帝派员代理。八月初三日,光绪电令"著派御史李盛铎暂行代理使事"。(《电寄档》光绪二十四年八月初三日),已在上海的李盛铎因庆典紧迫,于初九日直接乘船赴日。(《总理衙门清档·收发电》,01-38)而在此时,戊戌政变已经发生,黄遵宪受到了很大的牵连,二十一日,光绪帝下旨:"出使大臣黄遵宪因病请开去差使。江南道监察御史李盛铎著赏给三品卿衔,以四品京堂候补,派充驻扎日本国二等钦差大臣。"(《上谕档》光绪二十四年八月二十一日)

〔3〕 李盛铎所奉国书,与前引国书相比有两处改动:其一是"二品衔、三品京堂候补黄遵宪"改为"三品卿衔、候补四品京堂李盛铎";其二是在最后"从此两国信使往来"前,加了一段:"前曾特备头等第一宝星一座,令李盛铎恭赍呈递,以表亲睦之据。当荷大皇帝鉴存。"(《国书档》,207/3-50-3/1922,原件无日期)

即将来华。

第三次伊藤内阁成立不到半年,即在党争中解散,是年五月十二日(1898年6月30日)第一次大隈内阁成立。此一消息由清朝驻日公使裕庚电告国内。[1] 对于伊藤博文的中国之行,裕庚也于六月十二日用电报答复总理衙门:

> 真电祇悉。伊藤系游历,先自西京至高丽,再由津来京。闻七月半始过津。当经函达仲相(荣禄)转署。此次系出无聊,回同退者来家扰,藉少避。又查看中华情形,有无机括可乘,是其故技,非大举动。[2]

裕庚的这一判断是大体准确的。二十八日,总理衙门收到北洋大臣荣禄的电报:

> 顷接裕大臣由沪转来巧电,云伊藤临行正值庚(裕庚)病,渠遣书记官来告,此行系往中国自行游历,藉可见王爷、中堂谈谈等语。渠昨在西京与矢野晤谈。请转钧署等因。漾。勘。[3]

因此可见,伊藤博文已派员向清朝驻日公使说明,其来华并非有官方使命,而是"自行游历",只是想与"王爷"(当时执政的只有总理衙门首席大

---

[1] 该电称:"日本进步、自由两党因国事合攻,伊藤辞退,大隈授内阁兼外部。陆、海外、大藏等六臣俱换。"该电发于五月初九日,总理衙门十一日收到。(《清光绪朝中日交涉史料》,卷51,第38页上)

[2] 《总理衙门清档·收发电》,01-38。总理衙门于六月二十五日又收到北洋大臣荣禄的电报:"顷接裕大臣来函,伊藤日内自东京动身,先往西京,由西京赴朝鲜。由朝鲜至天津,由往北京游历。大约七月望后,可由朝鲜到津等语。请查照。荣禄。经。"(出处同上)荣禄未向总理衙门报告他对伊藤一行的认识,也未提裕庚对此事的判断。

[3] 《总理衙门清档·收发电》,01-38。"巧"为十八日,"漾"为二十三日,"勘"为二十八日。裕庚的电报看来十八日由东京发出,二十三日再由上海转发,二十八日再由荣禄转发。

臣庆亲王奕劻)、"中堂"(大学士,当时大学士有李鸿章、荣禄、徐桐、刚毅、孙家鼐,而伊藤与李鸿章极为相熟)进行非官方性质的谈话。七月初八日,总理衙门收到驻日公使裕庚的电报:

> 伊藤初七已到高(高丽),来京时求派员到车栈照料为叩。[1]

这是可以看到的伊藤对清朝政府惟一的要求。作为前首相,他希望能够得到正式的接待。

尽管在西方外交史上,外国重要政治家出访时受到访问国君主的接见,是极为常见的事情;然而,对于清朝来说,伊藤博文已不是正式的政府成员,也未奉有国书,自1873年同治帝以西礼接受外国使者的觐见以来,清朝皇帝只接见奉有国书、国电的外国使者。也就是说,按照此时的制度,光绪帝不应当接见他,更何况伊藤也没有提出觐见的请求。

围绕着伊藤博文访问,康有为等革新势力进行了一系列的活动。就历史的发展结局而言,光绪帝同意接见伊藤,并将觐见的地点定为西苑勤政殿。勤政殿的大门,第二次为外国人开放,而前一次就是本文所述的德国亨利亲王。在注重礼制的清朝,也可以认为,光绪帝是将伊藤博文比照德国亨利亲王来接待的。而在清朝的觐见历史上,亨利亲王规格是最高一级的。八月初四日,总理衙门将觐见的时间与地点通知了日本代理公使林权助。[2]

如果说光绪帝接见没有国书且非政府官员的伊藤博文,在当时已属异常事件;那么,光绪帝在接见中的言论,更属异常。前已述及,是年二月

---

〔1〕 《总理衙门清档·收发电》,01-38。

〔2〕 总理衙门致书:"林大人台启。迳启者。本月初五日大皇帝御勤政殿,接见伊藤侯相。当于是日九点钟,专弁赴贵馆导引伊藤侯相,偕贵署大臣暨翻译、随员等。于十点半钟到西苑门内朝房稍憩,恭候午初刻大皇帝接见。即希贵署大臣转达伊藤侯相为荷。专此。顺颂时祉。名另具。八月初四日。庆亲王、王文韶、裕禄、崇礼、廖寿恒、张荫桓。"(《伊藤公爵清国巡回一件》松本记录,6-4-4-21,东京外务省外交史料馆藏)此中未有清朝以往必附的礼节单。但从后来觐见的礼仪来看,光绪帝虽"赐坐",似未行"握手礼"。

十五日光绪帝接见俄国使节时,首次用汉语简单致答辞;闰三月二十五日光绪帝接见德国亨利亲王时,略作问答,仍由总理衙门大臣张荫桓事先草拟,且未涉及实际政治内容。而八月初五日光绪帝接见伊藤博文时,时间持续了十五分钟,言论也涉及了具体的政治事务,这是前所未有的。关于这一次觐见,共有三份正式的记录。其一是事后代理公使林权助给外务大臣大隈的电报,其二是伊藤的随员事后所记,其三是清朝的记录[1] 三份记录的内容只有繁简的差别,而无实质性的歧异,其中最重要的为三点:

一是光绪帝当面称赞伊藤博文在日本明治维新中的个人作用。伊藤随员的记录有两段:"清国皇帝:久闻贵爵大名,今得延见,深感满意";"皇帝:贵国自维新后,庶绩咸熙,皆出贵侯手定,各国无不钦仰,无不赞美,朕亦时佩于心"。清朝记录无前一段,仅有后一段:"上谕:近来贵国政治为各国所称许,贵爵功业,各国无不佩服。"记录中没有光绪帝本人的赞扬,只是说明各国对此的反映。林权助的电报没有关于此的记载。按,林权助的电报,为了省文,将其认为不重要的光绪帝对伊藤的赞扬省略,是可以理解的。更何况大隈与伊藤在政治上非为同一派系。清朝的记录也有可能省去皇帝本人对伊藤的赞扬之词,因为天子至圣至明,佩服外臣之语,在当时的礼教制度下毕竟不太和谐。然清朝记录虽全无光绪帝对伊藤的赞扬,但录下了伊藤的回答:"伊奏:辱承大皇帝褒奖,外臣何以克当。"此中又流露出了光绪帝实有赞扬之语的痕迹。伊藤的随员对于此种赞言自然钦赏,因而对此全录,也是很正常的。

二是光绪帝表示将征询伊藤对清朝维新的意见。清朝的记录称:"我国与贵国同在一洲,至亲至近。现在我国亦要变法,贵爵可将变法次序详细告知总理衙门王、大臣。伊奏:敬领大皇帝谕旨,如承王、大臣下

[1] 林权助致大隈电,1898 年 9 月 22 日,第 168 号。(《伊藤公爵清国巡回一件》松本记录,6-4-4-21)伊藤随员的记录见汤志钧:《乘桴新获——从戊戌到辛亥》,江苏古籍出版社,1990 年,第 17—19 页。清朝的记录见《军机处录副·光绪朝·内政类·戊戌变法项》,3/108/5617/10。此外,光绪二十四年九月《昌言报》第八册有《伊侯觐见时问答》,称据《日本梅尔报》译出,很可能是伊藤随员的记录在日本英文报上(*The Mail*)发表后,曾广铨再译出。(《昌言报》,中华书局影印本,1991 年,第 471—472 页)

问,凡有益于贵国之事,外臣尽其所知,倾心相告。"伊藤随员的记录更详,且有场景描写:"(此时皇帝与庆亲王耳语移时)皇帝:贵国与我国同洲,相距较近。我中国近日正当维新之时,贵爵曾手创大业,必知其中利弊,请为朕详晰言之,并望与总署王、大臣会晤时,将改革次序、方法告之。伊:敬遵谕旨。他日如承王、大臣下问,当竭其所知以告。"林权助的电报称:"至于中国的改革,皇帝称,他将通过总理衙门大臣们向侯爵提出一些问题。"三者的记录是一致的,而伊藤随员的记录更强调光绪帝对伊藤经验的注重。

其三是光绪帝表示将加强中日两国的关系。清朝的记录称:"上谕:我深愿与贵国大皇帝合力同心,连络邦交。伊奏:我国大皇帝圣意亦与大皇帝相同,可见连络两国邦交甚为容易。"伊藤随员的记录为:"皇帝:愿今后两国邦交从此益敦。伊:我国天皇陛下圣意实亦在此。比来两国臣民交谊日益加密,故邦交必能因之益固。"林权助电报称:"值得一提的是,皇帝指出了密切中日两国关系的必要。"三者的记录基本一致,而清朝的记录更强调光绪帝与日本天皇之间的"合心同力"。

如果将此次觐见的记录,放在西方外交史的背景中,可以说是皆为外交辞令,并无太大的实际内容。如果放在以往清朝觐见的历史中,放到当时清朝政治情势中,可以说,光绪帝迈开了大步。他改变了以往觐见中只是简言两国亲善的泛泛数语,而涉及清朝的时政,涉及对日本明治维新以及伊藤博文个人作用的赞扬,涉及与日本天皇之间的联系,更重要的是,他提出通过总理衙门与伊藤建立一种政治咨询关系。所有这些在当时的清朝应当说是异常的举动。如果将之与光绪帝亲撰致日本国书相联系,可以明显地看出,光绪帝准备与日本结成更为紧密的关系。如果再与当时清朝内部留伊藤博文在华作为政治顾问的呼声结合起来看,更可见此次觐见含有深意。但是,光绪帝心目中的此一中日关系是何模式,今已无法得知。因为就在觐见前一天,慈禧太后从颐和园回到西苑;觐见后一天,戊戌政变发生,光绪帝基本上失去了政治权力。当然,清朝当时应不应、能不能与日本建立另一种特殊关系,又是外交史上需要研究的另一个问题了。

四、赴韩使节的派出

最能反映光绪帝及清朝部分官员此时期对外观念变动的,是赴韩使节的派出。[1]

朝鲜本是清朝的朝贡国,进入 19 世纪 80 年代后,清朝在朝贡体系的大原则下,引入了西方殖民体系的某些"属国"的做法。甲午战争后,清朝在中日马关条约中认明朝鲜是"完全无缺之独立自主"。中国在朝鲜的利益,委托由英国代为照看;尽管当时清朝还在朝鲜留有"委办朝鲜商务"候补知府唐绍仪,而在当时的政治隶属关系中,唐绍仪从属北洋大臣,而不是由总理衙门直接给予指令。

光绪二十二年(1896),朝鲜国王欲与清朝订立条约,派使驻在北京。朝鲜政府官员朴台荣奉命与清朝委办朝鲜商务唐绍仪会谈,唐绍仪以朝鲜国王尚在俄国使馆为由,称"假宫于他国使馆,何能称独立之主",并称如果朝鲜直接派使到清朝,"恐不能以礼相待"。[2] 唐绍仪的这番言论,并不能反映其真实的内心。不久后,唐绍仪与前来交涉的朝鲜官员赵秉稷的会谈中,涉及问题的核心。当赵秉稷问道:"不修条约,岂非不认朝鲜为自主乎?"唐绍仪称:"鄙见修约与认为自主事属两歧,不得并论。""认为自主,不过勿行旧章。若互换条约,则是视为平行之国矣,安得紊而一之。"[3] 唐绍仪是留美学童,其国际知识在当时的清朝是第一等的,然

---

[1] 本文写成后,蒙韩国新罗大学教授裴京汉提供韩国中央大学教授权锡奉的论文:《清日战争之后韩清关系研究 1894—1898》(韩国精神文化研究院编:《清日战争前后韩国与列强》,城南,1984 年)。李永玉先生为我提供了汉译文。该文与本文部分内容相同,我已来不及针对该文进行修改。但对权先生论文的一些不同意见,仍在以下注释中说明。在此向裴京汉教授、李永玉先生致以谢意,并向权锡奉教授致以敬意。

[2] 唐绍仪禀北洋大臣王文韶,王文韶函总理衙门,光绪二十二年六月,台北中研院近代史研究所:《清季中日韩关系史料》,1972 年,第 8 册,第 4856—4857 页。

[3] 唐绍仪与赵秉稷问答,《清季中日韩关系史料》,第 8 册,第 4899—4901 页。

他却不认可朝鲜是"平行之国"。也就是说,尽管清朝已认定朝鲜是自主之邦,但还不是平行之国。旧日藩属的痕迹,一时仍难以在其心中抹去。

总理衙门收到北洋大臣转来的唐绍仪报告后,感到了问题的麻烦。若朝鲜以自主之国派使奉国书来京,要求觐见及订立条约,根据当时清朝官员视为神圣的"公法",总理衙门认为难以拒绝。更兼日、俄此期正加紧在朝鲜的政治、经济、军事扩张,若日、俄也插手于此,清朝会处于被动的不利局面。为此,总理衙门商议后,决定先做出预案,以备将来:"如果韩王必欲居自主之国,拟准商订通商章程,准设领事,不立条约,不遣使臣,不递国书。中国派总领事一员,驻扎韩城,代办使事。以存属国之体。"总理衙门恐此办法不合"公法",会遭国际上的反对,电询正在欧洲访问的李鸿章。李鸿章以英、法、德驻韩皆是总领事为由,表示支持;并称据"公法",应由总理衙门发出照会而不必递国书。李鸿章还建议,以唐绍仪接任此事,而不必再遣使。收到李鸿章的电报后,总理衙门于六月十六日将此方法上奏,光绪帝表示同意〔1〕 是年底,清朝派唐绍仪为首任驻朝鲜总领事〔2〕

从唐绍仪出任驻朝鲜总领事一事中,可以看出,当时总理衙门的关注点是国书、觐见、订约等中国传统华夷体系中的尊卑等次,而不是西方近

〔1〕 总理衙门奏,光绪二十二年六月十七日,《清季中日韩关系史料》,第 8 册,第 4871—4874 页。

〔2〕 总理衙门所奏本是预案,而在是年十月,清朝听说朝鲜将派前驻天津督理成岐运到北京商订条约,唐绍仪为之来到北京,呈文总理衙门称:若朝鲜派使来京"呈递国书,尤难置之不理","朝鲜系我朝数百年之藩服,体制虽异于曩时,究不便与之订立平行之约",并称在朝鲜华商已达四千人,要求按照英、德两国之例派总领事。唐绍仪为此还拟总理衙门致朝鲜外务部照会。十月十六日,总理衙门奏请派唐绍仪为驻朝鲜总领事,与之订立通商章程,"可息朝鲜派使之心,并可免他国煽惑之议"。该方法得到了光绪帝的批准。总理衙门给唐绍仪札称:"派为总领事官,前往朝鲜,查照袁道世凯驻韩向章妥筹办法,与朝鲜外部会议一切,仍禀由本衙门核定。"(《清季中日韩关系史料》,第 8 册,第4958—4990 页)唐绍仪于是年年底到达汉城。权锡奉教授的论文指出,唐绍仪到达汉城后,至光绪二十四年(1898)回国,"只不过是非正式的驻韩总领事"。其所用材料是唐绍仪给总理衙门的禀文。查其原文,并非是唐绍仪向英国驻韩总领事朱尔典说明其不向朝鲜政府说明其总领事身份,而是要求朱尔典暂时不移交先前委托英国代理保护华侨事务。权教授的判断似为有误。唐绍仪似向朝鲜政府通报了其总领事的身份,但唐与朝鲜政府之间的关系当时也有特殊的一面。

代外交观念上的国家利益;所防止的是朝鲜使节到北京后将以平行之礼相待,并以西方之礼觐见清朝皇帝,而未注意到如何有效保护在朝鲜的中国人民的安全及其商业利益。因而采取的对策是,与朝鲜建立低层次的外交关系,保持商务关系,不派公使、不递国书、不定两国条约。这种做法是传统的"天朝"在失去其外部环境后自我闭目塞听的独特表现。也就是说,不管中朝两国在国际社会上实际存在的平行关系,顽固地只是承认对方是自主之邦,不以平行关系相待之。

光绪二十三年(1897),朝鲜王国改制,称大韩帝国。在此情况下,韩国更注重原先宗主国的态度,企图通过遣使、订约的方式,得到清朝对其帝国的承认。韩国官员曾向清朝总领事唐绍仪试探,皆无结果。为此,韩国转向借助俄国、日本、英国之力。

光绪二十四年二月初十日,俄国驻华代理公使巴布罗福照会总理衙门,称韩国政府请求俄驻韩公使转托俄国政府,交涉清朝与韩国互派使节之事。在该照会中,俄国外交大臣穆拉维约夫表示:"中国、高丽从速彼此派往驻扎之使,于贵国利益尤所欲之举。"[1] 对此,总理衙门的对策是发电唐绍仪,阻止韩国派使来北京[2] 四月十二日,总理衙门得知韩国欲派使节来华的消息,电询驻韩总领事唐绍仪:

> 韩拟派使系几等? 是否欲议商约? 现认韩国自主者几国? 现住韩京各使内,有几国系总领事、参赞、代办? 希详查电复。再筹办法[3]

唐绍仪的电复使总理衙门感到麻烦,韩国拟派二等公使来华。按照当时的国际惯例,二等公使奉有国书,须觐见该国君主或元首。让昔日藩属国的使节以西礼觐见清朝皇帝,此中因礼制引出的巨大心理落差让总理衙

---

[1]《清季中日韩关系史料》,第 8 册,第 5083 页。该照会要求:"贵署将贵国政府何时何等人员定派出使高丽之处,示知可也。"口气是十分强硬的。

[2] 电称:"发朝鲜总领事唐绍仪电。三月初二日。寝电悉。华并无疑俄意,彼盖藉词需索。韩派使坚拒为妥。"(《清光绪朝中日交涉史料》,卷 51,第 21 页上)

[3]《发电档》光绪二十四年四月十二日。

门感到无从适应。为此,唐绍仪建议,如果有意与韩国订约,不若由华先行派使,"以示昔年主仆之别"〔1〕四月二十四日,日本驻华公使矢野文雄照会总理衙门,称其奉到日本外务大臣之电,韩国欲与清朝订立条约,请日本政府"居间玉成",要求清朝政府将其意图告之〔2〕在此情况下,总理衙门发电唐绍仪:

> 日本矢野使来言,韩拟与中国订立通商条约,并派驻京使,请日本政府向中国商允。本署告以已派总领事唐驻韩,奉有训条,韩愿订商约,尽可就近与议,由唐转禀,核准具奏,请旨遵行。韩本属邦,派使不便接待。日本与韩国平等,何得代请。矢野谓,将此意电复本国政府转告韩等语。韩如来商,希与妥议通商章程,并止派使〔3〕

总理衙门的这一电报次日上呈于光绪帝。〔4〕然而,总理衙门似乎并未看清楚唐绍仪在韩国的地位与能量。从现有的汉文材料来看,唐绍仪在这个昔日藩属国中似乎并无大的影响力。让唐与韩商议条约并阻止韩派使来京,总理衙门的这一指示实际上难以实现。唐绍仪为此发一长电,说明了日、俄驻韩使节"簸弄",韩不愿与唐商谈"通商章程",而要求签订一"条约"。在电报中唐表示了此事的难度,要求总理衙门给予新的指示。〔5〕五月十七日,唐绍仪报告总理衙门,韩国外务部已托英国驻韩总领事朱尔典(J. N. Jordan),致电英国驻北京公使窦讷乐(C. M. Mac-Donald),请求出面协助中韩订约,并称英国公使不日将到总理衙门交

---

〔1〕《清光绪朝中日交涉史料》,卷51,第35页下。唐绍仪电中还介绍了美、俄、日、法四国驻韩皆为三等公使,英国为总领事代理使事,德国领事兼理使事。以让总理衙门参考派使的等级。

〔2〕《清季中日韩关系史料》,第8册,第5118页。

〔3〕《清光绪朝中日交涉史料》,卷51,第36页下。

〔4〕《洋务档》光绪二十四年四月二十五日。

〔5〕《清光绪朝中日交涉史料》,卷51,第37页上。按照当时的术语,"通商章程"包括海关税则以及相应商务人员、事务等方面的规定,不包括两国政治关系。

涉此事。[1] 在此情况下,总理衙门终于同意韩国派使来北京商谈订约,但有很大的限制,在给唐绍仪的电报中称:"韩若再坚求派使,可与商明:遣四等公使,国书由署代递,无庸觐见,其通商约章,本署当与会议。"[2]总理衙门此电于次日上呈于光绪帝。[3] 由此可见,中韩订约遣使交涉中的最大难点是觐见的礼仪,总理衙门不愿韩国使节以西礼觐见,而到了此时,"西礼"已被认定为是平行之礼。[4]

在中韩订约之前,清朝已与英、法、美、瑞典、挪威、俄、德、丹麦、比利时、荷兰、西、意、奥、日、秘鲁、巴西、葡萄牙签订了条约,其中葡萄牙公使由澳门总督兼,丹麦使节由俄国公使代办,秘鲁和巴西此时在北京未有驻华公使。派使在京的都是强国或较强的国家。清朝的外交经验是与列强的交涉,在形式与做法上极具被动性、应付性。如何与弱小国家进行外交,经验并不充分;而如何与先前的藩属国进行近代形式的外交,更是总理衙门面对的一大难题。

也就在此时,非洲的刚果遣使来华,要求与清朝订约。此刚果为刚果自由邦(Congo Free State),为比利时国王的私人采地。按照总理衙门的理解,刚果属比利时。能否与他国的属国订约,总理衙门两次电报清朝驻英国公使罗丰禄,以询问西方各国的做法。[5] 在查清了英德两国的做法

---

[1] 《清光绪朝中日交涉史料》,卷51,第39页上。在该电中,唐称:"俄、倭、英先后代韩请约,非为保护中韩交涉商务起见,殊有关各西国在亚洲争强之患,倘华不与韩订约,恐日后另生枝节。"

[2] 《清光绪朝中日交涉史料》,卷51,第40页。

[3] 《洋务档》光绪二十四年五月二十一日。

[4] 权教授论文指出,总理衙门要求"遣四等公使,国书由署代递,无庸觐见"等项,是清朝政府企图保持"宗属体系"。此论似为有误。当时清朝已不再是保持对朝鲜的宗属体系,而是不继续破坏其礼制。也就是说,当时清朝还不太明白国际之间的平等关系,不愿以"西礼"相待。

[5] "发出使罗大臣电。五月初四日。阿非利加之刚果小国,系比利时君主兼辖。光绪己丑(1879)芝田曾代介绍。今派使来京,请立通商约章。英、德各国曾是否与刚果立约?希速查明电奏。支。""发出使罗大臣。五月初八日。鱼电悉。英、德既与刚果订商约及通行章程,是否认为自主?抑与比利时国主订立?希详查电复。齐。"《发电档》光绪二十四年五月。

后,总理衙门与刚果使节余式尔商定了简明专款两条,规定刚果可以享有清朝与各国所签条约中关于"身家、财产、审案之权";中国人在刚果可以享有最惠国人民待遇。[1] 五月十九日(7月7日),总理衙门上奏与刚果商定条约的情况,并附上条约文本与刚果的国书。光绪帝批准了总理衙门的奏议。[2] 值得注意的是,清朝在与刚果的订约过程中,刚果的国书由总理衙门代递,刚果的使节也未觐见。

毫无疑问,刚果与韩国是两类不同的国家。从近代外交的角度来看,清朝对此两类不同的国家应有不同的外交政策。但是,在光绪二十四年,总理衙门对于这两个不同类型的国家,在外交处理上却让今人看到其共同点。

尽管总理衙门已经同意韩国派四等公使来北京议约,但唐绍仪仍然坚持其意见:"查韩先派使似与体制攸关,不若我遣四等使来韩酌议商约,以示朝廷恩遇旧藩至意。"在此唐绍仪援引了西方的事例:

> 伏查英昔待美,日耳曼(误,当为日斯巴尼亚,即西班牙之旧译名)待南米利加,均由英、日(日斯巴尼亚)先派使通好,华为大国,似未便任韩先遣使到京索约。敢再陈管见,谨候核示,当转告韩廷遵办。[3]

从唐的电报来看,他似乎未将总理衙门同意韩国派四等公使的决定,通报韩国外务部。唐绍仪此电次日上呈光绪帝。[4] 唐绍仪援证西例的方式引起了清朝的注意。于是唐再次致电总理衙门详述英国、西班牙与美国、

---

[1] 《中刚天津专章》,王铁崖编:《中外旧约章汇编》,第1册,第785页。在条约中,其国名称"刚果自主国"。

[2] 总理衙门在奏折中称:"查刚果虽为比利时兼辖之邦,然系自立一国,在阿非利如(加)洲之南。中国自与各国通商以来,风气大开,到处皆有华民谋生之路,似应准其订约。惟不必照欧美各国条约之繁冗,因与订简明专款二条,以示羁縻而昭友睦。"(《军机处录副·光绪朝·外交类·中刚项》,3/164/7805/15)当日,军机大臣面奉谕旨:刚果国使臣订立条约,"派李鸿章画押"。(《洋务档》光绪二十四年五月十九日)该条约于五月二十二日在天津签订。

[3] 《清光绪朝中日交涉史料》,卷52,第1页下。

[4] 《洋务档》光绪二十四年六月十二日。

南美各国订约的情况。唐绍仪继续指出,四等公使权力不足,与韩订约恐于公法有碍:

> 伏查四等使寄文凭于部臣,系西国通例。惟订约使不递国书,公法似罕见。若是续议通商或他项章程,可由政府订立。但始约须由国主画押,以昭信守。倘华使不递国书,韩必不愿议约。如饬韩使赴京,不递国书,不觐见,恐其亦不允从[1]

该电于六月十八日进呈于光绪帝。

光绪帝收到唐绍仪的电报后,第一次对中韩关系正式表示其意见,当日发出谕旨:"**所有派使、递国书、议约,韩使来京、递国书、觐见,均准行。**"[2]也就是说,无论是清朝派使、递国书、议约,还是韩国派使来北京、递国书、觐见光绪帝,皆为可行。从光绪二十二年派唐绍仪出任驻韩总领事以来,总理衙门与唐绍仪等人所做的一切就是阻止中韩平等交往,光绪帝的一纸谕旨对此完全否定。

然而由何国先派使,光绪帝最初的倾向是由韩国先派。六月十九日,据光绪帝之意,总理衙门拟电唐绍仪:

> 昨日电旨当已到。韩本愿先遣使,既准递书,即可由韩先行派使来华。中国当按照友邦交际之礼接待。俟递国书、觐见后,本署与之议约,再行派使赴韩酬答。即告韩政府,国书自当立言得体。俟派

---

〔1〕《清光绪朝中日交涉史料》,卷52,第2页下。唐绍仪在电报中称:"英认美自主在乾隆四十七年,次年派使通好,遂在法京巴黎与英、法、日(日斯巴尼亚)三国同时修约。南美洲之巴里具来以及万尼苏喇、高林比亚并比路、慈尼、墨西哥六国均在嘉庆九年至二十一年间先后背日,自称独立。又于道光三、四年日遣使至巴里具来、高林比亚、墨西哥等国修约。"唐绍仪虽为留美学童,但其世界史知识似乎并不十分准确。

〔2〕在军机处《洋务档》中该谕旨称,电寄刘坤一等旨:"代奏唐绍仪电阅悉。所有……"由此可见两江总督刘坤一也表示了意见。在军机处《电寄档》中称:"奉旨:唐绍仪电阅悉。所有……"此电旨先后发给刘坤一、唐绍仪。又,黑体为引者所标明。

定,将衔名暨起程日期先电本署。遵旨电达。[1]

清朝在此提出的要求仅是国书"立言得体"。与此同时,韩国也正在进行遣使的工作,韩国英籍税务司柏卓安(J. M. Brown)甚至已经起草了韩国的国书,通过中国总税务司征求总理衙门的意见。[2] 仅过了一日,六月二十日,光绪帝转而倾向由清朝先派使节。这一天上午,军机大臣兼总理衙门大臣廖寿恒来到张荫桓家中,传达光绪帝旨意,命其起草致韩国的国书。张称其"查照廿一年中日马关约第一款准朝鲜自主立论",当其刚完成起草,马建忠恰来其舍,"订加了义数语,较圆洽。"廖寿恒收到该国书稿后,回函称赞,"谓必称旨"。第二天,六月二十一日,廖寿恒派人送来经光绪帝审阅后的国书稿,张荫桓拆阅,"奉朱笔易四字,弥仰圣度恢宏,莫名感悚。"[3] 六月二十二日,总理衙门出奏,请派"出使朝鲜国大臣",奏折中称:

> 本年四月,据派驻朝鲜领事唐绍仪电称,英、俄、德、法、美、义、

---

[1] 《清光绪朝中日交涉史料》,卷52,第3页下。该《史料》注明该件来自《电报档》,时间是光绪二十四年六月十七日。笔者为此核对《电报档》,发现原件上并无日期,只是在排列次序上位于六月十七日与六月十八日之间,该《史料》编者将前一文件的时间,作为该电报的时间。但该电称"昨日电旨当已到",意即光绪帝在十六日曾下过一电旨,为此查阅《上谕档》《洋务档》《电寄档》《随手登记档》,该日皆无电旨下发。由此可见,《电报档》中的排列时间也有错误。《电报档》不是军机处最重要的档册,字迹较草,且收录的电报也不全,很可能是军机章京在抄录时,将排列的时间弄错了。又据《张荫桓日记》,六月十九日,军机大臣兼总理衙门大臣廖寿恒到其家中,传光绪帝旨意,命其不再续病假。同时"仲山又商朝鲜遣使事,为拟一电,属明日请旨再发"。

[2] 从唐绍仪等人的报告来看,当时韩国英籍税务司柏卓安与清朝英籍总务司赫德,也在交涉韩国派使来华之事,柏卓安与韩国官员沈相薰相合,沈将出任使事。柏卓安为韩拟写"国书",由电报发至北京,由副总税务司裴式楷(R. E. Bredon)呈送总理衙门。李鸿章为此让裴式楷发电柏卓安,"中国已派使臣赴韩,不日应即起程。所有两国交涉来往等事,应缓至中国使臣到任再与会商酌办"。柏卓安对此极为不满。(《裴式楷致总理衙门》光绪二十四年七月初一日、初十日,《唐绍仪与柏卓安辩论各节》,《清季中日韩关系史料》,第8册,第5137页、第5144—5148页)

[3] 《张荫桓日记》,第226—227页。

454 戊戌变法史事考初集

奥、日本诸国均认朝鲜自主,或派三等使臣驻扎汉城,或派领事兼理使事。朝鲜尤盼与中国定约、派使驻京,臣等复以朝鲜若坚求派使,可与商明遣四等公使,由臣衙门与议通商约章。六月十一日,复据唐绍仪电,称朝鲜先派使臣,似与体制攸关,不若中国遣四等使臣前往酌议商约,以示朝廷恩遇旧藩至意,未便任令朝鲜遣使到京索约等语。臣等查朝鲜国土与我奉吉两省水陆毗连,商民来往交涉甚繁,既准令自主,自应按照公法遣使订约,以广怀柔之量而联车辅之情。谨将中外臣工保荐使才人员缮具清单,恭呈御览。伏候简派四等使臣一员,领赍国书,前往定约。[1]

如果细心观察,总理衙门的这一奏折与光绪帝六月十八日的旨意有很大的差别。虽然该折也同意"自应按公法遣使订约",但基本精神是强调"朝廷恩遇旧藩",因而派出的只是"四等使",只不过该四等使"领赍国书"而已。与该折同时上呈的,还有唐绍仪的电报,内容是韩国询问清朝何时派使来韩[2]。光绪帝在此折上朱批"另有旨"。当日军机大臣召见时面奉谕旨为:"明日请旨办理。"此中的情节还牵涉到慈禧太后[3]。第二天颁发下谕旨:"翰林院编修张亨嘉著赏给四品衔,派充驻扎朝鲜国四等公使。"[4]

张亨嘉奉旨后,于六月二十一日上奏,称其迎养88岁之老母且身为

---

〔1〕《清季中日韩关系史料》,第8册,第5133—5134页。在该清单中,共有17人:直隶候补道徐建寅、湖南盐法道黄遵宪、安徽按察使徐寿朋、江苏候补道杨兆鋆、乌里雅苏台参赞大臣志锐、江苏苏松太道(即上海道)蔡钧、翰林院编修曾广钧、江标、王同愈、降用内阁学士陈宝琛、北洋存记道梁诚、北洋委用道傅云龙、候选道孙宝琦、江宁布政使袁昶、翰林院侍讲黄绍箕、翰林院编修张亨嘉、翰林院庶吉士寿富。

〔2〕唐绍仪的电报称:"韩廷派专赴英、德、义使成岐运来,称贵国大皇帝允派使来议约,并准韩使赴京觐见,一切足见厚待旧藩至意。钦感莫名。贵使来时,敢不以礼相待?当派大员与议约章,惟何时可来,望预示定。"(《清光绪朝中日交涉史料》,卷52,第3页上)该电于六月十七日收到,上呈光绪帝的时间见该日《随手档》。

〔3〕《上谕档》光绪二十四年六月二十三日。

〔4〕《清光绪朝中日交涉史料》,卷52,第4页下。张亨嘉作为使才,是浙江巡抚廖寿丰推荐的。当日光绪帝还派黄遵宪为"出使日本国二等钦差大臣",可见此中两国的区别。

独子,请另派员出使。当日军机大臣给慈禧太后一奏片:"本日张亨嘉奏,沥陈亲老丁单,恳请改派朝鲜公使折;恭拟改派安徽按察使徐寿朋充驻扎朝鲜国钦差大臣。谨将张亨嘉原折恭呈慈览,伏候裁夺。俟发下后,再行缮写谕旨呈览。"此一奏片当然经过光绪帝的同意,徐寿朋是光绪帝的选择。而这一天,恰是光绪帝的生日,慈禧太后与光绪帝同住于宫中,很快发下军机处的奏片。于是当日颁下谕旨:"安徽按察使徐寿朋著开缺,以三品京堂候补,派充驻扎朝鲜国钦差大臣。"[1]由于张亨嘉的个人原因,清朝派往韩国的使节由"四等公使"变为"钦差大臣"。

当时清朝派往各国的使节,其在国内的本缺多为道员一级,徐寿朋是清朝派出的少数国内地位较高的外交官;[2]而且由于徐的国内地位,在清朝的国书中虽未明称其为何一等级的公使,但按照当时的惯例,徐应是二等公使,也就成了驻在韩国级别最高的外交官[3]。然而,若以当时的

---

〔1〕 《清光绪朝中日交涉史料》,卷52,第4页下至第5页上。

〔2〕 徐寿朋为李鸿章的幕僚,曾任驻美二等参赞,原任安徽宁池太广道,在奉使韩国前一个月,五月二十五日,迁安徽按察使。这使其在清朝出使大臣中,地位极高。可看当时所派各使出使前的官职:驻英公使为罗丰禄,也是李鸿章的幕僚,以记名海关道而"赏二品顶带、四品卿衔"出使,同时兼任比利时、意大利;驻法公使为庆常,以四品衔工部郎中而"赏二品衔、以五品京堂候补"出使;驻德公使为吕海寰,以江苏常镇通道而"四品京堂候补"出使,兼任荷兰;驻美公使为伍廷芳,也是李鸿章的幕僚,以二品衔候补道员而"赏四品卿衔"出使,兼任西班牙、秘鲁;驻日公使为裕庚,以广东惠潮嘉道而"赏二品衔、以四品京堂候补"出使;此中惟一高于徐寿朋者为驻俄公使杨儒,原为驻美公使,改任驻俄公使前,其官职已升至"二品衔都察院左副都御史"。徐寿朋的安徽按察使为正三品,后来的旨命为"二品衔、三品京堂候补"。然就在徐出使前,维新时期裁去的太仆寺重设,徐补为太仆寺卿(从三品)。清朝的这种官、差分离的特殊现象,也反过来说明,由于清朝至此时尚未建立职业外交官的人事制度,结果不能不遇到政治制度和人事制度上的窘迫。又,徐寿朋作为使才是由李鸿章于光绪十六年、张荫桓于光绪十八年推荐的。

〔3〕 在此问题上,唐绍仪与俄国驻韩公使有一段很有意思的对话:"俄使马曰:此次派来徐使是全权大臣否?仪曰:徐使无全权字样,想是二等公使。马曰:然则定约后,徐使驻扎韩国否?仪曰:徐使系奉命驻扎朝鲜钦差大臣。马曰:徐使当居各国使员之首。仪曰:若是二等公使,自应居首。马曰:各国使员均系三、四等公使,若首使久为一国使臣所居,不无妨碍公务。"(唐绍仪:《往德、俄、法、美、日馆答谢来贺万寿节晤谈各节》,《清季中日韩关系史料》,第8册,第5148页)

国际惯例而言,光绪帝的谕旨也存在着很大的问题。清朝与韩国此时尚未订约,清朝本应派出的是负责与韩国商定条约的全权代表(专使),然后根据条约再派出常驻使节。徐寿朋使命中的"驻扎朝鲜国钦差大臣",从字面上理解,"驻扎"二字当属是常驻使节,"朝鲜"二字,又似未承认"大韩帝国",所有这些都反映出光绪帝及清朝官员对近代外交程式尚未具备完全的知识。徐寿朋的这一任命引起了在韩外交官的诸多评论,韩国英籍税务司柏卓安更是有相当激烈的言辞。清朝驻韩国总领事唐绍仪将此评论报告总理衙门,并提醒注意国书的写法。[1]

前已述及,致韩国的国书,由张荫桓、马建忠起草,并由光绪帝亲手改四字。但其国书的文本,张荫桓并未说明。现存军机处档案中有致该国书稿,按原格式录全文于下:

大清国

大皇帝敬问

大韩国

大君主好。我两国同在亚洲,水陆紧连。数百年来,休戚相关,无
    分彼己。凡可相扶相助之事,辄竭心力,期以奠安。

贵国典籍具存,无烦缕述。光绪初年

贵国与墨、欧诸洲立约,仍备文声叙,足征

贵国久要不妄之美。比年环球各国均以自主、自保为公义,是以
    光绪二十一年中日马关约第一款,中国认明朝鲜国独立自主。
    远怀旧好,近察时艰,辅车唇齿之义,尤当共切讲求。兹派二

---

[1] 俄国公使询问徐寿朋"系全权大臣否?"日本公使询问"有无全权字样?""国书如何书
    法?"法国公使告之"惟闻徐使驻扎朝鲜,想此四字不甚妥协。韩人不乐闻"。德领事
    称:"我馆韩语译员顷来云,贵国钦使有驻扎字样,廷臣之深为诧异。""朝鲜已改国号
    为大韩,将来朝鲜二字必须更改。"而柏卓安更是宣称:"中国与韩无约,华使焉可称驻
    扎? 显见华使韩仍为属国,驻西藏、蒙古大臣均有此等字样。华不欲韩使赴京,韩未
    必接待华使。""华先遣使来韩,显见华视韩以大字小之意。""徐使带来国书倘稍不合
    体式,韩必不接待。"其中柏卓安的言论已情绪化,各国使节的言论仍属就事论事的客
    观态度。(《清季中日韩关系史料》,第8册,第5145—5150页)

品衔、候补三品京堂徐寿朋为出使大臣,亲赍国书,驰诣汉城,
代宣朕意。该大臣朴实忠诚,办事明达,尚望

大君主代加接待,俾与

贵国政府酌议通商条约,以垂久远。从此两国永敦和好,共享升
平。朕有厚望焉。[1]

从内容来看,该国书当是改派徐寿朋为使后的一个文本,与张荫桓最初起
草的文本,应该有所变动。[2] 由于该件上并没有具体的时间,也难以确
定是否为收到了唐绍仪的报告后改定的文本。然在此国书中,朝鲜国已
改为"大韩国",徐寿朋使命为"驰诣汉城","与贵国政府酌议通商条
约",即为订约专使,而不再是常驻使节。值得注意的是,该国书对韩国
君主的称谓是"大君主"而不是"大皇帝",在当时的中文外交辞汇中,"大
君主"一词比照国王。这里面牵涉到一个特殊的问题,即对这个刚刚改
制后的邻国,应当看作"王国"还是"帝国"。

对此"大君主"这一称谓提出疑问的,又是光绪帝本人。据军机处
《随手档》,七月十七日,光绪帝"发下御笔条一件",在此项下军机章京注
记了两条:"电信"、"随事缴进"。而在军机处《洋务档》中有一"电信"的
记载:

寄唐绍仪电信。现在英、日、俄等国致韩国书,是否称其为大君
主,抑系称为大皇帝?应查明,速电复,以使中国致韩国书与各国通

---

[1] 《国书档》,207/3 - 50 - 3/1922。

[2] 张荫桓称:七月初五日,他在觐见时,"上复询朝鲜国书称谓,谨对言:日前拟稿系照
马关约,因中国准朝鲜自立自此约始也。朝鲜改号大韩,自帝其国,并无明文达中
国,只可就马关约立说。上颔之。"该日日记还称:"又传询拟另制国书式,发下一册
饬阅后,具说帖明早呈递"。张荫桓后到总理衙门"拟说帖",并与廖寿恒"订定"。
李鸿章见此,"频言佩服"。第二天,初六日,他去总理衙门,"总办将发下册式捧回,
仲山(廖寿恒)传旨,令照昨递说帖速办进"。(《张荫桓戊戌日记手稿》,第161—
162页)

例相符。[1]

由此可见,光绪帝在此事的处理上,放弃了"旧藩"的心态,改以西方各国的做法作为自己的标准。尔后徐寿朋奉到的国书,内容与前引国书相同,只是将"大韩国大君主"改为"大皇帝"。[2] 清朝与韩国旧日宗藩关系留下的阴霾,在徐寿朋的国书中扫荡得干干净净,两国在外交程式上完全平等。

尽管光绪帝任命徐寿朋时便电催其迅速赴京请训,[3] 其中的重要因素很可能是风闻韩国将派使随伊藤博文来华。[4] 但因当时的交通等条

---

[1] 《清光绪朝中日关系史料》收入这一电报时,编者称其材料来自《洋务档》,在其时间上称为"光绪二十四年七月十六日"。若真如此,该电与《随手档》中光绪帝发下的御笔条并无关系,而该御笔条的内容也无处可查考。为此,我又查证了《洋务档》,发现原档上该件并无时间,只是在排列中列在"七月十六日"到"七月十九日"之间,该《史料》编者因原件无时间,将前一件材料标明的时间,作为该发电的时间。在《洋务档》中该电共抄有完全相同的两份,前一份注明"发唐绍仪电信",后一件无此注明。《洋务档》是军机处用以记录有关皇帝谕旨内容或与此相关的军机处奏片的档案,由此可以认定,该电发出与光绪帝有关。如果结合《随手档》,可以看出该电发出的时间为七月十七日。该《史料》编者标明的时间有误。

[2] 《清光绪朝中日交涉史料》,卷52,第12页。编者称该件录自《洋务档》光绪二十四年八月二十一日。为此查《洋务档》,原档该件并没有标明时间,只是在排列次序上位于八月二十一日至二十三日之间。该《史料》编者将前一文件的时间,作为该国书的时间。又据总理衙门文,八月二十四日,"所有钦颁国书、敕谕各一道,查应备文咨送"徐寿朋。即便将该国书的时间定为八月二十一日的话,那么与发给徐寿朋的时间仅有三天之差,看来此为最后一个版本的国书了。(《清季中日韩关系史料》,第8册,第5156页、第5158页)

[3] 六月二十七日,军机处电寄徐寿朋旨:"徐寿朋现已简派出使朝鲜,著即来京请训。"七月二十二日,军机处再电徐寿朋旨:"徐寿朋著即迅速来京,不得以经手未完,稍涉延缓。仍将启程日期先行电奏。"(《电寄档》光绪二十四年六月二十七日、七月二十二日,207/3-50-3/1576)

[4] 七月初七日,总理衙门收到唐绍仪的两封电报:"歌谕谨悉,遵。顷闻日使加藤劝韩廷派使,随伊藤博文同时赴中。除已派译员告韩外部切勿听倭播弄及告柏卓安劝止外,仍乞钧署电告英使朱迩典,转告韩外部,徐使即来议约,韩使可缓来。似可止倭播弄。再伊藤明日至汉,约二十间赴京。绍仪禀。麻。""顷往询日使加藤,据称,无劝韩派使事。且伊藤来游历,应不干预公务。倘韩使欲同行,伊藤断不允云。绍仪禀。麻。"(《收发电》,总理衙门清档01-38)

件,徐寿朋赶到北京时,戊戌维新已经走到了尽头。八月初六日,即戊戌政变的当天,光绪帝召见徐寿朋。[1] 徐寿朋的使命也未因政变而改变。八月二十八日,慈禧太后与光绪帝第二次召见徐寿朋,慈禧太后在召见时还要求其"到韩后将各国情形随时电奏"。[2] 九月初一日,清朝颁下谕令:"二品衔、候补三品京堂徐寿朋著作为全权大臣,与韩国外部酌议通商条约事宜。"[3]徐寿朋的正式身份由"驻扎朝鲜国钦差大臣",变为与韩国议约的"全权大臣"。初七日,徐寿朋出都赴津,拟搭船赴韩,然因船期、天气及韩国独立党人事件,于十月底改赴上海。十二月十一日,徐寿朋等人一行乘南洋兵轮赴韩,十四日入汉城。二十一日(1898 年 2 月 1日),韩国皇帝以西礼接见徐寿朋。[4] 光绪二十五年八月初七日(9 月 11日),清朝与韩国订立"通商条约"。此后,徐寿朋改任第一任清朝驻韩公使。在出使过程中,徐寿朋个人的外交观念也发生了变化。当他刚奉到出使旨命时,在谢恩折中称:

> 查朝鲜为东瀛弱国,使臣须专对长才,推以大字小之仁,用绥藩服,赞居中驭外之道,式固邦交。[5]

---

〔1〕 军机处《早事》光绪二十四年八月初六日,208/3 - 51/2169[4]。又据当日上谕,慈禧太后已训政,"今日始在便殿办事"。由此而论,这一天的召见,很可能是慈禧太后与光绪帝的联合召见。

〔2〕 军机处《早事》光绪二十四年八月二十八日;徐寿朋片,《清季中日韩关系史料》,第8册,第5213页。

〔3〕 《上谕档》光绪二十四年九月初一日。

〔4〕 徐寿朋在奏折中描写了觐见过程:"是日未刻,韩廷遣派巡弁一员,巡兵六名,带领四人肩舆一乘,前来迎迓。臣当率参赞官恭赍国书前赴韩宫。其宫内府及外部大臣在关门内休憩所迎候。迎入少息,引带登殿。韩皇西装戎服,握手为礼,立受国书。臣展读颂词。韩皇答语慰劳,复行握手。臣一鞠躬退出。计连进殿门近御座,前后共三鞠躬。该国仍用肩舆送回。照西洋通例也。当晚韩廷设宴于贞洞花屋,宫内府及外部大臣陪座款待,颇为周至。"(徐寿朋《到韩日期折》,《军机处录副·光绪朝·外交类·中朝项》,3/163/7731/28)

〔5〕 徐寿朋:《谢充驻扎朝鲜大臣恩折》,光绪二十四年七月初六日发,二十三日奉朱批:"知道了。"(《军机处录副·光绪朝·内政类·职官项》,3/99/5363/98)

言辞仍为传统的腔调。而当与韩国订立条约后,其言论大变:

> 韩国昔为藩属,今作友邦。时势迁移,莫可回挽。盱衡往事,良用慨然。[1]

言辞中虽流露出并不心甘的感慨,但毕竟须以"友邦"相交了。

徐寿朋出使韩国,是清朝外交史上的一大转折。昔日的"上国"开始学习以"对等"的方式与昔日的"属国"相交相处了。

五、结　语

光绪二十四年戊戌(1898 年),是清朝外交史上的大灾年。德国、俄国、法国、英国先后强租胶州湾、旅顺、大连、广州湾(今湛江)、新界、威海卫。在此期间,清朝还迫于压力,向日本、法国发出照会,表示福建、云南、广西不割让予他国,承认日本、法国的特殊利益。英国、俄国、德国等列强已抛开清朝,开始相互商量其在中国的利益划分。在所有这些外交活动中,清朝限于其国力,没有任何的反抗,完全顺从了列强的要求。应当说,在外部的强大压力下,清朝外交的空间是非常狭小的。

在这非常狭小的空间中,光绪帝虽企图有所表现,也只能在觐见的礼节、为德皇制作宝星、与日本的国书、召见伊藤博文、派往韩国的使节这些对当时及后来影响细小的事件上展开。正是在这些细小事件中,可以看出光绪帝力图摆脱传统外交(天朝观念下的华夷秩序)的束缚,在程式上向近代外交(某种意义上是西方外交)靠拢。应当引起注意的是:一、即便是这些细小事件,光绪帝也已走得太快。在觐见礼节与派使韩国诸问

---

〔1〕 徐寿朋片,光绪二十五年八月初八日,二十四日奉朱批。(《军机处录副·光绪朝·外交类·中朝项》,3/163/7733/48)

题上,他与总理衙门、军机处有着不小的矛盾。传统外交的底色在清朝还没有完全褪隐。二、为德皇制作宝星、购置世界地图两事,又可以看出光绪帝前进时的出发地,还不在近代外交的界限内。他本人只不过是力图从传统迈入近代,处在两边交界处。由此角度观察传统外交在近代中国的连续性和不连续性,可以明显地看出,这一传统深重的国度在向近代转型时的艰难与无奈。

日本政府对于戊戌变法的
观察与反应[1]

　　1898 年的戊戌变法,是决定中国政治走向的重大改革。就这次改革的指导者而言,多多少少是以明治维新的日本为蓝本的。而作为邻国的日本,出于其政治、外交、军事等诸方面的考虑,对此一事件有着细致的观察,并在戊戌政变发生后,与英国等国做出了相当强烈的反应。可以说,日本的经验影响了戊戌变法,而日本政府又是影响戊戌变法时期清朝政治方向的重要因素。本文的侧重点在于后者,即对日本政府在戊戌变法中尤其是戊戌政变后的所作所为,做一系统的考察,以解答戊戌变法研究中的若干疑点。

　　对于此一课题,学术界的研究工作早已进行。其中最重要的著述有:一、1954 年沈镜如先生发表论文《戊戌变法与日本》[2];二、1965 年王树槐先生发表专著《外人与戊戌变法》[3];三、1966 年永井算己先生发表论文《清末在日康梁派的政治动静》[4];四、1987 年廖隆干先生发表论文

〔1〕　本文系与郑匡民先生合作完成。本文作者在东京、台北查阅档案时,得到了衞藤瀋吉
　　　教授、山田辰雄教授、吕芳上教授、张启雄教授的支持,大和银行亚细亚—太平洋财
　　　团、台北中研院近代史研究所提供了资助,在此志谢。本文作者在翻译相关日文档案
　　　时,得到了野村浩一教授、近藤邦康教授、濱久雄教授、兵頭徹教授的帮助,在此志谢。
　　　又,本文因需大量引用日本档案,故用公元纪年,夹注中国纪年。
〔2〕　《历史研究》,1954 年第 6 期。
〔3〕　台北中研院近代史研究所专刊之 12,1965 年 1 月。
〔4〕　该文最初发表于日本信州大学《人文科学论集》创刊号,1966 年。本文作者所据为其
　　　论文集《中国近代政治史论集》,汲古书院,1982 年,第 1—31 页。

《戊戌变法时期日本对清外交》[1];五、1994 年许介鳞先生发表论文《戊戌变法与梁启超在日的"启蒙"活动》[2];六、1995 年狭间直树先生发表论文《梁启超来日后对西方近代思想认识的深化》[3];七、1995 年彭泽周先生发表论文《论梁启超与伊藤侯——以戊戌政变为中心》[4];八、1997 年高兰先生发表论文《日清战争后对清国的经济进出思想——以伊藤博文为中心》[5];九、1999 年李廷江先生发表论文《戊戌维新前后的中日关系——日本军事顾问与清末军事改革》[6];十、2000 年陶德民先生发表论文《戊戌变法前夜日本参谋本部的张之洞工作》[7]。此外,日本外务省外交史料馆官员河村一夫,就此也发表了一系列的文章,披露了大量史料[8];众多研究戊戌变法与康有为的著作,也或多或少涉及此课题。本文作者并不企图对以上研究提出指摘,恰恰相反,认为这些先前的研究已经提供本课题所关注的历史大貌,其中王树槐、廖隆干、狭间直树、李廷江诸先生的研究工作已经相当出色。本文作者还认为,这些先前的研究并没有终结本课题,本文正是沿着各位研究先进的路线继续前行,尽管在某些方面还会对各位研究先进的论说提出讨论意见。

本文作者曾在日本外务省外交史料馆、台北中研院近代史研究所档

---

〔1〕 《日本历史》,第 471 号,1987 年 8 月,东京。

〔2〕 中研院近代史研究所编:《近代中国历史人物论集》,1994 年,台北。

〔3〕 Conference on European Thought in Chinese Literati Culture in Early 20ᵗʰ Century, Garchy, France, Sep. 12-16,1995. ("二十世纪初中国文化中的欧洲思想研讨会",1995 年 9 月 12—16 日于法国加杰)

〔4〕 《大陆杂志》,第 90 卷第 4 期,1995 年 4 月,台北。

〔5〕 《日本历史》,第 593 号,1997 年 10 月,东京。

〔6〕 《历史研究》,1999 年第 2 期。

〔7〕 王晓秋主编:《戊戌维新与近代中国的改革》,社会科学文献出版社,2000 年,第 413—420 页。

〔8〕 河村一夫:《驻清公使时代的矢野龙溪氏》(成城大学《成城文艺》,第 46 号,1967 年);《近卫笃麿日记之解读》(《季刊东亚》第 5 集,1968 年 12 月;第 8 集,1969 年 9 月,霞山会东亚书院);《戊戌政变前日清交涉之一幕》(《历史教育》,第 17 卷第 3 期,1969 年,日本书院);《戊戌政变后日清关系之一幕》(《日本历史》〔东京〕,第 334 号,1976 年 3 月)。

案馆、北京中国第一历史档案馆查阅史料,有了一些发现。本文的另一目的,是尽可能多发表一些未曾使用的新史料,同时也从日文论著中转引一些中国研究者尚未利用的日文史料,以供研究同行参考。

一、戊戌变法时期中日关系之背景

中日甲午战争结束后,日本与俄国在远东形成了对抗,双方进行了激烈的争夺。英国虽尚未与日本正式结成同盟关系,但在远东事务上多支持日本;俄国与德国、法国共同干涉"还辽"后,在远东外交上也多有合作。这就形成了以日、英为一方,以俄、德、法为一方的在远东的争夺。当然,双方的这种界限是模糊的,而并不是十分清晰的。

甲午战争后日、俄两国在远东的争夺首先在朝鲜半岛进行。1895年(光绪二十一年)10月,亲日派在日本的直接支持下发动政变,杀害闵妃及其亲属。1896年2月,朝鲜国王及其主要亲属避居俄国驻朝公使馆,前后长达一年多,俄国在朝鲜半岛的地位由此增强。日本政府此时尚无力量与俄国军事对抗,只能与俄国谈判,双方签订了山县—洛巴诺夫协议。该协议的基本精神是俄国、日本对朝鲜负有同样的义务和责任,即"共管"朝鲜,但俄国通过其军事顾问改组朝鲜军队,获得了朝鲜半岛上的政治、军事优势。与此同时,清朝派出李鸿章为头等出使大臣(相当于大使)出使俄国,签订了两国共同对付日本的《中俄密约》。根据这一条约兴建的中东路,使俄国远东地区的军事力量得到了极大的增强。在此背景下,日本朝野上下为对抗俄国,有意与清朝修好关系。

1897年11月,德国借口山东教案派军舰占领了胶澳。清朝无武力与德国对抗,企图利用《中俄密约》所规定的中俄同盟关系,借助俄国的势力来制止德国的侵略,并表示愿意开放中国的其他港口,暂时由俄舰队驻扎,以防他国的入窥。然俄国对德国的行动没有表示任何反对,12月,俄国舰队进入旅顺口。1898年(光绪二十四年)2月,俄国租借旅大的谈判在圣彼得堡举行,3月后改在北京进行。面对德、俄的压力,清朝朝野上下也发出了联英、联日的呼声,总理衙门为对付德、俄的压力,也与英、日在北京的外交代表有着实际的接触。

俄国、德国在华势力的扩张,英、日对此做出了强烈的反应。清朝一些人士认为,此为其"以夷制夷"的良好时机,企图利用日、英的力量,在国际舞台纵横捭阖。这完全是一厢情愿的想法。他们并不清楚,列强在华的争夺中,清朝本身经常被列强所忽略。列强之间为了平衡,俄、日间达成了西—罗森协议,其精神为日本不干涉俄国在满洲的扩张,而俄国同意日本在朝鲜半岛的特殊权益;与此同时,英国在日本的配合下,占领了甲午战后由日本占领的、此时根据条约规定赔款完毕后应归还中国的威海。英国的这一行动,也得到了俄国的默认。

由此形成了日本对华政策的两面性,一方面日本为了与俄国对抗,努力与清朝修好,支持清朝内部的亲日势力;另一方面,它并不认为清朝本身具有重要的力量,在东京和圣彼得堡,两国就在华利益互相协商、妥协。日中修好的策略只是其整个外交战略中的一部分,并且处于从属的地位。就具体执行人而言,也更多地表现为个人色彩,如参谋本部次长(后任总长)川上操六、日本驻上海代理总领事小田切万寿之助、日本驻华公使矢野文雄、日本首相兼外相大隈重信等等。[1] 本文作者以为,"日中修好"

---

〔1〕 日本方面的主要工作为:一、川上操六派出参谋本部官员神尾光臣、梶川重太郎、宇都宫太郎等人在汉口与湖北巡抚谭继洵之子谭嗣同多次密商中日同盟;二、神尾光臣再次赴湖北与湖广总督张之洞商谈包括派遣留日陆军学生和聘请日本陆军顾问内容的中日军事合作;三、神尾光臣赴湖南与唐才常会谈;四、日本驻上海代理总领事小田切万寿之助与郑观应、郑孝胥、文廷式、张謇、汪康年等成立"上海亚细亚协会",由小田切任会长、郑观应为副会长;五、日本驻华公使矢野文雄往见杨深秀;六、大隈重信的对华秘书青柳笃桓对康、梁鼓吹光绪帝访日。此外,还有参谋本部官员福岛安正对两江总督刘坤一的劝说工作。相关的情况可参阅王树槐1965年著作、永井算己1966年论文、许介鳞1994年论文、李廷江1999年论文、陶德民2000年论文及容应萸论文《戊戌维新与清末留学政策的成立》,载《戊戌维新与近代中国的改革》,第311—327页。

尚未形成为日本政府整体的明确而既定的重大决策。[1] 北京当时并不是外交的中心,东京、圣彼得堡、伦敦甚至巴黎,才是日、俄等国外交官的主要活动舞台,日、俄等国的对华基本政策主要在中国以外的地方形成。在他们之间讨价还价的商谈中,并没有清朝的声音。

正因为这一原委,1897 至 1898 年列强在华的强力扩张中,日本并没有忘记切大自己的蛋糕。1898 年 4 月,当清朝被迫向英、法做出长江各省不向他国割让和越南邻近的云南、广西省不向他国割让的承诺后,日本也迫使清朝对其做出福建省不向他国割让的承诺,以确立日本在福建的优势地位。[2] 5 月,日本利用沙市事件,要求在岳州、福州、三都澳设立日本租界,最后获得了在福州设立租界的权力。7 月,清朝与日本签订了《汉口日本专管租界条款》。[3] 8 月,清朝又与日本签订了《沙市日本租界章程》、《天津日本租界条款》。[4] 而在该年的甲午战争赔款偿还延期问题上,日本也表示了不让步,清朝为了筹款相还,不得不发行"昭信股票"。当该国债未获成功后,又不得不大举外债,清朝与英、德签订了《续借款合同》。[5]

相比于当时德、俄、英、法对于青岛、旅大、威海、新界、广州湾的强占,日本此时的对华政策显得相当温和,至少没有露出锋利的牙齿。清朝内部从甲午战争时期出现的极度仇日由此发生了变动,相当多的重要人士表现出亲日甚至联日的倾向,其中有光绪帝、张荫桓、张之洞、刘坤一、陈宝箴、蔡钧、康有为、谭嗣同、杨深秀、唐才常等人。可以说,日本的工作取得了很大的成功,李鸿章出访后制定的清朝"联俄拒日"的外交方针,已

---

[1] 李廷江先生 1999 年论文认为,大隈重信与外务次官小村寿太郎"明确的提出日清同盟和日英同盟的两大外交方针,并主张利用顾问来达到目的"。本文作者对此持不同意见。日本与清朝的关系还谈不上是"同盟",而是希望通过顾问加强对清朝的军事控制,这与英日同盟是完全不同的。

[2] 王铁崖:《中外旧约章汇编》,第 1 册,第 750—751 页。在此问题上,日本政府曾以威海拒不撤军一事相要挟。

[3] 王铁崖:《中外旧约章汇编》,第 1 册,第 788—791 页。

[4] 王铁崖:《中外旧约章汇编》,第 1 册,第 791—793 页,第 796—800 页。

[5] 王铁崖:《中外旧约章汇编》,第 1 册,第 733—738 页。

经动荡崩析。

正是在这样的大背景下,日本政府制定并实施其对华外交政策。然随着清朝戊戌变法过程的起伏,日本政府在具体的操作过程中,又有着许多变量。

二、戊戌变法前期及高潮期日本政府的观察

日本政府对于戊戌变法的观察始于例行公事。

明治维新之后,日本的驻外使馆开始形成了很好的情报体系与报告制度,驻在国的各种情报,尤其是政治情报,分别用信件和电报的两种形式向东京汇报。其中重要情报须立即用电报汇报。今存于日本外务省外交史料馆的诸多记录,可以看出日驻华公使馆当时的工作与基本态度。

1895 年 12 月 21 日(光绪二十一年十一月初六日),日本驻华公使男爵林董[1]在给外务大臣西园寺公望的第 85 号机密信中,报告了吏部右侍郎汪鸣銮、户部左侍郎长麟的革职,并指出此中的原因有三:一、当日本于 1894 年攻占旅顺时,汪、长主张处死李鸿章,慈禧太后认为"即使是李鸿章有罪,但他向来为国尽忠,所立之功亦不算少,不应突然处以严刑";二、汪、长曾上奏请光绪帝"乾纲独断","何事亦不容皇太后置喙";三、户部管理的海军经费亏空数百万两之事败露,光绪帝追问恭亲王奕訢,奕訢却含糊其辞,汪、长上奏称"此不足之额已因皇太后的懿旨而用于万寿山宫殿的新建和修缮",没有必要再进行"检查"。林董分析道,汪、长两氏此时受惩另有背景。

---

〔1〕 林董(1850—1913),明治时期的重要外交官。1866 年去英国留学,1868 年回日本,参
　　 加新政府的工作。随岩仓具视使团出访。1891 年任外务次官。甲午战后中日恢复外
　　 交关系,出任驻清公使。后任驻俄、驻英公使,外务大臣等职。

现今之皇后,皇太后之侄女也,虽深为皇太后所钟爱,但因其貌不扬,且其痘痕斑斑,不独不为皇帝所宠爱,甚至为皇帝所厌恶。皇帝专宠于某贵妃,因此皇贵妃为皇太后所恶。正值此时,皇太后闻说去年由于此贵妃之密奏,而将其师有关之人任用为官,大为震怒,以违背本朝家法为理由,而将其师扑杀于前些时候,且亲自执杖鞭笞贵妃而将其位贬为贵人。此种之事,自然召致皇帝对皇太后的反感。此时上述汪、长等人之奏章呈上,也不致于批触逆鳞。然在近日,上述贵人复位为贵妃,皇帝与皇太后也和好如初,于是迎合皇太后之意,遂下敕令将汪、长等氏革职,文武官职永不叙用。

应当说,林董的消息相同准确。其中光绪帝确实对皇后不满,曾于1898年下过一道谕旨:"光绪二十四年四月十三日,上传:宫内则例规矩,皇后一概不懂。近来时常失仪。如有施恩之处,俱不谢恩,及宫内外府大小事件,并不启奏,无故告假,不成事体。实属胆大。自此之后,极力改之。如不改过,自有家法办理。特谕。"[1]而光绪帝宠爱的珍妃亦有卖官鬻爵之事,珍妃为此受到慈禧太后的严惩。[2]

然而,林董此报告的着眼点,并不是清朝内部的家长里短,而是各派政治力量在此事件之后的消长。他认为,此一事件将严重影响翁同龢的地位,"汪、长等人原为翁同龢主考时录取之人,以该国习惯而言,即为翁氏门生。翁氏又深受皇帝信任。在皇帝与皇太后间的不快,翁即使对皇太后稍有微词,皇帝不唯不加罪,内心中还有几分喜欢的倾向";作为总理衙门大臣的翁氏,"经常露面,下官亦屡屡与其会面。但至近日却很难见到。下官问及各国公使,不论何人也同样难以见到他。"他还认为:"翁同龢不能再像以往那样旁观于事局之外,放言高论。其毫无外交经验,却立于要冲,不得不与各国公使折冲于樽俎之间。故长此以往,不能保其地

---

〔1〕 《宫中各种档簿》簿 4175 号,《日记账》光绪二十四年闰三月立。
〔2〕 参见孔祥吉:《慈禧杖责珍妃有证据》、《珍妃卖缺实记》,见《晚清佚闻丛考》,巴蜀书社,1998 年,第 82—95 页。

位、必受挫折云云的报告,将有可能成为事实。"而翁的地位下降则意味着李鸿章的地位再次上升,林董在报告中称:"李鸿章听到汪、长等氏被惩戒之消息,辄对人曰:此乃是对翁同龢联手进行的第一打击。而罗丰禄之辈则认为,此事意味着李中堂恢复势力的第一步。"林董还指出,"翁氏退后,代其事而当外交之冲者,除李鸿章之外并无一人。现任直隶总督王文韶对近来旅顺口之工程及其它一切善后处理,也毫无把握。"林董还认为,随着李鸿章可能重出为直隶总督,"随之重要外交事务则移向天津办理,总署便恢复本来的样子,成为因循苟且的衙门"。林董对于此后的中国政治走向的判断虽然有误,但非常清晰地指出了翁、李积不相能的关系。考虑到翁的最后倒台、李出任头等钦差大臣出使俄国等国,林董的分析还是有其价值的。林董的报告于12月28日(十一月十三日)由西园寺公望代理外务大臣呈报伊藤博文内阁总理大臣。[1]

林董公使的这份机密报告,也反映了日本对华外交的一个重要特点,即十分重视清朝政府的内部权力变化,以寻找其有利的机会与目标。林与清朝内部的高官也有着联络。他在这份报告中称,就在汪鸣銮被革的前三天,"即十一月三十日,汪氏与新任总署大臣吴廷芬一道来馆,闲谈书画等事,彼时亦未能看出其将受处分之迹象,此事于下官亦属意外。"当时,日本方面最为欣赏并最喜欢打交道的是户部左侍郎、总理衙门大臣张荫桓,而对总理衙门的其他大臣不满。为此,林董在1896年1月8日(光绪二十一年十一月二十四日)的机密报告中称:

> 清廷之内部纪纲紊乱,其大臣各抱相互猜疑之心,而无对国事负责之人。此情已特为世人所知。但若论其内幕,则有比世人所想更甚者。据下官就任以来之观察,总署大臣相继被调任罢免,新任总署大臣中,通外交事务者全无一人。其中稍晓事务者,唯张荫桓耳。下官前往总署申请商办事务时,自然有先问张大臣在否,然后要求面会

---

〔1〕 林董致西园寺公望,机密第85号信,1895年12月11日。《外务省记录》,1-6-1-4-2,各国关系杂纂(支那之部)第1册,日本外务省外交史料馆藏。

之事。日前由张大臣同省好谊伍廷芳传言道,下官去总署指名要求与张大臣会面之事,对张氏而言,极为不利。因为,张氏若认为下官言之有理而与翁同龢等相商时,翁氏首先不问理之当否,而只怀疑张氏左袒日本,于是一味设置障碍。故希望下官今后尽量指名与翁氏谈判,当然这样做张氏也会参加。当翁氏与其商量时,张氏也能陈述自己的意见。如此对事情之运作,却更加有利云云。下官答应今后一定按其意思行事。此时清帝国中权倾天下之翁同龢,竟然如此心胸狭窄,诚可叹也。

林董的这一机密报告,说明了他对总理衙门运作机制弊端的了解和利用,也说明了通过伍廷芳,他与张荫桓合演了一场联手戏。这份报告 1 月 31 日(十二月十七日)由代理外务大臣西园寺公望上呈总理大臣伊藤博文。[1]而张荫桓后来也正是清朝的谈判代表,与林董进行战后条约谈判,于 1896 年 7 月签订了《中日通商行船条约》。在这个条约中,清朝同意开放杭州、苏州等四个通商口岸,并在通商口岸设置租界。[2]

随着李鸿章出访俄、美等国返回,日本方面特别注重李鸿章是否会东山再起,掌握外交实权。这当然与日本和俄国在远东的争夺有关。更重要的是,日本方面认为,权重一时的翁同龢不懂外交,总理衙门其他大臣中又以李的地位最高,权力也应最大。翁、李关系缓和后,李在总理衙门可能执掌主导地位,而李又是亲俄派。1897 年 2 月 8 日(光绪二十三年正月初七日),代理驻华公使内田康哉在其机密报告中称:

> 李鸿章与翁同龢之关系一向被视为势如冰炭。但自去年末李鸿章访问欧美归国后,与世人预料相反,两人关系不知为何与原来有所不同。如前些时候李之门生伍廷芳、罗丰禄二人一跃升任出使

〔1〕 林董致西园寺公望,机密第 3 号信,1896 年 1 月 8 日。(《外务省记录》,1 - 6 - 1 - 4 - 2 第 1 册)

〔2〕 王铁崖编:《中外旧约章汇编》,第 1 册,第 662—670 页。

大臣(驻英、驻美)时,翁对之不仅没有任何异议,反而大加赞助。从其它处理总署事务的情况来观察,两人也未见有特别轧轹之现象,相反有了几分相互依赖之倾向。上次与法国公使施阿兰(A. Gerard)会谈时,下官向该公使叩问其意见。他不仅极度赞成下官之见解,且加上他的理由:翁已知道目前与李相争的害处,且厌恶与各国公使直接谈判,从而利用李,以李当谈判之冲;李亦知目下与翁相争乃失策之举,故利用翁无勇气与外国使节折冲之机会,自己进一步而当其冲,企图渐次恢复自己之势力。此乃相互利用之事。故外表相和而内心不然。私下里有这种说法,此为清国官吏之常习,互相伺隙,何时昔日关系重演时保不住又会反目为仇……又本地外交官对于李鸿章的一般印象,可以说是很坏,尤其是各公使馆的翻译感到十分为难之事,乃是李故作尊大之态。不知其意是向其它总署大臣显示其才干,抑或为证明自己对外毫不软弱?每于谈判之际,竭力提出异议,必为一二事而伤人感情。以其它大臣为例,如张荫桓多少对翻译官有些客气,而李鸿章却故意作出言语不明了之态而使翻译官为难。德国公使海靖(Edmund Friedrich Gustav von Heyking)就称李鸿章是让人谈话最不愉快的人。下官发现访问欧美之前之李鸿章与在欧美受到特别礼遇归国后之李鸿章,其言语行动判若两人……与李鸿章相反,张荫桓则人望甚佳。有这样的评论,在总署大臣中了解外交上友谊为何物者,只有张荫桓一人。目前在总署中,实际担当与各国使臣谈判之冲者,仅张、李二人。其它大臣唯有列席备员而已。

内田康哉是日本新一代的职业外交官。[1] 他的秘密报告,也说明了日本政府对清朝官员的辨识与政治倾向性:不喜欢李鸿章、翁同龢,而更欣赏张荫桓。内田康哉的报告由外务大臣大隈重信呈送松方正义总理大臣,并转发

---

[1] 内田康哉(1865—1936),早年毕业于东京帝国大学,1887 年入外务省。此时以参赞代理公使职。他后来出任驻清公使、外务大臣、满铁总裁等职。

日本驻英、俄、德、美、意大利、奥地利、法、朝鲜公使,以供其参考。[1]

　　除了高层的政治斗争,日本对中国社会的政治活动也极为关注。1895 年(光绪二十一年),一些关心政治的下层官员在北京设立了强学书局,日本公使林董于 11 月 15 日(九月二十九日)向外务省报告此事,并附上了开局章程。当该局于 1896 年 1 月被封时,林董亦向东京报告,称:

　　　　该书局乃翰林出身的青年们所建立的组织,如张之洞那样的该国有名望者也赞成之,捐献了大量的金钱,故其基础渐固,遂被视为清国改革之要素。英国传教士李提摩太氏(Richard Timothy)与美国传教士李佳白氏(Gilbert Reid)等也极力相助。在清之外国人将之称为"改革俱乐部"。正当对其寄予很大希望时,突然被命查封,该举措显得极其幼稚。且其机关报《中外纪闻》即原名《万国公报》之发行也被禁止。探其始末,据称为该会发起人的湖南人张孝谦的说法:传闻御史杨崇伊因不出会费而欲为会员被拒绝,怀恨在心,以种种理由构成其事,遂及弹劾。清帝御军机处时,以原奏示诸军机大臣咨询意见,大臣翁同龢与李鸿藻各持相反之论,却袒护该会。但由于该会有不许满洲人入会的规定,满洲人早就对该会不怀好感,故军机大臣中亦有以该奏为然者,彼此争论。结果先命步军统领衙门,即警视总监,实地调查。该衙门接到命令后,于上月二十二日终将该会封禁。

林董认为,参加该会调查的御史中有该会的会员,支持者中有张之洞为首的名流,因而很可能重开。"有人云:查明之后,若再度开禁则如同得到敕许,恰是'空山新雨后,青天无片云',会运将更趋隆盛。"林董还报告说,李鸿章所雇用的秘书、美国人毕德格(W. N. Pethick)也是该会的会员。当被问及该会的兴败时,他叹道:"已经不会有再兴的机会了。清国

---

〔1〕　内田康哉致大隈重信,机密第 6 号信,1897 年 2 月 8 日。(《外务省记录》,1 - 6 - 1 - 4 - 2 第 1 册)

特别不欲改良,还应说是清国不能改良也。"林董的这份报告,由西园寺公望代理外务大臣进呈伊藤博文总理大臣。[1]

强学书局的再起,已经成了碎梦。新设立的官书局,由孙家鼐等人主持,并无革新进取之精神,林董公使再次向东京报告经过,并附上章程。[2]而文廷式于1896年3月被逐,使林董公使认为"一时被外国人视为清国改良之要素——强学会复兴的希望破灭"。他在给东京的报告中写道:

> 强学会会员、翰林院侍读文廷式于书局被封以后,来到宣武门外之松竹庵,此处即明代以刚直闻名的御史杨继盛当时起草谏争奏章之寓所,与许多以正论公议为己任的人物相关连。文廷式因与同志集会,议论时政,呈递奏折等情,被杨(崇伊)御史弹劾。前天,三十日,发行的《谕折汇存》中,有"翰林学士文廷式每于召见之际,语多狂妄,因推知其平生不谨,着革职,终身文武官职永不叙用……"

林董公使在这一报告还称:"被称之为与强学会同一目标的官书局,只不过被视为仰政府鼻息之物也。"[3]林董的报告表露出其对文廷式的赞赏,也看出了强学会不可能复振,但他还没有得到相应的情报,即文廷式被逐与慈禧太后有关(后将详述)。

从强学书局、文廷式的个案中,还可以看出此期日本对华外交的另一个重要特点,即对中国的改良充满着同情,笔端文气中处处散漏。然而,出于日本本国利益的考虑,他们并没有公开说什么,更不会有什么行动。

1898年(光绪二十四年),中国的维新运动渐入佳境,北京的日本公使馆发往东京的邮件和电报也增多。这主要是对维新运动的报告。

---

〔1〕 林董致西园寺公望,本公第14号信,1896年2月5日。(《外务省记录》,1-6-1-4-2第1册)

〔2〕 林董致西园寺公望,本公第26号信,1896年3月16日。(《外务省记录》,1-6-1-4-2第1册)

〔3〕 林董致西园寺公望,本公第28号信,1896年4月1日。(《外务省记录》,1-6-1-4-2第1册)

1月，根据贵州学政、翰林院编修严修的提议，光绪帝下旨设立经济特科，日本公使矢野文雄[1]于2月5日（正月十五日）将此情向外务大臣西德二郎[2]报告。西德二郎阅后将此报告转送文部大臣西园寺公望[3]2月，根据御史王鹏运的建议，光绪帝下旨设立京师大学堂。矢野公使于2月19日（正月二十九日）向外务大臣西德二郎报告："总理衙门附属之同文馆，年来设立了英、法、德、俄等语和法、理、文、医等学科，虽雇用了外国人为教授，但其诸般组织极为幼稚，固示完全，此固不唯限于外国舆论，清国人也对其有所非难。"他的报告附送了光绪帝的谕旨："御史王鹏运奏请开办京师大学堂等语。京师大学堂叠经臣工奏请，准其设立……"该报告也由西德二郎转送文部大臣西园寺公望[4] 同月，根据顺天府尹胡燏棻的奏折，光绪帝下旨各省精练陆军。矢野公使于2月19日向外务大臣西德二郎报告，称"近顷风气稍开"，清下达"严行禁革诸如兵饷克扣等弊，至如何变通操演之法而使之尽利、神机营改用新式枪炮等事，着军机大臣一并妥议具奏"的上谕。并附上上谕原文。西德二郎收到后，将之转给参谋本部川上操六总长[5] 3月，根据军机大臣会同兵部的奏折，光绪帝下旨武科举改制。矢野公使于3月26日（二月初五日）向外务大臣西德二郎报告，并附上上谕原文。西德二郎收到后，将之转给参谋总长川上操六[6] 6月，光绪帝下旨各省保举使才，即能出使各国的外交人才。矢野公使于6月17日

---

[1]　矢野文雄(1850—1931)，早年毕业庆应义塾，后长期在报纸工作，也创作过许多小说。他是大隈重信的智囊人物之一。第二次松方正义内阁时，大隈一度出任外务大臣，其于1897年被派为驻清公使。

[2]　西德二郎(1847—1912)，明治时期重要外交家。早年留学俄国，后任驻俄公使等职。第二次松方内阁、第三次伊藤内阁时出任外务大臣。1899年任驻清公使。

[3]　矢野文雄致西德二郎，本公第8号信，1898年2月5日。（《外务省记录》，1－6－1－4－2第1册）

[4]　矢野文雄致西德二郎，本公第13号信，1898年2月19日。（《外务省记录》，1－6－1－4－2第1册）

[5]　矢野文雄致西德二郎，本公第14号信，1898年2月19日。（《外务省记录》，1－6－1－4－2第1册）

[6]　矢野文雄致西德二郎，本公第24号信，1898年3月26日。（《外务省记录》，1－6－1－4－2第1册）

（四月二十九日）向外务大臣西德二郎报告，并附上上谕的原文。[1] 同月，光绪帝下旨科举改革，废除八股，改用策论。矢野公使于 6 月 24 日（五月初六日）向西德二郎报告，并附上上谕的原文。[2]

以上只是选取一些事例，其中的事件也有大有小，以期能给读者留下一般状况的印象。从外务省外交史料馆所藏的档案来看，可以说，这一年清朝进行的各项改革之政令，日本驻华公使馆都有向外务省的报告，几乎无一遗漏。外务大臣收到这些报告后，也经常分别将其内容，转给内阁或军部的有关大臣。

然而，仔细检阅这几十份报告，可以发现一个共同的特点，即这些报告非常简短，往往只有几句话，再附上光绪帝的谕旨。尽管这些报告对清朝正在进行的改革有明显的赞许口气，但只是一事一报的例行公事。驻华公使上报这些改革内容，应当说是其职守使然。

日本政府的真正兴趣在于中国的高层政治变动。1898 年 6 月 15 日（四月二十七日），光绪帝的亲信大臣翁同龢被罢免。矢野公使得知后于 16 日发电给外务大臣西德二郎："翁同龢已被免去大臣职务，直隶总督王（文韶）奉命来京。"17 日，西德二郎将此消息上报总理大臣伊藤博文。[3] 随后，矢野公使于 17 日的报告中称："总之，该氏于该国中央政府内部为守旧党之领袖乃是事实。而在野对其之评价又当如何，有云：满面忧国忧民，满口假仁假义，满腹多忌多疑，满身无才无识。此段评价一直广为流传。"他附上的光绪帝上谕，即以荣禄替代王文韶，以王文韶替代翁同龢的谕旨。[4]

---

〔1〕 矢野文雄致西德二郎，本公第 45 号信，1898 年 6 月 17 日。（《外务省记录》，1-6-1-4-2 第 1 册）

〔2〕 矢野文雄致西德二郎，本公第 49 号信，1898 年 6 月 24 日。（《外务省记录》，1-6-1-4-2 第 1 册）

〔3〕 矢野文雄致西德二郎电，第 127 号，1898 年 6 月 16 日下午 5 时 40 分发，下午 5 时 30 分收到（引者注：该电发文时间据矢野亲笔件，收文时间原文如此，收文时间恐有误）。（《外务省记录》，1-6-1-4-2 第 1 册）又，由于当时的电报采用的是有线接力的方式，一站站地往下发送，故发电时间与收到时间有很大的差别。请读者注意。

〔4〕 矢野文雄致西德二郎，本公第 46 号信，1898 年 6 月 17 日。（《外务省记录》，1-6-1-4-2 第 1 册）

为了弄清清朝此次政局变动的背景与将来的政治走向,矢野文雄与张荫桓进行了会谈,并在机密报告中详细说明了张荫桓的看法和自己的分析:

> (张荫桓称)翁同龢开缺之因,其源甚远。先日清之战时,该人即主开战。此战以来给中国酿成无数灾难。尔后,翁所主张诸政策多未允协,且于内部被视为骄恣专权之事亦不在少数。此等之事逐渐积累,遂演成今日之事。又,关于近来之事,德国亲王谒见皇帝之时,翁固拒绝皇帝与其行握手之礼。而皇帝则采用其它革新派之意见,与之行握手礼。于是翁对皇帝大放怨词。又其节飨宴之时大臣理应坐陪,翁氏亦不为之。诸事凡不和其意者,恼怒之情溢于言表。此等之事逐渐积累,而成免黜之口实云云。

> 张荫桓又谈到了西太后权力增长、太后也有改革之意见以及皇帝倾向改革派等事。由其谈话来观察,皇帝亦感到近年事变连续发生,而知有采用改革主义之必要,同时也悟出如翁等之守旧派不足赖。加之此次接见德国亲王一事,皇帝与西太后皆体验到,诸事均为改革派意见恰当而守旧派意见迂愚。内有太后之诱掖,外有各种之攻击,皇帝遂决定罢免多年亲近之翁氏。

> 据李鸿章、张荫桓经常之所言,皇帝憾虽有改革之意但常为左右守旧派所制,想来翁氏一派围绕皇帝左右。张、李所言,绝不会错。今其首魁既失,皇上的官中侍臣等也应起一大变化。皇帝已倾向改革,若太后能翼助之,将来之事有几分改观亦不可知。盖皇帝倾向改革,早从晓悉官中事者处有所闻,以此而推之,翁氏等守旧派之败,只不过是遇到何样的时机,乃是早晚必然发生之事也。

> 太后原来即是喜欢革新派之人,故皇帝翻然归向革新之说,可使皇帝与太后之亲情更加密切,也增长太后权力之势。但若深溯其源,则不能不考虑恭亲王薨去的作用。亲王是帝室近亲中的一大势力,故可立于帝、后之间以保两者之平衡,一朝薨去之后,不得不发生偏重。此亦应是太后权力增加的原因之一。

> 然而各朝历来大臣中守旧派尚多,今日革新派之势力果有坚强之

根底而无被推翻之患耶？否耶？张荫桓之说尚属疑问。但从总趋势上看，改革派迟早会取得胜利则是无疑问的，当然此为指今后的三五年、六七年而言。

又，李鸿章乃太后之人，故应有几分将来权力增长之倾向。近来太后频繁召见，亦可见其征兆。然该人为人所忌之事甚多，直入军机应当甚难。[1]

以上不厌其详地录下矢野公使的机密报告，正是企图详细分析日本政府对当时中国政情的一般看法。矢野公使认为翁同龢是守旧派的代表，这当然属日本方面的成见。自中日甲午战争以来，翁对日本的态度对抗多于妥协，日本对翁的印象也一直不好。就翁本人的政治取向而言，有保守的一面，也有革新的一面。就政策而言，他可以支持新政，但其思想的根基却是传统的。张荫桓虽是日本方面最信赖的大臣，但对矢野也没有完全露底。他只是提出了德国亲王的觐见礼节的问题，这在当时确实也是一件大事，光绪帝与翁为此产生了很大的矛盾。张不敢说出真相，即慈禧太后等人认为翁的权势太大，有意削之。慈禧太后有革新的一面，但更重要的是维持自己的权力。如果自己的权力受到威胁，对她说来采取相反的政策也是轻松无碍的。矢野看出了中国的革新会遇到守旧派的强大阻力，但他还没看出，守旧派的最有利的方式是用慈禧太后来压光绪帝。

此后中国政坛的人事变动，如王文韶、裕禄进入军机处、总理衙门，李鸿章、敬信退出总理衙门，礼部六堂官的变动，日本驻华公使馆无不尽快地报告外务省。

1898 年 6 月底，日本政坛也发生了变动，第三次伊藤博文内阁结束，第一次大隈重信内阁成立，大隈同时还兼任外务大臣。大隈重信（1838—1922），早年学习过汉学与兰学，是明治维新的重要人物。此时他以宪政党总裁的身份组阁，是日本历史上的第一次政党内阁。他的外交取向是"英

---

[1] 矢野文雄致西德二郎，机密第 60 号信，1898 年 6 月 24 日。（《外务省记录》，1-6-1-4-2 第 1 册）

日同盟"与"支那保全",使日本成为东方的领袖,以日本经验成为朝鲜与中国的榜样。由此,他更多地注意亚洲。由于他兼任首相、外相两职,故对中国正在发生的变法有着较多的关注。此时日本驻华公使矢野文雄回国述职,大隈不愿意这一重要岗位在这重要时段出现空缺,命正在日本的驻俄公使林权助[1]前往北京,担任代理驻华公使。

伊藤博文离任后,前往韩国和中国。从目前能看到的史料来看,伊藤此行并非正式担负着政府的使命,尽管他临行前觐见过日本天皇。对此,清朝驻日公使裕庚给总理衙门的电报,从今天的角度来看,还是很有意义的:

> 伊藤系游历,先自西京至高丽,再由津来京。闻七月半始过津。当经函达仲相(荣禄)转署。此次系出无聊,回同退者来家扰,藉少避。又查看中华情形,有无机括可乘,是其故技,非大举动。[2]

但是,对于伊藤这样的大政治家来说,是否仅为个人身份还是政府角色,其实并不重要。他认为最重要的事,即便他不在台上,也完全能够做到。伊藤的访问恰值戊戌维新处于高潮期。清朝举国上下对他的这次来访,寄予了极大的希望。而他正在北京之时,发生了戊戌政变,局势急转直下。[3] 外务省档案中也有相当详细的记录。但有关此次伊藤访问,中日研究论文已基本完善。本文对此不再多加述论,仅将我们认为较有价值

---

〔1〕 林权助(1860—1939),早年毕业于东京帝国大学,1887 年入外务省。他是明治、大正时期重要的外交官。

〔2〕 《总理衙门清档·收发电》,01 – 38。

〔3〕 许介鳞先生 1994 年论文称,伊藤博文来华的主要目的有两个,一是实现清朝迁都而剪除俄国对华影响力,二是由日本军官代为训练中国军队取得对中国军队的控制权,"来华访问的伊藤,肩负了推动日本在中国取得最大殖民支配权的重大使命"。本文作者认为,伊藤访华时当然不会放过各种机会,但来华前是否已确定了迁都、日本军事顾问两策,也是不能肯定的。即使戊戌政变未发生,伊藤是否会被留在清朝、即使留在清朝能否有决策权,都存在着极大的困难。许先生似未考虑慈禧太后的因素以及伊藤博文对清朝权力结构的认识与分析。

的档案录于注释中,供相关的研究者参考。[1]

---

[1] 外务省档案关于伊藤的访华,除在各卷中分别收藏外,还专门有一卷《松本记录·伊藤公爵清国巡回一件》(6-4-4-21),松本记录即是外务省官员松本对伊藤访华等专题档案的抄件。其中一抄件称:"此次伊藤侯访问清国消息传来时,正值清国改革之气运旺盛,上下共同仰视日本,而欲将其作为清国文明先导者之议论甚嚣尘上之际。清国政府对东方贵宾则更应该盛情款待。为此直隶总督荣禄特委派海关道李珉琛、北洋大学堂总办候补道王修植,以及日文翻译官陶大钧为接待委员……(在北洋医学堂举行的欢迎宴会上)伊藤侯与容中堂并肩而坐,相互亲切交谈,气氛十分融洽……荣中堂谈起了伊藤侯的此次访问,对清国而言,将是一个很好的机会,故请伊藤侯毫不客气地对清国的改革提出建议。伊藤侯回答的大意是,为了大清国将尽自己所能,提出建议,此对自己而言,是义不容辞之举。"(原抄件未注明作者及日期,从文内意来看,当属日本驻天津领事馆官员所写,《松本记录·伊藤公爵清国巡回一件》6-4-4-21)由此可见,在戊戌政变前荣禄对于伊藤此次来华的目的判断。荣禄称伊藤的经验对中国的改革大有益处,恐怕不是一个外交上的客套,而是认为清朝可能会对伊藤作某种使用。"(戊戌政变后)当地在这样的形势下,此次伊藤侯来沪时,铁路大臣(盛宣怀)托病在家,始终未能会晤。其它地方官虽战战兢兢愁眉不展礼节性地接待了伊藤,但谈话中丝毫不敢涉及政治。与诸般待遇上自有不尽之感。目前,彼等尽可能避免与本邦人接触,看起来,其对本邦之意向顿然为之一变。"(上海代理领事诸井六郎致外务次官鸠山和夫,机密第50号信,1898年10月10日,《外务省记录》,1-6-1-4-2-2第1册)由此可见,政变后伊藤来到上海,政治风向已大变,官员们将之与改革相连,唯恐有牵连。"伊藤侯爵此次游历本地(武汉),湖广总督张之洞表现了极大的热情……张总督与伊藤侯爵会晤之际,向伊藤侯爵提出了许多政治问题。此外,十七日下午伊藤侯赴总督府告别之际,张总督微微叹息,托付伊藤侯爵说:先前小田切(日本驻上海总领事)来汉口时,曾与其有相同的商议,而且领事回东京后,又有多次书信往来。但是仅停留在自己与小田切领事之间的商议上,具体实行时,不得不一一奏闻,以求得到皇帝陛下的恩准。即该国地方长官总督之权限范围亦甚狭隘,无论欲何事,亦不能不得到北京政府之许可。尤其近来国用多端,些微之事亦得受户部之检束,实在不无遗憾,还愿谅察微衷。他自己也叫小田切领事将此事转告贵国有关部门。另外对贵国的外务省及参谋本部于诸多事情上的诚挚帮助,致以深深的谢意,希望侯爵归国之后,代其转达谢意云云。从上述情况足可窥见,于近来的北京政变后,张总督计划的诸般事业是如何的困难。"(日本驻汉口领事濑川浅之进致外务次官鸠山和夫,1898年10月17日,《松本记录·伊藤公爵清国巡回一件》6-4-4-21)从此报告可见,张之洞企图与日本联手做一些事情,尽管形势十分不利,仍表现出这一愿望。而他给总理衙门的电报中,对此事完全不谈:"伊藤来鄂,总署电令优待。当经电询北洋详细仪节,仿照办理。饬上海使员代写江永大餐房来回船票,并派候补道赍至九江。八月二十九日到汉口,带随员五人。江汉关道、汉阳府、县在招商码头局内迎候。先遣汉阳县及翻译官上船,伊藤登岸后至局内少坐,略备茶点酒果。在汉口

本文作者认为,在戊戌变法期间,日本对华外交是这样一个复杂体:一方面注重的是清朝内部权力的变化,以寻找机会与目标,在国际帝国主义大背景下为自己谋取和扩大在华利益。他们的眼光主要集中在张荫桓、翁同龢、李鸿章、张之洞、刘坤一等实力人物身上,同时也拉拢京官中愿意联日的人员。这是他们的工作重点,也是对清修好、对俄争夺的外交政策使然。可以说这是相当功利主义的。另一方面,他们对清朝内部正在进行的改革充满着同情,每一份报告中都有明显的倾向性。这是基于他们本国维新经验而产生的出乎自然的情感。而这方面又有理想主义的味道。但在后一方面,他们说得很少,做得更少。就本文作者所见,只看见日本政府同意接纳中国留学生,并在京师大学堂的创办过程中,对清方的要求尽可能予以协助。这也是他们的外交理念之使然。简言之,此一时期的日本对华外交,首先考虑的是日本利益,即扩大日本在华利益,并尽可能地与中国修好,以在与俄争夺中处于相对有利的位置;其次,在其经济利益和政治利益丝毫无碍的情况下,也愿意对中国的维新予以援手。

然而,到了戊戌政变后,日本政府的做法又有了很大的改变。

借一茶栈为公馆。是日关道府县即在公馆内设筵相请。初一日未刻过江,到敝处拜晤,系派兵轮往接。下船登岸时,照北洋电,声十九炮。渠以隔江不便,嘱在武昌借公馆一所,意在欲我答拜。是日酉刻,洞至馆答拜。初二日率同司道将官委员十余人公宴之于黄鹤楼,并请各国领事。筵席间彼此俱有颂词。一切礼节,彼此俱属周妥。今日即搭怡和商轮东下赴江宁,询明须至登岸,拜晤南洋大臣,以后将赴苏杭,谨奉达。伊藤送日本锦四卷,答以书两箧,荆州锦十匹。一切俱仿照北洋。并闻。洞肃。江。"(《收发电·总理衙门清档》,01-38)"上月二十二日,伊藤侯搭乘招商局轮船安庆号再次回到本地(上海)……铁路大臣盛宣怀、道台蔡钧等也对伊藤侯一行表达了友好的盛情。如蔡道台即表示了假如伊藤侯有意去苏州的话,自己愿为向导陪同前往的意思,而且连乘用船都准备妥当。又杭州巡抚廖寿丰派在苏州的候补道许某来到本地,也表示侯爵去杭州巡游时该人将以向导和接待者的身份随行的意思……然而侯爵从有关部门接到了火速归国的电报,未能去苏、杭两地巡游……据说,伊藤侯自汉口经本地返回东京的途中,顺便会见了两江总督刘坤一。总督不仅极诚恳地接待了侯爵,还派道员钱怀培将侯爵送到上海。"(上海代理总领事小田切万寿之助致外务次官鸠山和夫,1898年11月10日,《松本记录·伊藤公爵清国巡回一件》6-4-4-21)看来,由于政治形势的明朗化,上海等地的官员对伊藤的态度也有变化。

三、戊戌政变后日本政府的观察与反应

1898 年 9 月 19 日(光绪二十四年八月初四日)下午,慈禧太后从颐和园回到了城内的西苑,同日,光绪帝也从宫中养心殿移住西苑瀛台。慈禧太后的这一行动,是针对第二天进行的光绪帝接见伊藤博文,以防其做出留下伊藤的举动。20 日(初五日)中午,光绪帝在西苑勤政殿接见了伊藤博文,代理公使林权助等也随同参加了接见。21 日(初六日),慈禧太后发动政变,第三次训政。

最初的反应与大隈重信的态度

应当说,对于慈禧太后的这一突发的举动,林权助与伊藤博文事先并没有任何觉察。21 日上午 9 时,林权助发给日本首相兼外相大隈重信的电报,仅报告了光绪帝接见的内容。[1] 22 日(初七日),林权助连向大隈发去两电:

> 当前,清国的诸改革引起了重大的政治反动。本公使据可靠方面的消息,皇太后陛下发布了再度亲裁政务的上谕。张荫桓之宅昨日被军队包围一事,即由于上述皇太后上谕的缘故。包围张宅的目的是为了捉拿可能居住于此的康有为,但康有为已于前日离开北京,并不住在该邸。于是捉拿其它应捕之人数名而去。今后的事态如何变化则很难预料。[2]
>
> 据传闻,皇太后发布与皇帝共裁国务上谕一事,全由满洲大臣相约上奏于皇太后之前所致,奏请皇太后亲执政权,对过激之改革派实

---

〔1〕 林权助致大隈重信,第 168 号电报,1898 年 9 月 21 日上午 9 时发,下午 5 时 30 分收到。(《松本记录·伊藤公爵清国巡回一件》6 – 4 – 4 – 21)

〔2〕 林权助致大隈重信,第 169 号电报,1898 年 9 月 22 日上午 9 时发,下午 4 点 20 分收到。该件于 22 日上奏天皇,同时通知参谋总长、陆军大臣、军令部长,由次官亲带抄本交海军大臣。(《日本外交文书》,第 31 卷,第 1 册,第 659 页)

行镇压。皇帝陛下最近数月间已成改革运动之中心,经如此之变故,其权势应有所削减。[1]

大隈重信收到电报后,立即作出了反应,而这一反应首先表现为军事部署。23日(八月初八日),他发电给驻上海代理领事诸井六郎、驻天津领事郑永昌:

> 根据驻清临时代理公使的报告,北京发生了针对近来中国改良运动的一系列的政治反攻。宣布慈禧太后将与皇帝共同听政的诏书已经发出,数名显为激进的改良党成员已经被捕。高雄舰、大岛舰的舰长由此奉命与你们一起观察近日的事态发展。你们将向他们提供所需的帮助,并用电报汇报你们所观察到任何事态的变化。[2]

电报中的"高雄舰"正在上海,"大岛舰"正在天津大沽。在同一天,林权助再向大隈发电:

> 主张改革的梁启超因怕可能随时被捕而来到本馆,寻求保护。

〔1〕 林权助致大隈重信,第170号电报,1898年9月22日下午4时50分发,23日上午10时15分收到。该件于24日上奏天皇,同时通知陆、海军大臣、参谋总长、军令部长(《日本外交文书》,第31卷,第1册,第660页)

〔2〕 大隈重信致诸井六郎、郑永昌,1898年9月23日。(《外务省记录》,1-6-1-4-2-2,光绪二十四年政变、光绪帝及西太后崩御、袁世凯免官,第1册)诸井代理领事收到此电后,于24日回信:"昨23日下午4时54分发来的关于此次北京政派轧轹之变动的贵电敬悉。关于上述之事,自下达罢免李鸿章、皇太后训政之上谕以来,本地上下人心惶惑,暗中各种风说不断传入耳中。但下官认为,仅听到某些区区谣传便特意报告也不得要领。贵电中的指示,下官已立即传达给高雄舰舰长。目前下官正极力探听消息,但由于邮局时限紧迫,先将中文报纸中与本事件有关的部分剪下来,以供参考。"(诸井六郎致外务次官小林寿太郎,机密第47号信,1898年9月24日,档案号同前)由此可见大隈的发报时间。又,在天津的大岛舰舰长海军中佐荒木亮一也发回两份电报。其第一份报告了所听到的政变,并称天津的局势显得不稳。(荒木亮一致海军大臣西乡从道,9月24日上午天津发,25日下午东京到,档案号同前。该件当日由西乡转给大隈,并附有西乡一字条)其第二份称皇帝安全,人心开始平稳,张荫桓免官被捕。(荒木亮一致西乡从道,9月25日下午7时20分天津发,26日上午10时16分东京到,档案号同前。该件亦由西乡转给大隈)

日本政府对于戊戌变法的观察与反应　**483**

他住了一晚上。由于害怕清国会产生怀疑,我劝他在逮捕他的命令下达前离开北京。他剪掉了辫子,穿上欧式服装,于昨天离开北京。他尚未受到任何指控,而我允许他在本馆住一晚上也不至于给清国政府留下任何罪名。如果他在路上还没有被捕的话,几天后,他将乘玄海丸从天津赴日本。电汇电信费2000日元,我还恳求你再寄上1000日元作为津贴费或机动费。伊藤侯爵现是我的住客。当前的这种政治局势迫使我要求这么做。[1]

大隈收到此电后,于24日(初九日)发电给北京林权助:

> 作为你的第169、170、171号电报的反应,在上海的高雄号舰长和在天津的大岛号舰长已经奉命观察事态的发展,并一旦发生紧急情况协助你和上述口岸的领事采取行动。你应尽一切可能查明并用电报报告事态的进展以及各列强公使的态度。电信费1000日元和机密费1000日元将电汇去。[2]

在这封电报中,大隈开始注意到列强对此事件的反应。也就在同一天,大隈还发电至圣彼得堡、伦敦:

> 彼得堡 林权助 根据驻清临时代理公使的报告,北京发生了针对近来中国改良运动的一系列的政治反攻。宣布慈禧太后将与皇帝共同听政的诏书已经发出,数名激进的改良党成员已经被捕。据报告,满洲大臣们联合起来,请慈禧太后重掌政权,并镇压了改良党。最近几个月来,皇帝是改良运动的中心,而他的权力已因这一变化受

---

〔1〕 林权助致大隈重信,第171号电报,1898年9月23日上午8时40分发,下午8时15分收到。(《日本外交文书》,第31卷,第1册,第659页)该件发表时删去"电汇电信费2000日元,我还恳求你再寄上1000日元作为津贴费或机动费"一段,据原件补。(《外务省记录》,1-6-1-4-2-2第3册)又原件上有"机密"字样。
〔2〕 大隈致林权助,第124号电报。(《外务省记录》,1-6-1-4-2-2第1册)

到限制。将此情况通报给你,并转发给驻法公使、驻德公使。[1]

在给伦敦加藤高明公使的电报中,除了重复上述内容外,还加了一句:

　　此种反攻的活动看起来不像是某一大国或几个大国的影响所
致。我要求你尽快利用恰当的机会,探明英国政府对此的态度。[2]

在这两封电报中,大隈的政治倾向十分明显,即反对慈禧太后发动的政变。大隈此时关心列强的态度,其中重要的原因是他准备进行更大的动作。然列强对此不打算采取行动的态度,也给了日本更大的行动空间。[3]

援救张荫桓

　　还没有等到大隈开始正式行动,北京的林权助在伊藤博文的支持下,已经开始了援救张荫桓的行动。日本政府援救张荫桓一事,王树槐先生1965年著作已是相当完备,此处根据档案再做补充。

---

[1]　大隈致林权助,第74号电报。(《外务省记录》,1-6-1-4-2-2第1册)由于当时林权助以驻俄公使临时代理驻华公使,故林虽在北京,但发给圣彼得堡的电报仍以林为名。

[2]　大隈致加藤,第111号电报。(《外务省记录》,1-6-1-4-2-2第1册)

[3]　9月24日,在芝罘的TAYUI发来一电:"东京 外务省 根据可靠的中国皇帝被监禁的消息,我推测出了什么事,因为英国舰队正离开威海卫前往大沽。"(芝罘1898年9月24日下午1时50分发,11时50分收到,该件注明"大臣阅了、次官鸠山、政务局中田"。《外务省记录》,1-6-1-4-2-2第1册)驻英加藤公使对此回电:"关于贵电111号,英国政府除世间的公开传闻外,未从清国接到任何通报。又,对于此次事件,可以说未听说有丝毫外国干涉之迹象,英国舰队虽有赴天津之行动,但目下英国政府不欲作出举动,仅防备万一之事变也。"(加藤致大隈,第83号电报,9月26日上午11时30分伦敦发,28日下午1时15分收。《日本外交文书》,第31卷,第1册,第662—663页)驻德井上公使对此回电称:"本使昨日会见德国代理外务大臣,关于德国政府对于此次清国事件态度,该官虽不明言,但根据其所言来推测,德国目前似乎避开任何纠纷,而单一注视事态的发展。"(井上致大隈,第42号电报,9月28日发,30日上午9时15分收到。同上书,第664页)

据林权助事后的报告,在政变的当天,即 9 月 21 日(八月初六日)下午,他已经感到形势的变化,听说张荫桓家被军队包围,即派翻译郑永邦去张荫桓家求见,但张称病而未见。此举引起了林权助的警惕,在第二天给大隈的电报中提及。23 日,庆亲王奕劻举行宴会,招待来访的伊藤博文,全体总理衙门大臣出席,张荫桓也出席了。然到了 24 日(初九日),林权助听说了张被捕,并得知庆亲王奕劻请假五日。当晚,伊藤博文和林权助出席了李鸿章举行的宴会,听到李鸿章对张荫桓多有詈骂,林权助认为,此次张荫桓的倒台,与李有关[1]。林权助的判断当属有误,张荫桓的倒台并非由于李鸿章攻击,而因为他是光绪帝最亲近的大臣。慈禧太后之所以要放逐翁同龢,驱走康有为,就是认为他们深得光绪帝的信任。此次,慈禧太后重执政柄,第一要除掉的就是康有为,其次是张荫桓。这与李、张之间的矛盾并没有关系。王树槐先生 1965 年著作对此有着极为深入的分析。9 月 25 日(初十日)上午,林权助给大隈发电:

> 张荫桓本日送交刑部,据传言,在康有为的文件之中,发现张氏给康的书信。可以肯定张氏若不受惩罚,也将被罢免,至此次事件平息为止,不能处理任何事务。然除有数名被捕者之外,还未有发生重大事件的征兆。王、大臣今晚应下官宴会来访,彼时尚可探闻[2]

---

[1] 林权助致大隈重信,第 102 号机密信,1898 年 10 月 19 日发,11 月 2 日收,《日本外交文书》,第 31 卷,第 1 册,第 687 页。又,林权助在政变当日感到局势有变,很可能与当日下午梁启超到达日本公使馆有关,后将述及。

[2] 林权助致大隈重信,第 172 号电报,1898 年 9 月 25 日上午 10 时 55 分发,下午 4 时 15 分收到。(《日本外交文书》,第 31 卷,第 1 册,第 661 页)又,该电原件上注明"上奏总理大臣、陆海军大臣、参谋总长、军令部长"。大臣阅了,次官鸠山,政务局中田,参事官宽知"。在 25 日晚上,林权助又向大隈发出一电:"庆亲王要求请假五日。他在此次变动中当有何为,相当扑朔迷离。亲王与张荫桓有着很好的关系,以至于他的离职或许是出于这种关系的考虑。张荫桓也深受皇帝的信任,而我猜测,恰是此层原委,张的倒台应归于妒忌与诡诈。至少,李鸿章对他的倒台起了一份作用。"(林权助致大隈重信,第 174 号电报,1898 年 9 月 25 日下午 5 时 55 分发,11 时 40 分收到。《外务省记录》,1-6-1-4-2-2 第 1 册)当时日本的电报全用英文,该件的日译本载《日本外交文书》,此据英文原件译出。该原件上注明"上奏总理大臣、陆海军大臣、参谋总长、军令部长"。大臣阅了、次官鸠山、政务局中田、参事官宽知"。此一电报仍属林权助的政治形势判断,虽有误,也有一定参考价值。

当天晚上,林权助为伊藤博文访华举行答谢宴会,李鸿章及总理衙门两位大臣和总税务司赫德出席。晚上 10 点,英国公使派秘书来,林权助与之即在另一房间相谈。据称张荫桓可能被处死刑,英国公使请借助伊藤博文之力相救。林权助与英国公使馆秘书相谈时,李鸿章及其他清朝官员已离去。林即与伊藤相商,两人皆认为若要救张荫桓论地位非李鸿章莫属。11 时,林权助亲赴李鸿章寓所,施加压力。事后林权助听说,当他与李鸿章交谈时,英国公使亦派其秘书来李寓,当时正在别的房间等候。[1]

日本与英国的政治压力果然奏效。第二天下达的谕旨称:"张荫桓屡经被参,声名甚劣,惟尚非康有为之党,著刑部暂行看管,听候谕旨。"[2]这实际上是将张荫桓与康广仁、谭嗣同等人之案分离,另案处理,其罪名也只是"声名甚劣"。然而,林权助一时可能还没得到准确的消息,当晚给大隈的电报只是说明其营救的行动。[3]到了 28 日(十三日)上午,林权助给大隈的电报明确报告:"张荫桓将不会受到严厉的处理。"[4]看来,清政府内部有人向他透了风。也就在这一天,清廷发布上谕:

> 康有为心存叵测,广结党羽,大逆不道,罪不容诛。康广仁、杨深秀等与之同谋。谭嗣同等于召见时,语多挟制,同恶相济,均属罪无可

---

〔1〕 林权助致大隈重信,第 102 号机密信,1898 年 10 月 19 日发,11 月 2 日收,《日本外交文书》,第 31 卷,第 1 册,第 687 页。

〔2〕 《上谕档》光绪二十四年八月十一日。

〔3〕 该电称:"昨晚英国公使派其秘书来找我,谈到张荫桓将会在今天处死,希望侯爵能运用其影响力阻止死刑。此时,李鸿章与总理衙门大臣正与我一起进行晚宴。当他们离开公使馆后,我于深夜去看李鸿章,进行了激烈的交谈。我说道,我知道张荫桓与他的关系不好,但若谣言为真,那是一种野蛮的行为;我还指出,李鸿章是惟一知道该怎么办的人。他最后说道,他会试一下,以阻止死刑。"(林权助致大隈重信,第 175 号电报,1898 年 9 月 26 日下午 7 时发,下午 10 时 50 分收到。《外务省记录》,1-6-1-4-2-2 第 1 册)该件的日译本载《日本外交文书》,此据英文原件译出。原件上注明:"上奏、总理大臣、各大臣、参谋总长、军令部长(9 月 27 日送至)","大臣阅了、次官鸠山、公使铁、政务局仓知、参事官志贺"。

〔4〕 林权助致大隈重信,第 176 号电报,1898 年 9 月 28 日上午 11 时 50 分发,下午 6 时 15 分收到。(《外务省记录》,1-6-1-4-2-2 第 1 册)该件的日译本载《日本外交文书》,此据英文原件译出。原件上注明:"上奏、总理大臣、各大臣、参谋总长、军令部长(9 月 29 日送至)","大臣阅了、次官鸠山、政务局仓知"。

逭。除张荫桓尚非康党,著暂行看管,听候谕旨;徐致靖著斩监候待质外,其情节较重之康广仁、杨深秀、谭嗣同、林旭、杨锐、刘光第六犯,均著即行处斩,派刚毅监视行刑。并著步军统领崇礼等多派弁兵弹压。

此即未经审判即立即处死"六君子"的上谕。根据清代的法律制度,所有重案判罪者,须经刑部审理,三法司议结,最后由皇帝勾决。这一制度连施刑最为峻烈的雍正帝都严格遵守。而康广仁、谭嗣同等人已在刑部大牢,等待审判[1] 张之洞、奕劻等人也准备援救其中的杨锐、刘光第[2] 清廷发布此杀人上谕的直接原因是国子监司业贻谷的奏折。该折称:"乱党善假外势,法缓难惩,请即迅速定罪,以伸国法而杜干预",意为外国干涉将使清朝无法审判此时已在押的康广仁等人,其中提到"张荫桓与各国勾结,为日最久"[3] 在此之前,兵科给事中高燮曾、御史黄桂鋆也上过奏折,要求预防外国对此次审判的干涉[4] 也就是说,日本政府的关于张荫桓一案的施压,引起了清政府的另一类反弹。张荫桓是慈禧太后最恨的人之一,此次将其抓起来也有可能判重罪。由于日本明确表示反对死刑,其审判之事只能不了了之。同时,清政府也从日本的反应中认定,维新派确与日本有"勾结"。若不是日本的强烈反应,按照清朝的法律进行审判,张荫桓未必处以死刑,杨锐、刘光第很可能得以援救[5] 9月29日(八月十四日),清廷以"居心巧诈,行踪诡秘,趋炎

---

[1] 9月26日,清廷据刑部奏折下旨:"所有官犯徐致靖、杨深秀、杨锐、林旭、谭嗣同、刘光第并康有为之弟康广仁,著派军机大臣会同刑部、都察院严行审讯。"27日,清廷又据黄桂鋆奏折下旨:"徐致靖等一案,著派御前大臣会同军机大臣、刑部、都察院审讯,限三日具奏。"(《上谕档》光绪二十四年八月十一日、十二日)清朝原计划是按照其法制进行审判的。

[2] 张之洞听到消息后,于9月26日致电正在北京的湖北按察使瞿廷韶,让其请军机大臣王文韶、裕禄出面援救杨锐。(《张文襄公全集》,第3册,第759页)奕劻以御前大臣参加审判,因其名分排位第一,他于9月28日上午派人找来陈夔龙、铁良,布置机宜,援救杨锐、刘光第。(《戊戌变法》,第1册,第481页)

[3] 《随手档》《上谕档》光绪二十四年八月十三日。《戊戌变法档案史料》,第469页。又该谕旨属"字寄",即由军机信寄给刑部与步军统领衙门,而不是由内阁公开发布的谕旨。

[4] 《戊戌变法档案史料》,第466—467页。

[5] 对于清朝不经审判即处六君子死刑与英、日援救张荫桓的关系,黄彰健先生在其《戊戌变法史研究》(台北中研院史语所,1970年)、林克光先生在其《戊戌政变史事考实》(《近代史研究》1987年第1期)均有详述,可资参考。

附势,反复无常"为罪名,将张荫桓"发往新疆,交该巡抚严加管束".[1] 两年后,正值义和团的高潮期,根据慈禧太后密令,张荫桓被杀于新疆。

对于林权助的这一行动,大隈重信明确地表示支持。9月27日(八月十二日),他致电林权助:

> 关于你的第175号电报,如果你不认为在此关键时刻不太合适的话,你应向总理衙门就下列方面提出朋友式的劝告:对于目前的危机,清国政府不仅应抑制那些你所报告的过分举动,而且应当全面地实行温和政策。你若提出上述劝告,可以是单独地,也可以参加其它外交代表希望你加入的共同行动.[2]

大隈重信在此要求林权助向清政府施加外交压力。9月29日,林权助得知康广仁等六人被处死后,发电大隈:"我听说六名被捕者被处死."[3]大隈立即复电:"请电告你177号电报提及的六名监禁者的名字."[4]10月1日(八月十六日),林权助为北京外国人被袭事件(后将详述)与总理

---

〔1〕《上谕档》光绪二十四年八月十四日。

〔2〕 大隈重信致林权助,第125号电报,1898年9月27日。(《日本外交文书》,第31卷,第1册,第663页)又,据林权助的报告,该电于27日下午3时30分发,28日上午10时35分收到。

〔3〕 林权助致大隈重信,第177号电报,1898年9月29日上午8时20分发,下午4时45分收到。该电报告:"王文韶告诉我,荣禄已命为军机大臣,前福州将军裕禄取代他而派为直隶总督。"该电原件上注明:"上奏、总理大臣、各大臣、参谋总长、军令部长(9月30日送到)","大臣阅了、次官鸠山、政务局铁、仓知"。(《外务省记录》,1-6-1-4-2-2第1册)

〔4〕 大隈重信致林权助,第128号电报,1898年10月1日。(《外务省记录》,1-6-1-4-2-2第1册)又,林权助于10月4日电告六君子的姓名,并告张荫桓被处以流刑。该电还称:"关于各国对于此次政变的态度,除了英国公使与下官试图救张荫桓一命之事外,其它还不清楚。在清国政府内部,此事似已恢复平静,然亦难保证无意外事件发生,故应密切注意,以备万一,方为得策。时时注意无智之政府、不满之人民、妒心深刻之列国,当是我们的出发点。"(林权助致大隈,第183号电报,1898年10月4日上午7时50分发,9时收到。《日本外交文书》,第31卷,第1册,第672—673页)

衙门交涉时,正式提出了"忠告":清朝政府"在政变问题上不能再采取更加过激的措施"。当林权助为确认其言是否为清朝政府认可时,向总理衙门大臣问道,他是否可以向本国政府报告"危机已经解除",总理衙门的答复是"可以"。[1]

援救梁启超

就在援救张荫桓的同时,日本政府对梁启超也施以援手。对于此事已有诸多研究,其中以王树槐先生 1965 年著作和彭泽周先生 1995 年论文最为详细。本文作者根据有关档案再作以下补充。

据林权助事后的报告,9 月 21 日(八月初六日)下午,即政变的当天,梁启超来到日本公使馆,要求保护,称言:"清政府已断然镇压改革派,与康有为一起从事改革之人,均不能免遭逮捕和刑戮,若我公使馆能保护其安全,实乃再生之德。"当晚林权助在伊藤博文的支持下,留梁启超在公使馆住了一夜。林权助在报告中称,由于当时清朝政府还没有将梁启超视为政治犯,收留梁也"不会落包庇犯人之名,无失礼于友邦而破坏与邻邦友谊之嫌",但他考虑到日本与清政府的关系,梁启超在公使馆不能久留。于是在第二天,林权助令梁启超剪掉辫子,改穿西服,由随同伊藤博文来京的日本驻天津领事郑永昌伴随,于下午 3 时乘火车前往天津。伊藤博文的随员大冈育造将于 27 日(十二日)在天津大沽搭乘玄海丸回日本,林权助安排梁启超随之前往日本。[2]

梁启超到达天津后,正值天津奉令捉拿康有为,风声甚紧。天津领事郑永昌命梁启超住在领事馆内。25 日(初十日)夜,郑伴随梁由紫竹林搭乘一艘中国船前往大沽。然在路上梁启超遇到了很大的风险,相关文献

---

〔1〕 林权助致大隈重信,第 180 号电报,1898 年 10 月 2 日下午 1 时发,7 时 15 分收。(《日本外交文书》,第 31 卷,第 1 册,第 669—670 页)

〔2〕 林权助致大隈重信,机密第 96 号信,1898 年 9 月 24 日发,10 月 6 日收到。(《外务省记录》,1-6-1-4-2-2 第 3 册)

如下。

日本领事郑永昌的报告称：

　　本月 25 日，下官与另外两名日本人伴同梁启超，四人均换上猎装，于晚上 9 时左右从紫竹林悄悄地登上一艘中国船出发。不幸北洋大臣的小蒸汽快船快马号随后跟踪而来。是夜凌晨 2 时左右终于在新河附近被追上。快马号上乘坐清国的警部、持枪的士兵和其它二十多名中国人。他们声称下官之船中潜藏着清国罪犯康有为。下官再三辩解，拒绝搜查，但他们置之不理，强施暴力，用绳索将下官之船缠上，强行向天津方向拖去，大约逆行两町余（一町约合 109 米）。因下官斥其非法行为，双方展开辩论，约经过两个多小时，终于达成协议。清国警部及持枪士兵，以警护为由，转乘下官之船，一同下塘沽，至塘沽再作解决。而快马号则为向天津报告，撇下本官之船，先向塘沽急驶而去。翌日清晨 7 时，下官之船快到塘沽从帝国军舰大岛号旁边经过时，下官便挥舞帽子，求其出迎。军舰上的人遂将舰载快艇放下，准备迎接我们。清国警部与士兵见此情形便打算各自逃走。此时下官要求警部即按双方在新河附近的协议来展开充分的讨论，但警部回答称：已无谈判之必要。随即匆匆登上另一条船，仓皇离去。因此，下官不得已转乘到大岛舰的快艇上，与同行三人一同登上大岛舰上稍事休息。我们将梁启超留置在舰上，便和另外两名日本人同去塘沽车站。此时，可能是得到快马号急报的缘故，直隶总督荣禄为捕获要犯，特派武毅军提督聂士成、亲兵总教习王得胜、天津县知县吕宗祥等三人率持枪士兵三十余名，于上午 9 时半即来到车站。岂料彼听到的是康有为已逃上大岛舰的消息，聂士成大失所望，不禁勃然大怒，执意主张去大岛舰上将要犯抓回。但王、吕二人则忠告聂士成不可如此，于是打消了抓人的念头。本官于下午 3 时与聂、王、吕同乘火车返回天津，回到领事馆后，立即另写函，照会海关道诘问为何清国官吏对日本领事采取此种无礼的举动，并要求对此事作出相当的处理，但海关道迄今仍未有任何答复。其后，清国搜捕犯人，日益严密，目前将梁启超转移到商船，极为危险，所以仍然将其留置在舰上。

9月26日，直隶总督更派招商局总办黄建筦，会同新建陆军参谋长、雇佣武官白耳义人某来到大岛舰，要求引渡要犯，舰长回答说舰内没有其欲逮捕的犯人。他们立即离舰而去。[1]

郑永昌的报告，在清方档案中可以得到完全的证实。此时直隶总督荣禄奉召入京，由候补侍郎袁世凯暂时护理直督。26日（十一日），总理衙门收到袁世凯的两份电报：

> 昨晚有线人报称康有为同日本领事等两日人，乘华帆船赴塘沽，当经荣相派弁乘小轮追踪踱及。该日员坚不肯交。顷据报称，已于本日八点钟登日兵轮。照条约碍难强拿。除派黄道建筦迅赴塘沽设法索缉，并电饬史总兵济源就近赴船索缉外，请速由大署酌量照会驻京日使，电饬该领事，顾全邦交，立即交解。再查国政案犯各国向不

---

[1] 郑永昌致外务次官鸠山和夫，机密第15号信，1898年9月30日，10月19日收到。（《日本外交文书》，第31卷，第1册，第664—666页，本件有王先明先生译文，见《戊戌变法文献资料系目》第1097—1098页，蔡乐苏先生也引用过，见《戊戌变法史述论稿》。此处为重译。）又，该书删去了郑永昌致海关道的照会，特从档案中补上："敬启者。本领事官前日欲往新河一带临晨打鸟，同三井行主人吴姓、学生高姓、林姓，在法租界乘坐跨子船，循海河而下，是夜两点半钟，时往至军粮城一带，忽有北洋大臣派来快马轮船追赶至前，即将绳索拦住，且欲牵回，声称船内有中国要犯。本领事官当即告以，船中只有四日本人，可以进舱查验。用有武弁二人登船查验，即指林姓为中国要犯康有为，日本领事不应护庇匪人，口出不逊多言。本领事当令其解缆分行，到塘沽明白细认。该弁等仍执不允，争论两点钟之久，方肯解放。该二弁并十余水手执持洋枪，皆在跨船，同到塘沽，快马轮船即鼓轮先行。及本领事遥呼日本兵船士官来船相告，该弁兵等一见兵船小艇下驶，即呼三板欲去，而本领事官仍挽留其俟兵船士官互认明白，不意该弁等拂袖而去，似乎有伤体面。本领事官未便置而不言，即请贵道（天津道）将此情转禀北洋大臣查明，应饬该快马轮船帮带陆孝旺、武弁刘某等二员，将误查各节来馆认错，以警将来，即作罢论，否则只得申报敝国公使，行文总署办理也。即希见复为祈。此颂 升祺。名另具 八月十二日（旁用钢笔注：我九月二十七日）。"（《外务省记录》，1-6-1-4-2-2第3册）

肯交,或藉词债务照索,冀可通融。统乞钧裁。袁世凯叩。

　　顷追弁刘国梁回述日员伴送华人情形。该华人年约在三十以内,似非康犯,或为康党。昨据上海蔡电禀报,康犯已为英船载赴香港。未知孰是。仍督饬员弁严密查缉。凯叩。真[1]

自清廷下令缉拿康有为,紫竹林是荣禄布防的重点。[2]郑永昌等人从紫竹林搭船,很快就被发现。郑报告中的"警部"为清弁刘国梁,聂士成可能是大沽镇总兵史济源所误。袁世凯知"国政犯"按国际法不能引渡,故向总理衙门建议,以"债务照索"向日本驻京公使要求引渡。27 日(十二日),总理衙门又收到袁世凯发来两电,要求转给荣禄:

　　专送荣中堂钧鉴。昨派陆军教习洋员魏贝尔复赴塘沽登倭兵船,查探康犯,设法商索。顷据该洋教习回称,倭船主坚不肯认,伴不知康犯。经在岸访查,均谓实有华人一名,年纪甚轻,已剃发改装。至究系何人,无由确查等语。世凯叩。文。
　　专送荣中堂钧鉴。顷据黄道、史镇禀称,职道三点半钟到塘沽,会同史镇往日本兵船查询康有为之事。适日本领事郑永昌已回津,当见该兵轮船主亚拉卡,将情节照达。据云,实不识此人,亦不知此事等语。职镇等再三询及,亦系此言。惟奉兵船西例不能盘查云。凯。文[3]

"陆军教习洋员魏贝尔"即郑永昌报告中的"白耳义人某"。所有情节都

---

〔1〕 《总理衙门清档·收发电》,01-38。
〔2〕 9 月 22 日,军机处电寄荣禄旨:"工部候补主事康有为,现经降旨革职拿办。兹据步军统领衙门奏称,该革员业已出京,难免不由天津航海脱逃。著荣禄于火车站及塘沽一带,严密相拿。并着李希杰、蔡钧、明保于轮船到时立即搜捕,毋任避匿租界为要。"(《随手档》、《电寄档》光绪二十四年八月初七日)
〔3〕 《总理衙门清档·收发电》,01-38。

已一一对应。直到此时,天津方面已认定登上日本军舰者非为康有为,但不能确定究竟是谁。

与此同时,清政府亦在缉拿梁启超,因在北京遍搜未获,认为梁已潜往上海,于是于 24 日(初九日)电旨两江总督刘坤一,要求在上海缉捕[1] 25 日,上海道蔡钧遵命搜梁在上海的寓所,未获,仅捕其司事张其时。由此得知梁未返沪,其父其弟已在 23 日得到消息后乘船去粤。蔡钧即电奏朝廷[2] 26 日,蔡钧又听说梁尚未离京,要求证实;刘坤一要求北京、广东进行协捕[3] 到了 30 日(十五日),袁世凯电总理衙门,称

---

〔1〕 25 日两江总督刘坤一电总理衙门:"佳电敬悉。遵旨饬沪道严密查拿梁启超。一俟报获,即行派员押解来京。请代奏。坤一。卦。"(《总理衙门清档·收发电》,01 - 38)"佳"为阴历九日,即 9 月 24 日。

〔2〕 25 日上海道蔡钧两总理衙门:"奉电旨悉。昨奉旨后,即饬县、委设法侦探密拿,一律许赏,尚无确耗。惟康党遍地,消息灵通,或因得拿办之信。或先经逃逸。且英忌我联俄,即力保康犯,梁亦难保不藉英护符。然事系奉旨,无论如何仍当竭尽心力,上紧缉拿,仰慰圣怀。谨闻。钧。蒸。""蒸电报查拿梁启超无确耗,谅邀鉴察。顷又接上海县黄令禀,遵带捕役到梁启超眷寓及所设之译书局内搜捕,仅获其司事张其时等。据供,梁启超自会试入都后,并未到过局内;伊父梁宝应、伊弟梁启芬已于初七日乘永生轮船赴粤等语。是梁犯行已得信无疑。除仍密缉外,应请电粤密拿。钧。蒸酉。"(《总理衙门清档·收发电》,01 - 38)

〔3〕 26 日上海道蔡钧电总理衙门:"今早粤藩岑春煊到沪,面述伊初四出都,梁犯约同行而未果。该犯似尚在京等语。今日中外日报登有梁犯已在京拿获专电,不知确否。特闻。钧。"27 日刘坤一两电总理衙门:"奉旨饬拿梁启超。据沪道蒸电禀复,想邀钧鉴。叠经坤屡次急电饬令,迅速严拿。又据该道复电称,奉旨后即密询与梁启超有隙之汪康年、曾广铨,均云梁实未回沪。复往上海县黄承暄巡捕到梁眷寓及所设之译书局内搜捕,仅获到司事张其时等。据供,梁自会试入都后,并未到过局内。伊父梁宝应、伊弟梁启芬已于初七日乘永生轮船赴粤。是梁先得信无疑。又英领事向重庆轮船起发康犯行李,送入英署。其有意保护显而易见。英兵轮今早已开往香港,请电粤一体饬拿各等语。除饬仍行严缉,并将张其时等隔别严讯,追求梁启超实在下落;一面电粤督,如果康梁私回原籍,即行一体拿缉。谨电闻。坤。真。""沪道真电想邀钧鉴。梁启超是否在京拿获,此间未得确信。康为英兵轮截去,换船赴港。业经坤电请粤督如果该犯私回原籍,一体饬拿解京。惟管见康即为英人保护,必已径赴外洋,风声日紧,绝无回籍之理。香港权不我操,据电照会,又恐转生枝节。伏乞钧署裁酌示遵。坤。队。"(《总理衙门清档·收发电》,01 - 38)

494 戊戌变法史事考初集

登上日本军舰者可能是梁启超。[1] 10 月 1 日（十六日），军机处电寄两广总督谭钟麟旨："已革工部主事康有为、已革举人梁启超情罪重大，现饬革职拿办。所有该革员等原籍财产，着谭钟麟督饬该地方官迅速严密查抄。该家属例应缘坐，一并查拿到案。一面根究康有为、梁启超下落，一面悬赏购缉，克日电奏。"[2]

由于清朝方面的反应，原定 27 日梁启超搭乘玄海丸赴日的计划已不可行。10 月 2 日（十七日），林权助致电大隈重信：

> 有两位政治人物梁启超与王照登上了大岛舰。在中国水域换乘商船已无可能，且有必要保守机密。为此，希望准许大岛舰返回日本，并相应派出另一艘军舰尽快赶至天津。[3]

3 日（十八日），日本海军大臣发布通令："训令大岛军舰舰长，着大岛舰载上搭乘者立即返舰吴军港。"大隈同日将此情通知了林权助。同时，为了

---

〔1〕 30 日总理衙门收袁世凯电："密查本月初七日奉电旨饬拿康有为一犯……初十日夜，据探报，康犯潜乘民船，有日本领事保护赴塘沽。复据荣禄派弁乘小轮追踪。该日员不肯交人，正在商办间，又据报称其已上日本兵船。适荣禄交卸起程，经世凯密派道员黄建筦、总兵史滧源、教习洋员魏德尔朋德先后亲往日船，托词追问，多方商索，该船主坚不承认。按照西例，未便搜查，致滋衅端。再三侦访，有谓并非康犯，疑系梁启超，已剃发改装，无从辨认。查该犯踪迹诡秘，又有洋人保护，碍难下手，可否由总署藉词债务，照会英、日两使饬交，并密谕粤督派员赴香港，设法严缉。粤人嗜利，如悬重赏，或可就获。谨将遵旨密拿康有为情形详细上陈，请代奏。袁世凯叩。寒。"（《总理衙门清档·收发电》，01－38）

〔2〕 《随手档》、《电寄档》光绪二十四年八月十六日。

〔3〕 林权助致大隈重信，第 181 号电报，1898 年 10 月 2 日下午 4 时发，10 时 20 分收到。（《日本外交文书》，第 31 卷，第 1 册，第 669 页）又，此时清朝正在查找王照。10 月 2 日，吏部上奏称王照是否在京无从查复，清廷即命都察院："候补四品京堂王昭寓所何处，现在是否在京？著都察院督令五城坊官确切查明，迅即具奏。"10 月 4 日，都察院上奏称王照查无下落。清廷明发上谕："都察院奏遵查四品京堂王照并无下落一折。该员畏罪避匿，实难姑容。候补四品京堂王照著即行革职，交步军统领、顺天府、五城一体严拿务获，并著顺天府尹督饬宁河县知县将该革员原籍家产一律查钞，毋任隐匿。"（《随手档》、《上谕档》光绪二十四年八月十七日、十九日）

替代大岛舰,日本另派常备舰队军舰须磨号急驶大沽。[1] 然正在此时,英、德、俄三国派兵进入北京(后将详述),根据这一情况,林权助要求大岛舰推迟离港,以等待须磨舰的到来,并用电报向大隈报告。[2] 10 月 12 日(八月二十七日),大岛舰从天津驶往日本西南的军港吴,[3] 梁启超由此得以安全脱逃。

同意康有为赴日本

康有为是慈禧太后最为痛恨之人。戊戌政变前,她迫光绪帝将之逐出北京。而政变后,她第一个想抓的就是康。在京未获,捕弁追至天津。又电令直隶总督荣禄、两江总督刘坤一全力缉拿。然而,时机却一一错过。有关康有为流亡日本的相关研究已经很多,此处结合事件的经过,主要是补充清朝追捕康有为和日本在香港与康有为联络的情况,并发表相关的档案。为了行文方便,有些档案录在注释之中。

康有为于 1898 年 9 月 20 日(光绪二十四年八月初五日)离开北京赴天津,次日戊戌政变发生。

康有为 21 日(初六日)晚在塘沽搭乘英商太古轮船公司重庆号前往上海。慈禧太后于 21 日下令捉拿康有为,当日追弁到达天津。直隶总督荣禄奉旨先在紫竹林等处搜捕,当晚派弁前往大沽、塘沽。虽未拿获,但

---

〔1〕 大隈重信致林权助,第 129 号电报,1898 年 10 月 3 日,《日本外交文书》,第 31 卷,第 1 册,第 670 页。相关的内容又见林权助致大隈,第 182 号电报,1898 年 10 月 3 日(同上书,第 670—671 页);大隈致林权助,第 130 号电报,1898 年 10 月 4 日(《外务省记录》,1 - 6 - 1 - 4 - 2 - 2 第 1 册)。

〔2〕 林权助致大隈,第 188 号电报,1898 年 10 月 6 日上午 11 时 44 分发,下午 4 时 50 分收到。(《外务省记录》,1 - 6 - 1 - 4 - 2 - 2 第 3 册)

〔3〕 TAYUI 致外务省:"大岛舰今天下午离开前往吴,搭乘梁(启超)和王(照),通知海军省。"1898 年 10 月 12 日下午 4 时 36 分发,13 日上午 10 时 50 分到。该件上注明"秘",并注"大臣阅了、次官鸠山和夫、秘书课三桥"。(《外务省记录》,1 - 6 - 1 - 4 - 2 - 2 第 3 册)

已得到康有为行踪的确切消息。[1]

当康有为乘重庆号南下时,上海已经铺开了一张大网。两江总督刘坤一奉旨密令上海道蔡钧"逐船搜查必获"。[2] 而蔡钧更是多有准备,许以重赏,密购康有为照片,在吴淞竟夜等候。到达上海的黄浦、顺和、开平、新济四轮先后被搜。而新济号司事告,康有为原搭该轮,后改搭重庆号。对于这些工作,蔡钧是一日数电向总理衙门报告。[3] 然而,蔡钧过分积极的行动,引起了英国驻上海领事的警觉。英国由此开始了行动。

9月24日(初八日),当重庆号到达吴淞口外时,英国领事拦船首登。

---

〔1〕 22日,总理衙门收荣禄电:"电旨敬悉。昨日酉正闻有查拿康有为之旨,当即密派得力弁兵先在紫竹林行栈等处暗为查察。复于戌刻经崇礼派弁速拿,又加派弁兵连夜驰往塘沽、大沽逐处搜捕。并电饬蔡钧、李希杰妥为设法挨船严搜,并知南洋一体查拿矣。兹据派赴塘沽差弁回文,奎等电称,探得康有为系于初六日晚乘重庆轮船转烟赴沪等情,当即电派该弁乘飞鹰鱼艇追驶烟台。复再急电李希杰、蔡钧迎头搜捕,悬赏务获。谨先行代奏。荣禄肃。阳申。"(《总理衙门清档·收发电》,01-38)

〔2〕 23日,总理衙门收南洋大臣刘坤一电:"阳电敬悉。遵饬各该员在沪。齐。"同日,步军统领衙门收刘坤一电:"阳电敬悉。奉旨严拿康有为。今午准北洋电知该犯于初五过津,即日趁(乘)轮赴沪等因。业用急电饬令沪道严密逐船搜查务获。一俟获到,即行派员解送贵署。坤。阳酉。"(《总理衙门清档·收发电》,01-38)

〔3〕 23日,总理衙门收蔡钧三电:"昨酉钦奉电旨,密拿已革工部候补主事康有为,遵经密饬县,委并密商盛京卿、税司、领事,分别选派捕探、杆役,在吴淞及上海严密布置。北来轮船一到,立即搜查,务获为止。职道密许重赏,南洋大臣又另许三千元。该犯如南来,无论如何断不任漏网。惟职道未奉电旨之前一夕,上海则已纷传,不知从何漏息。刻奉北洋大臣电,该犯于初七日由烟台换搭重庆轮船来沪,诚恐该犯已得消息,诡称回南,潜由烟搭船赴营。转赴东洋。除请北洋大臣转饬东海、山海两关一律严拿外,余容续禀。钧禀。霁。""昨购康犯照相多张,分交所派员役,在淞等候竟夜。顺和今日到,遍搜未获,详询亦未见有此人。现又商税司派洋员乘轮在淞口守候,并以堂兄认识康貌,同往指拿。凡北来轮船逐一拿捕。至宪电初七重庆之说,职道复探亦无。惟据税司云,重庆先赴营口,再转沪,难保不在彼免脱。倘营口稽查严密,天夺其魄,近而走南来,照此严密布置,似无不获之理。仍请转饬营口,一体加意查缉为叩。钧。庚。""今日黄浦、顺和、开平、新济四轮船进口,均已搜查一遍。询据新济司事云,初六日康犯本搭该船,已下行李,旋见粤人与之聚语,复将行李上岸。谓明日改搭重庆。并探悉孙文与康订定,在东洋交银二十万元,已交过陆万,在京运用。果尔,恐康犯已在烟闻信远扬。俟重庆到后再详查细搜另报。钧禀。齐。"(《总理衙门清档·收发电》,01-38)

他们找到了康有为,并将之转移到英国军舰埃斯克号(Esk)。而重庆号到达码头后,蔡钧搜捕落空。蔡钧完全知道,英人已提前下手,然对此他只是表示了十分轻弱的不满。[1]

上海道蔡钧向来是一个贪功争耀的能吏,做事十分张扬且细致无漏。可以说,他若不是如此大的动作,只是静静等候重庆号的到达,那么英方必不知其底里,康有为的命运很可能是另一种情况了。

然而,所有这一切,都没有离开日本驻上海代理领事诸井六郎的视野。9 月 25 日,诸井六郎向大隈重信发去电报:

> 被控谋杀清国皇帝的康有为,从天津乘船昨日抵达吴淞。他很快被转移到专门为此而来的英国军舰埃斯克号上。康很安全。[2]

由于电报上无法详细说明,诸井六郎当日给外务次官的机密报告中,非常

---

[1] 24 日,上海道蔡钧电总理衙门:"重庆尚未到。惟英领昨允由伊派巡捕两人到船查缉,不许中国派员役搜捕。深以为疑。当属(嘱)与英领亲信之人密探口气。据云,康有为果为英人拿,必任保护,决不送办等语。职道已密派亲信员役,俟重庆到后,上船查拿。先行禀闻,请示遵行。钧。青。"25 日,上海道蔡钧两电总理衙门:"蒸电敬悉。重庆昨午两点钟到吴淞,差员会同税司上船遍搜康犯不见。密访在船人等称,午前距吴淞口外尚有数十里,有英兵轮放小轮一艘傍船,接去二人,不知姓名。似此情节,与昨探英领事不交犯之意参观,实属可疑。如果是康犯,海中为英人邀截,确系力所难施。已照会英领请查,并派人访拿。俟照复,再飞禀。昨日申刻电陈南、北洋大臣,现尚未接英领照复。合禀闻。钧。蒸。""英领事昨日坚不允签字,今日又向重庆轮起康犯行李,送入英署。其有意保护,显而易见。英兵轮今早已开赴香港,应请宪台电粤一体伤缉。此间照会英领事,'请查麻烟筒小轮接去华客,究系何人,有无康犯在内'。措辞活动,谅难借口。钧。蒸。"同日,得到消息的刘坤一再电总理衙门:"沪道青电想邀钧鉴。顷又是据该道电称,重庆昨午两点钟到吴淞,当即上船遍搜康犯不见。密访在船人等,称午前距吴淞口外数十里,有英兵轮放小轮一艘傍船,接去二人,不知姓名。似此情节,与昨探英领事不交犯之意参观,实属可疑。如果康犯海中为英人邀截,确系难料。现已照会英领事请查,一面仍派人访拿。英领既有决不送办等语,证以重庆在船人等所论,大属可疑。惟事无确据,未可因康犯未获,转起邻衅。除伤该道暗中查访,毋须孟浪,一面仍于北来船只严缉。谨电闻。坤。卦二。"(《总理衙门清档·收发电》,01-38)

[2] 诸井六郎致大隈重信,1898 年 9 月 25 日上午 10 时 41 分发,下午 1 时收到。该件上注明:上奏,总理大臣、陆海军大臣、参谋总长、军令部长。(《外务省记录》,1-6-1-4-2-2 第 3 册)

具体地说明了此事的经过：

> 康有为从天津乘船逃往本地的飞报传来之后，因此事与本地直接相关，上下更为耸动。道台悬赏两千两作为捕获康有为的奖励，但毫不懈怠的万般布置也未能奏效。康搭乘英国太古公司重庆号之事，由昨日(23日)来港的新济号(该船属清国招商局，康有为在天津曾搭乘了一下此船，随即离去，后改乘重庆号)司务对道台答询以及同日下午收到的天津来电而得以确认。于是，道台照会本地英国领事，要求其答应在船上逮捕康有为。该照会书被退回，要求即成泡影。道台不得已从24日早晨起督率众多捕吏兵卒，于本港码头严密警戒，一味等待天津的来船，搜查一二轮船而未获。此因停泊本港的英国军舰埃斯克号，预先得知康有为将乘重庆号抵达的消息，天未明即悄悄从本港出发，到吴淞口外等候。至当日下午，果然看见重庆号向吴淞口开来，埃斯克号立即派出一只小蒸汽船逆流开向重庆号，而不顾重庆号是否拒绝。两名下士官飞跃而登重庆号，先持照片向该船司务询问康有为之所在。两人先在三号房与康会面，依照英国领事之命告之其将被捕。由于语言不通，遂将康带至大餐间，通过翻译，康才领会其意思。于是匆匆收拾行李，英国士官的引导下，与其他三名像是康党的广东人乘小蒸汽船转到埃斯克号上。以上事实，皆据重庆号到达本港太古码头后捕吏搜查时该船司务所言。船内只留下康有为的一个坐垫和一个提篮。搜查未有结果，道台、知县等空手而返。

诸井的报告还称："尔后埃斯克号之身影从本港消失。驶往何地尚属疑问。称其驶往香港的说法，还不能完全证实。"[1]对照英国方面的记录，

---

[1] 诸井六郎致外务次官鸠山和夫，机密第48号信，1898年9月25日，10月6日收到，《外务省记录》，1-6-1-4-2-2第3册。该报告还称："自本地道台衙门至各个官厅，一律搜捕康党。被视为康党之人各处相率匿迹。如康有为门下组织的大同书局，近来无一人工作，该局办理事务之狄某已不知去向。迄今未逃者即已就缚。官方的活动仍极为频繁。"

可以说,诸井六郎的情报相当准确,这反映出日本外交官的情报意识和政治反应能力,同时也可看出蔡钧举动的风声张扬。

9月27日(八月十一日)上午,康有为搭乘英国轮船巴拉勒特号(Bollarat),在英舰巴那文契号(Bonaventure)的护卫下,前往香港。对此,上海道蔡钧只能请求由两广总督在香港“密缉”[1] 诸井六郎在当日的机密报告中称:英国军舰埃斯克号已经返回本港。听说康有为乘坐英国轮船在英国军舰的护卫下前往香港。他虽然还没有证实该消息,但表示一旦证实立即上报。[2] 第二天,他得到了确切的消息,立即发电,向大隈重信报告。[3]

9月29日(八月十四日),康有为到达香港。日本驻香港领事上野季三郎于次日发电东京,报告了这一消息,并称:“(康)现在住在中环警察署,处于政府的保护之下。”[4] 上野季三郎事后向大隈重信发出的机密信中称:康有为于29日晚上11点到达时,水上警察即派小汽船,将康护送到警察总署,为了防止刺客,实行了严密的戒备。第二天,9月30日(十五日),康有为派其心腹弟子来到日本领事馆,表示希望会见日本领事。上野领事于下午3时半以个人名义拜访时,因警察署长不在而未能会面(根据当时的规定,警察署长不在时任何人不可会见康)。上野打听到,

---

[1] 26日,上海道蔡钧电总理衙门:“康犯为英兵轮截去后,密探得英正副领同翻译昨亲出吴淞口外登兵轮与康去。此间员弁追往,英兵官不许上船。闻已改登英公司船赴港。康犯行李取为英领取去,并探英使到沪,嘱保护其人云。前去照会,至今未复。应否请电粤,在港密缉。钧。真。”(《总理衙门清档·收发电》,01-38)

[2] 诸井六郎致鸠山和夫,第49号机密信,1898年9月27日发,10月6日收到。(《外务省记录》,1-6-1-4-2-2第3册)该报告还称:“近来被北京政府逮捕的改革派中,也有一些为该国前途虑而可惜的人物。本地原《时务报》馆馆主汪康年,正欲在各国的斡旋下尽可能地免罪。从他的话中可以看出,他暗中极希望日本政府在此方面尽力。”

[3] 诸井六郎致大隈重信电,1898年9月28日下午2时8分发,4时30分收到。该件上注明:上奏,总理大臣、各大臣、参谋总长、军令部长。(《外务省记录》,1-6-1-4-2-2第3册)

[4] 上野季三郎致大隈重信,1898年9月30日下午5时56分发,8时45分收到,该件上注明:上奏各大臣、参谋总长、军令部长。(《外务省记录》,1-6-1-4-2-2第3册)

在此之前,康已与德、法等国领事有过接触。上野领事又称:

> 然而,当日康有为派其心腹高足王觉任、何树龄二人来到本馆,秘密托会下官将甲号电报与另函信件转达交给矢野公使。下官答应了他们的要求,首先将给阁下的电信发出。在给信件加封时,考虑到转给矢野公使的手续太繁杂,而且他们还托会卑职将乙号抄件的电文发给横滨大同学校的徐勤(康有为的门生),所以,下官决定以信件发送。据康有为的弟子谈,康到达香港的次日,即希望见到卑职,从而决定托会上述事情。正如给矢野公使的电报和信中所陈,康工部从北京出发前,曾亲奉皇帝之密诏。康氏也向弟子表达过无论如何也要到本邦接受帝国政府保护的愿望。

然而,对于康有为要求去日本的愿望,上野领事认为,康曾受英国保护之大恩,此时遽然前往日本,会引起英国政府的不满,大伤英国的感情。这不仅对康不利,而且将牵涉到日英两国关系。上野还认为,康有为也已意识到其中的关系。

上野季三郎报告中提到的甲号电报,其原文是:"日本驻支那钦差矢野公使文雄:上废,国危,奉密诏求救。敬诣贵国,若见容,望电复,并赐保护。有为。"该电于 10 月 1 日(八月十六日)由上野季三郎发给大隈重信[1] 上野报告提到的乙号电文,其原文是:"日本横滨大同学校徐勤:欲东来,告大隈,若见容,乞电复,并赐保护。若。"这两件都是康有为的亲笔[2] 大隈重信得到上野季三郎的电报后,于 10 月 4 日(十九日)复

〔1〕 上野季三郎致大隈重信电,1898 年 10 月 1 日下午 4 时 55 分发,7 时 30 分收到。(《日本外交文书》,第 31 卷,第 1 册,第 666 页)

〔2〕 上野季三郎致大隈重信,第 18 号机密信,1898 年 10 月 1 日发,10 日收到。上注明:内阁通知,参谋本部、军令部通知;大臣、次官、公使、参事官等阅后的印章。(《外务省记录》,1–6–1–4–2–2 第 3 册)该报告还称:"据闻,住在广东的康氏家族,先前已逃至澳门。现来到本地的有康氏之母及异母弟两人。又,康氏之门生约二十人在康有为到达前的三四日已来到本地避难。"

电:"通知康,矢野来电,用电报难以全面答复,但将立即写信。"[1]大隈的电报虽然没有明确的表态,但明确说明日本政府将会与康有为直接打交道,其倾向性是同意康有为赴日本的。

康有为在中环警署住了没有多久。由加藤公司的买办何东接至其家中。港英当局也未再加以特别的保护。康有为为防刺客,蛰居不出,暗中派其弟子去日本领事馆,反复表示了要与上野会面的愿望。10月7日(二十一日)下午,上野季三郎访问了康有为,谈话进行了一个多小时。康有为称,他刚得到矢野公使的消息,颇为失望,决意直接去英国,但仍存前往日本之念。"康有为表示,在前往英、美途中,无论如何也要顺便前往本邦,将清国皇帝的密旨交给我国政府之当政者,对此,我国政府能否给予相当的保护?他要了解我政府的意向。"以今天的史学研究来看,康有为所持的密诏,皆是其自行的伪造。但康对上野说:

> 此次北京政变,与其说是守旧、改革两党之争,毋宁说中日、英党与俄党之争,若此际不谋使皇帝复权而制俄党,则不唯皇帝有被弑之祸,则无疑是悉举清国委之俄国矣。帮请日、英两国合援,用日、英之力以拯皇帝之难,而保清国安宁与自立。

康有为的这一说辞,很合当时日本外交人士之心。尽管康有为的自我想像的"以夷制夷"的谋略,实属外交上的无知与幼稚,是不可能最后得以实现的。根据康有为的说辞,使上野认为康有为果真奉有密诏出外求援:"清国皇帝之密诏,与康有为日、英国之行之目的,也不外乎此。故不可谓不善。"[2]他于8日(二十三日)发电给大隈重信:

---

[1] 大隈重信致上野季三郎电,1898 年 10 月 4 日。(《外务省记录》,1 - 6 - 1 - 4 - 2 - 2 第 3 册)
[2] 上野季三郎致大隈重信,第 19 号机密信,1898 年 10 月 10 日发,20 日收到。上注明:"内阁通知"及大臣、次官、公使、参事官等阅后的印章。(《外务省记录》,1 - 6 - 1 - 4 - 2 - 2 第 3 册)

康有为有意于赴美国、英国途中访问日本,让我询问此行能否期盼得到你的保护?[1]

大隈重信收到电报后,于9日(二十四日)复电:

通知康,他将在日本受到适当的保护。[2]

据上野领事的报告,康有为得到消息后,"大为感动",决计前往日本。至于康有为去日本,会不会影响日英关系,这是日本方面所担心的问题。上野季三郎报告称:

康有为来日本,是否有伤害英国感情之虞,此时从康氏的角度来说,若违英国之厚意,亦甚为失策。卑职曾忠告其对此加以注意。但当初香港代理总督来访时,曾询问康有为今后的行动计划,康有为对此答道:希望先去日本,然后由日本前往英国。代理总督对此并无异议。由此可见,康去日本应万无有损英国感情之悬念。

上野季三郎的报告还称,看来康有为最后去日本时,大概带弟子一名及数名同伴前往。其出发日期一旦确定,将以电报向东京报告。[3]

康有为最后赴日的时间是 10 月 19 日(九月初五日)晚上乘日本邮船河内号赴神户,同行者有三名弟子和一名随从。上野季三郎于 20 日

---

[1] 上野季三郎致大隈重信电,1898 年 10 月 8 日下午 12 时 58 分发,3 时 10 分收到。(《外务省记录》,1-6-1-4-2-2 第 3 册)

[2] 大隈重信致上野季三郎电,1898 年 10 月 9 日。(《日本外交文书》,第 31 卷,第 1 册,第 678 页)

[3] 上野季三郎致大隈重信,第 19 号机密信,1898 年 10 月 10 日发,20 日收到。(《外务省记录》,1-6-1-4-2-2 第 3 册)该报告还称:"该氏素来清贫,且由于此次事变,自然亲朋故旧之财产多被抄没。且更无其他资助。因此,可以想像康有为可能于出发前请求旅费等资助。无论发生何事,将用电报具报,是否可行,请妥议。"由此看来,康与上野可能谈到过旅费的问题。

发电大隈重信,告知此消息。[1]同日他寄给大隈机密信中,提到了其特殊的护送方法:其一是委托日本邮船香港支店长三原繁吉,拒绝一切中国人搭乘此船,以防刺客混入;其二是河内号开离码头后,在港口的出口处停泊,让康有为上船。港英当局为此也采取了两项措施,一是派出数名便衣,以加强路途上的巡查警戒;二是由水上警察派小汽艇将康有为直接送到河内号上。至于日本方面最关心的日英关系,上野在报告中称:

> 出发前,康有为向总督府告知其往,取得了他们的承诺。代理总督回答说,香港毗邻广东,中国人进出频繁,当局对防范刺客而颇感不安,在此情况下,康有为此时来我国,是他最赞成之事。他又谈到清国的和平必须依赖日、英、美三国的合作,康有为若到日本和美国,亲自将清国的情况加以介绍,是为上策。等等。据称康有为离港一事,与本地总督府的关系处理圆满,并无丝毫伤感情之事。这对康是一件极有利之事。

此次康有为去日本,上野季三郎为其资助了350美元,以充路费。[2] 10月25日,河内号到达神户。兵库县知事大森发电大隈重信:"康有为一行共七名中国人、两名日本人安全地从河内号上陆,乘方才6时的火车前往

---

〔1〕 上野季三郎致大隈重信,1898年10月20日下午12时47分发,3时35分收到。(《外务省记录》,1-6-1-4-2-2第3册)

〔2〕 上野季三郎致大隈重信,第20号机密信,1898年10月20日发,31日收到。(《日本外交文书》,第31卷,第1册,第692—693页)该报告还称:"康有为出发前为其旅费及家人津贴等需经一些费用。由于他仅只身逃出,无自给能力,恳切地提出了1000元资助的要求。虽然暂时婉拒,但其情却也是悯然之至,不得已才有本月17日电报,将其大概情况说明并禀请资助。但至其出发之日,尚未收到回训。由于出发时间迫近,不能支付船票,只能从卑职手头现款中支出350美元,以充其船票及途中之费用。上述金额从机密费及其他费用中支出,恳请审议后拨还。此外,关于上述1000元资助一事,卑职婉拒了康氏的要求,同时也未让康氏得知卑职向阁下电报请示之事,特此为念。"

东京。"[1]

由此可见,日本政府同意康有为赴日,多少由于不明康有为的政治地位及其宣称的手中密诏,有点放大了康有为的政治影响力。从档案中看,上野季三郎领事最关心的是康赴日后,是否会影响日英关系。而大隈重信也未对康有为有太多的许诺,只是同意经由日本前往美、英,对其在日本期间提供保护。而到了后来,日本的对华政策稍变,康有为就不再是受欢迎的人了。

参加各国派兵北京的行动

9 月 30 日,正值中国阴历的中秋节,北京街市上游人甚多,不少人也喝醉了。一些外国人从天津坐火车到北京城南的马家堡车站,然后乘马车入城。路过前门外的繁华市面天桥时,人群中发生了骚乱。事态很快从口角恶声相加发展到瓦砾石块相掷,在这一过程中,有一些外国人受伤,其中有两名日本人。[2] 这是一个不幸的事件。

然而,此时正恰戊戌政变后不久,清朝未来的政治走向很不明朗。在京的各国公使于 10 月 1 日(八月十六)举行了一次联合会议。会上,英国等国公使表示了激烈的态度。会上决定,共同以强硬的姿态与清朝总理衙门谈判。英国、德国公使还发电其在华的海军司令,调动军舰,准备驶入天津的海河。根据这次会议,在京各国公使团团长、西班牙公使葛络干(B. J. de Cologan)当日照会总理衙门:

---

[1] 兵库县知事大森致大隈重信,1898 年 10 月 25 日上午 10 时 15 分发,10 时 57 分收到。(《日本外交文书》,第 31 卷,第 1 册,第 693 页)该电后注:"上述七名中国人是:康有为、梁铁君、康同照、何易一、桑湖南、李唐、梁炜。以上据西山警视总监的报告。"

[2] 关于此次事件的详情,可参见:林权助致大隈重信,第 180 号电报,1898 年 10 月 2 日下午 1 时发,7 时 15 分收到。林权助致大隈重信,第 98 号机密信,1898 年 10 月 7 日发,27 日收到。(《日本外交文书》,第 31 卷,第 1 册,第 669—670 页、第 675—676 页)

为照会事。照得本领衔大臣因各国大臣会议,应知照贵王、大臣。昨日午刻,叠出滋闹、攻伤洋人之事。此端最为不善。本大臣心甚悒郁,兹勿庸陈说详细。仅可提及者,美国公馆之员其父向受重伤。英国公馆一人并女眷一人,法国一人,东洋二人由铁路回京时,均被辱骂,身受掷石。当时即请地面官厅保护,伊等推辞不理。讵义国(意大利)署钦差萨侯爵内眷由北堂乘轿前往西堂途中,被不法之徒欺侮辱詈。各国大臣嘱本大臣代达贵王、大臣此等事实不可容。贵署如以愚民之端为辞,本大臣谅此言并不减此端重大关系也。且匪徒滋端于洋人,本大臣等知系外人扬言意欲滋闹已有数日,本大臣代各国大臣请总署决勿稽延一秒之时,立即设法严加保护各国公馆所属之人,以便此等官员及驻扎北京各国洋人听其往来无碍。各国钦差仍请急速照复勿辞,并将所立保护之法、免虞之备,说细照复本大臣等,以便斟酌查核。此事与中国关系最重,本大臣务请贵王、大臣认真速为办理可也。[1]

这是一份措辞相当严厉的照会。比较以往的惯例,如此措辞,必将会有行动。总理衙门在接到该照会之前,已经奉到谕旨。9 月 30 日的骚乱,已由给事中张仲炘当夜上奏。10 月 1 日早朝,军机大臣面奉谕旨:"有人奏,前门天桥一带,十五日午后有外国人数起,乘坐车轿入城,无知之徒聚众哄逐,情形颇重等语。著总理各国事务王、大臣迅速查明妥办。"[2]可以说,总理衙门遇到内外两重的巨大压力。

日本方面此时虽并不认为骚乱事件是今后中国人反抗外人暴乱的前兆,但认为此时应做出迅速反应。代理公使林权助没有附和英国等国的派兵北京的决策,而是在 10 月 1 日下午前往总理衙门施加压力。总理衙

---

〔1〕 在京公使团团长、西班牙公使致总理衙门照会,1898 年 10 月 1 日。(《日本外交文书》,第 31 卷,第 1 册,第 676 页)按照惯例,公使团团长由向驻在国递交国书最早的公使担任,又称领衔公使。西班牙当时译称日斯巴尼亚,有时也简称大日国。其公使葛络干于 1895 年接任公使,为各国任职最早的驻清公使。
〔2〕 《随手档》、《上谕档》光绪二十四年八月十六日。

门大臣对其表示,对于维护安宁防止骚乱之事将予以充分注意。[1] 第二天(2日),总理衙门正式照会林权助,说明此事的处理:

> 昨日贵署大臣来署面称,由天津回京路过天桥,跟随学生二人被人掷石打伤等语。本大臣深为惋惜。查同时被殴有英美两国之士,业经知照步军统领衙门,现已拿获七人,自当从严惩办,以儆效尤。相应函复贵大臣查照可也。[2]

然林权助对于这一答复并不满意,复照中提到了日本将有可能采取新的行动。[3]

真正让清政府感到巨大压力的不是公使团的照会,也不是林权助的劝告,而是英国等国的军队正在进入北京。10月3日(八月十八日),总理衙门一下子收到护理直隶总督、北洋大臣袁世凯六封电报:

---

[1] 林权助致大隈重信,第180号电,1898年10月2日下午1时发,7时15分收到;林权助致大隈重信,第98号机密信,1898年10月7日发,27日收到;林权助致大隈重信,第102号机密信、第103号机密信,1898年10月19日发,11月2日收到。(《日本外交文书》,第31卷,第1册,第669—670页、第675—676页、第688页、第690—692页)

[2] 总理衙门致林权助,光绪二十四年八月十七日。(《总理衙门清档·地方交涉》,01-16/76-81-7)"驻东日本学生被人掷石案",台北中研院近代史研究所档案馆藏。

[3] 林权助致总理衙门照会,光绪二十四年八月十八日(10月3日),"昨准函称,学生二人被人掷石打伤,同时英美两国之人被殴,业经知照步军统领衙门。现已拿获七人等语。据本署大臣所闻,此外尚有外国人并外国所选用之华人,亦被人殴打。则如二三使馆现拟令水兵到京,贵国政府如不严饬该管衙门实力弹压匪徒,我国政府亦不得不筹办法。希见复为盼。专此。顺颂时祉。"总理衙门于十九日(10月4日)再次复照安抚:"接准函称,学生二人被人掷石打伤,此外尚有外国人并外国所选用之华人,亦被人殴打。二三使馆现拟令水兵到京,贵国政府如不严饬该管衙门实力弹压匪徒,我国政府亦不得不筹办法。希见复等因来。查此事业经奉旨交本衙门妥办,自应会商步军统领衙门,一、二日内即行妥筹切实办法,力任保护。嗣后不令再出事端,可请贵署大臣放心,毋诵自行筹办。至贵署大臣关照之意,足征两国邦交。本爵大臣等殊深铭感。专此布复。即颂时祉。"(《总理衙门清档·地方交涉》,01-16/76-81-7)

昨夜有英兵四十八名来津,将分赴北京。传闻俄人亦将调兵数十名赴京。护直督袁世凯叩。巧。

昨据大沽报称英兵船一艘来泊口外。顷又报俄一兵船来同泊。凯叩。巧。

英兵带领炮位两尊,已饬铁路局不准该兵登车,并即饬关道见英领事诘问阻止。乞即照会英使诘阻。英兵数十人虽无多,然调兵入京,颇有关系,亟须防范。是否有当,乞核示。凯叩。巧。

顷据关道禀称,闻英员云,前日有英府人行至前门,被人群殴,曾赴总署理论未结。故各国商定,均调兵保护,恐难阻止等语。又据探报,英兵拟拨一半,二十四名赴京,俄日内亦来马兵三十名,德、法、倭均先后有兵来云。凯暂权地方,必应竭力设法阻止,又札关道照会英领事诘阻。惟各国议定调兵,自非口舌所能争。倘终不能阻,应如办理。乞即训示。凯叩。巧。

各国官民在华保护之责,即在华。倘准英兵赴京,各国必将效尤,将由少加多,后患何堪设想。此例断不可开。已饬铁路局,一兵一枪亦不准载,倘其强行登车,即将车停驶。并派关道以凯谕告英领事,在京英官民应由我政府保护,断不准英兵赴京自卫,至失我应有之权。况都下现甚安静,如英调兵到京,必滋谣疑,恐激生事,所损尤多。本大臣断不放尔等过津等语。姑看其如何回答举动,再请示办理。凯叩。巧。

顷据海关李道回禀,已晤英领事,再三商阻。该领事允,电请京英使示,再定该兵赴京,今日暂不往云。大署已否诘阻?祈速示。凯叩。巧。[1]

袁世凯的电报说明了他虽然已做了一些努力以阻止英国的进兵,但他实无能力制止英国的进兵,对此他要求总理衙门进行交涉。这是将责任上交的做法。对于英国等国的这一行动,在北京的林权助与在天津的日本

---

[1]《总理衙门清档·收发电》,01－38。

领事郑永昌也有非常准确的情报,并分别向大隈重信报告。前因林权助的请求,正在天津的大岛舰准备带梁启超等人去日本,此时林权助与郑永昌都要求再派出军舰来替代。[1]

尽管根据清朝以往与各国签订的条约,各国派兵进驻北京并无条约依据,尽管袁世凯也在电报中强调了维持治安是本国政府的责任,但是,在那个时代,清朝根本无法与列强对抗,无论在胶州湾、大连、广州湾,还是此次的北京;更何况戊戌政变刚刚发生,慈禧太后还不清楚各国将会采取何种行动。在避免军事对抗的前提下,惟一的办法是劝说。10 月 4 日(八月十九日),清政府下达了三条谕旨:

交步军统领衙门,军机大臣面奉谕旨:

京城地面,五方杂处,良莠不齐。日前竟有乘外国人车轿进城,

---

[1] 林权助的电报称:"英国水兵二十五人为护卫将来北京,而德、俄两国公使也请求派兵保护,据云:该派遣兵近日到达。法国公使也请求派军舰进行保护。此举完全是为了警戒事件的事态的发展。以上已在第 180 号电报中作了报告。盖该事件在最不幸的关头发生。外国人最怕的是清国士兵撒野。然而,下官还未见有派兵保护的必要,告诫总理衙门,要求其为维护安宁采取严厉的措施。关于下官第 181 号电报报言之事,望尽可能速派替换军舰来。"林权助致大隈重信,第 182 号电报,1898 年 10 月 3 日下午 3 时 30 分发,11 时 40 分收到。郑永昌的电报称:"由于清国暴徒在北京对外国人施加激烈的暴行,驻在清国的英国公使给其司令长官拍了电报,要求迅速派遣水兵五十名来保护使馆。英国士兵昨日下午在大沽上陆,正携带两门野炮向北京前进。驻扎在旅顺口的俄国三十名骑兵本日已抵达天津,德国士兵不日亦将到达。因此切盼日本舰队于数日内亦返大沽。又,除大岛舰外,十分有必要再派一艘炮舰来。"郑永昌致大隈重信,1898 年 10 月 3 日下午 12 时 30 分发,4 日下午 1 时 40 分收到。当日郑永昌还给鸠山和夫外务次官写了同样内容的机密信:英国士兵五十名中有三十名前往北京保护使馆,另二十名大概充当天津的警护。还称,今后清国政府将成何状态则很难预料,而此时为警戒之目的,事先派遣日本舰队至天津,这对清国政府加以戒备,防止其实施有欠考虑的举措,是非常有利的。该信最后提到:"就目前在当地欲探听清国及各外国行动真相而言,经常费支付的费用不少,不能再充当此等费用,请支付机密侦探费五百元。又,此际不知将会发生何等意想不到之事,对此请电汇电信费一千元。"郑永昌致鸠山和夫,机密第 16 号信,1898 年 10 月 3 日发,19 日收到。对于郑的费用请求,最后批准了机密侦探费二百元和电信费五百元。(《日本外交文书》,第 31 卷,第 1 册,第 670—672 页)

聚众滋闹之事。著步军统领、左右翼总兵拣派参、游一员,率领弁兵百余名,于马家堡铁路车站并永定门内外、天桥一带地方分段巡逻,认真弹压保护。其九城内外官厅、堆拨,遇有洋人经过,一体妥为巡抚,毋得稍有疏虞。

交五城御史,军机大臣面奉谕旨:

> 京城地面,五方杂处,良莠不齐。日前竟有乘外国人车轿进城,聚众滋闹之事。殊属不成事体。著五城御史督饬练勇局员弁带领练丁,各按所管地段,认真稽查弹压保护,毋得稍涉疏懈。

交顺天府,军机大臣面奉谕旨:

> 前门外石路自天桥以南直抵永定门,年久未修,以致石块破碎,高下崎岖,车辆艰于行走。胡燏棻现在督办永定门外铁路工程,著将此段石路一并择要修理整齐,应用款项即著归入铁路项下报销。该部知道。[1]

前两项针对驻京公使团照会的要求,后一项是为了改善从马家堡车站进城的交通条件,以防止以后再发生此类事件。这一天,总理衙门照会公使团团长、西班牙公使:

> 光绪二十四年八月十六日准照称:昨日午刻叠出滋闹……等因。本衙门查是日贵大臣照会未到以前,业经钦奉谕旨:"著总理各国事务衙门王、大臣迅速查明妥办等因,钦此。"是以本衙门当即咨行步军统领衙门,迅速缉拿滋闹匪徒,从严惩办,并另行设法保护,勿任再滋事端。现经该衙门将拿获匪徒惩责,并从重枷号示众;又多派得力

---

[1] 《上谕档》光绪二十四年八月十九日。

弁兵分段巡查，加意弹压保护，不至再出事端。相应照复贵大臣查照可也。

与此同时，总理衙门还发出一信：

> 径启者。本月十五日，天桥抛掷砖瓦一事，本衙门业已转饬拿犯严惩，并即妥筹切实保护之法，以免后患。现闻各国驻京大臣内有拟派兵自卫之说。如果确实转恐民情惊疑，别生枝节。总之，此事中国必当自立保护之权，立筹办法，决不轻忽。相应亟请贵大臣转达致各国大臣电止弁兵，勿庸来京，是为至要。[1]

就在总理衙门与在京公使进行交涉之时，天津袁世凯又发来了给荣禄和总理衙门的五份急电，天津的情况已十分紧急：

> 荣中堂钧鉴。顷据大沽电称，今早六点钟，有水师公司乘小轮拖带货船进口，装有俄国钦差、提督各一员，兵七十五名，马三十三匹，后膛行炮一尊，均带洋枪，至塘沽下船，探询坐火车赴京。又今六点半钟，到有德国兵轮一只，抵界外停泊。已由电禀报在案云。凯叩。皓。
>
> 荣中堂钧鉴。顷据英领事来书，请饬铁路局准载英兵。已复以各自主国公例概不准他国兵械擅运京都，本国铁路章无政府明文亦不准载兵械赴内地。现遵守例章，未可通融，断难照行。应由该领事请英使照会总署核准，咨照前来，方可办等语。再俄兵亦到，可否乞大署照俄使诘阻。凯叩。
>
> 荣中堂钧鉴。顷有俄官三员兵丁六七十名，内马兵卅名、炮三尊，由塘沽乘火车来津，亦将附车度京。凯叩。皓。
>
> 荣中堂钧鉴。英俄兵均强登火车，勒令于十一点钟开车。凯饬

――――――――――

〔1〕 总理衙门致公使团团长照会及信，光绪二十四年八月十九日。(《日本外交文书》，第31卷，第1册，第677页)

路局坚持停车一点余钟,英俄兵无奈,现均下车。各货、客车已开行。凯叩。皓。

　　顷据关道禀称,准俄领事函开,奉俄使电,已由大署准其调兵护馆等语。当以答以必须凯奉署电饬,始准运往。凯叩。皓。[1]

袁世凯在该日阻止了英、俄两国的进兵,但他知道他不可能长期与各国对抗,于是将责任完全推给了总理衙门,即铁路运兵须有总理衙门核准之文。他直接发电荣禄,是担心总理衙门未能出面出力,希望荣禄在其中起作用。下一步能否真正阻止各国的派兵行动,袁也只能指望总理衙门的外交活动了。关于这一天北京和天津的情况,林权助和郑永昌皆有电报向东京报告。[2]

　　10月5日(八月二十日),各国驻京公使再次开会,讨论总理衙门的复照。会上各国公使不满意总理衙门的复照,尤其是英国、俄国派兵入京被阻,更是情绪激动。除美国公使外,各国公使皆主张派兵入京护卫。当日本公使被问及为何不从天津大岛舰速派士兵入京时,林权助并没有直接回答,称其已将措辞强硬的照会递交总理衙门,故须等待答复。会上决定,英、俄、德三国士兵应以第一分遣队的形式入京。公使团团长、西班牙公使当日发出照会给总理衙门,措辞强硬,毫无余地:

----

〔1〕　《总理衙门清档·收发电》,01-38。

〔2〕　林权助电称:"对于本官'欲维持安宁,应实施迅速有效措施'的告诫,王、大臣表达了谢意。该王、大臣目前最尽力之事,仍在请求英、俄、德三国公使,勿令其士兵进入北京。"林权助致大隈重信,第186号电报,1898年10月4日下午6时发,5日上午10时收到。郑永昌电称:"今晨英国水兵欲乘火车前往北京,为直隶总督所止之。先是海关道已给各国领事发过通牒,直隶总督已向铁道官员下达训令,大意是今后若无总理衙门及直隶总督的许可,严禁运送一切外国军队与兵器。因此,英国水兵尚逗留在天津,等待着北京的指令。俄国骑兵三十人及水兵三十人携野战炮数门,本日下午已抵天津。德国水兵六十人已于本日抵达大沽,可能明日抵天津。"郑永昌致大隈重信,1898年10月4日下午9时25分发,6日下午1时收到。(《日本外交文书》,第31卷,第1册,第673—674页)

为照会事。昨日本大臣接到贵署照复本大臣于十六日所发照会一节，本大臣应达贵署：各国大臣共相观阅此复文，有深悉不妥诸节。各国大臣因而足见，并无实据可恃保护北京洋人之说。又专以为来文所编之势，与贵国应当达知抱歉赔礼之规大不相似。各国钦差大臣阅悉昨日红甫后绝定，仍派照前所拟水手军兵保护之队，以便保护各国属员以及洋商人等。此端系各国大臣自认听其筹备之权也。各国大臣嘱本大臣代达贵署：德、英、俄每队大约有兵丁三十名，先于明日早均将妥备起程，由津至京。相应备文，代各国大臣务请贵署妥速饬令该员，于明日特备格外单专火车，以便各队乘坐前来为要。又，他国各队俟登岸后，即行次第相随至京。[1]

这一译文当属西班牙公使所备，文辞虽不很清晰，但其意思明确，即各国公使对总理衙门的复照表示不满，准备按原定计划派兵入京，并要求总理衙门下令有关人员，为入京的德、英、俄士兵准备 10 月 6 日（二十一日）早晨的专列。此后，其他各国也将派兵入京，也将如此办理。然各国派兵入京的主要目的究竟为何？林权助代理公使在其电报中也有自己的分析："我目前未见特别有根底的暴动，而且我预料将来也不会发生，然上述各国的军队永久屯执于此地，并不仅仅是为了护卫，而将带有一种政治的性质。"也就是说，林认为，英、俄、德派兵入京并不是防止骚乱的再次发生，以保护使馆及本国人民，而出于一种政治的企图。为此，林权助在当日的电报中指出："对我们而言，采取某些适当的手段保护我们的利益，则显得十分必要。"[2] 这一句话的意思是，日本也应当参加各国派兵入京的行动。在此同时，林权助要

---

〔1〕　在京公使团团长、西班牙公使致总理衙门照会，1898 年 10 月 5 日，《日本外交文书》，第 31 卷，第 1 册，第 677—678 页。其中"来文所编之势"当属"来照所言之情"之意；又"阅悉昨日红甫后绝定"当为"阅读了昨天来照后最后决定"之意。

〔2〕　林权助致大隈重信，第 187 号电报，1898 年 10 月 5 日下午 5 时发，6 日上午 1 时 50 分到。（《日本外交文书》，第 31 卷，第 1 册，第 674—675 页）又，该日各国公使会议的情况，也可参见该电报及林权助致大隈重信第 98 号机密信（1898 年 10 月 7 日发）、第 103 号机密信（1898 年 10 月 19 日发）。（同上书，第 676 页，第 690—691 页）

求大岛舰舰长推迟携带梁启超去日本的行动,等待须磨舰的到来〔1〕

总理衙门收到公使团团长的照会,仍是不敢轻易同意。但他们的方法并无新创,一如以往,即尽可能地劝说各国放弃。他们不仅在北京进行劝阻,也给天津的袁世凯发去一电。而这一天在天津,表面上的形势稍有和缓。袁世凯发来两电:

> 皓电敬悉。遵劝阻。明午裕督莅任,当详告一切。凯叩。皓。
> 英俄兵均停止入京,裕帅刻抵津,凯即交卸。凯叩。号。〔2〕

袁世凯这下子可以解脱了。由于他在戊戌政变中的暧昧角色,使他此时是麻烦越少越好。新任直隶总督裕禄恰好此时到任。阻止各国派兵入京的事务,也正好在这一关键时刻转手。〔3〕

由于袁世凯的及时脱身,天津发生的一些情况,总理衙门当日并不知道。10月6日(二十二日),顺天府尹、管理京津铁路事务大臣胡燏棻收到天津铁路官员的电报,将之转给总理衙门:

---

〔1〕 林权助致大隈重信,第188号电报,1898年10月6日上午11时44分发,下午4时50分收到:“我已请求大岛号舰长,如有可能,推迟离开,以待须磨舰抵达。我187号电报已说明理由。”(《外务省记录》,1-6-1-4-2-2第3册)

〔2〕 《总理衙门清档·收发电》,01-38。

〔3〕 袁世凯事后还专门上了一折“夷情叵测亟筹防患”,以防追究责任。该折奉字寄北洋大臣直隶总督裕禄、管理芦汉铁路顺天府尹胡燏棻上谕:“袁世凯奏夷情叵测亟筹防范一折。据称本月十七日夜有英兵五十余人携带炮位枪械由塘沽登岸搭乘火车径来天津,俄、德兵械陆续踵至塘沽,守口防营并不诘问阻止,复不及时禀知各处。该处车站司事人员亦竟售票,任令搭车开行,请旨饬查等语。现在各国均以保护使馆为名,纷纷派兵来华,似此漫无稽查后患何可胜言。著管理铁路顺天府尹胡燏棻将塘沽车站司事各员查取职名,交部照例议处,并严饬各处车站,凡有兵丁、军火如无准载明文,一概不准装载。倘有疏虞,从重惩治办。裕禄现膺疆寄,责无旁贷,嗣后当遴派熟习交涉洋务委员分往海疆各口,常川侦探,遇有洋兵登岸,随时会同防营统将按公法、条约诘问阻止,并飞报该管抚及总理各国事务衙门王、大臣预筹防范。毋得稍涉疏懒致生他衅为要。”对此事进行处罚的只是塘沽车站等处的官员。(《随手档》、《上谕档》光绪二十四年八月二十八日)

顷据佛类禀称,接是日九点钟钧电,往与俄、英兵官德领事商酌,廿一日暂缓来京,须下午四点钟前复信。如许赴京定于廿二日早八点钟专车前往。即无确信,亦定于廿二早九点钟专车赴京等语。词气甚坚。届时若不令往,断非职局所能禁止。二十晚曾将三国兵官势将行强自开火车,由关道密禀裕寿帅,奉谕廿一先行停车。现据佛类禀称,三国兵官既允暂缓,不得不仍开车,以免激生事端。惟二十一午后究竟应如何作复,请妥商总署作主电示。藩禀。马。

顷据佛类云,明早八点钟,英、德、俄兵必须由火车进京。复闻如果停车,伊自驾车头。此间难阻止。因关系甚重,求速电示。藩叩。号戌。

同一天,总理衙门还收到新任直隶总督裕禄的电报:

顷据关道接德领事函称,该国公使电该领事进京保护之德、英、俄三国兵队,已向总理衙门商定明日由火车北上进京,函请饬知车站,明早九点钟备车等语。现在并未奉有钧署来电,是否属实,乞速电复。裕禄。奇。[1]

天津方面已经是无法再阻止英国等国的行动。据林权助的报告,首席总理衙门大臣庆亲王奕劻也于6日前往英国使馆详细恳谈,请求英国取消派兵北京的行动。英国公使对此回答道:此事已由外交使团会议形成决议,他本人对此无之奈何。到了此时,总理衙门已经无路可走,只能同意英国等国派兵入京。林权助得知这一消息,立即发电东京,要求授权,以使日本也参与这一行动:

至于英、德、俄三国分遣队的情况,王、大臣虽欲再次阻止其进入北京,但他们向清国政府提出了无论如何也要进京的要求。估计本日大概入京。其结果如何,现在还未能明言。下官希望一旦下官提出要求,政府能给须磨号舰长下达训令,使舰上能派武装分遣队前

---

[1] 《总理衙门清档·收发电》,01-38。

来。但下官决意非十分必要之场合,决不提出上述要求。[1]

林权助的这一要求得到了日本政府的批准。[2] 10 月 7 日(八月二十二日),英国水兵 28 人,德国水兵 30 人,俄国水兵 30 人、哥萨克兵 30 人进入了北京。三国公使,尤其是英国公使向日本代理公使林权助表示,希望日本也派兵入京。[3]

到了此时,清朝已无法在北京进行交涉,于是又将惟一的希望放到欧洲。10 月 9 日(二十四日),军机处电寄驻英公使罗丰禄、驻德公使吕海寰旨:"各国驻京使馆,中国已力筹保护,地方安堵。惟英、俄、德三国已派兵入城自卫。应再向外部商明,电饬该使,将派来之兵即日撤回,以靖人心。"同日并电寄驻俄公使杨儒旨:"各国派兵入城自卫,发端于俄。外部虽允电阻,而俄、英、德三国已派兵来京。现在中国力筹保护,地方安堵。应再向外部商明,电饬巴署使将派来之兵即日撤回,并劝英、德各使

〔1〕 林权助致大隈重信,第 190 号电报,1898 年 10 月 7 日上午 8 时 50 分发,下午 2 时 30 分收到。(《日本外交文书》,第 31 卷,第 1 册,第 675 页)

〔2〕 林权助在事后的报告有着详细的说明:"三国之此举,盖稍涉急躁。英、俄军队当时尚未在大沽口,亦属一麾之下全部做直进北京的准备。他们在途中会遇到清国阻其入京的困难。然英、德、俄三国断然派其军队入京,法、意两国亦唤其军舰前来,成为共同之举的形势。对于清国之暴民的举动,下官确认还没有到达派兵保护公使馆那样危险的程度,但鉴于列强已决心派兵入京的情况下,只能顺其形势,且也很难阻止其目的的变化,即由保卫公使馆而变成政治性质的目的。清国政府不顾其当初数次发布过的'除对处刑者外其它嫌疑犯概不追究'的上谕,继续对改革派进行逮捕、免官之惩罚,以如此之事态,则很难预料何时会发生何种事变。特别是此次为列国的一致行动,下官考虑,若另行其事的话,则像是暗中否认列国之所为而独讨清国政府欢心,颇有蒙受猜疑之虑。当初下官曾力劝清国政府力行严厉之措施,以慰各国使臣之心,私下希望,大概能阻止列国派兵入京。当各国派兵入京之势阻挡不住时,我们为了同列国一致行动,而告诉清国政府,此乃不得之举。以上开列各项事情,下官已归纳起来以第 190 号、第 191 号电报禀明,其中有下官已决心禀请政府派兵入京的内容。与上述电禀几乎同时,本月八日第 133 号贵电报中有让下官等待 10 日到达大沽口的须磨舰的训示。下官立即将兵员上陆一事委托其舰长山田海军大佐。"(林权助致大隈重信,第 103 号机密信,1898 年 10 月 19 日发,11 月 2 日收到。《日本外交文书》,第 31 卷,第 1 册,第 690—691 页)

〔3〕 林权助致大隈重信,第 192 号电报,1898 年 10 月 8 日下午 5 时 53 分发,10 时收到。(《日本外交文书》,第 31 卷,第 1 册,第 678 页)

照办。"[1]然这些驻外公使在伦敦、柏林、圣彼得堡的努力全无结果。[2]

此后，意大利士兵于 10 月 12 日（八月二十七日）进入北京。[3] 日本士兵于 13 日（二十八日）进入北京。[4] 法国士兵于 24 日（九月初十日）进入北京。[5] 奥地利士兵于 11 月 3 日（九月二十日）进入北京。[6] 美

---

[1] 《随手档》、《电寄档》光绪二十四年八月二十四日。

[2] 据日本驻德国公使井上胜之助的报告，德国代理外长在与他见面时谈到："清国驻德公使依照本国的指示，顷日以来，屡次前往本国外交部，恳请事件后驻扎北京公使馆的敝国水兵撤退，我政府对此回答，在别国水兵撤退以前，唯独我国水兵撤退，对此十分遗憾，不能允诺。""正如前面谈到的那样，我国政府虽然对清国公使表示了很难允诺撤退水兵的意见，但按我本人的看法，鉴于清国及有关友邦的利害，现在已经到了不得不切望各国共同尽快撤退在北京公使馆护卫兵的时候。此种事态不唯伤害了独立国清国之主权，而且，因为有该护卫兵，清国与友邦之间，或友邦相互之间很可能不知何时会惹出何种冲突，不可以说并不酿成一般外交灾难之恐。"井上胜之助致大隈重信，机密第 2 号信，1898 年 10 月 26 日发，12 月 5 日收到。(《日本外交文书》，第 31 卷，第 1 册，第 695 页)

[3] 10 月 10 日，总理衙门收直隶总督裕禄电："现据代理意大利领事马赤称，该国兵船名马库蒲鲁装运水师兵三十名，随带行李，于本月二十七日早六点钟乘火车晋京，为保护使馆之用等语。除分饬料料外，请查照。裕禄。径未。"12 日，总理衙门收裕禄电："前奉有电敬悉。意国官弁五员，兵三十二名，小车炮一尊，枪弹一万粒，行李箱七件，于今日六点钟乘火车入京。已饬关道照料。日本兵尚未到，应即一体照料。何日入京，再电闻。裕禄。沁巳。"(《总理衙门清档·收发电》，01 – 38)

[4] 13 日，总理衙门收裕禄电："日本现派将一员、弁五员、兵二十八名均带洋枪，今日乘火车入京，已饬关道派员护送，妥为照料。请查照。裕禄。勘。"(《总理衙门清档·收发电》，01 – 38)同日，林权助致大隈重信电称："分遣队已平安到达，清国政府给予了周到的待遇。"第 202 号电报，下午 2 时 14 分发，10 时 20 分收到。(《日本外交文书》，第 31 卷，第 1 册，第 682 页)

[5] 18 日，总理衙门收裕禄电："冬电敬悉饬。据海关道禀，查法国有兵进京，尚无准信。仍饬关道随时探询，如有确期，即届时妥为照料，并将人数及进京日期先行电闻。裕禄。江。"(《总理衙门清档·收发电》，01 – 38) 19 日，林权助给大隈重信的报告称："例如法国，其从广州湾召来的军舰总算在今明两日内可能到达大沽，其兵员入京可能要等到周末。"(林权助致大隈重信，第 103 号机密信，1898 年 10 月 19 日发，11 月 2 日收到。《日本外交文书》，第 31 卷，第 1 册，第 691 页)天津领事郑永昌的报告称，法国海军于 10 月 24 日入京。郑永昌致鸠山和夫，第 22 号机密信，1898 年 11 月 12 日，24 日收到。(同上书，第 707—709 页)

[6] 11 月 2 日，总理衙门收裕禄电："顷据英领事函称，奥国兵三十名，武弁一员于明日九点半钟由塘沽搭火车赴京，已饬关道妥为照料，应请查照。裕禄。效申。"(《总理衙门清档·收发电》，01 – 38)

国士兵于 5 日(二十二日)进入北京。[1] 此后,俄国公使馆还召来一支军乐队,[2] 而德国入京士兵也进行了换班。[3]

到了此时,北京城内有了英、德、俄、意、日、法、奥、美共八个国家的军队。[4] 他们的人数虽然不多,但他们驻扎的使馆区东交民巷,离慈禧太

---

[1] 11 月 4 日,总理衙门收北洋大臣裕禄电:"顷据铁路局报称美国有兵十八名,武弁二员,于二十二日搭早车赴京,已饬关道妥为照料。应请查照。裕禄。个申。"(《总理衙门清档·收发电》,01-38)

[2] 11 月 5 日,总理衙门收裕禄电:"今日据铁路公司报称,有俄兵三十余名欲乘午车进京,当因并未奉有准载明文,未令车站运送。即饬关道向俄领事查问。兹接俄领事函称,系该国驻京公使及水师提督带作人二十三名,进京赴使署宴客,并无军械,即欲开车等语。查此次既系俄使及水师提督带作人,进京尚与兵丁有别,该公使等均在车站立等开车,催促再四,势不及电候钧署回示,只得允其搭坐今日晚车开行。已由关道妥为照料。应请查照。裕禄。祃。"6 日,总理衙门又收裕禄电:"午间曾寄钧署一电,顷奉养电,想前电尚未到来。此次俄国作乐兵系巴使同其国水师提督带同乘车。巴使与其水师提督在车站等候,必欲今日进京,催促开车甚急,势难商阻。已搭晚车开行矣。余详前电。禄。祃。"(《总理衙门清档·收发电》,01-38)6 日,军机处交总理各国事务衙门、步军统领衙门、顺天府府尹谕旨:"昨据裕禄电称,俄国作乐兵三十余人由天津铁路晚车赴京,总署正在电询,该兵已乘火车于亥刻抵京。当经步军统领衙门据马家铺铁路局照会开城放入。办理殊属颟顸。京城门禁最关紧要,各国官商进京,最晚亦须赶坐午车,未便于夜半时分率行照会开城。著总理衙门照会各国使臣知照,此次裕禄未候总署电准在津辄即放行,胡燏棻亦即知会留城,均有不合。裕禄、胡燏棻均着传旨申饬。"(《上谕档》光绪二十四年九月二十四日)

[3] 11 月 8 日,总理衙门收裕禄电:"顷据铁路局吴、黄两道由德律风禀称,接德领事来函,有德国换班兵二十七日由塘沽坐火车来津,二十八日乘早车进京。其驻京之德兵于二十九日换班回津等语。此项换班兵,德使是否照会钧署,应否准其兵进京换班,乞速电示遵办。裕禄。宥。"9 日,总理衙门收裕禄电:"顷据驻津德领事函称,德国前派晋京武官一员,兵丁三十名,现饬调回兵船,照数另派弁兵晋京,二十七日即到大沽,二十八日午间乘火车赴京。所有前派之弁兵等,即于二十九日早间出京,乘火车到大沽,饬回兵船。请转饬铁路总局届时幸勿拦阻等语。查此事昨据铁路局禀报,已电钧署核示。仍乞速电示遵办。裕禄。沁。"10 日,总理衙门收北洋大臣裕禄电:"德国换班兵三十三名,官二员,昨奉钧署沁电准其放行。该兵官等今早由塘沽至津,即日入都。已饬关道妥为照料。请查照。裕禄。勘。"(《总理衙门清档·收发电》,01-38)

[4] 郑永昌报告称,在 11 月,北京的各国士兵人数是:英国海军 23 名、俄国陆军士官 4 名、士兵 66 名,德国陆军 31 名,意大利海军士官 5 名、水兵 37 名,法国海军士官 1 名、水兵 30 名,奥地利海军士官 2 名、下士 3 名、水兵 18 名,俄国陆军士官 3 名、乐队 33 名。郑永昌致鸠山和夫,第 22 号机密信,1898 年 11 月 12 日,24 日收到。(《日本外交文书》,第 31 卷,第 1 册,第 708—709 页)

后的寝宫西苑仪鸾殿,直线距离不超过三公里。更何况他们是清朝不敢碰的"洋大人"。他们的存在,极大地影响了清朝的对外政策和国内政策。正如林权助所认定的那样,这支以"护卫"使馆为名入京的军队,实际目的是政治性质的。尽管他们的数量很少,清朝也感到了武力的不足。

慈禧太后的亲信荣禄奉召入京后,于9月28日(八月十三日)被任命为军机大臣,并节制北洋各军。但北洋各军具体为何,尚不明确。10月11日(二十六日),慈禧太后下达懿旨:"现当时事艰难,以练兵为第一要务,是以特简荣禄为钦差大臣,所有提督宋庆所部毅军、提督董福祥所部甘军、提督聂士成所部武毅军、候补侍郎袁世凯所部新建陆军以及北洋各军悉归荣禄节制,以一事权。该大臣务当统率有方,认真督练,随时考核,毋稍松懈,俾各军悉成劲旅,用副朝廷整饬戎行至意。"[1]这实际上是将清朝当时所有的精锐部队都交给荣禄。但是,荣禄手中并没有驻在北京的精锐部队。13日(二十八日),清廷下达了一条谕旨:"所有八旗兵丁,除业经挑取神机营、武胜新队、骁骑营等处外,其余马甲、闲散养育兵内尚有精壮者若干? 著值年旗传知满、蒙、汉都统查明人数,由值年旗汇报军机处。"26日(九月十二日),又下达了一条谕旨:"所有内务府精捷营幼丁,著该管大臣认真查明幼丁内精壮者实有若干名,即行呈报军机处。"[2]这些未经训练的"精壮"此时还不可能起任何作用。至于此时距北京最近的甘军董福祥部,已经奉调进入了北京,结果被各国公使联合起来赶出去了。(后将详述)

10月12日(八月二十七日),即日本士兵进入北京的前一天,首席总理衙门大臣庆亲王奕劻拜访日本公使馆。他代表清政府对北京发生的骚乱事件表示道歉,并谈到清朝也准备在北京设立警察。他还要求外国军队尽快地从北京撤出。在北京设立警察,本是日本方面的建议;而在撤军问题上日本政府的目标是,各国军队同时撤出。代理公使林权助表示:"希望清国政府在恰当的时期请求列国公使同时撤兵","那时日本肯定

---

〔1〕《上谕档》光绪二十四年八月二十六日。
〔2〕《上谕档》光绪二十四年八月二十八日、九月十二日。

会依照清国政府的意图尽力"。话锋一转,林权助谈起了清朝的政策,其中也包括了对黄遵宪的处置。[1]

援救黄遵宪

黄遵宪是清朝新任驻日本公使,著名的改革派人士。他奉到新任后,由湖南、武汉、南京来到上海,见京内政治形势不稳,以病为由,迟迟不肯入京。[2]戊戌政变后,清廷对于这一人士也准备动手。日本政府援救黄遵宪一事,王树槐先生 1965 年著作、廖隆干先生 1987 年论文等已有涉及,此处本文作者根据档案再作一些补充。

10 月 6 日(八月二十一日),清廷下旨:"出使大臣黄遵宪因病请开去差使。江南道监察御史李盛铎著赏给三品卿衔,以四品京堂候补,派充驻扎日本国二等钦差大臣。"[3]8 日,清廷密电两江总督刘坤一,将黄遵宪秘密看管。应当说明,清廷下令撤职、看管黄遵宪是其政变后一系列反攻措施的一环。自六君子被杀之后,清廷暂时地停止了对改革派的追究。但从 10 月 4 日(八月十八日)起,慈禧太后又重新开始了对改革派的清算。李端棻、陈宝箴、陈三立、江标、熊希龄、王锡蕃、李岳瑞、张元济等先

---

〔1〕 林权助致大隈重信,第 203 号电报,1898 年 10 月 13 日下午 5 时 10 分发,14 日上午 11
时 40 分收到。(《日本外交文书》,第 31 卷,第 1 册,第 683—684 页)林权助在其报告中
曾称:"而对清国政府,向其说明设立警察的必要。"(林权助致大隈重信,第 103 号机密
信,1898 年 10 月 19 日发,11 月 2 日收到。《日本外交文书》,第 31 卷,第 1 册,第 691
页)而大隈在给驻外各公使的通报中称:"本月七日,俄国哥萨克兵 30 人、水兵 30 人,英
国海军陆战队 28 人,德国水兵 30 人抵达北京。因此,日本帝国政府也认为有必要派遣
相应兵士来护卫公使馆。在取得海军大臣同意后,令停泊在大沽的帝国军舰须磨号上
的士官与水兵共 32 人驻扎该地。本大臣曾电训林公使,著其在该地恢复平静姿态之
后,立即率先劝告各国公使撤去其兵士,并向清国政府说明理由,尽可能地为各国从北
京撤兵一事尽力。"(大隈重信致日本驻外各使,1898 年 10 月 13 日,同上书,第 683 页)
〔2〕 张之洞致其亲信幕僚钱恂电称:"闻黄有留京入枢译之称,故托病辞使。如黄不去,或
云拟熊希龄,确否?"(《张文襄公全集》,第 3 册,第 757 页)黄到上海后,一再以病请
假,居沪不北上。
〔3〕 《上谕档》光绪二十四年八月二十一日。

后革职;农工商总局撤销,八股取士制度恢复;更严格的禁令针对新闻界:

> 莠言乱政最为生民之害。前经降旨将官报、时务报一律停止。
> 近闻天津、上海、汉口各处,仍复报馆林立,肆口逞说,捏造谣言,惑世
> 诬民,罔知顾忌。亟应设法禁止。著各该督抚认真查禁。其馆中主
> 笔之人,皆斯文败类,不顾廉耻,即由地方官严行访拿,从重惩治,以
> 息邪说而靖人心。[1]

可以说,六君子被杀是慈禧太后反攻倒算的第一波,此时为第二波。

10月9日(八月二十四日),清廷的看管黄遵宪的指令得到了执行。当日刘坤一电总理衙门:

> 漾电谨悉。黄遵宪现住上海北洋务局,已饬沪道蔡钧派员妥为
> 看管。惟洋务局密迩租界,深虑外人出而干预,转于政体有碍。黄遵
> 宪系三品京堂,现未褫职,该道未敢径拘。应如何办理,请旨遵行。
> 除饬该道严密防守外,请代奏。坤一。敬。[2]

黄遵宪曾是刘坤一的下属,两人的私人关系很深。此时刘坤一奉旨"看管",不得不照此行事。但他提出的"三品京堂"一职,多少有点为黄转圜之意,而他提出的"外人干预"一事,则是提醒清廷谨慎行事。事实上,刘坤一的担心并非多余。此时正在上海的伊藤博文当日听到此消息后,命上海代理领事诸井六郎发电北京林权助:

> 伊藤侯爵要我发电如下:十月九日上午,上海兵备道奉诏派兵监

---

[1] 《上谕档》光绪二十四年八月二十四日。

[2] 《总理衙门清档·收发电》,01-38。黄遵宪虽已免去驻日公使一职,但按清朝的政治制度,公使是差而不是官,黄遵宪的"以三品京堂候补"的底缺尚未褫夺,故刘坤一有此言。又,清廷下令"看管"黄遵宪旨,不见于军机处任何档册。当时捕拿维新人士,许多是慈禧太后密谕,军机处也不知情。

守已被解职的清驻日本公使(黄遵宪),以等待新的命令。形势对他已十分危险。我希望你采取直接的行动以解救他,如可能的话即提出抗议,因其曾是清驻日本公使。电复。[1]

此后,诸井六郎又发电向大隈重信报告。[2] 林权助于 10 日上午 9 时收到电报后,两个小时后即作出反应。他回电诸井六郎:

> 你的电报已收到。我将立即采取行动。请告伊藤侯爵,中国政府正向守旧的老路上回归。近日所有有关改革的谕旨已被取消,报馆将被禁,编辑将受惩。[3]

同时他向大隈发电报告:

> 根据伊藤侯爵的要求,驻上海代理总领事电告,黄遵宪因朝廷之命而被监禁。侯爵忧惧其生命危险,希望我能解救他,如有可能的话,即抗议这种凶暴的方法,因其曾是清驻日本公使。我今天下午去

---

[1] 诸井六郎致林权助,1898 年 10 月 9 日下午 6 时 45 分上海发,10 日上午 9 时收到。(《外务省记录》,1—6—1—4—2—2 第 1 册)据诸井事后的报告:"根据北京政府的密令,黄遵宪自 10 月 9 日以来一直被拘禁在当地台衙门内。对于此事,当地一般予以否认,但各国领事均不相信。"(诸井六郎致外务次官鸠山和夫,机密第 52 号信,1898 年 10 月 13 日,20 日收到。《日本外交文书》,第 31 卷,第 1 册,第 684 页)上海兵备道,即上海道,其正式官名为苏松太道,加兵衔,又因其管理海关事务,又称海关道,下同。

[2] 诸井六郎致大隈重信:"10 月 9 日,上海兵备道奉旨将前任驻日公使黄遵宪监禁在其居室内,而文廷式已被捕。我从可靠的消息来源中得知,此间表白过温和的改良主张和亲日倾向的主要人士,诸如汪康年等人,也将被捕。"1898 年 10 月 10 日下午 3 时 19 分上海发,下午 6 时 10 分收到。该件注明:"上奏、总理大臣、各大臣、参谋总长、军令部长(10 月 11 日送至)","大臣阅了、次官鸠山、政务局、参事"。(《外务省记录》,1—6—1—4—2—2 第 1 册)

[3] 林权助致诸井六郎,1898 年 10 月 10 日上午 11 时 20 分发。(《外务省记录》,1—6—1—4—2—2 第 1 册)

见王、大臣交涉此事。[1]

这里所说的"王、大臣",是总理衙门的亲王和大臣。林权助认为,他已于10月1日(八月十六日)和6日(二十一日),两次对总理衙门提出劝告,要求清政府实行温和主义。(6日的劝告针对光绪帝的帝位问题,详见下节)此时清政府已违反了对他的承诺。当日下午林权助去总理衙门交涉。据其事后的报告,他"详细地进行面谈":

> 我谈起了清国政府先前宽大的上谕,并未能达到欺骗人民、安定民心的目的,禁止报纸的发行尚且说得过去,像今日的公然逮捕处罚新闻记者的命令,只是一个狂暴政府的所为。且其若照这种样子走下去,内则扰乱人心,外则失信列国。清国今日之状况与三四百年前外交之情有所不同,不能重温以前盛世之梦。一有闪失则必遭外国干涉。特别又警告他们说,清国在外国尚有巨万外债,若清中有内政之乱,清国之公债必要重大价格上的损失,英、法等国之债主决不会默然处之,其政府也不会袖手旁观。因此,清国政府在处理今日之政变时,自应审视其地位,若逆时而动,失于暴戾,则必遭外邦干涉。对此不可以不深加警戒慎重。[2]

林权助在劝告的同时,还提交了一份书面照会:

> 王爷、大人台启。径启者。刻准驻沪领事电称,十月九日即贵历八月二十四日,兵备道奉旨拘黄遵宪等语。查该前大臣因病久未愈,开去差使,其以三品京堂候补,派驻大日本国等因,贵王、大臣前往照会本署大臣查照,转达本国政府在案。今乃如此,未免有关本国颜面。惟贵王、

---

[1] 林权助致大隈重信,第195号电报,1898年10月10日下午2时30分发。(《外务省记录》,1-6-1-4-2-2第1册)

[2] 林权助致大隈,第102号机密信,1898年10月19日发,11月2日收到。(《日本外交文书》,第31卷,第1册,第688页)

大臣熟思而审处之。专此。顺颂时祉。名另具。十月初十日。林权助〔1〕

此次交涉后，林权助立即电告大隈重信：

> 下官已向(总理衙门)王、大臣表明了黄遵宪曾任清国驻日本公
> 使，而对黄遵宪的苛酷处置，将影响两国关系。王、大臣回答说，并无
> 黄遵宪被兵看管一事。然下官则强烈要求其确认此事。王、大臣已
> 允诺。依密旨行事而不为总理衙门所知之事，往往有之〔2〕。

大隈重信已经听到了慈禧太后清算改革派的消息。10 月 10 日(八月二
十五日)，他发电给林权助："此间报纸宣称，湖南巡抚陈宝箴已被解职。
立即查明确情并电告。"〔3〕此时得到消息，他 11 日明确训令：

> 关于你的第 195 号、196 号电报，你应以我在第 125 号电报中提
> 到的方式，强烈地再次向总理衙门施加压力：有必要抑制过分的举

---

〔1〕 林权助致大隈重信，第 101 号机密信，1898 年 10 月 15 日；林权助致总理衙门照会，
1898 年 10 月 10 日。(《外务省记录》，1-6-1-4-2-2 第 1 册)
〔2〕 林权助致大隈重信电，第 196 号电报，1898 年 10 月 10 日下午 6 时发，11 日上午 9 时
40 分收到。(《日本外交文书》，第 31 卷，第 1 册，第 679 页)
〔3〕 大隈致林权助，第 135 号电报，1898 年 10 月 10 日下午 2 时 25 分发，11 日上午 9 时收
到。(《外务省记录》，1-6-1-4-2-2 第 1 册)林权助为此复电："贵电第 135 号湖
南巡抚被革职一事属实，其理由据说是庇护康有为及其一党，其他数名官员亦受同等
处分。黄遵宪之辞任(或罢免)并非为疾病，可能还是同一理由。政府一反当初公开
宣称的持温和主义的态度，转持过激政策，反对改革即满洲派的势力逐渐嚣张。即已
施行的诸项改革几乎全部取消。清国政府发布敕令，禁止报纸发行，以'惑世诬民'之
罪名逮捕新闻记者，对之进行严厉的处罚。下官昨日至总理衙门。对清国政府所采
取的过激措施，用严厉的语言陈述了反对意见，当时只有下级官员在场。明天庆亲王
可能会见下官，彼时下官准备就此对其提出警告。然而，庆亲王及其总署大臣势力
极小，目前似乎西太后及总理衙门以外数名满洲大臣掌握着此次的运动。"林权助致
大隈重信，第 197 号电报，10 月 11 日下午 4 时 50 分发，12 日上午 1 时 45 分收到。原
件上注明："秘"，"上奏、各大臣、参谋总长、军令部长(10 月 12 日发送齐)"，"大臣阅
了、次官鸠山、政务局、参事官"。(《日本外交文书》，第 31 卷，第 1 册，第 680 页)

动,这不仅是对黄遵宪,而且包括其它改革派人士。[1]

这是一份措辞相当严厉的电报。大隈重信再次下令林权助向清朝政府施压。

总理衙门受到林权助的施压后,当日发电给两江总督刘坤一。而刘坤一于11日的回电中报告的情况,使他们大吃一惊:

> 有电敬悉,遵即转电沪道遵照。黄遵宪本未革职,惟系奉电旨看管之人,不得不格外慎重。是以该道亲自驻局,妥为看管。昨夜据电称,今日有英租界包探四人至局外马路上窥问,情形可疑。英人议论繁多。伯爵柏理旰面告川督奎俊,即朝事若不公,必当干预。又据电称,探得日本人今日会议,约同英人欲干预黄事各等语。上海洋人萃处,近来干预极多,该道所采自系实情。应请旨将黄遵宪迅赐发落,以免另生枝节。再,蔡钧叠次劝令黄遵宪入城住署,均以恐滋议论为辞。合并声明。除电饬该道妥慎防范,静候谕旨,不得稍涉张皇外,请代奏。坤一。宥[2]

---

〔1〕 大隈重信致林权助,第136号电报,1898年10月11日。(《日本外交文书》,第31卷,第1册,第679页)

〔2〕 《总理衙门清档·收发电》,01–38。总理衙门致刘坤一的电报,我在档案中尚未查到。刘坤一于12日又发来一电:"宥电因黄遵宪已奉旨看管,外人欲出而干预,据情代奏,仰祈圣览。顷蔡钧电称昨夜两点半钟,洋务局忽来洋人数十名撞栅栏门不开,即有七人从西越进,手执军械,声称要劫夺黄遵宪父子二人。已起西兵团练接应。钧督同县、委在局看管,闻警即出,拦阻,并饬丁役分投抵御,一面赶召律法官担文来局作证,仍令婉言开导。辩论片时始去。据担文云,团兵再来恐不能御。现在沿路加派西捕,显系蓄意劫夺。如果将黄从轻发落,务请谕旨早降,以释群疑。即应治罪亦须阳示宽大,俟至原籍办理。在沪举支,恐于国体有碍。缘西人咸疑中国禁遏新政,即告以事不相涉,决不能信等语。钧恐吓再生枝节,既难力抵御,又难听其攫拿,伏候电示前来。查黄遵宪尚在待勘,经该道驻局看管,防范甚严,外人突谋攫夺,情迹昭著。况康犯确系英舰接去,梁犯闻由倭人挟逃,担文所言甚属可虑,不敢壅于上闻。应请旨迅赐定夺,以杜外侮而释群疑。请代奏。坤一。宥申。"(出处同上)在这封电报中,刘坤一不仅提到了外国干涉已成实际行动,而且明确提出了"从轻发落"、"治罪亦须阳示宽大"的处理原则。刘坤一的电报虽在清廷的上谕之后,也反映出当时官场上的一般看法和做法。

刘坤一的电报提出了清朝最为头痛的问题,即外国的干涉。英国驻上海领事此时也有一些行动。[1] 英、德、俄三国军队已经进入北京,外国若有干涉,总理衙门没有能力抵御。而刘坤一要求将黄遵宪"迅赐发落,以免另生枝节",多少也有为黄回护之意。

清朝此时只能是全面让步。10月11日(八月二十六日),军机大臣寄两江总督刘坤一,奉上谕:"前据刘坤一奏称,出使日本大臣黄遵宪病请开缺等语。黄遵宪业已准其开去差使,著刘坤一饬令该员即行回籍。"[2]第二天,总理衙门照会林权助公使:

> 林大人台启。径启者。日前贵署大臣函称,准驻沪领事电,兵备道奉旨拘黄遵宪,请熟思审处等因。本衙门当即电询南洋大臣去后。昨据复称,前因传闻逃犯康有为隐匿黄遵宪处,是以饬令江海关道前往访查。嗣经查无其事,即作罢论,并无拘留黄遵宪之说。且已有旨令其回籍矣。相应函复贵署大臣查照可也。此复。即颂日祉。名另具。八月二十七日。王文韶、崇礼、廖寿恒、徐用仪、袁昶[3]

总理衙门用"误会"一说,将事情给搪塞过去。但这一说法本身却宣布了,清朝以后不能对黄遵宪采取任何拘捕手段。也就在这一天,庆亲王奕劻为各国派兵入京一事,来到了日本公使馆,林权助再次就清政府的过激政策提出了交涉。他在次日的电报中简要地写道:

> 下官又对其进行了严厉的警告,大意是:清国政府的过激措施十分失策,应保持诸事稳定等等;而且委托庆亲王将日本的警告转给西

---

[1] 据上海领事诸井的报告:"据探听到的消息,如英国领事为释放黄遵宪试着进行了一些活动。"诸井六郎致外务次官鸠山和夫,机密第52号信,1898年10月13日,20日收到。(《日本外交文书》,第31卷,第1册,第684页)
[2] 《上谕档》光绪二十四年八月二十六日。
[3] 总理衙门致林权助照会,光绪二十四年八月二十七日。(《外务省记录》,1-6-1-4-2-2第1册)

太后和各位军机大臣。庆亲王对日本的告诫表示感谢。[1]

至于黄遵宪已奉旨回籍的答复,林权助发电上海,要求诸井六郎予以核实:"黄遵宪被监禁一事,总理衙门答复称,他已获自由。电告此复是否属实。"同时也向大隈作出报告。[2] 当天下午,上海道蔡钧亲自来到日本领事馆,频频解释,说明并非真的拘禁黄遵宪。诸井领事得到准确消息后,复电林权助:"根据总理衙门的命令,黄已被释放。"第二天,诸井再发电给大隈告诉了同样的消息。[3] 14 日(二十九日),总理衙门收上海道蔡钧电报:"勘电敬悉。洋人日前之举实系误听讹言,今已释然,黄遵旨今晚附轮回籍。钧。艳。"[4]

也就在同一天,10 月 14 日,大隈重信发电日本驻俄公使,通报了北京的政情:

---

〔1〕 林权助致大隈重信,第 203 号电报,1898 年 10 月 13 日下午 5 时 10 分发,14 日上午 11 时 40 分收到。(《日本外交文书》,第 31 卷,第 1 册,第 683—684 页)林权助在事后的报告又称:"本月十二日,庆亲王来访之际,下官将前言(即劝清朝对改革派与改革措施实行温和主义的政策)反复对其论说,向其传达了日本政府的忠告,并请其转告给西太后及各位军机。庆亲王对忠告表示了深深的谢意。庆亲王的来访,或为清国政府前些日子疏慢处理北京暴动一事谢罪而来。下官曾在总理衙门谈及此事,私下里忠告庆亲王,有必要亲访外国使节,向他们表示清国政府之歉意,以慰各使臣。"(林权助致大隈重信,第 102 号机密信,1898 年 10 月 19 日发,11 月 2 日收到。《日本外交文书》,第 31 卷,第 1 册,第 688 页)

〔2〕 林权助致诸井六郎,1898 年 10 月 12 日上午 7 时发;林权助致大隈重信,第 200 号电报,1898 年 10 月 12 日上午 8 时 40 分发,下午 1 时 50 分收到,该件注明:"秘","上奏、总理大臣、各大臣、参谋总长、军令部长(10 月 12 日送至)","大臣阅了、次官鸠山、政务局"。(《外务省记录》,1-6-1-4-2-2 第 1 册)

〔3〕 林权助致大隈重信,第 101 号机密信,1898 年 10 月 15 日;诸井六郎致林权助,1898 年 10 月 12 日下午 9 时 10 分发,13 日下午 5 时收到;诸井六郎致大隈重信,1898 年 10 月 13 日上午 11 时 55 分发,下午 3 时 15 分收到:"10 月 12 日根据总理衙门的命令,黄遵宪已获释放。"原件注明:"秘","上奏、总理大臣、各大臣、参谋总长、军令部长(10 月 14 日送至)","大臣阅了、次官鸠山、政务局"。(《外务省记录》,1-6-1-4-2-2 第 1 册)

〔4〕 《总理衙门清档·收发电》,01-38。总理衙门的"勘电"尚未查到。

根据驻清临时代理公使续来的报告,六名被捕的激进改良党的成员被处死,张荫桓流放新疆,荣禄被命为军机大臣,许多重要的职位由满洲人占据。九月三十日,一些外国人,包括两名日本人,在北京受到中国暴徒的攻击,多少有点受伤。由此缘故,北京的外国外交代表们决定,调兵入京以守卫使馆。中国政府企图阻止,然而英国、俄国、德国的军队以及日本的水兵进了北京,其他列强也将采取相似的行动。中国政府看来决定采取激烈的手段,对付那些赞同温和的改良主张及亲日的人士,而不顾那些列强的外交代表发给总理衙门的强烈警告。几乎所有的颇有成效的改良措施都被推翻,中国政府甚至走到了这般地步,即下诏取消报纸,捕拿并惩处编辑,其罪名是"惑世诬民"。总理衙门的大臣们只有很小的影响力,而慈禧太后和数位不在总理衙门的满洲大臣显然是这次政变的主要角色。以上情况通报给你,并将此转发给驻英公使、驻法公使、驻德公使、驻奥地利公使、驻意大利公使和驻美临时代理公使。[1]

虽然只是情况通报,但大隈重信在此中表现出来的政治态度是极其明确的。

阻止废黜光绪帝

　　戊戌政变后,光绪帝的皇位及人身安全,一直是日本政府关心的事情。9月25日(八月初十日),即政变后的第五天,清朝发布上谕:"朕躬自四月以来,屡有不适,调治日久,尚无大效。京外如有精通医理之人,即著内外臣工切实保荐候旨。其现在外省者,即日驰送来京,毋稍延

---

〔1〕 大隈重信致驻俄公使林权助,第78号,1898年10月14日。(《外务省记录》,1-6-1-4-2-2第3册)按林权助虽以驻俄公使代理驻清公使,但发给彼得堡的电报仍冠其名。又,在此前一天,大隈重信又有书信形式的给各国的通报,内容更为详细。(《日本外交文书》,第31卷,第1册,第682—683页)

缓。"[1]这一道求医的上谕,引起了许多人士的疑问。康有为、梁启超也分别向日本方面表示了他们的内心焦虑。[2] 10 月 5 日(八月二十日),代理公使林权助收到了大隈重信的电报:

> 本地和上海传言,清国皇帝已被谋杀或被迫自杀。立即查明并电告此事是否确实。[3]

光绪帝当时虽被软禁,但还没有生命危险。大隈重信发出此电训,一方面是不了解清朝的底情,另一方面说明日本政府对此事的极度关注,即反对谋杀或废黜光绪帝。

林权助于 10 月 6 日(二十一日)上午 11 时收到训令,立即前往总理衙门,询问光绪皇帝是否平安。此时正是英、德、俄三国士兵进入北京之前夜,清政府非常恐惧各国的下一步行动。总理衙门当时答复林权助,关于光绪帝被毒杀或自杀的说法纯属虚传。林权助随即根据大隈重信的劝告清朝实行温和主义的训令,向总理衙门提出诘问:10 月 1 日总理衙门的答复称,皇帝已有概不深究株连的上谕,此次政变的处理可视为了结,现在发生的事实与皇帝的上谕大相径庭。[4] 总理衙门的官员自然不能对慈禧太后的政策表示任何不同意见,但林权助的施压很可能会通过他

---

〔1〕 《上谕档》光绪二十四年八月初十日。

〔2〕 如康有为致矢野文雄电称"上废,国危"。(上野季三郎致大隈重信,1898 年 10 月 1 日下午 4 时 55 分发,7 时 30 分收到。《日本外交文书》,第 31 卷,第 1 册,第 666 页)林权助报告称:"此次逃到帝国军舰大岛号上的康有为之徒梁启超,于上月末致书伊藤侯爵与下官说,皇帝之安泰根本不能确保,希望以日本之力救其出险。由此可以推知一般改革派关心皇帝安危之心情。"(林权助致大隈重信,第 102 号机密信,1898 年 10 月 19 日发,11 月 2 日收到。同上书,第 688 页)

〔3〕 大隈重信致林权助,第 131 号电报,1898 年 10 月 5 日。(《日本外交文书》,第 33 卷,第 1 册,第 674 页)又据林权助的报告,该电报是该日上午 11 时 45 分发,6 日上午 11 时收到。

〔4〕 林权助致大隈重信,第 190 号电报,1898 年 10 月 7 日上午 8 时 50 分发,下午 2 时 30 分收到;林权助致大隈重信,第 102 号机密信,1898 年 10 月 19 日发,11 月 2 日收到。(《日本外交文书》,第 31 卷,第 1 册,第 675 页,第 688 页)

们而上传至慈禧太后。

尽管总理衙门否认了光绪帝被杀或自杀的传言，但戊戌政变后，外国人谁也没有见过光绪帝。当时英国《泰晤士报》驻北京记者莫理循告诉林权助，关于皇帝皇位的传言并不简单，其中大有奥秘。此时意大利新任驻华公使马迪纳（Renato de Martino）到职，根据当时的外交惯例，可以提出要求，觐见光绪帝以递交国书。林权助认为这是一个机会，于是他尽力劝告意大利新任公使提出觐见要求。与此同时，英国公使也曾私下进行劝告。对于英、日两国的建议，意大利公使马迪纳仍犹豫不定。

自 10 月 7 日英、德、俄三国士兵进入北京后，清政府开始以极其谨慎的态度对待各国的一切要求。在北京的英、法、德等国公使也为光绪帝的健康向总理衙门表示了关切。15 日（九月初一日），英国驻华公使窦纳乐（Claude M. MacDonald）对庆亲王奕劻提出建议：“一个保证有效的使不安状况归于平静的方法，便是找一位外国医生为光绪帝看病，并签署一份光绪帝的健康证明书。”庆亲王等人当时表示了赞同[1] 17 日（初三日），总理衙门派三人至英国公使馆，向窦纳乐的提议表示感谢，并称已经选定了法国使馆的医生于次日为光绪帝诊病[2] 10 月 18 日（初四日）清晨 7 时，总理衙门请法国公使馆医官入西苑为光绪帝看病。毫无疑问，总理衙门的这一举动出自于慈禧太后的亲决，她认为在各国士兵纷纷入京的情况下，有必要安抚一下各国公使[3] 该日上午，德国公使海靖造访林权助时，向其通告了法国医官入宫之事，林即派秘书官丸毛前往法国公使馆打听皇帝的病况，并派翻译官郑永邦前往总理衙门，称“将外国医生召入宫中，真乃绝大好事”。郑永邦还询问了光绪帝的病情，总理衙门对此的

---

〔1〕 窦纳乐致英国外交大臣电，1898 年 10 月 15 日。（《戊戌变法》，第 3 册，第 538 页）

〔2〕 窦纳乐致沙侯，1898 年 10 月 18 日。（《戊戌变法》，第 3 册，第 548 页）

〔3〕 林权助对此解释道：“下官认为上述召外国医生入宫之事，乃是因为先前的上谕发表皇帝的病状并在国内广召名医，法国公使曾致信总理衙门推荐其医官，英国公使且也援引欧美之例，希望总理衙门将皇帝的病情公示于众。由此而迫使总理衙门最后下了决心。德国公使对下官称，此事盖西太后感到有必要安抚外国人之心才出此策。”（林权助致大隈重信，第 102 号机密信，1898 年 10 月 19 日发，11 月 2 日收到。《日本外交文书》，第 31 卷，第 1 册，第 689 页）

答复是"皇帝身体十年来一直虚弱,并非处今日而始"。当日下午,林权助发电大隈重信,报告了情况[1]

慈禧太后同意法国公使馆医生为光绪帝看病,确实是迫于各国的压力,但她的另一用意,想让各国知道光绪帝虽无生命之危而又确实有病。这也可能是罢黜光绪帝的另一先声[2] 大隈重信在戊戌政变后即让在日本休假的驻华公使矢野文雄准备回任,此时正酝酿着一个计划,即以日本天皇的名义向光绪帝授勋,以使矢野文雄能亲自见到光绪帝[3] 大隈重信企图以天皇授勋的外交礼仪,向慈禧太后表明,日本政府对光绪

---

[1] 林权助电称:"我曾徒劳地试图说服意大利新任驻中国公使请求觐见,因为每隔一天就会流传有关中国皇帝安全的谣言。但在今天上午,法国公使馆的医生被召进宫内。他看见了皇帝,并发现其身体颇健,只是看上去有点虚弱。德国公使在此次联系中说道,慈禧太后现已明白,显示皇帝一切安好是必要的。德国公使补充道,我前几天给庆郡王的严厉警告起到了作用。事实上,最近几天的诏书正在消除疑虑。"(林权助致大隈重信,第206号电报,1898年10月18日下午5时发,19日上午10时10分收到。该电注明:"秘","上奏、总理大臣、各大臣、参谋总长、军令部长","大臣阅了、次官鸠山、政务局"。《外务省记录》,1-6-1-4-2-2第1册)

[2] 也就在这一天,慈禧太后下令将10月17日内务府上报的光绪帝的病况"交各衙门堂官阅看"。在这一份由外省推荐医生和太医院医生六人署名的脉案中,提到了光绪帝"神倦"、"气怯"、"不能久坐久立"以及严重的遗精病,而得出的结论是"总由心肾不交,肝气郁结,阴不潜阳,虚热上蒸于肺,中气不足,升降失宜"。至于梦闻金声遗精,此"心不藏神、肾不藏精、肺不藏魄所致",而这样的结论意味着宣布光绪帝不能担当乾纲独断的皇帝的责任。该医案后为日本驻华公使馆获知,10月28日,矢野文雄向大隈重信呈送了该医案的抄本,并称慈禧太后将医案"已向大臣宣示"。(矢野文雄致大隈重信,本公第116号信,11月10日收到。《日本外交文书》,第31卷,第1册,第706页)

[3] 先是在10月4日,军机处电覆代理驻日公使李盛铎旨:"日本与中国唇齿之邦,交谊日密。兹特制就头等第一宝星,寄赠大日本国大皇帝,以表敦睦邦交之意。代理出使大臣李盛铎俟宝星寄到,亲诣日廷,详述朕意,恭赍呈递,届时电奏。""宝星"即是勋章。(《电寄档》光绪二十四年八月十九日,又据《随手档》是前一日"缮稿递上",第二天"发下",由军机处交总署发)此时正值各国军队入京之前夕,慈禧太后此举的用意,可能是为了缓和两国之间的关系。大隈重信以天皇名义回授日本勋章,一方面是外交上的对等之举,另一方面可以使矢野文雄有理由要求觐见光绪帝。按照当时的外交惯例,光绪帝应召见奉有国书、国电及外国元首特别礼物的外交使节。矢野文雄本为回任,没有国书,若无天皇授勋一事,清朝可以拒绝日本方面要求觐见的请求。

帝本人的关切。

矢野文雄于 10 月 15 日(九月初一日)离开日本长崎,经由天津回任,[1]22 日(初八日)到达北京。也就在矢野到达的前一天,代理公使林权助与首相兼外相大隈重信同时得到情报,听说光绪帝将被废黜。林权助在致大隈的电报中称:"此间再次传出谣言,中国皇帝将被废黜。与此同时,北京出现了大批军队,其目的尚不清楚,我正在设法查明真相。"大隈重信致林的电报称:《时事新报》北京来电称,中国皇帝将于 10 月 23 日被废黜。与此同时,驻天津一等领事报告,大量军队调往各地,立即查明并电告这些报告是否属实及军队调动的目的。"[2]大隈的电报中还提出了废黜的时间,即两天之后。林权助收到此电立即开始活动。第二天,他向大隈重信报告称:

> 至于废黜的谣言,是一个十分微妙的问题,难以查明。矢野有望于今日下午到达,我正在安排他于明天与王、大臣会谈,以联系你140 号电报中的事项。[3]

林权助表明,很难正式向总理衙门提出光绪帝是否会被废黜的问题,但矢野一旦到达后,立即于第二天,即 23 日(初九日),安排其与总理衙门王、大臣进行会谈。此电中提到的"140 号电报中的事项",即是日本天皇向

---

[1] 10 月 18 日,总理衙门收驻日公使李盛铎电:"勘电遵办。矢野本月朔由长崎乘元海轮赴津回任。盛铎。冬。"(《总理衙门清档·收发电》,01 – 38)电文中提到的"勘电",即阴历八月二十八日总理衙门所发之电,很可能是请李盛铎在东京设法阻止日本派兵进京之事。这一天日本军队由天津进入北京。

[2] 林权助致大隈重信,第 208 号电报,1898 年 10 月 21 日下午 1 时 25 分发,5 时 20 分收到;大隈重信致林权助,第 141 号电报,1898 年 10 月 21 日。(《外务省记录》,1 – 6 – 1 – 4 – 2 – 2 第 1 册)

[3] 林权助致大隈重信,第 209 号电报,1898 年 10 月 22 日上午 11 时 50 分发,下午 11 时收到,该件注有"密"字,并注明"上奏、总理大臣、各大臣、参谋总长、军令部长,10 月 23 日送至";"大臣阅了、次官鸠山、政务局"。(《外务省记录》,1 – 6 – 1 – 4 – 2 – 2 第 1 册)

光绪帝授勋一事[1]

矢野文雄公使到达后,于23日发电大隈重信,称其将于24日与总理衙门会谈有关天皇授勋之事[2] 24日,矢野公使在总理衙门与庆亲王奕劻等人会谈,对于这一次会谈,奕劻等人后来的奏折称:"日本国使臣矢野文雄来署面递照会,内称奉其国命,有面奏皇太后、皇上之词","答赠崇高宝星"。28日,总理衙门上奏,称:"伏查各国使臣赍送国书、宝星随时觐见历经办理有案,今矢野文雄称奉有国命,有面奏之词,可否准其先行觐见之处,理合奏明请旨。"此时,英、俄、德、意、日、法六国军队已入北京,清朝皇帝随时接见奉有国命的外国使节也已成为清朝的定制,对于日本公使觐见光绪帝的要求,慈禧太后无理由也无能力加以拒绝。该折上奏后,慈禧太后下旨:"著于二十二日(11月5日)巳正(上午10时)在仪鸾殿觐见。"[3]仪鸾殿是慈禧太后在西苑的寝宫,第一次对外国人开放,也就是说,慈禧太后与光绪帝将同时召见日本公使。

也就在此时,大隈重信再次听到废黜光绪帝的消息。他于10月26日(九月十二日)致电矢野文雄公使:

《时事新报》北京来电继续称,英国驻中国公使继续警告中国政府,反对废黜中国皇帝,或以皇帝病重而另择继位者。与此同时,我

---

[1] 大隈重信致林权助的140号电报原件我们尚未看到,但在矢野文雄致大隈重信第210号电报的英文原件上,有一日文注明"140号电报矢野公使谒见皇帝陛下拜呈勋章",由此可见该电内容。大隈重信第139号电报发于10月18日,第141号电报发于21日,第140号电报当在18日至21日之间发出。此时矢野文雄已离开日本,给光绪帝授勋一事,很可能大隈与矢野之间并没有进行商谈。另外,此次天皇授勋一事,当时矢野文雄亦未将勋章带来,只是要求觐见,向光绪帝当面报告此事,正式的授勋于第二年才进行。

[2] 矢野文雄致大隈重信,第210号电报,1898年10月23日下午5时35分发,11时55分收到。(《外务省记录》,1-6-1-4-2-2第3册)

[3] 《光绪朝中日交涉史料》,卷52,第13页上。(《随手档》、《上谕档》光绪二十四年九月十四日)又,10月30日,总理衙门咨会内务府:"本衙门于本月二十二日带领日本使臣在仪鸾殿觐见,所有应备事宜,应由贵府妥为预备。"(《内务府来文·外交》,441/5-50-1/N第1715包)

没有从你处得到任何消息。由于这些报道对我们与中国的关系影响重大，我希望你尽全部努力，查明真相，并完全地、毫不迟缓地电告所有此类事项。[1]

矢野文雄在其 10 月 26 日的电报中称：

> 关于废黜的谣言已经过去。我要求觐见一事，10 月 24 日王、大臣未作任何反对，我正在等待答复。[2]

从电文内容来看，矢野尚未收到大隈的前引电报，第二天，矢野文雄再电大隈重信：

> 作为对你 143 号电报第 1 部分的答复，英国公使告诉我，他决没有走到那么远，以至于警告中国政府，反对废黜皇帝。报道是完全没有根据的。他所做的一切，大体与林（权助）相似，即警告极端的反对（改革）的行动。至于中国皇帝的病况，10 月 24 日庆亲王在总理衙门告诉我，皇帝有些消化不良，但正在好转。至于继承皇位者的报道，我还没有什么证据。我想，此类谣言大约根据不久前慈禧太后在宫中见了几个青年王子吧。[3]

矢野公使的电报说明，英国与日本虽没有提出公开的警告，但也做出具有明显倾向性的提示。当时反对废黜光绪帝的庆亲王奕劻，有无据此向慈

---

〔1〕 大隈重信致矢野文雄，第 143 号电报，1898 年 10 月 26 日。（《外务省记录》，1-6-1-4-2-2 第 1 册）

〔2〕 矢野文雄致大隈重信，第 211 号电报，1898 年 10 月 26 日下午 3 时 10 分发，8 时 15 分收到。（《外务省记录》，1-6-1-4-2-2 第 1 册）

〔3〕 矢野文雄致大隈重信，第 212 号电报，1898 年 10 月 27 日下午 4 时 20 分发，11 时 20 分收到。该件注明："秘"，"上奏、各大臣、参谋总长、军令部长，10 月 28 日送至"，"大臣阅了、次官鸠山、政务局、参事官"。（《外务省记录》，1-6-1-4-2-2 第 3 册）

禧太后明言日本、英国的态度，现限于史料，还不能得出清晰的结论，但慈禧太后表示将与光绪帝共同召见日本公使的本身，可以证明，至少在 11 月 5 日前，慈禧太后已不能在废黜光绪帝一事上有任何实际的举动。

11 月 5 日，慈禧太后与光绪帝同在西苑仪鸾殿接见日本公使矢野文雄。关于此次觐见，《清代起居注册》称："巳刻，（光绪帝）诣仪鸾殿升座，接见外国使臣，上温语慰问。驾还涵元殿。"[1]《起居注》限于其制式，仍在突出光绪帝，而在慈禧太后档册的记载上可以看出慈禧太后在此时的主导地位：

> 光绪二十四年九月二十二日，大日本国出使大臣在西苑仪鸾殿觐见。大清国皇太后赠日本国皇帝赤金上等珠石宝星一分。大清国皇太后赠日本国皇后赤金上等珠石宝星一分。于第二日上交总理衙门大臣王文韶转交日本国出使大臣。
>
> 贵使臣奉贵国大皇帝之命，赠宝星，具征厚意。即望贵使臣转为致谢。我两国同在亚洲，互相关切，尤见敦睦之意。并祝贵国大皇帝福寿绵延，升平永庆。[2]

后一段记录，当属当时觐见时由总理衙门所拟的答语，过去为光绪帝的致词，此时录在慈禧太后的档册中，很有可能是由慈禧太后致词。然而不管以谁为主导，这是光绪帝自戊戌政变后第一次正式接见外国公使。这是一个重要的政治信号。

慈禧太后在戊戌政变后未废黜光绪帝，当然是出于多种原因，其中最重要的，当属国内的反对意见。但日本政府曾于此事上向清朝施加过压力，尽管本文作者还不能准确地判明，这种压力对慈禧太后起到了多大分量的作用。

---

〔1〕《清代起居注册》光绪朝，第 62 册，第 31435 页。
〔2〕《记载档》光绪二十四年闰三月二十五日立，《宫中各项档册》簿 3996 号。相同的记载又见《日记账》光绪二十四年闰三月立，《宫中各项档册》簿 4179 号。关于慈禧太后所颁宝星样式，又可见《宝星账》光绪二十四年立，《宫中各项档册》簿 2560 号。

参与各国迫董福祥部甘军退出北京的联合行动

董福祥部甘军是当时清军的四大主力部队之一（其余三支为聂士成部、袁世凯部、宋庆部），1898年4月，因德占山东、俄占旅大，局势紧张，从山西调到直隶正定一带驻扎。9月27日（八月十二日），根据荣禄的提议，清廷命董福祥"藉前往演习为名，不动声色，酌拨数营"，前往秦皇岛一带"择要驻扎，以资历镇摄"[1] 董福祥遵命派何得彪率六营移驻秦皇岛。10月6日（八月二十一日），清廷再命董福祥将其余各部"即行移扎南苑，认真操练，以便简派王、大臣随时校阅，俾成劲旅"[2] 清廷的这一命令，无疑与当时英、德、俄三国军队进入北京的行动有关。[3]

根据清廷的上述命令，董福祥命何得彪率六营甘军从原驻地涿州于10月3日（八月十八日）前往秦皇岛，其间路过天津；甘军主力也于10月10日（二十五日）起开赴南苑，董福祥本人也于10月22日（九月初八日）率亲军由正定起程，赴南苑扎营。董福祥一军的调动，引起了正在派兵入京的各国使节的警觉。前已提及，日本驻天津领事将清军的调动一事向大隈重信报告，[4]在北京的代理公使林权助也报告了北京的情况，大隈

---

〔1〕《上谕档》光绪二十四年八月十二日。除调董部外，三天后，清朝另根据荣禄的提议，命在营口的宋庆部调派数营由马玉昆、宋得胜统带移驻山海关。荣禄调派军队前往秦皇岛、山海关方向是前些时候英国舰队曾往该处游弋，并当时传闻英、俄将会开战。

〔2〕《上谕档》光绪二十四年八月二十一日。

〔3〕工科给事中张仲炘于当日奏称，英军除先到数十人外，"另有陆军二千，亦将陆续进发"，"难保必无干预内政之心"。他还提议："洋兵如果进京，断非专为保护使馆起见，必有他谋。仅恃京兵不足御乱，若调外兵又恐人心惊扰。臣思前次谕旨停止巡幸天津，而于南苑阅操一节并未声叙。拟请宣谕酌调董军数营或聂军、袁军数营，驰赴南苑驻扎，听候简阅，一面密饬戒备，有警即援。届期仍请钦派王、大臣前往校阅，以掩外人耳目，庶几人不惊惶而防范益密矣。"（《戊戌变法档案史料》，第474—475页）

〔4〕天津领事郑永昌电称："军务当局不为下述各地军队增派极为繁忙：往北京，甘军7500人；往秦皇岛，甘军3000人，毅军4000人；往岐口，沧州练军2000人；往山海关，武毅军5000人。甘军昨日已通过天津。"郑永昌致大隈，10月18日下午3时30分发，19日下午4时5分收到。（《日本外交文书》，第31卷，第1册，第685页）

重信要求林权助对此进行调查。

10 月 22 日,林权助电复大隈:"关于军队的调动,我已照会总理衙门。他们尚未答复。"23 日,回任复职的矢野文雄公使致电大隈:"北京军队调动一事,总理衙门答复道,他们仅是为了训练,目前正是季节。我们从此中可以猜出,中国政府企图增强其在北方的军事力量的能力并增加其数量。荣禄,慈禧太后之甥,已受命指挥北方的几支军队,而他必定会做点事情使之显得更有效能。"[1]总理衙门的这一答复,是从清廷谕旨的字面上进行解释的。矢野文雄还认为,刚刚奉命节制北洋各军的荣禄不过是欲有所表现而已。

10 月 23 日(初九日),开往南苑的甘军先头部队在卢沟桥与卢汉铁路的英籍人员发生冲突,甘军士兵打伤了英籍工程官员及英国公使馆翻译等人,英籍工程官员下令中止铁路工程。事件发生后,英国公使窦纳乐立即与总理衙门交涉。25 日,清廷下达了一道谕旨:

> 本月初九日甘军在芦沟桥与铁路工程司洋人互殴,洋人受有石伤,甘军二人亦受重伤。此事究竟因何起衅? 实在情形若何? 著胡燏棻迅速查明,持平办结。[2]

胡燏棻为顺天府尹、办理卢汉铁路大臣,清朝以其调查处理此事,想尽快地息事宁人,了结此事。然英国等国感到甘军入京对其已调入北京小部队产生了威胁。27 日(十三日),外国驻北京公使团开会,以甘军士兵的"暴行"为由,要求清政府将之撤离北京。公使团团长、西班牙公使葛络干照会总理衙门,提出了强硬的要求。当日,矢野文雄致大隈重信的电报称:

---

〔1〕 林权助致大隈重信,第 209 号电报,1898 年 10 月 22 日上午 11 时 50 分发,下午 11 时收到;矢野文雄致大隈重信,第 210 号电报,1898 年 10 月 23 日下午 5 时 35 分发,11 时 55 分收到。(《外务省记录》,1-6-1-4-2-2 第 1 册、第 3 册)
〔2〕 《上谕档》光绪二十四年九月十一日。

几天前，一些来自甘肃的士兵对一些外国人制造麻烦。他们是那种最坏的士兵。外交团正在要求总理衙门将该军调至安全地带。我认为，我可以单独做此类的事。就在事件发生前，林（权助）向总理衙门询问军队调动的意图时，已经直接警告过总理衙门。[1]

至于该电中提到的"单独"行动，即是单独向清朝提出劝告。矢野文雄在事后的报告中称，他在公使团会议后来到总理衙门，劝告清朝立即将甘军撤离"乃是上策"。总理衙门对此回答称，甘军是奉旨调来检阅，尚有部队还未开到，一旦检阅完毕，随即调往他处。很显然，总理衙门的这一答复是打算做出让步，但在形式上仍要求维护朝廷的体面。11月1日（九月十八日），胡燏棻上了两道奏折，报告了其调查结果与处理建议，清廷下旨：

> 胡燏棻奏遵查甘军在芦沟桥起衅情形，现经办理完结，请旨惩儆各折片。营官尽先补用副将朱万荣于所带勇丁约束不严，著交部严加议处，芦保铁路委员弹压未能得力，并著查取职名，交部议处。余依议。[2]

清廷的处理方法一如其旧，仍是惩治相关官员，让洋大人消气，以使事态缓解。清廷的这一处理结果并未使各国公使满意。

恰在此时又传来甘军在山海关一带与德国人发生冲突的消息。德国公使海靖要求公使团再次召开会议。11月5日（二十二日），各国公使团再次会议，海靖提出，应向清朝要求限期令甘军撤离，否则各国将占领山海关至北京的铁路线及电报线。在会前，海靖公使已向俄国公使透露过其计划，

---

〔1〕 矢野文雄致大隈重信，第213号电报，1898年10月27日下午4时20分发，11时10分收到。原件上注有"秘"，"上奏、总理大臣、各大臣、参谋总长、军令部长"，"大臣阅了、次官鸠山、政务局、参事官"。（《外务省记录》，1–6–1–4–2–2第1册）又，该件在《日本外交文书》有日译本。此据英文原件译出。

〔2〕 《上谕档》光绪二十四年九月十八日，又据该日《随手档》，胡燏棻奏折的题由是"遵查甘军起衅办理情形"，"甘军在杨村滋事现已调处片"。

并称已报告了本国政府。矢野公使恰在这一天上午觐见慈禧太后与光绪帝。下午开始的公使团会议持续到第二天清晨。矢野认为,如果日本表示反对的话,很可能会排除在德国等国占领山海关至北京一线的军事行动之外,于是在会上表示了支持。为了确保日本能参加联合军事行动,矢野文雄在会上提出:"此种行动可以理解为列国联军的意思吗?"在得到各国公使的肯定答复后,矢野"将日本在这种场合下也一定要加入其联合行动的意思用法文口述书的方式留在议事录上"。公使团会议形成了决议:一、清朝须将甘军于 11 月 15 日前撤离直隶;二、清朝须向各国通报甘军撤往的地点。清朝若不履行这两项条件,各国将对北清铁路及电报线采取其认为适当的方法。公使团的决议由公使团团长、西班牙公使葛络干通知总理衙门。〔1〕11月 7 日(二十四日),矢野文雄致电大隈重信,简要说明会议情况:

> 对于我的第 213 号电报中的内容,总理衙门的答复是不能令人满意的。外交使团会议后决定,联合照会总理衙门,要求甘军于 11月 15 日从直隶撤出。照会中还补充道,若不顺从,有关列强政府将会考虑采取必要的措施以确保交通安全及外国居民的安全。恰在会前,英国公使告诉林秘书官,德国公使对他及俄国代理公使说,如果清朝政府不满足各国要求,将考虑占领山海关至北京的铁路,此事他已电告本国政府。在昨天上午的会议上,我已陈明,若无满意的答复,日本政府将加入联合照会中所提及的行动。然而,我认为,中国政府将会接受。外国军队占领铁路将会引起巨大的骚动,由此,我将立即劝告中国政府满足各国的要求。〔2〕

---

〔1〕 矢野文雄致青木周藏,第 120 号机密信,1898 年 11 月 12 日发,11 月 24 日收到。(《日本外交文书》,第 31 卷,第 1 册,第 709—714 页)又,该件档案原件上注明:"上奏、内阁通知。"

〔2〕 矢野文雄致大隈重信,第 221 号电报,1898 年 11 月 7 日上午 10 时 50 分发,下午 7 时收到。原件上注明:"秘","上奏、总理大臣、各大臣、参谋总长、军令部长,11 月 8 日送至","大臣阅了,次官鸠山,政务局、参事官"。(《外务省记录》,1-6-1-4-2-2第 1 册)又,该件在《日本外交文书》有日译本。此据英文原件译出。

各国公使的联合照会引起了总理衙门的紧张。11月7日(九月二十四日),朝廷发出上谕:"董福祥所部甘军现在全队调集南苑,著派庆亲王奕劻前往认真校阅。"[1]这一道谕旨的意思很明显,清朝将在检阅结束后,按照各国的要求,撤退甘军。也就在这一天,矢野文雄照会总理衙门要求会见。而总理衙门派出三位大臣崇礼、徐用仪、袁昶来到日本公使馆,说明甘军即将会转移。矢野文雄事后的报告称,他向其"恳切"地讲明了此事的"极端严重性和危险性",三位总理衙门大臣"遂听从了我方的忠告"。9日(二十六日),总理衙门首席大臣庆亲王奕劻答复首席公使西班牙公使:检阅完毕后,将于10日发布甘军移兵的上谕,至时将通知各国公使,请各国公使放心。

11月10日,公使团再次开会,会后联合照会总理衙门,称他们不相信清朝发布的上谕能满足他们的要求,继续施加压力。11日(二十八日),首席公使西班牙公使将联合照会交给总理衙门。也就在这一天,慈禧太后下达了懿旨:

> 奕劻奏遵旨校阅甘军马步各营操演完竣据实复陈一折。董福祥所部全军经奕劻认真校阅,各营弁勇一律精壮,队伍亦甚整齐,一切分合进止均能娴熟。该提督治军严整,教练有方,深堪嘉尚。著赏给白玉翎管一枝、白玉搬指一个、白玉柄小刀一把、火镰一把,交董福祥祗领,以示优眷。并著赏给该军兵勇银一万两,由户部给发,并发去小卷袍褂料二百卷,著董福祥分别赏给营哨各官。所有该提督所部甘军著休息数日,即行移赴驻扎处所,认真训练,务期精益求精,以副朝廷整军经武至意。[2]

这一道表面上冠冕堂皇的上谕,实际上是根据各国要求而下达的撤兵令。

---

[1]《上谕档》光绪二十四年九月二十四日。
[2]《上谕档》光绪二十四年九月二十八日,又据该日《随手档》,奕劻的折名是"遵旨校阅甘军事竣折"。

戊戌政变后,慈禧太后虽也下达懿旨,但并不为多,绝大多数的谕旨仍以光绪帝的名义下达。这一道撤兵令以慈禧太后懿旨的名义下达,也是向各国公使表明慈禧太后本人的态度。12 日此懿旨交给各国公使,该上谕虽有"休息数日"之语,但矢野的判断是:"现在见到的情况是,清政府已意识到要迅速满足各国公使的要求,各国公使也稍知其意,无意再强取激进之态度。"[1]

11 月 13 日(三十日),新任总理衙门大臣许景澄来到日本公使馆,向矢野文雄说明,清朝内部对撤军有着不同意见,然经过庆亲王奕劻的努力斡旋,最终同意甘军于 15、16 日出发,撤往距北京六七十里的蓟州。矢野对此表示:"鉴于日清间的亲密友谊,同时斟酌清政府的情况,殷切希望清朝的措施能够实现;而且其他各国政府也赞成清政府的举措,那将是最幸运之事。"[2]矢野的这一番外交辞令,其核心意思是,甘军撤至蓟州而未出直隶,日本方面对此不会专门为难,但其他各国可能会以此发难。矢野并要求总理衙门给予正式答复。14 日(十月初一日),总理衙门通知各国公使,15 日起甘军将撤至蓟州,并说明此地虽仍在直隶之内,但离铁道线很远,以后能保证不妨碍各国官商铁道旅行。15 日,公使团再开会议,英国公使窦纳乐表示,清朝不能完全满足各国公使的要求,他只能上报其本国政府。其他各国公使纷纷附议。会议决定,清朝若不能将甘军撤离直隶,各国公使只能具报本国政府,听其决定;但清朝必须首先履行撤兵蓟州的诺言,若不撤退,所引起的后果,由清朝政府负责。16 日,首席公使西班牙公使将此照会总理衙门。同日,矢野文雄电告东京:

至于我 221 号电报所述内容,总理衙门经过一番磨难后答复,甘军将被撤往蓟州附近。该地虽距北京和任何铁路线都有一定的距

---

〔1〕 矢野文雄致外务大臣青木周藏,第 120 号机密信,1898 年 11 月 12 日发,11 月 24 日收到。(《日本外交文书》,第 31 卷,第 1 册,第 709—714 页)

〔2〕 矢野文雄致外务大臣青木周藏,第 122 号机密信,1898 年 11 月 26 日发,12 月 8 日收到,该件上注明:"上奏、内阁通知、在外公使通知","大臣周藏、次官都筑"。(《外务省记录》,1–6–1–4–2–2 第 1 册)

离,但仍在直隶之内。在昨天下午的外交团会议上,这一答复被认为并非令人满意。外交代表们在接纳中国政府方面和解的态度的同时,决定将事件上交给他们所代表的政府。我认为,若诚意得以实现,我们可以接受这一答复。但为预防起见,列强政府之间交换看法是十分必要的。为此,我冒昧地建议你这么做。[1]

矢野文雄请求外务省通知日本驻各列强使馆,于此事展开全球性的外交,以了解各国的态度,随时准备参加各国可能进行的军事行动。[2] 然此时日本内阁已经换届,第二次山县有朋内阁成立,青木周藏子爵出任外相,日本的对华外交态度有所改变。青木外相于17日(初四日)电复:

> 关于你226号电报中谈到的内容,建议你与列强协同行动。我希望你通过他们在北京的外交代表查明列强的态度。[3]

青木外相虽没有直接说出其根本态度,但明显表露出不愿意日本在此类事务上卷入过深。矢野文雄也从这一简短的指令中看出了日本此时的外交政策变化。至11月29日(十月十六日),矢野文雄再电青木周藏外相:

> 至于对待甘军的问题,英国驻清公使、法国驻清公使、德国驻清

---

[1] 矢野文雄致青木周藏,第226号电报,1898年11月16日下午3时发,下午11时58分收到。(《外务省记录》,1-6-1-4-2-2第1册)

[2] 对此矢野文雄在事后的报告中解释道:"本来该事件并非何等重大事件,之所以如此,在于唯恐由此引发两三个国家以不满意清政府的处置为口实,占领铁道与电线,我政府又不能袖手旁观令其独占利权。且就此次事件而言,各国很有可能干出各种各样的事情。因此弄清各国政府的意图乃是最重要之事。此在本地外交官中,各自都有自己的手腕,大有互相深藏其意之倾向。"矢野文雄致外务大臣青木周藏,第122号机密信,1898年11月26日发,12月8日收到。《外务省记录》,1-6-1-4-2-2第1册。

[3] 青木周藏致矢野文雄,第151号电报,1898年11月17日发。(《外务省记录》,1-6-1-4-2-2第1册)

公使对 11 月 16 日起撤往蓟州的行动看来似乎满意。至于俄国驻清公使,我有理由相信,他不会生出事端。由此,问题现在可以认为得以实际解决,除非中国政府中止撤军。[1]

逼迫清朝撤退甘军,是戊戌政变后各国对清朝进行干涉的重大联合行动。它与各国派兵北京相联结,使慈禧太后感到了巨大的压力。在这一过程中,日本政府最基本态度有如其前派兵入京,即绝不放弃任何可能从中获益的机会,同时也注意加密与清朝的联系,扮演"忠告者"的角色,随时以其政治理念影响总理衙门,并力图能通过总理衙门影响慈禧太后与军机处。

四、山县有朋首相、青木周藏外相的态度变化

1898 年 11 月 8 日(九月二十五日),第一次大隈重信内阁倒台,第二次山县有朋内阁成立。对于这一次政治变动,清朝驻日本公使李盛铎曾于 6 日发电总理衙门:"日相大隈重信因援进步党犬养毅为文部大臣,为自由党攻击,遂偕同党数大臣乞退。议以山县有朋代之。闻日君注意伊藤,伊不愿云。"[2]这是清朝驻日本公使馆发来的数量极少的政治情报之一。

第二次山县有朋内阁的上台,表明了日本政权从民党再次转入藩阀手中。山县有朋(1838—1922),早年就学于松下村塾,明治维新初期主要从事陆军建军,后任内务大臣、陆军大臣、总理大臣等职。他一贯憎恨

---

〔1〕 矢野文雄致青木周藏,第 230 号电报,1898 年 11 月 29 日下午 4 时 40 分发,下午 11 时 10 分收到。原件注明"上奏、总理大臣、陆、海军大臣、参谋总长、军令部长,11 月 30 日送至","大臣周藏、次官、政务局"。(《外务省记录》,1-6-1-4-2-2 第 1 册)又,该件日译本又见《日本外交文书》,此据英文原件译出。
〔2〕 《总理衙门清档·收发电》,01-38,该电于 7 日收到。

组织政党,而对军人干政却开辟了最初的航道。他以青木周藏为外务大臣,此时的外交事务也多交由青木主持。青木周藏(1844—1914),早年留学德国,后长期出任驻德公使。1886年任外务次官,1889年任外务大臣,1891年被迫辞职。后又出任驻英公使。他的主要工作是致力于"条约改正"。伊藤博文、大隈重信等人亲自参加并领导明治维新,对中国进行的戊戌变法虽不完全赞同,但有一份个人经验上的同情。青木的经历不同,他是日本第一代的职业外交家,注重的不再是个人的感受,而是日本的实际利益。此时他再任外务大臣,对华政策与大隈重信大不相同。他认为,戊戌政变已经过去了一个多月,慈禧太后已经控制了局面,日本政府的主要交涉对象还是清朝政府,尤其是清朝政府中的实力派,而对于清政府的基本政策走向、对于受过迫害的改革人士的命运不再那么关注了。廖隆干先生1987年论文对山县有朋、青木周藏的外交政策已有初步的分析,以下的叙说是根据相关档案再加以细化。

劝告清朝实行温和主义的行动被中止

根据大隈重信的训令,林权助代理公使对清政府进行的"劝告"共有四次:10月1日(八月十六日),林权助至总理衙门,要求实行温和主义;6日(二十一日),林权助到总理衙门,问及光绪帝的地位,再次劝告实行温和主义;10日(二十五日),林权助到总理衙门,问及黄遵宪被看管事,并有大量言论指责清政府对改革派官员手段过激;12日(二十七日),庆亲王至日本公使馆,林权助要求向慈禧太后、军机处转达其劝告。

矢野文雄于10月22日(九月初八日)回任后,按照大隈重信的指示,继续劝告清朝政府实行温和主义的路线。他认为:"皇太后训政之后,清政府的政策一如守旧主义,列国将其看作是一个完全排外的政府,且国内有识之士也看穿其不足以谋事。若照今日之状态继续下去,将来清国之存立,几不可望。因此,我国此时应尽善邻之道,尽可能尝试着对其进行忠告与诱掖,并有扶殖的义务。"他还认为:"若其不能听我忠告,以至于诱掖无望之地步,我亦不得不因此再定对清之方略。"矢野文雄的目的是,通过劝告的方式,使清政府的政策从守旧主义转向温和主义,同时扩大日本对华的影响力。若清政府拒绝日本的劝告,日本应另定对华政策。他回到北京后,一有机会与总理衙门各大臣相见,"每每尝试着对其忠告",并注意察言观色,"但总是十分不得要领"。

11月5日(九月二十二日),矢野文雄公使在觐见慈禧太后、光绪帝的仪礼结束后,于次日写信给庆亲王奕劻:

> 昨日觐见礼成,得达使命,未始不仰仗殿下鼎力,感佩弥深。兹有一事关系贵国,尤属紧急,若于公会则恐漏泄,鄙人拟于中历九月二十六日(11月9日)随同翻译趋诣王府,相对奉闻。是日何时可以少待,务希饬复为盼。

矢野文雄认为,他本人"看准庆亲王,乃是知此人正处在权倾内外、其意无不行的状态",要求在其家中私下会面,"成两人之退谈,从而进笃实之忠告,且可了解清廷之方针"。此处的退谈,当属两人的私下密谈;而此时恰是各国公使要求甘军撤离直隶之际,清朝的外交处境十分艰难,庆亲王奕劻于7日复信:

> 函称拟赴第,有面谈事件等因,本爵拟于廿六日两点仍在总署晤谈,屏退左右,以昭慎密。届时即希贵大臣贲临可也。

奕劻当时的处境也很微妙。他既不敢让矢野文雄到其家中密谈,致有里通外国之嫌;也不敢放弃这一外交机会,因为甘军撤离直隶一事,他还希望矢野公使从中斡旋。

11月8日(二十五日),庆亲王奕劻与总理衙门大臣崇礼、徐用仪、袁昶因事去俄国公使馆归途,顺便访问日本公使馆。奕劻表示,如果矢野公使所谈只限于公事,其他总理衙门大臣陪席是否方便。奕劻带上其他大臣提前主动上门,其意是为了防止第二天矢野来到总理衙门后两人在密室交谈的尴尬。矢野对此表示,其他大臣陪席并无妨碍,且正合其意。据

矢野文雄事后的报告,此次会谈的内容大致如下:

矢野:据本使所闻,当年皇太后垂帘听政之时,用通晓洋务之人材,内外政绩大举。由此推之,知今日之训政亦决非守旧也。然奈何察训政之后之政令,无一有促进改革之倾向者。仰贵国今日百事不行,非得进行一些改革,此为中外识者所尽知。然在今日,若执守旧派之方针,外者为友邦疑有排外构难之意,内则为有识之士大夫视为不足以谋国事之政府,不免有见弃之事。若一至此,与外国交涉常陷多难,于国内则人心离叛,或至于不救亦难预料。国内无赖不逞之徒时酿骚乱之事大概尚不足忧,但若令有识之士认其政府乃不足与谋而失其心时,其祸虽未显于目前,但为深远坏裂之源,致使他日贵国陷于不敢言之不幸,实有足于寒心者。本使敢问现在政府之方针如何?

奕劻:皇太后之本意,也未必在于守旧。然为事之要,以实为先。苟得行其实,名不及变者多也(盖尽可能不变旧法制之名,而行改革之实之意)。今日之时势实有改革之必要,太后固然知之,只是不悦大张改革之名,少得改革之实,徒使人心动摇而已。故今日之方针,既不云推新,亦不必云守旧,而不外有依次进行必要改革之深意。

矢野:果然如此,则诚有足以令人欢悦者。然古谚称:"无其心而令人疑者危",贵政府之方针若果然未必守旧,而令中外误解为极端之守旧,此十分不智也。为贵政府计,本使有两条望贵政府火速实行。其一,将政府方针未必守旧与实行不排外主义布告天下。其二,除了被视为过激主义康有为一派外,心怀改革思想的人物不少,然此等人物亦因康有为一事而同蒙黜免。故今当救助、起用此等人才,以将政府未必守旧之事实公示天下。

奕劻:贵公使所言实当。贵公使作为局外人尚有此言,我等始知外国人之感情也。必将贵公使之言上奏皇太后,为发示布告而尽力。又,退一步而言,虽曰人才,然亦无再次起用之先例。此事绝不可行。且用人之权亦在皇太后、皇帝,自己权力有限,但将贵公使之美意上奏。

矢野：日清两国唇齿关系无人不晓。今贵国之患即是本国之患也。是以本使之忠告有不得已之处。本使进此苦言，心中实有不可忍者也，惟望殿下深察之。

据矢野的报告，他与奕劻"在融洽的气氛中进行了种种交谈"，以上只是谈话之"概要"。他认为："此次会见对彼等多少起了些作用，彼等亦感觉到我国的好意。"

在此次面谈中，矢野文雄提出的第一项要求是清朝下诏表示其不守旧不排外，奕劻对此答应了。矢野文雄提出的第二项要求是清朝再度起用康有为一派以外具有改革思想的官员，对照此时慈禧太后已经采取的行动，这一个名单应当包括张荫桓、陈宝箴、黄遵宪、徐致靖、李端棻、陈三立、江标、熊希龄、吴懋鼎、王照、文廷式、王锡蕃、李岳瑞、张元济、志琦；在这些人中，张荫桓、黄遵宪是日本方面最为看重的人，而张恰又是慈禧太后认定的死敌，文廷式又是慈禧太后的私敌。对于这一项要求，奕劻是无论如何也不敢答应的。

矢野文雄与奕劻的会谈，也取得了一些效果。11 月 16 日（十月初三日），慈禧太后下达懿旨：

从来致治之道，首在破除成见，力戒因循。自古有治人，无治法。盖立法之初，未尝不善，积久弊深，不得不改弦更张，以为救时之计。然或彼务虚名，不求实际，则立一法又生一弊，于国事仍无裨益。故弊去其太甚，法期于可行，必须慎始图终，实事求是，乃能有济。深宫宵旰焦劳，勤求治理，无时不以力图自强为念。而内外大臣大率畏难苟安，不知振作，国家所赖以宏济艰难补救时局者果安在耶？即如泰西各国，风俗政令与中国虽有不同，而兵农工商诸务，类能力致富强，确有明效。苟能择善而从，次第举办，致可日期有功。第恐浅识之徒，妄生揣测，或疑朝廷蹈常习故，不复为久远之谋，实与励精图治之心大相刺谬。总之，兴利除弊责在疆臣，陈指得失责在言路。嗣后内外臣工及有言事之责者,务当各抒己见,凡有益国计民生者,切实陈奏,以备采择施行。毋得徒以空言塞责,致负殷殷求治之意。

在《上谕档》中,军机章京还特别标明为"御笔",即不是军机大臣代拟,而是慈禧太后的亲笔,并注明"御笔见面带下,遵缮懿旨后,随事缴进",即该御笔由军机大臣见面后带下由军机章京抄录,抄后随其他文件一同上缴慈禧太后。[1] 然而,这一道极为缜密的懿旨,不像是慈禧太后本人之作,很有可能是奕劻代拟的。由于奕劻不是军机大臣,该懿旨由慈禧太后抄录后发下。这一道懿旨表面上看也回答了矢野公使的要求,但熟悉清朝政治操作的人可以看出,向西方学习的范围为"兵农工商",方法为臣工上奏"以备采择",与戊戌变法以前的做法并无二致。

矢野文雄公使收到慈禧太后的这一懿旨后认为,"前日的忠告多少发挥了作用","在采用外国事物上还进一步明确强调"。于是,11 月 18 日(十月初五日),他又给庆亲王奕劻发了私信:

> 鄙人前将区区披陈左右去后,恭读贵历十月初三日懿旨一道。其于致治之道,慈虑周详。内则俾臣工知贵政府意在破除陈见,力戒因循,不复妄生揣测,愿发愤碎励,各效其力;外则俾列国知贵政府意在兵农工商诸务,择善而从,次第兴办,不复或疑朝廷蹈常袭故。望共赞化,育享其福。训政伊始,奉此懿旨,固虽皇太后、皇上天纵圣明所致,来始不由贤王启沃。曷胜欣佩。
>
> 抑鄙人犹有进焉:一视同仁,不分畛域,叠下明诏,乃不啻氓之蚩蚩,士大夫亦疾视外人,以致酿成巨案,尤宜惩前毖后。至于究心时务之人才,春来多蒙擢用者,其人所见所执,各不相同。乃因意外之事均蒙黜革,今也殆有因噎废食之慨。当此需才也亟,自宜甄别录用。
>
> 以上两端,亦下懿旨通谕知之,以系内外人心,则深宫宵旰力图

〔1〕《上谕档》光绪二十四年十月初三日。

自强之念,用能有济。鄙人于贵国,心乎爱矣,退不谓矣,中心藏之,
何日忘之。惟殿下察之。

矢野文雄在此信中又提出了两项要求,其一是对敌视外国人的人和事
"惩前毖后",加大处罚;其二是要求起用被黜革的改革派人士。从当时
的政治情形来看,这一封信很难再起到作用。清朝已知康有为等人逃往
日本,也怀疑日本是康有为等人的后台,矢野文雄尽管说明"所见所执各
有不同",只是要求起用温和的改革派,但清朝不可能对此不起疑心。对
敌视外国人的士大夫加重处罚,对清朝说来有如自断臂膀,这一批人恰恰
是慈禧太后再次训政的拥护者。矢野文雄要求以慈禧太后的名义再下懿
旨,其口气也有如命令。尽管矢野文雄自称"心乎爱矣",但奕劻收到此
信的感受,恐怕不是"爱",而是一种巨大压力。

矢野文雄的"忠告"行动完全遵循大隈重信的指令,并自认为已取得
重大进展。11 月 26 日(十月十三日),他向外务大臣青木周藏写了机密
报告,详细汇报了他的行动,言辞中也颇为自得。在这份报告的最后,矢
野文雄写道:

> 今日时局,要而言之,清廷的方针已稍稍从极端守旧中脱出,虽
> 未见改革之实,至少有了些进步。其提倡者不尽是守旧的了。所以
> 下官考虑,将来如有时机,我国有必要进一步地经常给予忠告与
> 鼓励。

12 月 8 日(十月二十五日),外务省收到矢野文雄的报告,外务次官都筑
馨六在该报告上批注:

> 如本件这样的介入内政之忠告,徒有损其当政者感情,而未奏任
> 何效果。清国内政之改进主义或守旧主义,其当国者知否,对我并不
> 重要,重要者只是以我邦利益为唯一标准而利用机会。我想是否有
> 必要将此意见告知矢野公使,最好用私信,是否可以?

都筑次官这一批语的核心是"以我邦利益为唯一标准而利用机会",此语也恰是此期青木外交的核心。外务省政务局长内田康哉又批注：

> 次官注意之点，来不及处理的，有大臣的命令。[1]

本文作者虽然没有查到青木周藏的命令，但都筑、内田表达的都是青木的政策，也就是利用机会扩大日本在华利益，不再劝告清朝实行温和主义。可以肯定地说，外务省给予矢野文雄以明确的指令，因为他以后再也不进行此类"劝告"行动了。

援救文廷式的行动被中止

文廷式早年在广州时，曾客广州将军长善幕府，与其嗣子志锐、侄志钧相善。而志锐、志钧的妹妹又是光绪帝的珍妃、瑾妃，有了这一层关系，光绪帝对文廷式也另加青眼，升其为翰林院侍读学士，日讲起居注官。1896 年他为御史杨崇伊所劾，"革职永不叙用"，其中重要的原因，是慈禧太后得到密报，文廷式对光绪帝有不利于她的言辞，但碍着光绪帝的情面，一时还未对文廷式下毒手。戊戌政变后的第四天，9 月 25 日（八月初十日），京城中也仅捉拿了张荫桓、康广仁、谭嗣同、杨深秀、林旭、杨锐、刘光第等七人，慈禧太后就想到了这个旧仇人，由军机处密电两江总督寄刘坤一、江西巡抚翁曾桂："已革翰林院侍读学士文廷式，是否在籍，抑在上海一带，著刘坤一、翁曾桂密饬访拿，押解来京。"[2]

江西巡抚翁曾桂奉旨查拿未获，于 9 月 28 日（十三日）电告总理衙门，请求代奏：

---

〔1〕 以上引文，凡未注明者，皆见于矢野文雄第 124 号机密信。（《日本外交文书》，第 31 卷，第 1 册，第 717—722 页）
〔2〕 《随手档》、《电寄档》光绪二十四年八月初十日。

奉初十日电谕……钦遵。查省垣有该革员寓所,即密饬南昌、新建两县前往查拿。旋据复禀,该革员并未在省,询据其族弟内阁中书文廷心声明,其兄早经外出,曾接其七月底自湖北来信云,八月初间拟往上海或出洋游历。以后未接续信,不知下落等语。当即一面电达督臣刘坤一,一面知照湖广督臣张之洞。一体访查,拿押解京。仍密饬该革员原籍萍乡县令访查踪迹,如有下落,即行拿解。请先代奏。翁曾桂。文。[1]

这一封电报表面上虽然是无懈可击,但很明显地让人嗅出公事公办的味道。翁曾桂把球踢到上海和湖北去了。10月2日(十七日),刘坤一电告:

奉旨饬拿文廷式等因。当即饬遵派员于上海等处严密访拿,并电西抚于该革员原籍一体查缉。旋据上海委员禀复,该革员今春二月间到沪,因江西新设学堂于六月初回籍,至今未来。又准翁曾桂电称,据该革员族弟文廷楷声称,伊兄七月底从鄂来信,八月初拟往上海或出洋游历。以后未接来信,不知现在何处各等语。互证参观,恐尚在湖北逗留。业经坤一电饬江汉关道俞钟颖,迅速访拿,毋稍疏纵。并饬派赴上海委员实力稽察,毋使出洋。一俟获到,即行起解。请代奏。坤一。铣。[2]

刘坤一的电报更是指明文廷式在湖北,也将其责任推卸。清廷的这一谕旨也为日本方面所侦知,上海代理领事诸井六郎在10月10日(二十二日)给大隈的电报中称:"文廷式已经被捕。"[3]这一情报是错误的,诸井六郎将清廷的命令当作已完成的行动了。

实际上,文廷式于此时躲了起来。他的行踪在清朝的许多高官那里

---

〔1〕《总理衙门清档·收发电》,01-38。
〔2〕《总理衙门清档·收发电》,01-38。
〔3〕诸井六郎致大隈重信,1898年10月10日下午3时19分发,6时10分收到。(《外务省记录》,1-6-1-4-2-2第1册)

是清清楚楚的。戊戌政变发生时,文廷式正在长沙,忽然接到湖南巡抚陈宝箴迅速逃遁的劝告。于是,他虽不知道事情的缘由,但立即在长沙附近的偏僻乡下藏身。当他得知北京的政情,感到十分危险,恰已革湖南巡抚陈宝箴交卸完毕,返回故乡,命地方官用官船将文廷式送到汉口。文廷式在湖南藏匿期间,曾暗中联络日本驻上海代理总领事小田切万寿之助。当小田切在政变后从日本返回本任后,对文廷式的安全十分注重,多方打听,得知其潜藏于湖南某地。于是他制定了一个援救计划,委托汉口的东肥洋行主任绪方二三办理此事。但绪方与文廷式走岔了道,未能见面。当文廷式与他的弟弟文廷楷来到汉口时,绪方二三即按照小田切领事的安排,变换文氏兄弟的装束,并派护送人员,乘大阪商船公司的轮船天龙丸于11月19日(十月初二日)来到上海。文廷式原本想到了上海去日本,但闻康有为等已到日本,便改了主意。小田切领事打算"暂观形势后,再劝其来本邦漫游"。对此,他在报告中称:

> 文廷式与湖广总督张之洞、前任巡抚陈宝箴同被认是该国渐进派的领袖人物。其与张、陈两官交往甚密。本年夏间,张总督自上海返回武昌,曾让他乘坐自己的座舰楚材号,同行到镇江。此为一例。两江总督刘坤一也很器重该人。先前下达捕拿密旨时,刘坤一回答说:"该人目前正在海外漫游,俟其归国后再予惩办。"由此而加以保护。此次文氏由湖南经湖北到达本地,消息早已传到刘总督的耳中,但其故作不知。

> 虽有人观察到前任巡抚陈宝箴暗中与康有为气脉相通,这全是误会。陈巡抚认为康有为有所欠当,曾达到弹劾该人的地步;只不过是陈巡抚举荐的晚辈与康有为在政事改革上意见一致,互相提携而已。文廷式等人在南方的势力与信用决非康有为可比。今日对该人加以适当的保护与帮助,对将来的邦交必当有所裨益,卑职于此事确信无疑[1]

---

[1] 小田切万寿之助致外务次官都筑馨六,第60号机密信,1898年11月23日,29日收到。《日本外交文书》,第31卷,第1册,第715—717页。

小田切在政治上与张之洞交好,相互的联络甚多。他主张让文廷式去日本,完全是从利益上考虑。这与先前援救梁启超、黄遵宪等人是不同的。然而,小田切领事的主张也同样被外务省拒绝了。外务次官都筑馨六12月20日(十一月初八日)给小田切的答复,强调的是利益的原则:

> 奉到上月23日机密信,所言清国前翰林院侍读学士文廷式的经历以及救助该人的情况已知悉。至于该人来本邦一事,正如你的意见一样,目前还不是时机,且在该人身上也不会有什么利益。所以,所言来日本之事,我以为最好请他打消此念。如果他硬要来日,也请他打消这样的想法:因曾救助过他,便会从帝国政府处领到钱。贵官可斟酌时间,预先秘密通知他。[1]

由此可见,到了这时候,日本政府不再关心改革派人士的命运,更多地注意与清政府的关系,而他们的主要目标是张之洞等实力人士了。

需要说明的是,尽管日本政府拒绝正式救援文廷式,但他后来还是去了日本。

"礼送"康有为离开日本

日本政府"礼送"康有为离开日本,已有众多研究先进加以揭示。其中功力最深者,当属王树槐先生1965年著作、永井算己先生1966年论文、狭间直树先生1995年论文与李廷江先生1999年论文。本文作者在本节的叙述以此为基础展开,其中最后一部分则引用了永井、狭间两先生论文的论点论据。

康有为逃到香港后,于10月6日(八月二十一日)接受香港《中国邮报》记者的采访。政治经验严重不足的康有为,在此次访谈中对慈禧

---

〔1〕 外务次官都筑馨六致小田切万寿之助,第34号机密信,1898年12月20日。(《日本外交文书》,第31卷,第1册,第724页)

太后大加攻击,称她只是一个妃子,光绪帝已经认识到慈禧太后不是他真正的母亲;又称光绪帝对其如何信任,夸大他本人在维新运动中的作用。最后,他还称光绪帝已给他密诏,让他去英国求救,恢复光绪帝的权力。该文在《中国邮报》和上海的《字林西报》周刊刊出。《申报》等其他一些报纸对此也有援引者。此外,康有为还向国内寄回邮件,即《奉诏求救文》,称自己奉到光绪帝的多道密诏,并附伪造的谭嗣同狱中绝命诗。不管康有为当时有多么美好的目的,但他的所作所为,对正被羁押北京的光绪帝极为不利。康有为称其奉诏到国外求救,恰好证明了光绪帝通过康有为而"里通外国";康有为编造的谭嗣同绝命诗,恰好证明了谭嗣同确有反心;康有为称光绪帝对慈禧太后十分不满,更会激起慈禧太后对光绪帝下手。慈禧太后若以此加罪于光绪帝,光绪帝将难以洗白。尽管按照今人的看法,这只是康有为的一面之词,但按当时慈禧太后的一贯做派,她将认为光绪帝通过康有为与外国人勾结,对其行大不利之事,已是铁证如山。

湖广总督张之洞从《新闻报》上看到了康有为的这一谈话,大为震怒。他知道此时慈禧太后有废光绪帝之心,如这篇谈话被慈禧太后看到,正是火上浇油。张于 10 月 24 日(九月初十日)致电两江总督刘坤一、上海道蔡钧,要求与该报馆及保护该报馆的外国领事"切商","嘱其万勿再为传播"[1] 与此同时,张之洞即与日本驻上海代理总领事小田切万寿之助进行交涉,要求日本政府进行干预。

小田切万寿之助与张之洞的交往由来已久。1898 年 5 月,张奉召入京,途经上海,与小田切有过两次交谈。后因沙市事件,张折回湖北,但仍派其主要的洋务幕僚钱恂在上海与小田切进行谈判。此后沙市事件的处理,实质性的谈判是由小田切与钱恂在上海完成的[2] 11 月底,小田切万寿之助来到湖北,据他后来的报告称,他与张之洞有"五次会见"。在会见中,他与张之洞对中国政治的走向等诸多问题有着广泛的交谈,其中

---

〔1〕 《张文襄公全集》,第 3 册,第 763 页。
〔2〕 详见本书"戊戌年张之洞召见与沙市事件的处理"。

最重要的内容是中日两国军事合作。为了达到这一目的,小田切完全站在张的一边。12月2日(十月十九日),他通过日本驻汉口领事濑川浅之,致电青木周藏外相:

> 来自上海代理总领事。张之洞要求我秘密报告日本政府:康有为及其同党在日逗留,不仅伤害了两国业已存在的友好情谊,而且也妨碍他实施诸如由日本军事顾问训练军队的计划,由此应将他们逐出日本。张之洞说,如果日本打算接收中国学生,宜由日本政府通过驻清公使知照总理衙门,由其咨会北洋通商大臣、南洋通商大臣及湖广总督,要求尽快派出学生。如果他们能这样做,张之洞将派出50名以上的学生赴日。但他不愿自己出面采取行动,害怕由此引起某种怀疑。[1]

在这一电报中,张之洞将驱逐康有为与派陆军学生留日、接受日本军事顾问两事联系起来。青木外相立即对此作出了反应,于6日(二十三日)致电濑川浅之:

> 交上海代理总领事。你可以答复张之洞:帝国政府甚不愿为康有为及其党人提供政治避难,由于国际惯例,也不可能违背其意愿将其遣送出境;但将尽一切努力以达此目的。我已指示驻清公使,按照先前的建议,就军事顾问一事,与总理衙门联系。[2]

根据张之洞的要求,青木周藏指示北京矢野文雄公使立即行动。第二天,即7日,总理衙门即致电南、北洋大臣及湖广总督,称根据矢野公使的要求,日本接受中国陆军留学生,"希酌派数名派员带往"。这完全是张之洞与小田切、青木、矢野联合演出的一场戏。张之洞收到总理衙门电报后,立即予以

---

[1] 濑川致青木周藏电,1898年12月2日下午9时30分汉口发,3日晚12时30分收到。(《日本外交文书》,第31卷,第1册,第723页)

[2] 青木周藏致濑川电,1898年12月6日,《日本外交文书》,第31卷,第1册,第724页。

配合,于 8 日电北洋大臣裕禄、南洋大臣刘坤一,具体商议此事。[1]

对于张之洞驱逐康有为及其党人的要求,青木外相"将尽一切努力达此目的"的答复,从字面上看仅是一种意向,并不能认为完全承担了责任。张之洞也派人私下询问小田切,日本用什么方法让康有为离开日本?小田切称:"令人讽伊自去赴美国,日本政府助以川资";又问康离日的时间,小田切称:"难定,近或一两个礼拜,远亦不过两月。"[2]

小田切万寿之助从汉口回到上海后,于 12 月 20 日(十一月初八日)致信青木外相,报告了他与张之洞关于日本军事顾问一事的交谈。张之洞表示,由于康有为及其党人尚在日本,清朝政府对日疑心甚重,此事目前尚不便提出;若康主动离日或被逐,张即上奏朝廷招聘日本军事顾问。小田切表示将此事向日本政府报告。在此信中,小田切表示了明确的倾向性态度,即同意以康离日作为招聘日本顾问的条件。[3] 12 月 21 日,小田切又向外务次官都筑馨六发出了长篇机密报告,大力赞扬张之洞,称其是"二十年政绩卓著,吏治周慎,在此国地方官中罕有俦比者","学问渊深、见识透彻,被此国士林仰如泰斗"。他称张之洞是一个谨慎的改革派,此时的地位仍是"十分安全",即将张当作是日本可以依靠和利用的力量。他还称张只提出将康送出国外,与清朝内部希望将康引渡杀害,也有着很大的不同。在这封报告中,小田切还附上了两份附件。其一是张之洞的幕僚梁鼎芬所撰的《康有为事实》,张将之送给小田切,并要求将该文不注明出处刊登在日本报刊上;其二是以印刷品的形式寄往国内的康有为的《奉诏求救文》,小田切对此称:以往对康稍有同情者,看到此文亦对其不快,该印刷品不知是从香港寄出还是从日本寄出,"若果有从本邦陆续邮寄与上述类似之文件,则该国政府对本邦更加怀有恶感之虞,望加以适当的取缔"。小田切的这份机密报告于 1899 年 1 月 6 日(十一月

---

〔1〕 《张文襄公全集》,第 3 册,第 767 页。当时总理衙门的态度是少派学生,而张的态度却是相反,即要求多派学生,并派弁目兵勇入其教导团。袁世凯、许景澄亦为此来电。

〔2〕 《张文襄公全集》,第 2 册,363 页;第 3 册,第 789—790 页。在后一条材料中,即张之洞电小田切,张称在迫康离日问题上,"叠接尊函并面告"。

〔3〕 李廷江先生 1998 年论文对此述之甚详。

二十五日)收到,都筑馨六次官在该件上批示:

> 将依张氏之提议,刊登附件在报纸上,且应通过小田切转张氏回览。
> 日本政府对康等之意向,吾认为有必要以私信方式暗中传达到矢野与小田切。又,关于报纸转载一事,尽可能按照张氏的要求办理。都筑[1]

都筑馨六的批示表明,日本政府已经配合张之洞在日本进行反康宣传了,并对康有为的处置意见也早已决定。

就在张之洞与小田切商议驱逐康有为的同时,清廷也得到了康有为在香港谈话内容的报告。10 月 25 日(九月十一日),内阁学士准良在看到天津《国闻报》转载的康有为谈话后上奏:"报馆邪恶说请饬查办",清廷当日下旨直隶总督裕禄,称:"九月初七日述康逆问答之词,尤为肆逆不法","著裕禄派妥员密查明确,设法严禁。此等败类必应拿获惩办,毋得轻纵。"[2] 11 月 16 日(十月初三日),即前述慈禧太后根据矢野文雄的请求,下达对外宽容的懿旨之当日,下达了一道交片谕旨:

> 已革候选道刘学询,著赏给知府衔,已革内务府员外郎庆宽,著赏给员外郎衔,庆宽并准其入内务府汉军旗籍。所有该二员呈请自备资斧,亲历外洋内地考察商务等语,著总理各国事务衙门察核办理[3]。

12 月 5 日(十月二十二日),清廷又下达两条密令:其一是给沿海沿江各

---

〔1〕 小田切万寿之助致都筑馨六,第 69 号机密信,1898 年 12 月 21 日发,1899 年 1 月 6 日收到,《日本外交文书》,第 31 卷,第 1 册,第 725—741 页。

〔2〕《随手档》、《上谕档》光绪二十四年九月十一日。

〔3〕《上谕档》光绪二十四年十月初三日。又,交片谕旨分别发给总理衙门、吏部、内务府,对外界是不公开的。19 日,又下达谕旨:"知府衔刘学询、员外郎庆宽均署自备斧资,亲历外洋内地,考察商务。"(《洋务档》光绪二十四年十月初六日)

督抚："康有为、梁启超、王照等罪大恶极,均应按名弋获。朝廷不惜破格之赏,以待有功。"[1]其二是给清朝驻日公使李盛铎："闻康有为、梁启超、王照诸逆现在遁迹日本,有无其事?该逆等日久稽诛,虑有后患。如果实在日本,应即设法密谋办理。总期不动声色,不露形迹预杜日人藉口,斯为妥善。果能得手,朝廷亦不惜重赏也。"[2]在以上谕旨中,慈禧太后、庆亲王奕劻等人密谋暗杀康、梁等人,其中李盛铎、刘学询、庆宽即是执行人[3]。矢野文雄公使很快就得到了密报。他于12月9日电告青木外相:

---

[1] 《上谕档》光绪二十四年十月二十二日。该密谕不是用电报,而是用"六百里加急"的方式送达各督抚,可见当时的保密。张之洞收到密寄谕旨后,于12月25日发电总理衙门,密奏其与小田切万寿之助的密谋。(《张文襄公全集》,第2册,第363页)由此,清廷也知道了日本政府的基本态度。

[2] 《电寄档》光绪二十四年十月二十二日。

[3] 刘学询原本在广东包赌、庆宽原本为老醇亲王府做事,两人皆是废员,自称能赴日杀康,并称其与日本甚有关系,以求官复原职。奕劻听信此说,报告慈禧太后,复其官职。参预此事的可能还有杨崇伊、刚毅。然刘学询、庆宽未去日本,却与上海与小田切万寿之助联络。小田切为此来北京与奕劻会见。刘学询、庆宽后赴日本,奕劻还写三信给伊藤博文。第一信称"别示援西律国事犯之例,康有为、梁启超、王照此三逆者,簧鼓邪说,谋危社稷,天下之恶,亦贵国所同深愤嫉者也。今蒙贵国政府格外严防,妥加管束,弥佩贵国代表友邦禁遏乱萌、益昭信睦之至意。惟此等行同蛇蝎、反复悖逆之人,久在东瀛,亦足为人心风俗之害。据鄙意请贵政府察及,似不若驱之出境,勿使污渎一方清净也……"该信注明为"正月二十四日",即为1899年3月5日。其第三信称:"昨因咨查商务,接晤贵国小田切领事。现奉谕旨,简派道员刘学询、员外郎庆宽亲赴贵国查看商务,并借贵国小田切领事东旋,赍有国电一书、密码一册,呈递贵国大皇帝,以奉皇太后、皇上旨意,致送贵国大皇帝礼物各种,一并赍呈。届时务祈遇事关垂,加以优待,实为厚幸。"据汤志钧先生称,该信为光绪二十五年(明治三十二年七月)。相关史料又可见:一、张荀鹤弹劾刘学询、庆宽等折,光绪二十五年五月十四日,《戊戌变法档案史料》,第506—508页;二、汪大燮致汪康年,光绪二十五年三月初五日、五月初六日,《汪康年师友手札》,第1册,第802—803页、第808页;三、庆亲王奕劻致伊藤博文函,《伊藤博文关系文书》,转见于汤志钧《乘桴新获——从戊戌到辛亥》,江苏古籍出版社,1990年,第189—191页;四、冯自由:《刘学询与革命党之关系》;《革命逸史》,中华书局,1981年,初集,第77页。又,关于刘学询、庆宽访日的情况,又可见河村一夫:《戊戌政变后日清关系之一幕》,《日本历史》第334号,1976年3月,第86—91页。该文转录了李盛铎与伊藤博文1899年10月5日的谈话记要、小田切回忆录等资料,对此记叙甚详。

各种渠道的报告声称,慈禧太后于12月6日通过总理衙门秘密命令清驻日本公使,运用一切手段将康及其党人捕拿或暗杀。[1]

关于慈禧太后下达的暗杀令,本文作者已有材料证明日本政府对此作出了反应,而且,张之洞在上海的坐探报告说,英国政府已命英国驻华公使对此进行交涉。[2]

　　康有为到达日本后,受日本政府供养。第一次大隈重信内阁下野后,青木周藏外相便停止了对康有为等人的经济资助。日本陆军得知张之洞的态度,极为积极,力主逐康有为等人出境。以代理驻华公使回国出任外务省通商局长的林权助,在其回忆录称:当时有人代表陆军就逐康有为等人离日事,征求他的意见。林权助巧妙地将此问题推给下野的大隈重信。大隈重信的表态是,"要是只有康有为而且他自己认为离开日本也安全的话,让他走也可以。梁启超在这里,不是也没有什么不方便吗?"林权助还向那位代表陆军的人提出了康有为的旅费问题。得到的答复是"这事不好办"。陆军不肯出,青木外相也不肯出。林权助建议其去找当时的日本首相山县有朋。那人按此行事,回来说:"山县君迫着外务大臣,结果把钱要了出来给我。"[3]然林权助的回忆录是其76岁时完成的,执笔人是岩井尊人。当其回忆38年之前的往事,细节不清乃至有误,也是可以理解的。

---

〔1〕 矢野文雄致青木周藏,第237号电报,1898年12月9日下午3时50分发,7时42分收到。该电注明"上奏、总理大臣、陆海军大臣、参谋总长、军令部长(12月10日送至)","大臣周藏、次官都筑、政务局内冈"。(《外务省记录》,1-6-1-4-2-2第3册)
〔2〕 《上海曾委员来电》,光绪二十四年十一月初七日酉刻到(12月19日下午5—7时):"驻京英公使电英政府,中国军机大员上月二十四日(12月7日)密议仍欲株连维新,出于刚姓。拟先饬驻日华公使密拘康有为,如他国无词,再将著名维新惩办。英政府昨电饬该公使,劝我政府不得如此,恐他国必有难。"(《张文襄公全集》,第3册,第768页)
〔3〕 林权助:《戊戌政变的当时》,《戊戌变法》,第3册,第573—575页。

实际情况比林权助的回忆要复杂得多[1]。

12 月 16 日(十一月初四日),即青木外相发电汉口后的第十天,外务省翻译官楢原陈政背着大隈重信一派,以个人身份访问梁启超,劝康、梁等人离开日本。楢原陈政曾随伊藤博文访华,认识梁启超,日本政府虽有意逐康、梁等人出境,但碍于国际公法,不能以政府名义实行,因而由楢原以个人身份行事。梁启超对此十分不解,表示拒绝。12 月 20 日(初八日),楢原陈政再次访问梁启超,称李鸿章曾与伊藤博文会见时要求驱逐康有为等人,否则会在外交上产生不快。日本政府将会下令驱逐亡命者,最好在此之前往美国或英国,旅费由其负责。梁启超对此再一次拒绝。此后,楢原陈政还多次给梁启超写信,要求康、梁等人离开日本。

楢原陈政的工作虽被拒绝,但日本政府并没有放弃。青木外相则通过康、梁的保护人来做工作。12 月 28 日(十一月十六日),犬养毅致信柏原文太郎:

> 多次不辞遥远造访寒舍,万分感谢。康有为之事与伊藤侯相议。伊藤侯可能转告青木。其要旨是给康有为配备翻译一同前往外国,而王照与梁启超则留在日本。七千元为其旅费。上述事情大概已经谈妥,可领会其意思办理可也。木堂。二十八日。我知此事伊藤乃受青木委托,我已将此事写信给早稻田翁。

同日,犬养毅又写信给大隈重信:

> 昨日伊藤侯突然来旅店访问,其目的乃是为康有为一事而来。相议之结果,遂只将康有为一人遣送外国,送其七千日元左右的旅

---

〔1〕 以下的叙述中,本文作者综合了永井算己先生 1966 年论文、狭间直树先生 1995 年论文的论据论点。其中狭间直树的论文材料、分析皆佳,又该文中国读者难以看到,故作较多的引用。另,郑匡民《梁启超启蒙思想的东学背景》(上海书店出版社,2003年)第一章在永井、狭间两先生的论文基础上对此叙论更进一步,甚为详密,可资参考。

费。但是,伊藤侯的意思是这笔钱应以我们有志者的名义来赠与。上述事情伊藤侯则尽快通知青木外务大臣。我以为上述之事乃青木所托。至于让梁启超留在日本以增长学问之事,晚生也表示赞同。近日康有为谒见阁下时,请酌情将此事相告。草草。廿八日。大隈伯阁下。犬养毅[1]

根据犬养毅的这两封信,可以看出,青木外相将此事委托伊藤博文,伊藤博文将此事交给犬养毅,犬养毅对此提出折中方法,即康离境,梁不离境,另送康旅费。伊藤博文同意此策,由伊藤与青木联系。同时犬养毅让柏原文太郎进行说服工作。伊藤博文、犬养毅、大隈重信都是对康、梁特别关照的人士,柏原文太郎更是直接照顾其生活起居的人士。然而,柏原文太郎的工作,似乎并不见效。

1899年1月19日(十二月初六日),近卫笃麿公爵出面干预此事。他将梁启超叫到自己的住处,明确告诉:康有为逗留日本有碍日中两国保持邦交,即使逗留也不易实现他的目的,最好让他漫游到欧美去。不但由我劝说,也请你劝康。昨天我已与大隈伯爵商量好了,因此请相信伯爵和我,而劝康有为离开日本吧。近卫在此次谈话前,曾与清朝官员邹凌翰、外务次官都筑馨六、外务省翻译官楢原陈政交换过意见。梁启超心有不愿,但此时只能表示将此意见转告康有为。3月16日(光绪二十五年二月初五日),近卫对伯原作了最后的嘱咐,即使大隈、犬养有若干异议也一定让康有为乘22日(十一日)的轮船离日。柏原随即商得了犬养毅的同意,并向近卫作了报告。

康有为于1899年3月22日乘船离开了日本。第二天,清朝驻日公使李盛铎发电总理衙门:"康有为昨乘日本邮船赴美。"[2]

---

[1] 转引自永井算己1966年论文,其第一信时间,与狭间直树1995年论文核对。信中"早稻田翁"即大隈重信。又据冯自由称,康有为的旅费为"九千元",不知是否为后来增加。(《革命逸史》,初集,第50页)

[2] 黄嘉谟主编:《中美关系史料》,台北中研院近代史研究所,1989年,光绪朝四,第2505页。

五、简短的结论

日本政府对戊戌变法的观察与反应,或许在日本外交史上只是那种不显山水的平淡,但在中国政治史和远东外交史上却有着很大的意义。它不仅决定了当时许多重要人物的命运,而且对当时和后来政局变动影响甚大,一些历史的疑点可以从中寻出答案。本文作者不厌其细烦琐论证作此长文,目的正在于此。

自李鸿章签订了《中俄密约》后,日本政府为了破坏或削弱中俄同盟关系,开展了一系列的对华外交攻势,培养和扶植亲日、联日的势力。动作虽然不多,但效果十分明显。无论是主张激进改革的康有为及其党人,还是主张渐进改革的张之洞等官员,思想上都有很大的变化,可以说当时改革派大多倾向于联日。主张联俄的李鸿章和坚决反日的翁同龢在政治上的失势,又在客观上起了促进作用。在这种情况下,日本前总理大臣伊藤博文访华,使得许多改革派人士要求将伊藤留下来。对于正在进行的戊戌变法,日本政府由于其本国的经验,以欣赏的眼光看待之,但未卷入实际事务,也未多作评论,尽管他们也已从本国经验中看出了一些政策过激、过快的失误。伊藤博文临行前就宣称,若见光绪帝,将告之改革不可图急,徐徐为之。[1] 日本公使馆秘书中岛雄二也称,康有为处事太轻率,可能会引起混乱。[2]

自9月22日(八月初七日)得知戊戌政变的消息至11月8日(九月二十五日)第一次大隈内阁垮台,在一个半月的时间里,日本政府对戊戌政变后的清朝采取了积极干预的政策。代理公使林权助、前首相伊藤博文、首相兼外相大隈重信、公使矢野文雄、天津领事郑永昌、代理上海总领

---

〔1〕 *The Times*, Nov. 23, 1898,转引自廖隆干 1987 年论文。
〔2〕 《外务省记录》,转引自廖隆干 1987 年论文。

事诸井六郎、小田切万寿之助在此都有着一反以往的出众表演:公开救助张荫桓、黄遵宪,私下救援梁启超、康有为,阻止废除光绪帝,多次劝告清朝实行温和主义;同时为了保持日本在华的特殊地位,参加了各国派兵北京、迫甘军撤离的联合行动。日本政府在后两项行动中,与其他各国不同,即多次主动与总理衙门联络,保持密切的关系。可以说,日本政府在这一个半月中如此深入地公开介入中国的内政是前所未有的。大隈重信等人的积极表现出自于他们的政治理念,多多少少也出自于他们从事维新的个人经验。

自第二次山县有朋内阁成立后,青木外相实行了"务实"的外交政策,这一方面是政变后的政治局势已经明朗,慈禧太后建立了绝对的统治,日本不愿与清朝政府有过多的对抗;另一方面是强调张之洞等政治强人的作用,力图建立与张之洞等政治强人的军事、政治、留学等多方面的关系,对康有为等改革派人士也不再有兴趣。这一政策取向,一直持续了很久。

以上是从时间的纵线而言的。

如果横向比较来看,对于清朝的戊戌变法,日本政府在各国政府中是最为关注的;各国在华外交使团中,日本也是最活跃的。当时各国对于日本的做法也有自己的看法。一名德国记者的评论,很有代表性:

> 对于中国的改革,日本人的意图也许是真诚的。他们相信改革,因为他们有过成功的经验。日本人大概是想成为中国的参谋和教员,正如欧洲人以前对于日本那样。但是,日本首先想要的是和一个经过改革的、对日本的灵感言听计从的和真正有战斗力的中国建立一个联盟,为的是筑起一条坚固的堤坝,以阻挡欧洲的冲击。日本人的大目标是谋求亚洲的"门罗主义",也就是把外国人从东亚挤出去[1]

---

〔1〕《北京的危机》,1898 年 9 月 30 日北京,11 月 15 日《法兰克福日报》,转引自费路:《德国对戊戌变法的反应》,《戊戌维新与近代中国的改革》,第 428 页。

这位德国人出于欧洲人的眼光，感到了一种威胁，但宣称日本的最终目的是将欧洲从东亚挤出去，当时在事实上也是不可能办到的；但对照后来的远东历史，却是较早地揭示了日本此时发端后来盛行的"亚洲主义"的实质。

戊戌变法之后，日本在中国的影响力是大为增强了。不管是在北京的中央政府、在武昌等地的地方大吏，在东京等地的中国改革派人士和革命派人士，都与日本朝野建立了各种形式的联系。由于各方的目的、方法不同，展示出历史变局的多样性。进入20世纪之后，日本很快取代英国，成为在华影响力最大的国家。

本书征引文献

（未引用的参考文献未列入）

一、档　　案

中国第一历史档案馆藏

军机处《随手档》,《军机处汉文档册》
　　207/3－50－1

军机处《上谕档》,《军机处汉文档册》
　　207/3－50－3

军机处《早事档》,《军机处汉文档册》
　　208/3－51/2170

军机处《早事》,《军机处汉文档册》
　　208/3－51/2169

军机处《洋务档》,《军机处汉文档册》
　　207/3－50－3/1912

军机处《发电档》,《军机处汉文档册》
　　207/3－50－3/2082

军机处《电寄档》,《军机处汉文档册》
　　207/3－50－3/1576

军机处《电报档》,《军机处汉文档册》
　　207/3－50－3/2047

军机处《国书档》,《军机处汉文档册》

207/3－50－3/1922

军机处《各衙门文书》,《军机处汉文
　　档册》207/3－50－3/2278《知会
　　簿》,《军机处簿册》125

《保举各项底簿档案》,《军机处簿册》
　　58

《军机处录副·光绪朝·综合类》,3/
　　151/7432

《军机处录副·补遗·戊戌变法项》,
　　3/168/9449—9459

《军机处录副·光绪朝·内政类·戊戌
　　变法项》,3/107/5616、5617

《军机处录副·光绪朝·内政类·职官
　　项》,3/99/5363

《军机处录副·光绪朝·内政类·其他
　　项》,3/111/5733—5756

《军机处录副·光绪朝·内政类·补
　　遗》,3/168/9444

《军机处录副·光绪朝·军务类》,3/

121/6033

《军机处录副·光绪朝·文教类·科举
项》,3/145/7202

《军机处录副·光绪朝·文教类·学校
项》,3/146/7210

《军机处录副·光绪朝·外交类·中日
项》,3/164/7744

《军机处录副·光绪朝·外交类·中朝
项》,3/163/7733

《军机处录副·光绪朝·外交类·中刚
项》,3/164/7805

《军机处录副·光绪朝·财政类·金融
项》,3/137/6684

《军机处录副·光绪朝·财政类·仓储
项》,3/137/6678

《军机处录副·光绪朝·财政类·其他
项》,3/137/6688

《内务府来文·外交》,441/5-50-1/
N/1715

《内务府来文·礼仪》,441/5-50-1/
N/322、323

《内务府来文·巡幸及行宫》,441/5-
50-2/16/3136

《内务府来文·人事》,441/5-50-1/
N/949

《内务府来文·刑罚》,441/5-50-2/
8/2631

《内务府来文·修建工程》,441/5-
50-2/7/2099

《内务府奏案》,446/5-55/W/第710

包

内务府《杂录档》,405/5-14/W

内务府《记事珠》,405/5-14/W

内务府《日记档》(颐和园),405/
5-14/W

内务府《日记档》(署中),405/5-14

内务府《堂谕堂交》,455/5-54/第
171包

内务府《车费档》,401/5-10/N/财务
类476/车48

内务府《复奏折片》,《宫中杂件》(旧
整)补6号

内务府堂簿册《记旨档》光绪二十四
年,400/5-9/N/谕旨类704/谕
17

内务府升平署《日记档》,423/5-32-1

内务府升平署《恩赏日记档》,423/
5-32-1

内务府奉宸苑《值宿档》,430/5-39/
第605包

内务府奉宸苑《传帖簿》,430/5-39/
第367包

内务府奉宸苑《堂司传谕簿》,430/
5-39/215

内务府奉宸苑《现修活计簿》,430/
5-39/575

内务府奉宸苑《敬事房活计档》,430/
5-39/574

《宫中电报电旨》,157/4-18

《日记账》,《宫中各种档簿》簿1129、

1130、3996、4175、4179 号

《记载账》,《宫中各项档簿》簿 3996 号

《穿戴档》,《宫中各种档簿》簿 1816 号

《传抄底簿》,《宫中各种档簿》簿 2157 号

《起居注册》,《宫中各种档簿》簿 1816 号

《敬事房年总》,《宫中杂件》(旧整) 第 345 包

《宫中记载卷单》,《宫中杂件》(旧整) 第 2520 包

《光绪二十四年京官召见单》、《光绪 二十四年外官召见单》,《宫中杂 件》(旧整) 第 915 包

台北中研院近代史研究所 档案馆藏

《总理衙门清档·收发电》,01 – 38

《总理衙门清档·西学》,京师大学堂 派员赴日考察,01 – 06/1 – 5

《总理衙门清档·地方交涉》,湖北沙 市土匪烧毁日本洋房获犯赔款 及沙市专章岳州划界各案,01 – 16/77 – 85 – 1、2

《总理衙门清档·地方交涉》,驻京日 本学生被人掷石案,01 – 16/76 – 81 – 7

《总理衙门原档·各国照会》,日本矢 野公使照会,01 – 33/41 – 41(3)

《总理衙门清档·一般交涉》,江海关 道奉饬装裱地图册页等解京案, 01 – 34/5 – 5 – 8

《总理衙门清档·一般交涉》,沪关道 呈送旨谕购办书籍,01 – 34/5 – 5 – 6

台北故宫博物院文献馆藏

《引见档》光绪二十四年

日本外务省外交史料馆藏

《外务省记录》,1 – 6 – 1 – 4 – 2,各国 关系杂纂·支那之部

《外务省记录》,1 – 6 – 1 – 4 – 2 – 2, 光绪二十四年政变、光绪帝及西 太后崩御、袁世凯免官

《外务省记录》,6 – 4 – 4 – 21,松本记 录·伊藤公爵清国巡回一件

二、文献史料集等

国家档案局明清档案馆编:《戊戌变法 档案史料》,中华书局,1958 年

翦伯赞等编:《中国近代史资料丛刊· 戊戌变法》,神州国光社,1953 年

《清实录》,中华书局,1987 年

《清代起居注册》,联合报文化基金会国 学文献馆(台北),1987 年

《日本外交文书》,第 31 卷,第 1 册

孔祥吉:《救亡图存的蓝图——康有为变法奏议辑证》,联合报系文化基金会丛书(台北),1998 年

黄明同、吴熙钊主编:《康有为早期遗稿述评》,中山大学出版社,1988 年

上海文物保管委员会文献研究部编:《康有为遗稿·万木草堂诗集》,上海人民出版社,1996 年

清华大学历史系编:《戊戌变法文献资料系日》,上海书店出版社,1998 年

《翁同龢日记》,陈义杰整理,中华书局,1988 年

《张荫桓戊戌日记手稿》,王贵忱注,尚志书舍,1999 年,澳门

中国历史博物馆编:《郑孝胥日记》,劳祖德整理,中华书局,1993 年

《张文襄公全集》,中国书店影印,1990 年

梁启超:《饮冰室合集》,中华书局,1989 年

《刘光第集》,中华书局,1986 年

丁文江、赵丰田:《梁启超年谱长编》,上海人民出版社,1983 年

《昌言报》,中华书局影印本,1991 年

叶德辉编:《觉迷要录》,光绪三十年刊本

陈夔龙:《梦蕉亭杂记》,北京古籍出版社,1985 年

吴振棫:《养吉斋丛录》,鲍正鹄校点,北京古籍出版社,1983 年

张一麐:《心太平室集》,1941 年排印本

鄂尔泰、张廷玉等编纂:《国朝宫史》,左步青标点,北京古籍出版社,1987 年

庆桂等编纂:《国朝宫史续编》,左步青标点,北京古籍出版社,1994 年

周家楣等编纂:《光绪顺天府志》,北京古籍出版社,1987 年

《清代碑传全集》,上海古籍出版社,1987 年

《大清律例》,张荣铮等点校,天津古籍出版社,1993 年

故宫博物院编:《清光绪朝中日交涉史料》,1932 年印本

《清季中日韩关系史料》,中研院近代史研究所(台北),1972 年

黄嘉谟主编:《中美关系史料》,中央研究院近代史研究所(台北),1989 年

《杨度日记》,杨念群点校,新华出版社,2001 年

王铁崖编:《中外旧约章汇编》,生活·读书·新知三联书店,1957 年

[法] A. 施阿兰:《使华记 1893—1897》,袁传璋、郑永慧译,商务印书馆,1989 年

三、论　著

黄彰健:《戊戌变法史研究》,中央研究院历史语言研究所专刊之五十四,台北,1970年

孔祥吉:《康有为变法奏议研究》,辽宁教育出版社,1988年

孔祥吉:《戊戌维新运动新探》,湖南人民出版社,1988年

孔祥吉:《晚清佚闻丛考——以戊戌变法为中心》,巴蜀书社,1998年

孔祥吉:《明清史探微》,巴蜀书社,2001年

胡绳武主编:《戊戌维新运动史论集》,湖南人民出版社,1983年

林克光:《改革巨人康有为》,中国人民大学出版社,1990年

万依、王树卿、刘潞:《清代宫廷史》,辽宁人民出版社,1990年

蔡乐苏、张勇、王宪明:《戊戌变法史述论稿》,清华大学出版社,2001年

姜鸣:《被调整的目光》,上海人民出版社,1996年

汤志钧:《乘桴新获——从戊戌到辛亥》,江苏古籍出版社,1990年

［美］马士:《中华帝国对外关系史》,张汇文等译,上海书店出版社,2000年

王树槐:《外人与戊戌变法》,中央研究院近代史研究所专刊之十二,台北,1965年

陈凤鸣:《康有为戊戌条陈汇录——故宫藏清光绪二十四年内府抄本〈杰士上书汇录〉简介》,《故宫博物院院刊》,1981年第1期

吴相湘:《戊戌政变与政变之国际背景》,《近代史事论丛》,传记文学出版社(台北),1978年

吴相湘:《戊戌政变时的袁世凯》,《历史月刊》(台北),1998年6月号

刘凤翰:《梁启超〈戊戌政变记〉考异》,《幼狮学报》第2卷第1期,1959年10月

刘凤翰:《袁世凯〈戊戌日记〉考订》,《幼狮学志》第2卷第1期,1963年1月

刘凤翰:《袁世凯与戊戌政变》,文星书店(台北),1964年

萧一山:《戊戌政变的真相》,《大陆杂志》第27卷第7期,1963年10月

刘凤翰:《与萧一山先生谈〈戊戌政变的真相〉》,《文星》第77期

周传儒:《戊戌政变轶闻》,《辽宁大学学报》,1980年第4期

孔祥吉:《关于戊戌政变二三事之管见》,《历史档案》,1983年第3期

孔祥吉:《〈戊戌奏稿〉的改纂及其原因》,《晋阳学刊》,1982年第2期

孔祥吉:《杨深秀考论》,《晋阳学刊》,1983 年第 4 期

杨天石:《康有为谋围颐和园捕杀西太后确证》,《光明日报》,1985 年 9 月 4 日

杨天石:《康有为戊戌密谋补证》,《文汇报》,1986 年 4 月 8 日

杨天石:《光绪皇帝与康有为的戊戌密谋》,《历史教学》,1986 年第 12 期

杨天石:《袁世凯〈戊戌纪略〉的真实性及其相关问题》,《近代史研究》,1998 年第 5 期

汤志钧:《伊藤博文来华与戊戌政变发生》,《江海学刊》,1985 年第 1 期

汤志钧:《关于光绪"密诏"诸问题》,《近代史研究》,1985 年第 4 期

汤志钧:《关于戊戌政变的一项重要史料——毕永年的〈诡谋直记〉》,《中华文史论丛》,1986 年第 1 期

房德邻:《戊戌政变史实考辨》,见《戊戌变法史论集》,湖南人民出版社,1983 年

房德邻:《光绪帝与"戊戌密谋"无关》,《历史教学》,1988 年第 5 期

房德邻:《戊戌政变之真相》,《清史研究》,2000 年第 2 期

房德邻:《维新派"围园"密谋考——兼谈〈诡谋直记〉的史料价值》,《近代史研究》,2001 年第 3 期

林克光:《戊戌政变史事考实》,《近代史研究》,1987 年第 1 期

林克光:《戊戌政变时间新证》,《历史教学》,1987 年第 3 期

赵立人:《戊戌密谋史实考》,《广东社会科学》,1990 年第 3 期

赵立人:《袁世凯与戊戌政变关系辨析》,《广东社会科学》,1996 年第 2 期

骆宝善:《再论戊戌政变不起于袁世凯告密》,《广东社会科学》,1999 年第 5 期

骆宝善:《袁世凯自首真相辨析》,《学术研究》(广州),1994 年第 2 期

戴逸:《戊戌年袁世凯告密真相及袁和维新派的关系》,《清史研究》,1999 年第 1 期

郭卫东:《再论戊戌政变中袁世凯的"告密"问题》,《清史研究》,2002 年第 1 期

马忠文:《戊戌"军机四卿"被捕时间新证》,《历史档案》,1999 年第 1 期

马忠文:《张荫桓与戊戌维新》,见王晓秋、尚小明主编《戊戌维新与清末新政——晚清改革史研究》,北京大学出版社,1998 年

李吉奎:《张荫桓与戊戌变法》,见王晓秋主编《戊戌维新与近代中国的改革——戊戌维新一百周年国际学术讨论会论文集》,社会科学文献出版社,2000 年

周育民:《康有为寓所金顶庙考》、《法

华古寺风云录》,见林克光等编《近代京华史迹》,中国人民大学出版社,1985年

茅海建:《公使驻京始末》,《近代的尺度:两次鸦片战争的军事与外交》,上海三联书店,1998年

[韩]权锡奉:《清日战争之后韩清关系研究1894—1898》,见韩国精神文化研究所编《清日战争前后韩国与列强》,城南,1984年

沈镜如:《戊戌变法与日本》,《历史研究》,1954年第6期

[日]永井算己:《清末在日康梁派的政治动静》,《中国近代政治史论集》,汲古书院,1982年

廖隆干:《戊戌变法时期日本对清外交》,《日本历史》(东京),第471号,1987年8月

许介鳞:《戊戌变法与梁启超在日的"启蒙"活动》,中研院近代史研究所编《近代中国历史人物论集》,台北,1994年

[日]狭间直树:《梁启超来日后对西方思想认识的深化》,"二十世纪初中国文化中的欧洲思想研讨会"论文,法国,1995年9月

[日]彭泽周:《论梁启超与伊藤侯——以戊戌政变为中心》,《大陆杂志》(台北),第90卷第4期

高兰:《日清战争后对清国的经济进出思想——以伊藤博文为中心》,《日本历史》(东京),第593号,1997年10月

李廷江:《戊戌维新后的中日关系——日本军事顾问与清末军事改革》,《历史研究》,1999年第2期

陶德民:《戊戌变法前夜日本参谋本部的张之洞工作》,见《戊戌维新与近代中国的改革——戊戌维新一百周年国际学术讨论会论文集》

容应萸:《戊戌维新与清末日本留学政策的成立》,见《戊戌维新与近代中国的改革——戊戌维新一百周年国际学术讨论会论文集》

[日]河村一夫:《驻清公使时代的矢野龙溪氏》,《成城文艺》,第46号,1967年

[日]河村一夫:《〈近卫笃麿〉之日记之解读》,《东亚季刊》第5集,1968年12月;第8集,1969年9月

[日]河村一夫:《戊戌政变前日清交涉之一幕》,《历史教育》,第17卷第3期

[日]河村一夫:《戌变政变后日清关系之一幕》,《日本历史》(东京),1976年3月

[德]费路:《德国对戊戌变法的反应》,见《戊戌维新与近代中国的改革——戊戌维新一百周年国际学术讨论会论文集》

新版后记

2004 年夏,我将本书的稿件交给生活·读书·新知三联书店时,极为忐忑不安:一方面我知道该项研究的学术价值,这只是对少数学者而言的;另一方面我不知道图书市场将会有何样的反应,一部考证史实的学术书,能否得到较多读者的欢迎? 当时的书店里,充满着各种各样以学术为题目却以取悦读者为方向的书籍,显示了另一种时尚。本书的第一刷是7000 册,我见后心中一紧,不会卖上十年吧。我的一位朋友也认为是一失策,称这种书最多也就销上两三千册,几年后在地摊上卖特价,那才叫"人不毁而自毁"呢。然本书出版仅一年,即销空,很快加印了5000 册;到了今天,第二刷也销空,又要出新版了。读者们的厚爱,使我心暖,这几年来一直行走在不平坦有曲折的羊肠小道上。

时间由此过去了七年,研究也有了进展,全面的修订虽不显必要,且在时间上也来不及,但对相关的学术内容似仍须加以介绍。于是,我在此作一简短的后记,以说明史料上的新发现和错误的改正。

一 关于《戊戌政变的时间、过程与原委》

我该文中称:"我以为,慈禧太后(光绪二十四年八月初六日,1898 年9 月21 日)未经军机处命步军统领捉拿康有为,可以说明两点,其一是有人向她报告康有为尚在北京,否则就不会令掌京师治安警卫的步军统领去捉康;其二是很可能她曾命光绪帝捉康,而光绪帝未能及时执行或拒绝执行。前者由逻辑关系可证明;后者完全是我的推测……"(第 122 页)然而,也就在八月初五日,日讲起居注官裁缺右庶子陈秉和上奏参张荫桓

滥保张上达,光绪帝下旨"存",并于当日呈送慈禧太后。在该折中有一段称:

> 皇上力欲去之,大臣谋同保之,务使怨归朝廷,恩归自己,独何心哉?如果发往,则是权归臣下,不惟于山东吏治、河工有损,并于天下大局有损。**无怪乎康有为奉命已久,迟延不行**,实堪诧异者矣[1]。(黑体为引者所标)

按照当时的规则,慈禧太后似可在初五日中午之前看到陈秉和的奏折,由此得知康有为还在北京,她必怒不可遏,很可能是她决计次日走向台前的诱因之一。台北故宫文献档案处所藏《光绪朝筹办夷务始末记》光绪二十四年八月"批阅本",有一条很奇怪的记录:

> 黄曾源奏:同[时]事艰难**吁恳慈恩训政**折,初六。(黑体为引者所标)

黄曾源为翰林院编修,无直接上奏权,奏折须由翰林院代递。查军机处《随手档》、《早事档》及翰林院代奏原折,八月初六日翰林院有代奏条陈事,是为于受庆、江春霖两人代奏,并无为黄曾源代奏条陈的记录。由此而论,黄折是通过何人何部门递上?递到慈禧太后处还是光绪帝处?都是很大的疑问。上引记录中"初六"二字,若是黄折原件上所写,那么,黄上折的日期也很可能是初五日。由此可推及,黄折很有可能通过另一渠道,在八月初五日或初六日清晨送到慈禧太后面前。由此又可推及,黄折也有可能是政变的诱因之一。仍须说明的是,黄曾源该折在档案中未能检出,《光绪朝筹办夷务始末记》内文中亦多有错误,也不能排除误记的可能性[2]。

---

[1] 《军机处录副·光绪朝·内政类·人事项》,3/99/5364/105,光绪二十四年八月初五日。按照当时的规则,该折当于初四日子夜送到奏事处,以便赶上第二天的早朝。此时康有为尚未离京。

[2] 参见拙著《戊戌变法史事考二集》,生活·读书·新知三联书店,2011 年,第三章第六节。

我在该文中还对八月初三日晚谭嗣同夜访袁世凯后,袁世凯及亲信幕僚徐世昌是否在北京或他处告密一事感到困惑(第116—121页)。盛宣怀档案中有一抄件,题名为《虎坊摭闻》,其中有一条,很值得注意:

> 十一日荣中堂入都,以袁世凯护理直督。或言袁入觐时,康有为诣之,使以兵胁颐和园,袁许之,于是有开缺以侍郎候补之命。**袁谢恩后,使密告礼王而行**。故再得护理直督之命。或曰其议发于谭嗣同,奏保之者,徐致靖也。[1](黑体为引者所标)

该消息提到了"其议发于谭嗣同",提到了"兵胁颐和园",是相当准确的。"谢恩",当指八月初二日袁谢授候补侍郎事,此时谭嗣同尚未面见袁世凯;"礼王"指军机大臣礼亲王世铎。如果不拘泥"谢恩",设或为初五日"请训",那么就有可能是初五日袁请训后(或之前)使人密告于世铎。然这一条消息的可靠性,还不能确定。如果真有此事,袁告密对象是世铎,此即是慈禧太后走向前台的原因,也可以解释政变后慈禧太后未对袁猜疑的原因。[2]

以上三条材料,虽还不能确切说明慈禧太后八月初六日训政的原委,但增加了可供思考的内容。

二 关于《戊戌年张之洞召京与沙市事件的处理》

我在该文的一个注释中说:"黄尚毅在《杨叔峤先生事略》中记,袁世凯的幕僚徐世昌致信杨锐,称日本伊藤博文来华,而李鸿章坐困,'欲求抵御之策,非得南皮人政府不可',杨锐遂与乔树枏'说大学士徐桐,并代

---

〔1〕 上海图书馆编:《上海图书馆藏盛宣怀档案萃编》,上海古籍出版社,2008年,上册,第177页。"虎坊"当指北京宣武门南虎坊桥,此处泛指宣南一带。所录各条消息极为简练,似为盛宣怀所收京中电报的集录。

〔2〕 参见拙著《从甲午到戊戌——康有为〈我史〉鉴注》,生活·读书·新知三联书店,2009年,第778—779页。

作疏荐张,得旨陛见'[1]我以为此说不可靠……杨锐作为张之洞的门生,去徐桐家说召张事,身份极不合适,且徐桐也并非容易说服之人……如果此事由杨锐出头,必会密告张,而从张后来得到电旨后不知所措的行为来看,他没有得到预报。"(第189页)我的这个说法并不妥。光绪二十三年十一月初四日(1897年11月27日),刘光第在私信中称言:

> ……吾乡绵竹**杨叔峤内阁亦作有奏折,现尚与兄商订,意欲请徐荫轩相国奏上**,不知何如。总之,此时下手工夫,总在皇上一人为要,必须力除诒谀蒙蔽,另行换一班人,从新整顿,始有起色转机。然识者以为此决无可望之理。然则为之奈何耶?……兄近于古文颇有进境。今秋八月湖督张公六秩寿辰,同乡京官因张公于川东赈捐甚得其力,故尔公同作寿屏一架,请杨叔峤舍人撰文(须骈文),而公门下士之官京外者,另为寿屏,请兄撰文(系散文)。张公于其他概不肯收,惟于川人士及其门人所送者皆收(川人之作湖北官则多不收)。叔峤赴鄂祝寿归,言香翁颇欣赏兄所作序文。**此文大意,欲其入京来作军机大臣,讦谟远猷,匡诲吾君,用以延我圣清之休命**,且能使吾周孔之教流出海外,罩及敷天,尤为不朽盛事云云。且又以卫武公能文章、听规戒为况。盖闻其颇有自是之心,故藉此以规也。[2](黑体为引者所标)

由此可见,刘光第的寿序本属捧场,得到了张之洞的欣赏后,杨锐、刘光第因局势之危,而将之化作实际的行动。杨锐、刘光第以门生关系来运动徐桐,由徐出面保张之洞。黄尚毅作为杨锐的门人,很可能听到了什么,但将杨锐商议对象弄错了,不是乔树枏而是刘光第(亦有可能是乔树枏也参加商议)。杨锐作为张之洞的亲信,知道张此时不愿入京,未将此事向

---

[1] 见《杨叔峤文集》,《续修四库全书》,上海古籍出版社,1995年,第1568册,第261页。
[2] 刘光第致刘庆堂,光绪二十三年十一月初四日,《刘光第集》,中华书局,1986年,第275—280页。徐荫轩,徐桐,荫轩为其字。香翁,张之洞,香涛为其号。

张报告,而自先行为之。

该文写作时未查到徐桐的保折(第190页),现已检出该折,主要内容为:

> ……此正**求贤共治**之秋,而并非万无可为之日也。臣思待外国之道,但可令有均沾之利益,不可使有独占之利权。在枢廷、译署诸臣躬任艰难,固已心力交瘁,然事机至危,变幻莫测,尤当虚怀博访,庶几共济时艰。查湖广总督张之洞久膺沿江沿海疆寄,深悉交涉情形。闻昔年在湖北晴川阁上宴俄太子,礼仪不卑不亢。去年四月,德人遣人游历湖北,皆意存寻衅,张之洞悉察其来意,从容遣之。皇上轸念目前艰危,**可否电召该督迅速来京,面询机宜**。现在交涉情形顷刻万变,多一洞悉洋情之人,庶于折冲御侮之方,不无小补。[1] (黑体为引者所标)

这篇奏折说得很圆滑,并未直接点出让张之洞入值军机处与总理衙门,但"在枢廷、译署诸臣躬任艰难,固已心力交瘁"一语,隐隐道出对当任军机大臣、总理衙门大臣的不满,也暗含了其中"求贤共治"的意思。[2]

该文第一次印刷时,我以为光绪帝旨命删张之洞《劝学篇》文字之事,可能与孙家鼐有关。经李细珠先生提示,方知是张荫桓的建议。第二次印刷时改正了错误(第210页)。

三 关于其余各篇

《戊戌变法期间司员士民上书研究》一文,由于已经写得很长,我便将其中的"军事"与"外交"的部分,另作一文发表——《救时的偏方:戊戌

---

[1] 徐桐折,光绪二十四年三月二十九日,《军机处录副·光绪朝·内政类·职官项》,3/99/5358/71。

[2] 参见拙文《戊戌年徐桐荐张之洞及杨锐、刘光第之密谋》,《中华文史论丛》(上海古籍出版社),2007年第4期。

变法期间司员士民上书中军事外交论》。[1] 而对上书的司员士民,我当时写作时"不知道他们个人的实际生活,只能看到纸的表面而看不见其背后"(第340页),今天的网络资源已大为丰富,各种数据库也提供了一种可能,即通过"E考据"的方式(黄一农先生语)而大体知道其中许多上书者的个人情况。

《戊戌变法期间光绪帝对外观念的调适》一文,其中有两篇国书的抬格有误,此次已调整(第440—441、457—458页)。

《日本政府对于戊戌变法的观察与反应》一文,主要依靠日本外交史料馆的档案。而这部分档案已由郑匡民先生与我共同整理译出,以《日本政府关于戊戌变法的外交档案选译》为题,发表在《近代史资料》第111、113期(中国社会科学出版社,2005、2006年),可供参考。

此外,还有一些错字的改正。

还需说明的是,本书最初的题目是《戊戌变法史事考初集》,一位编辑朋友考虑到《二集》的出版还不知系于何日,便将"初集"二字删掉了;另一位尊者也告我,第一次出版时一般都不称"初集",等到以后《二集》出版时,可以再加上去。我当时想,这类考证史实的学术书能够出版就已经不错了,大约不会有再印的时候。承蒙各位读者之爱,在《戊戌变法史事考二集》出版之际,有幸再出本书的新版,也就自然恢复其最初的题目了。

茅海建

2011年12月31日于东川路

---

〔1〕 参见拙著《戊戌变法史事考二集》,第五章。

"茅海建戊戌变法研究"
书　目

大量档案材料的披露
重大史实的精心考证与重要场景的细密描述

戊戌变法史事考初集

对近代史上的重大政治改革戊戌变法的相关史实一一厘定，集中在政变的时间、过程、原委，中下级官吏的上书以及日本政府对政变的观察与反应等重大环节上。

戊戌变法史事考二集

继续关注戊戌变法中的种种关键环节：“公车上书”的背后推手，戊戌前后的“保举”及光绪帝的态度，康有为与孙家鼐的学术与政治之争，下层官员及士绅在戊戌期间的军事与外交对策，张元济的记忆与记录，康有为移民巴西的计划及其戊戌前入京原因……

从甲午到戊戌：康有为《我史》鉴注

对康有为《我史》中最重要的部分——光绪二十年（甲午，1894）至光绪二十四年（戊戌，1898）——进行注解。引用大量史料，对康有为的说法鉴别真伪，以期真切地看清楚这一重要历史阶段中的一幕幕重要场景。

戊戌变法的另面：“张之洞档案”阅读笔记

通过对“张之洞档案”的系统阅读，试图揭示传统戊戌变法研究较少触及的面相，以清政府内部最大的政治派系之一，主张革新的张之洞、陈宝箴集团为中心，为最终构建完整的戊戌变法影像，迈出具有贡献性的关键一步。